GEMA JAHRBUCH
2019/2020

Die Deutsche Bibliothek – CIP-Einheitsaufnahme

Gesellschaft für musikalische Aufführungs- und mechanische Vervielfältigungsrechte:

GEMA-Jahrbuch / hrsg. vom Vorsitzenden des Vorstands der Gesellschaft für musikalische Aufführungs- und mechanische Vervielfältigungsrechte – Baden-Baden : Nomos Verl.-Ges.

Erscheint jährl. – Früher verl. von der GEMA, Bonn. – Aufnahme nach Jg. 3. 1993

NE: HST

Jg. 29. 2019/2020
  Verl.-Wechsel-Anzeige

ISBN 978-3-8487-6102-9
ISSN 0945-8867

Impressum

Redaktion: Lorenzo Colombini, Ursula Goebel, Stefan Wohlgemuth
Postfach 30 12 40, 10722 Berlin

Titelbild: Roy Lichtenstein, „Composition I", 1996,
  Siebdruck auf Aquarellpapier, 120,7 x 87,9 cm.
  © Estate of Roy Lichtenstein/ VG Bild-Kunst, Bonn 2019

Das Titelbild zeigt den farbigen Siebdruck „Composition I" des US-amerikanischen Pop Art-Künstlers Roy Lichtenstein (1923–1997), bei dem er sich verwandten Motiven aus der Musik bedient: ein in sich verschlungenes Notensystem mit verdrehten, geschwungenen Notenlinien sowie tanzenden Noten, die teilweise bis in die weiße Umrahmung des Bildes hinauslaufen. Unterlegt mit monochromen Farbflächen sowie gestreiften und gepunkteten Elementen zeigt „Composition I" den für Lichtenstein typischen Comic-Stil.

Roy Lichtenstein wurde in New York geboren und künstlerisch ausgebildet. Er gehört seit den 1960er Jahren neben Andy Warhol zu den wichtigsten Akteuren der amerikanischen Pop Art. In einer Zeit, als der Abstrakte Expressionismus als vorherrschender Malstil gefeiert wurde, wagte Lichtenstein den Tabubruch, kommerzielle Elemente wie Materialien aus Werbung, Comic und dem Alltag in seine Kunst einzubringen. So schuf er ikonische Werke, die mechanisch reproduziert erscheinen und dennoch von Hand gemalt sind. "Was ich wirklich machen will, ist Musik. Aber ich werde meinen Job nicht aufgeben!", scherzte Roy Lichtenstein in einem Interview kurz vor seinem Tod. Als Sohn eines Pianisten spielte er bereits als Kind verschiedene Instrumente, pflegte eine große Leidenschaft für Musik und interessierte sich besonders für Jazz. So reagiert „Composition I" auch auf den improvisatorischen Charakter dieser Musikform. Mit den herumwirbelnden Noten feiert der Künstler den Spirit des Jazz, den er so liebte.

Layout: Schell & Partner, München
Satz: rdz GmbH, Siegburg
Druck: G. Peschke Druckerei GmbH, Parsdorf b. München

© by Gesellschaft für musikalische Aufführungs-
und mechanische Vervielfältigungsrechte, Berlin, 2019

Verlag: Nomos Verlagsgesellschaft mbH & Co KG,
Postfach 610, 76484 Baden-Baden

JAHRBUCH 2019 | 2020

29. Jahrgang

Herausgegeben von
Dr. Harald Heker
Vorsitzender des Vorstands
der Gesellschaft für musikalische Aufführungs-
und mechanische Vervielfältigungsrechte

Inhalt

Seite

A   Struktur und Organisation

- Aufsichtsrat 10
- Ehrenpräsidenten und Ehrenmitglieder 13
- Vorstand 15
- Ausschüsse und Kommissionen 16
  - Aufnahmeausschüsse 16
  - Ausschuss Kommunikation 16
  - Ausschuss Kultur 16
  - Beschwerdeausschuss 16
  - Hörfunkausschuss 17
  - Programmausschuss 17
  - Satzungskommission 17
  - Sitzungsgeldkommission 17
  - Tarifausschuss 18
  - Urheber-Verleger-Schlichtungsstelle 18
  - Verteilungsplankommission 18
  - Wahlausschuss 18
  - Werkausschuss 19
  - Wertungsausschuss
    - für Komponisten und Textdichter in der Sparte E 19
    - für Verleger in der Sparte E 19
    - für das Wertungsverfahren in der Unterhaltungs- und Tanzmusik 19
  - Schätzungskommission der Bearbeiter 20
  - Wirtschaftsausschuss 20
- GEMA-Sozialkasse 21
- Internationale Organisationen 22
- Organisation und Anschriften der GEMA 23
  - Aufgabenverteilung des Vorstands 23
  - Generaldirektion 24
  - Geschäftsstellen 27

B Das Geschäftsjahr 2018

Rede des Vorsitzenden des Vorstands mit Geschäftsbericht 31
Auf einen Blick 38
Anzahl der Mitglieder 40
Mittel für soziale und kulturelle Zwecke 41
Lagebericht 42
Bilanz zum 31. Dezember 2018 54
Gewinn- und Verlustrechnung 56
Anhang 57
Prüfungsergebnis und Bestätigungsvermerk der Abschlussprüfer 67
Bericht des Aufsichtsrats 71

C Textsammlung

I Gesetzliche Grundlagen

1 Urheberrechtsgesetz (UrhG) 77
2 Verwertungsgesellschaftengesetz (VGG) 150
3 AEU-Vertrag (AEUV) – Auszug 190

II Satzung, Berechtigungsvertrag, Verträge mit ausländischen Verwertungsgesellschaften und Inkassoorganisationen, BIEM, CISAC, GESAC

1 Satzung der GEMA 195
2 Berechtigungsvertrag 216
3 Abgrenzungsvereinbarung 226
4 Verträge mit ausländischen Verwertungsgesellschaften und Inkassoorganisationen 229
5 Satzung des BIEM 233
6 Satzung der CISAC 252
7 Satzung der GESAC 286
8 Gegenseitigkeitsverträge 294
   - Mustervertrag im EU-Bereich für das Aufführungs- und Senderecht gemäß CISAC-Standardvertrag mit Protokoll 294
   - Mustervertrag im EU-Bereich für das Vervielfältigungsrecht gemäß BIEM-Standardvertrag mit Protokollen 304

III Geschäftsordnungen

1. Versammlungs- und Wahlordnung 313
2. Geschäftsordnung für E-Voting und Live-Stream 318
3. Aufsichtsrat 320
4. Behandlung von Geschäftsvorfällen durch Aufsichtsrat und Vorstand 326
5. Ausschüsse und Kommissionen des Aufsichtsrats 328
6. Aufnahmeverfahren 330
7. Beschwerdeausschuss 333
8. Schiedsgericht der GEMA 335
9. Urheber-Verleger-Schlichtungsstelle 336
10. Werkausschuss 339
    - Wertungsausschüsse siehe unter IV 2 ff.

IV Verteilungsplan und Wertungsverfahren

1. Verteilungsplan 345
   - EDV-Verrechnungsschlüssel 435
2. Wertungsverfahren der Komponisten in der Sparte E 445
3. Wertungsverfahren der Textdichter in der Sparte E 454
4. Wertungsverfahren der Verleger in der Sparte E 455
5. Wertungsverfahren in der Unterhaltungs- und Tanzmusik 459
6. Schätzungsverfahren der Bearbeiter 469

V Abrechnungs- und Zahlungstermine

Termine 479

VI GEMA-Sozialkasse

1. Satzung 483
2. Ausführungsbestimmungen zur Satzung 491

VII Formulare

1. Aufnahmeantrag Urheber 497
2. Aufnahmeantrag Musikverleger 500
3. Anmeldebogen für ein Originalwerk 504
   - Hinweise zum Ausfüllen 506
   - Werkbestätigung 508

- Erläuterungen zu den Werkbestätigungen ... 509
4 Werk-Information zur verbundenen Schutzfrist ... 514
5 Subverlegeranmeldung ... 515
    - Anlage ... 517
6 Veränderung an einem Werk ... 518
7 Bearbeitungsgenehmigung ... 519
8 Vertonungsgenehmigung ... 520
9 Verwendungsgenehmigung ... 521
10 Meldung für nationale und internationale Verträge ... 522
    - Hinweise zum Ausfüllen ... 523
11 Anmeldung audiovisuelle Produktionen (AV-Produktionen) ... 524
12 Herstellungsrecht für audiovisuelle (AV) Produktion, Rückfall/Übertragung – Erstinformation ... 527
13 Audiovisuelle Werbespots – Werbetrenner und Trailer ... 528
14 Musikfolge Einzelveranstaltung mit Livemusik ... 529
15 Musikfolge für mehrere Einzelveranstaltungen mit Live-Musik ... 530
16 Kontoauszug ... 531
    - Abkürzungen in Kontoauszügen ... 535

VIII Rechtsgrundlagen nahestehender Organisationen

1 Arbeitsgemeinschaft Drama
    - Gesellschaftsvertrag ... 541
    - Mandatsvertrag ... 543
2 GEMA-Stiftung
    - Satzung ... 544
    - Geschäftsordnung für den Beirat ... 548
3 Internationale Gesellschaft für Urheberrecht e.V. (INTERGU)
    - Satzung ... 550
4 Versorgungsstiftung der Deutschen Komponisten
    - Satzung ... 552
5 Versorgungsstiftung der Deutschen Textdichter
    - Satzung ... 555
6 Zentralstelle Bibliothekstantieme (ZBT)
    - Gesellschaftsvertrag ... 558

7 Zentralstelle für private Überspielungsrechte (ZPÜ)
  - Gesellschaftsvertrag 566
8 Zentralstelle für Videovermietung (ZVV)
  - Gesellschaftsvertrag 574

D Anhang

Abkürzungsverzeichnis 579
Stichwortverzeichnis 599

A   Struktur und Organisation

Aufsichtsrat

Stand: 1. November 2019

Vorsitzender

Dr. Ralf Weigand
Komponist

Stellvertretende Vorsitzende

Stefan Waggershausen
Textdichter

Hans-Peter Malten
Verleger

Aufsichtsrat

Burkhard Brozat
Textdichter

Jörg Evers
Komponist

Jörg Fukking
Verleger

Matthias Hornschuh
Komponist

Micki Meuser
Komponist

Rudolf Müssig
Textdichter

Michael Ohst
Verleger

Frank Ramond
Textdichter

Jochen Schmidt-Hambrock
Komponist

Dr. Charlotte Seither
Komponistin

Patrick Strauch
Verleger

Dr. Götz von Einem
Verleger

AUFSICHTSRAT

STELLVERTRETER

Winfried Jacobs
Verleger

Tobias Künzel
Textdichter

Diana Muñoz
Verlegerin

Prof. Dr. Enjott Schneider
Komponist

Pe Werner
Textdichterin

Alexander Zuckowski
Komponist

EHRENPRÄSIDENTEN/EHRENMITGLIEDER

EHRENPRÄSIDENTEN

Prof. Dr. Reinhold Kreile

Prof. Dr. jur. h. c. Erich Schulze †

EHRENMITGLIEDER

Prof. Harald Banter   Prof. Christian Bruhn

Klaus Doldinger   Dr. Peter Hanser-Strecker

EHRENMITGLIEDER

Karl-Heinz Klempnow   Prof. Dr. Hans Wilfred Sikorski

Prof. Karl Heinz Wahren   Hartmut Westphal

Bruno Balz †
Richard Bars †
Prof. Jürg Baur †
Prof. Werner Egk †
Dr. Hans Gerig †
Prof. Dr. Dr. h. c. Joseph Haas †
Hans Hee †
Kurt Hertha †
Heinz Korn †

Peter Jona Korn †
Eduard Künneke †
Jo Plée †
Dr. Willy Richartz †
Prof. Dr. Georg Schumann †
Günther Schwenn †
Dr. Hans Sikorski †
Dr. Dr. h. c. Ludwig Strecker †

VORSTAND

Dr. Harald Heker
Vorsitzender des Vorstands

Lorenzo Colombini
Mitglied des Vorstands

Georg Oeller
Mitglied des Vorstands

Ausschüsse und Kommissionen

Stand: 1. November 2019

Aufnahme-ausschüsse

■ **Komponisten:**
N.N.
Prof. Bernd Wefelmeyer

Stellvertreter:
Helmut Zapf

■ **Textdichter:**
Tobias Reitz
Peter Zentner

Stellvertreter:
Klaus Pelizaeus

■ **Verleger:**
Andreas Meurer
Michael Wewiasinski

Stellvertreter:
Dr. Thomas Sertl

Ausschuss Kommunikation

Jörg Evers
Tobias Künzel
Micki Meuser
Diana Muñoz
Frank Ramond
Dr. Götz von Einem

Stellvertreter:
Burkhard Brozat
Matthias Hornschuh
Michael Ohst

Ausschuss Kultur

Burkhard Brozat
Jörg Fukking
Michael Ohst
Frank Ramond
Prof. Dr. Enjott Schneider
Dr. Charlotte Seither

Stellvertreter:
Rudolf Müssig
Diana Muñoz
Jochen Schmidt-Hambrock

Beschwerde-ausschuss

Vorsitzende:
Christel Hengst
(Vorsitzende Richterin am Landgericht Berlin a. D.)

Stellvertretender Vorsitzender:
Prof. Dr. Jan Dirk Harke
(Universität Jena)

Vertreter der drei Berufsgruppen:
– Komponisten:
 Robert HP Platz

– Textdichter:
 Michael Arends

– Verleger:
 Yvonne Sill

Stellvertreter:
– Komponisten:
 Prof. Harald Banter

– Textdichter:
 Peter Zentner

– Verleger:
 Karina Poche

Ausschüsse und Kommissionen

HÖRFUNK-AUSSCHUSS

■ **Komponisten:**
Prof. Bernd Wefelmeyer
Dr. Ralf Weigand

Stellvertreter:
Hans Peter Ströer

■ **Textdichter:**
Klaus Pelizaeus
Stefan Waggershausen

Stellvertreterin:
Jutta Staudenmayer

■ **Verleger:**
Jan Rolf Müller
Patrick Strauch

Stellvertreter:
Stefan Conradi

PROGRAMM-AUSSCHUSS

Unterausschuss E-Musik:
Winfried Jacobs
Michael Ohst
Prof. Dr. Enjott Schneider
Dr. Charlotte Seither

Stellvertreter:
Hans-Peter Malten
Jochen Schmidt-Hambrock
Sachverständige:
Moritz Eggert
Johannes Hildebrandt
Thomas Tietze

Unterausschuss U, R, FS:
Burkhard Brozat
Jörg Evers
Jörg Fukking
Matthias Hornschuh
Dr. Götz von Einem
Stefan Waggershausen

Stellvertreter:
Diana Muñoz
Frank Ramond
Alexander Zuckowski
Sachverständiger:
Prof. Harald Banter

SATZUNGS-KOMMISSION

Burkhard Brozat
Jörg Evers
Dr. Götz von Einem

Stellvertreter:
Rudolf Müssig
Jochen Schmidt-Hambrock
Patrick Strauch

SITZUNGSGELD-KOMMISSION

Vorsitzende:
Christel Hengst
(Vorsitzende Richterin am
Landgericht Berlin a. D.)

Stellvertretender Vorsitzender:
Prof. Dr. Jan Dirk Harke
(Universität Jena)

Vertreter der drei Berufsgruppen:
– Komponisten:
  Wolfgang Lackerschmid

– Textdichter:
  Johann-Christoph Busse

– Verleger:
  Eckhard Becker

Stellvertreter:
– Komponisten:
  Annette Focks

– Textdichter:
  Edith Jeske

– Verleger:
  Sebastian Mohr

Tarif-Ausschuss

Jörg Evers
Hans-Peter Malten
Rudolf Müssig
Michael Ohst
Frank Ramond
Dr. Ralf Weigand

Stellvertreter:
Jörg Fukking
Micki Meuser
Stefan Waggershausen

Sachverständiger:
Patrick Strauch

Urheber-Verleger-Schlichtungsstelle

Vorsitzender:
Prof. Dr. Jan Dirk Harke

Stellvertretende Vorsitzende:
Christel Hengst

Vertreter der drei Berufsgruppen:
– Komponisten:
  Andreas Weidinger

– Textdichter:
  Gregor Rottschalk

– Verleger:
  Dr. Heinz Stroh

Stellvertreter:
– Komponisten:
  Prof. Karim Sebastian Elias

– Textdichter:
  Timothy Touchton

– Verleger:
  Andreas Meurer

Verteilungsplan-Kommission

■ **Komponisten:**
Jörg Evers
Dr. Charlotte Seither
Dr. Ralf Weigand

Stellvertreter:
Jochen Schmidt-Hambrock
Alexander Zuckowski

■ **Textdichter:**
Rudolf Müssig
Stefan Waggershausen

Stellvertreter:
Frank Ramond

■ **Verleger:**
Patrick Strauch
Dr. Götz von Einem

Stellvertreter:
Jörg Fukking
Hans-Peter Malten

Sachverständiger:
Prof. Harald Banter

Wahlausschuss

■ **Komponisten:**
Thomas Rebensburg

Stellvertreter:
Prof. Christian Bruhn

■ **Textdichter:**
Götz von Sydow

Stellvertreter:
Peter Schmiedel

■ **Verleger:**
Thomas Tietze

Stellvertreterin:
Dr. Sabine Meier

Ausschüsse und Kommissionen

Werkausschuss

■ **Komponisten:**
Prof. Martin Christoph Redel
Dieter Reith
Hans Peter Ströer
Prof. Bernd Wefelmeyer

Stellvertreter:
Dr. Anselm Kreuzer
Alexander von Schlippenbach
Tobias P. M. Schneid
Iris ter Schiphorst

■ **Textdichter:**
Klaus Pelizaeus
Jutta Staudenmayer

Stellvertreter:
Peter Freudenthaler
Rainer Hömig

■ **Verleger:**
Jan Rolf Müller

Stellvertreter:
Stefan Conradi

Delegierter des Aufsichtsrats:
Jochen Schmidt-Hambrock

Stellvertreterin:
Dr. Charlotte Seither

Wertungsausschuss für das Wertungsverfahren der Komponisten und Textdichter in der Sparte E

Prof. Martin Christoph Redel
Annette Schlünz
Helmut Zapf

Stellvertreter:
Detlev Glanert
Babette Koblenz

Sachverständiger für Fälle von Chormusik:
Gerhard Rabe

Stellvertreter:
Peter Michael Hamel

Delegierte der außerordentlichen und angeschlossenen Mitglieder:
Kathrin Denner

Delegierter des Aufsichtsrats:
Prof. Dr. Enjott Schneider

Stellvertreterin:
Dr. Charlotte Seither

Wertungsausschuss für das Wertungsverfahren der Verleger in der Sparte E

Stefan Conradi
Horst Schubert

Stellvertreter:
Dr. Peter Hanser-Strecker

Delegierter des Aufsichtsrats:
Michael Ohst

Stellvertreter:
Winfried Jacobs

Wertungsausschuss für das Wertungsverfahren in der Unterhaltungs- und Tanzmusik

■ **Komponisten:**
Thorsten Brötzmann
Dr. Rainer Fabich
Christoph Rinnert

Stellvertreter:
Martina Eisenreich
Christian Neander
Michael Reinecke

■ **Textdichter:**
Michael Holm
Tobias Reitz
Thomas Woitkewitsch

Stellvertreter:
Dr. Manfred Maurenbrecher
Klaus Pelizaeus
Maya Singh

■ **Verleger:**
Pamela Georgi-Michel
Barbara Krämer
Michael Wewiasinski

Stellvertreter:
Lars Ingwersen
Ute Lingner
Jan Rolf Müller

Delegierte der außerordentlichen und angeschlossenen Mitglieder:

– Komponisten:
  Andreas Dombert

Delegierte des Aufsichtsrats:

– Komponisten:
  Dr. Ralf Weigand
  Stellvertreter:
  Jörg Evers

– Textdichter:
  Timo Peter

– Textdichter:
  Stefan Waggershausen
  Stellvertreter:
  Burkhard Brozat

– Verleger:
  Thomas Ritter

– Verleger:
  Jörg Fukking
  Stellvertreter:
  Hans-Peter Malten

SCHÄTZUNGS-KOMMISSION DER BEARBEITER

N.N.
Prof. Wieland Reissmann
Joachim Schmeißer
Werner Theisen
Prof. Bernd Wefelmeyer

Stellvertreter:
Lenard Schmidthals
Wolfgang Vetter-Lohre
Alfons Weindorf

Delegierter des Aufsichtsrats:
Jörg Evers
Stellvertreter:
Micki Meuser

WIRTSCHAFTS-AUSSCHUSS

Burkhard Brozat
Micki Meuser
Diana Muñoz
Michael Ohst
Jochen Schmidt-Hambrock
Stefan Waggershausen

Stellvertreter:
Frank Ramond
Dr. Charlotte Seither
Patrick Strauch

GEMA-Sozialkasse

Stand: 1. November 2019

Die GEMA-Sozialkasse wurde durch Beschluss der Mitgliederversammlung zum 1. Januar 1957 gegründet. Sie bildet ein rechtlich unselbständiges Sondervermögen der GEMA zum Zwecke der Unterstützung ihrer Mitglieder und entspricht damit den in § 32 Abs. 2 VGG vorgesehenen Vorsorge- und Unterstützungseinrichtungen.

Die GEMA-Sozialkasse verfügt über eine eigene Satzung und ist in drei selbständige Abteilungen (Komponisten, Textdichter und Musikverleger) gegliedert.

Die von der GEMA-Sozialkasse zu erbringenden Leistungen sind in ihrer Satzung geregelt.

ABTEILUNG KOMPONISTEN
- Ralf Hoyer — Geschäftsführender Kurator
- Christoph Rinnert
- Rainer Rubbert

ABTEILUNG TEXTDICHTER
- Klaus Pelizaeus — Geschäftsführender Kurator
- Tobias Reitz
- Jutta Staudenmayer

ABTEILUNG VERLEGER
- Andreas Meurer — Geschäftsführender Kurator
- Thomas Tietze
- Marcus Zander

INTERNATIONALE ORGANISATIONEN

GEMA-Repräsentanz
Stand: 1. August 2019

CISAC
Confédération Internationale des Sociétés d'Auteurs et Compositeurs, Paris

Deutsches Mitglied im
Board of Directors: Dr. Harald Heker

Deutsches Mitglied des CIAM (International Council of Creators of Music): Jörg Evers

Deutsches Mitglied im
Legal Committee: Dr. Tobias Holzmüller

BIEM
Bureau International des Sociétés gérant les Droits d'Enregistrement et de Reproduction Mécanique, Paris

Ehrenpräsidenten: Prof. Dr. Reinhold Kreile
Prof. Dr. Hans Wilfred Sikorski

Präsident des Management Committee: Georg Oeller

GESAC
Groupement Européen des Sociétés d'Auteurs et Compositeurs, Brüssel

Deutsches Mitglied im
Board of Directors: Dr. Harald Heker

FAST TRACK
The Digital Copyright Network SAS, Paris

Deutsches Mitglied im
Board of Directors: Dr. Harald Heker

Deutsches Mitglied im
Executive Committee: Thimo Prziklang

Organisation und Anschriften der GEMA

Stand: 31. Oktober 2019

Vorsitzender des Vorstands	Dr. Harald Heker
Mitglied des Vorstands	Lorenzo Colombini
Mitglied des Vorstands	Georg Oeller

Aufgabenverteilung des Vorstands

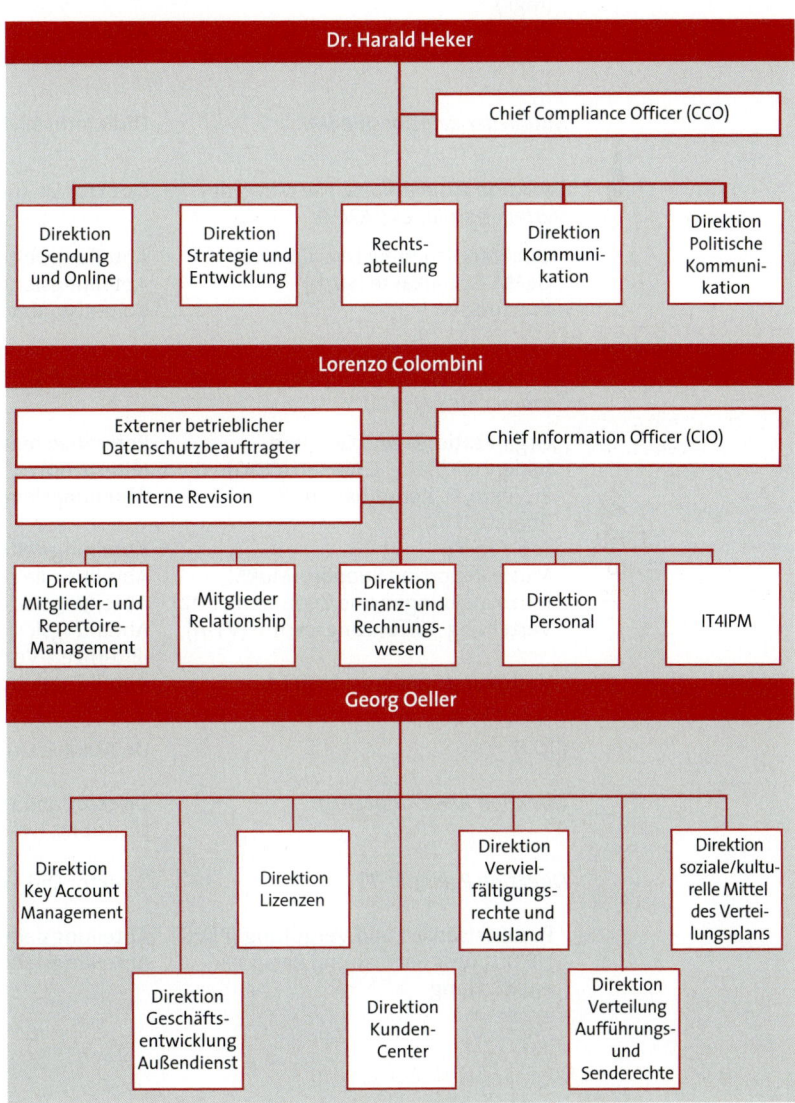

GENERALDIREKTION IN BERLIN	Bayreuther Straße 37 10787 Berlin	Postanschrift: Postfach 30 12 40 10722 Berlin
	Internet: http://www.gema.de E-Mail: gema@gema.de	Telefon: (0 30) 2 12 45-00 Telefax: (0 30) 2 12 45-950
	Direktion Mitglieder- und Repertoire-Management (M/R)	Kommiss. Lorenzo Colombini, Operative Leitung Aret Abyanoglu
	Analyse, Bewertung und Steuerung (ABS) Mitglieder-Service (Service) Mitglieder- und Partner-Administration (MgP) Produkte (PD) Werke und Katalogvereinbarungen	Kommiss. Leitung Aret Abyanoglu Abteilungsleiterin Liane Fürst Abteilungsleiter Genilson Santos Abteilungsleiter Jens Kindermann Abteilungsleiter Thomas Wimmer
	Mitglieder Relationship (MRS)	Direktorin Silvia Moisig
	Direktion Soziale/kulturelle Mittel des Verteilungsplanes (SKMV)	Direktor Dr. Jürgen Brandhorst
	Qualitätssicherung Live (QS-Live) GEMA-Sozialkasse (SozK) Wertung (W)	Abteilungsleiterin Melanie Holdt Abteilungsleiterin Friedlinde Siems Kommiss. Abteilungsleiter Frank Schulze
	Direktion Verteilung Aufführungs- und Senderechte (VT-A/S)	Direktorin Dr. Monika Staudt
	Organisations- und Geschäfts-feldentwicklung, Gremien (OGG) Projekte, IT-Koordination, Analyse (PIA) A/S Service Musik Reporting Support (MuRS) Musikmeldungen und Zuordnung (MZ) Verteilung Aufführungsrechte (VT-A) Verteilung Senderechte (VT-S)	Referatsleiterin Britta Stoffels (Elternzeit) Abteilungsleiterin Arzu Türktür Abteilungsleiterin Elisabeth Liszt Abteilungsleiter Marc Grittke Abteilungsleiter Tobias Wichert Abteilungsleiter Peter Stingel (Elternzeit-Vertretung) Abteilungsleiterin Stephanie Ueberle
	CIO IT	Dr. Markus Grimm
	Direktion Justiziariat (Jus)	Direktor und Justiziar Dr. Tobias Holzmüller
	Direktion Personal (P)	Direktor Dirk Haselhorst
	Personalservice und Vergütung (PSV) HR Business Partner und Personal-entwicklung	Abteilungsleiterin Erken Antoniol Abteilungsleiterin Sarah Blume

Organisation und Anschriften der GEMA

GENERALDIREKTION IN MÜNCHEN

Rosenheimer Straße 11
81667 München

Internet: http://www.gema.de
E-Mail: gema@gema.de

Postanschrift:
Postfach 80 07 67
81607 München
Telefon: (0 89) 4 80 03-00
Telefax: (0 89) 4 80 03-969

Direktion Mitglieder- und Repertoire-Management (M/R)
Kommiss. Lorenzo Colombini,
Operative Leitung Aret Abyanoglu

    Analyse, Bewertung und Steuerung (ABS) — Kommiss. Leitung Aret Abyanoglu
    Mitglieder- und Partner Administration (MgP) — Abteilungsleiter Genilson Santos

Direktion Soziale/kulturelle Mittel des Verteilungsplanes (SKMV)
Direktor Dr. Jürgen Brandhorst

    Musikdienst und Gremienarbeit (MGR) — Abteilungsleiter Dr. Daniel zur Weihen

Direktion Lizenzen
Direktor Christian Seitz

    Geschäftsstellen — siehe Seite 27

Direktion Geschäftsentwicklung Außendienst (GE)
Direktor Johannes Everding

Direktion Key Account Management (KAM)
Direktor Jürgen Baier

Direktion Sendung und Online (S/O)
Direktor Thomas Theune

    Lizenzierung Online — Abteilungsleiterin Anja Braune
    Lizenzierung Sendung und Kabel — Abteilungsleiter Jochen Berg
    Finanzen und Operations — Abteilungsleiterin Ulrike-Jana Segner-Mill
    New Business & Legal Affairs Int. — Abteilungsleiter Till Evert

ZPÜ Service GmbH — Geschäftsführer Dr. Harald Heker, Dr. Tobias Holzmüller

ARESA GmbH — Geschäftsführer Dr. Kaspar Kunisch

IT4IPM GmbH — Geschäftsführer Dr. Markus Grimm, Sven Kossyk

Direktion Vervielfältigungsrechte und Ausland (VR/A)
Direktorin Dr. Monika Staudt

    Projekte – Business Analyse – fachliche Systemverantwortung (PBS) — Abteilungsleiter Markus Dieck
    Business Controlling & Projekte — Abteilungsleiter Dr. Georg Ruile
    Operations & Transformationsmanagement — Abteilungsleiterin Maren Menke
    Lizenzierung VR (Liz-VR) — Abteilungsleiter Alexander Rieder
    Zentraler Eingang und Zuordnung (ZEZ) — Abteilungsleiter Tobias Wichert

VR/A – Service Verteilung Vervielfältigungsrecht, Online und Ausland (VT-VOA)	Abteilungsleiter Josef Eschker Abteilungsleiterin Andrea Gülbahar
Direktion Finanzen	Direktor Sven Kossyk
Finanzbuchhaltung, Steuern Controlling Konzern Einkauf Facility Management	Abteilungsleiter Christopher Burum Abteilungsleiter Dr. Karl Schade Abteilungsleiterin Agnes Senft Abteilungsleiter Martin König
CIO IT	Dr. Markus Grimm
Direktion Strategie und Entwicklung (S/E)	Direktor Thimo Prziklang
Strategieentwicklung und Mittelfristplanung VISTA-Portfoliomanagement Ausland	Abteilungsleiter Dr. Tilmann Hemminger Kommiss. Abteilungsleiter Jörg Wittmann Abteilungsleiter Andreas Thiele
Direktion Kommunikation	Direktorin Ursula Goebel
Direktion Justiziariat (Jus)	Direktor und Justiziar Dr. Tobias Holzmüller
Mitglieder und Regelwerk	Abteilungsleiter Dr. Lars Hendrik Riemer
Operative Rechtsfragen und Lizenzierung Außendienst	Abteilungsleiter Dr. Kai Welp Abteilungsleiter Dieter Fuchs
Direktion Personal (P)	Direktor Dirk Haselhorst
Personalservice und Vergütung (PSV) HR Business Partner und Personalentwicklung	Abteilungsleiterin Erken Antoniol Abteilungsleiterin Sarah Blume
Revision (Rev) Revision Inkasso, Finanz- und Rechnungswesen, DV-Revision	Dr. Stefan A. Duvvuri (ext.)
Datenschutzbeauftragter (Dsb)	Dr. Sebastian Kraska (IITR GmbH)

DIREKTION POLITISCHE KOMMUNIKATION

BERLINER BÜRO	Reinhardtstraße 47 10117 Berlin E-Mail: hauptstadtbuero@gema.de	Telefon: (0 30) 24 00 06 80 Telefax: (0 30) 2 40 00 68 19 Direktor Michael Duderstädt
BRÜSSELER BÜRO	Square de Meeûs 38/40 B-1000 Brüssel	Telefon: 0032 24 01 87 52 Telefax: 0032 24 01 68 68 Direktor Michael Duderstädt Philipp Rosset

Organisation und Anschriften der GEMA

GEMA KundenCenter	11506 Berlin Telefon: (0 30) 588 58-999 Telefax: (0 30) 212 92-795 E-Mail: kontakt@gema.de	
KundenCenter	Zittauer Straße 31 01099 Dresden 2. Level Support 3. Level Support	Direktor Christian Bachus Abteilungsleiterin Renate Schwarz Abteilungsleiterin Marion Flemming

Geschäftsstellen

Berlin	Bayreuther Straße 37 10787 Berlin Staat und Verwaltung Wirtschaft, Kirchen, Organisationen	Geschäftsstellenleiter Martin Schweda (Direktor) Abteilungsleiter Jo Ruhland Abteilungsleiterin Christina Garske
Hamburg	Schierenberg 66 22145 Hamburg Freizeit und Sport Sozialeinrichtungen und Verkehr Sportvereine, Diskotheken und Clubs	Geschäftsstellenleiter Hans-Werner Sikora (Direktor) Abteilungsleiterin Christina Blaas-Becker Abteilungsleiterin Cornelia Wagner Abteilungsleiterin Kirstin Wichern
Nürnberg	Fürther Straße 254 90429 Nürnberg Kreativwirtschaft/Musikvereine Hotellerie/Sonstige Dienstleistungen	Geschäftsstellenleiter Thomas Dörschuck Abteilungsleiter Rolf Billing Abteilungsleiter Sebastian Gabler
Stuttgart	Herdweg 63 70174 Stuttgart Gastronomie 1 Gastronomie 2 Gastronomie 3	Geschäftsstellenleiterin Barbara Gröger (Direktorin) Abteilungsleiterin Sabine Bullinger Abteilungsleiter Andreas Binnig Abteilungsleiterin Andrea Pletschacher
Wiesbaden	Abraham-Lincoln-Straße 44 65189 Wiesbaden Handel Sonstige Vereine, Bildung und Gesundheit	Geschäftsstellenleiter Frank Georg Bröckl (Direktor) Abteilungsleiter Frank Gärtner Abteilungsleiter Ulrich Letsch

B Das Geschäftsjahr 2018

Rede des Vorsitzenden des Vorstands

**Geschäftsbericht des Vorsitzenden des Vorstands
Dr. Harald Heker**[*]

Sehr geehrte Damen und Herren,
liebe Mitglieder der GEMA,

jahrelang habe ich in den Hauptversammlungen über unsere Bemühungen um eine europäische Urheberrechts-Richtlinie berichtet, über die Bedeutung der Providerhaftung und die „Value Gap"-Problematik. Kürzlich wurde die Richtlinie endlich beschlossen, die europäische Politik hat sich bei diesem Thema also als handlungsfähig erwiesen.

Parallel zu unserer Mitgliederversammlung haben bei den Europa-Wahlen rund 400 Millionen Wahlberechtigte in 28 Ländern entschieden, wie das Europa von morgen aussehen soll. Das Europa von gestern ist als europäische Wirtschaftsgemeinschaft entstanden, heutzutage ist die Europäische Union aber mehr als nur ein „gemeinsamer Markt". Europa, das ist ein über die Jahrhunderte gewachsener Kulturraum – eine Wertegemeinschaft. „In Vielfalt geeint", so das zutreffende Motto. Ob Musik, bildende Kunst, Literatur oder Architektur: Kultur verbindet die Menschen. Sie prägt ganz entscheidend uns und das Bild von Europa in der Welt. Kultur ist, wie Richard David Precht es einmal zutreffend formulierte, der „Kitt der Gesellschaft". Das ist bei der Politik angekommen, und viele Initiativen der letzten Monate und Jahre werden die Kultur- und Kreativschaffenden in Europa stärken. Denn, so die Erkenntnis: Ein Markt ohne Inhalte funktioniert nicht.

Die aktuelle Legislaturperiode des Europa-Parlaments wurde stark durch ein Vorhaben geprägt: Die europäische Urheberrechtsreform. Am 26. März 2019 hat das Parlament die Reform beschlossen, der Europäische Rat folgte mit seiner Zustimmung am 15. April. Mit dieser Reform hat die Politik die Position der Kreativschaffenden gegenüber den global agierenden Online-Plattformen wie YouTube gestärkt. Diese Plattformen nehmen eine öffentliche Wiedergabe von Inhalten vor und sind deshalb nun verpflichtet, per Lizenzvertrag die Urheber für die Nutzung ihrer Werke zu vergüten. Das ist ein geradezu historischer Paradigmenwechsel hin zu einem fairen Internet! Dafür haben wir uns vehement eingesetzt, haben jahrelang mit Nachdruck gefordert, dass die Wertschöpfungslücke geschlossen und das Urheberrecht an das Zeitalter des Internet angepasst werden muss. Der Anfang vom Ende der Wertschöpfungslücke im Internet ist mit der Richtlinie jetzt Realität.

Für die GEMA bedeutet dies, dass wir mit den Digitalkonzernen künftig nicht mehr darüber streiten, ob sie eine Vergütung bezahlen müssen, sondern über die Höhe der Vergütung verhandeln, was ein fundamentaler Unterschied ist. Von dieser Modernisierung des Urheberrechts geht ein weiteres wichtiges Signal aus: Europa ist in der Lage, faire und zukunftsweisende Regeln für die digitale Welt zu schaffen. Die europäischen Politiker haben großen Mut bewiesen gegen den erbitterten Widerstand der

---

[*] Für den Druck überarbeitete Fassung des Berichts auf der Hauptversammlung der ordentlichen GEMA-Mitglieder am 25. Mai 2019 in München

größten und mächtigsten Konzerne der Welt, die auch nicht vor dem Versuch zurück
schreckten, ihre Nutzer mit irreführenden Aussagen gegen die Reform zu instrumen-
talisieren. Dies ist ihnen bei vielen aus der jungen Generation gelungen, mit spürbaren
und sichtbaren Folgen wie Demonstrationen und Shitstorms gegen Politiker und
Kreative. Wir haben gezeigt bekommen, was es bedeutet, wenn die Internet-Giganten
ihre Macht ausüben und wir dieser Macht ausgesetzt sind.

Als GEMA sind wir den Kampagnen der Internet-Konzerne nach besten Kräften ent-
gegengetreten, gemeinsam mit Partnern aus ganz Europa, transparent und mit
offenem Visier. Doch wäre dieser positive Ausgang so nicht zustande gekommen
ohne die aktive Unterstützung der Kreativschaffenden – mit Klarnamen und mit
Haltung. Viele von ihnen haben sich intensiv und mit großer Leidenschaft für ein
faires Internet eingesetzt. Dank gilt daher ganz besonders den GEMA-Mitgliedern, die
sich in die Diskussion eingebracht haben, mit persönlichen Statements, Interviews,
Meinungsbeiträgen und in den sozialen Medien. Es war unbequem und gab Gegen-
wind, aber sie haben sich nicht abschrecken lassen. Die Stimmen waren wichtig
und wurden gehört, als die Kreativen – auch international – beispielsweise unter
dem Hashtag #YesToCopyright Position bezogen haben. Ihren Einsatz werden wir
auch in den kommenden beiden Jahren brauchen, denn die Arbeit für eine optimale
Umsetzung der Richtlinie in deutsches Recht beginnt jetzt erst. Wir werden weiterhin
viel Überzeugungsarbeit leisten müssen, aber zunächst einmal können wir uns über
den großen und wichtigen Erfolg freuen.

Bilanz des Geschäftsjahres 2018

Die wirtschaftliche Bilanz des vergangenen Geschäftsjahres fällt ebenfalls positiv für
die GEMA aus: Die Gesamterträge lagen mit 1.019 Millionen Euro wieder über der
Eine-Milliarde-Euro-Marke, an unsere Rechteinhaber können wir 859,5 Millionen Euro
ausschütten. Der Ergebnisrückgang gegenüber 2017 ergibt sich aus dem Wegfall eines
Sondereffekts, da die GEMA im Jahr 2017 eine zum Teil rückwirkende Ausschüttung
von der ZPÜ, einem Zusammenschluss der GEMA und acht weiterer Verwertungsgesellschaften in Deutschland, aus der Vergütung für Smartphones und Tablets erhalten
hatte. Wenn man diese Ausschüttung herausrechnet, sind die Erträge 2018 sogar
gestiegen. Alles in allem war 2018 also ein sehr erfolgreiches Jahr.

Die Gesamtaufwendungen 2018 beliefen sich auf 159,7 Millionen Euro, sie lagen
damit um eine Million Euro unter den Vorjahreskosten und führten zu einem Kostensatz von 15,7 %. Die Kosten für operative Aktivitäten betrugen 136,9 Millionen Euro,
was einem Kostensatz von 13,4 % entspricht. Für strategische Maßnahmen haben wir
22,8 Millionen Euro aufgewendet, enthaltend Kosten zur Umsetzung der Entscheidung des Bundesgerichtshofs zur Verlegerbeteiligung und für Projekte zur Modernisierung unserer IT-Landschaft.

Zu den Ertragsbereichen im Einzelnen:

- Tonträger

Im Tonträgergeschäft hat sich der Abwärtstrend der vergangenen Jahre nicht nur
fortgesetzt, sondern verstärkt: Mit 81 Millionen Euro lagen die Erträge in diesem
Bereich um 15 Millionen Euro unter denen im Vorjahr.

- Online

Anders im Online-Bereich: Hier hat die GEMA im letzten Jahr 105,5 Millionen Euro
erwirtschaftet, eine Steigerung gegenüber dem Vorjahr um die Hälfte. Zwar hatten

wir 2016 mit gut 80 Millionen Euro auch höhere Erträge, das aber nur, weil wir seinerzeit Nachzahlungen von YouTube für die Jahre 2009 bis 2016 erhalten hatten. In Anbetracht dessen, dass die GEMA im Online-Bereich schon lange kein Monopol mehr hat, ist das Ergebnis des Jahres 2018 mit erstmals in der Geschichte der GEMA über 100 Millionen Euro umso positiver zu bewerten.

Zum ersten Mal erzielte die GEMA 2018 auch Einnahmen in nennenswerter Höhe aus Video-on-Demand-Lizenzierungen, nämlich mehr als 27 Millionen Euro. Der Video-on-Demand-Bereich war nicht einfach zu lizenzieren, denn die Verhandlungen über entsprechende Verträge waren ein hartes Ringen und haben lange gedauert, weil die GEMA immer versucht, das Optimum herauszuholen. Mittlerweile haben wir Verträge mit Netflix und Maxdome abgeschlossen und sind dabei, mit Amazon einen Vertrag für den Video-Bereich zu verhandeln, was unseren Mitgliedern umfangreiche Vergütungen auch für die Vergangenheit sichern wird. Video-on-Demand hat noch deutliches Steigerungspotential.

Über die 105 Millionen Euro Einnahmen aus dem Online-Geschäft freuen wir uns natürlich, aber wir sollten nicht vergessen, dass damit immer noch nicht die tatsächliche Nutzung von Musik im Internet abgebildet wird, bei weitem noch nicht. Hier liegt noch viel Arbeit vor uns.

- Rundfunk und Fernsehen

Auch im Sendebereich hatten wir ein Rekordergebnis zu verzeichnen: Wir haben mit 301,9 Millionen Euro eine Steigerung um 7,7 Millionen Euro und erstmals einen Ertrag von mehr als 300 Millionen Euro erreicht.

- Außendienst

Im Außendienst konnten wir 2018 ebenfalls mehr erwirtschaften als in früheren Jahren: 8 Millionen Euro Steigerung brachten die Erträge auf fast 390 Millionen Euro. Das Wachstum konnten wir hauptsächlich in der Sparte U-Musik erzielen, durch ein starkes Konzertjahr mit gleichzeitigem Anstieg der Konzertpreise.

Verlegerbeteiligung

Unser Tagesgeschäft im Jahr 2018 war erneut stark geprägt von der Verlegerbeteiligung. Fast drei Jahre hat uns das Thema beschäftigt, doch nun haben wir es so gut wie geschafft. Ich erinnere daran, dass die GEMA einem Urteil des Berliner Kammergerichts vom November 2016 zufolge nicht berechtigt war, von ihren Erträgen wie bisher einen Anteil zugunsten der Verleger auszuschütten. Der GEMA ist es dann gelungen, dass gleich in dem darauffolgenden Monat, also im Dezember 2016, eine Gesetzesänderung verabschiedet wurde, die eine Verlegerbeteiligung ab dann wieder ermöglichte. Da aber dieses Gesetz nicht zurückwirkt, mussten Autoren und Verlage für die Jahre 2012 bis 2016 in jedem einzelnen Fall die Verlegerbeteiligung klären. Die GEMA hat dann sofort das EBV, das Elektronische Bestätigungs-Verfahren, aufgebaut, um ihre Mitglieder dabei zu unterstützen. Informationen zu Millionen von Werken wurden der GEMA auf dieser Basis mitgeteilt.

Ende 2018 führten wir die sogenannte Rückabwicklung durch, das heißt die Belastung der Verlage, die uns keine Genehmigung der Urheber für eine Beteiligung ihres Verlages vorlegen konnten. Auch wenn noch Nachbearbeitungsbedarf besteht: Die ganz große Zerreißprobe haben wir bestanden. Bemerkenswert ist, dass alle vereinbarten Termine bei der Abwicklung der Verlegerbeteiligung eingehalten worden sind und kein Verteilungstermin ungeplant ausgefallen oder nennenswert verschoben worden ist.

Insgesamt haben wir zum Stichtag 1. November 2018 rund 25 Millionen Euro umverteilt, und zwar bezogen auf sämtliche Ausschüttungen zwischen Juli 2012 und Dezember 2016. Das sind weniger als 3 % des Gesamtbetrags, der in dieser Zeit an die GEMA-Verlage ausgeschüttet wurde. 97 % der Ausschüttungen sind somit unangetastet geblieben. Trotz des finanziellen Aufwands, viel Arbeit, Zeitverlust, Konflikten und Unmut über den administrativen Aufwand für alle Beteiligten halten sich die negativen Auswirkungen in Grenzen, denn das Urteil hatte das Potential, die gewohnte Form der gemeinschaftlichen Rechtewahrnehmung von Urhebern und Verlagen in der GEMA infrage zu stellen. Das wäre ein wesentlich größerer Schaden gewesen, ist aber nicht geschehen, weil die überwiegende Zahl der Autoren zu ihren Verlegern gehalten und sich solidarisch gezeigt hat.

Da die GEMA jede verfügbare Ressource für die Verlegerbeteiligung eingesetzt hat, mussten viele Projekte seit Ende 2016 hintangestellt werden. Wir müssen deshalb jetzt in verschiedenen Projekten Boden wiedergutmachen.

ICE

Eines dieser Projekte ist ICE, International Copyright Enterprise, unsere Kooperation mit den Schwestergesellschaften STIM und PRS. Über ICE lizenzieren wir bereits das Repertoire der GEMA für alle namhaften Online-Musik-Plattformen, Folgeschritt in der Kooperation ist die Schaffung einer gemeinsamen Dokumentation für Werke und Vereinbarungen. Die GEMA wollte bereits angefangen haben, ihre Werkdaten unter das Dach von ICE zu führen, doch die für Maßnahmen zur Verlegerbeteiligung eingesetzten Ressourcen haben uns im ICE-Projekt gefehlt. Es gibt noch einen zweiten Grund für die Verzögerung, eigentlich ein erfreulicher Aspekt: ICE hat sich entschlossen, sein Copyright System auf eine neue Cloud-Technologie umzustellen, die eine hochmoderne Grundlage für das Datenmanagement in ICE schafft. Erst im darauffolgenden Schritt sollen die Daten der GEMA in das neue System überführt werden. Wir arbeiten weiter mit Hochdruck daran, diesen Schritt gehen zu können, und sehen dem neuen System mit hohen Erwartungen entgegen.

Schon seit Längerem sehr gut läuft bei ICE die Online-Lizenzierung des GEMA-Repertoires. Gemeinsam lizenzieren wir in bis zu 160 Ländern, weitere stehen an. Dank unserer gebündelten Kräfte konnten wir 2018 sehr hart verhandeln und haben gemeinsam zum Beispiel erreicht, dass Spotify deutlich höhere Vergütungen zahlt. So haben wir die Steigerung um 35 Millionen Euro bei den Online-Erträgen auch unserer Kooperation in ICE zu verdanken. Wir hoffen natürlich, auf der Basis der neuen EU-Richtlinie auf Dauer noch höhere Erträge erwirtschaften zu können.

Tariffragen

Die Verträge mit den Sendeunternehmen laufen noch bis Ende 2020, bald werden neue Verhandlungen beginnen für die Zeit danach. Es ist zu erwarten, dass diese sich zäh gestalten werden, denn die Sender haben mit großen Veränderungen zu kämpfen. Der Fernsehkonsum ändert sich, die Zuschauer wechseln verstärkt ins Internet oder zeichnen Sendungen digital auf und umgehen so oft die Werbung. Das ist einer der Gründe, warum die Werbeeinnahmen der Sendeunternehmen stagnieren oder gar zurückgehen.

An dieser Stelle möchte ich Dank sagen an alle Mitarbeiterinnen und Mitarbeiter in der GEMA, die sich wieder herausragend eingesetzt haben: Im Rahmen der Verlegerbeteiligung, bei der Diskussion um die Urheberrechtsreform und in vielen anderen Bereichen. Meinen Vorstandskollegen Georg Oeller und Lorenzo Colombini danke ich, dass wir auch im letzten sehr intensiven Jahr so gut zusammengearbeitet haben. Die Mitglieder des Aufsichtsrats, mit Ralf Weigand, Stefan Waggershausen und Dagmar Sikorski an der Spitze, wurden vor einem Jahr neu gewählt. In dieser Zusammensetzung haben sie sich schnell gefunden, von Anfang an gab es einen sehr konstruktiven Austausch. Stellvertretend für alle, die ehrenamtlich in der GEMA tätig sind, spreche ich auch ihnen meinen herzlichen Dank aus.

Kulturpolitische Aktivitäten

Bei unseren kulturellen Themen nenne ich zunächst den Deutschen Musikautorenpreis. Der Preis wurde in diesem Jahr zum 11. Mal verliehen, Berlin bot dabei die Bühne für einen sehr gelungenen Abend. Autoren ehrten Autoren, künstlerische Qualität schlug Verkaufszahlen. Dass der Abend mittlerweile sehr begehrt ist, zeigten die 400 am Jubiläumsabend anwesenden Gäste und die 800 auf der After Show Party. Den Preis für sein Lebenswerk erhielt Wolfgang Rihm. Sein Herz schlägt für die Musik, das hat er auch mehr als 20 Jahre im Aufsichtsrat der GEMA deutlich gemacht.

Auf unserem Mitgliederfest wurde wieder der Fred Jay-Preis verliehen, der – in Erinnerung an den Textdichter Fred Jay – deutschsprachige Textdichter für die besonders hohe Qualität ihrer Liedtexte auszeichnet. Preisträger in diesem Jahr ist Mark Forster, der, so die Jury, eine unverkennbare Musiksprache entwickelt hat, spielerisch, witzig, emotional, einfallsreich und mit hoher textdichterischer Qualität.

Ausblick und Zukunftsfragen

Anknüpfend an die wirtschaftlichen Themen möchte ich einen Blick auf die Situation der GEMA für die nächsten Jahre geben, angefangen mit 2019. Auch wenn keine Sondererträge zu erwarten sind, gehen wir davon aus, wieder hohe Erlöse zu erwirtschaften. In den meisten Inkassobereichen werden die Einnahmen voraussichtlich steigen, zum Beispiel bei Online und beim Außendienst. Deshalb wird auch die Verteilungssumme für dieses Jahr wohl höher ausfallen als im letzten Jahr. Gute Aussichten für 2019 also, doch das Musikgeschäft ändert sich weiter rasant, und auch die Herausforderungen für die GEMA wachsen. Deswegen haben Aufsichtsrat und Vorstand beschlossen, unsere bewährte jeweils dreijährige Unternehmensplanung um eine Langfriststrategie zu erweitern. Mit internen und externen Ressourcen haben wir die Trends und Entwicklungen für die kommenden fünf bis zehn Jahre analysiert, daraus Schlussfolgerungen gezogen und Handlungsfelder für die GEMA abgeleitet. Wir sehen folgende grundlegenden Trends und Entwicklungen:

Der Musikkonsum ändert sich. Im Bereich Tonträger wird das Geschäft in den kommenden Jahren noch weiter zurückgehen. Zunehmende Veränderungen in der Nutzung werden auch auf die Bereiche Fernsehen und Radio zukommen, weil insbesondere jüngere Nutzer sich weg vom klassischen Fernsehen und Radio hin zum Internet bewegen, mit Folgen für die Lizenzzahlungen der Sender an die GEMA.

Wir merken, wie weltweit der Wettbewerb um Lizenzen härter und aktiver wird. Immer mehr Rechteverwerter und auch fremde Kapitalgeber dringen in den Markt. Obendrein werden Grenzen durchlässiger oder verschwinden, gerade im Online-Geschäft, Schlagwort: Internationalisierung. Wir profitieren davon mit unserer Beteiligung an ICE, aber andererseits könnten andere Rechteverwerter uns in Deutschland Konkurrenz machen.

Einstellen müssen wir uns auch auf die rasant wachsenden Datenmengen. Enorme Zahlen sind es schon heute: 2018 verarbeiteten wir bereits 12,3 Billionen Streams und Downloads, und diese Volumina werden weiter exponentiell steigen. Wer ihrer

Herr werden kann und sie gut aufbereitet, kann interessante und wertvolle Schlüsse daraus ziehen. Das geht nur dank der nächsten Entwicklung:

Digitalisierung. Information, Kommunikation, Betriebsprozesse werden digital. Das hat den Vorteil, dass mehr Daten festgehalten und verarbeitet werden, Prozesse schneller werden und es einfacher wird, Zusammenhänge zu erschließen. Um hier mithalten zu können, muss die GEMA natürlich investieren.

Auf der Basis dieser Trends und Entwicklungen haben Aufsichtsrat und Vorstand entschieden, welche beiden Handlungsfelder – neben den Mitgliederbelangen – für die GEMA ab sofort Priorität haben: Das sind Wachstum und Digitalisierung. Wir wollen uns aktiv um Wachstum bemühen, indem wir neue Erlösquellen erschließen, natürlich in unserem Kerngeschäft, aber womöglich auch in anderen Bereichen darum herum. Ein solches Wachstum ist ohne Digitalisierung nicht erreichbar, denn Fakt ist auch, dass mittlerweile eine ganze Generation ‚digital' aufgewachsen ist, als ‚digital natives'. Schon in wenigen Jahren dürfte die Mehrheit unserer Kunden und bald auch unserer Mitglieder zu diesen ‚digital natives' gehören. Sie erwarten von der GEMA, dass sie zeitgemäß kommuniziert – eben digital.

Dies alles bedeutet, einfach gesagt: Die ganze GEMA muss digital werden. Das ist der Schritt, den wir unverzüglich gehen müssen. Natürlich haben wir schon lange digitale Technologien im Einsatz, aber nicht nur. Informationen erreichen uns noch auf Papier, per Telefon, per Fax, sie müssen von unseren Mitarbeitern konvertiert werden zu digitalen Dokumenten. Da dies Zeitverlust, Kosten und Intransparenz bedeutet, suchen wir digitale Lösungen, die unsere internen Prozesse optimieren, sie effizienter machen.

Aber nicht nur intern, sondern auch gegenüber unseren Mitgliedern und Kunden arbeiten wir daran, neue digitale Dienstleistungen zu schaffen, um einen direkteren Service bieten zu können und die Kommunikation zu optimieren. Ich freue mich, die erste konkrete Umsetzung vorstellen zu können: Das GEMA Mitglieder-Dashboard. Es soll die zentrale digitale Informationsquelle zu GEMA-Daten für unsere Mitglieder werden und Zugriff auf eine Reihe von Services bieten. So können sie in diesem Portal künftig auf ihrem PC, Tablet oder Smartphone Nutzungsaufstellungen einsehen, und sie finden dort einen Überblick über ihre Tantiemen und darüber, wann sie mit der Abrechnung planen können. Es können auch selbst Auswertungen erstellt werden, zum Beispiel nach Zeiträumen, Werken oder Sparten, was aussagekräftige Diagramme unterstützen. Ihre Stammdaten, die bei der GEMA hinterlegt sind, können unsere Mitglieder künftig ebenfalls einsehen und selbst verwalten. Das Dashboard bietet ihnen also Transparenz über die Nutzung ihrer Musik bis zur Ausschüttung.

In den nächsten Wochen werden wir daran weiterarbeiten, bevor das Dashboard in der ersten Ausbaustufe für die allgemeine Nutzung freigeschaltet wird. Es ist uns sehr wichtig, dass jedes unserer Mitglieder sich in diesem Dashboard zurechtfinden kann, deshalb werden wir mit der Freischaltung einen Rund-um-die-Uhr Telefonservice dazu anbieten. Abgestimmt auf die Bedürfnisse unserer Mitglieder werden wir das Dashboard dann sukzessive weiterentwickeln und um andere Dienstleistungen ergänzen.

Die Digitalisierung ermöglicht einen weiteren Ansatz, nämlich den, neue Geschäftsmodelle zu entwickeln, Modelle, die die heutige Form der Rechtewahrnehmung nachhaltig verändern könnten. Dabei ist an zwei Richtungen zu denken: Markterweiterung und Leistungserweiterung.

Markterweiterung bedeutet, bestehende Leistungen neuen Kunden anzubieten. Bei unseren Überlegungen zur Digitalisierung versuchen wir, unsere Lösungen von vornherein so zu bauen, dass sie auch für Dritte interessant sind. Das gibt uns die Möglichkeit, bestimmte Services auch anderen, vor allem kleinen und mittelgroßen Verwertungsgesellschaften anzubieten, die aus sich heraus die erforderlichen Investitionen nicht leisten können oder wollen. So können wir zum einen unser Kooperationsnetzwerk ausweiten und zum anderen zusätzliche Erträge erzielen.

Von der Leistungserweiterung habe ich als erstes Beispiel das Mitglieder – Dashboard genannt, das eine schnellere und bessere Kommunikation mit der GEMA ermöglicht. Aber wir wollen das Leistungsangebot noch erheblich steigern, indem wir selbst Online-Plattformen entwickeln. Die GEMA ist – als Vermittler zwischen Musikschaffenden und Musiknutzern – in einer idealen Position, ihre zentrale Rolle in der Musikindustrie weiter auszubauen. Wir denken an ein Netzwerk von Online-Plattformen, auf denen wir beispielsweise Musikveranstalter und Musikschaffende zusammenbringen, doch auch andere Plattformangebote in den Bereichen Kreation, Vernetzung und Vermarktung sind denkbar. In den kommenden Jahren werden wir hier verstärkt ansetzen. Es ist ein ebenso herausforderndes wie spannendes Feld, in dem es darauf ankommt, verschiedene technologische Möglichkeiten auf kreative Weise so einzusetzen, dass sie unseren Mitgliedern und Kunden nützen.

Digitalisierung und Wachstum sind die ersten Bereiche unserer Langfriststrategie, in denen wir konkrete Aktionen gestartet haben. Weitere werden folgen, werden folgen müssen. Doch auch wenn Digitalisierung und neue Erlösquellen unverzichtbar sind für die Existenz der GEMA: Es kann bei der Sicherung unserer Zukunft nicht nur um Technik und Erträge gehen.

Die GEMA hat auch einen sozialen und kulturellen Auftrag. Schon seit mehr als hundert Jahren nehmen wir diesen wahr, und wir nehmen ihn ernst! Unseren kulturellen Auftrag nehmen wir wahr, indem die GEMA in der Öffentlichkeit Bewusstsein für den Wert kreativer Leistungen schafft, Wichtiges beiträgt zur vielfältigen Musikkultur in Deutschland, so mit dem Deutschen Musikautorenpreis und der Akademie Deutscher Musikautoren oder dem Radiokulturpreis. Unser sozialer Auftrag spiegelt sich in den Vorsorge- und Unterstützungseinrichtungen, die wir unterhalten, wie zum Beispiel unsere Sozialkasse.

Dass wir erhebliche Mittel für soziale und kulturelle Zwecke zur Verfügung stellen, ist in unserem Verteilungsplan ausdrücklich geregelt. Die GEMA ist eben nicht nur ein Inkasso-Unternehmen, sondern auch eine Solidargemeinschaft! Nicht jedem in der GEMA ist dies richtig bewusst, und außerhalb der GEMA ist es kaum bekannt. Dabei ist diese Solidarität ein ganz besonderer Wert, ein Wert, den es hervorzuheben gilt, denn er unterscheidet uns von einem beliebigen Rechtehändler und kann womöglich ein Argument für jemanden sein, der sich überlegt, von wem er seine Rechte wahrnehmen lassen will. Also sollten wir unseren sozialen und kulturellen Auftrag noch deutlicher herausstellen, noch klarer kommunizieren.

Permanent werden wir uns fragen müssen: Wie halten wir die GEMA stark – bei Wahrung unserer immateriellen Werte? Das wird vielleicht nicht immer einfach sein, aber sage ich nicht schon seit zehn Jahren, „dass es nicht leicht wird"? Bis jetzt hat sich die GEMA, dank des Einsatzes Vieler, immer als robust, flexibel und zukunftsfähig erwiesen. Lassen Sie uns auf diesen Qualitäten weiter an ihrer Zukunft bauen!

Auf einen Blick

	2018	2017
	T€	T€
Erträge	1.019.173	1.074.323
Aufwendungen	159.662	160.708
Verteilungssumme	**859.511**	**913.615**
Kostensatz	**15,7 %**	**15,0 %**
Zur Ertragsseite:		
Gliederung nach Inkassobereichen		
Inkasso des Außendienstes	388.470	380.539
Inkasso des Bereichs Vervielfältigung	81.011	96.119
Auslandsinkasso	70.386	72.588
Sendungsinkasso	301.809	294.207
Online-Inkasso	105.494	69.988
Vergütungsansprüche	62.234	151.824
Sonstige Bereiche	9.769	9.058
Summe nach Bereichen	**1.019.173**	**1.074.323**
Zur Aufwandsseite:		
Personalkosten	60.551	72.152
Sachkosten	99.111	88.556
	159.662	160.708

Kategorie der Rechte	Art der Nutzung	2018	2017
		T€	T€
Vervielfältigung und Verbreitung	Tonträger	44.003	50.131
	Bildtonträger	9.742	10.218
	Gesamt	53.745	60.349
Aufführung	**Musikveranstaltungen**	**133.136**	**123.848**
Online	Sendung im Internet	505	572
	Download	8.867	13.795
	Streaming	95.447	57.701
	Gesamt	104.819	72.068
Sendung	Hörfunk	52.772	50.403
	Fernsehen	176.943	173.622
	Kabelweitersendung	15.375	14.904
	Gesamt	245.090	238.929
Wiedergabe	**Mechanische Wiedergabe**	148.242	146.401
Vorführung	**Vorführung**	10.086	11.534
Gesetzliche Vergütungsansprüche	davon § 27 Abs. 1 UrhG	426	921
	davon § 27 Abs. 2 UrhG	1.189	1.300
	davon § 52a Abs. 4 UrhG/ § 60h Abs. 1 S. 1 UrhG	157	207
	davon § 54 Abs. 1 UrhG	60.888	150.317
	Gesamt	62.660	152.745
Ausland	A AR	47.753	47.208
	A VR	13.319	11.148
	K RA und KFSA	9.315	14.232
	Gesamt	70.387	72.588
Inkassomandate		173.968	179.193
Sonstige Erträge		17.039	16.668
Gesamt		1.019.173	1.074.323

Anzahl der Mitglieder

	2018	2017
Komponisten und Textdichter	64.502	63.018
davon ordentliche Komponisten	3.055	3.008
davon ordentliche Textdichter	514	511
davon außerordentliche	5.877	5.834
davon angeschlossene	55.056	53.665
Verleger	5.018	5.107
davon ordentliche	567	566
davon außerordentliche	206	207
davon angeschlossene	4.245	4.365
Rechtsnachfolger	4.394	4.393
davon ordentliche Komponisten	17	17
davon ordentliche Textdichter	8	8
davon außerordentliche	3	3
davon angeschlossene	4.366	4.365
Gesamt	73.914	72.518
davon ordentliche	4.161	4.110
davon außerordentliche	6.086	6.044
davon angeschlossene	63.667	62.364

Neuaufnahmen von Mitgliedern	2018	2017
Urheber (Komponisten und Textdichter)	2.994	2.539
Verleger	90	48
Gesamt	3.084	2.587

Dem Zuwachs an Mitgliedern von 1.396 insgesamt stehen 3.084 Neuaufnahmen gegenüber. Die Differenz zwischen Zuwachs und Neuaufnahmen resultiert aus den Kündigungen und Fällen vorzeitigen Ausscheidens von Mitgliedern.

Durch insgesamt 152 Verträge (Stand: 1. 8. 2019) mit ausländischen Verwertungsgesellschaften und Inkassoorganisationen vertritt die GEMA weit über 2 Millionen Musikurheber aus aller Welt und pflegt in ihrer Werkedokumentation die Daten von mehr als 22 Millionen Werken.

Mittel für Soziale und kulturelle Zwecke

1. Von den Einnahmen aus den Rechten für soziale und kulturelle Zwecke abgezogene Beträge

Kategorie der Rechte	Art der Nutzung	Beträge aus 10-Prozent-Abzug in T€*
Aufführung	Musikveranstaltungen	10.521
Online	Sendung im Internet	29
	Download	279
	Streaming	1.698
		2.006
Sendung	Hörfunk	4.827
	Fernsehen	10.703
	Kabelweitersendung	1.209
		16.739
Wiedergabe	mechanische Wiedergabe	11.544
Vorführung	Vorführung	794
Gesamt		**41.604**
		Weitere Mittel
Zinserträge		741
Aufnahmegebühren, Mitgliedsbeiträge, Konventionalstrafen und andere unverteilbare Beträge		10.789
Verfügbare Mittel (ingesamt)		**53.134**

2. Verwendung der Mittel für soziale und kulturelle Zwecke

Die Beträge wurden folgender Verwendung zugeführt:

	in T€
Kostenabzug	530
Für soziale und kulturelle Zwecke verwendete Beträge, davon:	**52.604**
Wertungsverfahren E	13.533
Wertungsverfahren U	26.404
Schätzungsverfahren der Bearbeiter	1.962
Alterssicherung	3.105
GEMA-Sozialkasse	7.600
Summe	**53.134**

* Der 10-Prozent-Abzug erfolgt von den Einnahmen in den Sparten der Rechte der öffentlichen Wiedergabe gemäß § 30 Abs. 1 des Verteilungsplans. Im Rahmen der Vornahme der Abzüge erfolgt zunächst keine Differenzierung nach dem späteren Verwendungszweck.

Lagebericht

A. Allgemeine Rahmenbedingungen und Geschäft

1. Wirtschaftliches Umfeld

Die Weltwirtschaft setzt ihr Wachstum fort, zeigt aber eine graduelle Verlangsamung des Expansionstempos. Der Rückgang des globalen Wachstums wird von nahezu allen Weltregionen getragen, besonders der Welthandel verliert an Dynamik. Dem rückläufigen Economic Sentiment Indicator der Europäischen Kommission zufolge haben sich die konjunkturellen Perspektiven im Euroraum eingetrübt. Aus Sicht der Bundesregierung wird ein Wachstum des globalen BIP in 2019 von 3,5 % (2018: 3,7 %) erwartet. Angesichts stabiler Rohstoffpreise dürfte sich die Konjunktur dagegen in einigen großen Schwellenländern weiterhin beschleunigen. Zu den Risiken des Wachstums im Euroraum gehören weiterhin der Brexit mit seinen Konsequenzen sowie die teilweise weniger nachhaltigen Haushaltspolitiken.

Gemäß dem Jahreswirtschaftsbericht 2019 des Bundesministeriums für Wirtschaft und Energie befindet sich die deutsche Wirtschaft weiter auf Wachstumskurs. Mit einem Zuwachs von 1,5 % ist die deutsche Wirtschaft im vergangenen Jahr in etwa so schnell gewachsen wie im Durchschnitt des Zeitraums ab dem Jahr 2012, aber deutlich langsamer als in den wachstumsstarken Jahren 2016 und 2017 mit je 2,2 %. Die binnenwirtschaftlichen Ausgangsbedingungen für das Jahr 2019 sind daher weiterhin gut. Allerdings haben sich die konjunkturellen Perspektiven für die Weltwirtschaft im Vergleich zum Vorjahr verschlechtert, diese wird mit geringerer Dynamik wachsen. Für das Jahr 2019 erwartet die Bundesregierung vor diesem Hintergrund eine Zunahme des preisbereinigten Bruttoinlandsprodukts in Höhe von 1,0 %. Das Wirtschaftswachstum fällt somit schwächer als im Vorjahr aus.

Der Arbeitsmarkt in Deutschland hat sich auch im Jahr 2018 positiv entwickelt. Im Jahresdurchschnitt waren rund 44,8 Mio. Personen mit Arbeitsort in Deutschland erwerbstätig (Vorjahr 44,3 Mio.). Die Arbeitslosenquote lag bei 5,2 % (Vorjahr 5,7 %).

Das Preisklima verzeichnete im Gesamtjahr 2018 den höchsten Wert seit 2012. Die Inflationsrate lag im Durchschnitt bei 1,9 % (Vorjahr 1,8 %) und lag somit im Bereich der Zielmarke der EZB (Europäische Zentralbank). Die anziehende Preisdynamik war wesentlich durch den fortgesetzten Anstieg der Ölpreise bedingt.

Die Erholung der Kreditentwicklung im Euroraum geht weiter. Die EZB (Europäische Zentralbank) verfolgt weiterhin eine expansive Geldpolitik. Der Zinssatz für Hauptrefinanzierungsgeschäfte liegt seit März 2016 bei 0,0 %. Ebenso seit März 2016 unverändert bleibt der Einlagenzins, welcher weiterhin mit –0,40 % im negativen Bereich liegt.

2. Entwicklung in der Musikindustrie

Die GEMA ist als Verwertungsgesellschaft in Bezug auf Musikwerke abhängig von der Gesamtentwicklung in der Musikindustrie.

Laut Auskunft des Bundesverbands der Musikindustrie sind die Einnahmen aus dem Musikverkauf im 1. Halbjahr 2018 gegenüber dem Vorjahreszeitraum um 2,0 % gesunken. Der Bereich Audio-Streaming überholte die CD und ist nun mit einem Marktanteil von 47,8 % größtes Umsatzsegment. Gegenüber dem ersten Halbjahr 2017 ist der Umsatz im Bereich CDs um 24,5 % gesunken, was einen Marktanteil von 34,4 % darstellt. Auch der Bereich Downloads und die Schallplatte verzeichneten Verluste. Einziges Wachstumssegment neben Audio-Streaming war das Video-Streaming, das um 27,2 % zulegte und nun 2,2 % des Gesamtumsatzes ausmacht.

Der Nutzungsanteil von Musik in Fernsehen und Radio liegt weiterhin auf einem hohen Niveau. Für die Attraktivität von modernen Fernseh- und Radioprogrammen bleibt die kommerzielle Nutzung von Musik nach wie vor unerlässlich. Auch die Nutzung im Bereich der Live-Musik hat sich weiterhin sehr stabil entwickelt.

3. Rechtliche Rahmenbedingungen

Auf europäischer Ebene wurde im Jahr 2018 weiter über den Vorschlag der Kommission für eine Richtlinie über das Urheberrecht im digitalen Binnenmarkt beraten. Nachdem sich die Mitgliedstaaten im Rat bereits Ende Mai 2018 auf eine gemeinsame Position hatten verständigen können, verabschiedete auch das EU-Parlament im zweiten Anlauf Mitte September 2018 seine Position zu dem Richtlinienvorschlag. In den anschließenden Trilog-Verhandlungen zwischen Rat, Parlament und Kommission konnte bis Jahresende jedoch keine Einigung auf einen gemeinsamen Richtlinientext erzielt werden. Die Verhandlungen werden daher in 2019 fortgesetzt.

Im Fokus der Diskussion stehen weiterhin v. a. die Regelungen in Art. 13 des Richtlinienvorschlags zur Haftung von Internetplattformen, die von ihren Nutzern hochgeladene urheberrechtlich geschützte Inhalte verwerten. Hier sind neben einer vom EU-Parlament vorgeschlagenen Ausnahme für kleine und Kleinstunternehmen insbesondere Art und Umfang der ursprünglich vom Rat vorgeschlagenen Maßnahmen zur Abmilderung der Haftung von Plattformen umstritten. Aus Sicht der GEMA ist es für einen Kompromiss insofern unerlässlich, das Kernanliegen von Art. 13 – die Förderung von Lizenzvereinbarungen zwischen Plattformen und Rechteinhabern – zu wahren und klare Anreize für Lizenzlösungen zu schaffen. Es ist das Gesetzgebungsverfahren im ersten Quartal 2019 abzuschließen. Daran anschließend wäre die Richtlinie in nationales Recht umzusetzen.

Im Gesetzgebungsverfahren zu der bisherigen Verordnung zur Ergänzung der Satelliten- und Kabelrichtlinie (sog. SatCab-Verordnung) konnten sich Rat, Parlament und Kommission im Dezember 2018 hingegen auf einen politischen Kompromiss einigen. Dabei hat für Überraschung gesorgt, dass nach mehrjähriger Befassung mit diesem Thema am Ende aus der geplanten Verordnung eine Richtlinie gemacht wurde, um den Mitgliedstaaten bei der Umsetzung mehr Spielraum zu ermöglichen. Das Gesetz behandelt die Wahrnehmung von Urheberrechten und verwandten Schutzrechten in Bezug auf bestimmte Online-Übertragungen von Rundfunkveranstaltern (sog. „ancillary online services") und die Übertragung der Regelungsmechanismen der Satelliten- und Kabelrichtlinie auf die Weiterverbreitung von Fernseh- und Hörfunkprogrammen mittels anderer Übertragungstechniken. Mit Regelungen zur technologieneutralen Ausgestaltung der Weitersendung und zur Direkteinspielung von Programmen durch Sendeunternehmen in Kabelnetze (sog. Direct Injection) wurden dabei aus Sicht der Rechteinhaber und Verwertungsgesellschaften wesentliche Punkte umgesetzt. Beim bis zuletzt strittigen Punkt „Herkunftslandprinzip" für „ancillary online services" der Sendeunternehmen konnte man sich schließlich im Dezember 2018 auf einen reduzierten Anwendungsbereich verständigen. Es ist davon auszugehen, dass das Gesetzgebungsverfahren im ersten Quartal 2019 abgeschlossen wird. Daran anschließend wird die Richtlinie in nationales Recht umzusetzen sein.

3.1 Bundesgerichtshof (BGH)

a) Radiosendungen in Krankenhäusern

Mit Urteil vom 11. Januar 2018 hat der Bundesgerichtshof (Az. I ZR 85/17) entschieden, dass der Betreiber eines Krankenhauses, der Patientenzimmer mit Radiogeräten ausstattet, mit denen Patienten ausgestrahlte Radiosendungen über eine krankenhauseigene Kabelanlage empfangen können, auch unter Berücksichtigung der jüngeren EuGH-Rechtsprechung die Radiosendungen im Sinne von § 15 Abs. 3 UrhG öffentlich wiedergibt. Ohne Einwilligung der Verwertungsgesellschaften verletzt er daher die Rechte von Urhebern, ausübenden Künstlern und Sendeunternehmen zur öffentlichen Wiedergabe ihrer Werke oder Leistungen.

b) Haftung einer Internetvideoplattform für Urheberrechtsverletzungen – YouTube

Mit Beschluss vom 13. September 2018 hat der Bundesgerichtshof (Az. I ZR 140/15) dem Europäischen Gerichtshof zur Vorabentscheidung die Frage vorgelegt, ob eine Internetplattform wie YouTube, bei der Nutzer urheberrechtlich geschützte Werke hochladen, selbst eine öffentliche Wiedergabehandlung vornimmt und für Rechtsverletzungen haftet. Der Bundesgerichtshof geht davon aus, dass eine solche Plattform nicht haftet, sah sich aber außer Stande hierüber selbst zu entscheiden, da insofern europäisches Recht maßgeblich sei.

c) Haftung eines Sharehosting-Dienstes für urheberrechtsverletzende Inhalte – Uploaded

Mit Beschluss vom 20. September 2018 hat der Bundesgerichtshof (Az. I ZR 53/17) dem Europäischen Gerichtshof zur Vorabentscheidung die Frage vorgelegt, ob ein Sharehosting-Dienst, über den Nutzer Dateien mit urheberrechtlich geschützten Inhalten zugänglich machen, selbst eine öffentliche Wiedergabehandlung vornimmt und für Rechtsverletzungen haftet. Klägerin war u. a. die GEMA. Der Bundesgerichtshof geht davon aus, dass ein solcher Sharehosting-Dienst auf Schadensersatz haftet, sah sich aber außer Stande hierüber selbst zu entscheiden, da insofern europäisches Recht maßgeblich sei.

3.2 Kammergericht – Verlegerbeteiligung

Das Urteil des Kammergerichts vom 14. November 2016 (Az. 24 U 96/14) wirkte auch im Jahr 2018 fort. Auf die Klage von zwei Autoren hatte das Gericht entschieden, dass die GEMA nicht berechtigt sei, Verleger pauschal an ihren Ausschüttungen auf Nutzungsrechte und gesetzliche Vergütungsansprüche zu beteiligen. Das Gericht hat die Revision nicht zugelassen. Die von der GEMA eingelegte Nichtzulassungsbeschwerde hat der Bundesgerichtshof zurückgewiesen, sodass das Urteil rechtskräftig ist.

Nach der Entscheidung des Kammergerichts beschloss der Rechtsausschuss des Deutschen Bundestages am 13. Dezember 2016 einen Regelungsvorschlag für das Urhebervertragsrecht und die Verlegerbeteiligung, der dann nach beschleunigtem Verfahren am 24. Dezember 2016 in Kraft getreten ist. Nach § 27 Abs. 2 VGG n.F. kann die GEMA mit Inkrafttreten des Gesetzes Urheber und Verleger unabhängig von der Frage, wer die Rechte bei der GEMA eingebracht hat, wieder gemeinsam an den Ausschüttungen auf Nutzungsrechte beteiligen. Nach § 27a VGG n.F. ist für die Beteiligung von Verlegern an gesetzlichen Vergütungsansprüchen hingegen die Zustimmung des Urhebers erforderlich. Verleger wurden daher im Jahr 2018 an gesetzlichen Vergütungsansprüchen nur dann beteiligt, wenn eine Zustimmung des Urhebers vorlag.

Zur Aufarbeitung der Rechtsfolgen des Urteils des Kammergerichts hat die GEMA in den Jahren 2017 und 2018 ein elektronisches Bestätigungsverfahren durchgeführt. In diesem Verfahren konnten die Verlage gegenüber der GEMA ihre Rechtsbeziehungen zu ihren Urhebern nachweisen. Im Oktober/November 2018 erfolgte auf Basis der Ergebnisse des elektronischen Bestätigungsverfahrens die Rückabwicklung. Soweit Verlage keine Berechtigung nachweisen konnten, wurde ihr Konto mit den entsprechenden Beträgen belastet, die den Urhebern wiederum gutgeschrieben wurden. Dem potenziellen Forderungsausfallrisiko wurde durch Berücksichtigung einer Wertberichtigung Rechnung getragen.

Um eine Verjährung potenzieller Rückforderungsansprüche gegen Verleger für Ausschüttungen aus dem Jahr 2015 zu verhindern, hat die GEMA Verjährungsverzichtserklärungen für Ausschüttungen aus dem Jahr 2015 von ihren Verlegermitgliedern eingeholt. Soweit keine Verjährungsverzichtserklärungen abgegeben wurden, hat die GEMA verjährungshemmende Maßnahmen getroffen, d. h. noch vor Jahreswechsel das gerichtliche Mahnverfahren eingeleitet.

B. Ertrags-, Vermögens- und Finanzlage

1. Geschäftsverlauf der GEMA

Die folgende Erläuterung gibt einen Überblick über den Verlauf des abgelaufenen Geschäftsjahres. Gesamterträge, Gesamtaufwendungen und der Kostensatz stellen die für die interne Steuerung bedeutsamen finanziellen Leistungsindikatoren dar.

Das Geschäftsjahr 2018 ist mit Blick auf die Ertrags-, Finanz- und Vermögenslage nach Einschätzung des Vorstands für die GEMA insgesamt erfolgreich verlaufen. Die Gesamterträge lagen mit T€ 1.019.173 über den geplanten Erträgen, jedoch aufgrund der Sondereffekte im Vorjahr mit T€ 55.150 unter diesem (Vorjahr T€ 1.074.323). Der Rückgang resultiert im Wesentlichen aus dem Bereich der gesetzlichen Vergütungsansprüche. Dieser ist durch die hohen Sondererträge im Vorjahr bei der Zentralstelle für private Überspielungsrechte (ZPÜ) durch die Einnahmen für die Produkte Smartphones, Tablets und PCs der Jahre 2012 bis 2016 maßgeblich zu erklären.

Die operativen Aufwendungen (ohne die strategischen Maßnahmen zur Erhöhung der langfristigen Wettbewerbsfähigkeit der GEMA) lagen um T€ 596 über dem Vorjahreswert von T€ 136.281. Der operative Kostensatz liegt mit 13,4 % leicht über dem operativen Kostensatz des Vorjahres mit 12,7 %. Die Gesamtaufwendungen inklusive der strategischen Maßnahmen konnten gegenüber dem Vorjahr um T€ 1.046 reduziert werden und betrugen im Geschäftsjahr T€ 159.662. Der Kostensatz inklusive aller Kosten betrug 15,7 % (Vorjahr 15,0 %).

2. Mitarbeiterinnen und Mitarbeiter

Im Geschäftsjahr waren im Durchschnitt 849 Personen (Vorjahr 808 Personen) bei der GEMA beschäftigt.

3. Angaben zur Kapitalflussrechnung

Der Finanzmittelbestand hat sich im Geschäftsjahr gegenüber dem Vorjahr um T€ 207.726 auf T€ 317.886 verringert. Die wesentlichen Veränderungen ergaben sich aus dem deutlichen Rückgang des Cashflows aus der laufenden Geschäftstätigkeit in Höhe von T€ 342.013. Grund hierfür sind insbesondere die Sonderausschüttungen für YouTube und die Ausschüttung für die vereinnahmten ZPÜ-Gelder (für die Produkte Smartphones, Tablets und PCs). Dieser Effekt konnte aus dem geringeren Zahlungsmittelabfluss aus Investitionstätigkeit in Höhe von T€ 61.822 nicht kompensiert werden. Für die Details verweisen wir auf die beigefügte Kapitalflussrechnung.

Die Finanzlage der Gesellschaft ist geprägt durch die Rückstellungen für die Verteilung in Höhe von T€ 886.188 (Vorjahr T€ 1.008.509). Die Liquiditätsplanung als wesentlicher Teil der gesamten Finanzplanung der GEMA basiert auf den Liquiditätsströmen, die sich vor allem aus den erwarteten Lizenzeinnahmen, Aufwendungen für Personal- und Sachkosten sowie Ausschüttungen an Mitglieder und Schwestergesellschaften ergeben. Durch die aktive Steuerung wird gewährleistet, dass überschüssige Liquidität zu marktüblichen Konditionen angelegt wird und kurzfristiger Liquiditätsbedarf aus eigenen Mitteln bedient werden kann.

4. Ertragslage

Die Gesamterträge, aufgeteilt nach den Inkassobereichen, ergeben sich wie folgt:

	2018			
	Erträge*	Sonstige Erträge	Gesamt	Gesamtveränderung
	T€	T€	T€	T€
Außendienst	381.926	6.544	388.470	7.930
Vervielfältigung	80.971	40	81.011	-15.108
Ausland	70.386	0	70.386	-2.201
Sendung	301.809	0	301.809	7.602
Online	104.807	687	105.494	35.506
Vergütungsansprüche	62.234	0	62.234	-89.590
Sonstige Bereiche	0	9.769	9.769	711
Summe nach Bereichen	1.002.133	17.039	1.019.173	-55.150

*Erträge aus Verwertungsrechten und Vergütungsansprüchen

	2017		
	Erträge*	Sonstige Erträge	Gesamt
	T€	T€	T€
Außendienst	373.029	7.510	380.539
Vervielfältigung	96.105	14	96.119
Ausland	72.588	0	72.588
Sendung	294.191	16	294.207
Online	69.917	70	69.988
Vergütungsansprüche	151.824	0	151.824
Sonstige Bereiche	0	9.058	9.058
Summe nach Bereichen	1.057.654	16.668	1.074.323

*Erträge aus Verwertungsrechten und Vergütungsansprüchen

Die Veränderung resultiert zum einen aus dem Bereich der Vergütungsansprüche, der durch eine Sonderausschüttung der ZPÜ im Vorjahr für die Produkte Smartphones, Tablets und PCs für die Jahre 2012 bis 2016 geprägt war (T€ –89.590). Dieser Rückgang wurde teilweise durch den Anstieg der Online-Erträge kompensiert (T€ 35.506). Ein deutlicher Marktrückgang zeichnet sich im Bereich Vervielfältigung ab. Im Bereich Ausland halten sich die Erträge leicht unter dem Vorjahresniveau. Dem gegenüber steht ein starker Anstieg im Bereich Online, welcher durch Vertragsabschlüsse bei MoD und VoD getrieben ist. Das positive Ergebnis im Bereich des Außendienstes begründet sich durch die allgemeine Tarifanpassung sowie höheren Inkassi in der Sparte U aufgrund eines starken Konzertjahrs in 2018. Die Erträge in den sonstigen Bereichen sind gegenüber dem Vorjahr leicht gestiegen. Sie beinhalten im Wesentlichen Dienstleistungserträge sowie Gewinnausschüttungen von Tochterunternehmen.

Auch gegenüber der Planung für 2018 konnten die Gesamterträge leicht übertroffen werden, dies betrifft insbesondere die Bereiche Online, Sendung und Vergütungsansprüche.

Die Gesamtaufwendungen sowie die Kostensätze der GEMA betrugen im Geschäftsjahr 2018 T€ 159.662 und lagen damit annähernd auf dem geplanten Niveau:

	Erträge	Aufwendungen	Kostensatz
	T€	T€	%
Ohne strategische Maßnahmen	1.019.173	136.877	13,4
Mit strategischen Maßnahmen	1.019.173	159.662	15,7

Zur Erhöhung der langfristigen Wettbewerbsfähigkeit führt die GEMA strategische Maßnahmen durch. Diese betrugen im Geschäftsjahr 2018 T€ 22.785 (Vorjahr T€ 24.428) und betreffen u.a. die Maßnahmen zur Neuausrichtung der IT-Infrastruktur

(T€ 4.762), die strategischen Maßnahmen im Zusammenhang mit den internationalen Kooperationen mit anderen Verwertungsgesellschaften (T€ 2.352) und die Kosten zur Umsetzung der BGH-Entscheidung zur Verlegerbeteiligung (T€ 5.130).

Der Personal- und Sachaufwand (jegliche GuV-Posten mit Ausnahme des Personalaufwandes) inklusive der strategischen Maßnahmen stellt sich für die letzten beiden Jahre wie folgt dar:

	2018	2017	Veränderung
	T€	T€	T€
Personalaufwand	60.551	72.152	–11.601
Sachaufwand	99.111	88.556	10.555
Gesamtaufwand	159.662	160.708	–1.046

Im Personalaufwand 2018 sind Aufwendungen aus der Zuführung zu Pensionsrückstellungen in Höhe von T€ 6.915 (Vorjahr T€ 8.466) sowie Aufwendungen für Restrukturierungsmaßnahmen in Höhe von T€ 338 (Vorjahr T€ 11.713) enthalten.

Der Sachaufwand beinhaltet im Wesentlichen IT-Leistungen mit T€ 32.143 (Vorjahr T€ 28.824), Nebenkosten des Inkassogeschäfts mit T€ 11.478 (Vorjahr T€ 12.457) sowie Abschreibungen T€ 8.067 (Vorjahr T€ 6.050).

5. Vermögenslage

Das Vermögen der Gesellschaft besteht hauptsächlich aus Umlaufvermögen in Höhe von T€ 706.506 bzw. 62 % (Vorjahr T€ 856.141 bzw. 70 %); ein Großteil davon entfällt auf liquide Mittel (T€ 317.886; Vorjahr T€ 525.612).

Das Anlagevermögen beträgt im Berichtsjahr T€ 430.479 (Vorjahr T€ 371.437). Der Anstieg resultiert aus einer nachhaltigeren Streuung der Finanzmittel auch in längerfristige Anleihen und Wertpapiere.

Im immateriellen Anlagevermögen (T€ 59.293; Vorjahr T€ 47.846) spiegeln sich die Entwicklungstätigkeiten im Bereich Software für die GEMA wider. Die wichtigsten Software-Aktivierungen entfallen auf SAP und Trinity (Abrechnungssystem).

Das Finanzanlagevermögen (T€ 346.153; Vorjahr T€ 290.267) betrifft im Wesentlichen die langfristigen Finanzanlagen der GEMA in Form eines Spezialfonds (T€ 272.000; Vorjahr T€ 222.000), die Anteile an der GEMA Immobilienverwaltung wirtschaftlicher Verein & Co. KG, München, in Höhe von T€ 40.194 sowie die Beteiligung an der ICE Operations AB in Höhe von T€ 3.000. Des Weiteren wurden an die beiden ICE-Gemeinschaftsunternehmen (ICE Operations AB und International Copyright Enterprise Services Ltd.) Ausleihungen in Höhe von T€ 10.342 gewährt.

Die Mitglieder profitieren von einer vereinfachten und zugleich effizienteren Rechteverwaltung und einer Online-Verarbeitung in einer zentralen europäischen Datenbank. Die GEMA arbeitet hierzu mit der PRS for Music und der STIM im Rahmen von ICE zusammen. Die GEMA begegnet den dynamischen Marktentwicklungen sowie damit einhergehenden veränderten Musiknutzungsgewohnheiten weiter.

Das Niveau des Forderungsbestandes ist gegenüber dem Vorjahr gestiegen (T€ 388.620; Vorjahr T€ 330.529). Die Veränderung resultiert überwiegend aus dem

Anstieg der Forderungen in den Bereichen Auslandsgesellschaften, Online-Anbietern und Musikveranstaltern sowie einem Rückgang der Forderungen in dem Bereich Mitglieder aufgrund der durchgeführten Verlegerbeteiligung.

Die übrigen Rückstellungen entfallen hauptsächlich auf Pensionsrückstellungen mit T€ 67.239 (Vorjahr T€ 61.307) sowie auf die sonstigen Rückstellungen mit T€ 20.791 (Vorjahr T€ 26.374).

Zum Bilanzstichtag 31. Dezember 2018 ergab sich weiterhin eine nicht bilanzierte Verpflichtung aus Altzusagen in Höhe von T€ 22.415 bzw. bestanden mittelbare Pensionsverpflichtungen in Höhe von T€ 18.426.

Die Verbindlichkeiten haben gegenüber dem Vorjahr um T€ 33.079 auf T€ 116.712 zugenommen. Der Anstieg resultiert im Wesentlichen aus noch nicht final ausbezahlten Tantiemen gegenüber den Auslandsgesellschaften.

C. Compliance und Datenschutz

Compliance bedeutet für die GEMA in erster Linie die Einhaltung von Gesetzen, Verordnungen und Richtlinien sowie des selbst gesetzten Regelwerks der GEMA. Vor diesem Hintergrund liegt das Ziel des Compliance-Managements insbesondere in der Schaffung von Strukturen und Prozessen, die ein rechts- und regelkonformes Verhalten von Organmitgliedern und Mitarbeitern bei ihrer täglichen Arbeit sicherstellen. Ein Schwerpunkt der Aktivität liegt dabei auf dem Erkennen und Vermeiden von Interessenkonflikten und der Korruptionsvermeidung. Dadurch sollen auch Reputations- und wirtschaftliche Schäden, wie sie aus Regelverstößen resultieren können, von der GEMA abgewendet werden.

Compliance bei der GEMA beschränkt sich jedoch nicht auf rechtliche Themen. Verantwortungsvolles Handeln, moralische und ethische Integrität, Fairness und Transparenz im Umgang mit Mitgliedern, Lizenznehmern und Geschäftspartnern zählen ebenso zum Compliance-Programm der GEMA. Die Berücksichtigung von gesellschaftlichen Grundsätzen und Wertvorstellungen für das unternehmerische Handeln und die Übernahme von gesellschaftlicher Verantwortung ist für die GEMA selbstverständlich. Im Jahr 2018 lag deshalb ein Schwerpunkt des Compliance-Programms auf der Kommunikation und Schulung von Compliance-Themen.

Im Bereich des Datenschutzes gilt seit dem 25. Mai 2018 die EU-Datenschutz-Grundverordnung (EU-DSGVO) sowie die neuen, mit der EU-DSGVO korrespondierenden, nationalen Gesetze (Bundesdatenschutzgesetz BDSG und Landesdatenschutzgesetz LDSG). Es gelten nunmehr höhere Anforderungen an die Einrichtung einer dokumentierten und wirksamen Datenschutzorganisation, insbesondere im Hinblick auf die Rechenschaftspflichten und die Haftungs- und Sanktionsrisiken. Bei Verstößen gegen die datenschutzrechtlichen Regelungen drohen Bußgelder bis zu 20 Mio. € oder bis zu 4 % des Jahresumsatzes der Unternehmensgruppe.

Vor diesem Hintergrund lag der Schwerpunkt im Datenschutz auf der rechtzeitigen Umsetzung der gesetzlichen Datenschutzanforderungen innerhalb der GEMA sowie der Tochtergesellschaften. Zu diesem Zweck wurden unter Mitarbeit des externen Datenschutzbeauftragten, Dr. Sebastian Kraska, die internen Datenschutzkonzepte und die Datenschutzorganisation angepasst, z. B. durch die Erstellung eines Datenschutzhandbuchs sowie die Ernennung von Datenschutzmanagern in den einzelnen Fachabteilungen als Ansprechpartner für datenschutzrechtliche Fragen. Zudem wurden auch die Mitarbeiter über die neuen datenschutzrechtlichen Anforderungen geschult.

D. Chancen- und Risikobericht

1. Risikomanagement

Primäres Ziel des GEMA-Risikomanagements ist nicht die Vermeidung aller Risiken, sondern der kontrollierte und effektive Umgang mit Risiken im Geschäftsalltag. Hierzu werden die wesentlichen Risiken halbjährlich ermittelt und in einem Risikobericht für den Vorstand zusammengefasst. Zudem erfolgt jährlich eine direkte Berichterstattung aller Risiken an den Aufsichtsrat. Es liegen im Geschäftsjahr keine bestandsgefährdenden Risiken vor.

Des Weiteren hat das Risikomanagement die Förderung des Risikobewusstseins aller Mitarbeiter und die damit einhergehende Sicherstellung des langfristigen Gesellschaftserfolgs zum Ziel.

2. Risikobericht

Die wesentlichen Chancen und Risiken, die erhebliche Auswirkungen auf die Vermögens-, Finanz- und Ertragslage der GEMA haben können, sind im folgenden Risikobericht dargestellt. Er umfasst die vier Risikofelder Finanzen, Geschäftsprozesse, Branche sowie Recht.

2.1 Finanzen

Für die GEMA ergeben sich durch eine Änderung des Zinsniveaus sowohl Chancen als auch Risiken. Die Chancen liegen insbesondere bei einem Anstieg des Zinsniveaus in zukünftig höheren Zinserträgen. Risiken ergeben sich bei einem Absinken des Zinsniveaus aus zukünftig geringeren Zinserträgen. Bei einem Zinsniveauanstieg kommt es zu einem Marktwertrückgang des festverzinslichen Wertpapierbestandes. Durch eine längerfristige Anlagestrategie wird das mittlere Risiko begrenzt.

Ein weiteres mittleres Risiko im Finanzbereich ergibt sich für die GEMA aus einem möglichen Ausfall von Wertpapieremittenten. Durch eine konservative Anlagestrategie und den Einsatz professioneller Vermögensverwalter versucht die GEMA das Risiko so gering wie möglich zu halten. Durch die hohen Unsicherheiten im Markt infolge der anhaltenden europäischen Schuldenkrise und der politischen Entwicklungen innerhalb der Europäischen Union sowie der sich hieraus ergebenden generellen Risiken für die Gemeinschaftswährung Euro und den allgemeinen Bankensektor bleibt dies weiterhin ein mittleres Risiko für die GEMA.

Des Weiteren besteht für die GEMA ein mittleres Forderungsausfallrisiko, falls Kunden ihren finanziellen Verpflichtungen bei Fälligkeit nicht mehr nachkommen können. Zur effektiven Steuerung der Risiken offener Forderungen hat die GEMA einen Überwachungsprozess etabliert. Neben einem intensiven Mahnwesen werden die größeren Positionen laufend überwacht. Zudem wird dem Risiko in Form von Wertberichtigungen Rechnung getragen.

Ausleihungen an verbundene Unternehmen und Beteiligungen sind durch ein geringes Risiko geprägt. Insbesondere besteht bei den in diesem Rahmen gewährten Ausleihungen zum Teil ein Währungsrisiko, welches in Folge eines sich verschlechternden Wechselkurses zu einer entsprechenden Abwertung dieser führen könnte.

2.2 Geschäftsprozesse

Die GEMA begreift die Optimierung und Kontrolle der Geschäftsprozesse als eine zentrale und ständige Aufgabe. Allgemeinen Geschäftsrisiken durch eine fehlerhafte Umsetzung von Geschäftsvorfällen wird durch interne Kontrollen (z.B. Vier-Augen-Prinzip) sowie durch ein festgelegtes Freigabeverfahren Rechnung getragen. Darüber hinaus wird das interne Kontrollsystem (IKS) der jeweiligen Geschäftsprozesse regelmäßig von der unabhängigen internen Revision überprüft.

Die Geschäftsprozesse der GEMA werden wie bei jedem Dienstleistungsunternehmen stark durch die Informationstechnologie bestimmt und unterstützt. Neben den damit verbundenen Effizienzgewinnen entstehen daraus aber auch Risiken. Neben dem Risiko des Ausfalls der Systeme und der damit verbundene Beeinträchtigung der Geschäftsprozesse ergeben sich beschränkte Risiken aus dem unberechtigten Zugriff, dem Verlust oder der Löschung/Manipulation von betrieblichen Informationen. Durch Einsatz moderner Hard- und Software-Technologien sind die ständige Verfügbarkeit der Daten und der Schutz vor unerlaubtem Zugriff gewährleistet. Regelmäßige Datensicherung verringert das Risiko eines wesentlichen Datenverlustes. Der potenziellen Bedrohung aus dem Internet für die Betriebssicherheit der Systeme wird durch Sicherungsmaßnahmen und regelmäßigen IT-Audits begegnet. Zur Sicherstellung ihrer langfristigen Wettbewerbsfähigkeit investiert die GEMA vermehrt in eine Neukonzeption der bestehenden IT-Infrastruktur.

2.3 Branche

Die GEMA ist als Verwertungsgesellschaft abhängig von der Branchenentwicklung in der Musikindustrie. Diese umfasst neben der Entwicklung des Tonträger-, Sendungs- und Online-Marktes auch die Entwicklung der kommerziell genutzten Live-Musik. Langfristig ergibt sich ein mittleres Risiko aus einer weiteren Abschwächung des Tonträgermarktes ohne nachhaltige Kompensation durch den Online-Markt. Diese voraussichtliche Entwicklung ist entsprechend in der Planung berücksichtigt. Für die GEMA können sich jedoch auch Chancen durch ein Zurückdrängen der Online-Piraterie und einen dauerhaften Anstieg der damit verbundenen Erträge ergeben. Außerdem ergeben sich Chancen und Risiken für die GEMA als Folge von Veränderungen des Marktes durch technische Innovation bzw. Digitalisierung und der damit verbundenen Beziehungen der Marktteilnehmer. Insbesondere der Eintritt von neuen Marktteilnehmern aus dem Technologiebereich könnte für die GEMA ein mittleres Risiko darstellen.

Chancen und Risiken können sich für die GEMA aus der Übertragung neuer oder dem Entzug bestehender Verlagsrepertoires ergeben. Insbesondere der Wegfall der GEMA-Vermutung könnte ein mittleres Risiko für die Gesellschaft darstellen. Aufgrund ihrer Stellung als eine der großen europäischen Verwertungsgesellschaften und ihrer wirtschaftlichen Stärke sieht die GEMA dies grundsätzlich als Chance, neues interessantes Repertoire zu gewinnen.

Darüber hinaus startete die GEMA im Jahr 2015 mit der britischen PRS for Music und der schwedischen STIM ein Joint Venture (ICE). Der internationale Zusammenschluss will die Verwertung der Musikrechte der drei beteiligten Verwertungsgesellschaften im Online-Bereich einfacher und effizienter gestalten, um die Lizenzierung von Musikwerken zu erleichtern und zugleich Rechteinhabern eine schnellere und präzisere Abrechnung der Tantiemen zu sichern. Dieses Joint Venture erlaubt die gebündelte Lizenzierung bislang fragmentiert wahrgenommener Rechte und reduziert damit die bürokratischen Hürden und Eintrittsschwellen in den Markt für Online-Musiknutzungen. Sollte die Kooperation dauerhaft nicht aufrechterhalten werden können, könnte sich für die Gesellschaft ein mittleres Risiko ergeben.

2.4 Recht

Das rechtliche Umfeld stellt sowohl ein mittleres Risiko als auch eine potenzielle Chance dar. Neben den Rechtsänderungen durch den Gesetzgeber ergeben sich Risiken aus wegweisenden Gerichtsurteilen. Die GEMA verfolgt alle relevanten Entwicklungen aktiv und steht mit den zuständigen staatlichen Stellen in ständigem Kontakt, um eine bestmögliche Berücksichtigung ihrer Interessen zu gewährleisten. Die wichtigsten Verfahren vor den Europäischen Gerichten, dem Bundesgerichtshof und den Oberlandesgerichten und die geplanten Gesetzesänderungen sind unter 3. Rechtliche Rahmenbedingungen – Punkt 3.1 dargestellt.

E. Ausblick auf Geschäftsjahr 2019 – Prognosebericht

1. Prognose für die gesamtwirtschaftliche Entwicklung

Für das Jahr 2019 erwartet die Bundesregierung im Jahresdurchschnitt einen Anstieg des Bruttoinlandsprodukts von real 1,0 % (Vorjahr 2,2 %). Um den Arbeitstageeffekt bereinigt nimmt das Bruttoinlandsprodukt im kommenden Jahr ebenfalls mit 1,0 % zu. Das Wirtschaftswachstum fällt somit schwächer als im Vorjahr aus. Dennoch bleibt die Nachfrage nach Arbeitskräften weiter hoch. Der seit 2005 anhaltende Beschäftigungsaufbau wird sich daher auch in diesem Jahr fortsetzen, wenn auch weniger stark als in den vergangenen Jahren. Zusätzliche Arbeitsplätze werden in fast allen Branchen entstehen, vornehmlich jedoch wie in den vergangenen Jahren in den Dienstleistungsbereichen. Der Anstieg der Beschäftigung im prognostizierten Umfang wird dabei auch durch die Zuwanderung aus anderen EU-Staaten sowie Drittstaaten ermöglicht. Die Partizipation der heimischen Bevölkerung am Arbeitsmarkt ist in Deutschland im internationalen Vergleich bereits sehr hoch, sodass sich die weitere Aktivierung und Ausschöpfung der stillen Reserve perspektivisch verlangsamen dürfte. Die robuste Verfassung des Arbeitsmarktes erleichtert auch die Integration der Geflüchteten, die im Jahr 2018 an Fahrt aufgenommen hat.

Im Euroraum verlangsamte sich das Wachstum im letzten Jahr. Alle größeren Staaten verzeichneten ein geringeres Expansionstempo als im Jahr zuvor. Die konjunkturelle Dynamik dürfte auch im laufenden Jahr nochmals leicht an Fahrt verlieren. Dies legt auch die aktuelle Indikatorenlage nahe.

2. Prognose für die Musikbranche

In der Musikbranche wird eine Fortsetzung der Trends der letzten Jahre mit weiterhin rückläufigen Um- und Absatzwerten für Tonträger und guten Aussichten für Live-Musik erwartet. Daneben wird auch für den Online-Bereich insbesondere im Bereich Streaming mit einer weiteren Zunahme gerechnet, wobei der Umfang dieser Musiknutzungen noch nicht ausreichend die Urheber an den wirtschaftlichen Ergebnissen beteiligt.

Die GEMA versucht, durch eine Vielzahl von Verhandlungen, Schiedsstellenverfahren und gerichtlichen Auseinandersetzungen die Rechte ihrer Mitglieder auf eine angemessene Vergütung in diesem Bereich durchzusetzen.

3. Prognose für die Geschäftsentwicklung der GEMA

Die GEMA erwartet für das Geschäftsjahr 2019 gegenüber dem Berichtsjahr sowohl in den Erträgen als auch im Bereich der Aufwendungen einen leichten Anstieg. Für den Kostensatz inklusive aller strategischen Maßnahmen geht die GEMA ebenfalls von einem leichten Anstieg aus.

München, den 12. März 2019

Dr. Harald Heker
Lorenzo Colombini
Georg Oeller

Der Vorstand

Bilanz zum 31. Dezember 2018

Aktiva	Anhang Nr.	Stand 31.12.2018 T€	Stand 31.12.2017 T€
A. Anlagevermögen			
I. Immaterielle Vermögensgegenstände	3/16		
1. Konzessionen, gewerbliche Schutzrechte, ähnliche Rechte und Werte sowie Lizenzen an solchen Rechten und Werten		36.121	29.541
2. Geleistete Anzahlungen		23.172	18.305
II. Sachanlagen	4/16		
1. Grundstücke, grundstücksgleiche Rechte und Bauten einschließlich der Bauten auf fremden Grundstücken		22.329	30.703
2. Andere Anlagen, Betriebs- und Geschäftsausstattung		2.704	2.621
III. Finanzanlagen	5/16		
1. Anteile an verbundenen Unternehmen	17	43.245	38.038
2. Beteiligungen	18	4.677	4.677
3. Ausleihungen an Beteiligungen		10.342	9.546
4. Wertpapiere des Anlagevermögens	19	287.000	237.000
5. Sonstige Ausleihungen		889	1.006
		430.479	371.437
B. Umlaufvermögen			
I. Forderungen	6/20		
1. Mitglieder		77.118	118.661
2. Auslandsgesellschaften		90.757	60.728
3. Ton- und Bildtonträgerunternehmen		7.782	5.802
4. Sendeunternehmen		43.314	32.933
5. Online-Anbieter		51.514	32.275
6. Musikveranstalter		80.142	63.428
7. Verbundene Unternehmen		192	798
8. Unternehmen, mit denen ein Beteiligungsverhältnis besteht		841	547
9. Sonstige		36.960	15.357
II. Bankguthaben	7/21		
1. Festgelder		10.000	15.291
2. Sonstige		307.867	510.307
III. Kasse	7	19	14
		706.506	856.141
C. Rechnungsabgrenzungsposten	8	109	93
D. Treuhandforderungen	21	1.587	1.596
		1.138.681	1.229.267

(85. Geschäftsjahr)

Passiva

	Anhang Nr.	Stand 31.12.2018 T€	Stand 31.12.2017 T€
A. Eigenkapital und Rücklagen	22	0	0
B. Rückstellungen für die Verteilung	9/23		
I. aus Aufführungs-, Vorführungs-, Sende- und Wiedergaberechten sowie Vergütungsansprüchen			
1. Inland		594.475	642.700
2. Inkassomandate		37.262	26.968
3. Ausland		10.560	19.082
II. aus Vervielfältigungsrechten sowie Vergütungsansprüchen			
1. Inland		228.905	305.124
2. Inkassomandate		3.455	2.409
3. Ausland		11.531	12.226
		886.188	1.008.509
C. Übrige Rückstellungen	10/24		
1. Rückstellungen für Pensionen und ähnliche Verpflichtungen		67.239	61.307
2. Steuerrückstellungen		1.705	2.320
3. Sonstige Rückstellungen		20.791	26.374
		89.735	90.001
D. Verbindlichkeiten	13/25		
1. aus abgerechneten Vergütungen			
– gegenüber Mitgliedern		5.914	18.414
– gegenüber Auslandsgesellschaften		39.166	7.792
2. aus Vorauszahlungen der Musikveranstalter		756	534
3. gegenüber verbundenen Unternehmen		6.970	5.247
4. gegenüber Unternehmen, mit denen ein Beteiligungsverhältnis besteht		57	649
5. Sonstige		63.849	50.997
davon aus Steuern		810	10.983
		116.712	83.633
E. Rechnungsabgrenzungsposten	14/26	44.459	45.528
F. Treuhandverpflichtungen	21	1.587	1.596
		1.138.681	1.229.267

Gewinn- und Verlustrechnung
(1. Januar bis 31. Dezember 2018)

	Anhang Nr.	2018 T€	2017 T€
1. Umsatzerlöse *davon*	27	1.007.333	1.062.776
a) Umsatzerlöse aus Verwertungsrechten und Vergütungsansprüchen		1.002.133	1.057.654
davon aus der Wahrnehmung von Inkassomandaten		173.576	179.371
b) Sonstige Umsatzerlöse		5.200	5.122
2. Sonstige betriebliche Erträge		10.149	9.056
3. Aufwendungen für bezogene Leistungen	28	– 61.248	– 59.084
4. Personalaufwand *davon*	29	– 60.551	– 72.152
a) Löhne und Gehälter		– 44.494	– 54.973
b) soziale Abgaben und Aufwendungen für Altersversorgung und Unterstützung		– 16.057	– 17.179
davon Altersversorgung		– 7.950	– 9.465
5. Abschreibungen auf immaterielle Vermögensgegenstände des Anlagevermögens und Sachanlagen		– 8.067	– 6.050
6. Sonstige betriebliche Aufwendungen	28	– 26.249	– 20.665
7. Erträge aus Beteiligungen	30	950	1.545
davon aus verbundenen Unternehmen		699	1.453
8. Erträge aus Wertpapieren		55	61
9. Sonstige Zinsen und ähnliche Erträge		686	885
10. Zinsen und ähnliche Aufwendungen	31	– 1.717	– 1.083
11. Steuern vom Einkommen und vom Ertrag		– 1.661	– 1.502
12. Ergebnis nach Steuern		859.680	913.787
13. Sonstige Steuern		– 169	– 172
14. Zuweisungen an Verteilungsrückstellungen	23	– 859.511	– 913.615
15. Jahresergebnis		0	0

Anhang

Maßgebliche Rechtsvorschriften

1. Der Jahresabschluss 2018 wurde nach den Rechnungslegungsvorschriften für Verwertungsgesellschaften gemäß § 57 Abs. 1 Satz 1 VGG (Verwertungsgesellschaftengesetz) aufgestellt. Dies führte zur vollständigen Anwendung der Rechnungslegungsvorschriften des HGB (Handelsgesetzbuch) für große Kapitalgesellschaften. Besonderheiten für Verwertungsgesellschaften wurde durch zusätzliche Posten (§ 265 Abs. 5 HGB) bzw. der Anpassung von Postenbezeichnungen (§ 265 Abs. 6 HGB) Rechnung getragen. Neben dem Jahresabschluss, bestehend aus Bilanz, Gewinn- und Verlustrechnung, Kapitalflussrechnung sowie Anhang, wurde ein Lagebericht aufgestellt.

Bilanzierungs- und Bewertungsmethoden

2. Bei der Gliederung des Jahresabschlusses werden die Besonderheiten einer Inkassogesellschaft berücksichtigt. Aufgrund der Verpflichtung, alle Einnahmen abzüglich der Verwaltungskosten auszuschütten, wird in der Bilanz kein Eigenkapital ausgewiesen. Der Einnahmenüberschuss wird bis zur Auszahlung an die Berechtigten als Rückstellung für die Verteilung passiviert.

3. Immaterielle Vermögensgegenstände wurden mit ihren Anschaffungskosten aktiviert und über die betriebsgewöhnliche Nutzungsdauer von drei bis acht Jahren linear abgeschrieben.

4. Sachanlagen sind zu Anschaffungs- oder Herstellungskosten bewertet. Der Werteverzehr wird durch planmäßige lineare Abschreibungen erfasst. Die betriebsgewöhnliche Nutzungsdauer liegt zwischen drei bis dreizehn Jahren. Gebäude werden mit 1,5 % linear abgeschrieben. Die geringwertigen Wirtschaftsgüter (bis € 800) werden im Jahr der Anschaffung in voller Höhe abgeschrieben.

5. Bei den Finanzanlagen werden die Anteile an verbundenen Unternehmen, die Beteiligungen und Wertpapiere zu Anschaffungskosten und die Ausleihungen grundsätzlich zum Nennwert angesetzt. Im Bereich des Finanzanlagevermögens wurde auf Wertberichtigungen auf den niedrigeren Stichtagskurs verzichtet, soweit mit einer Wertaufholung bis zur Endfälligkeit gerechnet wurde (gemildertes Niederstwertprinzip).

6. Die Bewertung der Forderungen erfolgte mit dem Nominalbetrag; für mögliche Ausfallrisiken wurden Wertberichtigungen berücksichtigt. Forderungen aus den Inkassobereichen Vervielfältigung, Ausland, Sendung und Online enthielten vorsichtige Schätzungen von im Geschäftsjahr angefallenen, aber noch nicht abgerechneten Nutzungen. Die Schätzungen erfolgten anhand von Erfahrungswerten aus der Vergangenheit. Die Erträge wurden zum Zeitpunkt der Leistungserbringung bzw. der Nutzung realisiert. Alle Geschäfte mit verbundenen Unternehmen und Beteiligungen sind zu marktüblichen Konditionen vorgenommen worden.

7. Die Bewertung der Kassenbestände und der Guthaben bei Kreditinstituten erfolgte zum Nennwert.

8. Der aktive Rechnungsabgrenzungsposten wurde für vorausbezahlte Beträge, soweit diese Aufwand für eine bestimmte Zeit nach dem Bilanzstichtag darstellen, gebildet.

9. In den Rückstellungen für die Verteilung sind die Beträge erfasst, die nach den Verteilungsplänen an die berechtigten Urheber sowie Verleger im Folgejahr auszuzahlen sind.

10. Die Dotierung der übrigen Rückstellungen berücksichtigt alle erkennbaren Risiken und ungewissen Verpflichtungen und erfolgte nach vernünftiger kaufmännischer Beurteilung.

11. Die Pensionsrückstellungen wurden im Berichtsjahr nach den versicherungsmathematischen Grundsätzen gemäß § 253 HGB mit einem Rechnungszinssatz von 3,21 % berechnet. Als Rechnungszins wird der durch die Deutsche Bundesbank veröffentlichte durchschnittliche Marktzinssatz der vergangenen 10 Geschäftsjahre für eine unterstellte Restlaufzeit von 15 Jahren verwendet. Aus der Anwendung eines durchschnittlichen Marktzinssatzes gemäß den Bestimmungen des § 253 Abs. 6 HGB der vergangenen 7 Geschäftsjahre für eine unterstellte Restnutzungsdauer von 15 Jahren würde sich ein Rechnungszins von 2,32 % ergeben (Unterschiedsbetrag der Sollrückstellung laut Gutachten von 7-jährigem zu 10-jährigem Durchschnittszins: T€ 12.649). Bei der Bewertung wurde eine Fluktuation von 2,0 %, ein Gehaltstrend von 2,0 % p. a. und eine Rentendynamik für die Rentenverpflichtungen von 1,6 % p. a. zugrunde gelegt (soweit keine anderwertige vertragliche Regelung besteht). Es werden die Richttafeln 2018 G der Heubeck-Richttafeln GmbH, Köln, verwendet.

Zum Bilanzstichtag ergaben sich aufgrund der Ausübung des Passivierungswahlrechts nicht bilanzierte Pensionsverpflichtungen aus Altzusagen in Höhe von T€ 22.415 (Vorjahr T€ 15.668). Darüber hinaus bestehen zum Bilanzstichtag 31. Dezember 2018 mittelbare Pensionsverpflichtungen (über die GEMA Unterstützungskasse GmbH, München) in Höhe von T€ 18.426 (Vorjahr T€ 11.104).

12. Die Rückstellungen für Mitarbeiterjubiläen und Altersteilzeit werden ebenfalls nach versicherungsmathematischen Grundsätzen ermittelt. Für die Bewertung der Jubiläumsrückstellungen wurde ein Rechnungszinssatz von 2,32 % und der Altersteilzeitrückstellungen 0,88 % zugrunde gelegt.

13. Verbindlichkeiten wurden zum Erfüllungsbetrag angesetzt.

14. Der passive Rechnungsabgrenzungsposten wurde für Einnahmen vor dem Bilanzstichtag, soweit diese Erträge für bestimmte Zeit nach dem Bilanzstichtag darstellen, gebildet.

15. Die Forderungen, Verbindlichkeiten und flüssige Mittel in fremder Währung wurden zum Wechselkurs des Abrechnungstages bzw. zum niedrigeren/höheren Wechselkurs am Bilanzstichtag bewertet.

Angaben zu Posten der Bilanz

16. Die Entwicklung der einzelnen Posten des Anlagevermögens ist unter Angabe der Abschreibungen des Geschäftsjahres im Anlagenspiegel dargestellt.

17. Die Anteile an verbundenen Unternehmen stellen sich wie folgt dar:

	Beteiligungs-quote	EK in T€	JÜ in T€
PAECOL GmbH i.L., München*	0,0 %	0	0
ARESA GmbH, München**	100 %	716	116
ZPÜ-Service GmbH, München*	100 %	767	44
IT4IPM GmbH, München*	100 %	3.163	391
GEMA Immobilien GmbH, München	100 %	24	0
GEMA Immobilienverwaltung wirtschaftlicher Verein & Co. KG, München*	100 %	40.163	244
GEMA Unterstützungskasse GmbH, München*	100 %	25	0

* Die Jahresabschlüsse liegen bisher nur vorläufig vor.
** Zahlen für das Geschäftsjahr 2017.

18. Die Anteile an Beteiligungen stellen sich wie folgt dar:

	Beteiligungs-quote	Anteiliges EK in T€	Anteiliger JÜ in T€
SOLAR MRM GmbH i.L., München*	50,00 %	93	0
iSYS Software GmbH, München**	24,90 %	822	134
ICE Operations AB, Stockholm, Schweden*	33,33 %	812	– 205
International Copyright Enterprise Services Ltd., London, Großbritannien*	33,33 %	– 76	928

* Die Jahresabschlüsse liegen bisher nur vorläufig vor.
** Zahlen für das Geschäftsjahr 2017.

Die GEMA ist Gesellschafterin der Zentralstelle für private Überspielungsrechte GbR (ZPÜ), München.

19. Die Wertpapiere des Anlagevermögens in Höhe von T€ 287.000 (Vorjahr T€ 237.000) wurden im Geschäftsjahr 2018 um T€ 50.000 erhöht. Der Anstieg resultiert aus einer nachhaltigeren und langfristigen Streuung der Finanzmittel in längerfristige Anleihen und Wertpapiere im Investment-Grade-Bereich.

20. Im Oktober/November 2018 erfolgte die Rückabwicklung aufgrund des Urteils des Kammergerichts Berlin. In den Forderungen gegen Mitglieder sind die noch nicht verrechneten Forderungen gegen Mitglieder (Verleger) enthalten. Dem potenziellen Forderungsausfallrisiko wurde durch die Berücksichtigung einer Wertberichtigung Rechnung getragen.

Alle Forderungen sind innerhalb eines Jahres fällig. Die Forderungen gegen verbundene Unternehmen in Höhe von T€ 192 (Vorjahr T€ 798) bestehen hauptsächlich aus den Forderungen gegen die ZPÜ-Service GmbH (T€ 185; Vorjahr T€ 200).

Die Forderungen gegen Unternehmen, mit denen ein Beteiligungsverhältnis besteht, in Höhe von T€ 841 (Vorjahr T€ 547) bestehen hauptsächlich gegen die SOLAR MRM Ltd. (T€ 715; Vorjahr T€ 0).

Die sonstigen Forderungen in Höhe von T€ 36.960 (Vorjahr T€ 15.357) betreffen im Wesentlichen Forderungen gegenüber Steuerbehörden in Höhe von T€ 21.005 (Vorjahr T€ 112), Forderungen gegenüber Inkassomandatsgebern in Höhe von T€ 8.861 (Vorjahr T€ 7.649) und Forderungen aus Vorauszahlungen in Höhe von T€ 2.840 (Vorjahr T€ 1.048).

21. Die sonstigen Bankguthaben in Höhe von T€ 317.867 (Vorjahr T€ 525.598) betreffen die laufenden Giroguthaben, Tagesgelder sowie Festgelder. Die Treuhandforderungen bzw. Treuhandverpflichtungen in Höhe von T€ 1.587 (Vorjahr T€ 1.596) beinhalten Kautionsleistungen von Tonträgerherstellern und betreffen durchlaufende Posten aus von der GEMA vereinnahmten und bis zur Weiterleitung an die Wahrnehmungsberechtigten treuhänderisch verwalteten Lizenzbeträgen sowie Kautionsleistungen von Tonträgerherstellern.

22. Die GEMA hat buchmäßig weder Eigenkapital noch Rücklagen. Alle Erträge werden nach Deckung der Aufwendungen an die Wahrnehmungsberechtigen (Mitglieder und sonstige Berechtigte) ausgeschüttet.

23. Für die Verteilung stehen T€ 886.188 (Vorjahr T€ 1.008.509) zur Verfügung. Die Zuweisungssumme für 2018 beträgt T€ 859.511 (Vorjahr T€ 913.615).

Die Entwicklung der Rückstellungen für die Verteilung ist im Rückstellungsspiegel dargestellt.

24. In den übrigen Rückstellungen in Höhe von T€ 89.735 (Vorjahr T€ 90.001) sind im Wesentlichen Rückstellungen für Pensionen und ähnliche Verpflichtungen (T€ 67.239; Vorjahr T€ 61.307) enthalten. Im Berichtsjahr hat die GEMA die Pensionsverpflichtungen für drei Pensionäre der GEMA Unterstützungskasse wieder unmittelbar übernommen. Darüber hinaus bestehen übrige Rückstellungen für den Bereich Personal (T€ 13.099; Vorjahr T€ 16.690), für Anwalts- und Gerichtskosten (T€ 380; Vorjahr T€ 513) sowie für die Jahresabschluss- und Steuerberatungskosten (T€ 242; Vorjahr T€ 284). Rückstellungen für Ertragskorrekturen wurden in den Bereichen Online (T€ 143; Vorjahr T€ 591), Sendung (T€ 2.214; Vorjahr T€ 1.309) und Ton- und Bildtonträger (T€ 0; Vorjahr T€ 1.400) gebildet.

25. Es bestehen wie im Vorjahr keine Verbindlichkeiten mit einer Restlaufzeit von über einem Jahr. Die sonstigen Verbindlichkeiten umfassen im Wesentlichen Verbindlichkeiten gegenüber der Gesellschaft zur Verwertung von Leistungsschutzrechten mbH, Berlin (GVL), der Verwertungsgesellschaft Wort, München (VG WORT), der Gesellschaft zur Verwertung der Urheber- und Leistungsschutzrechte von Medienunternehmen mbH, Berlin (VG Media), der Zentralstelle für Videovermietung, München (ZWF) und der VG Musikedition, Kassel (Verbindlichkeiten aus Inkassomandaten T€ 28.907; Vorjahr T€ 30.350).

26. Der passive Rechnungsabgrenzungsposten beinhaltet abgegrenzte Mitgliedsbeiträge, abgegrenzte Erträge im Bereich des Außendienstes sowie abgegrenzte Online-Erträge.

Angaben zu Posten der Gewinn- und Verlustrechnung

27. Die Erträge aus Verwertungsrechten und aus Vergütungsansprüchen betragen im Geschäftsjahr T€ 1.002.133, im Vorjahr waren dies T€ 1.057.654. Sie setzen sich wie folgt zusammen:

Kategorie der Rechte	Art der Nutzung	2018	2017	Veränderung
		in T€	in T€	in T€
Vervielfältigung und Verbreitung	Tonträger	44.003	50.131	– 6.128
	Bildtonträger	9.742	10.218	– 476
	Summe	53.745	60.349	– 6.604
Aufführung	Musikveranstaltungen	133.136	123.848	9.288
Online	Sendung im Internet	505	572	– 67
	Download	8.867	13.795	– 4.928
	Streaming	95.447	57.701	37.746
	Summe	104.819	72.068	32.751
Sendung	Hörfunk	52.772	50.403	2.369
	Fernsehen	176.943	173.622	3.321
	Kabelweitersendung	15.375	14.904	471
	Summe	245.090	238.929	6.161
Wiedergabe	mechanische Wiedergabe	148.242	146.401	1.841
Vorführung	Vorführung	10.086	11.534	– 1.448
Gesetzliche Vergütungsansprüche	davon § 27 Abs. 1 UrhG	426	921	– 495
	davon § 27 Abs. 2 UrhG	1.189	1.300	– 111
	davon § 52a Abs. 4 UrhG/ § 60h Abs. 1 S. 1 UrhG	157	207	– 50
	davon § 54 Abs. 1 UrhG	60.888	150.317	– 89.429
	Summe	62.660	152.745	– 90.085

Kategorie der Rechte	Art der Nutzung	2018	2017	Veränderung
		in T€	in T€	in T€
Ausland	Aufführung	47.753	47.208	545
	Vervielfältigung	13.319	14.232	- 913
	Kabelweitersendung	9.315	11.148	- 1.833
	Summe	70.387	72.588	- 2.201
Inkassomandate	Aufführung	139.433	137.313	2.120
	Vervielfältigung	34.535	41.880	- 7.345
	Summe	173.968	179.193	- 5.225
Gesamt		1.002.133	1.057.654	- 55.521

Die Erträge im Bereich der Vervielfältigung und Verbreitung haben sich aufgrund der generellen Marktentwicklung im Tonträgerbereich weiterhin rückläufig entwickelt. Der Anstieg der Erträge im Bereich Musikveranstaltungen ist zum einen auf eine allgemeine Tariferhöhung, insbesondere jedoch auf ein starkes Konzertjahr 2018 (u.a. aufgrund der allgemeinen Steigerung bei den Ticketpreisen) zurückzuführen. Das starke Wachstum im Bereich Online unter Streaming resultiert aus einer wachsenden Marktnachfrage und Vertragsabschlüssen mit YouTube, Facebook, Spotify, Amazon und Netflix. Höhere Akontorechnungen und zusätzliche Schlussrechnungen für Vorjahre ließen die Erträge im Bereich Sendung inbesondere in den Bereichen Hörfunk und Fernsehen steigen. Der Rückgang bei den Erträgen im Bereich gesetzliche Vergütungsansprüche ist durch die hohen Erträge im Vorjahr bei der Zentralstelle für private Überspielungsrechte (ZPÜ) durch die Einnahmen für die Produkte Smartphones, Tablets und PCs der Jahre 2012 bis 2016 maßgeblich zu erklären. Die negative Abweichung im Bereich Inkassomandate ist durch den Marktrückgang im europäischen Ausland für die Lizenzierung der Vervielfältigung von Tonträgern und Bildtonträgern im Rahmen der Zentrallizenzierung zurückzuführen.

Im Rahmen der Wahrnehmung von Inkassomandaten erzielte die GEMA Erträge für andere Verwertungsgesellschaften (GVL, VG WORT etc.) und leitete diese Erträge nach Abzug einer Kommission an die vorgenannten Verwertungsgesellschaften weiter.

28. Der Aufwand für bezogene Leistungen, die sonstigen betrieblichen Aufwendungen sowie sonstige Zinsen und ähnliche Aufwendungen setzen sich wie folgt zusammen:

	2018 T€	2017 T€
Aufwendungen für bezogene Leistungen		
IT-Leistungen	32.143	28.824
Nebenkosten des Inkassogeschäfts	11.478	12.457
Kommunikationsaufwand und Marketingmaßnahmen	9.586	9.913
Sonstige Dienstleistungen	8.041	7.890
	61.248	59.084
Sonstige betriebliche Aufwendungen		
Sonstige Verwaltungskosten	5.975	5.818
Beratungs- und Gutachterhonorare	8.638	7.351
Gebäude und Raumkosten	4.294	4.178
Übrige	7.342	3.318
	26.249	20.665
Zinsaufwendungen	1.717	1.083
	89.214	80.832

Die IT-Leistungen werden überwiegend durch das Tochterunternehmen IT4IPM GmbH erbracht. Die Nebenkosten des Inkassogeschäfts setzen sich zusammen aus Kosten zur Überwachung von Lizenzanmeldungen in Höhe von T€ 7.908 (Vorjahr T€ 8.266) sowie Anwalts- und Gerichtkosten in Höhe von T€ 3.570 (Vorjahr T€ 4.191).

29. Der Personalaufwand beträgt T€ 60.551 (Vorjahr T€ 72.152). Die hierin enthaltenen Aufwendungen für Altersversorgung betragen T€ 7.950 (Vorjahr T€ 9.465).

Der durchschnittliche Mitarbeiterbestand im Geschäftsjahr beträgt 849 Mitarbeiter (Vorjahr 808 Mitarbeiter). Die Zahl der Mitarbeiter setzte sich am 31.12.2018 aus folgenden Gruppen zusammen: 626 Vollzeit-Mitarbeiter, 155 Teilzeit-Mitarbeiter, 32 Auszubildende und 36 Altersteilzeit-Mitarbeiter.

30. Die Erträge aus verbundenen Unternehmen in Höhe von T€ 699 (Vorjahr T€ 1.453) betreffen im Wesentlichen die phasengleiche Gewinnvereinnahmung aus der Beteiligung an der GEMA Immobilienverwaltung wirtschaftlicher Verein & Co. KG, München, in Höhe von T€ 235 (Vorjahr T€ 658) sowie die Ausschüttung der ARESA GmbH in Höhe von T€ 116 (Vorjahr T€ 114) und der IT4IPM GmbH in Höhe von T€ 97 (Vorjahr T€ 490).

31. Die Zinsaufwendungen betreffen im Wesentlichen die Aufzinsung der Pensionsrückstellungen in Höhe von T€ 1.682 (Vorjahr T€ 1.054).

Angaben zur Kapitalflussrechnung

32. Der Finanzmittelbestand hat sich im Geschäftsjahr gegenüber dem Vorjahr um T€ 207.726 auf T€ 317.886 verringert. Die wesentlichen Veränderungen ergaben sich aus dem deutlichen Rückgang des Cashflows aus der laufenden Geschäftstätigkeit in Höhe von T€ 342.013. Grund hierfür sind insbesondere die Sonderausschüttungen für YouTube und die Ausschüttung für die vereinnahmten ZPÜ-Gelder (für die Produkte Smartphones, Tablets und PCs). Dieser Effekt konnte aus dem geringeren Zahlungsmittelabfluss aus Investitionstätigkeit in Höhe von T€ 61.822 nicht kompensiert werden. Für die Details verweisen wir auf die beigefügte Kapitalflussrechnung:

	2018 T€	2017 T€
Zuweisung an Verteilungsrückstellungen	859.511	913.615
Abschreibungen auf Gegenstände des Anlagevermögens	8.067	6.050
Zunahme/Abnahme der Rückstellungen	– 266	17.718
Ausschüttung an Mitglieder	– 981.832	– 741.218
Gewinn aus dem Abgang von Gegenständen des Anlagevermögens	– 5.287	0
Zunahme/Abnahme der Vorräte, der Forderungen aus Lieferungen und Leistungen sowie anderer Aktiva, die nicht der Investitions- oder Finanzierungstätigkeit zuzuordnen sind	– 57.985	12.118
Zunahme/Abnahme der Verbindlichkeiten aus Lieferungen und Leistungen sowie anderer Passiva, die nicht der Investitions- oder Finanzierungstätigkeit zuzuordnen sind	31.888	– 12.174
Cashflow aus der laufenden Geschäftstätigkeit	– 145.904	196.109
Einzahlungen aus Abgängen von Gegenständen des Sachanlagevermögens/immateriellen Anlagevermögens	12.818	0
Auszahlungen für Investitionen in das Sachanlagevermögen/immaterielle Anlagevermögen	– 18.754	– 19.309
Einzahlungen aus Abgängen von Gegenständen des Finanzanlagevermögens	1.710	5.902
Auszahlungen für Investitionen in das Finanzanlagevermögen	– 57.596	– 109.327
Cashflow aus der Investitionstätigkeit	– 61.822	– 122.734
Cashflow aus der Finanzierungstätigkeit	0	0
Zahlungswirksame Veränderungen des Finanzmittelbestandes	– 207.726	73.375

	2018	2017
	T€	T€
Finanzmittelbestand am Anfang der Periode	525.612	452.237
Finanzmittelbestand am Ende der Periode	317.886	525.612

Nachtragsbericht

33. Vorgänge, die für die Beurteilung der Vermögens-, Finanz- und Ertragslage der GEMA von besonderer Bedeutung gewesen wären, sind nach dem Schluss des Geschäftsjahres bis zur Vorstandssitzung, in der der Jahresabschluss aufgestellt wurde, nicht eingetreten.

Ergänzende Angaben

34. Haftungsverhältnisse im Sinne des § 251 HGB gegenüber Dritten bestehen aufgrund der Tilgung der Mitgliederkredite im Berichtsjahr nicht mehr (Vorjahr T€ 291). Dahingegen ergeben sich sonstige finanzielle Verpflichtungen aufgrund von Zahlungsverpflichtungen aus langfristigen Mietverträgen in Höhe von T€ 12.009. Davon betreffen T€ 7.754 Zahlungsverpflichtungen gegenüber verbundenen Unternehmen. Es wird mit keiner vorzeitigen Inanspruchnahme gerechnet.

35. Das vom Abschlussprüfer für das Geschäftsjahr 2018 berechnete Gesamthonorar für Abschlussprüfungsleistungen beträgt T€ 171.

36. Die laufenden Bezüge betrugen in 2018 für Dr. Harald Heker T€ 666, für Lorenzo Colombini T€ 358 und für Georg Oeller T€ 453. Die Versorgungsleistungen für alle Vorstände betrugen T€ 704. Die Bezüge der ehemaligen Vorstände betrugen T€ 351. Die für diese Personengruppe gebildeten Pensionsrückstellungen betrugen zum Stichtag T€ 3.041.

37. Der Aufsichtsrat besteht gemäß § 13 Nr. 1 der Satzung der GEMA aus 15 Mitgliedern. Für jede Berufsgruppe können gemäß § 13 Nr. 1 Satz 2 der Satzung zwei Stellvertreter gewählt werden.

Nach der Wahl in der Mitgliederversammlung 2018 setzt sich der Aufsichtsrat wie folgt zusammen:

Komponisten:	Dr. Ralf Weigand	Vorsitzender
	Jörg Evers	
	Matthias Hornschuh	
	Micki Meuser	
	Jochen Schmidt-Hambrock	
	Dr. Charlotte Seither	
	Prof. Dr. Enjott Schneider	Stellvertreter
	Alexander Zuckowski	Stellvertreter
Textdichter:	Stefan Waggershausen	stellv. Vorsitzender
	Burkhard Brozat	
	Rudolf Müssig	

	Frank Ramond	
	Tobias Künzel	Stellvertreter
	Pe Werner	Stellvertreterin
Verleger:	Dagmar Sikorski	stellv. Vorsitzende
	Dr. Götz von Einem	
	Hans-Peter Malten	
	Michael Ohst	
	Patrick Strauch	
	Jörg Fukking	Stellvertreter
	Diana Muñoz	Stellvertreterin

Die Mitglieder des Aufsichtsrats erhalten nur Aufwandsentschädigungen. Im Geschäftsjahr 2018 waren dies insgesamt T€ 309 (Vorjahr T€ 356).

München, den 12. März 2019

Der Vorstand

Dr. Harald Heker
Lorenzo Colombini
Georg Oeller

Prüfungsergebnis und Bestätigungsvermerk der Abschlussprüfer

Bestätigungsvermerk des unabhängigen Abschlussprüfers

An die GEMA – Gesellschaft für musikalische Aufführungs- und mechanische Vervielfältigungsrechte, Berlin

Prüfungsurteile

Wir haben den Jahresabschluss der GEMA – Gesellschaft für musikalische Aufführungs- und mechanische Vervielfältigungsrechte, Berlin – bestehend aus der Bilanz zum 31. Dezember 2018, der Gewinn- und Verlustrechnung und der Kapitalflussrechnung für das Geschäftsjahr vom 1. Januar 2018 bis zum 31. Dezember 2018 sowie dem Anhang, einschließlich der Darstellung der Bilanzierungs- und Bewertungsmethoden – geprüft. Darüber hinaus haben wir den Lagebericht der GEMA – Gesellschaft für musikalische Aufführungs- und mechanische Vervielfältigungsrechte für das Geschäftsjahr vom 1. Januar 2018 bis zum 31. Dezember 2018 geprüft.

Nach unserer Beurteilung aufgrund der bei der Prüfung gewonnenen Erkenntnisse

- entspricht der beigefügte Jahresabschluss in allen wesentlichen Belangen den deutschen, für Kapitalgesellschaften geltenden handelsrechtlichen Vorschriften sowie den ergänzenden Bestimmungen des Gesetzes über die Wahrnehmung von Urheberrechten und verwandten Schutzrechten durch Verwertungsgesellschaften (Verwertungsgesellschaftengesetz – VGG) und vermittelt unter Beachtung der deutschen Grundsätze ordnungsmäßiger Buchführung ein den tatsächlichen Verhältnissen entsprechendes Bild der Vermögens- und Finanzlage der Gesellschaft zum 31. Dezember 2018 sowie ihrer Ertragslage für das Geschäftsjahr vom 1. Januar 2018 bis zum 31. Dezember 2018 und

- vermittelt der beigefügte Lagebericht insgesamt ein zutreffendes Bild von der Lage der Gesellschaft. In allen wesentlichen Belangen steht dieser Lagebericht in Einklang mit dem Jahresabschluss, entspricht den deutschen gesetzlichen Vorschriften und stellt die Chancen und Risiken der zukünftigen Entwicklung zutreffend dar.

Gemäß § 322 Abs. 3 Satz 1 HGB erklären wir, dass unsere Prüfung zu keinen Einwendungen gegen die Ordnungsmäßigkeit des Jahresabschlusses und des Lageberichts geführt hat.

Grundlage für die Prüfungsurteile

Wir haben unsere Prüfung des Jahresabschlusses und des Lageberichts in Übereinstimmung mit § 317 HGB unter Beachtung der vom Institut der Wirtschaftsprüfer (IDW) festgestellten deutschen Grundsätze ordnungsmäßiger Abschlussprüfung durchgeführt.

Unsere Verantwortung nach diesen Vorschriften und Grundsätzen ist im Abschnitt „Verantwortung des Abschlussprüfers für die Prüfung des Jahresabschlusses und des Lageberichts" unseres Bestätigungsvermerks weitergehend beschrieben. Wir sind von dem Unternehmen unabhängig in Übereinstimmung mit den deutschen handelsrechtlichen und berufsrechtlichen Vorschriften und haben unsere sonstigen deutschen Berufspflichten in Übereinstimmung mit diesen Anforderungen erfüllt. Wir sind der Auffassung, dass die von uns erlangten Prüfungsnachweise ausreichend und geeignet sind, um als Grundlage für unsere Prüfungsurteile zum Jahresabschluss und zum Lagebericht zu dienen.

Verantwortung der gesetzlichen Vertreter und des Aufsichtsrats für den Jahresabschluss und den Lagebericht

Die gesetzlichen Vertreter sind verantwortlich für die Aufstellung des Jahresabschlusses, der den deutschen, für Kapitalgesellschaften geltenden handelsrechtlichen Vorschriften sowie den ergänzenden Bestimmungen des Gesetzes über die Wahrnehmung von Urheberrechten und verwandten Schutzrechten durch Verwertungsgesellschaften (Verwertungsgesellschaftengesetz – VGG) in allen wesentlichen Belangen entspricht, und dafür, dass der Jahresabschluss unter Beachtung der deutschen Grundsätze ordnungsmäßiger Buchführung ein den tatsächlichen Verhältnissen entsprechendes Bild der Vermögens-, Finanz- und Ertragslage der Gesellschaft vermittelt. Ferner sind die gesetzlichen Vertreter verantwortlich für die internen Kontrollen, die sie in Übereinstimmung mit den deutschen Grundsätzen ordnungsmäßiger Buchführung als notwendig bestimmt haben, um die Aufstellung eines Jahresabschlusses zu ermöglichen, der frei von wesentlichen – beabsichtigten oder unbeabsichtigten – falschen Darstellungen ist.

Bei der Aufstellung des Jahresabschlusses sind die gesetzlichen Vertreter dafür verantwortlich, die Fähigkeit der Gesellschaft zur Fortführung der Unternehmenstätigkeit zu beurteilen. Des Weiteren haben sie die Verantwortung, Sachverhalte in Zusammenhang mit der Fortführung der Unternehmenstätigkeit, sofern einschlägig, anzugeben. Darüber hinaus sind sie dafür verantwortlich, auf der Grundlage des Rechnungslegungsgrundsatzes der Fortführung der Unternehmenstätigkeit zu bilanzieren, sofern dem nicht tatsächliche oder rechtliche Gegebenheiten entgegenstehen.

Außerdem sind die gesetzlichen Vertreter verantwortlich für die Aufstellung des Lageberichts, der insgesamt ein zutreffendes Bild von der Lage der Gesellschaft vermittelt sowie in allen wesentlichen Belangen mit dem Jahresabschluss in Einklang steht, den deutschen gesetzlichen Vorschriften entspricht und die Chancen und Risiken der zukünftigen Entwicklung zutreffend darstellt. Ferner sind die gesetzlichen Vertreter verantwortlich für die Vorkehrungen und Maßnahmen (Systeme), die sie als notwendig erachtet haben, um die Aufstellung eines Lageberichts in Übereinstimmung mit den anzuwendenden deutschen gesetzlichen Vorschriften zu ermöglichen und um ausreichende geeignete Nachweise für die Aussagen im Lagebericht erbringen zu können.

Der Aufsichtsrat ist verantwortlich für die Überwachung des Rechnungslegungsprozesses der Gesellschaft zur Aufstellung des Jahresabschlusses und des Lageberichts.

Verantwortung des Abschlussprüfers für die Prüfung des Jahresabschlusses und des Lageberichts

Unsere Zielsetzung ist, hinreichende Sicherheit darüber zu erlangen, ob der Jahresabschluss als Ganzes frei von wesentlichen – beabsichtigten oder unbeabsichtigten – falschen Darstellungen ist, und ob der Lagebericht insgesamt ein zutreffendes

Bild von der Lage der Gesellschaft vermittelt sowie in allen wesentlichen Belangen mit dem Jahresabschluss sowie mit den bei der Prüfung gewonnenen Erkenntnissen in Einklang steht, den deutschen gesetzlichen Vorschriften entspricht und die Chancen und Risiken der zukünftigen Entwicklung zutreffend darstellt, sowie einen Bestätigungsvermerk zu erteilen, der unsere Prüfungsurteile zum Jahresabschluss und zum Lagebericht beinhaltet.

Hinreichende Sicherheit ist ein hohes Maß an Sicherheit, aber keine Garantie dafür, dass eine in Übereinstimmung mit § 317 HGB unter Beachtung der vom Institut der Wirtschaftsprüfer (IDW) festgestellten deutschen Grundsätze ordnungsmäßiger Abschlussprüfung durchgeführte Prüfung eine wesentliche falsche Darstellung stets aufdeckt. Falsche Darstellungen können aus Verstößen oder Unrichtigkeiten resultieren und werden als wesentlich angesehen, wenn vernünftigerweise erwartet werden könnte, dass sie einzeln oder insgesamt die auf der Grundlage dieses Jahresabschlusses und Lageberichts getroffenen wirtschaftlichen Entscheidungen von Adressaten beeinflussen.

Während der Prüfung üben wir pflichtgemäßes Ermessen aus und bewahren eine kritische Grundhaltung. Darüber hinaus

– identifizieren und beurteilen wir die Risiken wesentlicher – beabsichtigter oder unbeabsichtigter – falscher Darstellungen im Jahresabschluss und im Lagebericht, planen und führen Prüfungshandlungen als Reaktion auf diese Risiken durch sowie erlangen Prüfungsnachweise, die ausreichend und geeignet sind, um als Grundlage für unsere Prüfungsurteile zu dienen. Das Risiko, dass wesentliche falsche Darstellungen nicht aufgedeckt werden, ist bei Verstößen höher als bei Unrichtigkeiten, da Verstöße betrügerisches Zusammenwirken, Fälschungen, beabsichtigte Unvollständigkeiten, irreführende Darstellungen bzw. das Außerkraftsetzen interner Kontrollen beinhalten können.

– gewinnen wir ein Verständnis von dem für die Prüfung des Jahresabschlusses relevanten internen Kontrollsystem und den für die Prüfung des Lageberichts relevanten Vorkehrungen und Maßnahmen, um Prüfungshandlungen zu planen, die unter den gegebenen Umständen angemessen sind, jedoch nicht mit dem Ziel, ein Prüfungsurteil zur Wirksamkeit dieser Systeme der Gesellschaft abzugeben.

– beurteilen wir die Angemessenheit der von den gesetzlichen Vertretern angewandten Rechnungslegungsmethoden sowie die Vertretbarkeit der von den gesetzlichen Vertretern dargestellten geschätzten Werte und damit zusammenhängenden Angaben.

– ziehen wir Schlussfolgerungen über die Angemessenheit des von den gesetzlichen Vertretern angewandten Rechnungslegungsgrundsatzes der Fortführung der Unternehmenstätigkeit sowie, auf der Grundlage der erlangten Prüfungsnachweise, ob eine wesentliche Unsicherheit im Zusammenhang mit Ereignissen oder Gegebenheiten besteht, die bedeutsame Zweifel an der Fähigkeit der Gesellschaft zur Fortführung der Unternehmenstätigkeit aufwerfen können. Falls wir zu dem Schluss kommen, dass eine wesentliche Unsicherheit besteht, sind wir verpflichtet, im Bestätigungsvermerk auf die dazugehörigen Angaben im Jahresabschluss und im Lagebericht aufmerksam zu machen oder, falls diese Angaben unangemessen sind, unser jeweiliges Prüfungsurteil zu modifizieren.

Wir ziehen unsere Schlussfolgerungen auf der Grundlage der bis zum Datum unseres Bestätigungsvermerks erlangten Prüfungsnachweise. Zukünftige Ereignisse oder Gegebenheiten können jedoch dazu führen, dass die Gesellschaft ihre Unternehmenstätigkeit nicht mehr fortführen kann.

- beurteilen wir die Gesamtdarstellung, den Aufbau und den Inhalt des Jahresabschlusses einschließlich der Angaben sowie ob der Jahresabschluss die zugrunde liegenden Geschäftsvorfälle und Ereignisse so darstellt, dass der Jahresabschluss unter Beachtung der deutschen Grundsätze ordnungsmäßiger Buchführung ein den tatsächlichen Verhältnissen entsprechendes Bild der Vermögens-, Finanz- und Ertragslage der Gesellschaft vermittelt.

- beurteilen wir den Einklang des Lageberichts mit dem Jahresabschluss, seine Gesetzesentsprechung und das von ihm vermittelte Bild von der Lage des Unternehmens.

- führen wir Prüfungshandlungen zu den von den gesetzlichen Vertretern dargestellten zukunftsorientierten Angaben im Lagebericht durch. Auf Basis ausreichender geeigneter Prüfungsnachweise vollziehen wir dabei insbesondere die den zukunftsorientierten Angaben von den gesetzlichen Vertretern zugrunde gelegten bedeutsamen Annahmen nach und beurteilen die sachgerechte Ableitung der zukunftsorientierten Angaben aus diesen Annahmen. Ein eigenständiges Prüfungsurteil zu den zukunftsorientierten Angaben sowie zu den zugrunde liegenden Annahmen geben wir nicht ab. Es besteht ein erhebliches unvermeidbares Risiko, dass künftige Ereignisse wesentlich von den zukunftsorientierten Angaben abweichen.

Wir erörtern mit den für die Überwachung Verantwortlichen unter anderem den geplanten Umfang und die Zeitplanung der Prüfung sowie bedeutsame Prüfungsfeststellungen, einschließlich etwaiger Mängel im internen Kontrollsystem, die wir während unserer Prüfung feststellen."

München, den 19. März 2019

KPMG AG
Wirtschaftsprüfungsgesellschaft

gez. Kaltenegger gez. Greiner
Wirtschaftsprüferin Wirtschaftsprüferin

Bericht des Aufsichtsrats

Der Aufsichtsrat hat im Geschäftsjahr 2018 an 11 Tagen Sitzungen durchgeführt: nämlich am 21./22. März, 14. und 17. Mai, 26. Juni, 5./6. Juli, 10./11. Oktober sowie 12./13. Dezember 2018. Ferner haben regelmäßig Sitzungen der vom Aufsichtsrat gebildeten Ausschüsse (wie Tarifausschuss, Verteilungsplankommission und Programmausschüsse) sowie der Wertungsausschüsse, der Schätzungskommission der Bearbeiter und des Werkausschusses stattgefunden. In gemeinsamen Sitzungen mit dem Vorstand hat sich der Aufsichtsrat aufgrund schriftlicher und mündlicher Berichte des Vorstands mit der Lage der GEMA, dem Geschäftsverlauf sowie der Geschäftspolitik befasst und darüber mit dem Vorstand beraten.

Im Geschäftsjahr 2018 hat der Wirtschaftsausschuss des Aufsichtsrats am 6. März und 27. November Sitzungen abgehalten. Über die Ergebnisse wurde jeweils dem Aufsichtsrat Bericht erstattet. Des Weiteren hat sich der Wirtschaftsausschuss in seiner Sitzung am 19. März 2019 mit dem Geschäftsbericht des Vorstands für 2018 beschäftigt und dem Aufsichtsrat in dessen Sitzung am 1./2. April 2019 darüber berichtet.

Die zum Abschlussprüfer bestellte KPMG AG, Wirtschaftsprüfungsgesellschaft, Berlin, hat den vom Vorstand aufgestellten Jahresabschluss 2018 unter Einbeziehung der Buchführung und den Lagebericht geprüft und den uneingeschränkten Bestätigungsvermerk erteilt. Der Aufsichtsrat hat den Bericht der Abschlussprüfer in seiner Sitzung am 1./2. April 2019 erörtert und keine Einwendungen gegen das Prüfungsergebnis und den Lagebericht des Vorstands erhoben. Er billigt den Jahresabschluss, der damit festgestellt ist.

Im Berichtsjahr 2018 gehörten dem Aufsichtsrat folgende Mitglieder an:

Für die Berufsgruppe Komponisten Jörg Evers, Matthias Hornschuh (ab 17. Mai), Micki Meuser, Jochen Schmidt-Hambrock, Prof Dr. Enjott Schneider (ab 17. Mai als Stellvertreter), Dr. Charlotte Seither, Dr. Ralf Weigand sowie als Stellvertreter Hartmut Westphal (bis 17. Mai) und Alexander Zuckowski; für die Berufsgruppe Textdichter Burkhard Brozat, Rudolf Müssig, Frank Ramond, Stefan Waggershausen sowie als Stellvertreter Tobias Künzel und Pe Werner; für die Berufsgruppe Verleger Prof. Dr. Rolf Budde († 13. April 2018), Karl-Heinz Klempnow (bis 17. Mai), Hans-Peter Malten, Michael Ohst (ab 17. Mai), Dagmar Sikorski, Patrick Strauch, Dr. Götz von Einem (ab 17. Mai) sowie als Stellvertreter Jörg Fukking und Winfried Jacobs (bis 17. Mai) bzw. Diana Muñoz (ab 17. Mai).

Vorsitzender war Dr. Ralf Weigand, stellvertretende Vorsitzende waren Stefan Waggershausen und Karl-Heinz Klempnow (bis 17. Mai) bzw. Dagmar Sikorski (ab 17. Mai).

München, den 1. April 2019
Der Vorsitzende des Aufsichtsrats
Dr. Ralf Weigand

C Textsammlung

I Gesetzliche Grundlagen

Urheberrechtsgesetz

Gesetz über Urheberrecht und verwandte Schutzrechte (Urheberrechtsgesetz – UrhG)

Vom 9. September 1965 (BGBl. I S. 1273, zuletzt geänd. durch Artikel 1 des Gesetzes vom 28.11.2018, BGBl. I S. 2014)

Teil 1. Urheberrecht

ABSCHNITT 1 – ALLGEMEINES

§ 1. Allgemeines. Die Urheber von Werken der Literatur, Wissenschaft und Kunst genießen für ihre Werke Schutz nach Maßgabe dieses Gesetzes.

ABSCHNITT 2 – DAS WERK

§ 2. Geschützte Werke. (1) Zu den geschützten Werken der Literatur, Wissenschaft und Kunst gehören insbesondere:

1. Sprachwerke, wie Schriftwerke, Reden und Computerprogramme;
2. Werke der Musik;
3. pantomimische Werke einschließlich der Werke der Tanzkunst;
4. Werke der bildenden Künste einschließlich der Werke der Baukunst und der angewandten Kunst und Entwürfe solcher Werke;
5. Lichtbildwerke einschließlich der Werke, die ähnlich wie Lichtbildwerke geschaffen werden;
6. Filmwerke einschließlich der Werke, die ähnlich wie Filmwerke geschaffen werden;
7. Darstellungen wissenschaftlicher oder technischer Art, wie Zeichnungen, Pläne, Karten, Skizzen, Tabellen und plastische Darstellungen.

(2) Werke im Sinne dieses Gesetzes sind nur persönliche geistige Schöpfungen.

§ 3. Bearbeitungen. Übersetzungen und andere Bearbeitungen eines Werkes, die persönliche geistige Schöpfungen des Bearbeiters sind, werden unbeschadet des Urheberrechts am bearbeiteten Werk wie selbstständige Werke geschützt. Die nur unwesentliche Bearbeitung eines nicht geschützten Werkes der Musik wird nicht als selbstständiges Werk geschützt.

§ 4. Sammelwerke und Datenbankwerke. (1) Sammlungen von Werken, Daten oder anderen unabhängigen Elementen, die aufgrund der Auswahl oder Anordnung der Elemente eine persönliche geistige Schöpfung sind (Sammelwerke), werden, unbeschadet eines an den einzelnen Elementen gegebenenfalls bestehenden Urheberrechts oder verwandten Schutzrechts, wie selbstständige Werke geschützt.

(2) Datenbankwerk im Sinne dieses Gesetzes ist ein Sammelwerk, dessen Elemente systematisch oder methodisch angeordnet und einzeln mit Hilfe elektronischer Mittel oder auf andere Weise zugänglich sind. Ein zur Schaffung des Datenbankwerkes oder zur Ermöglichung des Zugangs zu dessen Elementen verwendetes Computerprogramm (§ 69a) ist nicht Bestandteil des Datenbankwerkes.

§ 5. Amtliche Werke. (1) Gesetze, Verordnungen, amtliche Erlasse und Bekanntmachungen sowie Entscheidungen und amtlich verfaßte Leitsätze zu Entscheidungen genießen keinen urheberrechtlichen Schutz.

(2) Das gleiche gilt für andere amtliche Werke, die im amtlichen Interesse zur allgemeinen Kenntnisnahme veröffentlicht worden sind, mit der Einschränkung, dass die Bestimmungen über Änderungsverbot und Quellenangabe in § 62 Abs. 1 bis 3 und § 63 Abs. 1 und 2 entsprechend anzuwenden sind.

(3) Das Urheberrecht an privaten Normwerken wird durch die Absätze 1 und 2 nicht berührt, wenn Gesetze, Verordnungen, Erlasse oder amtliche Bekanntmachungen auf sie verweisen, ohne ihren Wortlaut wiederzugeben. In diesem Fall ist der Urheber verpflichtet, jedem Verleger zu angemessenen Bedingungen ein Recht zur Vervielfältigung und Verbreitung einzuräumen. Ist ein Dritter Inhaber des ausschließlichen Rechts zur Vervielfältigung und Verbreitung, so ist dieser zur Einräumung des Nutzungsrechtes nach Satz 2 verpflichtet.

§ 6. Veröffentlichte und erschienene Werke. (1) Ein Werk ist veröffentlicht, wenn es mit Zustimmung des Berechtigten der Öffentlichkeit zugänglich gemacht worden ist.

(2) Ein Werk ist erschienen, wenn mit Zustimmung des Berechtigten Vervielfältigungsstücke des Werkes nach ihrer Herstellung in genügender Anzahl der Öffentlichkeit angeboten oder in Verkehr gebracht worden sind. Ein Werk der bildenden Künste gilt auch dann als erschienen, wenn das Original oder ein Vervielfältigungsstück des Werkes mit Zustimmung des Berechtigten bleibend der Öffentlichkeit zugänglich ist.

**ABSCHNITT 3
DER URHEBER**

§ 7. Urheber. Urheber ist der Schöpfer des Werkes.

§ 8. Miturheber. (1) Haben mehrere ein Werk gemeinsam geschaffen, ohne dass sich ihre Anteile gesondert verwerten lassen, so sind sie Miturheber des Werkes.

(2) Das Recht zur Veröffentlichung und zur Verwertung des Werkes steht den Miturhebern zur gesamten Hand zu; Änderungen des Werkes sind nur mit Einwilligung der Miturheber zulässig. Ein Miturheber darf jedoch seine Einwilligung zur Veröffentlichung, Verwertung oder Änderung nicht wider Treu und Glauben verweigern. Jeder Miturheber ist berechtigt, Ansprüche aus Verletzungen des gemeinsamen Urheberrechts geltend zu machen; er kann jedoch nur Leistung an alle Miturheber verlangen.

(3) Die Erträgnisse aus der Nutzung des Werkes gebühren den Miturhebern nach dem Umfang ihrer Mitwirkung an der Schöpfung des Werkes, wenn nichts anderes zwischen den Miturhebern vereinbart ist.

(4) Ein Miturheber kann auf seinen Anteil an den Verwertungsrechten (§ 15) verzichten. Der Verzicht ist den anderen Miturhebern gegenüber zu erklären. Mit der Erklärung wächst der Anteil den anderen Miturhebern zu.

§ 9. Urheber verbundener Werke. Haben mehrere Urheber ihre Werke zu gemeinsamer Verwertung miteinander verbunden, so kann jeder vom anderen die Einwilligung zur Veröffentlichung, Verwertung und Änderung der verbundenen Werke verlangen, wenn die Einwilligung dem anderen nach Treu und Glauben zuzumuten ist.

§ 10. Vermutung der Urheber- oder Rechtsinhaberschaft. (1) Wer auf den Vervielfältigungsstücken eines erschienenen Werkes oder auf dem Original eines Werkes der bildenden Künste in der üblichen Weise als Urheber bezeichnet ist, wird bis zum Beweis des Gegenteils als Urheber des Werkes angesehen; dies gilt auch für eine Bezeichnung, die als Deckname oder Künstlerzeichen des Urhebers bekannt ist.

(2) Ist der Urheber nicht nach Absatz 1 bezeichnet, so wird vermutet, dass derjenige ermächtigt ist, die Rechte des Urhebers geltend zu machen, der auf den Vervielfältigungsstücken des Werkes als Herausgeber bezeichnet ist. Ist kein Herausgeber angegeben, so wird vermutet, dass der Verleger ermächtigt ist.

(3) Für die Inhaber ausschließlicher Nutzungsrechte gilt die Vermutung des Absatzes 1 entsprechend, soweit es sich um Verfahren des einstweiligen Rechtsschutzes handelt oder Unterlassungsansprüche geltend gemacht werden. Die Vermutung gilt nicht im Verhältnis zum Urheber oder zum ursprünglichen Inhaber des verwandten Schutzrechts.

ABSCHNITT 4
INHALT DES URHEBERRECHTS

UNTERABSCHNITT 1. ALLGEMEINES

§ 11. Allgemeines. Das Urheberrecht schützt den Urheber in seinen geistigen und persönlichen Beziehungen zum Werk und in der Nutzung des Werkes. Es dient zugleich der Sicherung einer angemessenen Vergütung für die Nutzung des Werkes.

UNTERABSCHNITT 2. URHEBERPERSÖNLICHKEITSRECHT

§ 12. Veröffentlichungsrecht. (1) Der Urheber hat das Recht zu bestimmen, ob und wie sein Werk zu veröffentlichen ist.

(2) Dem Urheber ist es vorbehalten, den Inhalt seines Werkes öffentlich mitzuteilen oder zu beschreiben, solange weder das Werk noch der wesentliche Inhalt oder eine Beschreibung des Werkes mit seiner Zustimmung veröffentlicht ist.

§ 13. Anerkennung der Urheberschaft. Der Urheber hat das Recht auf Anerkennung seiner Urheberschaft am Werk. Er kann bestimmen, ob das Werk mit einer Urheberbezeichnung zu versehen ist und welche Bezeichnung zu verwenden ist.

§ 14. Entstellung des Werkes. Der Urheber hat das Recht, eine Entstellung oder eine andere Beeinträchtigung seines Werkes zu verbieten, die geeignet ist, seine berechtigten geistigen oder persönlichen Interessen am Werk zu gefährden.

UNTERABSCHNITT 3. VERWERTUNGSRECHTE

§ 15. Allgemeines. (1) Der Urheber hat das ausschließliche Recht, sein Werk in körperlicher Form zu verwerten; das Recht umfasst insbesondere

1. das Vervielfältigungsrecht (§ 16),

2. das Verbreitungsrecht (§ 17),

3. das Ausstellungsrecht (§ 18).

(2) Der Urheber hat ferner das ausschließliche Recht, sein Werk in unkörperlicher Form öffentlich wiederzugeben (Recht der öffentlichen Wiedergabe). Das Recht der öffentlichen Wiedergabe umfasst insbesondere

1. das Vortrags-, Aufführungs- und Vorführungsrecht (§ 19),

2. das Recht der öffentlichen Zugänglichmachung (§ 19a),

3. das Senderecht (§ 20),

4. das Recht der Wiedergabe durch Bild- oder Tonträger (§ 21),

5. das Recht der Wiedergabe von Funksendungen und von öffentlicher Zugänglichmachung (§ 22).

(3) Die Wiedergabe eines Werkes ist öffentlich, wenn sie für eine Mehrzahl von Mitgliedern der Öffentlichkeit bestimmt ist. Zur Öffentlichkeit gehört jeder, der nicht mit demjenigen, der das Werk verwertet, oder mit den anderen Personen, denen das Werk in unkörperlicher Form wahrnehmbar oder zugänglich gemacht wird, durch persönliche Beziehungen verbunden ist.

§ 16. Vervielfältigungsrecht. (1) Das Vervielfältigungsrecht ist das Recht, Vervielfältigungsstücke des Werkes herzustellen, gleichviel ob vorübergehend oder dauerhaft, in welchem Verfahren und in welcher Zahl.

(2) Eine Vervielfältigung ist auch die Übertragung des Werkes auf Vorrichtungen zur wiederholbaren Wiedergabe von Bild- oder Tonfolgen (Bild- oder Tonträger), gleichviel, ob es sich um die Aufnahme einer Wiedergabe des Werkes auf einen Bild- oder Tonträger oder um die Übertragung des Werkes von einem Bild- oder Tonträger auf einen anderen handelt.

§ 17. Verbreitungsrecht. (1) Das Verbreitungsrecht ist das Recht, das Original oder Vervielfältigungsstücke des Werkes der Öffentlichkeit anzubieten oder in Verkehr zu bringen.

(2) Sind das Original oder Vervielfältigungsstücke des Werkes mit Zustimmung des zur Verbreitung Berechtigten im Gebiet der Europäischen Union oder eines anderen Vertragsstaates des Abkommens über den Europäischen Wirtschaftsraum im Wege der Veräußerung in Verkehr gebracht worden, so ist ihre Weiterverbreitung mit Ausnahme der Vermietung zulässig.

(3) Vermietung im Sinne der Vorschriften dieses Gesetzes ist die zeitlich begrenzte, unmittelbar oder mittelbar Erwerbszwecken dienende Gebrauchsüberlassung. Als Vermietung gilt jedoch nicht die Überlassung von Originalen oder Vervielfältigungsstücken

1. von Bauwerken und Werken der angewandten Kunst oder

2. im Rahmen eines Arbeits- oder Dienstverhältnisses zu dem ausschließlichen Zweck, bei der Erfüllung von Verpflichtungen aus dem Arbeits- oder Dienstverhältnis benutzt zu werden.

§ 18. Ausstellungsrecht. Das Ausstellungsrecht ist das Recht, das Original oder Vervielfältigungsstücke eines unveröffentlichten Werkes der bildenden Künste oder eines unveröffentlichten Lichtbildwerkes öffentlich zur Schau zu stellen.

§ 19. Vortrags-, Aufführungs- und Vorführungsrecht. (1) Das Vortragsrecht ist das Recht, ein Sprachwerk durch persönliche Darbietung öffentlich zu Gehör zu bringen.

(2) Das Aufführungsrecht ist das Recht, ein Werk der Musik durch persönliche Darbietung öffentlich zu Gehör zu bringen oder ein Werk öffentlich bühnenmäßig darzustellen.

(3) Das Vortrags- und das Aufführungsrecht umfassen das Recht, Vorträge und Aufführungen außerhalb des Raumes, in dem die persönliche Darbietung stattfindet, durch Bildschirm, Lautsprecher oder ähnliche technische Einrichtungen öffentlich wahrnehmbar zu machen.

(4) Das Vorführungsrecht ist das Recht, ein Werk der bildenden Künste, ein Lichtbildwerk, ein Filmwerk oder Darstellungen wissenschaftlicher oder technischer Art durch technische Einrichtungen öffentlich wahrnehmbar zu machen. Das Vorführungsrecht umfasst nicht das Recht, die Funksendung oder öffentliche Zugänglichmachung solcher Werke öffentlich wahrnehmbar zu machen (§ 22).

§ 19a. Recht der öffentlichen Zugänglichmachung. Das Recht der öffentlichen Zugänglichmachung ist das Recht, das Werk drahtgebunden oder drahtlos der Öffentlichkeit in einer Weise zugänglich zu machen, dass es Mitgliedern der Öffentlichkeit von Orten und zu Zeiten ihrer Wahl zugänglich ist.

§ 20. Senderecht. Das Senderecht ist das Recht, das Werk durch Funk, wie Ton- und Fernsehrundfunk, Satelitenrundfunk, Kabelfunk oder ähnliche technische Mittel der Öffentlichkeit zugänglich zu machen.

§ 20a. Europäische Satellitensendung. (1) Wird eine Satellitensendung innerhalb des Gebietes eines Mitgliedstaates der Europäischen Union oder Vertragsstaates des Abkommens über den Europäischen Wirtschaftsraum ausgeführt, so gilt sie ausschließlich als in diesem Mitgliedstaat oder Vertragsstaat erfolgt.

(2) Wird eine Satellitensendung im Gebiet eines Staates ausgeführt, der weder Mitgliedstaat der Europäischen Union noch Vertragsstaat des Abkommens über den Europäischen Wirtschaftsraum ist und in dem für das Recht der Satellitensendung das in Kapitel II der Richtlinie 93/83/EWG des Rates vom 27. September 1993 zur Koordinierung bestimmter urheber- und leistungsschutzrechtlicher Vorschriften betreffend Satellitenrundfunk und Kabelweiterverbreitung (ABl. EG Nr. L 248 S. 15) vorgesehene Schutzniveau nicht gewährleistet ist, so gilt sie als in dem Mitgliedstaat oder Vertragsstaat erfolgt,

1. in dem die Erdfunkstation liegt, von der aus die programmtragenden Signale zum Satelliten geleitet werden, oder
2. in dem das Sendeunternehmen seine Niederlassung hat, wenn die Voraussetzung nach Nummer 1 nicht gegeben ist.

Das Senderecht ist im Fall der Nummer 1 gegenüber dem Betreiber der Erdfunkstation, im Fall der Nummer 2 gegenüber dem Sendeunternehmen geltend zu machen.

(3) Satellitensendung im Sinne von Absatz 1 und 2 ist die unter der Kontrolle und Verantwortung des Sendeunternehmens stattfindende Eingabe der für den

öffentlichen Empfang bestimmten programmtragenden Signale in eine ununterbrochene Übertragungskette, die zum Satelliten und zurück zur Erde führt.

§ 20b. Kabelweitersendung. (1) Das Recht, ein gesendetes Werk im Rahmen eines zeitgleich, unverändert und vollständig weiterübertragenen Programms durch Kabelsysteme oder Mikrowellensysteme weiterzusenden (Kabelweitersendung), kann nur durch eine Verwertungsgesellschaft geltend gemacht werden. Dies gilt nicht für Rechte, die ein Sendeunternehmen in Bezug auf seine Sendungen geltend macht.

(2) Hat der Urheber das Recht der Kabelweitersendung einem Sendeunternehmen oder einem Tonträger- oder Filmhersteller eingeräumt, so hat das Kabelunternehmen gleichwohl dem Urheber eine angemessene Vergütung für die Kabelweitersendung zu zahlen. Auf den Vergütungsanspruch kann nicht verzichtet werden. Er kann im Voraus nur an eine Verwertungsgesellschaft abgetreten und nur durch eine solche geltend gemacht werden. Diese Regelung steht Tarifverträgen, Betriebsvereinbarungen und gemeinsamen Vergütungsregeln von Sendeunternehmen nicht entgegen, soweit dadurch dem Urheber eine angemessene Vergütung für jede Kabelweitersendung eingeräumt wird.

§ 21. Recht der Wiedergabe durch Bild- oder Tonträger. Das Recht der Wiedergabe durch Bild- oder Tonträger ist das Recht, Vorträge oder Aufführungen des Werkes mittels Bild- oder Tonträger öffentlich wahrnehmbar zu machen. § 19 Abs. 3 gilt entsprechend.

§ 22. Recht der Wiedergabe von Funksendungen und von öffentlicher Zugänglichmachung. Das Recht der Wiedergabe von Funksendungen und der Wiedergabe von öffentlicher Zugänglichmachung ist das Recht, Funksendungen und auf öffentlicher Zugänglichmachung beruhende Wiedergaben des Werkes durch Bildschirm, Lautsprecher oder ähnliche technische Einrichtungen öffentlich wahrnehmbar zu machen. § 19 Abs. 3 gilt entsprechend.

§ 23. Bearbeitungen und Umgestaltungen. Bearbeitungen oder andere Umgestaltungen des Werkes dürfen nur mit Einwilligung des Urhebers des bearbeiteten oder umgestalteten Werkes veröffentlicht oder verwertet werden. Handelt es sich um eine Verfilmung des Werkes, um die Ausführung von Plänen und Entwürfen eines Werkes der bildenden Künste, um den Nachbau eines Werkes der Baukunst oder um die Bearbeitung oder Umgestaltung eines Datenbankwerkes, so bedarf bereits das Herstellen der Bearbeitung oder Umgestaltung der Einwilligung des Urhebers.

§ 24. Freie Benutzung. (1) Ein selbstständiges Werk, das in freier Benutzung des Werkes eines anderen geschaffen worden ist, darf ohne Zustimmung des Urhebers des benutzten Werkes veröffentlicht und verwertet werden.

(2) Absatz 1 gilt nicht für die Benutzung eines Werkes der Musik, durch welche eine Melodie erkennbar dem Werk entnommen und einem neuen Werk zugrunde gelegt wird.

UNTERABSCHNITT 4. SONSTIGE RECHTE DES URHEBERS

§ 25. Zugang zu Werkstücken. (1) Der Urheber kann vom Besitzer des Originals oder eines Vervielfältigungsstückes seines Werkes verlangen, dass er ihm das Original oder das Vervielfältigungsstück zugänglich macht, soweit dies zur Herstellung von

Vervielfältigungsstücken oder Bearbeitungen des Werkes erforderlich ist und nicht berechtigte Interessen des Besitzers entgegenstehen.

(2) Der Besitzer ist nicht verpflichtet, das Original oder das Vervielfältigungsstück dem Urheber herauszugeben.

§ 26. Folgerecht. (1) Wird das Original eines Werkes der bildenden Künste oder eines Lichtbildwerkes weiterveräußert und ist hieran ein Kunsthändler oder Versteigerer als Erwerber, Veräußerer oder Vermittler beteiligt, so hat der Veräußerer dem Urheber einen Anteil des Veräußerungserlöses zu entrichten. Als Veräußerungserlös im Sinne des Satzes 1 gilt der Verkaufspreis ohne Steuern. Ist der Veräußerer eine Privatperson, so haftet der als Erwerber oder Vermittler beteiligte Kunsthändler oder Versteigerer neben ihm als Gesamtschuldner; im Verhältnis zueinander ist der Veräußerer allein verpflichtet. Die Verpflichtung nach Satz 1 entfällt, wenn der Veräußerungserlös weniger als 400 Euro beträgt.

(2) Die Höhe des Anteils des Veräußerungserlöses beträgt:

1. 4 Prozent für den Teil des Veräußerungserlöses bis zu 50 000 Euro,
2. 3 Prozent für den Teil des Veräußerungserlöses von 50 000,01 bis 200 000 Euro,
3. 1 Prozent für den Teil des Veräußerungserlöses von 200 000,01 bis 350 000 Euro,
4. 0,5 Prozent für den Teil des Veräußerungserlöses von 350 000,01 bis 500 000 Euro,
5. 0,25 Prozent für den Teil des Veräußerungserlöses über 500 000 Euro.

Der Gesamtbetrag der Folgerechtsvergütung aus einer Weiterveräußerung beträgt höchstens 12 500 Euro.

(3) Das Folgerecht ist unveräußerlich. Der Urheber kann auf seinen Anteil im Voraus nicht verzichten.

(4) Der Urheber kann von einem Kunsthändler oder Versteigerer Auskunft darüber verlangen, welche Originale von Werken des Urhebers innerhalb der letzten drei Jahre vor dem Auskunftsersuchen unter Beteiligung des Kunsthändlers oder Versteigerers weiterveräußert wurden.

(5) Der Urheber kann, soweit dies zur Durchsetzung seines Anspruchs gegen den Veräußerer erforderlich ist, von dem Kunsthändler oder Versteigerer Auskunft über den Namen und die Anschrift des Veräußerers sowie über die Höhe des Veräußerungserlöses verlangen. Der Kunsthändler oder Versteigerer darf die Auskunft über Namen und Anschrift des Veräußerers verweigern, wenn er dem Urheber den Anteil entrichtet.

(6) Die Ansprüche nach den Absätzen 4 und 5 können nur durch eine Verwertungsgesellschaft geltend gemacht werden.

(7) Bestehen begründete Zweifel an der Richtigkeit oder Vollständigkeit einer Auskunft nach Absatz 4 oder 5, so kann die Verwertungsgesellschaft verlangen, dass nach Wahl des Auskunftspflichtigen ihr oder einem von ihm zu bestimmenden Wirtschaftsprüfer oder vereidigten Buchprüfer Einsicht in die Geschäftsbücher oder sonstige Urkunden so weit gewährt wird, wie dies zur Feststellung der Richtigkeit oder Vollständigkeit der Auskunft erforderlich ist. Erweist sich die Auskunft als

unrichtig oder unvollständig, so hat der Auskunftspflichtige die Kosten der Prüfung zu erstatten.

(8) Die vorstehenden Bestimmungen sind auf Werke der Baukunst und der angewandten Kunst nicht anzuwenden.

§ 27. Vergütung für Vermietung und Verleihen. (1) Hat der Urheber das Vermietrecht (§ 17) an einem Bild- oder Tonträger dem Tonträger- oder Filmhersteller eingeräumt, so hat der Vermieter gleichwohl dem Urheber eine angemessene Vergütung für die Vermietung zu zahlen. Auf den Vergütungsanspruch kann nicht verzichtet werden. Er kann im Voraus nur an eine Verwertungsgesellschaft abgetreten werden.

(2) Für das Verleihen von Originalen oder Vervielfältigungsstücken eines Werkes, deren Weiterverbreitung nach § 17 Abs. 2 zulässig ist, ist dem Urheber eine angemessene Vergütung zu zahlen, wenn die Originale oder Vervielfältigungsstücke durch eine der Öffentlichkeit zugängliche Einrichtung (Bücherei, Sammlung von Bild- oder Tonträgern oder anderer Originale oder Vervielfältigungsstücke) verliehen werden. Verleihen im Sinne von Satz 1 ist die zeitlich begrenzte, weder unmittelbar noch mittelbar Erwerbszwecken dienende Gebrauchsüberlassung; § 17 Abs. 3 Satz 2 findet entsprechende Anwendung.

(3) Die Vergütungsansprüche nach den Absätzen 1 und 2 können nur durch eine Verwertungsgesellschaft geltend gemacht werden.

**ABSCHNITT 5
RECHTSVERKEHR
IM URHEBERRECHT**

UNTERABSCHNITT 1. RECHTSNACHFOLGE IN DAS URHEBERRECHT

§ 28. Vererbung des Urheberrechts. (1) Das Urheberrecht ist vererblich.

(2) Der Urheber kann durch letztwillige Verfügung die Ausübung des Urheberrechts einem Testamentsvollstrecker übertragen. § 2210 des Bürgerlichen Gesetzbuchs ist nicht anzuwenden.

§ 29. Rechtsgeschäfte über das Urheberrecht. (1) Das Urheberrecht ist nicht übertragbar, es sei denn, es wird in Erfüllung einer Verfügung von Todes wegen oder an Miterben im Wege der Erbauseinandersetzung übertragen.

(2) Zulässig sind die Einräumung von Nutzungsrechten (§ 31), schuldrechtliche Einwilligungen und Vereinbarungen zu Verwertungsrechten sowie die in § 39 geregelten Rechtsgeschäfte über Urheberpersönlichkeitsrechte.

§ 30. Rechtsnachfolger des Urhebers. Der Rechtsnachfolger des Urhebers hat die dem Urheber nach diesem Gesetz zustehenden Rechte, soweit nichts anderes bestimmt ist.

UNTERABSCHNITT 2. NUTZUNGSRECHTE

§ 31. Einräumung von Nutzungsrechten. (1) Der Urheber kann einem anderen das Recht einräumen, das Werk auf einzelne oder alle Nutzungsarten zu nutzen (Nutzungsrecht). Das Nutzungsrecht kann als einfaches oder ausschließliches Recht sowie räumlich, zeitlich oder inhaltlich beschränkt eingeräumt werden.

(2) Das einfache Nutzungsrecht berechtigt den Inhaber, das Werk auf die erlaubte Art zu nutzen, ohne dass eine Nutzung durch andere ausgeschlossen ist.

(3) Das ausschließliche Nutzungsrecht berechtigt den Inhaber, das Werk unter Ausschluss aller anderen Personen auf die ihm erlaubte Art zu nutzen und Nut-

zungsrechte einzuräumen. Es kann bestimmt werden, dass die Nutzung durch den Urheber vorbehalten bleibt. § 35 bleibt unberührt.

(4) *(aufgehoben)*

(5) Sind bei der Einräumung eines Nutzungsrechts die Nutzungsarten nicht ausdrücklich einzeln bezeichnet, so bestimmt sich nach dem von beiden Partnern zu Grunde gelegten Vertragszweck, auf welche Nutzungsarten es sich erstreckt. Entsprechendes gilt für die Frage, ob ein Nutzungsrecht eingeräumt wird, ob es sich um ein einfaches oder ausschließliches Nutzungsrecht handelt, wie weit Nutzungsrecht und Verbotsrecht reichen und welchen Einschränkungen das Nutzungsrecht unterliegt.

§ 31a. Verträge über unbekannte Nutzungsarten. (1) Ein Vertrag, durch den der Urheber Rechte für unbekannte Nutzungsarten einräumt oder sich dazu verpflichtet, bedarf der Schriftform. Der Schriftform bedarf es nicht, wenn der Urheber unentgeltlich ein einfaches Nutzungsrecht für jedermann einräumt. Der Urheber kann diese Rechtseinräumung oder die Verpflichtung hierzu widerrufen. Das Widerrufsrecht erlischt nach Ablauf von drei Monaten, nachdem der andere die Mitteilung über die beabsichtigte Aufnahme der neuen Art der Werknutzung an den Urheber unter der ihm zuletzt bekannten Anschrift abgesendet hat.

(2) Das Widerrufsrecht entfällt, wenn sich die Parteien nach Bekanntwerden der neuen Nutzungsart auf eine Vergütung nach § 32c Abs. 1 geeinigt haben. Das Widerrufsrecht entfällt auch, wenn die Parteien die Vergütung nach einer gemeinsamen Vergütungsregel vereinbart haben. Es erlischt mit dem Tod des Urhebers.

(3) Sind mehrere Werke oder Werkbeiträge zu einer Gesamtheit zusammengefasst, die sich in der neuen Nutzungsart in angemessener Weise nur unter Verwendung sämtlicher Werke oder Werkbeiträge verwerten lässt, so kann der Urheber das Widerrufsrecht nicht wider Treu und Glauben ausüben.

(4) Auf die Rechte nach den Absätzen 1 bis 3 kann im Voraus nicht verzichtet werden.

§ 32. Angemessene Vergütung. (1) Der Urheber hat für die Einräumung von Nutzungsrechten und die Erlaubnis zur Werknutzung Anspruch auf die vertraglich vereinbarte Vergütung. Ist die Höhe der Vergütung nicht bestimmt, gilt die angemessene Vergütung als vereinbart. Soweit die vereinbarte Vergütung nicht angemessen ist, kann der Urheber von seinem Vertragspartner die Einwilligung in die Änderung des Vertrages verlangen, durch die dem Urheber die angemessene Vergütung gewährt wird.

(2) Eine nach einer gemeinsamen Vergütungsregel (§ 36) ermittelte Vergütung ist angemessen. Im Übrigen ist die Vergütung angemessen, wenn sie im Zeitpunkt des Vertragsschlusses dem entspricht, was im Geschäftsverkehr nach Art und Umfang der eingeräumten Nutzungsmöglichkeit, insbesondere nach Dauer, Häufigkeit, Ausmaß und Zeitpunkt der Nutzung, unter Berücksichtigung aller Umstände üblicher- und redlicherweise zu leisten ist.

(2a) Eine gemeinsame Vergütungsregel kann zur Ermittlung der angemessenen Vergütung auch bei Verträgen herangezogen werden, die vor ihrem zeitlichen Anwendungsbereich abgeschlossen wurden.

(3) Auf eine Vereinbarung, die zum Nachteil des Urhebers von den Absätzen 1 bis 2a abweicht, kann der Vertragspartner sich nicht berufen. Die in Satz 1 bezeichneten Vorschriften finden auch Anwendung, wenn sie durch anderweitige Gestaltungen umgangen werden. Der Urheber kann aber unentgeltlich ein einfaches Nutzungsrecht für jedermann einräumen.

(4) Der Urheber hat keinen Anspruch nach Absatz 1 Satz 3, soweit die Vergütung für die Nutzung seiner Werke tarifvertraglich bestimmt ist.

§ 32a. Weitere Beteiligung des Urhebers. (1) Hat der Urheber einem anderen ein Nutzungsrecht zu Bedingungen eingeräumt, die dazu führen, dass die vereinbarte Gegenleistung unter Berücksichtigung der gesamten Beziehungen des Urhebers zu dem anderen in einem auffälligen Missverhältnis zu den Erträgen und Vorteilen aus der Nutzung des Werkes steht, so ist der andere auf Verlangen des Urhebers verpflichtet, in eine Änderung des Vertrages einzuwilligen, durch die dem Urheber eine den Umständen nach weitere angemessene Beteiligung gewährt wird. Ob die Vertragspartner die Höhe der erzielten Erträge oder Vorteile vorhergesehen haben oder hätten vorhersehen können, ist unerheblich.

(2) Hat der andere das Nutzungsrecht übertragen oder weitere Nutzungsrechte eingeräumt und ergibt sich das auffällige Missverhältnis aus den Erträgnissen oder Vorteilen eines Dritten, so haftet dieser dem Urheber unmittelbar nach Maßgabe des Absatzes 1 unter Berücksichtigung der vertraglichen Beziehungen in der Lizenzkette. Die Haftung des anderen entfällt.

(3) Auf die Ansprüche nach den Absätzen 1 und 2 kann im Voraus nicht verzichtet werden. Die Anwartschaft hierauf unterliegt nicht der Zwangsvollstreckung; eine Verfügung über die Anwartschaft ist unwirksam. Der Urheber kann aber unentgeltlich ein einfaches Nutzungsrecht für jedermann einräumen.

(4) Der Urheber hat keinen Anspruch nach Absatz 1, soweit die Vergütung nach einer gemeinsamen Vergütungsregel (§ 36) oder tarifvertraglich bestimmt worden ist und ausdrücklich eine weitere angemessene Beteiligung für den Fall des Absatzes 1 vorsieht. § 32 Absatz 2a ist entsprechend anzuwenden.

§ 32b. Zwingende Anwendung. Die §§ 32 und 32a finden zwingend Anwendung,

1. wenn auf den Nutzungsvertrag mangels einer Rechtswahl deutsches Recht anzuwenden wäre oder
2. soweit Gegenstand des Vertrages maßgebliche Nutzungshandlungen im räumlichen Geltungsbereich dieses Gesetzes sind.

§ 32c. Vergütung für später bekannte Nutzungsarten. (1) Der Urheber hat Anspruch auf eine gesonderte angemessene Vergütung, wenn der Vertragspartner eine neue Art der Werknutzung nach § 31a aufnimmt, die im Zeitpunkt des Vertragsschlusses vereinbart, aber noch unbekannt war. § 32 Abs. 2 und 4 gilt entsprechend. Der Vertragspartner hat den Urheber über die Aufnahme der neuen Art der Werknutzung unverzüglich zu unterrichten.

(2) Hat der Vertragspartner das Nutzungsrecht einem Dritten übertragen, haftet der Dritte mit der Aufnahme der neuen Art der Werknutzung für die Vergütung nach Absatz 1. Die Haftung des Vertragspartners entfällt.

(3) Auf die Rechte nach den Absätzen 1 und 2 kann im Voraus nicht verzichtet werden. Der Urheber kann aber unentgeltlich ein einfaches Nutzungsrecht für jedermann einräumen.

§ 32d. Anspruch auf Auskunft und Rechenschaft. (1) Bei entgeltlicher Einräumung oder Übertragung eines Nutzungsrechts kann der Urheber von seinem Vertragspartner einmal jährlich Auskunft und Rechenschaft über den Umfang der Werknutzung und die hieraus gezogenen Erträge und Vorteile auf Grundlage der im Rahmen eines ordnungsgemäßen Geschäftsbetriebes üblicherweise vorhandenen Informationen verlangen.

(2) Der Anspruch nach Absatz 1 ist ausgeschlossen, soweit

1. der Urheber einen lediglich nachrangigen Beitrag zu einem Werk, einem Produkt oder einer Dienstleistung erbracht hat; nachrangig ist ein Beitrag insbesondere dann, wenn er den Gesamteindruck eines Werkes oder die Beschaffenheit eines Produktes oder einer Dienstleistung wenig prägt, etwa weil er nicht zum typischen Inhalt eines Werkes, eines Produktes oder einer Dienstleistung gehört, oder
2. die Inanspruchnahme des Vertragspartners aus anderen Gründen unverhältnismäßig ist.

(3) Von den Absätzen 1 und 2 kann zum Nachteil des Urhebers nur durch eine Vereinbarung abgewichen werden, die auf einer gemeinsamen Vergütungsregel (§ 36) oder einem Tarifvertrag beruht.

§ 32e. Anspruch auf Auskunft und Rechenschaft in der Lizenzkette. (1) Hat der Vertragspartner des Urhebers das Nutzungsrecht übertragen oder weitere Nutzungsrechte eingeräumt, so kann der Urheber Auskunft und Rechenschaft nach § 32d Absatz 1 und 2 auch von denjenigen Dritten verlangen,

1. die die Nutzungsvorgänge in der Lizenzkette wirtschaftlich wesentlich bestimmen oder
2. aus deren Erträgnissen oder Vorteilen sich das auffällige Missverhältnis gemäß § 32a Absatz 2 ergibt.

(2) Für die Geltendmachung der Ansprüche nach Absatz 1 genügt es, dass aufgrund nachprüfbarer Tatsachen klare Anhaltspunkte für deren Voraussetzungen vorliegen.

(3) Von den Absätzen 1 und 2 kann zum Nachteil des Urhebers nur durch eine Vereinbarung abgewichen werden, die auf einer gemeinsamen Vergütungsregel (§ 36) oder einem Tarifvertrag beruht.

§ 33. Weiterwirkung von Nutzungsrechten. Ausschließliche und einfache Nutzungsrechte bleiben gegenüber später eingeräumten Nutzungsrechten wirksam. Gleiches gilt, wenn der Inhaber des Rechts, der das Nutzungsrecht eingeräumt hat, wechselt oder wenn er auf sein Recht verzichtet.

§ 34. Übertragung von Nutzungsrechten. (1) Ein Nutzungsrecht kann nur mit Zustimmung des Urhebers übertragen werden. Der Urheber darf die Zustimmung nicht wider Treu und Glauben verweigern.

(2) Werden mit dem Nutzungsrecht an einem Sammelwerk (§ 4) Nutzungsrechte an den in das Sammelwerk aufgenommenen einzelnen Werken übertragen, so genügt die Zustimmung des Urhebers des Sammelwerkes.

(3) Ein Nutzungsrecht kann ohne Zustimmung des Urhebers übertragen werden, wenn die Übertragung im Rahmen der Gesamtveräußerung eines Unternehmens oder der Veräußerung von Teilen eines Unternehmens geschieht. Der Urheber kann das Nutzungsrecht zurückrufen, wenn ihm die Ausübung des Nutzungsrechts durch den Erwerber nach Treu und Glauben nicht zuzumuten ist. Satz 2 findet auch dann Anwendung, wenn sich die Beteiligungsverhältnisse am Unternehmen des Inhabers des Nutzungsrechts wesentlich ändern.

(4) Der Erwerber des Nutzungsrechts haftet gesamtschuldnerisch für die Erfüllung der sich aus dem Vertrag mit dem Urheber ergebenden Verpflichtungen des Veräußerers, wenn der Urheber der Übertragung des Nutzungsrechts nicht im Einzelfall ausdrücklich zugestimmt hat.

(5) Der Urheber kann auf das Rückrufsrecht und die Haftung des Erwerbers im Voraus nicht verzichten. Im Übrigen können der Inhaber des Nutzungsrechts und der Urheber Abweichendes vereinbaren.

§ 35. Einräumung weiterer Nutzungsrechte. (1) Der Inhaber eines ausschließlichen Nutzungsrechts kann weitere Nutzungsrechte nur mit Zustimmung des Urhebers einräumen. Der Zustimmung bedarf es nicht, wenn das ausschließliche Nutzungsrecht nur zur Wahrnehmung der Belange des Urhebers eingeräumt ist.

(2) Die Bestimmungen in § 34 Abs. 1 Satz 2, Abs. 2 und Abs. 5 Satz 2 sind entsprechend anzuwenden.

§ 36. Gemeinsame Vergütungsregeln. (1) Zur Bestimmung der Angemessenheit von Vergütungen nach § 32 stellen Vereinigungen von Urhebern mit Vereinigungen von Werknutzern oder einzelnen Werknutzern gemeinsame Vergütungsregeln auf. Die gemeinsamen Vergütungsregeln sollen die Umstände des jeweiligen Regelungsbereichs berücksichtigen, insbesondere die Struktur und Größe der Verwerter. In Tarifverträgen enthaltene Regelungen gehen gemeinsamen Vergütungsregeln vor.

(2) Vereinigungen nach Absatz 1 müssen repräsentativ, unabhängig und zur Aufstellung gemeinsamer Vergütungsregeln ermächtigt sein. Eine Vereinigung, die einen wesentlichen Teil der jeweiligen Urheber oder Werknutzer vertritt, gilt als ermächtigt im Sinne des Satzes 1, es sei denn, die Mitglieder der Vereinigung fassen einen entgegenstehenden Beschluss.

(3) Ein Verfahren zur Aufstellung gemeinsamer Vergütungsregeln vor der Schlichtungsstelle (§ 36a) findet statt, wenn die Parteien dies vereinbaren. Das Verfahren findet auf schriftliches Verlangen einer Partei statt, wenn

1. die andere Partei nicht binnen drei Monaten, nachdem eine Partei schriftlich die Aufnahme von Verhandlungen verlangt hat, Verhandlungen über gemeinsame Vergütungsregeln beginnt,
2. Verhandlungen über gemeinsame Vergütungsregeln ein Jahr, nachdem schriftlich ihre Aufnahme verlangt worden ist, ohne Ergebnis bleiben oder
3. eine Partei die Verhandlungen endgültig für gescheitert erklärt hat.

(4) Die Schlichtungsstelle hat allen Parteien, die sich am Verfahren beteiligt haben oder nach § 36a Absatz 4a zur Beteiligung aufgefordert worden sind, einen begründeten Einigungsvorschlag zu machen, der den Inhalt der gemeinsamen Vergütungsregeln enthält. Er gilt als angenommen, wenn innerhalb von sechs Wochen nach Empfang des Vorschlages keine der in Satz 1 genannten Parteien widerspricht.

§ 36a. Schlichtungsstelle. (1) Zur Aufstellung gemeinsamer Vergütungsregeln bilden Vereinigungen von Urhebern mit Vereinigungen von Werknutzern oder einzelnen Werknutzern eine Schlichtungsstelle, wenn die Parteien dies vereinbaren oder eine Partei die Durchführung des Schlichtungsverfahrens verlangt.

(2) Die Schlichtungsstelle besteht aus einer gleichen Anzahl von Beisitzern, die jeweils von einer Partei bestellt werden, und einem unparteiischen Vorsitzenden, auf dessen Person sich beide Parteien einigen sollen.

(3) Wenn sich die Parteien nicht einigen, entscheidet das nach § 1062 der Zivilprozessordnung zuständige Oberlandesgericht auf Antrag einer Partei über

1. die Person des Vorsitzenden,
2. die Anzahl der Beisitzer,
3. die Voraussetzungen des Schlichtungsverfahrens in Bezug auf

    a) die Fähigkeit der Werknutzer sowie Vereinigungen von Werknutzern und Urhebern, Partei des Schlichtungsverfahrens zu sein (§ 36 Absatz 1 Satz 1 und Absatz 2),

    b) ein Verfahren vor der Schlichtungsstelle, das auf Verlangen nur einer Partei stattfindet (§ 36 Absatz 3 Satz 2).

Solange der Ort des Schlichtungsverfahrens noch nicht bestimmt ist, ist für die Entscheidung das Oberlandesgericht zuständig, in dessen Bezirk der Antragsgegner seinen Sitz oder seinen gewöhnlichen Aufenthalt hat. Für das Verfahren vor dem Oberlandesgericht gelten die §§ 1063 und 1065 der Zivilprozessordnung entsprechend.

(4) Das Verlangen auf Durchführung des Schlichtungsverfahrens gemäß § 36 Abs. 3 Satz 2 muss einen Vorschlag über die Aufstellung gemeinsamer Vergütungsregeln enthalten. Die Schlichtungsstelle stellt den Schriftsatz, mit dem die Durchführung des Verfahrens verlangt wird, der anderen Partei mit der Aufforderung zu, sich innerhalb eines Monats schriftlich zur Sache zu äußern.

(4a) Jede Partei kann binnen drei Monaten nach Kenntnis vom Schlichtungsverfahren verlangen, dass die Schlichtungsstelle andere Vereinigungen von Urhebern zur Beteiligung auffordert, wenn der Vorschlag nach Absatz 4 Satz 1 Werke oder verbundene Werke betrifft, die üblicherweise nur unter Mitwirkung von weiteren Urhebern geschaffen werden können, die von den benannten Vereinigungen vertreten werden. Absatz 4 Satz 2 ist entsprechend anzuwenden. Beteiligt sich die Vereinigung von Urhebern, so benennt sie und die Partei der Werknutzer je weitere Beisitzer.

(5) Die Schlichtungsstelle fasst ihren Beschluss nach mündlicher Beratung mit Stimmenmehrheit. Die Beschlussfassung erfolgt zunächst unter den Beisitzern; kommt eine Stimmenmehrheit nicht zu Stande, so nimmt der Vorsitzende nach

weiterer Beratung an der erneuten Beschlussfassung teil. Benennt eine Partei keine Mitglieder oder bleiben die von einer Partei genannten Mitglieder trotz rechtzeitiger Einladung der Sitzung fern, so entscheiden der Vorsitzende und die erschienenen Mitglieder nach Maßgabe der Sätze 1 und 2 allein. Der Beschluss der Schlichtungsstelle ist schriftlich niederzulegen, vom Vorsitzenden zu unterschreiben und beiden Parteien zuzuleiten.

(6) Die Parteien tragen ihre eigenen Kosten sowie die Kosten der von ihnen bestellten Beisitzer. Die sonstigen Kosten tragen die Parteien der Urheber, die sich am Verfahren beteiligen, und die Partei der Werknutzer jeweils zur Hälfte. Sie haben als Gesamtschuldner auf Anforderung des Vorsitzenden zu dessen Händen einen für die Tätigkeit der Schlichtungsstelle erforderlichen Vorschuss zu leisten.

(7) Die Parteien können durch Vereinbarung die Einzelheiten des Verfahrens vor der Schlichtungsstelle regeln. Die Schlichtungsstelle informiert nach Absatz 4a beteiligte Vereinigungen von Urhebern über den Gang des Verfahrens.

(8) Das Bundesministerium der Justiz und für Verbraucherschutz wird ermächtigt, durch Rechtsverordnung ohne Zustimmung des Bundesrates die weiteren Einzelheiten des Verfahrens vor der Schlichtungsstelle zu regeln sowie weitere Vorschriften über die Kosten des Verfahrens und die Entschädigung der Mitglieder der Schlichtungsstelle zu erlassen.

§ 36b. Unterlassungsanspruch bei Verstoß gegen gemeinsame Vergütungsregeln.
(1) Wer in einem Vertrag mit einem Urheber eine Bestimmung verwendet, die zum Nachteil des Urhebers von gemeinsamen Vergütungsregeln abweicht, kann auf Unterlassung in Anspruch genommen werden, wenn und soweit er

1. als Werknutzer die gemeinsamen Vergütungsregeln selbst aufgestellt hat oder,
2. Mitglied einer Vereinigung von Werknutzern ist, die die gemeinsamen Vergütungsregeln aufgestellt hat.

Der Anspruch auf Unterlassung steht denjenigen Vereinigungen von Urhebern oder Werknutzern und denjenigen einzelnen Werknutzern zu, die die gemeinsamen Vergütungsregeln aufgestellt haben.

(2) Auf das Verfahren sind § 8 Absatz 4 sowie § 12 Absatz 1, 2, 4 und 5 des Gesetzes gegen den unlauteren Wettbewerb anzuwenden. Für die Bekanntmachung des Urteils gilt § 103.

§ 36c. Individualvertragliche Folgen des Verstoßes gegen gemeinsame Vergütungsregeln. Der Vertragspartner, der an der Aufstellung von gemeinsamen Vergütungsregeln gemäß § 36b Absatz 1 Satz 1 Nummer 1 oder 2 beteiligt war, kann sich nicht auf eine Bestimmung berufen, die zum Nachteil des Urhebers von den gemeinsamen Vergütungsregeln abweicht. Der Urheber kann von seinem Vertragspartner die Einwilligung in die Änderung des Vertrages verlangen, mit der die Abweichung beseitigt wird.

§ 37. Verträge über die Einräumung von Nutzungsrechten. (1) Räumt der Urheber einem anderen ein Nutzungsrecht am Werk ein, so verbleibt ihm im Zweifel das Recht der Einwilligung zur Veröffentlichung oder Verwertung einer Bearbeitung des Werkes.

(2) Räumt der Urheber einem anderen ein Nutzungsrecht zur Vervielfältigung des Werkes ein, so verbleibt ihm im Zweifel das Recht, das Werk auf Bild- oder Tonträger zu übertragen.

(3) Räumt der Urheber einem anderen ein Nutzungsrecht zu einer öffentlichen Wiedergabe des Werkes ein, so ist dieser im Zweifel nicht berechtigt, die Wiedergabe außerhalb der Veranstaltung, für die sie bestimmt ist, durch Bildschirm, Lautsprecher oder ähnliche technische Einrichtungen öffentlich wahrnehmbar zu machen.

§ 38. Beiträge zu Sammlungen. (1) Gestattet der Urheber die Aufnahme des Werkes in eine periodisch erscheinende Sammlung, so erwirbt der Verleger oder Herausgeber im Zweifel ein ausschließliches Nutzungsrecht zur Vervielfältigung, Verbreitung und öffentlichen Zugänglichmachung. Jedoch darf der Urheber das Werk nach Ablauf eines Jahres seit Erscheinen anderweit vervielfältigen, verbreiten und öffentlich zugänglich machen, wenn nichts anderes vereinbart ist.

(2) Absatz 1 Satz 2 gilt auch für einen Beitrag zu einer nicht periodisch erscheinenden Sammlung, für dessen Überlassung dem Urheber kein Anspruch auf Vergütung zusteht.

(3) Wird der Beitrag einer Zeitung überlassen, so erwirbt der Verleger oder Herausgeber ein einfaches Nutzungsrecht, wenn nichts anderes vereinbart ist. Räumt der Urheber ein ausschließliches Nutzungsrecht ein, so ist er sogleich nach Erscheinen des Beitrags berechtigt, ihn anderweit zu vervielfältigen und zu verbreiten, wenn nichts anderes vereinbart ist.

(4) Der Urheber eines wissenschaftlichen Beitrags, der im Rahmen einer mindestens zur Hälfte mit öffentlichen Mitteln geförderten Forschungstätigkeit entstanden und in einer periodisch mindestens zweimal jährlich erscheinenden Sammlung erschienen ist, hat auch dann, wenn er dem Verleger oder Herausgeber ein ausschließliches Nutzungsrecht eingeräumt hat, das Recht, den Beitrag nach Ablauf von zwölf Monaten seit der Erstveröffentlichung in der akzeptierten Manuskriptversion öffentlich zugänglich zu machen, soweit dies keinem gewerblichen Zweck dient. Die Quelle der Erstveröffentlichung ist anzugeben. Eine zum Nachteil des Urhebers abweichende Vereinbarung ist unwirksam.

§ 39. Änderungen des Werkes. (1) Der Inhaber eines Nutzungsrechts darf das Werk, dessen Titel oder Urheberbezeichnung (§ 10 Abs. 1) nicht ändern, wenn nichts anderes vereinbart ist.

(2) Änderungen des Werkes und seines Titels, zu denen der Urheber seine Einwilligung nach Treu und Glauben nicht versagen kann, sind zulässig.

§ 40. Verträge über künftige Werke. (1) Ein Vertrag, durch den sich der Urheber zur Einräumung von Nutzungsrechten an künftigen Werken verpflichtet, die überhaupt nicht näher oder nur der Gattung nach bestimmt sind, bedarf der schriftlichen Form. Er kann von beiden Vertragsteilen nach Ablauf von fünf Jahren seit dem Abschluss des Vertrages gekündigt werden. Die Kündigungsfrist beträgt sechs Monate, wenn keine kürzere Frist vereinbart ist.

(2) Auf das Kündigungsrecht kann im Voraus nicht verzichtet werden. Andere vertragliche oder gesetzliche Kündigungsrechte bleiben unberührt.

(3) Wenn in Erfüllung des Vertrages Nutzungsrechte an künftigen Werken eingeräumt worden sind, wird mit Beendigung des Vertrages die Verfügung hinsichtlich der Werke unwirksam, die zu diesem Zeitpunkt noch nicht abgeliefert sind.

§ 40a. Recht zur anderweitigen Verwertung nach zehn Jahren bei pauschaler Vergütung. (1) Hat der Urheber ein ausschließliches Nutzungsrecht gegen eine pauschale Vergütung eingeräumt, ist er gleichwohl berechtigt, das Werk nach Ablauf von zehn Jahren anderweitig zu verwerten. Für die verbleibende Dauer der Einräumung besteht das Nutzungsrecht des ersten Inhabers als einfaches Nutzungsrecht fort. Die Frist nach Satz 1 beginnt mit der Einräumung des Nutzungsrechts oder, wenn das Werk später abgeliefert wird, mit der Ablieferung. § 38 Absatz 4 Satz 2 ist entsprechend anzuwenden.

(2) Frühestens fünf Jahre nach dem in Absatz 1 Satz 3 genannten Zeitpunkt können die Vertragspartner die Ausschließlichkeit auf die gesamte Dauer der Nutzungsrechtseinräumung erstrecken.

(3) Abweichend von Absatz 1 kann der Urheber bei Vertragsschluss ein zeitlich unbeschränktes ausschließliches Nutzungsrecht einräumen, wenn

1. er einen lediglich nachrangigen Beitrag zu einem Werk, einem Produkt oder einer Dienstleistung erbringt; nachrangig ist ein Beitrag insbesondere dann, wenn er den Gesamteindruck eines Werkes oder die Beschaffenheit eines Produktes oder einer Dienstleistung wenig prägt, etwa weil er nicht zum typischen Inhalt eines Werkes, eines Produktes oder einer Dienstleistung gehört,

2. es sich um ein Werk der Baukunst oder den Entwurf eines solchen Werkes handelt,

3. das Werk mit Zustimmung des Urhebers für eine Marke oder ein sonstiges Kennzeichen, ein Design oder ein Gemeinschaftsgeschmacksmuster bestimmt ist oder

4. das Werk nicht veröffentlicht werden soll.

(4) Von den Absätzen 1 bis 3 kann zum Nachteil des Urhebers nur durch eine Vereinbarung abgewichen werden, die auf einer gemeinsamen Vergütungsregel (§ 36) oder einem Tarifvertrag beruht.

§ 41. Rückrufsrecht wegen Nichtausübung. (1) Übt der Inhaber eines ausschließlichen Nutzungsrechts das Recht nicht oder nur unzureichend aus und werden dadurch berechtigte Interessen des Urhebers erheblich verletzt, so kann dieser das Nutzungsrecht zurückrufen. Dies gilt nicht, wenn die Nichtausübung oder die unzureichende Ausübung des Nutzungsrechts überwiegend auf Umständen beruht, deren Behebung dem Urheber zuzumuten ist.

(2) Das Rückrufsrecht kann nicht vor Ablauf von zwei Jahren seit Einräumung oder Übertragung des Nutzungsrechts oder, wenn das Werk später abgeliefert wird, seit der Ablieferung geltend gemacht werden. Bei einem Beitrag zu einer Zeitung beträgt die Frist drei Monate, bei einem Beitrag zu einer Zeitschrift, die monatlich oder in kürzeren Abständen erscheint, sechs Monate und bei einem Beitrag zu anderen Zeitschriften ein Jahr.

(3) Der Rückruf kann erst erklärt werden, nachdem der Urheber dem Inhaber des Nutzungsrechts unter Ankündigung des Rückrufs eine angemessene Nachfrist zur

zureichenden Ausübung des Nutzungsrechts bestimmt hat. Der Bestimmung der Nachfrist bedarf es nicht, wenn die Ausübung des Nutzungsrechts seinem Inhaber unmöglich ist oder von ihm verweigert wird oder wenn durch die Gewährung einer Nachfrist überwiegende Interessen des Urhebers gefährdet würden.

(4) Von den Absätzen 1 bis 3 kann zum Nachteil des Urhebers nur durch eine Vereinbarung abgewichen werden, die auf einer gemeinsamen Vergütungsregel (§ 36) oder einem Tarifvertrag beruht.

(5) Mit Wirksamwerden des Rückrufs erlischt das Nutzungsrecht.

(6) Der Urheber hat den Betroffenen zu entschädigen, wenn und soweit es der Billigkeit entspricht.

(7) Rechte und Ansprüche der Beteiligten nach anderen gesetzlichen Vorschriften bleiben unberührt.

§ 42. Rückrufsrecht wegen gewandelter Überzeugung. (1) Der Urheber kann ein Nutzungsrecht gegenüber dem Inhaber zurückrufen, wenn das Werk seiner Überzeugung nicht mehr entspricht und ihm deshalb die Verwertung des Werkes nicht mehr zugemutet werden kann. Der Rechtsnachfolger des Urhebers (§ 30) kann den Rückruf nur erklären, wenn er nachweist, dass der Urheber vor seinem Tode zum Rückruf berechtigt gewesen wäre und an der Erklärung des Rückrufs gehindert war oder diese letztwillig verfügt hat.

(2) Auf das Rückrufsrecht kann im Voraus nicht verzichtet werden. Seine Ausübung kann nicht ausgeschlossen werden.

(3) Der Urheber hat den Inhaber des Nutzungsrechts angemessen zu entschädigen. Die Entschädigung muss mindestens die Aufwendungen decken, die der Inhaber des Nutzungsrechts bis zur Erklärung des Rückrufs gemacht hat; jedoch bleiben hierbei Aufwendungen, die auf bereits gezogene Nutzungen entfallen, außer Betracht. Der Rückruf wird erst wirksam, wenn der Urheber die Aufwendungen ersetzt oder Sicherheit dafür geleistet hat. Der Inhaber des Nutzungsrechts hat dem Urheber binnen einer Frist von drei Monaten nach Erklärung des Rückrufs die Aufwendungen mitzuteilen; kommt er dieser Pflicht nicht nach, so wird der Rückruf bereits mit Ablauf dieser Frist wirksam.

(4) Will der Urheber nach Rückruf das Werk wieder verwerten, so ist er verpflichtet, dem früheren Inhaber des Nutzungsrechts ein entsprechendes Nutzungsrecht zu angemessenen Bedingungen anzubieten.

(5) Die Bestimmungen in § 41 Abs. 5 und 7 sind entsprechend anzuwenden.

§ 42a. Zwangslizenz zur Herstellung von Tonträgern. (1) Ist einem Hersteller von Tonträgern ein Nutzungsrecht an einem Werk der Musik eingeräumt worden mit dem Inhalt, das Werk zu gewerblichen Zwecken auf Tonträger zu übertragen und diese zu vervielfältigen und zu verbreiten, so ist der Urheber verpflichtet, jedem anderen Hersteller von Tonträgern, der im Geltungsbereich dieses Gesetzes seine Hauptniederlassung oder seinen Wohnsitz hat, nach Erscheinen des Werkes gleichfalls ein Nutzungsrecht mit diesem Inhalt zu angemessenen Bedingungen einzuräumen; dies gilt nicht, wenn das bezeichnete Nutzungsrecht erlaubterweise von einer Verwertungsgesellschaft wahrgenommen wird oder wenn das Werk der Überzeugung des Urhebers nicht mehr entspricht, ihm deshalb die Verwertung des Werkes nicht mehr zugemutet werden kann und er ein etwa bestehendes Nutzungsrecht aus diesem Grunde zurückgerufen hat. § 63 ist entsprechend anzuwenden. Der Urheber ist nicht verpflichtet, die Benutzung des Werkes zur Herstellung eines Filmes zu gestatten.

(2) Gegenüber einem Hersteller von Tonträgern, der weder seine Hauptniederlassung noch seinen Wohnsitz im Geltungsbereich dieses Gesetzes hat, besteht die Verpflichtung nach Absatz 1, soweit in dem Staat, in dem er seine Hauptniederlassung oder seinen Wohnsitz hat, den Herstellern von Tonträgern, die ihre Hauptniederlassung oder ihren Wohnsitz im Geltungsbereich dieses Gesetzes haben, nach einer Bekanntmachung des Bundesministeriums der Justiz und für Verbraucherschutz im Bundesgesetzblatt ein entsprechendes Recht gewährt wird.

(3) Das nach den vorstehenden Bestimmungen einzuräumende Nutzungsrecht wirkt nur im Geltungsbereich dieses Gesetzes und für die Ausfuhr nach Staaten, in denen das Werk keinen Schutz gegen die Übertragung auf Tonträger genießt.

(4) Hat der Urheber einem anderen das ausschließliche Nutzungsrecht eingeräumt mit dem Inhalt, das Werk zu gewerblichen Zwecken auf Tonträger zu übertragen und diese zu vervielfältigen und zu verbreiten, so gelten die vorstehenden Bestimmungen mit der Maßgabe, dass der Inhaber des ausschließlichen Nutzungsrechts zur Einräumung des in Absatz 1 bezeichneten Nutzungsrechts verpflichtet ist.

(5) Auf ein Sprachwerk, das als Text mit einem Werk der Musik verbunden ist, sind die vorstehenden Bestimmungen entsprechend anzuwenden, wenn einem Hersteller von Tonträgern ein Nutzungsrecht eingeräumt worden ist mit dem Inhalt, das Sprachwerk in Verbindung mit dem Werk der Musik auf Tonträger zu übertragen und diese zu vervielfältigen und zu verbreiten.

(6) Für Klagen, durch die ein Anspruch auf Einräumung des Nutzungsrechts geltend gemacht wird, sind, sofern der Urheber oder im Fall des Absatzes 4 der Inhaber des ausschließlichen Nutzungsrechts im Geltungsbereich dieses Gesetzes keinen allgemeinen Gerichtsstand hat, die Gerichte zuständig, in deren Bezirk das Patentamt seinen Sitz hat. Einstweilige Verfügungen können erlassen werden, auch wenn die in den §§ 935 und 940 der Zivilprozessordnung bezeichneten Voraussetzungen nicht zutreffen.

(7) Die vorstehenden Bestimmungen sind nicht anzuwenden, wenn das in Absatz 1 bezeichnete Nutzungsrecht lediglich zur Herstellung eines Filmes eingeräumt worden ist.

§ 43. Urheber in Arbeits- oder Dienstverhältnissen. Die Vorschriften dieses Unterabschnitts sind auch anzuwenden, wenn der Urheber das Werk in Erfüllung seiner Verpflichtungen aus einem Arbeits- oder Dienstverhältnis geschaffen hat, soweit sich aus dem Inhalt oder dem Wesen des Arbeits- oder Dienstverhältnisses nichts anderes ergibt.

§ 44. Veräußerung des Originals des Werkes. (1) Veräußert der Urheber das Original des Werkes, so räumt er damit im Zweifel dem Erwerber ein Nutzungsrecht nicht ein.

(2) Der Eigentümer des Originals eines Werkes der bildenden Künste oder eines Lichtbildwerkes ist berechtigt, das Werk öffentlich auszustellen, auch wenn es noch

nicht veröffentlicht ist, es sei denn, dass der Urheber dies bei der Veräußerung des Originals ausdrücklich ausgeschlossen hat.

**ABSCHNITT 6
SCHRANKEN DES URHEBERRECHTS DURCH GESETZLICH ERLAUBTE NUTZUNGEN**

UNTERABSCHNITT 1. GESETZLICH ERLAUBTE NUTZUNGEN

§ 44a. Vorübergehende Vervielfältigungshandlungen. Zulässig sind vorübergehende Vervielfältigungshandlungen, die flüchtig oder begleitend sind und einen integralen und wesentlichen Teil eines technischen Verfahrens darstellen und deren alleiniger Zweck es ist,
1. eine Übertragung in einem Netz zwischen Dritten durch einen Vermittler oder
2. eine rechtmäßige Nutzung
eines Werkes oder sonstigen Schutzgegenstands zu ermöglichen, und die keine eigenständige wirtschaftliche Bedeutung haben.

§ 45. Rechtspflege und öffentliche Sicherheit. (1) Zulässig ist, einzelne Vervielfältigungsstücke von Werken zur Verwendung in Verfahren vor einem Gericht, einem Schiedsgericht oder einer Behörde herzustellen oder herstellen zu lassen.

(2) Gerichte und Behörden dürfen für Zwecke der Rechtspflege und der öffentlichen Sicherheit Bildnisse vervielfältigen oder vervielfältigen lassen.

(3) Unter den gleichen Voraussetzungen wie die Vervielfältigung ist auch die Verbreitung, öffentliche Ausstellung und öffentliche Wiedergabe der Werke zulässig.

§ 45a. Menschen mit Behinderungen. (1) Zulässig ist die nicht Erwerbszwecken dienende Vervielfältigung eines Werkes für und deren Verbreitung ausschließlich an Menschen, soweit diesen der Zugang zu dem Werk in einer bereits verfügbaren Art der sinnlichen Wahrnehmung auf Grund einer Behinderung nicht möglich oder erheblich erschwert ist, soweit es zur Ermöglichung des Zugangs erforderlich ist.

(2) Für die Vervielfältigung und Verbreitung ist dem Urheber eine angemessene Vergütung zu zahlen; ausgenommen ist die Herstellung lediglich einzelner Vervielfältigungsstücke. Der Anspruch kann nur durch eine Verwertungsgesellschaft geltend gemacht werden.

(3) Für die Nutzung von Sprachwerken und grafischen Aufzeichnungen von Werken der Musik zugunsten von Menschen mit einer Seh- oder Lesebehinderung sind die Absätze 1 und 2 nicht anzuwenden, sondern ausschließlich die §§ 45b bis 45d.

§ 45b. Menschen mit einer Seh- oder Lesebehinderung. (1) Menschen mit einer Seh- oder Lesebehinderung dürfen veröffentlichte Sprachwerke, die als Text oder im Audioformat vorliegen, sowie grafische Aufzeichnungen von Werken der Musik zum eigenen Gebrauch vervielfältigen oder vervielfältigen lassen, um sie in ein barrierefreies Format umzuwandeln. Diese Befugnis umfasst auch Illustrationen jeder Art, die in Sprach- und Musikwerken enthalten sind. Vervielfältigungsstücke dürfen nur von Werken erstellt werden, zu denen der Mensch mit einer Seh- oder Lesebehinderung rechtmäßigen Zugang hat.

(2) Menschen mit einer Seh- oder Lesebehinderung im Sinne dieses Gesetzes sind Personen, die aufgrund einer körperlichen, seelischen oder geistigen Beeinträchtigung oder aufgrund einer Sinnesbeeinträchtigung auch unter Einsatz einer optischen Sehhilfe nicht in der Lage sind, Sprachwerke genauso leicht zu lesen, wie dies Personen ohne eine solche Beeinträchtigung möglich ist.

§ 45c. Befugte Stellen; Vergütung; Verordnungsermächtigung. (1) Befugte Stellen dürfen veröffentlichte Sprachwerke, die als Text oder im Audioformat vorliegen, sowie grafische Aufzeichnungen von Werken der Musik vervielfältigen, um sie ausschließlich für Menschen mit einer Seh- oder Lesebehinderung in ein barrierefreies Format umzuwandeln. § 45b Absatz 1 Satz 2 und 3 gilt entsprechend.

(2) Befugte Stellen dürfen nach Absatz 1 hergestellte Vervielfältigungsstücke an Menschen mit einer Seh- oder Lesebehinderung oder andere befugte Stellen verleihen, verbreiten sowie für die öffentliche Zugänglichmachung oder die sonstige öffentliche Wiedergabe benutzen.

(3) Befugte Stellen sind Einrichtungen, die in gemeinnütziger Weise Bildungsangebote oder barrierefreien Lese- und Informationszugang für Menschen mit einer Seh- oder Lesebehinderung zur Verfügung stellen.

(4) Für Nutzungen nach den Absätzen 1 und 2 hat der Urheber Anspruch auf Zahlung einer angemessenen Vergütung. Der Anspruch kann nur durch eine Verwertungsgesellschaft geltend gemacht werden.

(5) Das Bundesministerium der Justiz und für Verbraucherschutz wird ermächtigt, durch Rechtsverordnung ohne Zustimmung des Bundesrates in Bezug auf befugte Stellen Folgendes zu regeln:
1. deren Pflichten im Zusammenhang mit den Nutzungen nach den Absätzen 1 und 2,
2. deren Pflicht zur Anzeige als befugte Stelle beim Deutschen Patent- und Markenamt,
3. die Aufsicht des Deutschen Patent- und Markenamts über die Einhaltung der Pflichten nach Nummer 1 nach Maßgabe des § 85 Absatz 1 und 3 sowie des § 89 des Verwertungsgesellschaftengesetzes.

§ 45d. Gesetzlich erlaubte Nutzung und vertragliche Nutzungsbefugnis. Auf Vereinbarungen, die nach den §§ 45b und 45c erlaubten Nutzungen zum Nachteil der Nutzungsberechtigten beschränken oder untersagen, kann sich der Rechtsinhaber nicht berufen.

§ 46. Sammlungen für den religiösen Gebrauch. (1) Nach der Veröffentlichung zulässig ist die Vervielfältigung, Verbreitung und öffentliche Zugänglichmachung von Teilen eines Werkes, von Sprachwerken oder von Werken der Musik von geringem Umfang, von einzelnen Werken der bildenden Künste oder einzelnen Lichtbildwerken als Element einer Sammlung, die Werke einer größeren Anzahl von Urhebern vereinigt und die nach ihrer Beschaffenheit nur für den Gebrauch während religiöser Feierlichkeiten bestimmt ist. In den Vervielfältigungsstücken oder bei der öffentlichen Zugänglichmachung ist deutlich anzugeben, wozu die Sammlung bestimmt ist.

(2) *(aufgehoben)*

(3) Mit der Vervielfältigung oder der öffentlichen Zugänglichmachung darf erst begonnen werden, wenn die Absicht, von der Berechtigung nach Absatz 1 Gebrauch zu machen, dem Urheber oder, wenn sein Wohnort oder Aufenthaltsort unbekannt ist, dem Inhaber des ausschließlichen Nutzungsrechts durch eingeschriebenen Brief mitgeteilt worden ist und seit Absendung des Briefes zwei Wochen verstrichen sind. Ist auch der Wohnort oder Aufenthaltsort des Inhabers des ausschließlichen

Nutzungsrechts unbekannt, so kann die Mitteilung durch Veröffentlichung im Bundesanzeiger bewirkt werden.

(4) Für die nach dieser Vorschrift zulässige Verwertung ist dem Urheber eine angemessene Vergütung zu zahlen.

(5) Der Urheber kann die nach dieser Vorschrift zulässige Verwertung verbieten, wenn das Werk seiner Überzeugung nicht mehr entspricht, ihm deshalb die Verwertung des Werkes nicht mehr zugemutet werden kann und er ein etwa bestehendes Nutzungsrecht aus diesem Grunde zurückgerufen hat (§ 42). Die Bestimmungen in § 136 Abs. 1 und 2 sind entsprechend anzuwenden.

§ 47. Schulfunksendungen. (1) Schulen sowie Einrichtungen der Lehrerbildung und der Lehrerfortbildung dürfen einzelne Vervielfältigungsstücke von Werken, die innerhalb einer Schulfunksendung gesendet werden, durch Übertragung der Werke auf Bild- oder Tonträger herstellen. Das gleiche gilt für Heime der Jugendhilfe und die staatlichen Landesbildstellen oder vergleichbare Einrichtungen in öffentlicher Trägerschaft.

(2) Die Bild- oder Tonträger dürfen nur für den Unterricht verwendet werden. Sie sind spätestens am Ende des auf die Übertragung der Schulfunksendung folgenden Schuljahres zu löschen, es sei denn, dass dem Urheber eine angemessene Vergütung gezahlt wird.

§ 48. Öffentliche Reden. (1) Zulässig ist

1. die Vervielfältigung und Verbreitung von Reden über Tagesfragen in Zeitungen, Zeitschriften sowie in anderen Druckschriften oder sonstigen Datenträgern, die im Wesentlichen den Tagesinteressen Rechnung tragen, wenn die Reden bei öffentlichen Versammlungen gehalten oder durch öffentliche Wiedergabe im Sinne von § 19a oder § 20 veröffentlicht worden sind, sowie die öffentliche Wiedergabe solcher Reden,

2. die Vervielfältigung, Verbreitung und öffentliche Wiedergabe von Reden, die bei öffentlichen Verhandlungen vor staatlichen, kommunalen oder kirchlichen Organen gehalten worden sind.

(2) Unzulässig ist jedoch die Vervielfältigung und Verbreitung der in Absatz 1 Nr. 2 bezeichneten Reden in Form einer Sammlung, die überwiegend Reden desselben Urhebers enthält.

§ 49. Zeitungsartikel und Rundfunkkommentare. (1) Zulässig ist die Vervielfältigung und Verbreitung einzelner Rundfunkkommentare und einzelner Artikel sowie mit ihnen im Zusammenhang veröffentlichter Abbildungen aus Zeitungen und anderen lediglich Tagesinteressen dienenden Informationsblättern in anderen Zeitungen und Informationsblättern dieser Art sowie die öffentliche Wiedergabe solcher Kommentare, Artikel und Abbildungen, wenn sie politische, wirtschaftliche oder religiöse Tagesfragen betreffen und nicht mit einem Vorbehalt der Rechte versehen sind. Für die Vervielfältigung, Verbreitung und öffentliche Wiedergabe ist dem Urheber eine angemessene Vergütung zu zahlen, es sei denn, dass es sich um eine Vervielfältigung, Verbreitung oder öffentliche Wiedergabe kurzer Auszüge aus mehreren Kommentaren oder Artikeln in Form einer Übersicht handelt. Der Anspruch kann nur durch eine Verwertungsgesellschaft geltend gemacht werden.

(2) Unbeschränkt zulässig ist die Vervielfältigung, Verbreitung und öffentliche Wiedergabe von vermischten Nachrichten tatsächlichen Inhalts und von Tagesneuigkeiten, die durch Presse oder Funk veröffentlicht worden sind; ein durch andere gesetzliche Vorschriften gewährter Schutz bleibt unberührt.

§ 50. Berichterstattung über Tagesereignisse. Zur Berichterstattung über Tagesereignisse durch Funk oder durch ähnliche technische Mittel, in Zeitungen, Zeitschriften und in anderen Druckschriften oder sonstigen Datenträgern, die im Wesentlichen Tagesinteressen Rechnung tragen, sowie im Film, ist die Vervielfältigung, Verbreitung und öffentliche Wiedergabe von Werken, die im Verlauf dieser Ereignisse wahrnehmbar werden, in einem durch den Zweck gebotenen Umfang zulässig.

§ 51. Zitate. Zulässig ist die Vervielfältigung, Verbreitung und öffentliche Wiedergabe eines veröffentlichten Werkes zum Zweck des Zitats, sofern die Nutzung in ihrem Umfang durch den besonderen Zweck gerechtfertigt ist. Zulässig ist dies insbesondere, wenn

1. einzelne Werke nach der Veröffentlichung in ein selbständiges wissenschaftliches Werk zur Erläuterung des Inhalts aufgenommen werden,
2. Stellen eines Werkes nach der Veröffentlichung in einem selbständigen Sprachwerk angeführt werden,
3. einzelne Stellen eines erschienenen Werkes der Musik in einem selbständigen Werk der Musik angeführt werden.

Von der Zitierbefugnis gemäß den Sätzen 1 und 2 umfasst ist die Nutzung einer Abbildung oder sonstigen Vervielfältigung des zitierten Werkes, auch wenn diese selbst durch ein Urheberrecht oder ein verwandtes Schutzrecht geschützt ist.

§ 52. Öffentliche Wiedergabe. (1) Zulässig ist die öffentliche Wiedergabe eines veröffentlichten Werkes, wenn die Wiedergabe keinem Erwerbszweck des Veranstalters dient, die Teilnehmer ohne Entgelt zugelassen werden und im Falle des Vortrages oder der Aufführung des Werkes keiner der ausübenden Künstler (§ 73) eine besondere Vergütung erhält. Für die Wiedergabe ist eine angemessene Vergütung zu zahlen. Die Vergütungspflicht entfällt für Veranstaltungen der Jugendhilfe, der Sozialhilfe, der Alten- und Wohlfahrtspflege sowie der Gefangenenbetreuung, sofern sie nach ihrer sozialen oder erzieherischen Zweckbestimmung nur einem bestimmt abgegrenzten Kreis von Personen zugänglich sind. Dies gilt nicht, wenn die Veranstaltung dem Erwerbszweck eines Dritten dient; in diesem Fall hat der Dritte die Vergütung zu zahlen.

(2) Zulässig ist die öffentliche Wiedergabe eines erschienenen Werkes auch bei einem Gottesdienst oder einer kirchlichen Feier der Kirchen oder Religionsgemeinschaften. Jedoch hat der Veranstalter dem Urheber eine angemessene Vergütung zu zahlen.

(3) Öffentliche bühnenmäßige Darstellungen, öffentliche Zugänglichmachungen und Funksendungen eines Werkes sowie öffentliche Vorführungen eines Filmwerkes sind stets nur mit Einwilligung des Berechtigten zulässig.

§ 52a. *(aufgehoben)*

§ 52b. *(aufgehoben)*

§ 53. Vervielfältigungen zum privaten und sonstigen eigenen Gebrauch.
(1) Zulässig sind einzelne Vervielfältigungen eines Werkes durch eine natürliche Person zum privaten Gebrauch auf beliebigen Trägern, sofern sie weder unmittelbar noch mittelbar Erwerbszwecken dienen, soweit nicht zur Vervielfältigung eine offensichtlich rechtswidrig hergestellte oder öffentlich zugänglich gemachte Vorlage verwendet wird. Der zur Vervielfältigung Befugte darf die Vervielfältigungsstücke auch durch einen anderen herstellen lassen, sofern dies unentgeltlich geschieht oder es sich um Vervielfältigungen auf Papier oder einem ähnlichen Träger mittels beliebiger photomechanischer Verfahren oder anderer Verfahren mit ähnlicher Wirkung handelt.

(2) Zulässig ist, einzelne Vervielfältigungsstücke eines Werkes herzustellen oder herstellen zu lassen

1. *(aufgehoben)*
2. zur Aufnahme in ein eigenes Archiv, wenn und soweit die Vervielfältigung zu diesem Zweck geboten ist und als Vorlage für die Vervielfältigung ein eigenes Werkstück benutzt wird,
3. zur eigenen Unterrichtung über Tagesfragen, wenn es sich um ein durch Funk gesendetes Werk handelt,
4. zum sonstigen eigenen Gebrauch,
    a) wenn es sich um kleine Teile eines erschienenen Werkes oder um einzelne Beiträge handelt, die in Zeitungen oder Zeitschriften erschienen sind,
    b) wenn es sich um ein seit mindestens zwei Jahren vergriffenes Werk handelt.

Dies gilt nur, wenn zusätzlich

1. die Vervielfältigung auf Papier oder einem ähnlichen Träger mittels beliebiger photomechanischer Verfahren oder anderer Verfahren mit ähnlicher Wirkung vorgenommen wird oder
2. eine ausschließlich analoge Nutzung stattfindet

(3) *(aufgehoben)*

(4) Die Vervielfältigung

a) graphischer Aufzeichnungen von Werken der Musik,

b) eines Buches oder einer Zeitschrift, wenn es sich um eine im wesentlichen vollständige Vervielfältigung handelt,

ist, soweit sie nicht durch Abschreiben vorgenommen wird, stets nur mit Einwilligung des Berechtigten zulässig oder unter den Voraussetzungen des Absatzes 2 Satz 1 Nr. 2 oder zum eigenen Gebrauch, wenn es sich um ein seit mindestens zwei Jahren vergriffenes Werk handelt.

(5) Die Absätze 1 und 2 Satz 1 Nr. 2 bis 4 finden keine Anwendung auf Datenbankwerke, deren Elemente einzeln mit Hilfe elektronischer Mittel zugänglich sind.

(6) Die Vervielfältigungsstücke dürfen weder verbreitet noch zu öffentlichen Wiedergaben benutzt werden. Zulässig ist jedoch, rechtmäßig hergestellte Vervielfältigungsstücke von Zeitungen und vergriffenen Werken sowie solche Werkstücke

zu verleihen, bei denen kleine beschädigte oder abhanden gekommene Teile durch Vervielfältigungsstücke ersetzt worden sind.

(7) Die Aufnahme öffentlicher Vorträge, Aufführungen oder Vorführungen eines Werkes auf Bild- oder Tonträger, die Ausführung von Plänen und Entwürfen zu Werken der bildenden Künste und der Nachbau eines Werkes der Baukunst sind stets nur mit Einwilligung des Berechtigten zulässig.

§ 53a. *(aufgehoben)*

UNTERABSCHNITT 2. VERGÜTUNG DER NACH DEN §§ 53, 60a BIS 60f ERLAUBTEN VERVIELFÄLTIGUNGEN

§ 54. Vergütungspflicht. (1) Lässt die Art des Werkes eine nach § 53 Absatz 1 oder 2 oder den §§ 60a bis 60f erlaubte Vervielfältigung erwarten, so hat der Urheber des Werkes gegen den Hersteller von Geräten und von Speichermedien, deren Typ allein oder in Verbindung mit anderen Geräten, Speichermedien oder Zubehör zur Vornahme solcher Vervielfältigungen benutzt wird, Anspruch auf Zahlung einer angemessenen Vergütung.

(2) Der Anspruch nach Absatz 1 entfällt, soweit nach den Umständen erwartet werden kann, dass die Geräte oder Speichermedien im Geltungsbereich dieses Gesetzes nicht zu Vervielfältigungen benutzt werden.

§ 54a. Vergütungshöhe. (1) Maßgebend für die Vergütungshöhe ist, in welchem Maß die Geräte und Speichermedien als Typen tatsächlich für Vervielfältigungen nach § 53 Absatz 1 oder 2 oder den §§ 60a bis 60f genutzt werden. Dabei ist zu berücksichtigen, inwieweit technische Schutzmaßnahmen nach § 95a auf die betreffenden Werke angewendet werden.

(2) Die Vergütung für Geräte ist so zu gestalten, dass sie auch mit Blick auf die Vergütungspflicht für in diesen Geräten enthaltene Speichermedien oder andere, mit diesen funktionell zusammenwirkende Geräte oder Speichermedien insgesamt angemessen ist.

(3) Bei der Bestimmung der Vergütungshöhe sind die nutzungsrelevanten Eigenschaften der Geräte und Speichermedien, insbesondere die Leistungsfähigkeit von Geräten sowie die Speicherkapazität und Mehrfachbeschreibbarkeit von Speichermedien, zu berücksichtigen.

(4) Die Vergütung darf Hersteller von Geräten und Speichermedien nicht unzumutbar beeinträchtigen; sie muss in einem wirtschaftlich angemessenen Verhältnis zum Preisniveau des Geräts oder des Speichermediums stehen.

§ 54b. Vergütungspflicht des Händlers oder Importeurs. (1) Neben dem Hersteller haftet als Gesamtschuldner, wer die Geräte oder Speichermedien in den Geltungsbereich dieses Gesetzes gewerblich einführt oder wiedereinführt oder wer mit ihnen handelt.

(2) Einführer ist, wer die Geräte oder Speichermedien in den Geltungsbereich dieses Gesetzes verbringt oder verbringen lässt. Liegt der Einfuhr ein Vertrag mit einem Gebietsfremden zugrunde, so ist Einführer nur der im Geltungsbereich dieses Gesetzes ansässige Vertragspartner, soweit er gewerblich tätig wird. Wer lediglich als Spediteur oder Frachtführer oder in einer ähnlichen Stellung bei dem Verbringen der Waren tätig wird, ist nicht Einführer. Wer die Gegenstände aus Drittländern

in eine Freizone oder in ein Freilager nach Artikel 166 der Verordnung (EWG) Nr. 2913/92 des Rates vom 12. Oktober 1992 zur Festlegung des Zollkodex der Gemeinschaften (ABl. EG Nr. L 302 S. 1) verbringt oder verbringen lässt, ist als Einführer nur anzusehen, wenn die Gegenstände in diesem Bereich gebraucht oder wenn sie in den zollrechtlich freien Verkehr übergeführt werden.

(3) Die Vergütungspflicht des Händlers entfällt,

1. soweit ein zur Zahlung der Vergütung Verpflichteter, von dem der Händler die Geräte oder die Speichermedien bezieht, an einen Gesamtvertrag über die Vergütung gebunden ist oder

2. wenn der Händler Art und Stückzahl der bezogenen Geräte und Speichermedien und seine Bezugsquelle der nach § 54h Abs. 3 bezeichneten Empfangsstelle jeweils zum 10. Januar und 10. Juli für das vorangegangene Kalenderjahr schriftlich mitteilt.

§ 54c. Vergütungspflicht des Betreibers von Ablichtungsgeräten. (1) Werden Geräte der in § 54 Abs. 1 genannten Art, die im Weg der Ablichtung oder in einem Verfahren vergleichbarer Wirkung vervielfältigen, in Schulen, Hochschulen sowie Einrichtungen der Berufsbildung oder der sonstigen Aus- und Weiterbildung, Forschungseinrichtungen, öffentlichen Bibliotheken, in nicht kommerziellen Archiven oder Einrichtungen im Bereich des Film- oder Tonerbes oder in nicht kommerziellen öffentlich zugänglichen Museen oder in Einrichtungen betrieben, die Geräte für die entgeltliche Herstellung von Ablichtungen bereithalten, so hat der Urheber auch gegen den Betreiber des Geräts einen Anspruch auf Zahlung einer angemessenen Vergütung.

(2) Die Höhe der von dem Betreiber insgesamt geschuldeten Vergütung bemisst sich nach der Art und dem Umfang der Nutzung des Geräts, die nach den Umständen, insbesondere nach dem Standort und der üblichen Verwendung, wahrscheinlich ist.

§ 54d. Hinweispflicht. Soweit nach § 14 Abs. 2 Satz 1 Nr. 2 Satz 2 des Umsatzsteuergesetzes eine Verpflichtung zur Erteilung einer Rechnung besteht, ist in Rechnungen über die Veräußerung oder ein sonstiges Inverkehrbringen der in § 54 Abs. 1 genannten Geräte oder Speichermedien auf die auf das Gerät oder Speichermedium entfallende Urhebervergütung hinzuweisen.

§ 54e. Meldepflicht. (1) Wer Geräte oder Speichermedien in den Geltungsbereich dieses Gesetzes gewerblich einführt oder wiedereinführt, ist dem Urheber gegenüber verpflichtet, Art und Stückzahl der eingeführten Gegenstände der nach § 54h Abs. 3 bezeichneten Empfangsstelle monatlich bis zum zehnten Tag nach Ablauf jedes Kalendermonats schriftlich mitzuteilen.

(2) Kommt der Meldepflichtige seiner Meldepflicht nicht, nur unvollständig oder sonst unrichtig nach, kann der doppelte Vergütungssatz verlangt werden.

§ 54f. Auskunftspflicht. (1) Der Urheber kann von dem nach § 54 oder § 54b zur Zahlung der Vergütung Verpflichteten Auskunft über Art und Stückzahl der im Geltungsbereich dieses Gesetzes veräußerten oder in Verkehr gebrachten Geräte und Speichermedien verlangen. Die Auskunftspflicht des Händlers erstreckt sich auch auf die Benennung der Bezugsquellen; sie besteht auch im Fall des § 54b Abs. 3 Nr. 1. § 26 Abs. 7 gilt entsprechend.

(2) Der Urheber kann von dem Betreiber eines Geräts in einer Einrichtung im Sinne des § 54c Abs. 1 die für die Bemessung der Vergütung erforderliche Auskunft verlangen.

(3) Kommt der zur Zahlung der Vergütung Verpflichtete seiner Auskunftspflicht nicht, nur unvollständig oder sonst unrichtig nach, so kann der doppelte Vergütungssatz verlangt werden.

§ 54g. Kontrollbesuch. Soweit dies für die Bemessung der vom Betreiber nach § 54c geschuldeten Vergütung erforderlich ist, kann der Urheber verlangen, dass ihm das Betreten der Betriebs- und Geschäftsräume des Betreibers, der Geräte für die entgeltliche Herstellung von Ablichtungen bereithält, während der üblichen Betriebs- oder Geschäftszeit gestattet wird. Der Kontrollbesuch muss so ausgeübt werden, dass vermeidbare Betriebsstörungen unterbleiben.

§ 54h. Verwertungsgesellschaften; Handhabung der Mitteilungen. (1) Die Ansprüche nach den §§ 54 bis 54c, § 54e Abs. 2, §§ 54f und 54g können nur durch eine Verwertungsgesellschaft geltend gemacht werden.

(2) Jedem Berechtigten steht ein angemessener Anteil an den nach den §§ 54 bis 54c gezahlten Vergütungen zu. Soweit Werke mit technischen Maßnahmen gemäß § 95a geschützt sind, werden sie bei der Verteilung der Einnahmen nicht berücksichtigt.

(3) Für Mitteilungen nach § 54b Abs. 3 und § 54e haben die Verwertungsgesellschaften dem Deutschen Patent- und Markenamt eine gemeinsame Empfangsstelle zu bezeichnen. Das Deutsche Patent- und Markenamt gibt diese im Bundesanzeiger bekannt.

(4) Das Deutsche Patent- und Markenamt kann Muster für die Mitteilungen nach § 54b Abs. 3 Nr. 2 und § 54e im Bundesanzeiger bekannt machen. Werden Muster bekannt gemacht, sind diese zu verwenden.

(5) Die Verwertungsgesellschaften und die Empfangsstelle dürfen die gemäß § 54b Abs. 3 Nr. 2, den §§ 54e und 54f erhaltenen Angaben nur zur Geltendmachung der Ansprüche nach Absatz 1 verwenden.

UNTERABSCHNITT 3. WEITERE GESETZLICH ERLAUBTE NUTZUNGEN

§ 55. Vervielfältigung durch Sendeunternehmen. (1) Ein Sendeunternehmen, das zur Funksendung eines Werkes berechtigt ist, darf das Werk mit eigenen Mitteln auf Bild- oder Tonträger übertragen, um diese zur Funksendung über jeden seiner Sender oder Richtstrahler je einmal zu benutzen. Die Bild- oder Tonträger sind spätestens einen Monat nach der ersten Funksendung des Werkes zu löschen.

(2) Bild- oder Tonträger, die außergewöhnlichen dokumentarischen Wert haben, brauchen nicht gelöscht zu werden, wenn sie in ein amtliches Archiv aufgenommen werden. Von der Aufnahme in das Archiv ist der Urheber unverzüglich zu benachrichtigen.

§ 55a. Benutzung eines Datenbankwerkes. Zulässig ist die Bearbeitung sowie die Vervielfältigung eines Datenbankwerkes durch den Eigentümer eines mit Zustimmung des Urhebers durch Veräußerung in Verkehr gebrachten Vervielfältigungsstücks des Datenbankwerkes, den in sonstiger Weise zu dessen Gebrauch Berechtigten oder denjenigen, dem ein Datenbankwerk aufgrund eines mit dem Urheber oder eines mit dessen Zustimmung mit einem Dritten geschlossenen Vertrags zugänglich gemacht wird, wenn und soweit die Bearbeitung oder Vervielfältigung für den Zugang zu den Elementen des Datenbankwerkes und für dessen übliche Benutzung erforderlich ist. Wird aufgrund eines Vertrags nach Satz 1 nur ein Teil des Datenbankwerkes zugänglich gemacht, so ist nur die Bearbeitung sowie die Vervielfältigung dieses Teils zulässig. Entgegenstehende vertragliche Vereinbarungen sind nichtig.

§ 56. Vervielfältigung und öffentliche Wiedergabe in Geschäftsbetrieben.
(1) In Geschäftsbetrieben, in denen Geräte zur Herstellung oder zur Wiedergabe von Bild- oder Tonträgern, zum Empfang von Funksendungen oder zur elektronischen Datenverarbeitung vertrieben oder instand gesetzt werden, ist die Übertragung von Werken auf Bild-, Ton- oder Datenträger, die öffentliche Wahrnehmbarmachung von Werken mittels Bild-, Ton- oder Datenträger sowie die öffentliche Wahrnehmbarmachung von Funksendungen und öffentliche Zugänglichmachungen von Werken zulässig, soweit dies notwendig ist, um diese Geräte Kunden vorzuführen oder instand zu setzen.

(2) Nach Absatz 1 hergestellte Bild-, Ton- oder Datenträger sind unverzüglich zu löschen.

§ 57. Unwesentliches Beiwerk. Zulässig ist die Vervielfältigung, Verbreitung und öffentliche Wiedergabe von Werken, wenn sie als unwesentliches Beiwerk neben dem eigentlichen Gegenstand der Vervielfältigung, Verbreitung oder öffentlichen Wiedergabe anzusehen sind.

§ 58. Werbung für die Ausstellung und den öffentlichen Verkauf von Werken. Zulässig sind die Vervielfältigung, Verbreitung und öffentliche Zugänglichmachung von öffentlich ausgestellten oder zur öffentlichen Ausstellung oder zum öffentlichen Verkauf bestimmten Werken gemäß § 2 Absatz 1 Nummer 4 bis 6 durch den Veranstalter zur Werbung, soweit dies zur Förderung der Veranstaltung erforderlich ist.

§ 59. Werke an öffentlichen Plätzen. (1) Zulässig ist, Werke, die sich bleibend an öffentlichen Wegen, Straßen oder Plätzen befinden, mit Mitteln der Malerei oder Graphik, durch Lichtbild oder durch Film zu vervielfältigen, zu verbreiten und öffentlich wiederzugeben. Bei Bauwerken erstrecken sich diese Befugnisse nur auf die äußere Ansicht.

(2) Die Vervielfältigungen dürfen nicht an einem Bauwerk vorgenommen werden.

§ 60. Bildnisse. (1) Zulässig ist die Vervielfältigung sowie die unentgeltliche und nicht zu gewerblichen Zwecken vorgenommene Verbreitung eines Bildnisses durch den Besteller des Bildnisses oder seinen Rechtsnachfolger oder bei einem auf Bestellung geschaffenen Bildnis durch den Abgebildeten oder nach dessen Tod durch seine Angehörigen oder durch einen im Auftrag einer dieser Personen handelnden Dritten. Handelt es sich bei dem Bildnis um ein Werk der bildenden Künste, so ist die Verwertung nur durch Lichtbild zulässig.

(2) Angehörige im Sinne von Absatz 1 Satz 1 sind der Ehegatte oder der Lebenspartner und die Kinder oder, wenn weder ein Ehegatte oder Lebenspartner noch Kinder vorhanden sind, die Eltern.

UNTERABSCHNITT 4. GESETZLICH ERLAUBTE NUTZUNGEN FÜR UNTERRICHT, WISSENSCHAFT UND INSTITUTIONEN

§ 60a. Unterricht und Lehre. (1) Zur Veranschaulichung des Unterrichts und der Lehre an Bildungseinrichtungen dürfen zu nicht kommerziellen Zwecken bis zu 15 Prozent eines veröffentlichten Werkes vervielfältigt, verbreitet, öffentlich zugänglich gemacht und in sonstiger Weise öffentlich wiedergegeben werden

1. für Lehrende und Teilnehmer der jeweiligen Veranstaltung,
2. für Lehrende und Prüfer an derselben Bildungseinrichtung sowie
3. für Dritte, soweit dies der Präsentation des Unterrichts, von Unterrichts- oder Lernergebnissen an der Bildungseinrichtung dient.

(2) Abbildungen, einzelne Beiträge aus derselben Fachzeitschrift oder wissenschaftlichen Zeitschrift, sonstige Werke geringen Umfangs und vergriffene Werke dürfen abweichend von Absatz 1 vollständig genutzt werden.

(3) Nicht nach den Absätzen 1 und 2 erlaubt sind folgende Nutzungen:

1. Vervielfältigung durch Aufnahme auf Bild- oder Tonträger und öffentliche Wiedergabe eines Werkes, während es öffentlich vorgetragen, aufgeführt oder vorgeführt wird,
2. Vervielfältigung, Verbreitung und öffentliche Wiedergabe eines Werkes, das ausschließlich für den Unterricht an Schulen geeignet, bestimmt und entsprechend gekennzeichnet ist, an Schulen sowie
3. Vervielfältigung von grafischen Aufzeichnungen von Werken der Musik, soweit sie nicht für die öffentliche Zugänglichmachung nach den Absätzen 1 oder 2 erforderlich ist.

(4) Bildungseinrichtungen sind frühkindliche Bildungseinrichtungen, Schulen, Hochschulen sowie Einrichtungen der Berufsbildung oder der sonstigen Aus- und Weiterbildung.

§ 60b. Unterrichts- und Lehrmedien. (1) Hersteller von Unterrichts- und Lehrmedien dürfen für solche Sammlungen bis zu 10 Prozent eines veröffentlichten Werkes vervielfältigen, verbreiten und öffentlich zugänglich machen.

(2) § 60a Absatz 2 und 3 ist entsprechend anzuwenden.

(3) Unterrichts- und Lehrmedien im Sinne dieses Gesetzes sind Sammlungen, die Werke einer größeren Anzahl von Urhebern vereinigen und ausschließlich zur Veranschaulichung des Unterrichts und der Lehre an Bildungseinrichtungen (§ 60a) zu nicht kommerziellen Zwecken geeignet, bestimmt und entsprechend gekennzeichnet sind.

§ 60c. Wissenschaftliche Forschung. (1) Zum Zweck der nicht kommerziellen wissenschaftlichen Forschung dürfen bis zu 15 Prozent eines Werkes vervielfältigt, verbreitet und öffentlich zugänglich gemacht werden

1. für einen bestimmt abgegrenzten Kreis von Personen für deren eigene wissenschaftliche Forschung sowie
2. für einzelne Dritte, soweit dies der Überprüfung der Qualität wissenschaftlicher Forschung dient.

(2) Für die eigene wissenschaftliche Forschung dürfen bis zu 75 Prozent eines Werkes vervielfältigt werden.

(3) Abbildungen, einzelne Beiträge aus derselben Fachzeitschrift oder wissenschaftlichen Zeitschrift, sonstige Werke geringen Umfangs und vergriffene Werke dürfen abweichend von den Absätzen 1 und 2 vollständig genutzt werden.

(4) Nicht nach den Absätzen 1 bis 3 erlaubt ist es, während öffentlicher Vorträge, Aufführungen oder Vorführungen eines Werkes diese auf Bild- oder Tonträger aufzunehmen und später öffentlich zugänglich zu machen.

§ 60d. Text und Data Mining. (1) Um eine Vielzahl von Werken (Ursprungsmaterial) für die wissenschaftliche Forschung automatisiert auszuwerten, ist es zulässig,

1. das Ursprungsmaterial auch automatisiert und systematisch zu vervielfältigen, um daraus insbesondere durch Normalisierung, Strukturierung und Kategorisierung ein auszuwertendes Korpus zu erstellen, und
2. das Korpus einem bestimmt abgegrenzten Kreis von Personen für die gemeinsame wissenschaftliche Forschung sowie einzelnen Dritten zur Überprüfung der Qualität wissenschaftlicher Forschung öffentlich zugänglich zu machen.

Der Nutzer darf hierbei nur nicht kommerzielle Zwecke verfolgen.

(2) Werden Datenbankwerke nach Maßgabe des Absatzes 1 genutzt, so gilt dies als übliche Benutzung nach § 55a Satz 1. Werden unwesentliche Teile von Datenbanken nach Maßgabe des Absatzes 1 genutzt, so gilt dies mit der normalen Auswertung der Datenbank sowie mit den berechtigten Interessen des Datenbankherstellers im Sinne von § 87b Absatz 1 Satz 2 und § 87e als vereinbar.

(3) Das Korpus und die Vervielfältigungen des Ursprungsmaterials sind nach Abschluss der Forschungsarbeiten zu löschen; die öffentliche Zugänglichmachung ist zu beenden. Zulässig ist es jedoch, das Korpus und die Vervielfältigungen des Ursprungsmaterials den in den §§ 60e und 60f genannten Institutionen zur dauerhaften Aufbewahrung zu übermitteln.

§ 60e. Bibliotheken. (1) Öffentlich zugängliche Bibliotheken, die keine unmittelbaren oder mittelbaren kommerziellen Zwecke verfolgen (Bibliotheken), dürfen ein Werk aus ihrem Bestand oder ihrer Ausstellung für Zwecke der Zugänglichmachung, Indexierung, Katalogisierung, Erhaltung und Restaurierung vervielfältigen oder vervielfältigen lassen, auch mehrfach und mit technisch bedingten Änderungen.

(2) Verbreiten dürfen Bibliotheken Vervielfältigungen eines Werkes aus ihrem Bestand an andere Bibliotheken oder an in § 60f genannte Institutionen für Zwecke der Restaurierung. Verleihen dürfen sie restaurierte Werke sowie Vervielfältigungsstücke von Zeitungen, vergriffenen oder zerstörten Werken aus ihrem Bestand.

(3) Verbreiten dürfen Bibliotheken Vervielfältigungen eines in § 2 Absatz 1 Nummer 4 bis 7 genannten Werkes, sofern dies in Zusammenhang mit dessen öffentlicher Ausstellung oder zur Dokumentation des Bestandes der Bibliothek erfolgt.

(4) Zugänglich machen dürfen Bibliotheken an Terminals in ihren Räumen ein Werk aus ihrem Bestand ihren Nutzern für deren Forschung oder private Studien. Sie dürfen den Nutzern je Sitzung Vervielfältigungen an den Terminals von bis zu 10 Prozent eines Werkes sowie von einzelnen Abbildungen, Beiträgen aus derselben Fachzeitschrift oder wissenschaftlichen Zeitschrift, sonstigen Werken geringen Umfangs und vergriffenen Werken zu nicht kommerziellen Zwecken ermöglichen.

(5) Auf Einzelbestellung an Nutzer zu nicht kommerziellen Zwecken übermitteln dürfen Bibliotheken Vervielfältigungen von bis zu 10 Prozent eines erschienenen Werkes sowie einzelne Beiträge, die in Fachzeitschriften oder wissenschaftlichen Zeitschriften erschienen sind.

§ 60f. Archive, Museen und Bildungseinrichtungen. (1) Für Archive, Einrichtungen im Bereich des Film- oder Tonerbes sowie öffentlich zugängliche Museen und Bildungseinrichtungen (§ 60a Absatz 4), die keine unmittelbaren oder mittelbaren kommerziellen Zwecke verfolgen, gilt § 60e mit Ausnahme des Absatzes 5 entsprechend.

(2) Archive, die auch im öffentlichen Interesse tätig sind, dürfen ein Werk vervielfältigen oder vervielfältigen lassen, um es als Archivgut in ihre Bestände aufzunehmen. Die abgebende Stelle hat unverzüglich die bei ihr vorhandenen Vervielfältigungen zu löschen.

§ 60g. Gesetzlich erlaubte Nutzung und vertragliche Nutzungsbefugnis. (1) Auf Vereinbarungen, die erlaubte Nutzungen nach den §§ 60a bis 60f zum Nachteil der Nutzungsberechtigten beschränken oder untersagen, kann sich der Rechtsinhaber nicht berufen.

(2) Vereinbarungen, die ausschließlich die Zugänglichmachung an Terminals nach § 60e Absatz 4 und § 60f Absatz 1 oder den Versand von Vervielfältigungen auf Einzelbestellung nach § 60e Absatz 5 zum Gegenstand haben, gehen abweichend von Absatz 1 der gesetzlichen Erlaubnis vor.

§ 60h. Angemessene Vergütung der gesetzlich erlaubten Nutzungen. (1) Für Nutzungen nach Maßgabe dieses Unterabschnitts hat der Urheber Anspruch auf Zahlung einer angemessenen Vergütung. Vervielfältigungen sind nach den §§ 54 bis 54c zu vergüten.

(2) Folgende Nutzungen sind abweichend von Absatz 1 vergütungsfrei:

1. die öffentliche Wiedergabe für Angehörige von Bildungseinrichtungen und deren Familien nach § 60a Absatz 1 Nummer 1 und 3 sowie Absatz 2 mit Ausnahme der öffentlichen Zugänglichmachung,
2. Vervielfältigungen zum Zweck der Indexierung, Katalogisierung, Erhaltung und Restaurierung nach § 60e Absatz 1 und § 60f Absatz 1.

(3) Eine pauschale Vergütung oder eine repräsentative Stichprobe der Nutzung für die nutzungsabhängige Berechnung der angemessenen Vergütung genügt. Dies gilt nicht bei Nutzungen nach den §§ 60b und 60e Absatz 5.

(4) Der Anspruch auf angemessene Vergütung kann nur durch eine Verwertungsgesellschaft geltend gemacht werden.

(5) Ist der Nutzer im Rahmen einer Einrichtung tätig, so ist nur sie die Vergütungsschuldnerin. Für Vervielfältigungen, die gemäß Absatz 1 Satz 2 nach den §§ 54 bis 54c abgegolten werden, sind nur diese Regelungen anzuwenden.

UNTERABSCHNITT 5. BESONDERE GESETZLICH ERLAUBTE NUTZUNGEN VERWAISTER WERKE

§ 61. Verwaiste Werke. (1) Zulässig sind die Vervielfältigung und die öffentliche Zugänglichmachung verwaister Werke nach Maßgabe der Absätze 3 bis 5.

(2) Verwaiste Werke im Sinne dieses Gesetzes sind

1. Werke und sonstige Schutzgegenstände in Büchern, Fachzeitschriften, Zeitungen, Zeitschriften oder anderen Schriften,

2. Filmwerke sowie Bildträger und Bild- und Tonträger, auf denen Filmwerke aufgenommen sind, und

3. Tonträger

aus Sammlungen (Bestandsinhalte) von öffentlich zugänglichen Bibliotheken, Bildungseinrichtungen, Museen, Archiven sowie von Einrichtungen im Bereich des Film- oder Tonerbes, wenn diese Bestandsinhalte bereits veröffentlicht worden sind, deren Rechtsinhaber auch durch eine sorgfältige Suche nicht festgestellt oder ausfindig gemacht werden konnte.

(3) Gibt es mehrere Rechtsinhaber eines Bestandsinhalts, kann dieser auch dann vervielfältigt und öffentlich zugänglich gemacht werden, wenn selbst nach sorgfältiger Suche nicht alle Rechtsinhaber festgestellt oder ausfindig gemacht werden konnten, aber von den bekannten Rechtsinhabern die Erlaubnis zur Nutzung eingeholt worden ist.

(4) Bestandsinhalte, die nicht erschienen sind oder nicht gesendet wurden, dürfen durch die jeweilige in Absatz 2 genannte Institution genutzt werden, wenn die Bestandsinhalte von ihr bereits mit Erlaubnis des Rechtsinhabers der Öffentlichkeit zugänglich gemacht wurden und sofern nach Treu und Glauben anzunehmen ist, dass der Rechtsinhaber in die Nutzung nach Absatz 1 einwilligen würde.

(5) Die Vervielfältigung und die öffentliche Zugänglichmachung durch die in Absatz 2 genannten Institutionen sind nur zulässig, wenn die Institutionen zur Erfüllung ihrer im Gemeinwohl liegenden Aufgaben handeln, insbesondere wenn sie Bestandsinhalte bewahren und restaurieren und den Zugang zu ihren Sammlungen eröffnen, sofern dies kulturellen und bildungspolitischen Zwecken dient. Die Institutionen dürfen für den Zugang zu den genutzten verwaisten Werken ein Entgelt verlangen, das die Kosten der Digitalisierung und der öffentlichen Zugänglichmachung deckt.

§ 61a. Sorgfältige Suche und Dokumentationspflichten. (1) Die sorgfältige Suche nach dem Rechtsinhaber gemäß § 61 Absatz 2 ist für jeden Bestandsinhalt und für in diesem enthaltene sonstige Schutzgegenstände durchzuführen; dabei sind mindestens die in der Anlage[1] bestimmten Quellen zu konsultieren. Die sorgfältige Suche ist in dem Mitgliedstaat der Europäischen Union durchzuführen, in dem das Werk zuerst veröffentlicht wurde. Wenn es Hinweise darauf gibt, dass relevante Informationen zu Rechtsinhabern in anderen Staaten gefunden werden können, sind auch verfügbare Informationsquellen in diesen anderen Staaten zu konsultieren. Die nutzende Institution darf mit der Durchführung der sorgfältigen Suche auch einen Dritten beauftragen.

(2) Bei Filmwerken sowie bei Bildträgern und Bild- und Tonträgern, auf denen Filmwerke aufgenommen sind, ist die sorgfältige Suche in dem Mitgliedstaat der Europäischen Union durchzuführen, in dem der Hersteller seine Hauptniederlassung oder seinen gewöhnlichen Aufenthalt hat.

(3) Für die in § 61 Absatz 4 genannten Bestandsinhalte ist eine sorgfältige Suche in dem Mitgliedstaat der Europäischen Union durchzuführen, in dem die Institution ihren Sitz hat, die den Bestandsinhalt mit Erlaubnis des Rechtsinhabers der Öffentlichkeit zugänglich gemacht hat.

(4) Die nutzende Institution dokumentiert ihre sorgfältige Suche und leitet die folgenden Informationen dem Deutschen Patent- und Markenamt zu:

1. die genaue Bezeichnung des Bestandsinhalts, der nach den Ergebnissen der sorgfältigen Suche verwaist ist,
2. die Art der Nutzung des verwaisten Werkes durch die Institution,
3. jede Änderung des Status eines genutzten verwaisten Werkes gemäß § 61b,
4. die Kontaktdaten der Institution wie Name, Anschrift sowie gegebenenfalls Telefonnummer, Faxnummer und E-Mail-Adresse.

Diese Informationen werden von dem Deutschen Patent- und Markenamt unverzüglich an das Harmonisierungsamt für den Binnenmarkt (Marken, Muster, Modelle) weitergeleitet.

(5) Einer sorgfältigen Suche bedarf es nicht für Bestandsinhalte, die bereits in der Datenbank des Harmonisierungsamtes für den Binnenmarkt (Marken, Muster, Modelle) als verwaist erfasst sind.

§ 61b. Beendigung der Nutzung und Vergütungspflicht der nutzenden Institution. Wird ein Rechtsinhaber eines Bestandsinhalts nachträglich festgestellt oder ausfindig gemacht, hat die nutzende Institution die Nutzungshandlungen unverzüglich zu unterlassen, sobald sie hiervon Kenntnis erlangt. Der Rechtsinhaber hat gegen die nutzende Institution Anspruch auf Zahlung einer angemessenen Vergütung für die erfolgte Nutzung.

§ 61c. Nutzung verwaister Werke durch öffentlich-rechtliche Rundfunkanstalten. Zulässig sind die Vervielfältigung und die öffentliche Zugänglichmachung von

1. Filmwerken sowie Bildträgern und Bild- und Tonträgern, auf denen Filmwerke aufgenommen sind, und
2. Tonträgern,

---

[1] Abgedruckt auf Seite 148.

die vor dem 1. Januar 2003 von öffentlich-rechtlichen Rundfunkanstalten hergestellt wurden und sich in deren Sammlung befinden, unter den Voraussetzungen des § 61 Absatz 2 bis 5 auch durch öffentlich-rechtliche Rundfunkanstalten. Die §§ 61a und 61b gelten entsprechend.

UNTERABSCHNITT 6. GEMEINSAME VORSCHRIFTEN FÜR GESETZLICH ERLAUBTE NUTZUNGEN

§ 62. Änderungsverbot. (1) Soweit nach den Bestimmungen dieses Abschnitts die Benutzung eines Werkes zulässig ist, dürfen Änderungen an dem Werk nicht vorgenommen werden. § 39 gilt entsprechend.

(2) Soweit der Benutzungszweck es erfordert, sind Übersetzungen und solche Änderungen des Werkes zulässig, die nur Auszüge oder Übertragungen in eine andere Tonart oder Stimmlage darstellen.

(3) Bei Werken der bildenden Künste und Lichtbildwerken sind Übertragungen des Werkes in eine andere Größe und solche Änderungen zulässig, die das für die Vervielfältigung angewendete Verfahren mit sich bringt.

(4) Bei Nutzungen nach den §§ 45a bis 45c sind solche Änderungen zulässig, die für die Herstellung eines barrierefreien Formats erforderlich sind.

(5) Bei Sammlungen für den religiösen Gebrauch (§ 46), bei Nutzungen für Unterricht und Lehre (§ 60a) und bei Unterrichts- und Lehrmedien (§ 60b) sind auch solche Änderungen von Sprachwerken zulässig, die für den religiösen Gebrauch und für die Veranschaulichung des Unterrichts und der Lehre erforderlich sind. Diese Änderungen bedürfen jedoch der Einwilligung des Urhebers, nach seinem Tode der Einwilligung seines Rechtsnachfolgers (§ 30), wenn dieser Angehöriger (§ 60 Abs. 2) des Urhebers ist oder das Urheberrecht auf Grund letztwilliger Verfügung des Urhebers erworben hat. Die Einwilligung gilt als erteilt, wenn der Urheber oder der Rechtsnachfolger nicht innerhalb eines Monats, nachdem ihm die beabsichtigte Änderung mitgeteilt worden ist, widerspricht und er bei der Mitteilung der Änderung auf diese Rechtsfolge hingewiesen worden ist. Bei Nutzungen für Unterricht und Lehre (§ 60a) sowie für Unterrichts- und Lehrmedien (§ 60b) bedarf es keiner Einwilligung, wenn die Änderungen deutlich sichtbar kenntlich gemacht werden.

§ 63. Quellenangabe. (1) Wenn ein Werk oder ein Teil eines Werkes in den Fällen des § 45 Abs. 1, der §§ 45a bis 48, 50, 51, 58, 59, sowie der §§ 60a bis 60d, 61 und 61c vervielfältigt oder verbreitet wird, ist stets die Quelle deutlich anzugeben. Bei der Vervielfältigung oder Verbreitung ganzer Sprachwerke oder ganzer Werke der Musik ist neben dem Urheber auch der Verlag anzugeben, in dem das Werk erschienen ist, und außerdem kenntlich zu machen, ob an dem Werk Kürzungen oder andere Änderungen vorgenommen worden sind. Die Verpflichtung zur Quellenangabe entfällt, wenn die Quelle weder auf dem benutzten Werkstück oder bei der benutzten Werkwiedergabe genannt noch dem zur Vervielfältigung oder Verbreitung Befugten anderweit bekannt ist oder im Fall des § 60a oder des § 60b Prüfungszwecke einen Verzicht auf die Quellenangabe erfordern.

(2) Soweit nach den Bestimmungen dieses Abschnitts die öffentliche Wiedergabe eines Werkes zulässig ist, ist die Quelle deutlich anzugeben, wenn und soweit die Verkehrssitte es erfordert. In den Fällen der öffentlichen Wiedergabe nach den

§§ 46, 48, 51, 60a bis 60d, 61 und 61c ist die Quelle einschließlich des Namens des Urhebers stets anzugeben, es sei denn, dass dies nicht möglich ist.

(3) Wird ein Artikel aus einer Zeitung oder einem anderen Informationsblatt nach § 49 Abs. 1 in einer anderen Zeitung oder in einem anderen Informationsblatt abgedruckt oder durch Funk gesendet, so ist stets außer dem Urheber, der in der benutzten Quelle bezeichnet ist, auch die Zeitung oder das Informationsblatt anzugeben, woraus der Artikel entnommen ist; ist dort eine andere Zeitung oder ein anderes Informationsblatt als Quelle angeführt, so ist diese Zeitung oder dieses Informationsblatt anzugeben. Wird ein Rundfunkkommentar nach § 49 Abs. 1 in einer Zeitung oder einem anderen Informationsblatt abgedruckt oder durch Funk gesendet, so ist stets außer dem Urheber auch das Sendeunternehmen anzugeben, das den Kommentar gesendet hat.

§ 63a. Gesetzliche Vergütungsansprüche. Auf gesetzliche Vergütungsansprüche nach diesem Abschnitt kann der Urheber im Voraus nicht verzichten. Sie können im Voraus nur an eine Verwertungsgesellschaft oder zusammen mit der Einräumung des Verlagsrechts dem Verleger abgetreten werden, wenn dieser sie durch eine Verwertungsgesellschaft wahrnehmen lässt, die Rechte von Verlegern und Urhebern gemeinsam wahrnimmt.

ABSCHNITT 7
DAUER DES URHEBERRECHTS

§ 64. Allgemeines. Das Urheberrecht erlischt siebzig Jahre nach dem Tode des Urhebers.

§ 65. Miturheber, Filmwerke, Musikkomposition mit Text. (1) Steht das Urheberrecht mehreren Miturhebern (§ 8) zu, so erlischt es siebzig Jahre nach dem Tode des längstlebenden Miturhebers.

(2) Bei Filmwerken und Werken, die ähnlich wie Filmwerke hergestellt werden, erlischt das Urheberrecht siebzig Jahre nach dem Tod des Längstlebenden der folgenden Personen: Hauptregisseur, Urheber des Drehbuchs, Urheber der Dialoge, Komponist der für das betreffende Filmwerk komponierten Musik.

(3) Die Schutzdauer einer Musikkomposition mit Text erlischt 70 Jahre nach dem Tod des Längstlebenden der folgenden Personen: Verfasser des Textes, Komponist der Musikkomposition, sofern beide Beiträge eigens für die betreffende Musikkomposition mit Text geschaffen wurden. Dies gilt unabhängig davon, ob diese Personen als Miturheber ausgewiesen sind.

§ 66. Anonyme und pseudonyme Werke. (1) Bei anonymen und pseudonymen Werken erlischt das Urheberrecht siebzig Jahre nach der Veröffentlichung. Es erlischt jedoch bereits siebzig Jahre nach der Schaffung des Werkes, wenn das Werk innerhalb dieser Frist nicht veröffentlicht worden ist.

(2) Offenbart der Urheber seine Identität innerhalb der in Absatz 1 Satz 1 bezeichneten Frist oder lässt das vom Urheber angenommene Pseudonym keinen Zweifel an seiner Identität zu, so berechnet sich die Dauer des Urheberrechts nach den §§ 64 und 65. Dasselbe gilt, wenn innerhalb der in Absatz 1 Satz 1 bezeichneten Frist der wahre Name des Urhebers zur Eintragung in das Register anonymer und pseudonymer Werke (§ 138) angemeldet wird.

(3) Zu den Handlungen nach Absatz 2 sind der Urheber, nach seinem Tode sein Rechtsnachfolger (§ 30) oder der Testamentsvollstrecker (§ 28 Abs. 2) berechtigt.

§ 67. Lieferungswerke. Bei Werken, die in inhaltlich nicht abgeschlossenen Teilen (Lieferungen) veröffentlicht werden, berechnet sich im Falle des § 66 Abs. 1 Satz 1 die Schutzfrist einer jeden Lieferung gesondert ab dem Zeitpunkt ihrer Veröffentlichung.

§ 68. *(aufgehoben)*

§ 69. Berechnung der Fristen. Die Fristen dieses Abschnitts beginnen mit dem Ablauf des Kalenderjahres, in dem das für den Beginn der Frist maßgebende Ereignis eingetreten ist.

Abschnitt 8
Besondere Bestimmungen für Computerprogramme

§ 69a. Gegenstand des Schutzes. (1) Computerprogramme im Sinne dieses Gesetzes sind Programme in jeder Gestalt, einschließlich des Entwurfsmaterials.

(2) Der gewährte Schutz gilt für alle Ausdrucksformen eines Computerprogramms. Ideen und Grundsätze, die einem Element eines Computerprogramms zugrunde liegen, einschließlich der den Schnittstellen zugrundeliegenden Ideen und Grundsätze, sind nicht geschützt.

(3) Computerprogramme werden geschützt, wenn sie individuelle Werke in dem Sinne darstellen, dass sie das Ergebnis der eigenen geistigen Schöpfung ihres Urhebers sind. Zur Bestimmung ihrer Schutzfähigkeit sind keine anderen Kriterien, insbesondere nicht qualitative oder ästhetische, anzuwenden.

(4) Auf Computerprogramme finden die für Sprachwerke geltenden Bestimmungen Anwendung, soweit in diesem Abschnitt nichts anderes bestimmt ist.

(5) Die Vorschriften der §§ 32d, 32e, 36 bis 36c, 40a und 95a bis 95d finden auf Computerprogramme keine Anwendung.

§ 69b. Urheber in Arbeits- und Dienstverhältnissen. (1) Wird ein Computerprogramm von einem Arbeitnehmer in Wahrnehmung seiner Aufgaben oder nach den Anweisungen seines Arbeitgebers geschaffen, so ist ausschließlich der Arbeitgeber zur Ausübung aller vermögensrechtlichen Befugnisse an dem Computerprogramm berechtigt, sofern nichts anderes vereinbart ist.

(2) Absatz 1 ist auf Dienstverhältnisse entsprechend anzuwenden.

§ 69c. Zustimmungsbedürftige Handlungen. Der Rechtsinhaber hat das ausschließliche Recht, folgende Handlungen vorzunehmen oder zu gestatten:

1. die dauerhafte oder vorübergehende Vervielfältigung, ganz oder teilweise, eines Computerprogramms mit jedem Mittel und in jeder Form. Soweit das Laden, Anzeigen, Ablaufen, Übertragen oder Speichern des Computerprogramms eine Vervielfältigung erfordert, bedürfen diese Handlungen der Zustimmung des Rechtsinhabers;

2. die Übersetzung, die Bearbeitung, das Arrangement und andere Umarbeitungen eines Computerprogramms sowie die Vervielfältigung der erzielten Ergebnisse. Die Rechte derjenigen, die das Programm bearbeiten, bleiben unberührt;

3. jede Form der Verbreitung des Originals eines Computerprogramms oder von Vervielfältigungsstücken, einschließlich der Vermietung. Wird ein Vervielfältigungsstück eines Computerprogramms mit Zustimmung des Rechtsinhabers im Gebiet der Europäischen Union oder eines anderen Vertragsstaates des Abkommens über den Europäischen Wirtschaftsraum im Wege der Veräuße-

rung in Verkehr gebracht, so erschöpft sich das Verbreitungsrecht in Bezug auf dieses Vervielfältigungsstück mit Ausnahme des Vermietrechts;

4. die drahtgebundene oder drahtlose öffentliche Wiedergabe eines Computerprogramms einschließlich der öffentlichen Zugänglichmachung in der Weise, dass es Mitgliedern der Öffentlichkeit von Orten und zu Zeiten ihrer Wahl zugänglich ist.

§ 69d. Ausnahmen von den zustimmungsbedürftigen Handlungen. (1) Soweit keine besonderen vertraglichen Bestimmungen vorliegen, bedürfen die in § 69c Nr. 1 und 2 genannten Handlungen nicht der Zustimmung des Rechtsinhabers, wenn sie für eine bestimmungsgemäße Benutzung des Computerprogramms einschließlich der Fehlerberichtigung durch jeden zur Verwendung eines Vervielfältigungsstücks des Programms Berechtigten notwendig sind.

(2) Die Erstellung einer Sicherungskopie durch eine Person, die zur Benutzung des Programms berechtigt ist, darf nicht vertraglich untersagt werden, wenn sie für die Sicherung künftiger Benutzung erforderlich ist.

(3) Der zur Verwendung eines Vervielfältigungsstücks eines Programms Berechtigte kann ohne Zustimmung des Rechtsinhabers das Funktionieren dieses Programms beobachten, untersuchen oder testen, um die einem Programmelement zugrundeliegenden Ideen und Grundsätze zu ermitteln, wenn dies durch Handlungen zum Laden, Anzeigen, Ablaufen, Übertragen oder Speichern des Programms geschieht, zu denen er berechtigt ist.

§ 69e. Dekompilierung. (1) Die Zustimmung des Rechtsinhabers ist nicht erforderlich, wenn die Vervielfältigung des Codes oder die Übersetzung der Codeform im Sinne des § 69c Nr. 1 und 2 unerlässlich ist, um die erforderlichen Informationen zur Herstellung der Interoperabilität eines unabhängig geschaffenen Computerprogramms mit anderen Programmen zu erhalten, sofern folgende Bedingungen erfüllt sind:

1. Die Handlungen werden von dem Lizenznehmer oder von einer anderen zur Verwendung eines Vervielfältigungsstücks des Programms berechtigten Person oder in deren Namen von einer hierzu ermächtigten Person vorgenommen;
2. die für die Herstellung der Interoperabilität notwendigen Informationen sind für die in Nummer 1 genannten Personen noch nicht ohne weiteres zugänglich gemacht;
3. die Handlungen beschränken sich auf die Teile des ursprünglichen Programms, die zur Herstellung der Interoperabilität notwendig sind.

(2) Bei Handlungen nach Absatz 1 gewonnene Informationen dürfen nicht

1. zu anderen Zwecken als zur Herstellung der Interoperabilität des unabhängig geschaffenen Programms verwendet werden,
2. an Dritte weitergegeben werden, es sei denn, dass dies für die Interoperabilität des unabhängig geschaffenen Programms notwendig ist,
3. für die Entwicklung, Herstellung oder Vermarktung eines Programms mit im wesentlichen ähnlicher Ausdrucksform oder für irgendwelche anderen das Urheberrecht verletzenden Handlungen verwendet werden.

(3) Die Absätze 1 und 2 sind so auszulegen, dass ihre Anwendung weder die normale Auswertung des Werkes beeinträchtigt noch die berechtigten Interessen des Rechtsinhabers unzumutbar verletzt.

§ 69f. Rechtsverletzungen. (1) Der Rechtsinhaber kann von dem Eigentümer oder Besitzer verlangen, dass alle rechtswidrig hergestellten, verbreiteten oder zur rechtswidrigen Verbreitung bestimmten Vervielfältigungsstücke vernichtet werden. § 98 Abs. 3 und 4 ist entsprechend anzuwenden.

(2) Absatz 1 ist entsprechend auf Mittel anzuwenden, die allein dazu bestimmt sind, die unerlaubte Beseitigung oder Umgehung technischer Programmschutzmechanismen zu erleichtern.

§ 69g. Anwendung sonstiger Rechtsvorschriften; Vertragsrecht. (1) Die Bestimmungen dieses Abschnitts lassen die Anwendung sonstiger Rechtsvorschriften auf Computerprogramme, insbesondere über den Schutz von Erfindungen, Topographien von Halbleitererzeugnissen, Marken und den Schutz gegen unlauteren Wettbewerb einschließlich des Schutzes von Geschäfts- und Betriebsgeheimnissen, sowie schuldrechtliche Vereinbarungen unberührt.

(2) Vertragliche Bestimmungen, die in Widerspruch zu § 69d Abs. 2 und 3 und § 69e stehen, sind nichtig.

Teil 2. Verwandte Schutzrechte

ABSCHNITT 1
SCHUTZ BESTIMMTER AUSGABEN

§ 70. Wissenschaftliche Ausgaben. (1) Ausgaben urheberrechtlich nicht geschützter Werke oder Texte werden in entsprechender Anwendung der Vorschriften des Teils 1 geschützt, wenn sie das Ergebnis wissenschaftlich sichtender Tätigkeit darstellen und sich wesentlich von den bisher bekannten Ausgaben der Werke oder Texte unterscheiden.

(2) Das Recht steht dem Verfasser der Ausgabe zu.

(3) Das Recht erlischt fünfundzwanzig Jahre nach dem Erscheinen der Ausgabe, jedoch bereits fünfundzwanzig Jahre nach der Herstellung, wenn die Ausgabe innerhalb dieser Frist nicht erschienen ist. Die Frist ist nach § 69 zu berechnen.

§ 71. Nachgelassene Werke. (1) Wer ein nicht erschienenes Werk nach Erlöschen des Urheberrechts erlaubterweise erstmals erscheinen lässt oder erstmals öffentlich wiedergibt, hat das ausschließliche Recht, das Werk zu verwerten. Das gleiche gilt für nicht erschienene Werke, die im Geltungsbereich dieses Gesetzes niemals geschützt waren, deren Urheber aber schon länger als siebzig Jahre tot ist. Die §§ 5 und 10 Abs. 1 sowie die §§ 15 bis 24, 26, 27, 44 a bis 63 und 88 sind sinngemäß anzuwenden.

(2) Das Recht ist übertragbar.

(3) Das Recht erlischt fünfundzwanzig Jahre nach dem Erscheinen des Werkes oder, wenn seine erste öffentliche Wiedergabe früher erfolgt ist, nach dieser. Die Frist ist nach § 69 zu berechnen.

ABSCHNITT 2
SCHUTZ DER LICHTBILDER

§ 72. Lichtbilder. (1) Lichtbilder und Erzeugnisse, die ähnlich wie Lichtbilder hergestellt werden, werden in entsprechender Anwendung der für Lichtbildwerke geltenden Vorschriften des Teils 1 geschützt.

(2) Das Recht nach Absatz 1 steht dem Lichtbildner zu.

(3) Das Recht nach Absatz 1 erlischt fünfzig Jahre nach dem Erscheinen des Lichtbildes oder, wenn seine erste erlaubte öffentliche Wiedergabe früher erfolgt ist, nach dieser, jedoch bereits fünfzig Jahre nach der Herstellung, wenn das Lichtbild innerhalb dieser Frist nicht erschienen oder erlaubterweise öffentlich wiedergegeben worden ist. Die Frist ist nach § 69 zu berechnen.

Abschnitt 3
Schutz des ausübenden Künstlers

§ 73. Ausübender Künstler. Ausübender Künstler im Sinne dieses Gesetzes ist, wer ein Werk oder eine Ausdrucksform der Volkskunst aufführt, singt, spielt oder auf eine andere Weise darbietet oder an einer solchen Darbietung künstlerisch mitwirkt.

§ 74. Anerkennung als ausübender Künstler. (1) Der ausübende Künstler hat das Recht, in Bezug auf seine Darbietung als solcher anerkannt zu werden. Er kann dabei bestimmen, ob und mit welchem Namen er genannt wird.

(2) Haben mehrere ausübende Künstler gemeinsam eine Darbietung erbracht und erfordert die Nennung jedes einzelnen von ihnen einen unverhältnismäßigen Aufwand, so können sie nur verlangen, als Künstlergruppe genannt zu werden. Hat die Künstlergruppe einen gewählten Vertreter (Vorstand), so ist dieser gegenüber Dritten allein zur Vertretung befugt. Hat eine Gruppe keinen Vorstand, so kann das Recht nur durch den Leiter der Gruppe, mangels eines solchen nur durch einen von der Gruppe zu wählenden Vertreter geltend gemacht werden. Das Recht eines beteiligten ausübenden Künstlers auf persönliche Nennung bleibt bei einem besonderen Interesse unberührt.

(3) § 10 Abs. 1 gilt entsprechend.

§ 75. Beeinträchtigungen der Darbietung. Der ausübende Künstler hat das Recht, eine Entstellung oder eine andere Beeinträchtigung seiner Darbietung zu verbieten, die geeignet ist, sein Ansehen oder seinen Ruf als ausübender Künstler zu gefährden. Haben mehrere ausübende Künstler gemeinsam eine Darbietung erbracht, so haben sie bei der Ausübung des Rechts aufeinander angemessene Rücksicht zu nehmen.

§ 76. Dauer der Persönlichkeitsrechte. Die in den §§ 74 und 75 bezeichneten Rechte erlöschen mit dem Tode des ausübenden Künstlers, jedoch erst 50 Jahre nach der Darbietung, wenn der ausübende Künstler vor Ablauf dieser Frist verstorben ist, sowie nicht vor Ablauf der für die Verwertungsrechte nach § 82 geltenden Frist. Die Frist ist nach § 69 zu berechnen. Haben mehrere ausübende Künstler gemeinsam eine Darbietung erbracht, so ist der Tod des letzten der beteiligten ausübenden Künstler maßgeblich. Nach dem Tod des ausübenden Künstlers stehen die Rechte seinen Angehörigen (§ 60 Abs. 2) zu.

§ 77. Aufnahme, Vervielfältigung und Verbreitung. (1) Der ausübende Künstler hat das ausschließliche Recht, seine Darbietung auf Bild- oder Tonträger aufzunehmen.

(2) Der ausübende Künstler hat das ausschließliche Recht, den Bild- oder Tonträger, auf den seine Darbietung aufgenommen worden ist, zu vervielfältigen und zu verbreiten. § 27 ist entsprechend anzuwenden.

§ 78. Öffentliche Wiedergabe. (1) Der ausübende Künstler hat das ausschließliche Recht, seine Darbietung

1. öffentlich zugänglich zu machen (§ 19a),
2. zu senden, es sei denn, dass die Darbietung erlaubterweise auf Bild- oder Tonträger aufgenommen worden ist, die erschienen oder erlaubterweise öffentlich zugänglich gemacht worden sind,
3. außerhalb des Raumes, in dem sie stattfindet, durch Bildschirm, Lautsprecher oder ähnliche technische Einrichtungen öffentlich wahrnehmbar zu machen.

(2) Dem ausübenden Künstler ist eine angemessene Vergütung zu zahlen, wenn

1. die Darbietung nach Absatz 1 Nr. 2 erlaubterweise gesendet,
2. die Darbietung mittels Bild- oder Tonträger öffentlich wahrnehmbar gemacht oder
3. die Sendung oder die auf öffentlicher Zugänglichmachung beruhende Wiedergabe der Darbietung öffentlich wahrnehmbar gemacht wird.

(3) Auf Vergütungsansprüche nach Absatz 2 kann der ausübende Künstler im Voraus nicht verzichten. Sie können im Voraus nur an eine Verwertungsgesellschaft abgetreten werden.

(4) § 20b gilt entsprechend.

§ 79. Nutzungsrechte. (1) Der ausübende Künstler kann seine Rechte und Ansprüche aus den §§ 77 und 78 übertragen. § 78 Abs. 3 und 4 bleibt unberührt.

(2) Der ausübende Künstler kann einem anderen das Recht einräumen, die Darbietung auf einzelne oder alle der ihm vorbehaltenen Nutzungsarten zu nutzen.

(2a) Auf Übertragungen nach Absatz 1 und Rechtseinräumungen nach Absatz 2 sind die §§ 31, 32 bis 32b, 32d bis 40, 41, 42 und 43 entsprechend anzuwenden.

(3) Unterlässt es der Tonträgerhersteller, Kopien des Tonträgers in ausreichender Menge zum Verkauf anzubieten oder den Tonträger öffentlich zugänglich zu machen, so kann der ausübende Künstler den Vertrag, mit dem er dem Tonträgerhersteller seine Rechte an der Aufzeichnung der Darbietung eingeräumt oder übertragen hat (Übertragungsvertrag), kündigen. Die Kündigung ist zulässig

1. nach Ablauf von 50 Jahren nach dem Erscheinen eines Tonträgers oder 50 Jahre nach der ersten erlaubten Benutzung des Tonträgers zur öffentlichen Wiedergabe, wenn der Tonträger nicht erschienen ist, und
2. wenn der Tonträgerhersteller innerhalb eines Jahres nach Mitteilung des ausübenden Künstlers, den Übertragungsvertrag kündigen zu wollen, nicht beide in Satz 1 genannten Nutzungshandlungen ausführt.

Ist der Übertragungsvertrag gekündigt, so erlöschen die Rechte des Tonträgerherstellers am Tonträger. Auf das Kündigungsrecht kann der ausübende Künstler nicht verzichten.

§ 79a. Vergütungsanspruch des ausübenden Künstlers. (1) Hat der ausübende Künstler einem Tonträgerhersteller gegen Zahlung einer einmaligen Vergütung Rechte an seiner Darbietung eingeräumt oder übertragen, so hat der Tonträgerhersteller dem ausübenden Künstler eine zusätzliche Vergütung in Höhe von 20 Prozent der Einnahmen zu zahlen, die der Tonträgerhersteller aus der Vervielfältigung, dem Vertrieb und der Zugänglichmachung des Tonträgers erzielt, der die Darbietung enthält. Enthält ein Tonträger die Aufzeichnung der Darbietungen von mehreren ausübenden Künstlern, so beläuft sich die Höhe der Vergütung ebenfalls auf insgesamt 20 Prozent der Einnahmen. Als Einnahmen sind die vom Tonträgerhersteller erzielten Einnahmen vor Abzug der Ausgaben anzusehen.

(2) Der Vergütungsanspruch besteht für jedes vollständige Jahr unmittelbar im Anschluss an das 50. Jahr nach Erscheinen des die Darbietung enthaltenen Tonträgers oder mangels Erscheinen an das 50. Jahr nach dessen erster erlaubter Benutzung zur öffentlichen Wiedergabe.

(3) Auf den Vergütungsanspruch nach Absatz 1 kann der ausübende Künstler nicht verzichten. Der Vergütungsanspruch kann nur durch eine Verwertungsgesellschaft geltend gemacht werden. Er kann im Voraus nur an eine Verwertungsgesellschaft abgetreten werden.

(4) Der Tonträgerhersteller ist verpflichtet, dem ausübenden Künstler auf Verlangen Auskunft über die erzielten Einnahmen und sonstige, zur Bezifferung des Vergütungsanspruchs nach Absatz 1 erforderliche Informationen zu erteilen.

(5) Hat der ausübende Künstler einem Tonträgerhersteller gegen Zahlung einer wiederkehrenden Vergütung Rechte an seiner Darbietung eingeräumt oder übertragen, so darf der Tonträgerhersteller nach Ablauf folgender Fristen weder Vorschüsse noch vertraglich festgelegte Abzüge von der Vergütung abziehen:

1. 50 Jahre nach dem Erscheinen des Tonträgers, der die Darbietung enthält, oder
2. 50 Jahre nach der ersten erlaubten Benutzung des die Darbietung enthaltenden Tonträgers zur öffentlichen Wiedergabe, wenn der Tonträger nicht erschienen ist.

§ 79b. Vergütung des ausübenden Künstlers für später bekannte Nutzungsarten. (1) Der ausübende Künstler hat Anspruch auf eine gesonderte angemessene Vergütung, wenn der Vertragspartner eine neue Art der Nutzung seiner Darbietung aufnimmt, die im Zeitpunkt des Vertragsschlusses vereinbart, aber noch unbekannt war.

(2) Hat der Vertragspartner des ausübenden Künstlers das Nutzungsrecht einem Dritten übertragen, haftet der Dritte mit der Aufnahme der neuen Art der Nutzung für die Vergütung. Die Haftung des Vertragspartners entfällt.

(3) Auf die Rechte nach den Absätzen 1 und 2 kann im Voraus nicht verzichtet werden.

§ 80. Gemeinsame Darbietung mehrerer ausübender Künstler. (1) Erbringen mehrere ausübende Künstler gemeinsam eine Darbietung, ohne dass sich ihre Anteile gesondert verwerten lassen, so steht ihnen das Recht zur Verwertung zur gesamten Hand zu. Keiner der beteiligten ausübenden Künstler darf seine Einwilligung zur Verwertung wider Treu und Glauben verweigern. § 8 Abs. 2 Satz 3, Abs. 3 und 4 ist entsprechend anzuwenden.

(2) Für die Geltendmachung der sich aus den §§ 77, 78 und § 79 Absatz 3 ergebenden Rechte und Ansprüche gilt § 74 Abs. 2 Satz 2 und 3 entsprechend.

§ 81. Schutz des Veranstalters. Wird die Darbietung des ausübenden Künstlers von einem Unternehmen veranstaltet, so stehen die Rechte nach § 77 Abs. 1 und 2 Satz 1 sowie § 78 Abs. 1 neben dem ausübenden Künstler auch dem Inhaber des Unternehmens zu. § 10 Abs. 1, § 31 Abs. 1 bis 3 und 5 sowie die §§ 33 und 38 gelten entsprechend.

§ 82. Dauer der Verwertungsrechte. (1) Ist die Darbietung des ausübenden Künstlers auf einem Tonträger aufgezeichnet worden, so erlöschen die in den §§ 77 und 78 bezeichneten Rechte des ausübenden Künstlers 70 Jahre nach dem Erscheinen des Tonträgers, oder wenn dessen erste erlaubte Benutzung zur öffentlichen Wiedergabe früher erfolgt ist, 70 Jahre nach dieser. Ist die Darbietung des ausübenden Künstlers nicht auf einem Tonträger aufgezeichnet worden, so erlöschen die in den §§ 77 und 78 bezeichneten Rechte des ausübenden Künstlers 50 Jahre nach dem Erscheinen der Aufzeichnung, oder wenn deren erste erlaubte Benutzung zur öffentlichen Wiedergabe früher erfolgt ist, 50 Jahre nach dieser. Die Rechte des ausübenden Künstlers erlöschen jedoch bereits 50 Jahre nach der Darbietung, wenn eine Aufzeichnung innerhalb dieser Frist nicht erschienen oder nicht erlaubterweise zur öffentlichen Wiedergabe benutzt worden ist.

(2) Die in § 81 bezeichneten Rechte des Veranstalters erlöschen 25 Jahre nach Erscheinen einer Aufzeichnung der Darbietung eines ausübenden Künstlers, oder wenn deren erste erlaubte Benutzung zur öffentlichen Wiedergabe früher erfolgt ist, 25 Jahre nach dieser. Die Rechte erlöschen bereits 25 Jahre nach der Darbietung, wenn eine Aufzeichnung innerhalb dieser Frist nicht erschienen oder nicht erlaubterweise zur öffentlichen Wiedergabe benutzt worden ist.

(3) Die Fristen sind nach § 69 zu berechnen.

§ 83. Schranken der Verwertungsrechte. Auf die dem ausübenden Künstler nach den §§ 77 und 78 sowie die dem Veranstalter nach § 81 zustehenden Rechte sind die Vorschriften des Abschnitts 6 des Teils 1 entsprechend anzuwenden.

§ 84. *(aufgehoben)*

Abschnitt 4
Schutz des
Herstellers von
Tonträgern

§ 85. Verwertungsrechte. (1) Der Hersteller eines Tonträgers hat das ausschließliche Recht, den Tonträger zu vervielfältigen, zu verbreiten und öffentlich zugänglich zu machen. Ist der Tonträger in einem Unternehmen hergestellt worden, so gilt der Inhaber des Unternehmens als Hersteller. Das Recht entsteht nicht durch Vervielfältigung eines Tonträgers.

(2) Das Recht ist übertragbar. Der Tonträgerhersteller kann einem anderen das Recht einräumen, den Tonträger auf einzelne oder alle der ihm vorbehaltenen Nutzungsarten zu nutzen. § 31 und die §§ 33 und 38 gelten entsprechend.

(3) Das Recht erlischt 70 Jahre nach dem Erscheinen des Tonträgers. Ist der Tonträger innerhalb von 50 Jahren nach der Herstellung nicht erschienen, aber erlaubterweise zur öffentlichen Wiedergabe benutzt worden, so erlischt das Recht 70 Jahre nach dieser. Ist der Tonträger innerhalb dieser Frist nicht erschienen oder erlaubterweise zur öffentlichen Wiedergabe benutzt worden, so erlischt das Recht 50 Jahre nach der Herstellung des Tonträgers. Die Frist ist nach § 69 zu berechnen.

(4) § 10 Abs. 1 und § 27 Abs. 2 und 3 sowie die Vorschriften des Teils 1 Abschnitt 6 gelten entsprechend.

§ 86. Anspruch auf Beteiligung. Wird ein erschienener oder erlaubterweise öffentlich zugänglich gemachter Tonträger, auf den die Darbietung eines ausübenden Künstlers aufgenommen ist, zur öffentlichen Wiedergabe der Darbietung benutzt, so hat der Hersteller des Tonträgers gegen den ausübenden Künstler einen Anspruch auf angemessene Beteiligung an der Vergütung, die dieser nach § 78 Abs. 2 erhält.

ABSCHNITT 5
SCHUTZ DES SENDEUNTERNEHMENS

§ 87. Sendeunternehmen. (1) Das Sendeunternehmen hat das ausschließliche Recht,

1. seine Funksendung weiterzusenden und öffentlich zugänglich zu machen,
2. seine Funksendung auf Bild- oder Tonträger aufzunehmen, Lichtbilder von seiner Funksendung herzustellen sowie die Bild- oder Tonträger oder Lichtbilder zu vervielfältigen und zu verbreiten, ausgenommen das Vermietrecht,
3. an Stellen, die der Öffentlichkeit nur gegen Zahlung eines Eintrittsgeldes zugänglich sind, seine Funksendung öffentlich wahrnehmbar zu machen.

(2) Das Recht ist übertragbar. Das Sendeunternehmen kann einem anderen das Recht einräumen, die Funksendung auf einzelne oder alle der ihm vorbehaltenen Nutzungsarten zu nutzen. § 31 und die §§ 33 und 38 gelten entsprechend.

(3) Das Recht erlischt 50 Jahre nach der ersten Funksendung. Die Frist ist nach § 69 zu berechnen.

(4) § 10 Abs. 1 sowie die Vorschriften des Teils 1 Abschnitt 6 mit Ausnahme des § 47 Abs. 2 Satz 2 und des § 54 Abs. 1 gelten entsprechend.

(5) Sendeunternehmen und Kabelunternehmen sind gegenseitig verpflichtet, einen Vertrag über die Kabelweitersendung im Sinne des § 20b Abs. 1 Satz 1 zu angemessenen Bedingungen abzuschließen, sofern nicht ein die Ablehnung des Vertragsabschlusses sachlich rechtfertigender Grund besteht; die Verpflichtung des Sendeunternehmens gilt auch für die ihm in Bezug auf die eigene Sendung eingeräumten oder übertragenen Senderechte. Auf Verlangen des Kabelunternehmens oder des Sendeunternehmens ist der Vertrag gemeinsam mit den in Bezug auf die Kabelweitersendung anspruchsberechtigten Verwertungsgesellschaften zu schließen, sofern nicht ein die Ablehnung eines gemeinsamen Vertragsschlusses sachlich rechtfertigender Grund besteht.

ABSCHNITT 6
SCHUTZ DES DATENBANKHERSTELLERS

§ 87a. Begriffsbestimmungen. (1) Datenbank im Sinne dieses Gesetzes ist eine Sammlung von Werken, Daten oder anderen unabhängigen Elementen, die systematisch oder methodisch angeordnet und einzeln mit Hilfe elektronischer Mittel oder auf andere Weise zugänglich sind und deren Beschaffung, Überprüfung oder Darstellung eine nach Art oder Umfang wesentliche Investition erfordert. Eine in ihrem Inhalt nach Art oder Umfang wesentlich geänderte Datenbank gilt als neue Datenbank, sofern die Änderung eine nach Art oder Umfang wesentliche Investition erfordert.

(2) Datenbankhersteller im Sinne dieses Gesetzes ist derjenige, der die Investition im Sinne des Absatzes 1 vorgenommen hat.

§ 87b. Rechte des Datenbankherstellers. (1) Der Datenbankhersteller hat das ausschließliche Recht, die Datenbank insgesamt oder einen nach Art oder Umfang wesentlichen Teil der Datenbank zu vervielfältigen, zu verbreiten und öffentlich wiederzugeben. Der Vervielfältigung, Verbreitung oder öffentlichen Wiedergabe eines nach Art oder Umfang wesentlichen Teils der Datenbank steht die wiederholte und systematische Vervielfältigung, Verbreitung oder öffentliche Wiedergabe von nach Art und Umfang unwesentlichen Teilen der Datenbank gleich, sofern diese Handlungen einer normalen Auswertung der Datenbank zuwiderlaufen oder die berechtigten Interessen des Datenbankherstellers unzumutbar beeinträchtigen.

(2) § 10 Abs. 1, § 17 Abs. 2 und § 27 Abs. 2 und 3 gelten entsprechend.

§ 87c. Schranken des Rechts des Datenbankherstellers. (1) Die Vervielfältigung eines nach Art oder Umfang wesentlichen Teils einer Datenbank ist zulässig

1. zum privaten Gebrauch; dies gilt nicht für eine Datenbank, deren Elemente einzeln mit Hilfe elektronischer Mittel zugänglich sind,
2. zu Zwecken der wissenschaftlichen Forschung gemäß den §§ 60c und 60d,
3. zu Zwecken der Veranschaulichung des Unterrichts und der Lehre gemäß den §§ 60a und 60b.

In den Fällen der Nummern 2 und 3 ist die Quelle deutlich anzugeben und gilt § 60g Absatz 1 entsprechend.

(2) Die Vervielfältigung, Verbreitung und öffentliche Wiedergabe eines nach Art oder Umfang wesentlichen Teils einer Datenbank ist zulässig zur Verwendung in Verfahren vor einem Gericht, einem Schiedsgericht oder einer Behörde sowie für Zwecke der öffentlichen Sicherheit.

(3) Die §§ 45b bis 45d gelten entsprechend.

§ 87d. Dauer der Rechte. Die Rechte des Datenbankherstellers erlöschen fünfzehn Jahre nach der Veröffentlichung der Datenbank, jedoch bereits fünfzehn Jahre nach der Herstellung, wenn die Datenbank innerhalb dieser Frist nicht veröffentlicht worden ist. Die Frist ist nach § 69 zu berechnen.

§ 87e. Verträge über die Benutzung einer Datenbank. Eine vertragliche Vereinbarung, durch die sich der Eigentümer eines mit Zustimmung des Datenbankherstellers durch Veräußerung in Verkehr gebrachten Vervielfältigungsstücks der Datenbank, der in sonstiger Weise zu dessen Gebrauch Berechtigte oder derjenige, dem eine Datenbank aufgrund eines mit dem Datenbankhersteller oder eines mit dessen Zustimmung mit einem Dritten geschlossenen Vertrags zugänglich gemacht wird, gegenüber dem Datenbankhersteller verpflichtet, die Vervielfältigung, Verbreitung oder öffentliche Wiedergabe von nach Art und Umfang unwesentlichen Teilen der Datenbank zu unterlassen, ist insoweit unwirksam, als diese Handlungen weder einer normalen Auswertung der Datenbank zuwiderlaufen noch die berechtigten Interessen des Datenbankherstellers unzumutbar beeinträchtigen.

**ABSCHNITT 7
SCHUTZ DES
PRESSEVERLEGERS**

§ 87f. Presseverleger. (1) Der Hersteller eines Presseerzeugnisses (Presseverleger) hat das ausschließliche Recht, das Presseerzeugnis oder Teile hiervon zu gewerblichen Zwecken öffentlich zugänglich zu machen, es sei denn, es handelt sich um einzelne Wörter oder kleinste Textausschnitte. Ist das Presseerzeugnis in einem Unternehmen hergestellt worden, so gilt der Inhaber des Unternehmens als Hersteller.

(2) Ein Presseerzeugnis ist die redaktionell-technische Festlegung journalistischer Beiträge im Rahmen einer unter einem Titel auf beliebigen Trägern periodisch veröffentlichten Sammlung, die bei Würdigung der Gesamtumstände als überwiegend verlagstypisch anzusehen ist und die nicht überwiegend der Eigenwerbung

dient. Journalistische Beiträge sind insbesondere Artikel und Abbildungen, die der Informationsvermittlung, Meinungsbildung oder Unterhaltung dienen.

§ 87g. Übertragbarkeit, Dauer und Schranken des Rechts. (1) Das Recht des Presseverlegers nach § 87f Absatz 1 Satz 1 ist übertragbar. Die §§ 31 und 33 gelten entsprechend.

(2) Das Recht erlischt ein Jahr nach der Veröffentlichung des Presseerzeugnisses.

(3) Das Recht des Presseverlegers kann nicht zum Nachteil des Urhebers oder eines Leistungsschutzberechtigten geltend gemacht werden, dessen Werk oder nach diesem Gesetz geschützter Schutzgegenstand im Presseerzeugnis enthalten ist.

(4) Zulässig ist die öffentliche Zugänglichmachung von Presseerzeugnissen oder Teilen hiervon, soweit sie nicht durch gewerbliche Anbieter von Suchmaschinen oder gewerbliche Anbieter von Diensten erfolgt, die Inhalte entsprechend aufbereiten. Im Übrigen gelten die Vorschriften des Teils 1 Abschnitt 6 entsprechend.

§ 87h. Beteiligungsanspruch des Urhebers. Der Urheber ist an einer Vergütung angemessen zu beteiligen.

Teil 3. Besondere Bestimmungen für Filme

ABSCHNITT 1
FILMWERKE

§ 88. Recht zur Verfilmung. (1) Gestattet der Urheber einem anderen, sein Werk zu verfilmen, so liegt darin im Zweifel die Einräumung des ausschließlichen Rechts, das Werk unverändert oder unter Bearbeitung oder Umgestaltung zur Herstellung eines Filmwerkes zu benutzen und das Filmwerk sowie Übersetzungen und andere filmische Bearbeitungen auf alle Nutzungsarten zu nutzen. § 31a Abs. 1 Satz 3 und 4 und Abs. 2 bis 4 findet keine Anwendung.

(2) Die in Absatz 1 bezeichneten Befugnisse berechtigen nicht zu einer Wiederverfilmung des Werkes. Der Urheber ist im Zweifel berechtigt, sein Werk nach Ablauf von zehn Jahren nach Vertragsabschluss anderweit filmisch zu verwerten. Von Satz 2 kann zum Nachteil des Urhebers nur durch eine Vereinbarung abgewichen werden, die auf einer gemeinsamen Vergütungsregel (§ 36) oder einem Tarifvertrag beruht.

§ 89. Rechte am Filmwerk. (1) Wer sich zur Mitwirkung bei der Herstellung eines Filmes verpflichtet, räumt damit für den Fall, dass er ein Urheberrecht am Filmwerk erwirbt, dem Filmhersteller im Zweifel das ausschließliche Recht ein, das Filmwerk sowie Übersetzungen und andere filmische Bearbeitungen oder Umgestaltungen des Filmwerkes auf alle Nutzungsarten zu nutzen. § 31a Abs. 1 Satz 3 und 4 und Abs. 2 bis 4 findet keine Anwendung.

(2) Hat der Urheber des Filmwerkes das in Absatz 1 bezeichnete Nutzungsrecht im Voraus einem Dritten eingeräumt, so behält er gleichwohl stets die Befugnis, dieses Recht beschränkt oder unbeschränkt dem Filmhersteller einzuräumen.

(3) Die Urheberrechte an den zur Herstellung des Filmwerkes benutzten Werken, wie Roman, Drehbuch und Filmmusik, bleiben unberührt.

(4) Für die Rechte zur filmischen Verwertung der bei der Herstellung eines Filmwerkes entstehenden Lichtbilder und Lichtbildwerke gelten die Absätze 1 und 2 entsprechend.

§ 90. Einschränkung der Rechte. (1) Für die in § 88 Absatz 1 und § 89 Absatz 1 bezeichneten Rechte gelten nicht die Bestimmungen

1. über die Übertragung von Nutzungsrechten (§ 34),
2. über die Einräumung weiterer Nutzungsrechte (§ 35) und
3. über die Rückrufsrechte (§§ 41 und 42).

Satz 1 findet bis zum Beginn der Dreharbeiten für das Recht zur Verfilmung keine Anwendung. Ein Ausschluss der Ausübung des Rückrufsrechts wegen Nichtausübung (§ 41) bis zum Beginn der Dreharbeiten kann mit dem Urheber im Voraus für eine Dauer von bis zu fünf Jahren vereinbart werden.

(2) Für die in § 88 und § 89 Absatz 1 bezeichneten Rechte gilt nicht die Bestimmung über das Recht zur anderweitigen Verwertung nach zehn Jahren bei pauschaler Vergütung (§ 40a).

§ 91. *(aufgehoben)*

§ 92. Ausübende Künstler. (1) Schließt ein ausübender Künstler mit dem Filmhersteller einen Vertrag über seine Mitwirkung bei der Herstellung eines Filmwerks, so liegt darin im Zweifel hinsichtlich der Verwertung des Filmwerks die Einräumung des Rechts, die Darbietung auf eine der dem ausübenden Künstler nach § 77 Abs. 1 und 2 Satz 1 und § 78 Abs. 1 Nr. 1 und 2 vorbehaltenen Nutzungsarten zu nutzen.

(2) Hat der ausübende Künstler im Voraus ein in Absatz 1 genanntes Recht übertragen oder einem Dritten hieran ein Nutzungsrecht eingeräumt, so behält er gleichwohl die Befugnis, dem Filmhersteller dieses Recht hinsichtlich der Verwertung des Filmwerkes zu übertragen oder einzuräumen.

(3) § 90 gilt entsprechend.

§ 93. Schutz gegen Entstellung; Namensnennung. (1) Die Urheber des Filmwerkes und der zu seiner Herstellung benutzten Werke sowie die Inhaber verwandter Schutzrechte, die bei der Herstellung des Filmwerkes mitwirken oder deren Leistungen zur Herstellung des Filmwerkes benutzt werden, können nach den §§ 14 und 75 hinsichtlich der Herstellung und Verwertung des Filmwerkes nur gröbliche Entstellungen oder andere gröbliche Beeinträchtigungen ihrer Werke oder Leistungen verbieten. Sie haben hierbei aufeinander und auf den Filmhersteller angemessene Rücksicht zu nehmen.

(2) Die Nennung jedes einzelnen an einem Film mitwirkenden ausübenden Künstlers ist nicht erforderlich, wenn sie einen unverhältnismäßigen Aufwand bedeutet.

§ 94. Schutz des Filmherstellers. (1) Der Filmhersteller hat das ausschließliche Recht, den Bildträger oder Bild- und Tonträger, auf den das Filmwerk aufgenommen ist, zu vervielfältigen, zu verbreiten und zur öffentlichen Vorführung, Funksendung oder öffentlichen Zugänglichmachung zu benutzen. Der Filmhersteller hat ferner das Recht, jede Entstellung oder Kürzung des Bildträgers oder Bild- und Tonträgers zu verbieten, die geeignet ist, seine berechtigten Interessen an diesem zu gefährden.

(2) Das Recht ist übertragbar. Der Filmhersteller kann einem anderen das Recht einräumen, den Bildträger oder Bild- und Tonträger auf einzelne oder alle der ihm vorbehaltenen Nutzungsarten zu nutzen. § 31 und die §§ 33 und 38 gelten entsprechend.

(3) Das Recht erlischt fünfzig Jahre nach dem Erscheinen des Bildträgers oder Bild- und Tonträgers oder, wenn seine erste erlaubte Benutzung zur öffentlichen Wiedergabe früher erfolgt ist, nach dieser, jedoch bereits fünfzig Jahre nach der Herstellung, wenn der Bildträger oder Bild- und Tonträger innerhalb dieser Frist nicht erschienen oder erlaubterweise zur öffentlichen Wiedergabe benutzt worden ist.

(4) § 10 Abs. 1 und die §§ 20b und 27 Abs. 2 und 3 sowie die Vorschriften des Abschnitts 6 des Teils 1 sind entsprechend anzuwenden.

**Abschnitt 2
Laufbilder**

§ 95. Laufbilder. Die §§ 88, 89 Abs. 4, 90, 93 und 94 sind auf Bildfolgen und Bild- und Tonfolgen, die nicht als Filmwerke geschützt sind, entsprechend anzuwenden.

Teil 4. Gemeinsame Bestimmungen für Urheberrecht und verwandte Schutzrechte

**Abschnitt 1
Ergänzende Schutzbestimmungen**

§ 95a. Schutz technischer Maßnahmen. (1) Wirksame technische Maßnahmen zum Schutz eines nach diesem Gesetz geschützten Werkes oder eines anderen nach diesem Gesetz geschützten Schutzgegenstandes dürfen ohne Zustimmung des Rechtsinhabers nicht umgangen werden, soweit dem Handelnden bekannt ist oder den Umständen nach bekannt sein muss, dass die Umgehung erfolgt, um den Zugang zu einem solchen Werk oder Schutzgegenstand oder deren Nutzung zu ermöglichen.

(2) Technische Maßnahmen im Sinne dieses Gesetzes sind Technologien, Vorrichtungen und Bestandteile, die im normalen Betrieb dazu bestimmt sind, geschützte Werke oder andere nach diesem Gesetz geschützte Schutzgegenstände betreffende Handlungen, die vom Rechtsinhaber nicht genehmigt sind, zu verhindern oder einzuschränken. Technische Maßnahmen sind wirksam, soweit durch sie die Nutzung eines geschützten Werkes oder eines anderen nach diesem Gesetz geschützten Schutzgegenstandes von dem Rechtsinhaber durch eine Zugangskontrolle, einen Schutzmechanismus wie Verschlüsselung, Verzerrung oder sonstige Umwandlung oder einen Mechanismus zur Kontrolle der Vervielfältigung, die die Erreichung des Schutzziels sicherstellen, unter Kontrolle gehalten wird.

(3) Verboten sind die Herstellung, die Einfuhr, die Verbreitung, der Verkauf, die Vermietung, die Werbung im Hinblick auf Verkauf oder Vermietung und der gewerblichen Zwecken dienende Besitz von Vorrichtungen, Erzeugnissen oder Bestandteilen sowie die Erbringung von Dienstleistungen, die

1. Gegenstand einer Verkaufsförderung, Werbung oder Vermarktung mit dem Ziel der Umgehung wirksamer technischer Maßnahmen sind oder

2. abgesehen von der Umgehung wirksamer technischer Maßnahmen nur einen begrenzten wirtschaftlichen Zweck oder Nutzen haben oder

3. hauptsächlich entworfen, hergestellt, angepasst oder erbracht werden, um die Umgehung wirksamer technischer Maßnahmen zu ermöglichen oder zu erleichtern.

(4) Von den Verboten der Absätze 1 und 3 unberührt bleiben Aufgaben und Befugnisse öffentlicher Stellen zum Zwecke des Schutzes der öffentlichen Sicherheit oder der Strafrechtspflege.

§ 95b. Durchsetzung von Schrankenbestimmungen. (1) Soweit ein Rechtsinhaber technische Maßnahmen nach Maßgabe dieses Gesetzes anwendet, ist er verpflichtet, den durch eine der nachfolgend genannten Bestimmungen Begünstigten, soweit sie rechtmäßig Zugang zu dem Werk oder Schutzgegenstand haben, die notwendigen Mittel zur Verfügung zu stellen, um von diesen Bestimmungen in dem erforderlichen Maße Gebrauch machen zu können:

1. § 45 (Rechtspflege und öffentliche Sicherheit),
2. § 45a (Menschen mit Behinderungen),
3. § 45b (Menschen mit einer Seh- oder Lesebehinderung),
4. § 45c (Befugte Stellen; Vergütung; Verordnungsermächtigung),
5. § 47 (Schulfunksendungen),
6. § 53 (Vervielfältigungen zum privaten und sonstigen eigenen Gebrauch)
    a) Absatz 1, soweit es sich um Vervielfältigungen auf Papier oder einen ähnlichen Träger mittels beliebiger photomechanischer Verfahren oder anderer Verfahren mit ähnlicher Wirkung handelt,
    b) *(aufgehoben)*
    c) Absatz 2 Satz 1 Nr. 2 in Verbindung mit Satz 2 Nr. 1,
    d) Absatz 2 Satz 1 Nr. 3 und 4 jeweils in Verbindung mit Satz 2 Nr. 1,
7. § 55 (Vervielfältigung durch Sendeunternehmen),
8. § 60a (Unterricht und Lehre),
9. § 60b (Unterrichts- und Lehrmedien),
10. § 60c (Wissenschaftliche Forschung),
11. § 60d (Text und Data Mining),
12. § 60e (Bibliotheken)
    a) Absatz 1,
    b) Absatz 2,
    c) Absatz 3,
    d) Absatz 5,
13. § 60f (Archive, Museen und Bildungseinrichtungen).

Vereinbarungen zum Ausschluss der Verpflichtungen nach Satz 1 sind unwirksam.

(2) Wer gegen das Gebot nach Absatz 1 verstößt, kann von dem Begünstigten einer der genannten Bestimmungen darauf in Anspruch genommen werden, die zur Verwirklichung der jeweiligen Befugnis benötigten Mittel zur Verfügung zu stellen. Entspricht das angebotene Mittel einer Vereinbarung zwischen Vereinigungen der Rechtsinhaber und der durch die Schrankenregelung Begünstigten, so wird vermutet, dass das Mittel ausreicht.

(3) Mit Ausnahme des Absatzes 1 Satz 1 Nummer 3 und 4 gelten die Absätze 1 und 2 nicht, soweit Werke und sonstige Schutzgegenstände der Öffentlichkeit auf Grund einer vertraglichen Vereinbarung in einer Weise zugänglich gemacht werden, dass sie Mitgliedern der Öffentlichkeit von Orten und zu Zeiten ihrer Wahl zugänglich sind.

(4) Zur Erfüllung der Verpflichtungen aus Absatz 1 angewandte technische Maßnahmen, einschließlich der zur Umsetzung freiwilliger Vereinbarungen angewandten Maßnahmen, genießen Rechtsschutz nach § 95a.

§ 95c. Schutz der zur Rechtewahrnehmung erforderlichen Informationen. (1) Von Rechtsinhabern stammende Informationen für die Rechtewahrnehmung dürfen nicht entfernt oder verändert werden, wenn irgendeine der betreffenden Informationen an einem Vervielfältigungsstück eines Werkes oder eines sonstigen Schutzgegenstandes angebracht ist oder im Zusammenhang mit der öffentlichen Wiedergabe eines solchen Werkes oder Schutzgegenstandes erscheint und wenn die Entfernung oder Veränderung wissentlich unbefugt erfolgt und dem Handelnden bekannt ist oder den Umständen nach bekannt sein muss, dass er dadurch die Verletzung von Urheberrechten oder verwandter Schutzrechte veranlasst, ermöglicht, erleichtert oder verschleiert.

(2) Informationen für die Rechtewahrnehmung im Sinne dieses Gesetzes sind elektronische Informationen, die Werke oder andere Schutzgegenstände, den Urheber oder jeden anderen Rechtsinhaber identifizieren, Informationen über die Modalitäten und Bedingungen für die Nutzung der Werke oder Schutzgegenstände sowie die Zahlen und Codes, durch die derartige Informationen ausgedrückt werden.

(3) Werke oder sonstige Schutzgegenstände, bei denen Informationen für die Rechtewahrnehmung unbefugt entfernt oder geändert wurden, dürfen nicht wissentlich unbefugt verbreitet, zur Verbreitung eingeführt, gesendet, öffentlich wiedergegeben oder öffentlich zugänglich gemacht werden, wenn dem Handelnden bekannt ist oder den Umständen nach bekannt sein muss, dass er dadurch die Verletzung von Urheberrechten oder verwandter Schutzrechte veranlasst, ermöglicht, erleichtert oder verschleiert.

§ 95d. Kennzeichnungspflichten. (1) Werke und andere Schutzgegenstände, die mit technischen Maßnahmen geschützt werden, sind deutlich sichtbar mit Angaben über die Eigenschaften der technischen Maßnahmen zu kennzeichnen.

(2) Wer Werke und andere Schutzgegenstände mit technischen Maßnahmen schützt, hat diese zur Ermöglichung der Geltendmachung von Ansprüchen nach § 95b Abs. 2 mit seinem Namen oder seiner Firma und der zustellungsfähigen Anschrift zu kennzeichnen. Satz 1 findet in den Fällen des § 95b Abs. 3 keine Anwendung.

§ 96. Verwertungsverbot. (1) Rechtswidrig hergestellte Vervielfältigungsstücke dürfen weder verbreitet noch zu öffentlichen Wiedergaben benutzt werden.

(2) Rechtswidrig veranstaltete Funksendungen dürfen nicht auf Bild- oder Tonträger aufgenommen oder öffentlich wiedergegeben werden.

ABSCHNITT 2
RECHTSVERLETZUNGEN

UNTERABSCHNITT 1. BÜRGERLICH-RECHTLICHE VORSCHRIFTEN; RECHTSWEG

§ 97. Anspruch auf Unterlassung und Schadensersatz. (1) Wer das Urheberrecht oder ein anderes nach diesem Gesetz geschütztes Recht widerrechtlich verletzt, kann von dem Verletzten auf Beseitigung der Beeinträchtigung, bei Wiederholungsgefahr auf Unterlassung in Anspruch genommen werden. Der Anspruch auf Unterlassung besteht auch dann, wenn eine Zuwiderhandlung erstmalig droht.

(2) Wer die Handlung vorsätzlich oder fahrlässig vornimmt, ist dem Verletzten zum Ersatz des daraus entstehenden Schadens verpflichtet. Bei der Bemessung des Schadensersatzes kann auch der Gewinn, den der Verletzer durch die Verletzung des Rechts erzielt hat, berücksichtigt werden. Der Schadensersatzanspruch kann auch auf der Grundlage des Betrages berechnet werden, den der Verletzer als angemessene Vergütung hätte entrichten müssen, wenn er die Erlaubnis zur Nutzung des verletzten Rechts eingeholt hätte. Urheber, Verfasser wissenschaftlicher Ausgaben (§ 70), Lichtbildner (§ 72) und ausübende Künstler (§ 73) können auch wegen des Schadens, der nicht Vermögensschaden ist, eine Entschädigung in Geld verlangen, wenn und soweit dies der Billigkeit entspricht.

§ 97a. Abmahnung. (1) Der Verletzte soll den Verletzer vor Einleitung eines gerichtlichen Verfahrens auf Unterlassung abmahnen und ihm Gelegenheit geben, den Streit durch Abgabe einer mit einer angemessenen Vertragsstrafe bewehrten Unterlassungsverpflichtung beizulegen.

(2) Die Abmahnung hat in klarer und verständlicher Weise

1. Name oder Firma des Verletzten anzugeben, wenn der Verletzte nicht selbst, sondern ein Vertreter abmahnt,
2. die Rechtsverletzung genau zu bezeichnen,
3. geltend gemachte Zahlungsansprüche als Schadensersatz- und Aufwendungsersatzansprüche aufzuschlüsseln und
4. wenn darin eine Aufforderung zur Abgabe einer Unterlassungsverpflichtung enthalten ist, anzugeben, inwieweit die vorgeschlagene Unterlassungsverpflichtung über die abgemahnte Rechtsverletzung hinausgeht.

Eine Abmahnung, die nicht Satz 1 entspricht, ist unwirksam.

(3) Soweit die Abmahnung berechtigt ist und Absatz 2 Satz 1 Nummer 1 bis 4 entspricht, kann der Ersatz der erforderlichen Aufwendungen verlangt werden. Für die Inanspruchnahme anwaltlicher Dienstleistungen beschränkt sich der Ersatz der erforderlichen Aufwendungen hinsichtlich der gesetzlichen Gebühren nach einem Gegenstandswert für den Unterlassungs- und Beseitigungsanspruch von 1 000 Euro, wenn der Abgemahnte

1. eine natürliche Person ist, die nach diesem Gesetz geschützte Werke oder andere nach diesem Gesetz geschützte Schutzgegenstände nicht für ihre gewerbliche oder selbständige berufliche Tätigkeit verwendet, und
2. nicht bereits wegen eines Anspruchs des Abmahnenden durch Vertrag, auf Grund einer rechtskräftigen gerichtlichen Entscheidung oder einer einstweiligen Verfügung zur Unterlassung verpflichtet ist.

Der in Satz 2 genannte Wert ist auch maßgeblich, wenn ein Unterlassungs- und ein Beseitigungsanspruch nebeneinander geltend gemacht werden. Satz 2 gilt nicht, wenn der genannte Wert nach den besonderen Umständen des Einzelfalles unbillig ist.

(4) Soweit die Abmahnung unberechtigt oder unwirksam ist, kann der Abgemahnte Ersatz der für die Rechtsverteidigung erforderlichen Aufwendungen verlangen, es sei denn, es war für den Abmahnenden zum Zeitpunkt der Abmahnung nicht erkennbar, dass die Abmahnung unberechtigt war. Weiter gehende Ersatzansprüche bleiben unberührt.

§ 98. Anspruch auf Vernichtung, Rückruf und Überlassung. (1) Wer das Urheberrecht oder ein anderes nach diesem Gesetz geschütztes Recht widerrechtlich verletzt, kann von dem Verletzten auf Vernichtung der im Besitz oder Eigentum des Verletzers befindlichen rechtswidrig hergestellten, verbreiteten oder zur rechtswidrigen Verbreitung bestimmten Vervielfältigungsstücke in Anspruch genommen werden. Satz 1 ist entsprechend auf die im Eigentum des Verletzers stehenden Vorrichtungen anzuwenden, die vorwiegend zur Herstellung dieser Vervielfältigungsstücke gedient haben.

(2) Wer das Urheberrecht oder ein anderes nach diesem Gesetz geschütztes Recht widerrechtlich verletzt, kann von dem Verletzten auf Rückruf von rechtswidrig hergestellten, verbreiteten oder zur rechtswidrigen Verbreitung bestimmten Vervielfältigungsstücken oder auf deren endgültiges Entfernen aus den Vertriebswegen in Anspruch genommen werden.

(3) Statt der in Absatz 1 vorgesehenen Maßnahmen kann der Verletzte verlangen, dass ihm die Vervielfältigungsstücke, die im Eigentum des Verletzers stehen, gegen eine angemessene Vergütung, welche die Herstellungskosten nicht übersteigen darf, überlassen werden.

(4) Die Ansprüche nach den Absätzen 1 bis 3 sind ausgeschlossen, wenn die Maßnahme im Einzelfall unverhältnismäßig ist. Bei der Prüfung der Verhältnismäßigkeit sind auch die berechtigten Interessen Dritter zu berücksichtigen.

(5) Bauwerke sowie ausscheidbare Teile von Vervielfältigungsstücken und Vorrichtungen, deren Herstellung und Verbreitung nicht rechtswidrig ist, unterliegen nicht den in den Absätzen 1 bis 3 vorgesehenen Maßnahmen.

§ 99. Haftung des Inhabers eines Unternehmens. Ist in einem Unternehmen von einem Arbeitnehmer oder Beauftragten ein nach diesem Gesetz geschütztes Recht widerrechtlich verletzt worden, hat der Verletzte die Ansprüche aus § 97 Abs. 1 und § 98 auch gegen den Inhaber des Unternehmens.

§ 100. Entschädigung. Handelt der Verletzer weder vorsätzlich noch fahrlässig, kann er zur Abwendung der Ansprüche nach den §§ 97 und 98 den Verletzten in

Geld entschädigen, wenn ihm durch die Erfüllung der Ansprüche ein unverhältnismäßig großer Schaden entstehen würde und dem Verletzten die Abfindung in Geld zuzumuten ist. Als Entschädigung ist der Betrag zu zahlen, der im Fall einer vertraglichen Einräumung des Rechts als Vergütung angemessen wäre. Mit der Zahlung der Entschädigung gilt die Einwilligung des Verletzten zur Verwertung im üblichen Umfang als erteilt.

§ 101. Anspruch auf Auskunft. (1) Wer in gewerblichem Ausmaß das Urheberrecht oder ein anderes nach diesem Gesetz geschütztes Recht widerrechtlich verletzt, kann von dem Verletzten auf unverzügliche Auskunft über die Herkunft und den Vertriebsweg der rechtsverletzenden Vervielfältigungsstücke oder sonstigen Erzeugnisse in Anspruch genommen werden. Das gewerbliche Ausmaß kann sich sowohl aus der Anzahl der Rechtsverletzungen als auch aus der Schwere der Rechtsverletzung ergeben.

(2) In Fällen offensichtlicher Rechtsverletzung oder in Fällen, in denen der Verletzte gegen den Verletzer Klage erhoben hat, besteht der Anspruch unbeschadet von Absatz 1 auch gegen eine Person, die in gewerblichem Ausmaß

1. rechtsverletzende Vervielfältigungsstücke in ihrem Besitz hatte,
2. rechtsverletzende Dienstleistungen in Anspruch nahm,
3. für rechtsverletzende Tätigkeiten genutzte Dienstleistungen erbrachte oder
4. nach den Angaben einer in Nummer 1, 2 oder Nummer 3 genannten Person an der Herstellung, Erzeugung oder am Vertrieb solcher Vervielfältigungsstücke, sonstigen Erzeugnisse oder Dienstleistungen beteiligt war,

es sei denn, die Person wäre nach den §§ 383 bis 385 der Zivilprozessordnung im Prozess gegen den Verletzer zur Zeugnisverweigerung berechtigt. Im Fall der gerichtlichen Geltendmachung des Anspruchs nach Satz 1 kann das Gericht den gegen den Verletzer anhängigen Rechtsstreit auf Antrag bis zur Erledigung des wegen des Auskunftsanspruchs geführten Rechtsstreits aussetzen. Der zur Auskunft Verpflichtete kann von dem Verletzten den Ersatz der für die Auskunftserteilung erforderlichen Aufwendungen verlangen.

(3) Der zur Auskunft Verpflichtete hat Angaben zu machen über

1. Namen und Anschrift der Hersteller, Lieferanten und anderer Vorbesitzer der Vervielfältigungsstücke oder sonstigen Erzeugnisse, der Nutzer der Dienstleistungen sowie der gewerblichen Abnehmer und Verkaufsstellen, für die sie bestimmt waren, und
2. die Menge der hergestellten, ausgelieferten, erhaltenen oder bestellten Vervielfältigungsstücke oder sonstigen Erzeugnisse sowie über die Preise, die für die betreffenden Vervielfältigungsstücke oder sonstigen Erzeugnisse bezahlt wurden.

(4) Die Ansprüche nach den Absätzen 1 und 2 sind ausgeschlossen, wenn die Inanspruchnahme im Einzelfall unverhältnismäßig ist.

(5) Erteilt der zur Auskunft Verpflichtete die Auskunft vorsätzlich oder grob fahrlässig falsch oder unvollständig, so ist er dem Verletzten zum Ersatz des daraus entstehenden Schadens verpflichtet.

(6) Wer eine wahre Auskunft erteilt hat, ohne dazu nach Absatz 1 oder Absatz 2 verpflichtet gewesen zu sein, haftet Dritten gegenüber nur, wenn er wusste, dass er zur Auskunftserteilung nicht verpflichtet war.

(7) In Fällen offensichtlicher Rechtsverletzung kann die Verpflichtung zur Erteilung der Auskunft im Wege der einstweiligen Verfügung nach den §§ 935 bis 945 der Zivilprozessordnung angeordnet werden.

(8) Die Erkenntnisse dürfen in einem Strafverfahren oder in einem Verfahren nach dem Gesetz über Ordnungswidrigkeiten wegen einer vor der Erteilung der Auskunft begangenen Tat gegen den Verpflichteten oder gegen einen in § 52 Abs. 1 der Strafprozessordnung bezeichneten Angehörigen nur mit Zustimmung des Verpflichteten verwertet werden.

(9) Kann die Auskunft nur unter Verwendung von Verkehrsdaten (§ 3 Nr. 30 des Telekommunikationsgesetzes) erteilt werden, ist für ihre Erteilung eine vorherige richterliche Anordnung über die Zulässigkeit der Verwendung der Verkehrsdaten erforderlich, die von dem Verletzten zu beantragen ist. Für den Erlass dieser Anordnung ist das Landgericht, in dessen Bezirk der zur Auskunft Verpflichtete seinen Wohnsitz, seinen Sitz oder eine Niederlassung hat, ohne Rücksicht auf den Streitwert ausschließlich zuständig. Die Entscheidung trifft die Zivilkammer. Für das Verfahren gelten die Vorschriften des Gesetzes über das Verfahren in Familiensachen und in den Angelegenheiten der freiwilligen Gerichtsbarkeit entsprechend. Die Kosten der richterlichen Anordnung trägt der Verletzte. Gegen die Entscheidung des Landgerichts ist die Beschwerde statthaft. Die Beschwerde ist binnen einer Frist von zwei Wochen einzulegen.

(10) Durch Absatz 2 in Verbindung mit Absatz 9 wird das Grundrecht des Fernmeldegeheimnisses (Artikel 10 des Grundgesetzes) eingeschränkt.

§ 101a. Anspruch auf Vorlage und Besichtigung. (1) Wer mit hinreichender Wahrscheinlichkeit das Urheberrecht oder ein anderes nach diesem Gesetz geschütztes Recht widerrechtlich verletzt, kann von dem Verletzten auf Vorlage einer Urkunde oder Besichtigung einer Sache in Anspruch genommen werden, die sich in seiner Verfügungsgewalt befindet, wenn dies zur Begründung von dessen Ansprüchen erforderlich ist. Besteht die hinreichende Wahrscheinlichkeit einer in gewerblichem Ausmaß begangenen Rechtsverletzung, erstreckt sich der Anspruch auch auf die Vorlage von Bank-, Finanz- oder Handelsunterlagen. Soweit der vermeintliche Verletzer geltend macht, dass es sich um vertrauliche Informationen handelt, trifft das Gericht die erforderlichen Maßnahmen, um den im Einzelfall gebotenen Schutz zu gewährleisten.

(2) Der Anspruch nach Absatz 1 ist ausgeschlossen, wenn die Inanspruchnahme im Einzelfall unverhältnismäßig ist.

(3) Die Verpflichtung zur Vorlage einer Urkunde oder zur Duldung der Besichtigung einer Sache kann im Wege der einstweiligen Verfügung nach den §§ 935 bis 945 der Zivilprozessordnung angeordnet werden. Das Gericht trifft die erforderlichen Maßnahmen, um den Schutz vertraulicher Informationen zu gewährleisten. Dies gilt insbesondere in den Fällen, in denen die einstweilige Verfügung ohne vorherige Anhörung des Gegners erlassen wird.

(4) § 811 des Bürgerlichen Gesetzbuchs sowie § 101 Abs. 8 gelten entsprechend.

(5) Wenn keine Verletzung vorlag oder drohte, kann der vermeintliche Verletzer von demjenigen, der die Vorlage oder Besichtigung nach Absatz 1 begehrt hat, den Ersatz des ihm durch das Begehren entstandenen Schadens verlangen.

§ 101b. Sicherung von Schadensersatzansprüchen. (1) Der Verletzte kann den Verletzer bei einer in gewerblichem Ausmaß begangenen Rechtsverletzung in den Fällen des § 97 Abs. 2 auch auf Vorlage von Bank-, Finanz- oder Handelsunterlagen oder einen geeigneten Zugang zu den entsprechenden Unterlagen in Anspruch nehmen, die sich in der Verfügungsgewalt des Verletzers befinden und die für die Durchsetzung des Schadensersatzanspruchs erforderlich sind, wenn ohne die Vorlage die Erfüllung des Schadensersatzanspruchs fraglich ist. Soweit der Verletzer geltend macht, dass es sich um vertrauliche Informationen handelt, trifft das Gericht die erforderlichen Maßnahmen, um den im Einzelfall gebotenen Schutz zu gewährleisten.

(2) Der Anspruch nach Absatz 1 ist ausgeschlossen, wenn die Inanspruchnahme im Einzelfall unverhältnismäßig ist.

(3) Die Verpflichtung zur Vorlage der in Absatz 1 bezeichneten Urkunden kann im Wege der einstweiligen Verfügung nach den §§ 935 bis 945 der Zivilprozessordnung angeordnet werden, wenn der Schadensersatzanspruch offensichtlich besteht. Das Gericht trifft die erforderlichen Maßnahmen, um den Schutz vertraulicher Informationen zu gewährleisten. Dies gilt insbesondere in den Fällen, in denen die einstweilige Verfügung ohne vorherige Anhörung des Gegners erlassen wird.

(4) § 811 des Bürgerlichen Gesetzbuchs sowie § 101 Abs. 8 gelten entsprechend.

§ 102. Verjährung. Auf die Verjährung der Ansprüche wegen Verletzung des Urheberrechts oder eines anderen nach diesem Gesetz geschützten Rechts finden die Vorschriften des Abschnitts 5 des Buches 1 des Bürgerlichen Gesetzbuchs entsprechende Anwendung. Hat der Verpflichtete durch die Verletzung auf Kosten des Berechtigten etwas erlangt, findet § 852 des Bürgerlichen Gesetzbuchs entsprechende Anwendung.

§ 102a. Ansprüche aus anderen gesetzlichen Vorschriften. Ansprüche aus anderen gesetzlichen Vorschriften bleiben unberührt.

§ 103. Bekanntmachung des Urteils. Ist eine Klage auf Grund dieses Gesetzes erhoben worden, so kann der obsiegenden Partei im Urteil die Befugnis zugesprochen werden, das Urteil auf Kosten der unterliegenden Partei öffentlich bekannt zu machen, wenn sie ein berechtigtes Interesse darlegt. Art und Umfang der Bekanntmachung werden im Urteil bestimmt. Die Befugnis erlischt, wenn von ihr nicht innerhalb von drei Monaten nach Eintritt der Rechtskraft des Urteils Gebrauch gemacht wird. Das Urteil darf erst nach Rechtskraft bekannt gemacht werden, wenn nicht das Gericht etwas anderes bestimmt.

§ 104. Rechtsweg. Für alle Rechtsstreitigkeiten, durch die ein Anspruch aus einem der in diesem Gesetz geregelten Rechtsverhältnisse geltend gemacht wird (Urheberrechtsstreitsachen), ist der ordentliche Rechtsweg gegeben. Für Urheberrechtsstreitsachen aus Arbeits- oder Dienstverhältnissen, die ausschließlich Ansprüche auf Leistung einer vereinbarten Vergütung zum Gegenstand haben, bleiben der Rechtsweg zu den Gerichten für Arbeitssachen und der Verwaltungsrechtsweg unberührt.

§ 104a. Gerichtsstand. (1) Für Klagen wegen Urheberrechtsstreitsachen gegen eine natürliche Person, die nach diesem Gesetz geschützte Werke oder andere nach diesem Gesetz geschützte Schutzgegenstände nicht für ihre gewerbliche oder selbständige berufliche Tätigkeit verwendet, ist das Gericht ausschließlich zuständig, in dessen Bezirk diese Person zur Zeit der Klageerhebung ihren Wohnsitz, in Ermangelung eines solchen ihren gewöhnlichen Aufenthalt hat. Wenn die beklagte Person im Inland weder einen Wohnsitz noch ihren gewöhnlichen Aufenthalt hat, ist das Gericht zuständig, in dessen Bezirk die Handlung begangen ist.

(2) § 105 bleibt unberührt.

§ 105. Gerichte für Urheberrechtsstreitsachen. (1) Die Landesregierungen werden ermächtigt, durch Rechtsverordnung Urheberrechtsstreitsachen, für die das Landgericht in erster Instanz oder in der Berufungsinstanz zuständig ist, für die Bezirke mehrerer Landgerichte einem von ihnen zuzuweisen, wenn dies der Rechtspflege dienlich ist.

(2) Die Landesregierungen werden ferner ermächtigt, durch Rechtsverordnung[2] die zur Zuständigkeit der Amtsgerichte gehörenden Urheberrechtsstreitsachen für die Bezirke mehrerer Amtsgerichte einem von ihnen zuzuweisen, wenn dies der Rechtspflege dienlich ist.

(3) Die Landesregierungen können die Ermächtigungen nach den Absätzen 1 und 2 auf die Landesjustizverwaltungen übertragen.

UNTERABSCHNITT 2. STRAF- UND BUSSGELDVORSCHRIFTEN

§ 106. Unerlaubte Verwertung urheberrechtlich geschützter Werke. (1) Wer in anderen als den gesetzlich zugelassenen Fällen ohne Einwilligung des Berechtigten ein Werk oder eine Bearbeitung oder Umgestaltung eines Werkes vervielfältigt, verbreitet oder öffentlich wiedergibt, wird mit Freiheitsstrafe bis zu drei Jahren oder mit Geldstrafe bestraft.

(2) Der Versuch ist strafbar.

§ 107. Unzulässiges Anbringen der Urheberbezeichnung. (1) Wer

1. auf dem Original eines Werkes der bildenden Künste die Urheberbezeichnung (§ 10 Abs. 1) ohne Einwilligung des Urhebers anbringt oder ein derart bezeichnetes Original verbreitet,

---

2) **Baden-Württemberg:** VO v. 7. 9. 1998 (GBl. S. 561 mit späteren Änderungen). **Bayern:** GZVJu v. 11. 6. 2012 (GVBl. S. 295 mit späteren Änderungen). **Berlin:** ZuwV v. 8. 5. 2008 (GVBl. S. 116 mit späteren Änderungen). **Brandenburg:** GerichtszuständigkeitsVO – GerZustV v. 2. 9. 2014 (GVBl. II Nr. 62 mit späteren Änderungen). **Hamburg:** VO v. 1. 9. 1987 (GVBl. S. 172 mit späteren Änderungen). **Hessen:** JuZuV v. 3. 6. 2013 (GVBl. S. 386 mit späteren Änderungen). **Mecklenburg-Vorpommern:** VO v. 28. 3. 1994 (GVOBl. S. 514 mit späteren Änderungen). **Niedersachsen:** ZustVO-Justiz v. 18. 12. 2009 (Nds. GVBl. S. 506, ber. S. 283 mit späteren Änderungen). **Nordrhein-Westfalen:** VO v. 30. 8. 2011 (GV NW S. 468 mit späteren Änderungen). **Rheinland-Pfalz:** LandesVO v. 15. 12. 1982 (GVBl. S. 460 mit späteren Änderungen). **Sachsen:** VO v. 14.12.2007 (GVBl. S. 600).**Sachsen-Anhalt:** § 1 VO v. 1. 9. 1992 (GVBl. S. 664). **Thüringen:** ThürGerZustVO v. 17. 11. 2011 (GVBl. S. 511 mit späteren Änderungen).

2. auf einem Vervielfältigungsstück, einer Bearbeitung oder Umgestaltung eines Werkes der bildenden Künste die Urheberbezeichnung (§ 10 Abs. 1) auf eine Art anbringt, die dem Vervielfältigungsstück, der Bearbeitung oder Umgestaltung den Anschein eines Originals gibt, oder ein derart bezeichnetes Vervielfältigungsstück, eine solche Bearbeitung oder Umgestaltung verbreitet,

wird mit Freiheitsstrafe bis zu drei Jahren oder mit Geldstrafe bestraft, wenn die Tat nicht in anderen Vorschriften mit schwererer Strafe bedroht ist.

(2) Der Versuch ist strafbar.

§ 108. Unerlaubte Eingriffe in verwandte Schutzrechte. (1) Wer in anderen als den gesetzlich zugelassenen Fällen ohne Einwilligung des Berechtigten

1. eine wissenschaftliche Ausgabe (§ 70) oder eine Bearbeitung oder Umgestaltung einer solchen Ausgabe vervielfältigt, verbreitet oder öffentlich wiedergibt,

2. ein nachgelassenes Werk oder eine Bearbeitung oder Umgestaltung eines solchen Werkes entgegen § 71 verwertet,

3. ein Lichtbild (§ 72) oder eine Bearbeitung oder Umgestaltung eines Lichtbildes vervielfältigt, verbreitet oder öffentlich wiedergibt,

4. die Darbietung eines ausübenden Künstlers entgegen den § 77 Abs. 1 oder Abs. 2 Satz 1, § 78 Abs. 1 verwertet,

5. einen Tonträger entgegen § 85 verwertet,

6. eine Funksendung entgegen § 87 verwertet,

7. einen Bildträger oder Bild- und Tonträger entgegen §§ 94 oder 95 in Verbindung mit § 94 verwertet,

8. eine Datenbank entgegen § 87b Abs. 1 verwertet,

wird mit Freiheitsstrafe bis zu drei Jahren oder mit Geldstrafe bestraft.

(2) Der Versuch ist strafbar.

§ 108a. Gewerbsmäßige unerlaubte Verwertung. (1) Handelt der Täter in den Fällen der §§ 106 bis 108 gewerbsmäßig, so ist die Strafe Freiheitsstrafe bis zu fünf Jahren oder Geldstrafe.

(2) Der Versuch ist strafbar.

§ 108b. Unerlaubte Eingriffe in technische Schutzmaßnahmen und zur Rechtewahrnehmung erforderliche Informationen. (1) Wer

1. in der Absicht, sich oder einem Dritten den Zugang zu einem nach diesem Gesetz geschützten Werk oder einem anderen nach diesem Gesetz geschützten Schutzgegenstand oder deren Nutzung zu ermöglichen, eine wirksame technische Maßnahme ohne Zustimmung des Rechtsinhabers umgeht oder

2. wissentlich unbefugt

   a) eine von Rechtsinhabern stammende Information für die Rechtewahrnehmung entfernt oder verändert, wenn irgendeine der betreffenden Informationen an einem Vervielfältigungsstück eines Werkes oder eines sonstigen Schutzgegenstandes angebracht ist oder im Zusammenhang mit der öffentlichen Wiedergabe eines solchen Werkes oder Schutzgegenstandes erscheint, oder

b) ein Werk oder einen sonstigen Schutzgegenstand, bei dem eine Information für die Rechtewahrnehmung unbefugt entfernt oder geändert wurde, verbreitet, zur Verbreitung einführt, sendet, öffentlich wiedergibt oder öffentlich zugänglich macht

und dadurch wenigstens leichtfertig die Verletzung von Urheberrechten oder verwandten Schutzrechten veranlasst, ermöglicht, erleichtert oder verschleiert,

wird, wenn die Tat nicht ausschließlich zum eigenen privaten Gebrauch des Täters oder mit dem Täter persönlich verbundener Personen erfolgt oder sich auf einen derartigen Gebrauch bezieht, mit Freiheitsstrafe bis zu einem Jahr oder mit Geldstrafe bestraft.

(2) Ebenso wird bestraft, wer entgegen § 95a Abs. 3 eine Vorrichtung, ein Erzeugnis oder einen Bestandteil zu gewerblichen Zwecken herstellt, einführt, verbreitet, verkauft oder vermietet.

(3) Handelt der Täter in den Fällen des Absatzes 1 gewerbsmäßig, so ist die Strafe Freiheitsstrafe bis zu drei Jahren oder Geldstrafe.

§ 109. Strafantrag. In den Fällen der §§ 106 bis 108 und des § 108b wird die Tat nur auf Antrag verfolgt, es sei denn, dass die Strafverfolgungsbehörde wegen des besonderen öffentlichen Interesses an der Strafverfolgung ein Einschreiten von Amts wegen für geboten hält.

§ 110. Einziehung. Gegenstände, auf die sich eine Straftat nach den §§ 106, 107 Abs. 1 Nr. 2, §§ 108 bis 108b bezieht, können eingezogen werden. § 74a des Strafgesetzbuches ist anzuwenden. Soweit den in § 98 bezeichneten Ansprüchen im Verfahren nach den Vorschriften der Strafprozessordnung über die Entschädigung des Verletzten (§§ 403 bis 406c) stattgegeben wird, sind die Vorschriften über die Einziehung nicht anzuwenden.

§ 111. Bekanntgabe der Verurteilung. Wird in den Fällen der §§ 106 bis 108b auf Strafe erkannt, so ist, wenn der Verletzte es beantragt und ein berechtigtes Interesse daran dartut, anzuordnen, dass die Verurteilung auf Verlangen öffentlich bekanntgemacht wird. Die Art der Bekanntmachung ist im Urteil zu bestimmen.

§ 111a. Bußgeldvorschriften. (1) Ordnungswidrig handelt, wer

1. entgegen § 95a Abs. 3

   a) eine Vorrichtung, ein Erzeugnis oder einen Bestandteil verkauft, vermietet oder über den Kreis der mit dem Täter persönlich verbundenen Personen hinaus verbreitet oder

   b) zu gewerblichen Zwecken eine Vorrichtung, ein Erzeugnis oder einen Bestandteil besitzt, für deren Verkauf oder Vermietung wirbt oder eine Dienstleistung erbringt,

2. entgegen § 95b Abs. 1 Satz 1 ein notwendiges Mittel nicht zur Verfügung stellt oder

3. entgegen § 95d Abs. 2 Satz 1 Werke oder andere Schutzgegenstände nicht oder nicht vollständig kennzeichnet.

(2) Die Ordnungswidrigkeit kann in den Fällen des Absatzes 1 Nr. 1 und 2 mit einer Geldbuße bis zu fünfzigtausend Euro und in den übrigen Fällen mit einer Geldbuße bis zu zehntausend Euro geahndet werden.

UNTERABSCHNITT 3. VORSCHRIFTEN ÜBER MASSNAHMEN DER ZOLLBEHÖRDE

§ 111b. Verfahren nach deutschem Recht. (1) Verletzt die Herstellung oder Verbreitung von Vervielfältigungsstücken das Urheberrecht oder ein anderes nach diesem Gesetz geschütztes Recht, so unterliegen die Vervielfältigungsstücke, soweit nicht die Verordnung (EU) Nr. 608/2013 des Europäischen Parlaments und des Rates vom 12. Juni 2013 zur Durchsetzung der Rechte geistigen Eigentums durch die Zollbehörden und zur Aufhebung der Verordnung (EG) Nr. 1383/2003 des Rates (ABl. L 181 vom 29. 6. 2013, S. 15) in ihrer jeweils geltenden Fassung anzuwenden ist, auf Antrag und gegen Sicherheitsleistung des Rechtsinhabers bei ihrer Einfuhr oder Ausfuhr der Beschlagnahme durch die Zollbehörde, sofern die Rechtsverletzung offensichtlich ist. Dies gilt für den Verkehr mit anderen Mitgliedstaaten der Europäischen Union sowie mit den anderen Vertragsstaaten des Abkommens über den Europäischen Wirtschaftsraum nur, soweit Kontrollen durch die Zollbehörden stattfinden.

(2) Ordnet die Zollbehörde die Beschlagnahme an, so unterrichtet sie unverzüglich den Verfügungsberechtigten sowie den Antragsteller. Dem Antragsteller sind Herkunft, Menge und Lagerort der Vervielfältigungsstücke sowie Name und Anschrift des Verfügungsberechtigten mitzuteilen; das Brief- und Postgeheimnis (Artikel 10 des Grundgesetzes) wird insoweit eingeschränkt. Dem Antragsteller wird Gelegenheit gegeben, die Vervielfältigungsstücke zu besichtigen, soweit hierdurch nicht in Geschäfts- oder Betriebsgeheimnisse eingegriffen wird.

(3) Wird der Beschlagnahme nicht spätestens nach Ablauf von zwei Wochen nach Zustellung der Mitteilung nach Absatz 2 Satz 1 widersprochen, so ordnet die Zollbehörde die Einziehung der beschlagnahmten Vervielfältigungsstücke an.

(4) Widerspricht der Verfügungsberechtigte der Beschlagnahme, so unterrichtet die Zollbehörde hiervon unverzüglich den Antragsteller. Dieser hat gegenüber der Zollbehörde unverzüglich zu erklären, ob er den Antrag nach Absatz 1 in Bezug auf die beschlagnahmten Vervielfältigungsstücke aufrechterhält.

1. Nimmt der Antragsteller den Antrag zurück, hebt die Zollbehörde die Beschlagnahme unverzüglich auf.

2. Hält der Antragsteller den Antrag aufrecht und legt er eine vollziehbare gerichtliche Entscheidung vor, die die Verwahrung der beschlagnahmten Vervielfältigungsstücke oder eine Verfügungsbeschränkung anordnet, trifft die Zollbehörde die erforderlichen Maßnahmen.

Liegen die Fälle der Nummern 1 oder 2 nicht vor, hebt die Zollbehörde die Beschlagnahme nach Ablauf von zwei Wochen nach Zustellung der Mitteilung an den Antragsteller nach Satz 1 auf; weist der Antragsteller nach, dass die gerichtliche Entscheidung nach Nummer 2 beantragt, ihm aber noch nicht zugegangen ist, wird die Beschlagnahme für längstens zwei weitere Wochen aufrechterhalten.

(5) Erweist sich die Beschlagnahme als von Anfang an ungerechtfertigt und hat der Antragsteller den Antrag nach Absatz 1 in Bezug auf die beschlagnahm-

ten Vervielfältigungsstücke aufrechterhalten oder sich nicht unverzüglich erklärt (Absatz 4 Satz 2), so ist er verpflichtet, den dem Verfügungsberechtigten durch die Beschlagnahme entstandenen Schaden zu ersetzen.

(6) Der Antrag nach Absatz 1 ist bei der Generalzolldirektion zu stellen und hat Wirkung für ein Jahr, sofern keine kürzere Geltungsdauer beantragt wird; er kann wiederholt werden. Für die mit dem Antrag verbundenen Amtshandlungen werden vom Antragsteller Kosten nach Maßgabe des § 178 der Abgabenordnung erhoben.

(7) Die Beschlagnahme und die Einziehung können mit den Rechtsmitteln angefochten werden, die im Bußgeldverfahren nach dem Gesetz über Ordnungswidrigkeiten gegen die Beschlagnahme und Einziehung zulässig sind. Im Rechtsmittelverfahren ist der Antragsteller zu hören. Gegen die Entscheidung des Amtsgerichts ist die sofortige Beschwerde zulässig; über sie entscheidet das Oberlandesgericht.

§ 111c. Verfahren nach der Verordnung (EU) Nr. 608/2013. Für das Verfahren nach der Verordnung (EU) Nr. 608/2013 gilt § 111b Absatz 5 und 6 entsprechend, soweit die Verordnung keine Bestimmungen enthält, die dem entgegenstehen.

Abschnitt 3
Zwangsvollstreckung

Unterabschnitt 1. Allgemeines

§ 112. Allgemeines. Die Zulässigkeit der Zwangsvollstreckung in ein nach diesem Gesetz geschütztes Recht richtet sich nach den allgemeinen Vorschriften, soweit sich aus den §§ 113 bis 119 nichts anderes ergibt.

Unterabschnitt 2. Zwangsvollstreckung wegen Geldforderungen gegen den Urheber

§ 113. Urheberrecht. Gegen den Urheber ist die Zwangsvollstreckung wegen Geldforderungen in das Urheberrecht nur mit seiner Einwilligung und nur insoweit zulässig, als er Nutzungsrechte einräumen kann (§ 31). Die Einwilligung kann nicht durch den gesetzlichen Vertreter erteilt werden.

§ 114. Originale von Werken. (1) Gegen den Urheber ist die Zwangsvollstreckung wegen Geldforderungen in die ihm gehörenden Originale seiner Werke nur mit seiner Einwilligung zulässig. Die Einwilligung kann nicht durch den gesetzlichen Vertreter erteilt werden.

(2) Der Einwilligung bedarf es nicht,

1. soweit die Zwangsvollstreckung in das Original des Werkes zur Durchführung der Zwangsvollstreckung in ein Nutzungsrecht am Werk notwendig ist,
2. zur Zwangsvollstreckung in das Original eines Werkes der Baukunst,
3. zur Zwangsvollstreckung in das Original eines anderen Werkes der bildenden Künste, wenn das Werk veröffentlicht ist.

In den Fällen der Nummern 2 und 3 darf das Original des Werkes ohne Zustimmung des Urhebers verbreitet werden.

Unterabschnitt 3. Zwangsvollstreckung wegen Geldforderungen gegen den Rechtsnachfolger des Urhebers

§ 115. Urheberrecht. Gegen den Rechtsnachfolger des Urhebers (§ 30) ist die Zwangsvollstreckung wegen Geldforderungen in das Urheberrecht nur mit seiner

Einwilligung und nur insoweit zulässig, als er Nutzungsrechte einräumen kann (§ 31). Der Einwilligung bedarf es nicht, wenn das Werk erschienen ist.

§ 116. Originale von Werken. (1) Gegen den Rechtsnachfolger des Urhebers (§ 30) ist die Zwangsvollstreckung wegen Geldforderungen in die ihm gehörenden Originale von Werken des Urhebers nur mit seiner Einwilligung zulässig.

(2) Der Einwilligung bedarf es nicht

1. in den Fällen des § 114 Abs. 2 Satz 1,
2. zur Zwangsvollstreckung in das Original eines Werkes, wenn das Werk erschienen ist.

§ 114 Abs. 2 Satz 2 gilt entsprechend.

§ 117. Testamentsvollstrecker. Ist nach § 28 Abs. 2 angeordnet, dass das Urheberrecht durch einen Testamentsvollstrecker ausgeübt wird, so ist die nach den §§ 115 und 116 erforderliche Einwilligung durch den Testamentsvollstrecker zu erteilen.

UNTERABSCHNITT 4. ZWANGSVOLLSTRECKUNG WEGEN GELDFORDERUNGEN GEGEN DEN VERFASSER WISSENSCHAFTLICHER AUSGABEN UND GEGEN DEN LICHTBILDNER

§ 118. Entsprechende Anwendung. Die §§ 113 bis 117 sind sinngemäß anzuwenden

1. auf die Zwangsvollstreckung wegen Geldforderungen gegen den Verfasser wissenschaftlicher Ausgaben (§ 70) und seinen Rechtsnachfolger,
2. auf die Zwangsvollstreckung wegen Geldforderungen gegen den Lichtbildner (§ 72) und seinen Rechtsnachfolger.

UNTERABSCHNITT 5. ZWANGSVOLLSTRECKUNG WEGEN GELDFORDERUNGEN IN BESTIMMTE VORRICHTUNGEN

§ 119. Zwangsvollstreckung in bestimmte Vorrichtungen. (1) Vorrichtungen, die ausschließlich zur Vervielfältigung oder Funksendung eines Werkes bestimmt sind, wie Formen, Platten, Steine, Druckstöcke, Matrizen und Negative, unterliegen der Zwangsvollstreckung wegen Geldforderungen nur, soweit der Gläubiger zur Nutzung des Werkes mittels dieser Vorrichtungen berechtigt ist.

(2) Das gleiche gilt für Vorrichtungen, die ausschließlich zur Vorführung eines Filmwerkes bestimmt sind, wie Filmstreifen und dergleichen.

(3) Die Absätze 1 und 2 sind auf die nach den §§ 70 und 71 geschützten Ausgaben, die nach § 72 geschützten Lichtbilder, die nach § 77 Abs. 2 Satz 1, §§ 85, 87, 94 und 95 geschützten Bild- und Tonträger und die nach § 87 b Abs. 1 geschützten Datenbanken entsprechend anzuwenden.

Teil 5. Anwendungsbereich, Übergangs- und Schlussbestimmungen

ABSCHNITT 1 ANWENDUNGSBEREICH DES GESETZES

UNTERABSCHNITT 1. URHEBERRECHT

§ 120. Deutsche Staatsangehörige und Staatsangehörige anderer EU-Staaten und EWR-Staaten. (1) Deutsche Staatsangehörige genießen den urheberrechtlichen Schutz für alle ihre Werke, gleichviel, ob und wo die Werke erschienen sind. Ist ein Werk von Miturhebern (§ 8) geschaffen, so genügt es, wenn ein Miturheber deutscher Staatsangehöriger ist.

(2) Deutschen Staatsangehörigen stehen gleich:
1. Deutsche im Sinne des Artikels 116 Abs. 1 des Grundgesetzes, die nicht die deutsche Staatsangehörigkeit besitzen, und
2. Staatsangehörige eines anderen Mitgliedstaates der Europäischen Union oder eines anderen Vertragsstaates des Abkommens über den Europäischen Wirtschaftsraum.

§ 121. Ausländische Staatsangehörige. (1) Ausländische Staatsangehörige genießen den urheberrechtlichen Schutz für ihre im Geltungsbereich dieses Gesetzes erschienenen Werke, es sei denn, dass das Werk oder eine Übersetzung des Werkes früher als dreißig Tage vor dem Erscheinen im Geltungsbereich dieses Gesetzes außerhalb dieses Gebietes erschienen ist. Mit der gleichen Einschränkung genießen ausländische Staatsangehörige den Schutz auch für solche Werke, die im Geltungsbereich dieses Gesetzes nur in Übersetzung erschienen sind.

(2) Den im Geltungsbereich dieses Gesetzes erschienenen Werken im Sinne des Absatzes 1 werden die Werke der bildenden Künste gleichgestellt, die mit einem Grundstück im Geltungsbereich dieses Gesetzes fest verbunden sind.

(3) Der Schutz nach Absatz 1 kann durch Rechtsverordnung des Bundesministers der Justiz und für Verbraucherschutz für ausländische Staatsangehörige beschränkt werden, die keinem Mitgliedstaat der Berner Übereinkunft zum Schutze von Werken der Literatur und der Kunst angehören und zur Zeit des Erscheinens des Werkes weder im Geltungsbereich dieses Gesetzes noch in einem anderen Mitgliedstaat ihren Wohnsitz haben, wenn der Staat, dem sie angehören, deutschen Staatsangehörigen für ihre Werke keinen genügenden Schutz gewährt.

(4) Im Übrigen genießen ausländische Staatsangehörige den urheberrechtlichen Schutz nach Inhalt der Staatsverträge. Bestehen keine Staatsverträge, so besteht für solche Werke urheberrechtlicher Schutz, soweit in dem Staat, dem der Urheber angehört, nach einer Bekanntmachung des Bundesministers der Justiz und für Verbraucherschutz im Bundesgesetzblatt deutsche Staatsangehörige für ihre Werke einen entsprechenden Schutz genießen.

(5) Das Folgerecht (§ 26) steht ausländischen Staatsangehörigen nur zu, wenn der Staat, dem sie angehören, nach einer Bekanntmachung des Bundesministers der Justiz und für Verbraucherschutz im Bundesgesetzblatt deutschen Staatsangehörigen ein entsprechendes Recht gewährt.

(6) Den Schutz nach den §§ 12 bis 14 genießen ausländische Staatsangehörige für alle ihre Werke, auch wenn die Voraussetzungen der Absätze 1 bis 5 nicht vorliegen.

§ 122. Staatenlose. (1) Staatenlose mit gewöhnlichem Aufenthalt im Geltungsbereich dieses Gesetzes genießen für ihre Werke den gleichen urheberrechtlichen Schutz wie deutsche Staatsangehörige.

(2) Staatenlose ohne gewöhnlichen Aufenthalt im Geltungsbereich dieses Gesetzes genießen für ihre Werke den gleichen urheberrechtlichen Schutz wie die Angehörigen des ausländischen Staates, in dem sie ihren gewöhnlichen Aufenthalt haben.

§ 123. Ausländische Flüchtlinge. Für Ausländer, die Flüchtlinge im Sinne von Staatsverträgen oder anderen Rechtsvorschriften sind, gelten die Bestimmungen des § 122 entsprechend. Hierdurch wird ein Schutz nach § 121 nicht ausgeschlossen.

UNTERABSCHNITT 2. VERWANDTE SCHUTZRECHTE

§ 124. Wissenschaftliche Ausgaben und Lichtbilder. Für den Schutz wissenschaftlicher Ausgaben (§ 70) und den Schutz von Lichtbildern (§ 72) sind die §§ 120 bis 123 sinngemäß anzuwenden.

§ 125. Schutz des ausübenden Künstlers. (1) Den nach den §§ 73 bis 83 gewährten Schutz genießen deutsche Staatsangehörige für alle ihre Darbietungen, gleichviel, wo diese stattfinden. § 120 Abs. 2 ist anzuwenden.

(2) Ausländische Staatsangehörige genießen den Schutz für alle ihre Darbietungen, die im Geltungsbereich dieses Gesetzes stattfinden, soweit nicht in den Absätzen 3 und 4 etwas anderes bestimmt ist.

(3) Werden Darbietungen ausländischer Staatsangehöriger erlaubterweise auf Bild- oder Tonträger aufgenommen und sind diese erschienen, so genießen die ausländischen Staatsangehörigen hinsichtlich dieser Bild- oder Tonträger den Schutz nach § 77 Abs. 2 Satz 1, § 78 Abs. 1 Nr. 1 und Abs. 2, wenn die Bild- oder Tonträger im Geltungsbereich dieses Gesetzes erschienen sind, es sei denn, dass die Bild- oder Tonträger früher als dreißig Tage vor dem Erscheinen im Geltungsbereich dieses Gesetzes außerhalb dieses Gebietes erschienen sind.

(4) Werden Darbietungen ausländischer Staatsangehöriger erlaubterweise durch Funk gesendet, so genießen die ausländischen Staatsangehörigen den Schutz gegen Aufnahme der Funksendung auf Bild- oder Tonträger (§ 77 Abs. 1) und Weitersendung der Funksendung (§ 78 Abs. 1 Nr. 2) sowie den Schutz nach § 78 Abs. 2, wenn die Funksendung im Geltungsbereich dieses Gesetzes ausgestrahlt worden ist.

(5) Im Übrigen genießen ausländische Staatsangehörige den Schutz nach Inhalt der Staatsverträge. § 121 Abs. 4 Satz 2 sowie die §§ 122 und 123 gelten entsprechend.

(6) Den Schutz nach den §§ 74 und 75, § 77 Abs. 1 sowie § 78 Abs. 1 Nr. 3 genießen ausländische Staatsangehörige für alle ihre Darbietungen, auch wenn die Voraussetzungen der Absätze 2 bis 5 nicht vorliegen. Das gleiche gilt für den Schutz nach § 78 Abs. 1 Nr. 2, soweit es sich um die unmittelbare Sendung der Darbietung handelt.

(7) Wird Schutz nach den Absätzen 2 bis 4 oder 6 gewährt, so erlischt er spätestens mit dem Ablauf der Schutzdauer in dem Staat, dessen Staatsangehöriger der ausübende Künstler ist, ohne die Schutzfrist nach § 82 zu überschreiten.

§ 126. Schutz des Herstellers von Tonträgern. (1) Den nach den §§ 85 und 86 gewährten Schutz genießen deutsche Staatsangehörige oder Unternehmen mit Sitz im Geltungsbereich dieses Gesetzes für alle ihre Tonträger, gleichviel, ob und wo diese erschienen sind. § 120 Abs. 2 ist anzuwenden. Unternehmen mit Sitz in einem anderen Mitgliedstaat der Europäischen Union oder in einem anderen Vertragsstaat des Abkommens über den Europäischen Wirtschaftsraum stehen Unternehmen mit Sitz im Geltungsbereich dieses Gesetzes gleich.

(2) Ausländische Staatsangehörige oder Unternehmen ohne Sitz im Geltungsbereich dieses Gesetzes genießen den Schutz für ihre im Geltungsbereich dieses Gesetzes erschienenen Tonträger, es sei denn, dass der Tonträger früher als dreißig Tage vor dem Erscheinen im Geltungsbereich dieses Gesetzes außerhalb dieses Gebietes erschienen ist. Der Schutz erlischt jedoch spätestens mit dem Ablauf der Schutzdauer in dem Staat, dessen Staatangehörigkeit der Hersteller des Tonträgers besitzt oder in welchem das Unternehmen seinen Sitz hat, ohne die Schutzfrist nach § 85 Abs. 3 zu überschreiten.

(3) Im Übrigen genießen ausländische Staatsangehörige oder Unternehmen ohne Sitz im Geltungsbereich dieses Gesetzes den Schutz nach Inhalt der Staatsverträge. § 121 Abs. 4 Satz 2 sowie die §§ 122 und 123 gelten entsprechend.

§ 127. Schutz des Sendeunternehmens. (1) Den nach § 87 gewährten Schutz genießen Sendeunternehmen mit Sitz im Geltungsbereich dieses Gesetzes für alle Funksendungen, gleichviel, wo sie diese ausstrahlen. § 126 Abs. 1 Satz 3 ist anzuwenden.

(2) Sendeunternehmen ohne Sitz im Geltungsbereich dieses Gesetzes genießen den Schutz für alle Funksendungen, die sie im Geltungsbereich dieses Gesetzes ausstrahlen. Der Schutz erlischt spätestens mit dem Ablauf der Schutzdauer in dem Staat, in dem das Sendeunternehmen seinen Sitz hat, ohne die Schutzfrist nach § 87 Abs. 3 zu überschreiten.

(3) Im Übrigen genießen Sendeunternehmen ohne Sitz im Geltungsbereich dieses Gesetzes den Schutz nach Inhalt der Staatsverträge. § 121 Abs. 4 Satz 2 gilt entsprechend.

§ 127a. Schutz des Datenbankherstellers. (1) Den nach § 87b gewährten Schutz genießen deutsche Staatsangehörige sowie juristische Personen mit Sitz im Geltungsbereich dieses Gesetzes. § 120 Abs. 2 ist anzuwenden.

(2) Die nach deutschem Recht oder dem Recht eines der in § 120 Abs. 2 Nr. 2 bezeichneten Staaten gegründeten juristischen Personen ohne Sitz im Geltungsbereich dieses Gesetzes genießen den nach § 87b gewährten Schutz, wenn

1. ihre Hauptverwaltung oder Hauptniederlassung sich im Gebiet eines der in § 120 Abs. 2 Nr. 2 bezeichneten Staaten befindet oder

2. ihr satzungsmäßiger Sitz sich im Gebiet eines dieser Staaten befindet und ihre Tätigkeit eine tatsächliche Verbindung zur deutschen Wirtschaft oder zur Wirtschaft eines dieser Staaten aufweist.

(3) Im Übrigen genießen ausländische Staatsangehörige sowie juristische Personen den Schutz nach dem Inhalt von Staatsverträgen sowie von Vereinbarungen, die die Europäische Gemeinschaft mit dritten Staaten schließt; diese Vereinbarungen werden vom Bundesministerium der Justiz und für Verbraucherschutz im Bundesgesetzblatt bekanntgemacht.

§ 128. Schutz des Filmherstellers. (1) Den nach den §§ 94 und 95 gewährten Schutz genießen deutsche Staatsangehörige oder Unternehmen mit Sitz im Geltungsbereich dieses Gesetzes für alle ihre Bildträger oder Bild- und Tonträger, gleichviel, ob und wo diese erschienen sind. § 120 Abs. 2 und § 126 Abs. 1 Satz 3 sind anzuwenden.

(2) Für ausländische Staatsangehörige oder Unternehmen ohne Sitz im Geltungsbereich dieses Gesetzes gelten die Bestimmungen in § 126 Abs. 2 und 3 entsprechend.

Abschnitt 2
Übergangsbestimmungen

§ 129. Werke. (1) Die Vorschriften dieses Gesetzes sind auch auf die vor seinem Inkrafttreten geschaffenen Werke anzuwenden, es sei denn, dass sie zu diesem Zeitpunkt urheberrechtlich nicht geschützt sind oder dass in diesem Gesetz sonst etwas anderes bestimmt ist. Dies gilt für verwandte Schutzrechte entsprechend.

(2) Die Dauer des Urheberrechts an einem Werk, das nach Ablauf von fünfzig Jahren nach dem Tode des Urhebers, aber vor dem Inkrafttreten dieses Gesetzes veröffentlicht worden ist, richtet sich nach den bisherigen Vorschriften.

§ 130. Übersetzungen. Unberührt bleiben die Rechte des Urhebers einer Übersetzung, die vor dem 1. Januar 1902 erlaubterweise ohne Zustimmung des Urhebers des übersetzten Werkes erschienen ist.

§ 131. Vertonte Sprachwerke. Vertonte Sprachwerke, die nach § 20 des Gesetzes betreffend das Urheberrecht an Werken der Literatur und der Tonkunst vom 19. Juni 1901 (Reichsgesetzbl. S. 227) in der Fassung des Gesetzes zur Ausführung der revidierten Berner Übereinkunft zum Schutze von Werken der Literatur und Kunst vom 22. Mai 1910 (Reichsgesetzbl. S. 793) ohne Zustimmung ihres Urhebers vervielfältigt, verbreitet und öffentlich wiedergegeben werden durften, dürfen auch weiterhin in gleichem Umfang vervielfältigt, verbreitet und öffentlich wiedergegeben werden, wenn die Vertonung des Werkes vor dem Inkrafttreten dieses Gesetzes erschienen ist.

§ 132. Verträge. (1) Die Vorschriften dieses Gesetzes sind mit Ausnahme der §§ 42 und 43 auf Verträge, die vor dem 1. Januar 1966 abgeschlossen worden sind, nicht anzuwenden. § 43 gilt für ausübende Künstler entsprechend. Die §§ 40 und 41 gelten für solche Verträge mit der Maßgabe, dass die in § 40 Abs. 1 Satz 2 und § 41 Abs. 2 genannten Fristen frühestens mit dem 1. Januar 1966 beginnen.

(2) Vor dem 1. Januar 1966 getroffene Verfügungen bleiben wirksam.

(3) Auf Verträge oder sonstige Sachverhalte, die vor dem 1. Juli 2002 geschlossen worden oder entstanden sind, sind die Vorschriften dieses Gesetzes vorbehaltlich der Sätze 2 und 3 in der am 30. Juni 2002 geltenden Fassung weiter anzuwenden. § 32a findet auf Sachverhalte Anwendung, die nach dem 30. Juni 2002 entstanden sind. Auf Verträge, die seit dem 1. Juni 2001 und bis zum 30. Juni 2002 geschlossen worden sind, findet auch § 32 Anwendung, sofern von dem eingeräumten Recht oder der Erlaubnis nach dem 30. Juni 2002 Gebrauch gemacht wird.

(3a) Auf Verträge oder sonstige Sachverhalte, die vor dem 1. März 2017 geschlossen worden oder entstanden sind, sind die Vorschriften dieses Gesetzes in der bis zum 1. März 2017 geltenden Fassung weiter anzuwenden. § 41 (Rückrufsrecht wegen Nichtausübung) in der am 1. März 2017 geltenden Fassung findet auf Sachverhalte Anwendung, die seit dem 1. März 2018 entstanden sind.

(4) Die Absätze 3 und 3a gelten für ausübende Künstler entsprechend.

§ 133. *(aufgehoben)*

§ 134. Urheber. Wer zur Zeit des Inkrafttretens dieses Gesetzes nach den bisherigen Vorschriften, nicht aber nach diesem Gesetz als Urheber eines Werkes anzusehen ist, gilt, abgesehen von den Fällen des § 135, weiterhin als Urheber. Ist nach den bisherigen Vorschriften eine juristische Person als Urheber eines Werkes anzusehen, so sind für die Berechnung der Dauer des Urheberrechts die bisherigen Vorschriften anzuwenden.

§ 135. Inhaber verwandter Schutzrechte. Wer zur Zeit des Inkrafttretens dieses Gesetzes nach den bisherigen Vorschriften als Urheber eines Lichtbildes oder der Übertragung eines Werkes auf Vorrichtungen zur mechanischen Wiedergabe für das Gehör anzusehen ist, ist Inhaber der entsprechenden verwandten Schutzrechte, die dieses Gesetz ihm gewährt.

§ 135a. Berechnung der Schutzfrist. Wird durch die Anwendung dieses Gesetzes auf ein vor seinem Inkrafttreten entstandenes Recht die Dauer des Schutzes verkürzt und liegt das für den Beginn der Schutzfrist nach diesem Gesetz maßgebende Ereignis vor dem Inkrafttreten dieses Gesetzes, so wird die Frist erst vom Inkrafttreten dieses Gesetzes an berechnet. Der Schutz erlischt jedoch spätestens mit Ablauf der Schutzdauer nach den bisherigen Vorschriften.

§ 136. Vervielfältigung und Verbreitung. (1) War eine Vervielfältigung, die nach diesem Gesetz unzulässig ist, bisher erlaubt, so darf die vor Inkrafttreten dieses Gesetzes begonnene Herstellung von Vervielfältigungsstücken vollendet werden.

(2) Die nach Absatz 1 oder bereits vor dem Inkrafttreten dieses Gesetzes hergestellten Vervielfältigungsstücke dürfen verbreitet werden.

(3) Ist für eine Vervielfältigung, die nach den bisherigen Vorschriften frei zulässig war, nach diesem Gesetz eine angemessene Vergütung an den Berechtigten zu zahlen, so dürfen die in Absatz 2 bezeichneten Vervielfältigungsstücke ohne Zahlung einer Vergütung verbreitet werden.

§ 137. Übertragung von Rechten. (1) Soweit das Urheberrecht vor Inkrafttreten dieses Gesetzes auf einen anderen übertragen worden ist, stehen dem Erwerber die entsprechenden Nutzungsrechte (§ 31) zu. Jedoch erstreckt sich die Übertragung im Zweifel nicht auf Befugnisse, die erst durch dieses Gesetz begründet werden.

(2) Ist vor dem Inkrafttreten dieses Gesetzes das Urheberrecht ganz oder teilweise einem anderen übertragen worden, so erstreckt sich die Übertragung im Zweifel auch auf den Zeitraum, um den die Dauer des Urheberrechts nach den §§ 64 bis 66 verlängert worden ist. Entsprechendes gilt, wenn vor dem Inkrafttreten dieses Gesetzes einem anderen die Ausübung einer dem Urheber vorbehaltenen Befugnis erlaubt worden ist.

(3) In den Fällen des Absatzes 2 hat der Erwerber oder Erlaubnisnehmer dem Veräußerer oder Erlaubnisgeber eine angemessene Vergütung zu zahlen, sofern anzunehmen ist, dass dieser für die Übertragung oder die Erlaubnis eine höhere Gegenleistung erzielt haben würde, wenn damals bereits die verlängerte Schutzdauer bestimmt gewesen wäre.

(4) Der Anspruch auf die Vergütung entfällt, wenn alsbald nach seiner Geltendmachung der Erwerber dem Veräußerer das Recht für die Zeit nach Ablauf der bisher bestimmten Schutzdauer zur Verfügung stellt oder der Erlaubnisnehmer für diese Zeit auf die Erlaubnis verzichtet. Hat der Erwerber das Urheberrecht vor

dem Inkrafttreten dieses Gesetzes weiterveräußert, so ist die Vergütung insoweit nicht zu zahlen, als sie den Erwerber mit Rücksicht auf die Umstände der Weiterveräußerung unbillig belasten würde.

(5) Absatz 1 gilt für verwandte Schutzrechte entsprechend.

§ 137a. Lichtbildwerke. (1) Die Vorschriften dieses Gesetzes über die Dauer des Urheberrechts sind auch auf Lichtbildwerke anzuwenden, deren Schutzfrist am 1. Juli 1985 nach dem bis dahin geltenden Recht noch nicht abgelaufen ist.

(2) Ist vorher einem anderen ein Nutzungsrecht an einem Lichtbildwerk eingeräumt oder übertragen worden, so erstreckt sich die Einräumung oder Übertragung im Zweifel nicht auf den Zeitraum, um den die Dauer des Urheberrechts an Lichtbildwerken verlängert worden ist.

§ 137b. Bestimmte Ausgaben. (1) Die Vorschriften dieses Gesetzes über die Dauer des Schutzes nach den §§ 70 und 71 sind auch auf wissenschaftliche Ausgaben und Ausgaben nachgelassener Werke anzuwenden, deren Schutzfrist am 1. Juli 1990 nach dem bis dahin geltenden Recht noch nicht abgelaufen ist.

(2) Ist vor dem 1. Juli 1990 einem anderen ein Nutzungsrecht an einer wissenschaftlichen Ausgabe oder einer Ausgabe nachgelassener Werke eingeräumt oder übertragen worden, so erstreckt sich die Einräumung oder Übertragung im Zweifel auch auf den Zeitraum, um den die Dauer des verwandten Schutzrechtes verlängert worden ist.

(3) Die Bestimmungen in § 137 Abs. 3 und 4 gelten entsprechend.

§ 137c. Ausübende Künstler. (1) Die Vorschriften dieses Gesetzes über die Dauer des Schutzes nach § 82 sind auch auf Darbietungen anzuwenden, die vor dem 1. Juli 1990 auf Bild- oder Tonträger aufgenommen worden sind, wenn am 1. Januar 1991 seit dem Erscheinen des Bild- oder Tonträgers 50 Jahre noch nicht abgelaufen sind. Ist der Bild- oder Tonträger innerhalb dieser Frist nicht erschienen, so ist die Frist von der Darbietung an zu berechnen. Der Schutz nach diesem Gesetz dauert in keinem Fall länger als 50 Jahre nach dem Erscheinen des Bild- oder Tonträgers oder, falls der Bild- oder Tonträger nicht erschienen ist, 50 Jahre nach der Darbietung.

(2) Ist vor dem 1. Juli 1990 einem anderen ein Nutzungsrecht an der Darbietung eingeräumt oder übertragen worden, so erstreckt sich die Einräumung oder Übertragung im Zweifel auch auf den Zeitraum, um den die Dauer des Schutzes verlängert worden ist.

(3) Die Bestimmungen in § 137 Abs. 3 und 4 gelten entsprechend.

§ 137d. Computerprogramme. (1) Die Vorschriften des Abschnitts 8 des Teils 1 sind auch auf Computerprogramme anzuwenden, die vor dem 24. Juni 1993 geschaffen worden sind. Jedoch erstreckt sich das ausschließliche Vermietrecht (§ 69c Nr. 3) nicht auf Vervielfältigungsstücke eines Programms, die ein Dritter vor dem 1. Januar 1993 zum Zweck der Vermietung erworben hat.

(2) § 69g Abs. 2 ist auch auf Verträge anzuwenden, die vor dem 24. Juni 1993 abgeschlossen worden sind.

§ 137e. Übergangsregelung bei Umsetzung der Richtlinie 92/100/EWG. (1) Die am 30. Juni 1995 in Kraft tretenden Vorschriften dieses Gesetzes finden auch auf vorher geschaffene Werke, Darbietungen, Tonträger, Funksendungen und Filme Anwendung, es sei denn, dass diese zu diesem Zeitpunkt nicht mehr geschützt sind.

(2) Ist ein Original oder Vervielfältigungsstück eines Werkes oder ein Bild- oder Tonträger vor dem 30. Juni 1995 erworben oder zum Zweck der Vermietung einem Dritten überlassen worden, so gilt für die Vermietung nach diesem Zeitpunkt die Zustimmung der Inhaber des Vermietrechts (§§ 17, 77 Abs. 2 Satz 1, §§ 85 und 94) als erteilt. Diesen Rechtsinhabern hat der Vermieter jeweils eine angemessene Vergütung zu zahlen; § 27 Abs. 1 Satz 2 und 3 hinsichtlich der Ansprüche der Urheber und ausübenden Künstler und § 27 Abs. 3 finden entsprechende Anwendung. § 137d bleibt unberührt.

(3) Wurde ein Bild- oder Tonträger, der vor dem 30. Juni 1995 erworben oder zum Zweck der Vermietung einem Dritten überlassen worden ist, zwischen dem 1. Juli 1994 und dem 30. Juni 1995 vermietet, besteht für diese Vermietung ein Vergütungsanspruch in entsprechender Anwendung des Absatzes 2 Satz 2.

(4) Hat ein Urheber vor dem 30. Juni 1995 ein ausschließliches Verbreitungsrecht eingeräumt, so gilt die Einräumung auch für das Vermietrecht. Hat ein ausübender Künstler vor diesem Zeitpunkt bei der Herstellung eines Filmwerkes mitgewirkt oder in die Benutzung seiner Darbietung zur Herstellung eines Filmwerkes eingewilligt, so gelten seine ausschließlichen Rechte als auf den Filmhersteller übertragen. Hat er vor diesem Zeitpunkt in die Aufnahme seiner Darbietung auf Tonträger und in die Vervielfältigung eingewilligt, so gilt die Einwilligung auch als Übertragung des Verbreitungsrechts, einschließlich der Vermietung.

§ 137f. Übergangsregelung bei Umsetzung der Richtlinie 93/98/EWG. (1) Würde durch die Anwendung dieses Gesetzes in der ab dem 1. Juli 1995 geltenden Fassung die Dauer eines vorher entstandenen Rechts verkürzt, so erlischt der Schutz mit dem Ablauf der Schutzdauer nach den bis zum 30. Juni 1995 geltenden Vorschriften. Im Übrigen sind die Vorschriften dieses Gesetzes über die Schutzdauer in der ab dem 1. Juli 1995 geltenden Fassung auch auf Werke und verwandte Schutzrechte anzuwenden, deren Schutz am 1. Juli 1995 noch nicht erloschen ist.

(2) Die Vorschriften dieses Gesetzes in der ab dem 1. Juli 1995 geltenden Fassung sind auch auf Werke anzuwenden, deren Schutz nach diesem Gesetz vor dem 1. Juli 1995 abgelaufen ist, nach dem Gesetz eines anderen Mitgliedstaates der Europäischen Union oder eines Vertragsstaates des Abkommens über den Europäischen Wirtschaftsraum zu diesem Zeitpunkt aber noch besteht. Satz 1 gilt entsprechend für die verwandten Schutzrechte des Herausgebers nachgelassener Werke (§ 71), der ausübenden Künstler (§ 73), der Hersteller von Tonträgern (§ 85), der Sendeunternehmen (§ 87) und der Filmhersteller (§§ 94 und 95).

(3) Lebt nach Absatz 2 der Schutz eines Werkes im Geltungsbereich dieses Gesetzes wieder auf, so stehen die wiederauflebenden Rechte dem Urheber zu. Eine vor dem 1. Juli 1995 begonnene Nutzungshandlung darf jedoch in dem vorgesehenen Rahmen fortgesetzt werden. Für die Nutzung ab dem 1. Juli 1995 ist eine angemessene Vergütung zu zahlen. Die Sätze 1 bis 3 gelten für verwandte Schutzrechte entsprechend.

(4) Ist vor dem 1. Juli 1995 einem anderen ein Nutzungsrecht an einer nach diesem Gesetz noch geschützten Leistung eingeräumt oder übertragen worden,

so erstreckt sich die Einräumung oder Übertragung im Zweifel auch auf den Zeitraum, um den die Schutzdauer verlängert worden ist. Im Fall des Satzes 1 ist eine angemessene Vergütung zu zahlen.

§ 137g. Übergangsregelung bei Umsetzung der Richtlinie 96/9/EG. (1) § 23 Satz 2, § 53 Abs. 5, die §§ 55a, 60d Absatz 2 Satz 1 und § 63 Abs. 1 Satz 2 sind auch auf Datenbankwerke anzuwenden, die vor dem 1. Januar 1998 geschaffen wurden.

(2) Die Vorschriften des Abschnitts 6 des Teils 2 sind auch auf Datenbanken anzuwenden, die zwischen dem 1. Januar 1983 und dem 31. Dezember 1997 hergestellt worden sind. Die Schutzfrist beginnt in diesen Fällen am 1. Januar 1998.

(3) Die §§ 55a und 87e sind nicht auf Verträge anzuwenden, die vor dem 1. Januar 1998 abgeschlossen worden sind.

§ 137h. Übergangsregelung bei Umsetzung der Richtlinie 93/83/EWG. (1) Die Vorschrift des § 20a ist auf Verträge, die vor dem 1. Juni 1998 geschlossen worden sind, erst ab dem 1. Januar 2000 anzuwenden, sofern diese nach diesem Zeitpunkt ablaufen.

(2) Sieht ein Vertrag über die gemeinsame Herstellung eines Bild- oder Tonträgers, der vor dem 1. Juni 1998 zwischen mehreren Herstellern, von denen mindestens einer einem Mitgliedstaat der Europäischen Union oder Vertragsstaat des Europäischen Wirtschaftsraumes angehört, geschlossen worden ist, eine räumliche Aufteilung des Rechts der Sendung unter den Herstellern vor, ohne nach der Satellitensendung und anderen Arten der Sendung zu unterscheiden, und würde die Satellitensendung der gemeinsam hergestellten Produktion durch einen Hersteller die Auswertung der räumlich oder sprachlich beschränkten ausschließlichen Rechte eines anderen Herstellers beeinträchtigen, so ist die Satellitensendung nur zulässig, wenn ihr der Inhaber dieser ausschließlichen Rechte zugestimmt hat.

(3) Die Vorschrift des § 20b Abs. 2 ist nur anzuwenden, sofern der Vertrag über die Einräumung des Kabelweitersenderechts nach dem 1. Juni 1998 geschlossen wurde.

§ 137i. Übergangsregelung zum Gesetz zur Modernisierung des Schuldrechts. Art. 229 § 6 des Einführungsgesetzes zum Bürgerlichen Gesetzbuch findet mit der Maßgabe entsprechende Anwendung, dass § 26 Abs. 7, § 36 Abs. 2 und § 102 in der bis zum 1. Januar 2002 geltenden Fassung den Vorschriften des Bürgerlichen Gesetzbuchs über die Verjährung in der bis zum 1. Januar 2002 geltenden Fassung gleichgestellt sind.

§ 137j. Übergangsregelung aus Anlass der Umsetzung der Richtlinie 2001/29/EG. (1) § 95d Abs. 1 ist auf alle ab dem 1. Dezember 2003 neu in den Verkehr gebrachten Werke und anderen Schutzgegenstände anzuwenden.

(2) Die Vorschrift dieses Gesetzes über die Schutzdauer für Hersteller von Tonträgern in der ab dem 13. September 2003 geltenden Fassung ist auch auf verwandte Schutzrechte anzuwenden, deren Schutz am 22. Dezember 2002 noch nicht erloschen ist.

(3) Lebt nach Absatz 2 der Schutz eines Tonträgers wieder auf, so stehen die wiederauflebenden Rechte dem Hersteller des Tonträgers zu.

(4) Ist vor dem 13. September 2003 einem anderen ein Nutzungsrecht an einem nach diesem Gesetz noch geschützten Tonträger eingeräumt oder übertragen worden, so erstreckt sich, im Fall einer Verlängerung der Schutzdauer nach § 85 Abs. 3, die Einräumung oder Übertragung im Zweifel auch auf diesen Zeitraum. Im Fall des Satzes 1 ist eine angemessene Vergütung zu zahlen.

§ 137k. *(aufgehoben)*

§ 137l. Übergangsregelung für neue Nutzungsarten. (1) Hat der Urheber zwischen dem 1. Januar 1966 und dem 1. Januar 2008 einem anderen alle wesentlichen Nutzungsrechte ausschließlich sowie räumlich und zeitlich unbegrenzt eingeräumt, gelten die zum Zeitpunkt des Vertragsschlusses unbekannten Nutzungsrechte als dem anderen ebenfalls eingeräumt, sofern der Urheber nicht dem anderen gegenüber der Nutzung widerspricht. Der Widerspruch kann für Nutzungsarten, die am 1. Januar 2008 bereits bekannt sind, nur innerhalb eines Jahres erfolgen. Im Übrigen erlischt das Widerspruchsrecht nach Ablauf von drei Monaten, nachdem der andere die Mitteilung über die beabsichtigte Aufnahme der neuen Art der Werknutzung an den Urheber unter der ihm zuletzt bekannten Anschrift abgesendet hat. Die Sätze 1 bis 3 gelten nicht für zwischenzeitlich bekannt gewordene Nutzungsrechte, die der Urheber bereits einem Dritten eingeräumt hat.

(2) Hat der andere sämtliche ihm ursprünglich eingeräumten Nutzungsrechte einem Dritten übertragen, so gilt Absatz 1 für den Dritten entsprechend. Erklärt der Urheber den Widerspruch gegenüber seinem ursprünglichen Vertragspartner, hat ihm dieser unverzüglich alle erforderlichen Auskünfte über den Dritten zu erteilen.

(3) Das Widerspruchsrecht nach den Absätzen 1 und 2 entfällt, wenn die Parteien über eine zwischenzeitlich bekannt gewordene Nutzungsart eine ausdrückliche Vereinbarung geschlossen haben.

(4) Sind mehrere Werke oder Werkbeiträge zu einer Gesamtheit zusammengefasst, die sich in der neuen Nutzungsart in angemessener Weise nur unter Verwendung sämtlicher Werke oder Werkbeiträge verwerten lässt, so kann der Urheber das Widerspruchsrecht nicht wider Treu und Glauben ausüben.

(5) Der Urheber hat Anspruch auf eine gesonderte angemessene Vergütung, wenn der andere eine neue Art der Werknutzung nach Absatz 1 aufnimmt, die im Zeitpunkt des Vertragsschlusses noch unbekannt war. § 32 Abs. 2 und 4 gilt entsprechend. Der Anspruch kann nur durch eine Verwertungsgesellschaft geltend gemacht werden. Hat der Vertragspartner das Nutzungsrecht einem Dritten übertragen, haftet der Dritte mit der Aufnahme der neuen Art der Werknutzung für die Vergütung. Die Haftung des andern entfällt.

§ 137m. Übergangsregelung aus Anlass der Umsetzung der Richtlinie 2011/77/EU.
(1) Die Vorschriften über die Schutzdauer nach den §§ 82 und 85 Absatz 3 sowie über die Rechte und Ansprüche des ausübenden Künstlers nach § 79 Absatz 3 sowie § 79a gelten für Aufzeichnungen von Darbietungen und für Tonträger, deren Schutzdauer für den ausübenden Künstler und den Tonträgerhersteller am 1. November 2013 nach den Vorschriften dieses Gesetzes in der bis 6. Juli 2013 geltenden Fassung noch nicht erloschen war, und für Aufzeichnungen von Darbietungen und für Tonträger, die nach dem 1. November 2013 entstehen.

(2) § 65 Absatz 3 gilt für Musikkompositionen mit Text, von denen die Musikkomposition oder der Text in mindestens einem Mitgliedstaat der Europäischen Union am 1. November 2013 geschützt sind, und für Musikkompositionen mit Text, die nach diesem Datum entstehen. Lebt nach Satz 1 der Schutz der Musikkomposition oder des Textes wieder auf, so stehen die wiederauflebenden Rechte dem Urheber zu. Eine vor dem 1. November 2013 begonnene Nutzungshandlung darf jedoch in dem vorgesehenen Rahmen fortgesetzt werden. Für die Nutzung ab dem 1. November 2013 ist eine angemessene Vergütung zu zahlen.

(3) Ist vor dem 1. November 2013 ein Übertragungsvertrag zwischen einem ausübenden Künstler und einem Tonträgerhersteller abgeschlossen worden, so erstreckt sich im Fall der Verlängerung der Schutzdauer die Übertragung auch auf diesen Zeitraum, wenn keine eindeutigen vertraglichen Hinweise auf das Gegenteil vorliegen.

§ 137n. Übergangsregelung aus Anlass der Umsetzung der Richtlinie 2012/28/EU. § 61 Absatz 4 ist nur anzuwenden auf Bestandsinhalte, die der nutzenden Institution vor dem 29. Oktober 2014 überlassen wurden.

§ 137o. Übergangsregelung zum Urheberrechts-Wissensgesellschafts-Gesetz. § 60g gilt nicht für Verträge, die vor dem 1. März 2018 geschlossen wurden.

ABSCHNITT 3
SCHLUSS-BESTIMMUNGEN

§ 138. Register anonymer und pseudonymer Werke. (1) Das Register anonymer und pseudonymer Werke für die in § 66 Abs. 2 Satz 2 vorgesehenen Eintragungen wird beim Patentamt geführt. Das Patentamt bewirkt die Eintragungen, ohne die Berechtigung des Antragstellers oder die Richtigkeit der zur Eintragung angemeldeten Tatsachen zu prüfen.

(2) Wird die Eintragung abgelehnt, so kann der Antragsteller gerichtliche Entscheidung beantragen. Über den Antrag entscheidet das für den Sitz des Patentamts zuständige Oberlandesgericht durch einen mit Gründen versehenen Beschluss. Der Antrag ist schriftlich bei dem Oberlandesgericht einzureichen. Die Entscheidung des Oberlandesgerichts ist endgültig. Im Übrigen gelten für das gerichtliche Verfahren die Vorschriften des Gesetzes über das Verfahren in Familiensachen und in den Angelegenheiten der freiwilligen Gerichtsbarkeit entsprechend. Für die Gerichtskosten gilt die Kostenordnung; die Gebühren richten sich nach § 131 der Kostenordnung.

(3) Die Eintragungen werden im Bundesanzeiger öffentlich bekanntgemacht. Die Kosten für die Bekanntmachung hat der Antragsteller im Voraus zu entrichten.

(4) Die Einsicht in das Register ist jedem gestattet. Auf Antrag werden Auszüge aus dem Register erteilt; sie sind auf Verlangen zu beglaubigen.

(5) Der Bundesminister der Justiz und für Verbraucherschutz wird ermächtigt, durch Rechtsverordnung

1. Bestimmungen über die Form des Antrags und die Führung des Registers zu erlassen,
2. zur Deckung der Verwaltungskosten die Erhebung von Kosten (Gebühren und Auslagen) für die Eintragung, für die Ausfertigung eines Eintragungsscheins und für die Erteilung sonstiger Auszüge und deren Beglaubigung anzuordnen sowie Bestimmungen über den Kostenschuldner, die Fälligkeit von Kosten, die

Kostenvorschusspflicht, Kostenbefreiungen, die Verjährung, das Kostenfestsetzungsverfahren und die Rechtsbehelfe gegen die Kostenfestsetzung zu treffen.

(6) Eintragungen, die nach § 56 des Gesetzes betreffend das Urheberrecht an Werken der Literatur und der Tonkunst vom 19. Juni 1901 beim Stadtrat in Leipzig vorgenommen worden sind, bleiben wirksam.

§ 138a. Datenschutz. Soweit personenbezogene Daten im Register anonymer und pseudonymer Werke enthalten sind, bestehen nicht

1. das Recht auf Auskunft gemäß Artikel 15 Absatz 1 Buchstabe c der Verordnung (EU) 2016/679 des Europäischen Parlaments und des Rates vom 27. April 2016 zum Schutz natürlicher Personen bei der Verarbeitung personenbezogener Daten, zum freien Datenverkehr und zur Aufhebung der Richtlinie 95/46/EG (Datenschutz-Grundverordnung) (ABl. L 119 vom 4.5.2016, S. 1; L 314 vom 22.11.2016, S. 72),

2. die Mitteilungspflicht gemäß Artikel 19 Satz 2 der Verordnung (EU) 2016/679 und

3. das Recht auf Widerspruch gemäß Artikel 21 Absatz 1 der Verordnung (EU) 2016/679.

Das Recht auf Erhalt einer Kopie nach Artikel 15 Absatz 3 der Verordnung (EU) 2016/679 wird dadurch erfüllt, dass die betroffene Person Einsicht in das Register anonymer und pseudonymer Werke des Deutschen Patent- und Markenamtes nehmen kann.

§ 139. Änderung der Strafprozessordnung. *(nicht abgedruckt)*

§ 140. Änderung des Gesetzes über das am 6. September 1952 unterzeichnete Welturheberrechtsabkommen. *(gegenstandslos)*[3]

§ 141. Aufgehobene Vorschriften. Mit dem Inkrafttreten dieses Gesetzes werden aufgehoben:

1. die §§ 57 bis 60 des Gesetzes betreffend das Urheberrecht an Schriftwerken, Abbildungen, musikalischen Kompositionen und dramatischen Werken vom 11. Juni 1870 (Bundesgesetzblatt des Norddeutschen Bundes S. 339);

2. die §§ 17 bis 19 des Gesetzes betreffend das Urheberrecht an Werken der bildenden Künste vom 9. Januar 1876 (Reichsgesetzbl. S. 4);

3. das Gesetz betreffend das Urheberrecht an Werken der Literatur und der Tonkunst vom 19. Juni 1901 in der Fassung des Gesetzes zur Ausführung der revidierten Berner Übereinkunft zum Schutze von Werken der Literatur und Kunst vom 22. Mai 1910 und des Gesetzes zur Verlängerung der Schutzfristen im Urheberrecht vom 13. Dezember 1934 (Reichsgesetzbl. II S. 1395);

4. die §§ 3, 13 und 42 des Gesetzes über das Verlagsrecht vom 19. Juni 1901 (Reichsgesetzbl. S. 217) in der Fassung des Gesetzes zur Ausführung der revidierten Berner Übereinkunft zum Schutze von Werken der Literatur und Kunst vom 22. Mai 1910;

---

3) Zur revidierten Pariser Fassung des WUA vom 24. 7. 1971 vgl. das Gesetz vom 17. 8. 1973 (BGBl. II S. 1069, 1111).

5. das Gesetz betreffend das Urheberrecht an Werken der bildenden Künste und der Photographie vom 9. Januar 1907 (Reichsgesetzbl. S. 7) in der Fassung des Gesetzes zur Ausführung der revidierten Berner Übereinkunft zum Schutze von Werken der Literatur und Kunst vom 22. Mai 1910, des Gesetzes zur Verlängerung der Schutzfristen im Urheberrecht vom 13. Dezember 1934 und des Gesetzes zur Verlängerung der Schutzfristen für das Urheberrecht an Lichtbildern vom 12. Mai 1940 (Reichsgesetzbl. I S. 758), soweit es nicht den Schutz von Bildnissen betrifft;
6. die Artikel I, III und IV des Gesetzes zur Ausführung der revidierten Berner Übereinkunft zum Schutze von Werken der Literatur und Kunst vom 22. Mai 1910;
7. das Gesetz zur Erleichterung der Filmberichterstattung vom 30. April 1936 (Reichsgesetzbl. I S. 404);
8. § 10 des Gesetzes über die Rechtsstellung heimatloser Ausländer im Bundesgebiet vom 25. April 1951 (Bundesgesetzbl. I S. 269).

§ 142. Evaluierung, Befristung. (1) Die Bundesregierung erstattet vier Jahre nach Inkrafttreten des Urheberrechts-Wissensgesellschafts-Gesetzes dem Deutschen Bundestag Bericht über die Auswirkungen des Teils 1 Abschnitt 6 Unterabschnitt 4.

(2) Teil 1 Abschnitt 6 Unterabschnitt 4 ist ab dem 1. März 2023 nicht mehr anzuwenden.

§ 143. Inkrafttreten. (1) Die §§ 64 bis 67, 69, 105 Abs. 1 bis 3 und § 138 Abs. 5 treten am Tage nach der Verkündung dieses Gesetzes in Kraft.[4]

(2) Im Übrigen tritt dieses Gesetz am 1. Januar 1966 in Kraft.

---

4) Verkündet am 16. 9. 1965

ANLAGE
(zu § 61a)

Quellen einer sorgfältigen Suche

1. für veröffentlichte Bücher:

    a) der Katalog der Deutschen Nationalbibliothek sowie die von Bibliotheken und anderen Institutionen geführten Bibliothekskataloge und Schlagwortlisten;

    b) Informationen der Verleger- und Autorenverbände, insbesondere das Verzeichnis lieferbarer Bücher (VLB);

    c) bestehende Datenbanken und Verzeichnisse, WATCH (Writers, Artists and their Copyright Holders), die ISBN (International Standard Book Number);

    d) die Datenbanken der entsprechenden Verwertungsgesellschaften, insbesondere der mit der Wahrnehmung von Vervielfältigungsrechten betrauten Verwertungsgesellschaften wie die Datenbank der VG Wort;

    e) Quellen, die mehrere Datenbanken und Verzeichnisse zusammenfassen, einschließlich der Gemeinsamen Normdatei (GND), VIAF (Virtual International Authority Files) und ARROW (Accessible Registries of Rights Information and Orphan Works);

2. für Zeitungen, Zeitschriften, Fachzeitschriften und Periodika:

    a) das deutsche ISSN (International Standard Serial Number) – Zentrum für regelmäßige Veröffentlichungen;

    b) Indexe und Kataloge von Bibliotheksbeständen und -sammlungen, insbesondere der Katalog der Deutschen Nationalbibliothek sowie die Zeitschriftendatenbank (ZDB);

    c) Depots amtlich hinterlegter Pflichtexemplare;

    d) Verlegerverbände und Autoren- und Journalistenverbände, insbesondere das Verzeichnis lieferbarer Zeitschriften (VLZ), das Verzeichnis lieferbarer Bücher (VLB), Banger Online, STAMM und pressekatalog.de;

    e) die Datenbanken der entsprechenden Verwertungsgesellschaften, einschließlich der mit der Wahrnehmung von Vervielfältigungsrechten betrauten Verwertungsgesellschaften, insbesondere die Datenbank der VG Wort;

3. für visuelle Werke, einschließlich Werken der bildenden Künste, Fotografien, Illustrationen, Design- und Architekturwerken, sowie für deren Entwürfe und für sonstige derartige Werke, die in Büchern, Zeitschriften, Zeitungen und Magazinen oder anderen Werken enthalten sind:

    a) die in den Ziffern 1 und 2 genannten Quellen;

    b) die Datenbanken der entsprechenden Verwertungsgesellschaften, insbesondere der Verwertungsgesellschaften für bildende Künste, einschließlich der mit der Wahrnehmung von Vervielfältigungsrechten betrauten Verwertungsgesellschaften wie die Datenbank der VG BildKunst;

    c) die Datenbanken von Bildagenturen;

4. für Filmwerke sowie für Bildträger und Bild- und Tonträger, auf denen Filmwerke aufgenommen sind, und für Tonträger:
   a) die Depots amtlich hinterlegter Pflichtexemplare, insbesondere der Katalog der Deutschen Nationalbibliothek;
   b) Informationen der Produzentenverbände;
   c) die Informationen der Filmförderungseinrichtungen des Bundes und der Länder;
   d) die Datenbanken von im Bereich des Film- oder Tonerbes tätigen Einrichtungen und nationalen Bibliotheken, insbesondere des Kinematheksverbunds, des Bundesarchivs, der Stiftung Deutsche Kinemathek, des Deutschen Filminstituts (Datenbank und Katalog www.filmportal.de), der DEFA- und Friedrich-Wilhelm-Murnau-Stiftung, sowie die Kataloge der Staatsbibliotheken zu Berlin und München;
   e) Datenbanken mit einschlägigen Standards und Kennungen wie ISAN (International Standard Audiovisual Number) für audiovisuelles Material, ISWC (International Standard Music Work Code) für Musikwerke und ISRC (International Standard Recording Code) für Tonträger;
   f) die Datenbanken der entsprechenden Verwertungsgesellschaften, insbesondere für Autoren, ausübende Künstler sowie Hersteller von Tonträgern und Filmwerken;
   g) die Aufführung der Mitwirkenden und andere Informationen auf der Verpackung des Werks oder in seinem Vor- oder Abspann;
   h) die Datenbanken anderer maßgeblicher Verbände, die eine bestimmte Kategorie von Rechtsinhabern vertreten, wie die Verbände der Regisseure, Drehbuchautoren, Filmkomponisten, Komponisten, Theaterverlage, Theater- und Opernvereinigungen;
5. für Bestandsinhalte, die nicht erschienen sind oder nicht gesendet wurden:
   a) aktuelle und ursprüngliche Eigentümer des Werkstücks;
   b) nationale Nachlassverzeichnisse (Zentrale Datenbank Nachlässe und Kalliope);
   c) Findbücher der nationalen Archive;
   d) Bestandsverzeichnisse von Museen;
   e) Auskunftsdateien und Telefonbücher.

Verwertungsgesellschaftengesetz

Gesetz über die Wahrnehmung von Urheberrechten und verwandten Schutzrechten durch Verwertungsgesellschaften (Verwertungsgesellschaftengesetz – VGG)

Vom 24. Mai 2016 (BGBl. I S. 1190 zuletzt geänd. durch Artikel 14 des Gesetzes zur Änderung des Bundesversorgungsgesetzes und anderer Vorschriften vom 17.7.2017, BGBl. I S. 2541).

Teil 1. Gegenstand des Gesetzes; Begriffsbestimmungen

§ 1. Anwendungsbereich. Dieses Gesetz regelt die Wahrnehmung von Urheberrechten und verwandten Schutzrechten durch Verwertungsgesellschaften, abhängige und unabhängige Verwertungseinrichtungen.

§ 2. Verwertungsgesellschaft. (1) Eine Verwertungsgesellschaft ist eine Organisation, die gesetzlich oder auf Grundlage einer vertraglichen Vereinbarung berechtigt ist und deren ausschließlicher oder hauptsächlicher Zweck es ist, für Rechnung mehrerer Rechtsinhaber Urheberrechte oder verwandte Schutzrechte zu deren kollektiven Nutzen wahrzunehmen, gleichviel, ob in eigenem oder in fremdem Namen.

(2) Um eine Verwertungsgesellschaft zu sein, muss die Organisation darüber hinaus mindestens eine der folgenden Bedingungen erfüllen:

1. ihre Anteile werden von ihren Mitgliedern (§ 7) gehalten oder sie wird von ihren Mitgliedern beherrscht;
2. sie ist nicht auf Gewinnerzielung ausgerichtet.

§ 3. Abhängige Verwertungseinrichtung. (1) Eine abhängige Verwertungseinrichtung ist eine Organisation, deren Anteile zumindest indirekt oder teilweise von mindestens einer Verwertungsgesellschaft gehalten werden oder die zumindest indirekt oder teilweise von mindestens einer Verwertungsgesellschaft beherrscht wird.

(2) Soweit die abhängige Verwertungseinrichtung Tätigkeiten einer Verwertungsgesellschaft ausübt, sind die für diese Tätigkeiten geltenden Bestimmungen dieses Gesetzes entsprechend anzuwenden. Die Vorschriften über die Geschäftsführung in § 21 Absatz 1 und 2 gelten entsprechend, und zwar unabhängig davon, welche Tätigkeiten einer Verwertungsgesellschaft die abhängige Verwertungseinrichtung ausübt. Für die Aufsicht ist § 90 maßgeblich.

§ 4. Unabhängige Verwertungseinrichtung. (1) Eine unabhängige Verwertungseinrichtung ist eine Organisation, die über die Voraussetzungen einer Verwertungsgesellschaft gemäß § 2 Absatz 1 hinaus auch noch die folgenden Merkmale aufweist:

1. ihre Anteile werden weder direkt noch indirekt, weder vollständig noch teilweise von ihren Berechtigten (§ 6) gehalten oder die Verwertungseinrichtung wird weder direkt noch indirekt, weder vollständig noch teilweise von ihren Berechtigten beherrscht und

2. die Verwertungseinrichtung ist auf Gewinnerzielung ausgerichtet.

(2) Für die unabhängige Verwertungseinrichtung gelten die §§ 36, 54, 55 und 56 Absatz 1 Nummer 1 bis 4 und 7 bis 9 entsprechend. Für die Aufsicht ist § 91 maßgeblich.

§ 5. Rechtsinhaber. (1) Rechtsinhaber im Sinne dieses Gesetzes ist jede natürliche oder juristische Person, die Inhaber eines Urheberrechts oder verwandten Schutzrechts ist oder die gesetzlich oder aufgrund eines Rechteverwertungsvertrags Anspruch auf einen Anteil an den Einnahmen aus diesen Rechten hat.

(2) Verwertungsgesellschaften sind keine Rechtsinhaber im Sinne dieses Gesetzes.

§ 6. Berechtigter. Berechtigter im Sinne dieses Gesetzes ist jeder Rechtsinhaber, der auf gesetzlicher oder vertraglicher Grundlage in einem unmittelbaren Wahrnehmungsverhältnis zu einer der in § 1 genannten Organisationen steht.

§ 7. Mitglieder. Mitglieder im Sinne dieses Gesetzes sind von der Verwertungsgesellschaft als Mitglied aufgenommene

1. Berechtigte und

2. Einrichtungen, die Rechtsinhaber vertreten.

§ 8. Nutzer. Nutzer im Sinne dieses Gesetzes ist jede natürliche oder juristische Person, die eine Handlung vornimmt, die der Erlaubnis des Rechtsinhabers bedarf, oder die zur Zahlung einer Vergütung an den Rechtsinhaber verpflichtet ist.

Teil 2. Rechte und Pflichten der Verwertungsgesellschaft

**ABSCHNITT 1
INNENVERHÄLTNIS**

UNTERABSCHNITT 1. RECHTSINHABER, BERECHTIGTE UND MITGLIEDER

§ 9. Wahrnehmungszwang. Die Verwertungsgesellschaft ist verpflichtet, auf Verlangen des Rechtsinhabers Rechte seiner Wahl an Arten von Werken und sonstigen Schutzgegenständen seiner Wahl in Gebieten seiner Wahl wahrzunehmen, wenn

1. die Rechte, die Werke und sonstigen Schutzgegenstände sowie die Gebiete zum Tätigkeitsbereich der Verwertungsgesellschaft gehören und

2. der Wahrnehmung keine objektiven Gründe entgegenstehen.

Die Bedingungen, zu denen die Verwertungsgesellschaft die Rechte des Berechtigten wahrnimmt (Wahrnehmungsbedingungen), müssen angemessen sein.

§ 10. Zustimmung zur Rechtswahrnehmung. Nimmt eine Verwertungsgesellschaft auf Grundlage einer vertraglichen Vereinbarung mit dem Rechtsinhaber Urheberrechte oder verwandte Schutzrechte wahr, holt sie dessen Zustimmung zur Wahrnehmung für jedes einzelne Recht ein und dokumentiert diese. Die Vereinbarung bedarf, auch soweit Rechte an künftigen Werken eingeräumt werden, der Textform.

§ 11. Nutzungen für nicht kommerzielle Zwecke. Die Verwertungsgesellschaft legt Bedingungen fest, zu denen der Berechtigte jedermann das Recht einräumen kann, seine Werke oder sonstigen Schutzgegenstände für nicht kommerzielle Zwecke zu nutzen, auch wenn er die entsprechenden Rechte daran der Verwertungsgesellschaft zur Wahrnehmung eingeräumt oder übertragen hat.

§ 12. Beendigung der Rechtswahrnehmung; Entzug von Rechten. (1) Die Verwertungsgesellschaft regelt in den Wahrnehmungsbedingungen, dass der Berechtigte unter Einhaltung einer angemessenen Frist von höchstens sechs Monaten das Wahrnehmungsverhältnis insgesamt beenden oder der Verwertungsgesellschaft Rechte seiner Wahl an Arten von Werken und sonstigen Schutzgegenständen seiner Wahl entziehen kann, und zwar jeweils für Gebiete seiner Wahl.

(2) Die Wahrnehmungsbedingungen können bestimmen, dass die Beendigung des Wahrnehmungsverhältnisses oder der Rechteentzug erst zum Ende des Geschäftsjahres wirksam werden.

(3) Die Verwertungsgesellschaft hat die Einnahmen aus den Rechten auch dann weiterhin nach den allgemeinen Vorschriften einzuziehen, zu verwalten und zu verteilen, wenn dem Berechtigten Einnahmen aus den Rechten zustehen

1. für Nutzungen aus einem Zeitraum, bevor das Wahrnehmungsverhältnis wirksam beendet oder der Rechteentzug wirksam war, oder
2. aus einem Nutzungsrecht, das die Verwertungsgesellschaft vergeben hat, bevor das Wahrnehmungsverhältnis wirksam beendet oder der Rechteentzug wirksam war.

§ 13. Bedingungen für die Mitgliedschaft. (1) Die Verwertungsgesellschaft regelt in der Satzung, im Gesellschaftsvertrag oder in sonstigen Gründungsbestimmungen (Statut), dass Berechtigte und Einrichtungen, die Rechtsinhaber vertreten, als Mitglieder aufzunehmen sind, wenn sie die Bedingungen für die Mitgliedschaft erfüllen. Die Bedingungen müssen objektiv, transparent und nichtdiskriminierend sein und sind im Statut zu regeln.

(2) Lehnt eine Verwertungsgesellschaft einen Antrag auf Aufnahme als Mitglied ab, so sind dem Antragsteller die Gründe verständlich zu erläutern.

§ 14. Elektronische Kommunikation. Die Verwertungsgesellschaft eröffnet allen Mitgliedern und Berechtigten einen Zugang für die elektronische Kommunikation.

§ 15. Mitglieder- und Berechtigtenverzeichnis. Die Verwertungsgesellschaft führt ein aktuelles Mitglieder- und Berechtigtenverzeichnis.

§ 16. Grundsatz der Mitwirkung. Die Verwertungsgesellschaft sieht in dem Statut angemessene und wirksame Verfahren der Mitwirkung von Mitgliedern und von Berechtigten an den Entscheidungen der Verwertungsgesellschaft vor. Die verschiedenen Kategorien von Mitgliedern und Berechtigten, wie beispielsweise Urheber von Werken der Musik, Tonträgerhersteller oder ausübende Künstler, müssen dabei fair und ausgewogen vertreten sein.

§ 17. Allgemeine Befugnisse der Mitgliederhauptversammlung. (1) Die Mitgliederhauptversammlung ist das Organ, in dem die Mitglieder mitwirken und ihr Stimmrecht ausüben. Die Verwertungsgesellschaft regelt in dem Statut, dass die Mitgliederhauptversammlung mindestens beschließt über:

1. das Statut der Verwertungsgesellschaft (§ 13);
2. den jährlichen Transparenzbericht (§ 58);
3. die Bestellung und Abberufung des Abschlussprüfers oder die Mitgliedschaft in einem genossenschaftlichen Prüfungsverband;
4. Zusammenschlüsse und Bündnisse unter Beteiligung der Verwertungsgesellschaft, die Gründung von Tochtergesellschaften, die Übernahme anderer Organisationen und den Erwerb von Anteilen oder Rechten an anderen Organisationen durch die Verwertungsgesellschaft;
5. die Grundsätze des Risikomanagements;
6. den Verteilungsplan (§ 27);
7. die Verwendung der nicht verteilbaren Einnahmen aus den Rechten (§ 30);
8. die allgemeine Anlagepolitik in Bezug auf die Einnahmen aus den Rechten (§ 25);
9. die allgemeinen Grundsätze für die Abzüge von den Einnahmen aus den Rechten (§ 31 Absatz 1), einschließlich der allgemeinen Grundsätze für Abzüge zur Deckung der Verwaltungskosten (§ 31 Absatz 2) und gegebenenfalls der Abzüge für die Förderung kulturell bedeutender Werke und Leistungen und für die Einrichtung und den Betrieb von Vorsorge- und Unterstützungseinrichtungen (§ 32);
10. den Erwerb, den Verkauf und die Beleihung unbeweglicher Sachen;
11. die Aufnahme und die Vergabe von Darlehen sowie die Stellung von Darlehenssicherheiten;
12. den Abschluss, den Inhalt und die Beendigung von Repräsentationsvereinbarungen (§ 44);
13. die Wahrnehmungsbedingungen (§ 9 Satz 2);
14. die Tarife (§§ 38 bis 40);
15. die zum Tätigkeitsbereich gehörenden Rechte;
16. die Bedingungen, zu denen der Berechtigte jedermann das Recht einräumen kann, seine Werke oder sonstige Schutzgegenstände für nicht kommerzielle Zwecke zu nutzen (§ 11).

(2) Die Mitgliederhauptversammlung kann beschließen, dass die Befugnisse nach Absatz 1 Satz 2 Nummer 3 bis 5 und 10 bis 14 dem Aufsichtsgremium nach § 22 übertragen werden.

§ 18. Befugnisse der Mitgliederhauptversammlung in Bezug auf die Organe. (1) Die Verwertungsgesellschaft regelt in dem Statut, dass die Mitgliederhauptversammlung beschließt über die Ernennung und Entlassung sowie über die Vergütung und sonstigen Leistungen

1. der Personen, die kraft Gesetzes oder nach dem Statut zur Vertretung der Verwertungsgesellschaft berechtigt sind,
2. der Mitglieder des Aufsichtsrats,
3. der Mitglieder des Verwaltungsrats,

4. der Mitglieder des Aufsichtsgremiums (§ 22), sofern dessen Befugnisse nicht von dem Aufsichts- oder Verwaltungsrat wahrgenommen werden.

(2) Die Mitgliederhauptversammlung kann beschließen, dass die Befugnisse nach Absatz 1 hinsichtlich der Personen, die kraft Gesetzes oder nach dem Statut zur Vertretung berechtigt sind, dem Aufsichtsrat oder dem Aufsichtsgremium nach § 22 übertragen werden.

§ 19. Durchführung der Mitgliederhauptversammlung; Vertretung. (1) Die Mitgliederhauptversammlung ist mindestens einmal jährlich einzuberufen.

(2) Alle Mitglieder der Verwertungsgesellschaft sind sowohl zur Teilnahme an der Mitgliederhauptversammlung als auch zur Abstimmung berechtigt.

(3) Die Verwertungsgesellschaft regelt in dem Statut die Voraussetzungen, unter denen die Mitglieder an der Mitgliederhauptversammlung zusätzlich auch ohne Anwesenheit vor Ort und ohne einen Vertreter teilnehmen können und ihr Stimmrecht im Wege elektronischer Kommunikation ausüben können. Die Verwertungsgesellschaft kann die elektronische Ausübung weiterer Mitgliedschaftsrechte zulassen.

(4) Jedes Mitglied muss nach Gesetz oder nach dem Statut berechtigt sein, seine Rechte in der Mitgliederhauptversammlung auch durch einen Vertreter ausüben zu lassen, sofern die Vertretung nicht zu einem Interessenkonflikt führt. Ein Interessenkonflikt liegt insbesondere darin, dass derselbe Vertreter Mitglieder verschiedener im Statut festgelegter Kategorien vertritt. Die Verwertungsgesellschaft kann in dem Statut die Anzahl der durch denselben Vertreter vertretenen Mitglieder beschränken, wobei diese Anzahl zehn nicht unterschreiten darf. Eine Vollmacht zur Vertretung eines Mitglieds in einer Mitgliederhauptversammlung ist nur wirksam, wenn sie auf die Vertretung des Mitglieds in dieser Mitgliederhauptversammlung beschränkt ist. Der Vertreter ist verpflichtet, entsprechend den Anweisungen des Mitglieds abzustimmen, das ihn bestellt hat.

§ 20. Mitwirkung der Berechtigten, die nicht Mitglied sind. (1) Die Berechtigten, die nicht Mitglied sind, wählen mindestens alle vier Jahre aus ihrer Mitte Delegierte.

(2) In dem Statut der Verwertungsgesellschaft ist mindestens zu regeln:

1. die Anzahl und Zusammensetzung der Delegierten;
2. das Verfahren zur Wahl der Delegierten;
3. dass die Delegierten zur Teilnahme an der Mitgliederhauptversammlung berechtigt sind;
4. dass die Delegierten stimmberechtigt mindestens an Entscheidungen über die in § 17 Absatz 1 Satz 2 Nummer 6 bis 9 und 12 bis 16, Absatz 2 sowie die in § 18 genannten Angelegenheiten, mit Ausnahme der Entscheidungen über die Ernennung und Entlassung der in § 18 Absatz 1 genannten Personen, mitwirken können und
5. dass die Delegierten an Entscheidungen der Mitgliederhauptversammlung, an denen sie nicht stimmberechtigt mitwirken, jedenfalls beratend mitwirken können.

(3) Für die Mitwirkung der Delegierten an der Mitgliederhauptversammlung gilt § 19 Absatz 3 entsprechend.

Unterabschnitt 2. Geschäftsführung und Aufsicht

§ 21. Geschäftsführung. (1) Die Verwertungsgesellschaft trifft Vorkehrungen dafür, dass die Personen, die kraft Gesetzes oder nach dem Statut zur Vertretung der Verwertungsgesellschaft berechtigt sind, ihre Aufgaben solide, umsichtig und angemessen erfüllen.

(2) Damit Interessenkonflikte von Personen, die kraft Gesetzes oder nach dem Statut zur Vertretung der Verwertungsgesellschaft berechtigt sind, erkannt und vermieden werden, legt die Verwertungsgesellschaft Verfahren fest und wendet diese an, um Nachteile für Mitglieder und Berechtigte zu verhindern. Dabei legt die Verwertungsgesellschaft auch fest, dass unvermeidbare Interessenkonflikte offenzulegen, zu überwachen und baldmöglichst zu beenden sind.

(3) Die Personen, die kraft Gesetzes oder nach dem Statut zur Vertretung der Verwertungsgesellschaft berechtigt sind, geben gegenüber der Mitgliederhauptversammlung mindestens einmal jährlich eine persönliche Erklärung mit folgendem Inhalt ab:

1. ihre Beteiligungen an der Verwertungsgesellschaft,
2. die Höhe ihrer Vergütung und sonstigen Leistungen, die von der Verwertungsgesellschaft im abgelaufenen Geschäftsjahr bezogen wurden,
3. die Höhe der Beträge, die sie in der Eigenschaft als Berechtigter (§ 6) von der Verwertungsgesellschaft im abgelaufenen Geschäftsjahr erhalten haben, und
4. Art und Umfang eines tatsächlichen oder möglichen Konflikts zwischen ihren persönlichen Interessen und den Interessen der Verwertungsgesellschaft oder zwischen ihren Pflichten gegenüber der Verwertungsgesellschaft und ihren Pflichten gegenüber einer anderen natürlichen oder juristischen Person.

(4) Für die Zwecke der persönlichen Erklärung über die Höhe der in Absatz 3 Nummer 3 genannten Beträge kann die Verwertungsgesellschaft angemessene Stufen festlegen.

§ 22. Aufsichtsgremium. (1) Die Verwertungsgesellschaft verfügt über ein Gremium, das mit der kontinuierlichen Überwachung derjenigen Personen betraut ist, die kraft Gesetzes oder nach dem Statut zur Vertretung der Verwertungsgesellschaft berechtigt sind (Aufsichtsgremium).

(2) In dem Aufsichtsgremium müssen die verschiedenen Kategorien von Mitgliedern fair und ausgewogen vertreten sein.

(3) Das Aufsichtsgremium hat mindestens folgende Befugnisse und Aufgaben:

1. die Befugnisse, die ihm von der Mitgliederhauptversammlung übertragen werden;
2. die Tätigkeit und die Aufgabenerfüllung derjenigen Personen zu überwachen, die kraft Gesetzes oder nach dem Statut zur Vertretung der Verwertungsgesellschaft berechtigt sind;

3. die Tätigkeit und die Aufgabenerfüllung derjenigen Personen zu überwachen, die kraft Gesetzes oder nach dem Statut zur Vertretung einer von der Verwertungsgesellschaft abhängigen Verwertungseinrichtung berechtigt sind, soweit die abhängige Verwertungseinrichtung Tätigkeiten einer Verwertungsgesellschaft ausübt.

(4) Das Aufsichtsgremium tritt regelmäßig zusammen und berichtet der Mitgliederhauptversammlung mindestens einmal im Jahr über seine Tätigkeit.

(5) Die Mitglieder des Aufsichtsgremiums geben mindestens einmal jährlich gegenüber der Mitgliederhauptversammlung eine Erklärung nach § 21 Absatz 3 ab. § 21 Absatz 4 gilt entsprechend.

Unterabschnitt 3. Einnahmen aus den Rechten

§ 23. Einziehung, Verwaltung und Verteilung der Einnahmen aus den Rechten. Die Verwertungsgesellschaft hat die Einnahmen aus den Rechten, einschließlich der Einnahmen aus den Rechten, die sie auf Grundlage einer Repräsentationsvereinbarung (§ 44) wahrnimmt, nach Maßgabe dieses Unterabschnitts mit der gebotenen Sorgfalt einzuziehen, zu verwalten und zu verteilen, soweit dieses Gesetz nichts anderes bestimmt. Zu den Einnahmen aus den Rechten im Sinne dieses Gesetzes zählen auch die Erträge aus der Anlage dieser Einnahmen.

§ 24. Getrennte Konten. Die Verwertungsgesellschaft weist in der Buchführung getrennt aus:

1. die Einnahmen aus den Rechten,
2. ihr eigenes Vermögen, die Erträge aus dem eigenen Vermögen sowie die Einnahmen zur Deckung der Verwaltungskosten und aus sonstiger Tätigkeit.

§ 25. Anlage der Einnahmen aus den Rechten. (1) Legt die Verwertungsgesellschaft Einnahmen aus den Rechten an, so erfolgt dies im ausschließlichen und besten Interesse der Berechtigten. Die Verwertungsgesellschaft stellt für die Zwecke der Anlage der Einnahmen aus den Rechten eine Richtlinie auf (Anlagerichtlinie) und beachtet diese bei der Anlage.

(2) Die Anlagerichtlinie muss

1. der allgemeinen Anlagepolitik (§ 17 Absatz 1 Satz 2 Nummer 8) und den Grundsätzen des Risikomanagements (§ 17 Absatz 1 Satz 2 Nummer 5) entsprechen;
2. gewährleisten, dass die Anlage in den in § 1807 Absatz 1 des Bürgerlichen Gesetzbuchs genannten Anlageformen oder in anderen Anlageformen unter Beachtung der Grundsätze einer wirtschaftlichen Vermögensverwaltung gemäß § 1811 Satz 2 des Bürgerlichen Gesetzbuchs erfolgt;
3. gewährleisten, dass die Anlagen in angemessener Weise so gestreut werden, dass eine zu große Abhängigkeit von einem bestimmten Vermögenswert und eine Risikokonzentration im Portfolio insgesamt vermieden werden.

(3) Die Verwertungsgesellschaft lässt die Vereinbarkeit der Anlagerichtlinie und jeder Änderung der Anlagerichtlinie mit den Vorgaben nach Absatz 2 durch einen

Wirtschaftsprüfer oder eine Wirtschaftsprüfungsgesellschaft unverzüglich prüfen und bestätigen.

§ 26. Verwendung der Einnahmen aus den Rechten. Die Verwertungsgesellschaft darf die Einnahmen aus den Rechten nur zu folgenden Zwecken verwenden:

1. zur Verteilung an die Berechtigten (§ 27) und an andere Verwertungsgesellschaften im Rahmen von Repräsentationsvereinbarungen (§ 46);
2. gemäß einem nach § 17 Absatz 1 Satz 2 Nummer 7 gefassten Beschluss, soweit die Einnahmen aus den Rechten nicht verteilbar sind;
3. gemäß einem nach § 17 Absatz 1 Satz 2 Nummer 9 gefassten Beschluss über Abzüge zur Deckung der Verwaltungskosten;
4. gemäß einem nach § 17 Absatz 1 Satz 2 Nummer 9 gefassten Beschluss über Abzüge zur Förderung kulturell bedeutender Werke und Leistungen und für die Einrichtung und den Betrieb von Vorsorge- und Unterstützungseinrichtungen (§ 32).

§ 27. Verteilungsplan. (1) Die Verwertungsgesellschaft stellt feste Regeln auf, die ein willkürliches Vorgehen bei der Verteilung der Einnahmen aus den Rechten ausschließen (Verteilungsplan).

(2) Nimmt die Verwertungsgesellschaft Rechte für mehrere Rechtsinhaber gemeinsam wahr, kann sie im Verteilungsplan regeln, dass die Einnahmen aus der Wahrnehmung dieser Rechte unabhängig davon, wer die Rechte eingebracht hat, nach festen Anteilen verteilt werden

§ 27a. Einnahmen aus gesetzlichen Vergütungsansprüchen des Urhebers. (1) Nach der Veröffentlichung eines verlegten Werks oder mit der Anmeldung des Werks bei der Verwertungsgesellschaft kann der Urheber gegenüber der Verwertungsgesellschaft zustimmen, dass der Verleger an den Einnahmen aus den in § 63a Satz 1 des Urheberrechtsgesetzes genannten gesetzlichen Vergütungsansprüchen beteiligt wird.

(2) Die Verwertungsgesellschaft legt die Höhe des Verlegeranteils nach Absatz 1 fest.

§ 28. Verteilungsfrist. (1) Die Verwertungsgesellschaft bestimmt im Verteilungsplan oder in den Wahrnehmungsbedingungen Fristen, binnen derer die Einnahmen aus den Rechten verteilt werden.

(2) Die Verwertungsgesellschaft bestimmt die Fristen so, dass die Einnahmen aus den Rechten spätestens neun Monate nach Ablauf des Geschäftsjahres, in dem sie eingezogen wurden, verteilt werden.

(3) Die Verwertungsgesellschaft kann vorsehen, dass eine Frist nicht abläuft, solange die Verwertungsgesellschaft aus sachlichen Gründen an der Durchführung der Verteilung gehindert ist.

(4) Einnahmen aus den Rechten, die nicht innerhalb der Fristen ausgeschüttet werden, weil der Berechtigte nicht festgestellt oder ausfindig gemacht werden kann, weist die Verwertungsgesellschaft in der Buchführung getrennt aus.

§ 29. Feststellung der Berechtigten. (1) Können Einnahmen aus den Rechten nicht innerhalb der Verteilungsfrist (§ 28) verteilt werden, weil ein Berechtigter nicht festgestellt oder ausfindig gemacht werden kann, trifft die Verwertungsgesellschaft angemessene Maßnahmen, um den Berechtigten festzustellen oder ausfindig zu machen.

(2) Insbesondere stellt die Verwertungsgesellschaft ihren Mitgliedern, ihren Berechtigten und allen Verwertungsgesellschaften, für die sie im Rahmen einer Repräsentationsvereinbarung Rechte wahrnimmt, spätestens drei Monate nach Ablauf der Verteilungsfrist (§ 28), soweit verfügbar, folgende Angaben über die Werke und sonstigen Schutzgegenstände, deren Berechtigte nicht festgestellt oder ausfindig gemacht werden konnten, zur Verfügung:

1. den Titel des Werks oder sonstigen Schutzgegenstands,
2. den Namen des Berechtigten, der nicht festgestellt oder ausfindig gemacht werden kann,
3. den Namen des betreffenden Verlegers oder Herstellers und
4. alle sonstigen erforderlichen Informationen, die zur Feststellung des Berechtigten beitragen könnten.

(3) Die Verwertungsgesellschaft veröffentlicht die Angaben nach Absatz 2 spätestens ein Jahr nach Ablauf der Dreimonatsfrist, wenn der Berechtigte nicht inzwischen festgestellt oder ausfindig gemacht werden konnte.

§ 30. Nicht verteilbare Einnahmen aus den Rechten. (1) Einnahmen aus den Rechten gelten als nicht verteilbar, wenn der Berechtigte nicht innerhalb von drei Jahren nach Ablauf des Geschäftsjahres, in dem die Einnahmen aus den Rechten eingezogen wurden, festgestellt oder ausfindig gemacht werden konnte und die Verwertungsgesellschaft die erforderlichen Maßnahmen nach § 29 ergriffen hat.

(2) Die Verwertungsgesellschaft stellt allgemeine Regeln über die Verwendung der nicht verteilbaren Einnahmen aus den Rechten auf.

(3) Die Ansprüche des Berechtigten aus dem Wahrnehmungsverhältnis bleiben unberührt.

§ 31. Abzüge von den Einnahmen aus den Rechten. (1) Abzüge von den Einnahmen aus den Rechten müssen im Verhältnis zu den Leistungen der Verwertungsgesellschaft an die Berechtigten angemessen sein und anhand von objektiven Kriterien festgelegt werden.

(2) Soweit die Verwertungsgesellschaft zur Deckung der Kosten, die ihr für die Wahrnehmung von Urheberrechten und verwandten Schutzrechten entstehen (Verwaltungskosten), Abzüge von den Einnahmen aus den Rechten vornimmt, dürfen die Abzüge die gerechtfertigten und belegten Verwaltungskosten nicht übersteigen.

§ 32. Kulturelle Förderung; Vorsorge- und Unterstützungseinrichtungen. (1) Die Verwertungsgesellschaft soll kulturell bedeutende Werke und Leistungen fördern.

(2) Die Verwertungsgesellschaft soll Vorsorge- und Unterstützungseinrichtungen für ihre Berechtigten einrichten.

(3) Werden kulturelle Förderungen und Vorsorge- und Unterstützungseinrichtungen durch Abzüge von den Einnahmen aus den Rechten finanziert, so hat die Verwertungsgesellschaft die kulturellen Förderungen und die Leistungen der Vor-

sorge- und Unterstützungseinrichtungen nach festen Regeln, die auf fairen Kriterien beruhen, zu erbringen.

UNTERABSCHNITT 4. BESCHWERDEVERFAHREN

§ 33. Beschwerdeverfahren. (1) Die Verwertungsgesellschaft regelt wirksame und zügige Beschwerdeverfahren.

(2) Als Gegenstand einer Beschwerde sind dabei insbesondere zu benennen:
1. die Aufnahme und die Beendigung der Rechtewahrnehmung oder der Entzug von Rechten,
2. die Bedingungen für die Mitgliedschaft und die Wahrnehmungsbedingungen,
3. die Einziehung, Verwaltung und Verteilung der Einnahmen aus den Rechten,
4. die Abzüge von den Einnahmen aus den Rechten.

(3) Die Verwertungsgesellschaft entscheidet über Beschwerden in Textform. Soweit die Verwertungsgesellschaft der Beschwerde nicht abhilft, hat sie dies zu begründen.

ABSCHNITT 2 AUSSENVERHÄLTNIS

UNTERABSCHNITT 1. VERTRÄGE UND TARIFE

§ 34. Abschlusszwang. (1) Die Verwertungsgesellschaft ist verpflichtet, aufgrund der von ihr wahrgenommenen Rechte jedermann auf Verlangen zu angemessenen Bedingungen Nutzungsrechte einzuräumen. Die Bedingungen müssen insbesondere objektiv und nichtdiskriminierend sein und eine angemessene Vergütung vorsehen.

(2) Die Verwertungsgesellschaft verstößt nicht bereits deshalb gegen ihre Verpflichtung zur Nichtdiskriminierung, weil sie die zwischen ihr und dem Anbieter eines neuartigen Online-Dienstes vereinbarten Bedingungen nicht auch einem anderen Anbieter eines gleichartigen neuartigen Online-Dienstes gewährt. Neuartig ist ein Online-Dienst, der seit weniger als drei Jahren der Öffentlichkeit in der Europäischen Union oder einem anderen Vertragsstaat des Abkommens über den Europäischen Wirtschaftsraum zur Verfügung steht.

§ 35. Gesamtverträge. Die Verwertungsgesellschaft ist verpflichtet, über die von ihr wahrgenommenen Rechte mit Nutzervereinigungen einen Gesamtvertrag zu angemessenen Bedingungen abzuschließen, es sei denn, der Verwertungsgesellschaft ist der Abschluss des Gesamtvertrags nicht zuzumuten, insbesondere weil die Nutzervereinigung eine zu geringe Mitgliederzahl hat.

§ 36. Verhandlungen. (1) Verwertungsgesellschaft und Nutzer oder Nutzervereinigung verhandeln nach Treu und Glauben über die von der Verwertungsgesellschaft wahrgenommenen Rechte. Die Beteiligten stellen sich gegenseitig alle für die Verhandlungen notwendigen Informationen zur Verfügung.

(2) Die Verwertungsgesellschaft antwortet unverzüglich auf Anfragen des Nutzers oder der Nutzervereinigung und teilt mit, welche Angaben sie für ein Vertragsangebot benötigt. Sie unterbreitet dem Nutzer unverzüglich nach Eingang aller erforderlichen Informationen ein Angebot über die Einräumung der von ihr

wahrgenommenen Rechte oder gibt eine begründete Erklärung ab, warum sie kein solches Angebot unterbreitet.

§ 37. Hinterlegung; Zahlung unter Vorbehalt. Kommt eine Einigung über die Höhe der Vergütung für die Einräumung von Nutzungsrechten nicht zustande, so gelten die Nutzungsrechte als eingeräumt, wenn die Vergütung

1. in Höhe des vom Nutzer anerkannten Betrages an die Verwertungsgesellschaft gezahlt worden ist und

2. in Höhe der darüber hinausgehenden Forderung der Verwertungsgesellschaft unter Vorbehalt an die Verwertungsgesellschaft gezahlt oder zu ihren Gunsten hinterlegt worden ist.

§ 38. Tarifaufstellung. Die Verwertungsgesellschaft stellt Tarife auf über die Vergütung, die sie aufgrund der von ihr wahrgenommenen Rechte fordert. Soweit Gesamtverträge abgeschlossen sind, gelten die dort vereinbarten Vergütungssätze als Tarife.

§ 39. Tarifgestaltung. (1) Berechnungsgrundlage für die Tarife sollen in der Regel die geldwerten Vorteile sein, die durch die Verwertung erzielt werden. Die Tarife können sich auch auf andere Berechnungsgrundlagen stützen, wenn diese ausreichende, mit einem wirtschaftlich vertretbaren Aufwand zu erfassende Anhaltspunkte für die durch die Verwertung erzielten Vorteile ergeben.

(2) Bei der Tarifgestaltung ist auf den Anteil der Werknutzung am Gesamtumfang des Verwertungsvorgangs und auf den wirtschaftlichen Wert der von der Verwertungsgesellschaft erbrachten Leistungen angemessen Rücksicht zu nehmen.

(3) Die Verwertungsgesellschaft soll bei der Tarifgestaltung und bei der Einziehung der tariflichen Vergütung auf religiöse, kulturelle und soziale Belange der Nutzer, einschließlich der Belange der Jugendhilfe, angemessen Rücksicht nehmen.

(4) Die Verwertungsgesellschaft informiert die betroffenen Nutzer über die Kriterien, die der Tarifaufstellung zugrunde liegen.

§ 40. Gestaltung der Tarife für Geräte und Speichermedien. (1) Die Höhe der Vergütung für Geräte und Speichermedien bestimmt sich nach § 54a des Urheberrechtsgesetzes. Die Verwertungsgesellschaften stellen hierfür Tarife auf Grundlage einer empirischen Untersuchung aus einem Verfahren gemäß § 93 auf. § 38 Satz 2 bleibt unberührt.

(2) Die Pflicht zur Tarifaufstellung entfällt, wenn zu erwarten ist, dass der dafür erforderliche wirtschaftliche Aufwand außer Verhältnis zu den zu erwartenden Einnahmen stehen würde.

UNTERABSCHNITT 2. MITTEILUNGSPFLICHTEN

§ 41. Auskunftspflicht der Nutzer. (1) Die Verwertungsgesellschaft kann von dem Nutzer Auskunft über die Nutzung derjenigen Werke und sonstiger Schutzgegenstände verlangen, an denen sie dem Nutzer die Nutzungsrechte eingeräumt hat, soweit die Auskunft für die Einziehung der Einnahmen aus den Rechten oder für deren Verteilung erforderlich ist. Dies gilt nicht, soweit dem Nutzer die Erteilung der Auskunft nur mit unangemessen hohem Aufwand möglich ist.

(2) Die Verwertungsgesellschaft vereinbart mit dem Nutzer in den Nutzungsverträgen angemessene Regelungen über die Erteilung der Auskunft.

(3) Hinsichtlich des Formats von Meldungen sollen die Verwertungsgesellschaft und der Nutzer branchenübliche Standards berücksichtigen.

§ 42. Meldepflicht der Nutzer. (1) Veranstalter von öffentlichen Wiedergaben urheberrechtlich geschützter Werke haben vor der Veranstaltung die Einwilligung der Verwertungsgesellschaft einzuholen, welche die Nutzungsrechte an diesen Werken wahrnimmt.

(2) Nach der Veranstaltung hat der Veranstalter der Verwertungsgesellschaft eine Aufstellung über die bei der Veranstaltung genutzten Werke zu übersenden. Dies gilt nicht für

1. die Wiedergabe eines Werkes mittels Tonträger,
2. die Wiedergabe von Funksendungen eines Werkes sowie
3. Veranstaltungen, auf denen in der Regel nicht geschützte oder nur unwesentlich bearbeitete nicht geschützte Werke der Musik aufgeführt werden.

(3) Soweit für die Verteilung von Einnahmen aus der Wahrnehmung von Rechten zur Wiedergabe von Funksendungen Auskünfte der Sendeunternehmen erforderlich sind, die die Funksendungen veranstaltet haben, erteilen diese Sendeunternehmen der Verwertungsgesellschaft die Auskünfte gegen Erstattung der Unkosten.

§ 43. Elektronische Kommunikation. Die Verwertungsgesellschaft eröffnet allen Nutzern einen Zugang für die elektronische Kommunikation, einschließlich zur Meldung über die Nutzung der Rechte.

ABSCHNITT 3
BESONDERE VORSCHRIFTEN FÜR DIE WAHRNEHMUNG VON RECHTEN AUF GRUNDLAGE VON REPRÄSENTATIONSVEREINBARUNGEN

§ 44. Repräsentationsvereinbarung; Diskriminierungsverbot. Beauftragt eine Verwertungsgesellschaft eine andere Verwertungsgesellschaft, die von ihr wahrgenommenen Rechte wahrzunehmen (Repräsentationsvereinbarung), so darf die beauftragte Verwertungsgesellschaft die Rechtsinhaber, deren Rechte sie auf Grundlage der Repräsentationsvereinbarung wahrnimmt, nicht diskriminieren.

§ 45. Abzüge. Die beauftragte Verwertungsgesellschaft darf von den Einnahmen aus den Rechten, die sie auf Grundlage einer Repräsentationsvereinbarung wahrnimmt, andere Abzüge als zur Deckung der Verwaltungskosten nur vornehmen, soweit die beauftragende Verwertungsgesellschaft ausdrücklich zugestimmt hat.

§ 46. Verteilung. (1) Für die Verteilung der Einnahmen aus den Rechten, die die beauftragte Verwertungsgesellschaft auf Grundlage einer Repräsentationsvereinbarung wahrnimmt, ist der Verteilungsplan der beauftragten Verwertungsgesellschaft maßgeblich, soweit die Verwertungsgesellschaften in der Repräsentationsvereinbarung keine abweichenden Vereinbarungen treffen. Abweichende Vereinbarungen in der Repräsentationsvereinbarung müssen ein willkürliches Vorgehen bei der Verteilung ausschließen.

(2) Von den Vorschriften über die Verteilungsfrist (§ 28) kann in der Repräsentationsvereinbarung nicht zum Nachteil der beauftragenden Verwertungsgesellschaft abgewichen werden.

(3) Bezieht sich die Repräsentationsvereinbarung auf Rechte und Werke oder sonstige Schutzgegenstände, die zum Tätigkeitsbereich beider Verwertungsgesellschaften zählen, so hat die beauftragende Verwertungsgesellschaft die Vertei-

lungsfrist (§ 28) so zu bestimmen, dass die Einnahmen aus den Rechten spätestens sechs Monate nach Erhalt an die von ihr vertretenen Berechtigten verteilt werden.

§ 47. Informationspflichten. Die beauftragte Verwertungsgesellschaft informiert spätestens zwölf Monate nach Ablauf eines jeden Geschäftsjahres die Verwertungsgesellschaften, für die sie in diesem Geschäftsjahr auf Grundlage einer Repräsentationsvereinbarung Rechte wahrgenommen hat, elektronisch mindestens über:

1. die in diesem Geschäftsjahr der beauftragenden Verwertungsgesellschaft zugewiesenen Einnahmen aus denjenigen Rechten, die von der Repräsentationsvereinbarung umfasst sind, aufgeschlüsselt nach Kategorie der Rechte und Art der Nutzung;
2. die in diesem Geschäftsjahr an die beauftragende Verwertungsgesellschaft ausgeschütteten Einnahmen aus denjenigen Rechten, die von der Repräsentationsvereinbarung umfasst sind, aufgeschlüsselt nach Kategorie der Rechte und Art der Nutzung;
3. sämtliche der beauftragenden Verwertungsgesellschaft zugewiesenen, aber noch nicht ausgeschütteten Einnahmen aus den Rechten;
4. die in diesem Geschäftsjahr zur Deckung der Verwaltungskosten vorgenommenen Abzüge von den Einnahmen aus den Rechten;
5. die in diesem Geschäftsjahr für andere Zwecke als zur Deckung der Verwaltungskosten vorgenommenen Abzüge aus den Einnahmen von den Rechten;
6. Informationen zu den mit Nutzern abgeschlossenen Verträgen sowie zu Vertragsanfragen von Nutzern, die abgelehnt wurden, soweit sich die Verträge und Vertragsanfragen auf Werke und andere Schutzgegenstände beziehen, die von der Repräsentationsvereinbarung umfasst sind, und
7. die Beschlüsse der Mitgliederhauptversammlung, sofern die Beschlüsse für die Wahrnehmung der unter die Repräsentationsvereinbarung fallenden Rechte maßgeblich sind.

ABSCHNITT 4
VERMUTUNGEN;
AUSSENSEITER BEI
KABELWEITERSENDUNG

§ 48. Vermutung bei Auskunftsansprüchen. Macht die Verwertungsgesellschaft einen Auskunftsanspruch geltend, der nur durch eine Verwertungsgesellschaft geltend gemacht werden kann, so wird vermutet, dass sie die Rechte aller Rechtsinhaber wahrnimmt.

§ 49. Vermutung bei gesetzlichen Vergütungsansprüchen. (1) Macht die Verwertungsgesellschaft einen Vergütungsanspruch nach § 27, § 54 Absatz 1, § 54c Absatz 1, § 77 Absatz 2, § 85 Absatz 4, § 94 Absatz 4 oder § 137l Absatz 5 des Urheberrechtsgesetzes geltend, so wird vermutet, dass sie die Rechte aller Rechtsinhaber wahrnimmt.

(2) Ist mehr als eine Verwertungsgesellschaft zur Geltendmachung des Anspruchs berechtigt, so gilt die Vermutung nur, wenn der Anspruch von allen berechtigten Verwertungsgesellschaften gemeinsam geltend gemacht wird.

(3) Soweit die Verwertungsgesellschaft Zahlungen auch für die Rechtsinhaber erhält, deren Rechte sie nicht wahrnimmt, hat sie den Nutzer von den Vergütungsansprüchen dieser Rechtsinhaber freizustellen.

§ 50. Außenseiter bei Kabelweitersendung. (1) Hat ein Rechtsinhaber die Wahrnehmung seines Rechts der Kabelweitersendung im Sinne des § 20b Absatz 1 Satz 1 des Urheberrechtsgesetzes keiner Verwertungsgesellschaft übertragen, so gilt die Verwertungsgesellschaft, die Rechte dieser Art wahrnimmt und der eine Erlaubnis (§ 77) erteilt wurde, als berechtigt, seine Rechte wahrzunehmen. Kommen dafür mehrere Verwertungsgesellschaften in Betracht, so gelten sie gemeinsam als berechtigt; wählt der Rechtsinhaber eine von ihnen aus, so gilt nur diese als berechtigt. Die Sätze 1 und 2 gelten nicht für Rechte, die das Sendeunternehmen innehat, dessen Sendung weitergesendet wird.

(2) Hat die Verwertungsgesellschaft, die nach Absatz 1 als berechtigt gilt, eine Vereinbarung über die Kabelweitersendung getroffen, so hat der Rechtsinhaber im Verhältnis zu dieser Verwertungsgesellschaft die gleichen Rechte und Pflichten, wie wenn er ihr seine Rechte zur Wahrnehmung übertragen hätte. Seine Ansprüche verjähren in drei Jahren von dem Zeitpunkt an, in dem die Verwertungsgesellschaft nach dem Verteilungsplan oder den Wahrnehmungsbedingungen die Abrechnung der Kabelweitersendung vorzunehmen hat; die Verwertungsgesellschaft kann ihm eine Verkürzung durch Meldefristen oder auf ähnliche Weise nicht entgegenhalten.

**ABSCHNITT 5
VERGRIFFENE WERKE**

§ 51. Vergriffene Werke. (1) Es wird vermutet, dass eine Verwertungsgesellschaft, die Rechte der Vervielfältigung (§ 16 des Urheberrechtsgesetzes) und der öffentlichen Zugänglichmachung (§ 19a des Urheberrechtsgesetzes) an vergriffenen Werken wahrnimmt und der eine Erlaubnis (§ 77) erteilt wurde, berechtigt ist, für ihren Tätigkeitsbereich Nutzern diese Rechte auch an Werken derjenigen Rechtsinhaber einzuräumen, die die Verwertungsgesellschaft nicht mit der Wahrnehmung ihrer Rechte beauftragt haben, wenn

1. es sich um vergriffene Werke handelt, die vor dem 1. Januar 1966 in Büchern, Fachzeitschriften, Zeitungen, Zeitschriften oder in anderen Schriften veröffentlicht wurden,
2. sich die Werke im Bestand von öffentlich zugänglichen Bibliotheken, Bildungseinrichtungen, Museen, Archiven und von im Bereich des Film- oder Tonerbes tätigen Einrichtungen befinden,
3. die Vervielfältigung und die öffentliche Zugänglichmachung nicht gewerblichen Zwecken dient,
4. die Werke auf Antrag der Verwertungsgesellschaft in das Register vergriffener Werke (§ 52) eingetragen worden sind und
5. die Rechtsinhaber nicht innerhalb von sechs Wochen nach Bekanntmachung der Eintragung gegenüber dem Register ihren Widerspruch gegen die beabsichtigte Wahrnehmung ihrer Rechte durch die Verwertungsgesellschaft erklärt haben.

(2) Rechtsinhaber können der Wahrnehmung ihrer Rechte durch die Verwertungsgesellschaft jederzeit widersprechen.

(3) Ist mehr als eine Verwertungsgesellschaft zur Wahrnehmung der Rechte gemäß Absatz 1 berechtigt, so gilt die Vermutung nach Absatz 1 nur, wenn die Rechte von allen Verwertungsgesellschaften gemeinsam wahrgenommen werden.

(4) Soweit die Verwertungsgesellschaft Zahlungen auch für Rechtsinhaber erhält, die die Verwertungsgesellschaft nicht mit der Wahrnehmung ihrer Rechte

beauftragt haben, stellt sie den Nutzer von Ansprüchen dieser Rechtsinhaber frei. Wird vermutet, dass eine Verwertungsgesellschaft nach den Absätzen 1 und 2 zur Rechtewahrnehmung berechtigt ist, so hat ein Rechtsinhaber im Verhältnis zur Verwertungsgesellschaft die gleichen Rechte und Pflichten wie bei einer Übertragung der Rechte zur Wahrnehmung.

§ 52. Register vergriffener Werke; Verordnungsermächtigung. (1) Das Register vergriffener Werke wird beim Deutschen Patent- und Markenamt geführt. Das Register enthält die folgenden Angaben:

1. Titel des Werkes,

2. Bezeichnung des Urhebers,

3. Verlag, von dem das Werk veröffentlicht worden ist,

4. Datum der Veröffentlichung des Werkes,

5. Bezeichnung der Verwertungsgesellschaft, die den Antrag nach § 51 Absatz 1 Nummer 4 gestellt hat, und

6. Angabe, ob der Rechtsinhaber der Wahrnehmung seiner Rechte durch die Verwertungsgesellschaft widersprochen hat.

(2) Das Deutsche Patent- und Markenamt bewirkt die Eintragungen, ohne die Berechtigung des Antragstellers oder die Richtigkeit der zur Eintragung angemeldeten Tatsachen zu prüfen. Die Gebühren und Auslagen für die Eintragung sind im Voraus zu entrichten.

(3) Die Eintragungen werden auf der Internetseite des Deutschen Patent- und Markenamtes (www.dpma.de) bekannt gemacht.

(4) Die Einsicht in das Register steht jeder Person über die Internetseite des Deutschen Patent- und Markenamtes (www.dpma.de) frei.

(5) Das Bundesministerium der Justiz und für Verbraucherschutz wird ermächtigt, durch Rechtsverordnung ohne Zustimmung des Bundesrates

1. Bestimmungen über die Form des Antrags auf Eintragung in das Register sowie über die Führung des Registers zu erlassen,

2. zur Deckung des Verwaltungsaufwands für die Eintragung die Erhebung von Gebühren und Auslagen anzuordnen sowie Bestimmungen über den Kostenschuldner, die Fälligkeit von Kosten, die Kostenvorschusspflicht, über Kostenbefreiungen, über die Verjährung, das Kostenfestsetzungsverfahren und die Rechtsbehelfe gegen die Kostenfestsetzung zu treffen.

§ 52a. Datenschutz. Soweit personenbezogene Daten im Register vergriffener Werke enthalten sind, bestehen nicht

1. das Recht auf Auskunft gemäß Artikel 15 Absatz 1 Buchstabe c der Verordnung (EU) 2016/679 des Europäischen Parlaments und des Rates vom 27. April 2016 zum Schutz natürlicher Personen bei der Verarbeitung personenbezogener Daten, zum freien Datenverkehr und zur Aufhebung der Richtlinie 95/46/EG (Datenschutz-Grundverordnung) (ABl. L 119 vom 4.5.2016, S. 1; L 314 vom 22.11.2016, S. 72),

2. die Mitteilungspflicht gemäß Artikel 19 Satz 2 der Verordnung (EU) 2016/679 und

3. das Recht auf Widerspruch gemäß Artikel 21 Absatz 1 der Verordnung (EU) 2016/679.

Das Recht auf Erhalt einer Kopie nach Artikel 15 Absatz 3 der Verordnung (EU) 2016/679 wird dadurch erfüllt, dass die betroffene Person Einsicht in das Register vergriffener Werke des Deutschen Patent- und Markenamtes nehmen kann.

Abschnitt 6
Informationspflichten; Rechnungslegung und Transparenzbericht

Unterabschnitt 1. Informationspflichten

§ 53. Information der Rechtsinhaber vor Zustimmung zur Wahrnehmung. (1) Bevor die Verwertungsgesellschaft die Zustimmung des Rechtsinhabers zur Wahrnehmung seiner Rechte einholt, informiert sie den Rechtsinhaber über:

1. die ihm nach den §§ 9 bis 12 zustehenden Rechte einschließlich der in § 11 genannten Bedingungen sowie

2. die Abzüge von den Einnahmen aus den Rechten, einschließlich der Abzüge zur Deckung der Verwaltungskosten.

(2) Die Verwertungsgesellschaft führt die Rechte nach den §§ 9 bis 12 in dem Statut oder in den Wahrnehmungsbedingungen auf.

§ 54. Informationen für Berechtigte. Die Verwertungsgesellschaft informiert spätestens zwölf Monate nach Ablauf eines jeden Geschäftsjahres alle Berechtigten, an die sie in diesem Geschäftsjahr Einnahmen aus den Rechten verteilt hat, mindestens über:

1. alle Kontaktdaten, die von der Verwertungsgesellschaft mit Zustimmung des Berechtigten dazu verwendet werden können, den Berechtigten festzustellen und ausfindig zu machen,

2. die in diesem Geschäftsjahr dem Berechtigten zugewiesenen Einnahmen aus den Rechten,

3. die in diesem Geschäftsjahr an den Berechtigten ausgeschütteten Einnahmen aus den Rechten nach Kategorien der wahrgenommenen Rechte und Art der Nutzungen,

4. den Zeitraum, in dem die Nutzungen, für die Einnahmen aus den Rechten an den Berechtigten verteilt wurden, stattgefunden haben, sofern nicht sachliche Gründe im Zusammenhang mit Meldungen von Nutzern die Verwertungsgesellschaft daran hindern, diese Angaben zur Verfügung zu stellen,

5. die in diesem Geschäftsjahr zur Deckung der Verwaltungskosten vorgenommenen Abzüge von den Einnahmen aus den Rechten,

6. die in diesem Geschäftsjahr für andere Zwecke als zur Deckung der Verwaltungskosten vorgenommenen Abzüge von den Einnahmen aus den Rechten, einschließlich gegebenenfalls vorgenommener Abzüge zur Förderung kulturell bedeutender Werke und Leistungen, und für die Einrichtung und den Betrieb von Vorsorge- und Unterstützungseinrichtungen und

7. sämtliche dem Berechtigten zugewiesenen, aber noch nicht ausgeschütteten Einnahmen aus den Rechten.

§ 55. Informationen zu Werken und sonstigen Schutzgegenständen. (1) Die Verwertungsgesellschaft informiert die Rechtsinhaber, die Verwertungsgesellschaften, für die sie auf der Grundlage einer Repräsentationsvereinbarung Rechte wahrnimmt, und die Nutzer jeweils auf hinreichend begründete Anfrage unverzüglich und elektronisch mindestens über:

1. die Werke oder sonstigen Schutzgegenstände sowie die Rechte, die sie unmittelbar oder auf Grundlage von Repräsentationsvereinbarungen wahrnimmt, und die jeweils umfassten Gebiete oder

2. die Arten von Werken oder sonstigen Schutzgegenständen sowie die Rechte, die sie unmittelbar oder auf Grundlage einer Repräsentationsvereinbarung wahrnimmt, und die jeweils umfassten Gebiete, wenn aufgrund des Tätigkeitsbereichs der Verwertungsgesellschaft Werke und sonstige Schutzgegenstände nicht bestimmt werden können.

(2) Die Verwertungsgesellschaft darf, soweit dies erforderlich ist, angemessene Maßnahmen ergreifen, um die Richtigkeit und Integrität der Informationen zu schützen, um ihre Weiterverwendung zu kontrollieren und um wirtschaftlich sensible Informationen zu schützen.

(3) Die Verwertungsgesellschaft kann die Erteilung der Informationen von der Erstattung der damit verbundenen Kosten abhängig machen, soweit dies angemessen ist.

§ 56. Informationen für die Allgemeinheit. (1) Die Verwertungsgesellschaft veröffentlicht mindestens die folgenden Informationen auf ihrer Internetseite:

1. das Statut,
2. die Wahrnehmungsbedingungen, einschließlich der Bedingungen für die Beendigung des Wahrnehmungsverhältnisses und den Entzug von Rechten,
3. die Standardnutzungsverträge,
4. die Tarife und die Standardvergütungssätze, jeweils einschließlich Ermäßigungen,
5. die von ihr geschlossenen Gesamtverträge,
6. eine Liste der Personen, die kraft Gesetzes oder nach dem Statut zur Vertretung der Verwertungsgesellschaft berechtigt sind,
7. den Verteilungsplan,
8. die allgemeinen Grundsätze für die zur Deckung der Verwaltungskosten vorgenommenen Abzüge von den Einnahmen aus den Rechten,
9. die allgemeinen Grundsätze für die für andere Zwecke als zur Deckung der Verwaltungskosten vorgenommenen Abzüge von den Einnahmen aus den Rechten, einschließlich gegebenenfalls vorgenommener Abzüge zur Förderung kulturell bedeutender Werke und Leistungen, und für die Einrichtung und den Betrieb von Vorsorge- und Unterstützungseinrichtungen,

10. die allgemeinen Grundsätze für die Verwendung der nicht verteilbaren Einnahmen aus den Rechten,

11. eine Aufstellung der von ihr geschlossenen Repräsentationsvereinbarungen und die Namen der Verwertungsgesellschaften, mit denen die Verträge geschlossen wurden,

12. die Regelungen zum Beschwerdeverfahren nach § 33 sowie die Angabe, in welchen Streitfällen die Schiedsstelle nach den §§ 92 bis 94 angerufen werden kann,

13. die Regelungen gemäß § 63 zur Berichtigung der Daten, auf die in § 61 Absatz 2 Bezug genommen wird, und zur Berichtigung der Informationen nach § 62 Absatz 1.

(2) Die Verwertungsgesellschaft hält die Informationen auf dem aktuellen Stand.

UNTERABSCHNITT 2. RECHNUNGSLEGUNG UND TRANSPARENZBERICHT

§ 57. Jahresabschluss und Lagebericht. (1) Die Verwertungsgesellschaft hat, auch wenn sie nicht in der Rechtsform einer Kapitalgesellschaft betrieben wird, einen aus Bilanz, Gewinn- und Verlustrechnung, Kapitalflussrechnung und Anhang bestehenden Jahresabschluss und einen Lagebericht nach den für große Kapitalgesellschaften geltenden Bestimmungen des Handelsgesetzbuchs aufzustellen, prüfen zu lassen und offenzulegen. Die Offenlegung ist spätestens zum Ablauf von acht Monaten nach dem Schluss des Geschäftsjahres zu bewirken. Der Bestätigungsvermerk ist mit seinem vollen Wortlaut wiederzugeben.

(2) Die Prüfung des Jahresabschlusses umfasst auch die Prüfung, ob die Pflichten nach den §§ 24 und 28 Absatz 4 erfüllt und die Wertansätze und die Zuordnung der Konten unter Beachtung des Grundsatzes der Stetigkeit sachgerecht und nachvollziehbar erfolgt sind, sowie die Prüfung, ob bei der Anlage der Einnahmen aus den Rechten die Anlagerichtlinie beachtet worden ist (§ 25 Absatz 1 Satz 2). Das Ergebnis ist in den Prüfungsbericht aufzunehmen.

(3) Weiter gehende gesetzliche Vorschriften über die Rechnungslegung und Prüfung bleiben unberührt.

§ 58. Jährlicher Transparenzbericht. (1) Die Verwertungsgesellschaft erstellt spätestens acht Monate nach dem Schluss des Geschäftsjahres einen Transparenzbericht (jährlicher Transparenzbericht) für dieses Geschäftsjahr.

(2) Der jährliche Transparenzbericht muss mindestens die in der Anlage[1] aufgeführten Angaben enthalten.

(3) Die Finanzinformationen nach Nummer 1 Buchstabe g der Anlage sowie der Inhalt des gesonderten Berichts nach Nummer 1 Buchstabe h der Anlage sind einer prüferischen Durchsicht durch einen Abschlussprüfer zu unterziehen. Die Vorschriften über die Bestellung des Abschlussprüfers sind auf die prüferische Durchsicht entsprechend anzuwenden. Der Abschlussprüfer fasst das Ergebnis der

---

1) Abgedruckt auf Seite 187.

prüferischen Durchsicht in einer Bescheinigung zum jährlichen Transparenzbericht zusammen.

(4) Die Verwertungsgesellschaft veröffentlicht innerhalb der Frist nach Absatz 1 den jährlichen Transparenzbericht einschließlich des Bestätigungsvermerks über den Jahresabschluss und der Bescheinigung zum jährlichen Transparenzbericht nach Absatz 3 oder etwaiger Beanstandungen, jeweils im vollen Wortlaut, auf ihrer Internetseite. Der jährliche Transparenzbericht muss dort mindestens fünf Jahre lang öffentlich zugänglich bleiben.

Teil 3. Besondere Vorschriften für die gebietsübergreifende Vergabe von Online-Rechten an Musikwerken

§ 59. Anwendungsbereich. (1) Die besonderen Vorschriften dieses Teils gelten für die gebietsübergreifende Vergabe von Online-Rechten an Musikwerken durch Verwertungsgesellschaften.

(2) Online-Rechte im Sinne dieses Gesetzes sind die Rechte, die für die Bereitstellung eines Online-Dienstes erforderlich sind und die dem Urheber nach den Artikeln 2 und 3 der Richtlinie 2001/29/EG des Europäischen Parlaments und des Rates vom 22. Mai 2001 zur Harmonisierung bestimmter Aspekte des Urheberrechts und der verwandten Schutzrechte in der Informationsgesellschaft (ABl. L 167 vom 22.6.2001, S. 10) zustehen.

(3) Gebietsübergreifend im Sinne dieses Gesetzes ist eine Vergabe, wenn sie das Gebiet von mehr als einem Mitgliedstaat der Europäischen Union oder anderen Vertragsstaat des Abkommens über den Europäischen Wirtschaftsraum umfasst.

§ 60. Nicht anwendbare Vorschriften. (1) Im Verhältnis zum Rechtsinhaber ist § 9 Satz 2 nicht anzuwenden.

(2) Im Verhältnis zum Nutzer sind § 34 Absatz 1 Satz 1 sowie die §§ 35, 37 und 38 nicht anzuwenden. Für die Vergütung, die die Verwertungsgesellschaft aufgrund der von ihr wahrgenommenen Rechte fordert, gilt § 39 entsprechend.

§ 61. Besondere Anforderungen an Verwertungsgesellschaften. (1) Die Verwertungsgesellschaft muss über ausreichende Kapazitäten verfügen, um die Daten, die für die Verwaltung von gebietsübergreifend vergebenen Online-Rechten an Musikwerken erforderlich sind, effizient und transparent elektronisch verarbeiten zu können.

(2) Die Verwertungsgesellschaft muss insbesondere

1. jedes Musikwerk, an dem sie Online-Rechte wahrnimmt, korrekt bestimmen können;

2. für jedes Musikwerk und jeden Teil eines Musikwerks, an dem sie Online-Rechte wahrnimmt, die Online-Rechte, und zwar vollständig oder teilweise und in Bezug auf jedes umfasste Gebiet, sowie den zugehörigen Rechtsinhaber bestimmen können;

3. eindeutige Kennungen verwenden, um Rechtsinhaber und Musikwerke zu bestimmen, unter möglichst weitgehender Berücksichtigung der freiwilligen branchenüblichen Standards und Praktiken, die auf internationaler Ebene entwickelt wurden;

4. geeignete Mittel verwenden, um Unstimmigkeiten in den Daten anderer Verwertungsgesellschaften, die gebietsübergreifend Online-Rechte an Musikwerken vergeben, unverzüglich und wirksam erkennen und klären zu können.

§ 62. Informationen zu Musikwerken und Online-Rechten. (1) Die Verwertungsgesellschaft informiert auf hinreichend begründete Anfrage Anbieter von Online-Diensten, Berechtigte, Rechtsinhaber, deren Rechte sie auf Grundlage einer Repräsentationsvereinbarung wahrnimmt, und andere Verwertungsgesellschaften elektronisch über:

1. die Musikwerke, an denen sie aktuell Online-Rechte wahrnimmt,
2. die aktuell vollständig oder teilweise von ihr wahrgenommenen Online-Rechte und
3. die aktuell von der Wahrnehmung umfassten Gebiete.

(2) Die Verwertungsgesellschaft darf, soweit dies erforderlich ist, angemessene Maßnahmen ergreifen, um die Richtigkeit und Integrität der Daten zu schützen, um ihre Weiterverwendung zu kontrollieren und um wirtschaftlich sensible Informationen zu schützen.

§ 63. Berichtigung der Informationen. (1) Die Verwertungsgesellschaft verfügt über Regelungen, wonach Anbieter von Online-Diensten, Rechtsinhaber und andere Verwertungsgesellschaften die Berichtigung der Daten, auf die in § 61 Absatz 2 Bezug genommen wird, und die Berichtigung der Informationen nach § 62 Absatz 1 beantragen können.

(2) Ist ein Antrag begründet, berichtigt die Verwertungsgesellschaft die Daten oder die Informationen unverzüglich.

§ 64. Elektronische Übermittlung von Informationen. (1) Die Verwertungsgesellschaft ermöglicht jedem Berechtigten, elektronisch Informationen zu seinen Musikwerken und zu Online-Rechten an diesen Werken sowie zu den Gebieten zu übermitteln, für die er die Verwertungsgesellschaft mit der Wahrnehmung beauftragt hat. Dabei berücksichtigen die Verwertungsgesellschaft und die Berechtigten so weit wie möglich die freiwilligen branchenüblichen Standards und Praktiken für den Datenaustausch, die auf internationaler Ebene entwickelt wurden.

(2) Im Rahmen von Repräsentationsvereinbarungen gilt Absatz 1 auch für die Berechtigten der beauftragenden Verwertungsgesellschaft, soweit die Verwertungsgesellschaften keine abweichende Vereinbarung treffen.

§ 65. Überwachung von Nutzungen. Die Verwertungsgesellschaft überwacht die Nutzung von Musikwerken durch den Anbieter eines Online-Dienstes, soweit sie an diesen Online-Rechte für die Musikwerke gebietsübergreifend vergeben hat.

§ 66. Elektronische Nutzungsmeldung. (1) Die Verwertungsgesellschaft ermöglicht dem Anbieter eines Online-Dienstes, elektronisch die Nutzung von Musikwerken zu melden. Sie bietet dabei mindestens eine Meldemethode an, die freiwilligen branchenüblichen und auf internationaler Ebene entwickelten Standards und Praktiken für den elektronischen Datenaustausch entspricht.

(2) Die Verwertungsgesellschaft kann eine Meldung ablehnen, wenn sie nicht einer nach Absatz 1 Satz 2 angebotenen Meldemethode entspricht.

§ 67. Abrechnung gegenüber Anbietern von Online-Diensten. (1) Die Verwertungsgesellschaft rechnet gegenüber dem Anbieter eines Online-Dienstes nach dessen Meldung der tatsächlichen Nutzung der Musikwerke unverzüglich ab, es sei denn, dies ist aus Gründen, die dem Anbieter des Online-Dienstes zuzurechnen sind, nicht möglich.

(2) Die Verwertungsgesellschaft rechnet elektronisch ab. Sie bietet dabei mindestens ein Abrechnungsformat an, das freiwilligen branchenüblichen und auf internationaler Ebene entwickelten Standards und Praktiken entspricht.

(3) Der Anbieter eines Online-Dienstes kann die Annahme einer Abrechnung aufgrund ihres Formats nicht ablehnen, wenn die Abrechnung einem nach Absatz 2 Satz 2 angebotenen Abrechnungsformat entspricht.

(4) Bei der Abrechnung sind auf Grundlage der Daten nach § 61 Absatz 2 die Werke und Online-Rechte sowie deren tatsächliche Nutzung anzugeben, soweit dies auf der Grundlage der Meldung möglich ist.

(5) Die Verwertungsgesellschaft sieht geeignete Regelungen vor, nach denen der Anbieter eines Online-Dienstes die Abrechnung beanstanden kann.

§ 68. Verteilung der Einnahmen aus den Rechten; Informationen. (1) Die Verwertungsgesellschaft verteilt die Einnahmen aus der gebietsübergreifenden Vergabe von Online-Rechten an Musikwerken nach deren Einziehung unverzüglich nach Maßgabe des Verteilungsplans an die Berechtigten, es sei denn, dies ist aus Gründen, die dem Anbieter eines Online-Dienstes zuzurechnen sind, nicht möglich.

(2) Bei jeder Ausschüttung informiert die Verwertungsgesellschaft den Berechtigten mindestens über:

1. den Zeitraum der Nutzungen, für die dem Berechtigten eine Vergütung zusteht, sowie die Gebiete, in denen seine Musikwerke genutzt wurden;
2. die eingezogenen Beträge, die Abzüge sowie die von der Verwertungsgesellschaft verteilten Beträge für jedes Online-Recht an einem Musikwerk, mit dessen Wahrnehmung der Berechtigte die Verwertungsgesellschaft beauftragt hat;
3. die für den Berechtigten eingezogenen Beträge, die Abzüge sowie die von der Verwertungsgesellschaft verteilten Beträge, aufgeschlüsselt nach den einzelnen Anbietern eines Online-Dienstes.

(3) Im Rahmen von Repräsentationsvereinbarungen gelten die Absätze 1 und 2 für die Verteilung an die beauftragende Verwertungsgesellschaft entsprechend. Die beauftragende Verwertungsgesellschaft ist für die Verteilung der Beträge und die Weiterleitung der Informationen an ihre Berechtigten verantwortlich, soweit die Verwertungsgesellschaften keine abweichende Vereinbarung treffen.

§ 69. Repräsentationszwang. (1) Eine Verwertungsgesellschaft, die bereits gebietsübergreifend Online-Rechte an Musikwerken für mindestens eine andere Verwertungsgesellschaft vergibt oder anbietet, ist verpflichtet, auf Verlangen einer

Verwertungsgesellschaft, die selbst keine gebietsübergreifenden Online-Rechte an ihren Musikwerken vergibt oder anbietet, eine Repräsentationsvereinbarung abzuschließen. Die Verpflichtung besteht nur hinsichtlich der Kategorie von Online-Rechten an Musikwerken, die die Verwertungsgesellschaft bereits gebietsübergreifend vergibt.

(2) Die Verwertungsgesellschaft antwortet auf ein Verlangen nach Absatz 1 schriftlich und unverzüglich und teilt dabei die zentralen Bedingungen mit, zu denen sie gebietsübergreifend Online-Rechte an Musikwerken vergibt oder anbietet.

(3) Repräsentationsvereinbarungen, in denen eine Verwertungsgesellschaft mit der exklusiven gebietsübergreifenden Vergabe von Online-Rechten an Musikwerken beauftragt wird, sind unzulässig.

§ 70. Informationen der beauftragenden Verwertungsgesellschaft. (1) Die beauftragende Verwertungsgesellschaft stellt der beauftragten Verwertungsgesellschaft diejenigen Informationen über ihre Musikwerke zur Verfügung, die für die gebietsübergreifende Vergabe von Online-Rechten erforderlich sind.

(2) Sind die Informationen nach Absatz 1 unzureichend oder stellt die beauftragende Verwertungsgesellschaft die Informationen in einer Weise zur Verfügung, dass die beauftragte Verwertungsgesellschaft die Anforderungen dieses Teils nicht erfüllen kann, so ist die beauftragte Verwertungsgesellschaft berechtigt,

1. der beauftragenden Verwertungsgesellschaft die Kosten in Rechnung zu stellen, die für die Erfüllung der Anforderungen vernünftigerweise entstanden sind, oder

2. diejenigen Werke von der Wahrnehmung auszuschließen, zu denen nur unzureichende oder nicht verwendbare Informationen vorliegen.

§ 71. Informationen der Mitglieder und Berechtigten bei Repräsentation. Die beauftragende Verwertungsgesellschaft informiert ihre Mitglieder und ihre Berechtigten über die zentralen Bedingungen der von ihr abgeschlossenen Repräsentationsvereinbarungen.

§ 72. Zugang zur gebietsübergreifenden Vergabe von Online-Rechten an Musikwerken. Eine Verwertungsgesellschaft, die bis zum 10. April 2017 Online-Rechte an Musikwerken gebietsübergreifend weder vergibt noch anbietet und auch keine Repräsentationsvereinbarung nach § 69 abgeschlossen hat, ermöglicht es dem Berechtigten, seine Online-Rechte gebietsübergreifend anderweitig zu vergeben. Die Verwertungsgesellschaft ist dabei verpflichtet, auf Verlangen des Berechtigten Online-Rechte an Musikwerken weiterhin zur Vergabe in einzelnen Gebieten wahrzunehmen.

§ 73. Wahrnehmung bei Repräsentation. (1) Die beauftragte Verwertungsgesellschaft nimmt die Online-Rechte an den Musikwerken der beauftragenden Verwertungsgesellschaft zu denselben Bedingungen wahr, wie die Online-Rechte ihrer Berechtigten.

(2) Die beauftragte Verwertungsgesellschaft nimmt die Musikwerke der beauftragenden Verwertungsgesellschaft in alle Angebote auf, die sie an den Anbieter eines Online-Dienstes richtet.

(3) Verwaltungskosten dürfen die Kosten nicht übersteigen, die der beauftragten Verwertungsgesellschaft vernünftigerweise entstanden sind.

§ 74. Ausnahme für Hörfunk- und Fernsehprogramme. Dieser Teil findet keine Anwendung, soweit die Verwertungsgesellschaft auf der Grundlage einer freiwilligen Bündelung der notwendigen Online-Rechte und unter Beachtung der Wettbewerbsregeln gemäß den Artikeln 101 und 102 des Vertrages über die Arbeitsweise der Europäischen Union gebietsübergreifend Online-Rechte an Musikwerken an Sendeunternehmen vergibt, die diese benötigen, um ihre Hörfunk- oder Fernsehprogramme zeitgleich mit der Sendung oder danach sowie sonstige Online-Inhalte, einschließlich Vorschauen, die ergänzend zur ersten Sendung von dem oder für das Sendeunternehmen produziert wurden, öffentlich wiederzugeben oder zugänglich zu machen.

Teil 4. Aufsicht

§ 75. Aufsichtsbehörde. (1) Aufsichtsbehörde ist das Deutsche Patent- und Markenamt.

(2) Die Aufsichtsbehörde nimmt ihre Aufgaben und Befugnisse nur im öffentlichen Interesse wahr.

§ 76. Inhalt der Aufsicht. (1) Die Aufsichtsbehörde achtet darauf, dass die Verwertungsgesellschaft den ihr nach diesem Gesetz obliegenden Verpflichtungen ordnungsgemäß nachkommt.

(2) Hat die Verwertungsgesellschaft ihren Sitz in einem anderen Mitgliedstaat der Europäischen Union oder anderen Vertragsstaat des Abkommens über den Europäischen Wirtschaftsraum und ist sie im Inland tätig, so achtet die Aufsichtsbehörde darauf, dass die Verwertungsgesellschaft die Vorschriften dieses anderen Mitgliedstaates oder Vertragsstaates zur Umsetzung der Richtlinie 2014/26/EU des Europäischen Parlaments und des Rates vom 26. Februar 2014 über die kollektive Wahrnehmung von Urheber- und verwandten Schutzrechten und die Vergabe von Mehrgebietslizenzen für Rechte an Musikwerken für die Online-Nutzung im Binnenmarkt (ABl. L 84 vom 20.3.2014, S. 72) ordnungsgemäß einhält.

(3) Soweit eine Aufsicht über die Verwertungsgesellschaft aufgrund anderer gesetzlicher Vorschriften ausgeübt wird, ist sie im Benehmen mit der Aufsichtsbehörde nach § 75 Absatz 1 auszuüben. Die Unabhängigkeit der für den Datenschutz zuständigen Aufsichtsbehörden bleibt unberührt.

§ 77. Erlaubnis. (1) Eine Verwertungsgesellschaft bedarf der Erlaubnis, wenn sie Urheberrechte oder verwandte Schutzrechte wahrnimmt, die sich aus dem Urheberrechtsgesetz ergeben.

(2) Eine Verwertungsgesellschaft mit Sitz in einem anderen Mitgliedstaat der Europäischen Union oder anderen Vertragsstaat des Abkommens über den Europäischen Wirtschaftsraum bedarf abweichend von Absatz 1 einer Erlaubnis nur für die Wahrnehmung

1. der in § 49 Absatz 1 genannten Vergütungsansprüche,

2. des in § 50 genannten Rechts oder

3. der in § 51 genannten Rechte an vergriffenen Werken.

§ 78. Antrag auf Erlaubnis. Die Erlaubnis wird auf schriftlichen Antrag der Verwertungsgesellschaft von der Aufsichtsbehörde erteilt. Dem Antrag sind beizufügen:

1. das Statut der Verwertungsgesellschaft,

2. Namen und Anschrift der nach Gesetz oder Statut zur Vertretung der Verwertungsgesellschaft berechtigten Personen,

3. eine Erklärung über die Zahl der Berechtigten sowie über Zahl und wirtschaftliche Bedeutung der der Verwertungsgesellschaft zur Wahrnehmung anvertrauten Rechte und

4. ein tragfähiger Geschäftsplan für die ersten drei vollen Geschäftsjahre nach Aufnahme des Geschäftsbetriebs, aus dem insbesondere die erwarteten Einnahmen und Ausgaben sowie der organisatorische Aufbau der Verwertungsgesellschaft hervorgehen.

§ 79. Versagung der Erlaubnis. (1) Die Erlaubnis nach § 77 Absatz 1 darf nur versagt werden, wenn

1. das Statut der Verwertungsgesellschaft nicht den Vorschriften dieses Gesetzes entspricht,

2. Tatsachen die Annahme rechtfertigen, dass eine nach Gesetz oder Statut zur Vertretung der Verwertungsgesellschaft berechtigte Person die für die Ausübung ihrer Tätigkeit erforderliche Zuverlässigkeit nicht besitzt, oder

3. die wirtschaftliche Grundlage der Verwertungsgesellschaft eine wirksame Wahrnehmung der Rechte nicht erwarten lässt.

(2) Für die Erlaubnis nach § 77 Absatz 2 gilt Absatz 1 entsprechend; die Versagungsgründe nach Absatz 1 Nummer 1 und 2 sind nicht anzuwenden.

§ 80. Widerruf der Erlaubnis. (1) Die Aufsichtsbehörde kann die Erlaubnis nach § 77 Absatz 1 widerrufen, wenn

1. einer der Versagungsgründe des § 79 Absatz 1 bei Erteilung der Erlaubnis der Aufsichtsbehörde nicht bekannt war oder nachträglich eingetreten ist und dem Mangel nicht innerhalb einer von der Aufsichtsbehörde zu setzenden Frist abgeholfen wird oder

2. die Verwertungsgesellschaft einer der ihr nach diesem Gesetz obliegenden Verpflichtungen trotz Abmahnung durch die Aufsichtsbehörde wiederholt zuwiderhandelt.

(2) Die Erlaubnis nach § 77 Absatz 2 kann die Aufsichtsbehörde nicht nach Absatz 1 Nummer 2 widerrufen.

§ 81. Zusammenarbeit bei Erlaubnis und Widerruf der Erlaubnis. Über Anträge auf Erteilung der Erlaubnis und über den Widerruf der Erlaubnis entscheidet die Aufsichtsbehörde im Einvernehmen mit dem Bundeskartellamt. Gelingt es nicht, Einvernehmen herzustellen, so legt die Aufsichtsbehörde die Sache dem Bundesministerium der Justiz und für Verbraucherschutz vor; dessen Weisungen, die im

Benehmen mit dem Bundesministerium für Wirtschaft und Energie erteilt werden, ersetzen das Einvernehmen.

§ 82. Anzeige. Bedarf die Verwertungsgesellschaft keiner Erlaubnis nach § 77, so zeigt sie der Aufsichtsbehörde die Aufnahme einer Wahrnehmungstätigkeit unverzüglich schriftlich an, wenn sie

1. ihren Sitz in einem anderen Mitgliedstaat der Europäischen Union oder anderen Vertragsstaat des Abkommens über den Europäischen Wirtschaftsraum hat und Urheberrechte oder verwandte Schutzrechte wahrnimmt, die sich aus dem Urheberrechtsgesetz ergeben, oder

2. ihren Sitz im Inland hat und in einem anderen Mitgliedstaat der Europäischen Union oder anderen Vertragsstaat des Abkommens über den Europäischen Wirtschaftsraum tätig ist.

§ 83. Bekanntmachung. Die Erteilung der Erlaubnis und ein unanfechtbar gewordener Widerruf der Erlaubnis sowie Anzeigen nach § 82 sind im Bundesanzeiger bekanntzumachen.

§ 84. Wahrnehmungstätigkeit ohne Erlaubnis oder Anzeige. Wird eine Verwertungsgesellschaft ohne die erforderliche Erlaubnis oder Anzeige tätig, so kann sie die von ihr wahrgenommenen Urheberrechte und verwandten Schutzrechte, die sich aus dem Urheberrechtsgesetz ergeben, nicht geltend machen. Das Strafantragsrecht (§ 109 des Urheberrechtsgesetzes) steht ihr nicht zu.

§ 85. Befugnisse der Aufsichtsbehörde. (1) Die Aufsichtsbehörde kann alle erforderlichen Maßnahmen ergreifen, um sicherzustellen, dass die Verwertungsgesellschaft die ihr nach diesem Gesetz obliegenden Verpflichtungen ordnungsgemäß erfüllt.

(2) Die Aufsichtsbehörde kann einer Verwertungsgesellschaft die Fortsetzung des Geschäftsbetriebs untersagen, wenn die Verwertungsgesellschaft

1. ohne Erlaubnis tätig wird oder

2. einer der ihr nach diesem Gesetz obliegenden Verpflichtungen trotz Abmahnung durch die Aufsichtsbehörde wiederholt zuwiderhandelt.

(3) Die Aufsichtsbehörde kann von der Verwertungsgesellschaft jederzeit Auskunft über alle die Geschäftsführung betreffenden Angelegenheiten sowie die Vorlage der Geschäftsbücher und anderer geschäftlicher Unterlagen verlangen.

(4) Die Aufsichtsbehörde ist berechtigt, durch Beauftragte an der Mitgliederhauptversammlung sowie den Sitzungen des Aufsichtsrats, des Verwaltungsrats, des Aufsichtsgremiums, der Vertretung der Delegierten (§ 20) sowie aller Ausschüsse dieser Gremien teilzunehmen. Die Verwertungsgesellschaft hat die Aufsichtsbehörde rechtzeitig über Termine nach Satz 1 zu informieren.

(5) Rechtfertigen Tatsachen die Annahme, dass ein nach Gesetz oder Statut zur Vertretung der Verwertungsgesellschaft Berechtigter die für die Ausübung seiner Tätigkeit erforderliche Zuverlässigkeit nicht besitzt, so setzt die Aufsichtsbehörde der Verwertungsgesellschaft eine Frist zu seiner Abberufung. Die Aufsichtsbehörde kann ihm bis zum Ablauf dieser Frist die weitere Ausübung seiner Tätigkeit untersagen, wenn dies zur Abwendung schwerer Nachteile erforderlich ist.

(6) Liegen Anhaltspunkte dafür vor, dass eine Organisation einer Erlaubnis nach § 77 bedarf, so kann die Aufsichtsbehörde von ihr die zur Prüfung der Erlaubnispflichtigkeit erforderlichen Auskünfte und Unterlagen verlangen.

§ 86. Befugnisse der Aufsichtsbehörde bei Verwertungsgesellschaften mit Sitz in einem anderen Mitgliedstaat der Europäischen Union oder anderen Vertragsstaat des Abkommens über den Europäischen Wirtschaftsraum. (1) Verstößt eine Verwertungsgesellschaft, die ihren Sitz in einem anderen Mitgliedstaat der Europäischen Union oder anderen Vertragsstaat des Abkommens über den Europäischen Wirtschaftsraum hat, bei ihrer Tätigkeit im Inland gegen eine in Umsetzung der Richtlinie 2014/26/EU erlassene Vorschrift dieses anderen Mitgliedstaates oder anderen Vertragsstaates, kann die Aufsichtsbehörde alle einschlägigen Informationen an die Aufsichtsbehörde dieses Mitgliedstaates oder Vertragsstaates übermitteln. Sie kann die Aufsichtsbehörde dieses Mitgliedstaates oder Vertragsstaates ersuchen, im Rahmen ihrer Befugnisse Maßnahmen zu ergreifen.

(2) Die Aufsichtsbehörde kann sich in den Fällen des Absatzes 1 auch an die gemäß Artikel 41 der Richtlinie 2014/26/EU eingerichtete Sachverständigengruppe wenden.

§ 87. Informationsaustausch mit Aufsichtsbehörden anderer Mitgliedstaaten der Europäischen Union oder anderer Vertragsstaaten des Abkommens über den Europäischen Wirtschaftsraum. (1) Die Aufsichtsbehörde beantwortet ein begründetes Auskunftsersuchen der Aufsichtsbehörde eines anderen Mitgliedstaates der Europäischen Union oder anderen Vertragsstaates des Abkommens über den Europäischen Wirtschaftsraum, das im Zusammenhang mit einer in Umsetzung der Richtlinie2014/26/EU erlassenen Vorschrift dieses Gesetzes steht, unverzüglich.

(2) Die Aufsichtsbehörde reagiert auf ein Ersuchen der Aufsichtsbehörde eines anderen Mitgliedstaates der Europäischen Union oder anderen Vertragsstaates des Abkommens über den Europäischen Wirtschaftsraum, Maßnahmen gegen eine im Inland ansässige Verwertungsgesellschaft wegen ihrer Tätigkeit in diesem Mitgliedstaat oder Vertragsstaat zu ergreifen, binnen drei Monaten mit einer begründeten Antwort.

§ 88. Unterrichtungspflicht der Verwertungsgesellschaft. (1) Die Verwertungsgesellschaft, die Urheberrechte oder verwandte Schutzrechte wahrnimmt, die sich aus dem Urheberrechtsgesetz ergeben, zeigt der Aufsichtsbehörde unverzüglich jeden Wechsel der nach Gesetz oder Statut zu ihrer Vertretung berechtigten Personen an.

(2) Die Verwertungsgesellschaft, die Urheberrechte oder verwandte Schutzrechte wahrnimmt, die sich aus dem Urheberrechtsgesetz ergeben, übermittelt der Aufsichtsbehörde unverzüglich abschriftlich

1. das Statut und dessen Änderung,
2. die Tarife, die Standardvergütungssätze und die Standardnutzungsverträge sowie deren Änderung,
3. die Gesamtverträge und deren Änderung,
4. die Repräsentationsvereinbarungen und deren Änderung,
5. die Beschlüsse der Mitgliederhauptversammlung, des Aufsichtsrats, des Verwaltungsrats, des Aufsichtsgremiums sowie des Gremiums, in dem die Berechtig-

ten, die nicht Mitglied sind, gemäß § 20 Absatz 2 Nummer 4 stimmberechtigt mitwirken, und aller Ausschüsse dieser Gremien,

6. die Anlagerichtlinie und deren Änderung sowie die Bestätigung des Wirtschaftsprüfers oder der Wirtschaftsprüfervereinigung gemäß § 25 Absatz 3,
7. den Jahresabschluss, den Lagebericht, den Prüfungsbericht und den jährlichen Transparenzbericht sowie
8. die Entscheidungen in gerichtlichen oder behördlichen Verfahren, in denen die Verwertungsgesellschaft Partei ist, soweit die Aufsichtsbehörde dies verlangt.

(3) Die Absätze 1 und 2 gelten nicht für eine Verwertungsgesellschaft mit Sitz in einem anderen Mitgliedstaat der Europäischen Union oder anderen Vertragsstaat des Abkommens über den Europäischen Wirtschaftsraum.

§ 89. Anzuwendendes Verfahrensrecht. (1) Für die Verwaltungstätigkeit der Aufsichtsbehörde gilt, soweit in diesem Gesetz nichts anderes bestimmt ist, das Verwaltungsverfahrensgesetz.

(2) Jedermann kann die Aufsichtsbehörde darüber informieren, dass die Verwertungsgesellschaft seiner Ansicht nach gegen eine ihr nach diesem Gesetz obliegende Verpflichtung verstößt.

(3) Auf die Vollstreckung von Verwaltungsakten, die aufgrund dieses Gesetzes erlassen werden, findet das Verwaltungs-Vollstreckungsgesetz mit der Maßgabe Anwendung, dass die Höhe des Zwangsgeldes bis zu einhunderttausend Euro betragen kann.

(4) Soweit ein berechtigtes Interesse besteht, kann die Aufsichtsbehörde einen Verstoß gegen dieses Gesetz auch feststellen, nachdem dieser beendet ist.

(5) Die Aufsichtsbehörde kann Entscheidungen über Maßnahmen nach diesem Gesetz einschließlich Entscheidungen, denen gemäß im Einzelfall kein Anlass für Maßnahmen besteht, auf ihrer Internetseite veröffentlichen. Dies gilt auch für die Begründung dieser Maßnahmen und Entscheidungen.

§ 90. Aufsicht über abhängige Verwertungseinrichtungen. (1) Eine abhängige Verwertungseinrichtung (§ 3) bedarf der Erlaubnis nur, wenn sie die in § 77 Absatz 2 genannten Rechte wahrnimmt. Das gilt nicht, wenn alle Verwertungsgesellschaften, die Anteile an dieser Einrichtung halten oder sie beherrschen, über eine Erlaubnis verfügen.

(2) Die abhängige Verwertungseinrichtung hat der Aufsichtsbehörde die Aufnahme einer Wahrnehmungstätigkeit unverzüglich schriftlich anzuzeigen, wenn sie keiner Erlaubnis bedarf und

1. Urheberrechte oder verwandte Schutzrechte wahrnimmt, die sich aus dem Urheberrechtsgesetz ergeben, oder
2. ihren Sitz im Inland hat und in einem anderen Mitgliedstaat der Europäischen Union oder anderen Vertragsstaat des Abkommens über den Europäischen Wirtschaftsraum tätig ist.

(3) Im Übrigen gelten für die abhängige Verwertungseinrichtung die Vorschriften dieses Teils entsprechend.

§ 91. Aufsicht über unabhängige Verwertungseinrichtungen. (1) Für unabhängige Verwertungseinrichtungen (§ 4) gelten die §§ 75, 76, 85 Absatz 1 bis 3 sowie die §§ 86 und 87 entsprechend.

(2) Die unabhängige Verwertungseinrichtung, die ihren Sitz im Inland hat oder die solche Urheberrechte oder verwandten Schutzrechte wahrnimmt, die sich aus dem Urheberrechtsgesetz ergeben, zeigt der Aufsichtsbehörde die Aufnahme der Wahrnehmungstätigkeit unverzüglich schriftlich an. § 84 gilt entsprechend.

Teil 5. Schiedsstelle und gerichtliche Geltendmachung

ABSCHNITT 1 SCHIEDSSTELLE

UNTERABSCHNITT 1. ALLGEMEINE VERFAHRENSVORSCHRIFTEN

§ 92. Zuständigkeit für Streitfälle nach dem Urheberrechtsgesetz und für Gesamtverträge. (1) Die Schiedsstelle (§ 124) kann von jedem Beteiligten bei einem Streitfall angerufen werden, an dem eine Verwertungsgesellschaft beteiligt ist und der eine der folgenden Angelegenheiten betrifft:

1. die Nutzung von Werken oder Leistungen, die nach dem Urheberrechtsgesetz geschützt sind,

2. die Vergütungspflicht für Geräte und Speichermedien nach § 54 des Urheberrechtsgesetzes oder die Betreibervergütung nach § 54c des Urheberrechtsgesetzes,

3. den Abschluss oder die Änderung eines Gesamtvertrags.

(2) Die Schiedsstelle kann von jedem Beteiligten auch bei einem Streitfall angerufen werden, an dem ein Sendeunternehmen und ein Kabelunternehmen beteiligt sind, wenn der Streit die Verpflichtung zum Abschluss eines Vertrages über die Kabelweitersendung betrifft (§ 87 Absatz 5 des Urheberrechtsgesetzes).

§ 93. Zuständigkeit für empirische Untersuchungen. Verwertungsgesellschaften können die Schiedsstelle anrufen, um eine selbständige empirische Untersuchung zur Ermittlung der nach § 54a Absatz 1 des Urheberrechtsgesetzes maßgeblichen Nutzung durchführen zu lassen.

§ 94. Zuständigkeit für Streitfälle über die gebietsübergreifende Vergabe von Online-Rechten an Musikwerken. Die Schiedsstelle kann von jedem Beteiligten angerufen werden in Streitfällen zwischen einer im Inland ansässigen Verwertungsgesellschaft, die gebietsübergreifend Online-Rechte an Musikwerken vergibt, und Anbietern von Online-Diensten, Rechtsinhabern oder anderen Verwertungsgesellschaften, soweit Rechte und Pflichten der Beteiligten nach Teil 3 oder nach § 34 Absatz 1 Satz 2, Absatz 2, § 36, § 39 oder § 43 betroffen sind.

§ 95. Allgemeine Verfahrensregeln. (1) Soweit dieses Gesetz keine abweichenden Regelungen enthält, bestimmt die Schiedsstelle das Verfahren nach billigem Ermessen. Sie wirkt jederzeit auf eine sachgerechte Beschleunigung des Verfahrens hin.

(2) Die Beteiligten sind gleichzubehandeln. Jedem Beteiligten ist rechtliches Gehör zu gewähren.

§ 96. Berechnung von Fristen. Auf die Berechnung der Fristen dieses Abschnitts ist § 222 Absatz 1 und 2 der Zivilprozessordnung entsprechend anzuwenden.

§ 97. Verfahrenseinleitender Antrag. (1) Die Schiedsstelle wird durch schriftlichen Antrag angerufen. Er muss zumindest den Namen und die Anschrift des Antragsgegners sowie eine Darstellung des Sachverhalts enthalten. Er soll in zwei Exemplaren eingereicht werden.

(2) Die Schiedsstelle stellt dem Antragsgegner den Antrag mit der Aufforderung zu, sich innerhalb eines Monats schriftlich zu äußern.

§ 98. Zurücknahme des Antrags. (1) Der Antragsteller kann den Antrag zurücknehmen, ohne Einwilligung des Antragsgegners in Verfahren mit mündlicher Verhandlung jedoch nur bis zu deren Beginn.

(2) Wird der Antrag zurückgenommen, so trägt der Antragsteller die Kosten des Verfahrens und die notwendigen Auslagen des Antragsgegners.

§ 99. Schriftliches Verfahren und mündliche Verhandlung. (1) Das Verfahren wird vorbehaltlich des Absatzes 2 schriftlich durchgeführt.

(2) Die Schiedsstelle beraumt eine mündliche Verhandlung an, wenn einer der Beteiligten dies beantragt und die anderen Beteiligten zustimmen, oder wenn sie dies zur Aufklärung des Sachverhalts oder zur gütlichen Beilegung des Streitfalls für zweckmäßig hält.

§ 100. Verfahren bei mündlicher Verhandlung. (1) Zu der mündlichen Verhandlung sind die Beteiligten zu laden. Die Ladungsfrist beträgt mindestens zwei Wochen.

(2) Die mündliche Verhandlung vor der Schiedsstelle ist nicht öffentlich. Beauftragte des Bundesministeriums der Justiz und für Verbraucherschutz, der Aufsichtsbehörde und des Bundeskartellamts sind zur Teilnahme befugt.

(3) Die Schiedsstelle kann Bevollmächtigten oder Beiständen, die nicht Rechtsanwälte sind, den weiteren Vortrag untersagen, wenn sie nicht in der Lage sind, das Sach- und Streitverhältnis sachgerecht darzustellen.

(4) Über die Verhandlung ist eine Niederschrift zu fertigen, die vom Vorsitzenden und vom Schriftführer zu unterzeichnen ist.

§ 101. Nichterscheinen in der mündlichen Verhandlung. (1) Erscheint der Antragsteller nicht zur mündlichen Verhandlung, so gilt der Antrag als zurückgenommen. War der Antragsteller ohne sein Verschulden verhindert, zur mündlichen Verhandlung zu erscheinen, so ist ihm auf Antrag Wiedereinsetzung in den vorigen Stand zu gewähren. Über den Antrag entscheidet die Schiedsstelle, ihre Entscheidung ist unanfechtbar. Im Übrigen sind die Vorschriften der Zivilprozessordnung über die Wiedereinsetzung in den vorigen Stand entsprechend anzuwenden.

(2) Erscheint der Antragsgegner nicht zur mündlichen Verhandlung, so kann die Schiedsstelle einen Einigungsvorschlag nach Lage der Akten unterbreiten.

(3) Unentschuldigt nicht erschienene Beteiligte tragen die durch ihr Nichterscheinen verursachten Kosten.

(4) Die Beteiligten sind in der Ladung zur mündlichen Verhandlung auf die Folgen ihres Nichterscheinens hinzuweisen.

§ 102. Gütliche Streitbeilegung; Vergleich. (1) Die Schiedsstelle wirkt auf eine gütliche Beilegung des Streitfalls hin.

(2) Kommt ein Vergleich zustande, so muss er in einem besonderen Schriftstück niedergelegt und unter Angabe des Tages seines Zustandekommens von dem Vorsitzenden und den Beteiligten unterschrieben werden. Aus einem vor der Schiedsstelle geschlossenen Vergleich findet die Zwangsvollstreckung statt; § 797a der Zivilprozessordnung gilt entsprechend.

(3) Der Vorsitzende kann die Beteiligten mit ihrem Einverständnis zu einem Vergleichsversuch ohne Zuziehung der Beisitzer laden. Er ist dazu verpflichtet, wenn beide Beteiligte dies beantragen.

§ 103. Aussetzung des Verfahrens. (1) Die Schiedsstelle kann ein Verfahren aussetzen, wenn zu erwarten ist, dass ein anderes bei ihr anhängiges Verfahren von Bedeutung für den Ausgang des Verfahrens sein wird.

(2) Während der Aussetzung ist die Frist zur Unterbreitung eines Einigungsvorschlags nach § 105 Absatz 1 gehemmt.

§ 104. Aufklärung des Sachverhalts. (1) Die Schiedsstelle kann erforderliche Beweise in geeigneter Form erheben. Sie ist an Beweisanträge nicht gebunden.

(2) Sie kann die Ladung von Zeugen und den Beweis durch Sachverständige von der Zahlung eines hinreichenden Vorschusses zur Deckung der Auslagen abhängig machen.

(3) Den Beteiligten ist Gelegenheit zu geben, sich zu den Ermittlungs- und Beweisergebnissen zu äußern.

(4) Die §§ 1050 und 1062 Absatz 4 der Zivilprozessordnung sind entsprechend anzuwenden.

§ 105. Einigungsvorschlag der Schiedsstelle; Widerspruch. (1) Die Schiedsstelle unterbreitet den Beteiligten innerhalb eines Jahres nach Zustellung des Antrags einen Einigungsvorschlag. Die Frist kann mit Zustimmung aller Beteiligten um jeweils ein halbes Jahr verlängert werden.

(2) Der Einigungsvorschlag ist zu begründen und von sämtlichen für den Streitfall zuständigen Mitgliedern der Schiedsstelle zu unterschreiben. In dem Einigungsvorschlag ist auf die Möglichkeit des Widerspruchs und auf die Folgen bei Versäumung der Widerspruchsfrist hinzuweisen. Der Einigungsvorschlag ist den Beteiligten zuzustellen. Zugleich ist der Aufsichtsbehörde eine Abschrift des Einigungsvorschlags zu übermitteln.

(3) Der Einigungsvorschlag gilt als angenommen und eine dem Inhalt des Vorschlags entsprechende Vereinbarung als zustande gekommen, wenn nicht innerhalb eines Monats nach Zustellung des Vorschlags ein schriftlicher Widerspruch bei der Schiedsstelle eingeht. Betrifft der Streitfall die Einräumung oder Übertragung von Nutzungsrechten der Kabelweitersendung, so beträgt die Frist drei Monate.

(4) War einer der Beteiligten ohne sein Verschulden gehindert, den Widerspruch rechtzeitig einzulegen, so ist ihm auf Antrag Wiedereinsetzung in den vorigen Stand zu gewähren. Über den Wiedereinsetzungsantrag entscheidet die Schiedsstelle. Gegen die ablehnende Entscheidung der Schiedsstelle ist die sofortige Beschwerde an das für den Sitz des Antragstellers zuständige Landgericht möglich.

Die Vorschriften der Zivilprozessordnung über die Wiedereinsetzung in den vorigen Stand und die sofortige Beschwerde sind entsprechend anzuwenden.

(5) Aus dem angenommenen Einigungsvorschlag findet die Zwangsvollstreckung statt. § 797a der Zivilprozessordnung gilt entsprechend.

Unterabschnitt 2. Besondere Verfahrensvorschriften

§ 106. Einstweilige Regelungen. Auf Antrag eines Beteiligten kann die Schiedsstelle eine einstweilige Regelung vorschlagen. § 105 Absatz 2 und 3 Satz 1 ist anzuwenden. Die einstweilige Regelung gilt, wenn nichts anderes vereinbart wird, bis zum Abschluss des Verfahrens vor der Schiedsstelle.

§ 107. Sicherheitsleistung. (1) In Verfahren nach § 92 Absatz 1 Nummer 2 über die Vergütungspflicht für Geräte und Speichermedien kann die Schiedsstelle auf Antrag der Verwertungsgesellschaft anordnen, dass der beteiligte Hersteller, Importeur oder Händler für die Erfüllung des Anspruchs aus § 54 Absatz 1 des Urheberrechtsgesetzes Sicherheit zu leisten hat. Von der Anordnung nach Satz 1 hat sie abzusehen, wenn angemessene Teilleistungen erbracht sind.

(2) Der Antrag muss die Höhe der begehrten Sicherheit enthalten.

(3) Über Art und Höhe der Sicherheitsleistung entscheidet die Schiedsstelle nach billigem Ermessen. Bei der Höhe der Sicherheit kann sie nicht über den Antrag hinausgehen.

(4) Das zuständige Oberlandesgericht (§ 129 Absatz 1) kann auf Antrag der Verwertungsgesellschaft durch Beschluss die Vollziehung einer Anordnung nach Absatz 1 zulassen, sofern nicht schon eine entsprechende Maßnahme des einstweiligen Rechtsschutzes bei einem Gericht beantragt worden ist. Das zuständige Oberlandesgericht kann die Anordnung abweichend fassen, wenn dies zur Vollziehung notwendig ist.

(5) Auf Antrag kann das zuständige Oberlandesgericht den Beschluss nach Absatz 4 aufheben oder ändern.

§ 108. Schadensersatz. Erweist sich die Anordnung einer Sicherheitsleistung nach § 107 Absatz 1 als von Anfang an ungerechtfertigt, so ist die Verwertungsgesellschaft, welche die Vollziehung der Anordnung erwirkt hat, verpflichtet, dem Antragsgegner den Schaden zu ersetzen, der ihm aus der Vollziehung entsteht.

§ 109. Beschränkung des Einigungsvorschlags; Absehen vom Einigungsvorschlag.
(1) Sind bei Streitfällen nach § 92 Absatz 1 Nummer 1 und 2 die Anwendbarkeit oder die Angemessenheit eines Tarifs bestritten und ist der Sachverhalt auch im Übrigen streitig, so kann sich die Schiedsstelle in ihrem Einigungsvorschlag auf eine Stellungnahme zur Anwendbarkeit oder Angemessenheit des Tarifs beschränken.

(2) Sind bei Streitfällen nach § 92 Absatz 1 Nummer 1 und 2 die Anwendbarkeit und die Angemessenheit eines Tarifs nicht bestritten, so kann die Schiedsstelle von einem Einigungsvorschlag absehen.

§ 110. Streitfälle über Gesamtverträge. (1) Bei Streitfällen nach § 92 Absatz 1 Nummer 3 enthält der Einigungsvorschlag den Inhalt des Gesamtvertrags. Die

Schiedsstelle kann einen Gesamtvertrag nur mit Wirkung vom 1. Januar des Jahres vorschlagen, in dem der Antrag bei der Schiedsstelle gestellt wird.

(2) Die Schiedsstelle unterrichtet das Bundeskartellamt über das Verfahren. § 90 Absatz 1 Satz 4 und Absatz 2 des Gesetzes gegen Wettbewerbsbeschränkungen ist entsprechend anzuwenden.

§ 111. Streitfälle über Rechte der Kabelweitersendung. Bei Streitfällen nach § 92 Absatz 2 gilt § 110 entsprechend.

§ 112. Empirische Untersuchung zu Geräten und Speichermedien. (1) In Verfahren nach § 93 muss der Antrag, mit dem die Schiedsstelle angerufen wird, eine Auflistung der Verbände der betroffenen Hersteller, Importeure und Händler enthalten, soweit diese dem Antragsteller bekannt sind.

(2) Die Schiedsstelle stellt den Antrag den darin benannten Verbänden mit der Aufforderung zu, binnen eines Monats schriftlich zu erklären, ob sie sich an dem Verfahren beteiligen wollen. Gleichzeitig veröffentlicht die Schiedsstelle den Antrag in geeigneter Form, verbunden mit dem Hinweis, dass sich betroffene Verbände von Herstellern, Importeuren und Händlern, denen der Antrag nicht zugestellt worden ist, binnen eines Monats ab Veröffentlichung des Antrags durch schriftliche Erklärung gegenüber der Schiedsstelle an dem Verfahren beteiligen können.

§ 113. Durchführung der empirischen Untersuchung. Für die Durchführung der empirischen Untersuchung gemäß § 93 gilt § 104 mit der Maßgabe, dass die Schiedsstelle die Durchführung der empirischen Untersuchung nicht ablehnen kann. Die Schiedsstelle soll den Auftrag zur Durchführung dieser Untersuchung erst erteilen, wenn die Verwertungsgesellschaft einen Vorschuss gezahlt hat. Sie soll darauf hinwirken, dass das Ergebnis der empirischen Untersuchung spätestens ein Jahr nach Eingang des Antrags nach § 112 Absatz 1 vorliegt.

§ 114. Ergebnis der empirischen Untersuchung. (1) Die Schiedsstelle stellt fest, dass das Ergebnis der empirischen Untersuchung den Anforderungen entspricht, die im Hinblick auf die Aufstellung eines Tarifes gemäß § 40 zu stellen sind. Andernfalls veranlasst sie seine Ergänzung oder Änderung.

(2) Sie stellt das den Anforderungen entsprechende Ergebnis den Beteiligten zu und veröffentlicht es in geeigneter Form. § 105 ist nicht anzuwenden.

§ 115. Verwertung von Untersuchungsergebnissen. In Verfahren nach § 92 Absatz 1 Nummer 2 und 3 kann zur Sachverhaltsaufklärung (§ 104) das Ergebnis einer empirischen Untersuchung herangezogen werden, das aus einem Verfahren nach § 93 stammt.

§ 116. Beteiligung von Verbraucherverbänden. In Verfahren nach § 92 Absatz 1 Nummer 2 und 3 und § 93 gibt die Schiedsstelle den bundesweiten Dachorganisationen der mit öffentlichen Mitteln geförderten Verbraucherverbände Gelegenheit zur schriftlichen Stellungnahme. Im Fall einer Stellungnahme ist § 114 Absatz 2 Satz 1 entsprechend anwendbar.

UNTERABSCHNITT 3. KOSTEN SOWIE ENTSCHÄDIGUNG UND VERGÜTUNG DRITTER

§ 117. Kosten des Verfahrens. (1) Für das Verfahren vor der Schiedsstelle erhebt die Aufsichtsbehörde Gebühren und Auslagen (Kosten).

(2) Die Gebühren richten sich nach dem Streitwert. Ihre Höhe bestimmt sich nach § 34 des Gerichtskostengesetzes. Der Streitwert wird von der Schiedsstelle festgesetzt. Er bemisst sich nach den Vorschriften, die für das Verfahren nach der Zivilprozessordnung vor den ordentlichen Gerichten gelten.

(3) Für Verfahren nach § 92 Absatz 1 Nummer 2, 3 und Absatz 2 sowie nach § 94 wird eine Gebühr mit einem Gebührensatz von 3,0 erhoben. Wird das Verfahren anders als durch einen Einigungsvorschlag der Schiedsstelle beendet, ermäßigt sich die Gebühr auf einen Gebührensatz von 1,0. Dasselbe gilt, wenn die Beteiligten den Einigungsvorschlag der Schiedsstelle annehmen.

(4) Für Verfahren nach § 92 Absatz 1 Nummer 1 und § 93 wird eine Gebühr mit einem Gebührensatz von 1,0 erhoben.

(5) Auslagen werden in entsprechender Anwendung der Nummern 9000 bis 9009 und 9013 des Kostenverzeichnisses zum Gerichtskostengesetz erhoben.

§ 118. Fälligkeit und Vorschuss. (1) Die Gebühr wird mit der Beendigung des Verfahrens, Auslagen werden sofort nach ihrer Entstehung fällig.

(2) Die Zustellung des verfahrenseinleitenden Antrags soll von der Zahlung eines Vorschusses durch den Antragsteller in Höhe eines Drittels der Gebühr abhängig gemacht werden.

§ 119. Entsprechende Anwendung des Gerichtskostengesetzes. § 2 Absatz 1, 3 und 5 des Gerichtskostengesetzes, soweit diese Vorschriften für Verfahren vor den ordentlichen Gerichten anzuwenden sind, die §§ 5, 17 Absatz 1 bis 3, die §§ 20, 21, 22 Absatz 1, § 28 Absatz 1 und 2, die §§ 29, 31 Absatz 1 und 2 und § 32 des Gerichtskostengesetzes über die Kostenfreiheit, die Verjährung und die Verzinsung der Kosten, die Abhängigmachung der Tätigkeit der Schiedsstelle von der Zahlung eines Auslagenvorschusses, die Nachforderung und die Nichterhebung der Kosten sowie den Kostenschuldner sind entsprechend anzuwenden.

§ 120. Entscheidung über Einwendungen. Über Einwendungen gegen Verwaltungsakte beim Vollzug der Kostenvorschriften entscheidet das Amtsgericht, in dessen Bezirk die Aufsichtsbehörde ihren Sitz hat. Die Einwendungen sind bei der Schiedsstelle oder der Aufsichtsbehörde zu erheben. § 19 Absatz 5 und § 66 Absatz 5 Satz 1, 5 und Absatz 8 des Gerichtskostengesetzes sind entsprechend anzuwenden; über die Beschwerde entscheidet das im Rechtszug nächsthöhere Gericht. Die Erhebung von Einwendungen und die Beschwerde haben keine aufschiebende Wirkung.

§ 121. Entscheidung über die Kostenpflicht. (1) Die Schiedsstelle entscheidet über die Verteilung der Kosten des Verfahrens nach billigem Ermessen, soweit nichts anderes bestimmt ist. Die Schiedsstelle kann anordnen, dass die einem Beteiligten erwachsenen notwendigen Auslagen ganz oder teilweise von einem gegnerischen Beteiligten zu erstatten sind, wenn dies der Billigkeit entspricht.

(2) Die Entscheidung über die Kosten kann durch Antrag auf gerichtliche Entscheidung angefochten werden, auch wenn der Einigungsvorschlag der Schiedsstelle angenommen wird. Über den Antrag entscheidet das Amtsgericht, in dessen Bezirk die Schiedsstelle ihren Sitz hat.

§ 122. Festsetzung der Kosten. (1) Die Kosten des Verfahrens (§ 117) und die einem Beteiligten zu erstattenden notwendigen Auslagen (§ 121 Absatz 1 Satz 2) werden von der Aufsichtsbehörde festgesetzt. Die Festsetzung ist dem Kostenschuldner und, wenn nach § 121 Absatz 1 Satz 2 zu erstattende notwendige Auslagen festgesetzt worden sind, auch dem Erstattungsberechtigten zuzustellen.

(2) Jeder Beteiligte kann innerhalb einer Frist von zwei Wochen nach der Zustellung die gerichtliche Festsetzung der Kosten und der zu erstattenden notwendigen Auslagen beantragen. Zuständig ist das Amtsgericht, in dessen Bezirk die Aufsichtsbehörde ihren Sitz hat. Der Antrag ist bei der Aufsichtsbehörde einzureichen. Die Aufsichtsbehörde kann dem Antrag abhelfen.

(3) Aus dem Kostenfestsetzungsbeschluss findet die Zwangsvollstreckung in entsprechender Anwendung der Zivilprozessordnung statt.

§ 123. Entschädigung von Zeugen und Vergütung der Sachverständigen. (1) Zeugen erhalten eine Entschädigung und Sachverständige eine Vergütung nach Maßgabe der §§ 3, 5 bis 10, 12 und 19 bis 22 des Justizvergütungs- und -entschädigungsgesetzes; die §§ 2 und 13 Absatz 1 und 2 Satz 1 bis 3 des Justizvergütungs- und -entschädigungsgesetzes sind entsprechend anzuwenden.

(2) Die Aufsichtsbehörde setzt die Entschädigung fest.

(3) Zeugen und Sachverständige können die gerichtliche Festsetzung beantragen. Über den Antrag entscheidet das Amtsgericht, in dessen Bezirk die Schiedsstelle ihren Sitz hat. Der Antrag ist bei der Aufsichtsbehörde einzureichen oder zu Protokoll der Geschäftsstelle des Amtsgerichts zu erklären. Die Aufsichtsbehörde kann dem Antrag abhelfen. Kosten werden nicht erstattet.

UNTERABSCHNITT 4. ORGANISATION UND BESCHLUSSFASSUNG DER SCHIEDSSTELLE

§ 124. Aufbau und Besetzung der Schiedsstelle. (1) Die Schiedsstelle wird bei der Aufsichtsbehörde (§ 75) gebildet. Sie besteht aus dem Vorsitzenden oder seinem Vertreter und zwei Beisitzern.

(2) Die Mitglieder der Schiedsstelle müssen die Befähigung zum Richteramt nach dem Deutschen Richtergesetz besitzen. Sie werden vom Bundesministerium der Justiz und für Verbraucherschutz für einen bestimmten Zeitraum, der mindestens ein Jahr beträgt, berufen; Wiederberufung ist zulässig.

(3) Bei der Schiedsstelle können mehrere Kammern gebildet werden. Die Besetzung der Kammern bestimmt sich nach Absatz 1 Satz 2 und Absatz 2.

(4) Die Geschäftsverteilung zwischen den Kammern wird durch den Präsidenten oder die Präsidentin des Deutschen Patent- und Markenamtes geregelt.

§ 125. Aufsicht. (1) Die Mitglieder der Schiedsstelle sind nicht an Weisungen gebunden.

(2) Die Dienstaufsicht über die Schiedsstelle führt der Präsident oder die Präsidentin des Deutschen Patent- und Markenamtes.

§ 126. Beschlussfassung der Schiedsstelle. Die Schiedsstelle fasst ihre Beschlüsse mit Stimmenmehrheit. § 196 Absatz 2 des Gerichtsverfassungsgesetzes ist anzuwenden.

§ 127. Ausschließung und Ablehnung von Mitgliedern der Schiedsstelle. Über die Ausschließung und Ablehnung von Mitgliedern der Schiedsstelle entscheidet das Amtsgericht, in dessen Bezirk die Schiedsstelle ihren Sitz hat. Das Ablehnungsgesuch ist bei der Schiedsstelle anzubringen. Im Übrigen gelten die §§ 41 bis 48 der Zivilprozessordnung entsprechend.

ABSCHNITT 2
GERICHTLICHE GELTENDMACHUNG

§ 128. Gerichtliche Geltendmachung. (1) Bei Streitfällen nach § 92 Absatz 1 und 2 ist die Erhebung der Klage erst zulässig, wenn ein Verfahren vor der Schiedsstelle vorausgegangen ist oder nicht innerhalb der Frist gemäß § 105 Absatz 1 abgeschlossen wurde. Auf die Frist ist § 103 Absatz 2 anzuwenden.

(2) Bei Streitfällen nach § 92 Absatz 1 Nummer 1 und 2 ist Absatz 1 nur anzuwenden, wenn die Anwendbarkeit oder die Angemessenheit des Tarifs bestritten ist. Stellt sich erst nach Eintritt der Rechtshängigkeit heraus, dass die Anwendbarkeit oder die Angemessenheit des Tarifs bestritten ist, setzt das Gericht den Rechtsstreit durch Beschluss aus, um den Parteien die Anrufung der Schiedsstelle zu ermöglichen. Weist die Partei, die die Anwendbarkeit oder die Angemessenheit des Tarifs bestreitet, nicht innerhalb von zwei Monaten ab Verkündung oder Zustellung des Beschlusses über die Aussetzung nach, dass ein Antrag bei der Schiedsstelle gestellt ist, so wird der Rechtsstreit fortgesetzt; in diesem Fall gelten die Anwendbarkeit und die Angemessenheit des streitigen Tarifs als zugestanden.

(3) Absatz 1 ist nicht anzuwenden auf Anträge auf Anordnung eines Arrests oder einer einstweiligen Verfügung. Nach Erlass eines Arrests oder einer einstweiligen Verfügung ist die Klage ohne die Beschränkung des Absatzes 1 zulässig, wenn der Partei nach den §§ 926 und 936 der Zivilprozessordnung eine Frist zur Erhebung der Klage bestimmt worden ist.

§ 129. Zuständigkeit des Oberlandesgerichts. (1) In Streitfällen nach § 92 Absatz 1 Nummer 2 und 3 sowie Absatz 2, nach § 94 sowie über Ansprüche nach § 108 entscheidet ausschließlich das für den Sitz der Schiedsstelle zuständige Oberlandesgericht im ersten Rechtszug.

(2) Für das Verfahren gilt der Erste Abschnitt des Zweiten Buchs der Zivilprozessordnung entsprechend. § 411a der Zivilprozessordnung ist mit der Maßgabe anwendbar, dass die schriftliche Begutachtung auch durch das Ergebnis einer empirischen Untersuchung aus einem Verfahren nach § 93 ersetzt werden kann.

(3) Gegen die von dem Oberlandesgericht erlassenen Endurteile findet die Revision nach Maßgabe der Zivilprozessordnung statt.

(4) In den Fällen des § 107 Absatz 4 und 5 entscheidet das für den Sitz der Schiedsstelle zuständige Oberlandesgericht durch unanfechtbaren Beschluss. Vor der Entscheidung ist der Gegner zu hören.

§ 130. Entscheidung über Gesamtverträge. Das Oberlandesgericht setzt den Inhalt der Gesamtverträge, insbesondere Art und Höhe der Vergütung, nach billigem Ermessen fest. Die Festsetzung ersetzt die entsprechende Vereinbarung der Beteiligten. Die Festsetzung eines Vertrags ist nur mit Wirkung vom 1. Januar des Jahres an möglich, in dem der Antrag bei der Schiedsstelle gestellt wird.

§ 131. Ausschließlicher Gerichtsstand. (1) Für Rechtsstreitigkeiten über Ansprüche einer Verwertungsgesellschaft wegen Verletzung eines von ihr wahrgenommenen Nutzungsrechts oder Einwilligungsrechts ist das Gericht ausschließlich zuständig, in dessen Bezirk die Verletzungshandlung begangen worden ist oder der Verletzer seinen allgemeinen Gerichtsstand hat. § 105 des Urheberrechtsgesetzes bleibt unberührt.

(2) Sind nach Absatz 1 Satz 1 für mehrere Rechtsstreitigkeiten gegen denselben Verletzer verschiedene Gerichte zuständig, so kann die Verwertungsgesellschaft alle Ansprüche bei einem dieser Gerichte geltend machen.

Teil 6. Übergangs- und Schlussvorschriften

§ 132. Übergangsvorschrift für Erlaubnisse. (1) Verwertungsgesellschaften, denen bei Inkrafttreten dieses Gesetzes bereits eine Erlaubnis nach dem ersten Abschnitt des Urheberrechtswahrnehmungsgesetzes in der bis zum 31. Mai 2016 geltenden Fassung erteilt ist, gilt die Erlaubnis nach § 77 als erteilt.

(2) Organisationen, die bei Inkrafttreten dieses Gesetzes bereits Urheberrechte und verwandte Schutzrechte wahrnehmen und die nach § 77 erstmalig einer Erlaubnis bedürfen, sind berechtigt, ihre Wahrnehmungstätigkeit ohne die erforderliche Erlaubnis bis zur Rechtskraft der Entscheidung über den Antrag auf Erteilung der Erlaubnis fortzusetzen, wenn sie

1. der Aufsichtsbehörde die Wahrnehmungstätigkeit unverzüglich schriftlich anzeigen und
2. bis spätestens 31. Dezember 2016 einen Antrag auf Erteilung der Erlaubnis (§ 78) stellen.

§ 133. Anzeigefrist. Ist eine Organisation gemäß den §§ 82, 90 oder 91 verpflichtet, die Aufnahme einer Wahrnehmungstätigkeit anzuzeigen, so zeigt sie dies der Aufsichtsbehörde spätestens am 1. Dezember 2016 an.

§ 134. Übergangsvorschrift zur Anpassung des Statuts an die Vorgaben dieses Gesetzes. Die Verwertungsgesellschaft passt das Statut, die Wahrnehmungsbedingungen und den Verteilungsplan unverzüglich, spätestens am 31. Dezember 2016, an die Vorgaben dieses Gesetzes an.

§ 135. Informationspflichten der Verwertungsgesellschaft bei Inkrafttreten dieses Gesetzes. (1) Die Verwertungsgesellschaft informiert ihre Berechtigten spätestens am 1. Dezember 2016 über die Rechte, die ihnen nach den §§ 9 bis 12 zustehen, einschließlich der in § 11 genannten Bedingungen.

(2) Die §§ 47 und 54 sind erstmals auf Geschäftsjahre anzuwenden, die nach dem 31. Dezember 2015 beginnen.

§ 136. Übergangsvorschrift für Erklärungen der Geschäftsführung und des Aufsichtsgremiums. Erklärungen nach den §§ 21 und 22 sind erstmals für Geschäftsjahre abzugeben, die nach dem 31. Dezember 2015 beginnen.

§ 137. Übergangsvorschrift für Rechnungslegung und Transparenzbericht. (1) Die §§ 57 und 58 über die Rechnungslegung und den jährlichen Transparenzbericht sind erstmals auf Geschäftsjahre anzuwenden, die nach dem 31. Dezember 2015 beginnen.

(2) Für die Rechnungslegung und Prüfung für Geschäftsjahre, die vor dem 1. Januar 2016 enden, ist § 9 des Urheberrechtswahrnehmungsgesetzes in der bis zum 31. Mai 2016 geltenden Fassung weiterhin anzuwenden.

§ 138. Übergangsvorschrift für Verfahren der Aufsichtsbehörde. Verfahren der Aufsichtsbehörde, die bei Inkrafttreten dieses Gesetzes nicht abgeschlossen sind, sind nach den Bestimmungen dieses Gesetzes weiterzuführen.

§ 139. Übergangsvorschrift für Verfahren vor der Schiedsstelle und für die gerichtliche Geltendmachung. (1) Die §§ 92 bis 127 sind auf Verfahren, die am 1. Juni 2016 bei der Schiedsstelle anhängig sind, nicht anzuwenden; für diese Verfahren sind die §§ 14 bis 15 des Urheberrechtswahrnehmungsgesetzes und die Urheberrechtsschiedsstellenverordnung, jeweils in der bis zum 31. Mai 2016 geltenden Fassung, weiter anzuwenden.

(2) Abweichend von § 40 Absatz 1 Satz 2 können die Verwertungsgesellschaften Tarife auch auf Grundlage einer empirischen Untersuchung aufstellen, die bereits vor dem 1. Juni 2016 in einem Verfahren vor der Schiedsstelle durchgeführt worden ist, sofern das Untersuchungsergebnis den Anforderungen des § 114 Absatz 1 Satz 1 entspricht. Gleiches gilt für empirische Untersuchungen, die in einem Verfahren durchgeführt werden, das gemäß Absatz 1 noch auf Grundlage des bisherigen Rechts durchgeführt wird.

(3) Die §§ 128 bis 131 sind auf Verfahren, die am 1. Juni 2016 bei einem Gericht anhängig sind, nicht anzuwenden; für diese Verfahren sind die §§ 16, 17 und 27 Absatz 3 des Urheberrechtswahrnehmungsgesetzes in der bis zum 31. Mai 2016 geltenden Fassung weiter anzuwenden.

Anlage
(zu § 58 Absatz 2)

Inhalt des jährlichen Transparenzberichts

(Fundstelle: BGBl. I 2016,1214 – 1215)

1. Der jährliche Transparenzbericht gemäß § 58 Absatz 1 muss enthalten:

   a) den Jahresabschluss einschließlich der Kapitalflussrechnung;

   b) einen Bericht über die Tätigkeiten im abgelaufenen Geschäftsjahr;

   c) Angaben zu abgelehnten Anfragen von Nutzern betreffend die Einräumung von Nutzungsrechten;

   d) eine Beschreibung von Rechtsform und Organisationsstruktur;

   e) Angaben zu den von der Verwertungsgesellschaft abhängigen Verwertungseinrichtungen, einschließlich der diese Einrichtungen betreffenden Informationen nach Nummer 1 Buchstabe b bis d;

   f) Angaben zum Gesamtbetrag der im Vorjahr an die in § 18 Absatz 1 genannten Personen gezahlten Vergütungen und sonstigen Leistungen;

   g) die Finanzinformationen nach Nummer 2, jeweils aufgeschlüsselt nach Verwertungsgesellschaft und von der Verwertungsgesellschaft abhängigen Verwertungseinrichtungen (§ 3);

   h) einen gesonderten Bericht nach Nummer 3, jeweils aufgeschlüsselt nach Verwertungsgesellschaft und von der Verwertungsgesellschaft abhängige Verwertungseinrichtungen (§ 3).

2. Finanzinformationen im Sinne der Nummer 1 Buchstabe g sind:

   a) Informationen über die Einnahmen aus den Rechten nach Kategorien der wahrgenommenen Rechte und Art der Nutzung (beispielsweise Hörfunk und Fernsehen, Online-Nutzung, Aufführung) und die Verwendung dieser Einnahmen, d. h. ob diese an die Berechtigten oder andere Verwertungsgesellschaften verteilt oder anderweitig verwendet wurden;

   b) umfassende Informationen zu den Kosten der Rechtewahrnehmung und zu den Kosten für sonstige Leistungen, die die Verwertungsgesellschaft für die Berechtigten und Mitglieder erbringt, insbesondere:

   aa) sämtliche Betriebs- und Finanzkosten, aufgeschlüsselt nach Kategorien der wahrgenommenen Rechte und, wenn sich die Kosten nicht direkt einer oder mehreren Kategorien von Rechten zuordnen lassen, eine Erläuterung, wie diese Kosten auf die Rechtekategorien umgelegt wurden;

   bb) Betriebs- und Finanzkosten im Zusammenhang mit der Rechtewahrnehmung, einschließlich der von den Einnahmen aus den Rechten abgezogenen Verwaltungskosten, aufgeschlüsselt nach Kategorien der wahrgenommenen Rechte und, wenn sich die Kosten nicht direkt einer oder mehreren Kategorien von Rechten zuordnen lassen, eine Erläuterung, wie diese Kosten auf die Rechtekategorien umgelegt wurden;

   cc) Betriebs- und Finanzkosten, die nicht im Zusammenhang mit der Rechtewahrnehmung stehen, einschließlich solcher für soziale und kulturelle Leistungen;

dd) Mittel zur Deckung der Kosten, insbesondere Angaben dazu, inwieweit Kosten aus den Einnahmen aus den Rechten, aus dem eigenen Vermögen oder aus sonstigen Mitteln gedeckt wurden;

ee) Abzüge von den Einnahmen aus den Rechten, aufgeschlüsselt nach Kategorien der wahrgenommenen Rechte und Art der Nutzung, sowie den Zweck der Abzüge, beispielsweise Kosten für die Rechtewahrnehmung oder für soziale und kulturelle Leistungen;

ff) prozentualer Anteil sämtlicher Kosten für die Rechtewahrnehmung und für sonstige an Berechtigte und Mitglieder erbrachte Leistungen im Verhältnis zu den Einnahmen aus den Rechten im jeweiligen Geschäftsjahr, aufgeschlüsselt nach Kategorien der wahrgenommenen Rechte und, wenn sich die Kosten nicht direkt einer oder mehreren Kategorien von Rechten zuordnen lassen, eine Erläuterung, wie diese Kosten auf die Rechtekategorien umgelegt wurden;

c) umfassende Informationen zu den Beträgen, die den Berechtigten zustehen, insbesondere:

aa) Gesamtsumme der den Berechtigten zugewiesenen Beträge, aufgeschlüsselt nach Kategorien der wahrgenommenen Rechte und Art der Nutzung;

bb) Gesamtsumme der an die Berechtigten ausgeschütteten Beträge, aufgeschlüsselt nach Kategorien der wahrgenommenen Rechte und Art der Nutzung;

cc) Ausschüttungstermine, aufgeschlüsselt nach Kategorien der wahrgenommenen Rechte und Art der Nutzung;

dd) Gesamtsumme der Beträge, die noch nicht den Berechtigten zugewiesen wurden, aufgeschlüsselt nach Kategorien der wahrgenommenen Rechte und Art der Nutzung, unter Angabe des Geschäftsjahres, in dem die Beträge eingenommen wurden;

ee) Gesamtsumme der den Berechtigten zugewiesenen, aber noch nicht an sie ausgeschütteten Beträge, aufgeschlüsselt nach Kategorien der wahrgenommenen Rechte und Art der Nutzung, unter Angabe des Geschäftsjahres, in dem die Beträge eingenommen wurden;

ff) Gründe für Zahlungsverzögerungen, wenn die Verwertungsgesellschaft die Verteilung nicht innerhalb der Verteilungsfrist (§ 28) durchgeführt hat;

gg) Gesamtsumme der nicht verteilbaren Beträge mit einer Erläuterung zu ihrer Verwendung;

d) Informationen zu Beziehungen zu anderen Verwertungsgesellschaften, insbesondere:

aa) jeweils von anderen Verwertungsgesellschaften erhaltene oder an diese gezahlte Beträge, aufgeschlüsselt nach Kategorien der wahrgenommenen Rechte und Art der Nutzung;

bb) Verwaltungskosten und sonstige Abzüge von den jeweils anderen Verwertungsgesellschaften zustehenden Einnahmen aus den Rechten, aufgeschlüsselt nach Kategorien der wahrgenommenen Rechte und Art der Nutzung;

cc) Verwaltungskosten und sonstige Abzüge von den jeweils von anderen Verwertungsgesellschaften empfangenen Beträgen, aufgeschlüsselt nach Kategorien der wahrgenommenen Rechte;

dd) Beträge, die die Verwertungsgesellschaft unmittelbar an die von der jeweils anderen Verwertungsgesellschaft vertretenen Rechtsinhaber verteilt hat, aufgeschlüsselt nach Kategorien der wahrgenommenen Rechte.

3. Der gesonderte Bericht gemäß Nummer 1 Buchstabe h muss folgende Informationen enthalten:

a) die im Geschäftsjahr von den Einnahmen aus den Rechten für soziale und kulturelle Leistungen abgezogenen Beträge, aufgeschlüsselt nach Verwendungszweck, und für jeden einzelnen Verwendungszweck aufgeschlüsselt nach Kategorien der wahrgenommenen Rechte und Art der Nutzung;

b) eine Erläuterung, wie diese Beträge verwendet wurden, aufgeschlüsselt nach dem Verwendungszweck, einschließlich

aa) der Beträge, die zur Deckung der Kosten verwendet werden, die im Zusammenhang mit der Verwaltung sozialer und kultureller Leistungen entstehen, und

bb) der tatsächlich für soziale oder kulturelle Leistungen verwendeten Beträge.

AEU-Vertrag

Vertrag über die Arbeitsweise der Europäischen Union – AEUV
Vom 1. Dezember 2009

– Auszug –

TITEL VII

GEMEINSAME REGELN BETREFFEND WETTBEWERB, STEUERFRAGEN UND ANGLEICHUNG DER RECHTSVORSCHRIFTEN

Kapitel 1

Wettbewerbsregeln

Abschnitt 1

Vorschriften für Unternehmen

Art. 101

(1) Mit dem Binnenmarkt unvereinbar und verboten sind alle Vereinbarungen zwischen Unternehmen, Beschlüsse von Unternehmensvereinigungen und aufeinander abgestimmte Verhaltensweisen, welche den Handel zwischen Mitgliedstaaten zu beeinträchtigen geeignet sind und eine Verhinderung, Einschränkung oder Verfälschung des Wettbewerbs innerhalb des Binnenmarkts bezwecken oder bewirken, insbesondere

a) die unmittelbare oder mittelbare Festsetzung der An- oder Verkaufspreise oder sonstiger Geschäftsbedingungen;

b) die Einschränkung oder Kontrolle der Erzeugung, des Absatzes, der technischen Entwicklung oder der Investitionen;

c) die Aufteilung der Märkte oder Versorgungsquellen;

d) die Anwendung unterschiedlicher Bedingungen bei gleichwertigen Leistungen gegenüber Handelspartnern, wodurch diese im Wettbewerb benachteiligt werden;

e) die an den Abschluss von Verträgen geknüpfte Bedingung, dass die Vertragspartner zusätzliche Leistungen annehmen, die weder sachlich noch nach Handelsbrauch in Beziehung zum Vertragsgegenstand stehen.

(2) Die nach diesem Artikel verbotenen Vereinbarungen oder Beschlüsse sind nichtig.

(3) Die Bestimmungen des Absatzes 1 können für nicht anwendbar erklärt werden auf

– Vereinbarungen oder Gruppen von Vereinbarungen zwischen Unternehmen,

– Beschlüsse oder Gruppen von Beschlüssen von Unternehmensvereinigungen,

– aufeinander abgestimmte Verhaltensweisen oder Gruppen von solchen, die unter angemessener Beteiligung der Verbraucher an dem entstehenden Gewinn zur Verbesserung der Warenerzeugung oder -verteilung oder zur Förderung des technischen oder wirtschaftlichen Fortschritts beitragen, ohne dass den beteiligten Unternehmen

a) Beschränkungen auferlegt werden, die für die Verwirklichung dieser Ziele nicht unerlässlich sind, oder

b) Möglichkeiten eröffnet werden, für einen wesentlichen Teil der betreffenden Waren den Wettbewerb auszuschalten.

Art. 102

Mit dem Binnenmarkt unvereinbar und verboten ist die missbräuchliche Ausnutzung einer beherrschenden Stellung auf dem Binnenmarkt oder auf einem wesentlichen Teil desselben durch ein oder mehrere Unternehmen, soweit dies dazu führen kann, den Handel zwischen Mitgliedstaaten zu beeinträchtigen.

Dieser Missbrauch kann insbesondere in Folgendem bestehen:

a) der unmittelbaren oder mittelbaren Erzwingung von unangemessenen Einkaufs- oder Verkaufspreisen oder sonstigen Geschäftsbedingungen;

b) der Einschränkung der Erzeugung, des Absatzes oder der technischen Entwicklung zum Schaden der Verbraucher;

c) der Anwendung unterschiedlicher Bedingungen bei gleichwertigen Leistungen gegenüber Handelspartnern, wodurch diese im Wettbewerb benachteiligt werden;

d) der an den Abschluss von Verträgen geknüpften Bedingung, dass die Vertragspartner zusätzliche Leistungen annehmen, die weder sachlich noch nach Handelsbrauch in Beziehung zum Vertragsgegenstand stehen.

II Satzung

Berechtigungsvertrag

Verträge mit ausländischen Verwertungsgesellschaften und Inkassoorganisationen

BIEM

CISAC

GESAC

BERECHTIGUNGSVERTRAG

VERTRAG MIT AUSTAUSCHENDEN VERSICHERUNGSLEISTUNGEN UND EINE SCHIEDSGERICHTSKLAUSEL

Satzung der GEMA

in der Fassung vom 24./25. Mai 2019

§ 1
Name und Sitz

Der wirtschaftliche Verein

GEMA

Gesellschaft für musikalische Aufführungs- und mechanische Vervielfältigungsrechte

hat seinen Sitz in Berlin.

Seine Rechtsfähigkeit beruht gemäß § 22 BGB auf staatlicher Verleihung[1].

§ 2
Zweck

1. Zweck des Vereins sind der Schutz und die Förderung des Urhebers und seiner Belange sowie die Wahrnehmung seiner Rechte im Rahmen dieser Satzung. Seine Einrichtung ist uneigennützig und nicht auf die Erzielung von Gewinn gerichtet.

2. Dem Verein obliegt die treuhänderische Wahrnehmung der ihm von seinen Mitgliedern und Dritten durch uni- oder bilaterale Verträge zur Verwertung übertragenen Rechte[2]. Er kann alles tun, was für die Wahrung und Wahrnehmung der ihm übertragenen Rechte erforderlich oder förderlich ist. Hierzu zählt zum Beispiel auch die Beteiligung der GEMA an Unternehmen, die urheberrechtliche Nutzungsrechte für mehrere Länder zentral wahrnehmen. Sofern dies einer effektiveren Wahrnehmung der übertragenen Rechte dient, kann sich die GEMA auch an sonstigen Unternehmen beteiligen.

Der Verein ist berechtigt, denjenigen, die die ihm übertragenen Rechte nutzen wollen, die hierzu notwendige Genehmigung zu erteilen.

3. Der Verein ist auch berechtigt, Mandate von Verwertungsgesellschaften sowie von sonstigen Rechteinhabern zu übernehmen, wenn dies für die Mitglieder vorteilhaft ist. Der Verein kann ferner mit anderen zusammenwirken, auch soweit Gegenstand von deren Tätigkeit nicht nur Urheberrechte, sondern auch verwandte Schutzrechte im Sinne des UrhG sind.

4. Bei der Vergabe der Rechte werden die Bedürfnisse der kulturellen Musikpflege berücksichtigt.

§ 3
Wahrnehmung

Die von dem Verein wahrzunehmenden Rechte werden ihm durch Abschluss eines besonderen Vertrages (Berechtigungsvertrag) übertragen, in dem auch der Umfang der wahrzunehmenden Rechte festgelegt wird[3]. Im Falle des § 2 Ziffer 3 Satz 1 erfolgt die Rechteeinräumung durch Mandatsvertrag.

---

[1] Verleihung der Rechtsfähigkeit durch das Preußische Staatsministerium am 28. September 1933 an die STAGMA, deren Name durch Kontrollratsbeschluss Nr. 55 (c) vom 24. August 1947 in GEMA geändert worden ist (Anlage 1 zu den GEMA-Nachrichten Nr. 2/1949 S. 35).
[2] Uni- und bilaterale Verträge, abgedruckt auf Seite 229 ff.
[3] Berechtigungsvertrag, abgedruckt auf Seite 216 ff.

Der Berechtigungsvertrag muss enthalten:

a) dass sämtliche dem Berechtigten gegenwärtig zustehenden und alle zukünftig entstehenden Rechte mit der Maßgabe übertragen werden, dass der Berechtigungsvertrag unter Einhaltung einer Frist von sechs Monaten zum Ende eines jeden Kalenderjahres schriftlich gekündigt werden kann; der Berechtigungsvertrag kann für Onlinenutzungen kürzere Kündigungsfristen vorsehen.

b) dass die Satzung und der Verteilungsplan anerkannt werden,

c) dass die vom Aufsichtsrat zu bestimmenden Gebühren gezahlt werden,

d) dass im Falle des Todes des Berechtigten die Rechtsnachfolger in den Urheberrechten einen Bevollmächtigten zu ernennen haben, der für sie die Rechte aus dem Berechtigungsvertrag wahrzunehmen hat,

e) dass der Berechtigte Nutzer nicht direkt oder indirekt an seinem Aufkommen beteiligen darf, damit diese seine Werke bei der Nutzung bevorzugen. (Ein Verstoß gegen dieses Verbot liegt beispielsweise vor, wenn ein Urheber oder Verleger ein Sendeunternehmen direkt oder indirekt an seinem Aufkommen beteiligt, um zu erreichen, dass dieses seine Werke bei der Gestaltung des Sendeprogramms bevorzugt).

Im Falle der Zuwiderhandlung ist der Berechtigte verpflichtet, einen Betrag in der Höhe an die Sozialkasse der GEMA abzuführen, in der er den Nutzer an seinem Aufkommen beteiligt hat. Übersteigt der an den Nutzer abgeführte Betrag die auf den Berechtigten entfallende Vergütung für das betroffene Werk, so ist nur diese Vergütung an die Sozialkasse der GEMA abzuführen.

Die anderen Vorschriften der Satzung über satzungswidriges Verhalten bleiben unberührt.

Abschluss und Kündigung des Berechtigungsvertrags können auf die Rechtsübertragung für bestimmte Nutzungsarten und / oder für bestimmte Länder beschränkt werden. Solche Beschränkungen können sich jedoch nur auf die Übertragung der Rechte an allen Werken des Berechtigten, nicht auf die Rechte an einzelnen seiner Werke beziehen.

Von solchen Beschränkungen der Rechtsübertragung bleiben die Mitgliedschaftsrechte des Berechtigten unberührt. Für den Erwerb der ordentlichen Mitgliedschaft oder deren Erhaltung bleiben jedoch die Vorschriften der §§ 7 und 9 Abschnitt A der Satzung über das Erfordernis eines Mindestaufkommens maßgebend.

§ 4
GESCHÄFTSJAHR

Das Geschäftsjahr ist das Kalenderjahr.

§ 5
ORGANE DES VEREINS

Die Organe des Vereins sind:

a) die Versammlung der ordentlichen Mitglieder,

b) der Aufsichtsrat,

c) der Vorstand im Sinne des BGB.

§ 5a

Die Tätigkeit der Mitglieder des Aufsichtsrats, der Ausschüsse und Kommissionen ist ehrenamtlich. Soweit nicht in dieser Satzung etwas anderes bestimmt ist, erhalten sie lediglich Ersatz ihrer Reisekosten und Barauslagen sowie pauschale Sitzungsgelder in angemessener Höhe.

Bei der Festlegung der Höhe der Sitzungsgelder ist der Natur der Tätigkeit, der Verantwortung und dem mit dem Amt typischerweise verbundenen Tätigkeitsumfang sowie der wirtschaftlichen Lage der GEMA Rechnung zu tragen. Dabei sollen der Vorsitz und der stellvertretende Vorsitz in Aufsichtsrat, Ausschüssen und Kommissionen berücksichtigt werden.

Die Mitglieder des Vorstands erhalten für ihre Tätigkeit eine Vergütung, die vom Aufsichtsrat festgelegt wird.

§ 6
MITGLIEDSCHAFT

1. Der Verein unterscheidet zwischen ordentlichen Mitgliedern, außerordentlichen Mitgliedern und angeschlossenen Mitgliedern. Nur die ordentlichen Mitglieder sind Mitglieder im Sinne des Vereinsrechts und des Verwertungsgesellschaftengesetzes.

Die ordentliche Mitgliedschaft kann nur in einer Berufsgruppe erworben werden.

2. Die Bezeichnung „angeschlossenes Mitglied" führt der Berechtigte, der weder die Voraussetzungen der außerordentlichen noch der ordentlichen Mitgliedschaft erfüllt, mit der Unterzeichnung des Berechtigungsvertrages (§ 3).

3. Ordentliches oder außerordentliches Mitglied der GEMA kann nur werden, wer selbst Urheber im Sinne des Urheberrechtsgesetzes ist oder einen Musikverlag betreibt.

Musikverlage müssen zudem im Handelsregister oder in einem vergleichbaren ausländischen Verzeichnis eingetragen sein. Auf Verlangen der GEMA sind die Firmen verpflichtet, einen Handelsregisterauszug bzw. einen Auszug aus dem ausländischen Verzeichnis nach dem neuesten Stand vorzulegen. Bestehende Mitgliedschaften werden durch diese Bestimmungen nicht berührt.

Als Musikverlag kann im Übrigen nur eine Firma als ordentliches oder außerordentliches Mitglied aufgenommen werden, die verlegerische Leistungen im Sinne des Regelwerks der GEMA erbringt. Als verlegerische Leistung gilt die Vervielfältigung und Verbreitung von Werken der Musik (mit oder ohne Text) im Sinne des Verlagsgesetzes. Unabhängig hiervon kann die verlegerische Leistung auch durch Leistungen in den Bereichen Promotion und Vermarktung des Werkes, Finanzierung und Produktion oder Service und Administration erbracht werden. Zum Bereich Service und Administration gehört insbesondere die erforderliche Kommunikation gegenüber der GEMA hinsichtlich des Werkes und seiner Nutzungen auch im Interesse des Urhebers (z. B. durch die Anmeldung des Werkes, die Prüfung von Abrechnungsunterlagen und die Reklamationsbearbeitung).

Musikverlage, die in Form einer Gesellschaft geführt werden, sind verpflichtet, die Beteiligungsverhältnisse offen zu legen. Befinden sich Kapitalanteile unmittelbar oder mittelbar in Händen einer anderen Gesellschaft, so erstreckt sich die Verpflichtung zur Offenlegung auch auf diese.

4. Der Erwerb der außerordentlichen Mitgliedschaft setzt einen Antrag an den Vorstand voraus. Mit dem Antrag verpflichtet sich der Antragsteller im Besonderen, der GEMA alle für das Aufnahmeverfahren erforderlichen Auskünfte zu erteilen.

Näheres zum Aufnahmeverfahren und zu den Aufnahmebedingungen für die außerordentliche und angeschlossene Mitgliedschaft wird in einer Geschäftsordnung für das Aufnahmeverfahren geregelt, die der Aufsichtsrat beschließt.[4]

Die besonderen zusätzlichen Voraussetzungen zum Erwerb der ordentlichen Mitgliedschaft sind in den §§ 7 und 8 geregelt.

§ 7 1. Die ordentliche Mitgliedschaft kann nur nach fünfjähriger außerordentlicher Mitgliedschaft erworben werden von:

a) Komponisten, die in fünf aufeinander folgenden Jahren ein Mindestaufkommen von EUR 30 000,00, jedoch in vier aufeinander folgenden Jahren mindestens EUR 1 800,00 jährlich von der GEMA bezogen haben.

b) Textdichtern, die in fünf aufeinander folgenden Jahren ein Mindestaufkommen von EUR 30 000,00, jedoch in vier aufeinander folgenden Jahren mindestens EUR 1 800,00 jährlich von der GEMA bezogen haben.

c) Musikverlegern, die in fünf aufeinander folgenden Jahren ein Mindestaufkommen von EUR 75 000,00, jedoch in vier aufeinander folgenden Jahren mindestens EUR 4 500,00 jährlich von der GEMA bezogen haben.

Die in a) bis c) genannten Voraussetzungen müssen jeweils innerhalb von 10 Jahren vor dem Jahr der Antragstellung auf Erwerb der ordentlichen Mitgliedschaft vorgelegen haben.

Für Urheber und Musikverleger der Sparte E verringern sich die unter a) bis c) genannten Mindestbeträge um $1/3$.

Ist ein Mitglied bereits einmal ordentliches Mitglied gewesen, so betragen die Fristen in a) bis c) je drei Jahre und das Mindestaufkommen in a) und b) EUR 12 000,00 und in c) EUR 30 000,00. Frühere Mitgliedschaftsjahre werden dann voll angerechnet.

Die frühere Mitgliedschaft zu einer anderen Verwertungsgesellschaft in der Europäischen Union und das Aufkommen dort werden auf das jeweilige Mindestaufkommen und auf die Mindestfrist von fünf Jahren angerechnet. Die frühere Mitgliedschaft zu einer anderen Verwertungsgesellschaft und das Aufkommen dort können in Ausnahmefällen mit Zustimmung des Aufsichtsrats auf das jeweilige Mindestaufkommen und auf die Mindestfrist von fünf Jahren angerechnet werden.

2. Wird beim Erwerb der außerordentlichen Mitgliedschaft festgestellt, dass deren Voraussetzungen schon zu einem früheren Zeitpunkt erfüllt waren, erfolgt Anrechnung der früheren Zeit auf die Fünfjahresfrist nach Ziffer 1.

3. Der Aufsichtsrat kann ferner solche Komponisten, Textdichter und Musikverleger als ordentliches Mitglied kooptieren, die ihre Rechte dem Verein übertragen haben und bei denen kulturelle Erwägungen die ordentliche Mitgliedschaft wünschenswert erscheinen lassen.

Die Feststellung, ob diese Voraussetzungen vorliegen, trifft der Aufsichtsrat für jede der drei Berufsgruppen Komponisten, Textdichter und Musikverleger getrennt.

---

[4] Geschäftsordnung für das Aufnahmeverfahren, abgedruckt auf Seite 330 ff.

Der Aufsichtsrat darf höchstens die gleiche Zahl von ordentlichen Mitgliedern kooptieren, die die ordentliche Mitgliedschaft gemäß Absatz 1 dieser Satzungsbestimmung erworben haben.

§ 8 1. Die ordentliche Mitgliedschaft wird erworben durch die Aufnahme. Über den Aufnahmeantrag entscheidet der Vorstand im Einvernehmen mit dem Aufsichtsrat.

2. Zusätzlich zu dem Aufnahmeantrag muss der Antragsteller eine unterzeichnete Beitrittserklärung einreichen, in der er ausdrücklich erklärt,

a) dass er die Satzung und den Verteilungsplan anerkennt,

b) dass er alles tun werde, um die Erreichung des satzungsgemäßen Zwecks des Vereins herbeizuführen und alles unterlassen werde, was der Erreichung dieses Zwecks abträglich sein könnte,

c) in welcher Berufsgruppe die Mitgliedschaft erworben und die Mitgliedschaftsrechte ausgeübt werden sollen, falls mehrere Berufsgruppen in Frage kommen,

d) dass der in § 3 vorgesehene Berechtigungsvertrag abgeschlossen ist.

Wenn der Aufnahmeantrag positiv beschieden wird, beginnt die ordentliche Mitgliedschaft mit dem 1. Januar des Jahres, das auf den Eingang der Beitrittserklärung folgt.

3. Auch wenn die Voraussetzungen von § 7 Ziff. 1 und § 8 Ziff. 2 vorliegen, kann die Aufnahme als ordentliches Mitglied versagt werden, wenn sachlich gerechtfertigte Gründe in der Person des Mitglieds der Aufnahme entgegenstehen. Dies ist insbesondere der Fall, wenn das Mitglied

a) wiederholt oder schwerwiegend gegen den Berechtigungsvertrag, den Verteilungsplan, die Satzung oder das Vereinsinteresse verstoßen hat,

b) durch falsche Angaben sich oder einem anderen Mitglied einen rechtswidrigen Vermögensvorteil zu Lasten der GEMA verschafft bzw. sich verschaffen lassen hat oder dies versucht hat.

Das gilt nicht, wenn das Mitglied die Pflichtverletzung nicht zu vertreten hat. § 9 Ziff. 4 Abs. 3 der Satzung gilt sinngemäß.

4. Die Ablehnung des Aufnahmeantrags wird durch eingeschriebenen Brief mitgeteilt. Gegen die Ablehnung kann der Antragsteller alsdann innerhalb eines Monats durch eingeschriebenen Brief beantragen, dass die ordentliche Mitgliederversammlung endgültig über den Aufnahmeantrag entscheiden soll. Die Entscheidung trifft die nächste ordentliche Mitgliederversammlung, sofern der Antrag acht Wochen vor dem Tage der Mitgliederversammlung eingegangen ist. Ist er später eingegangen, entscheidet die darauf folgende Mitgliederversammlung. Die Mitgliederversammlung entscheidet durch einfache Mehrheit der Anwesenden ohne vorherige Beschlussfassung der Kurien.

5. Ist der Antrag auf ordentliche Mitgliedschaft gemäß § 8 Ziff. 3 der Satzung abgelehnt worden, ist ein erneuter Antrag auf ordentliche Mitgliedschaft frühestens 5 Jahre nach Ablauf des Jahres der letzten Antragstellung möglich. Für die erneute Antragstellung gilt § 7 Ziff. 1 der Satzung entsprechend. Aufkommen aus Jahren

vor dem Jahr der letzten Antragstellung auf ordentliche Mitgliedschaft findet bei der erneuten Antragstellung keine Berücksichtigung.

§ 9
BEENDIGUNG DER MITGLIEDSCHAFT

Die ordentliche oder außerordentliche Mitgliedschaft endet:

1. durch schriftliche dem Vorstand gegenüber abzugebende Austrittserklärung des Mitgliedes.

Die Austrittserklärung muss beim Vorstand mindestens sechs Monate vor Ablauf des Geschäftsjahres eingegangen sein. Sie wird wirksam zum Ende des jeweiligen Geschäftsjahres. Die Beendigung der ordentlichen oder außerordentlichen Mitgliedschaft hat keinen Einfluss auf die im Berechtigungsvertrag vereinbarte Dauer der Rechtsübertragung. Nach Beendigung der ordentlichen oder außerordentlichen Mitgliedschaft wird der Berechtigte für die Dauer des Berechtigungsvertrages als angeschlossenes Mitglied geführt.

2. (1) Bei Mitgliedern, die die ordentliche Mitgliedschaft nach § 7 Ziff. 1 erworben haben, kann vom Vorstand mit Zustimmung des Aufsichtsrates die ordentliche Mitgliedschaft mit dem Ende des Geschäftsjahres für beendet erklärt werden, in dem festgestellt wird, dass

    a) ein Komponist in drei aufeinander folgenden Jahren ein Durchschnittsaufkommen von weniger als EUR 1 200,00 jährlich oder in sechs aufeinander folgenden Jahren ein Durchschnittsaufkommen von weniger als EUR 1 000,00 jährlich von der GEMA bezogen hat;

    b) ein Textdichter in drei aufeinander folgenden Jahren ein Durchschnittsaufkommen von weniger als EUR 1 200,00 jährlich oder in sechs aufeinander folgenden Jahren ein Durchschnittsaufkommen von weniger als EUR 1 000,00 jährlich von der GEMA bezogen hat;

    c) ein Musikverleger in drei aufeinander folgenden Jahren ein Durchschnittsaufkommen von weniger als EUR 3 000,00 jährlich oder in sechs aufeinander folgenden Jahren ein Durchschnittsaufkommen von weniger als EUR 2 000,00 jährlich von der GEMA bezogen hat.

(2) Nach einer zehnjährigen ordentlichen Mitgliedschaft gemäß § 7 Ziff. 1 der Satzung entfällt jedoch die Bestimmung von § 9 Ziff. 2 Abs. (1).

(3) Bei Mitgliedern, die die ordentliche Mitgliedschaft gemäß § 7 Ziff. 3 erworben haben, kann vom Vorstand mit Zustimmung des Aufsichtsrates mit Ablauf eines Geschäftsjahres die ordentliche Mitgliedschaft für beendet erklärt werden.

3. Durch Tod, bei Firmen im Falle der Eröffnung des Insolvenzverfahrens oder Ablehnung des Eröffnungsantrages mangels Masse oder nach Beendigung der Liquidation.

4. Durch Ausschluss, der erfolgen kann, wenn ein wichtiger Grund vorliegt. Ein wichtiger Grund liegt insbesondere vor, wenn das Mitglied

    a) wiederholt oder schwerwiegend gegen den Berechtigungsvertrag, den Verteilungsplan, die Satzung oder das Vereinsinteresse verstoßen hat,

    b) durch falsche Angaben sich oder einem anderen Mitglied einen rechtswidrigen Vermögensvorteil zu Lasten der GEMA verschafft bzw. sich verschaffen lassen hat oder dies versucht hat.

Das gilt nicht, wenn das Mitglied die Pflichtverletzung nicht zu vertreten hat.

Bei einer juristischen Person oder einer Handelsgesellschaft kann der Ausschluss auch dann erfolgen, wenn ein Organ oder ein Mitglied eines Organs oder ein persönlich haftender Gesellschafter oder ein anderer Gesellschafter oder Aktionär, der einen maßgeblichen Einfluss auf die Gesellschaft ausüben kann, gegen die Satzung, das Vereinsinteresse oder das Urheberrecht gröblich verstößt.

Nutzt ein Mitglied im Rahmen der Verwertung der Urheberrechte seine Rechtsstellung gegenüber anderen Mitgliedern missbräuchlich aus, so ist dies ein Grund zum Ausschluss des Mitglieds, soweit nicht die Verhängung einer Konventionalstrafe als ausreichend angesehen werden kann.

Der Ausschluss erfolgt durch Beschluss des Aufsichtsrates, nachdem dem Mitglied Gelegenheit gegeben worden ist, seine Einwendungen gegen den beantragten Ausschluss mündlich oder schriftlich dem Aufsichtsrat vorzutragen.

Gegen den Beschluss des Aufsichtsrates kann binnen drei Wochen nach Zugang des Beschlusses die Entscheidung der Mitgliederversammlung verlangt werden.

Endet die Mitgliedschaft infolge Ausschlusses, so wird der Berechtigungsvertrag durch den Ausschluss nicht berührt. Dem Ausgeschlossenen bleiben für die Dauer des Berechtigungsvertrages die Rechte eines angeschlossenen Mitglieds erhalten. Ein erneuter Antrag auf außerordentliche Mitgliedschaft ist frühestens 5 Jahre, ein erneuter Antrag auf ordentliche Mitgliedschaft frühestens 10 Jahre nach dem Ausschluss möglich. § 7 Ziff. 3 der Satzung bleibt davon unberührt.

§ 10 Mitgliederversammlung

1. Die ordentliche Mitgliederversammlung soll jeweils innerhalb von acht Monaten nach Ablauf des Geschäftsjahres stattfinden.

Der Versammlungstermin und die in der Mitgliederversammlung stattfindenden Wahlen sollen den Mitgliedern spätestens vier Monate vorher bekanntgegeben werden. Die Nichteinhaltung dieser Bekanntgabefrist hat nicht die Unwirksamkeit der durch die Mitgliederversammlung gefassten Beschlüsse zur Folge.

2. In der Mitgliederversammlung haben die ordentlichen Mitglieder das aktive und passive Wahlrecht.

3. Eine außerordentliche Mitgliederversammlung ist außer den im Gesetz vorgesehenen Fällen einzuberufen, wenn der Aufsichtsrat es für nötig erachtet oder mindestens 10 % der ordentlichen Mitglieder einschließlich der Delegierten es verlangen.

4. Die Einladung zur Mitgliederversammlung ergeht im Einvernehmen mit dem Aufsichtsrat durch den Vorstand. Die Versammlung wird von dem Vorsitzenden des Aufsichtsrates oder einem seiner Stellvertreter geleitet.

5. Die Einladung erfolgt schriftlich fünf Wochen vor dem Termin der Mitgliederversammlung. Die Frist wird durch Aufgabe der Einladung zur Post gewahrt.

Die Tagesordnung wird mit einem Auszug aus dem Geschäftsbericht fünf Wochen vor dem Termin der Mitgliederversammlung auf der Internetseite der GEMA bekannt gegeben. Das Mitglied kann schriftlich beantragen, dass ihm die Tagesordnung mit dem Auszug aus dem Geschäftsbericht bis auf Widerruf zusätzlich per Post zugeschickt wird. Der Versand per Post erfolgt drei Wochen vor dem Termin der jeweiligen Mitgliederversammlung, erstmals jedoch zur ordentlichen Mitgliederversammlung des Jahres, das auf das Jahr folgt, in dem der Antrag bei der GEMA eingegangen ist. Die Dreiwochenfrist wird durch Aufgabe zur Post gewahrt.

Über Gegenstände, die nicht in der Tagesordnung aufgeführt sind, können Beschlüsse nicht gefasst werden.

Anträge an die Mitgliederversammlung müssen von mindestens zehn ordentlichen Mitgliedern und/oder Delegierten (§ 12 Ziff. 4) unterschrieben sein und spätestens acht Wochen vor dem Termin der Mitgliederversammlung bei der GEMA eingehen. Dies gilt nicht für Anträge von Aufsichtsrat oder Vorstand. Anträge des Vorstands müssen dem Aufsichtsrat jedoch zur Kenntnis gebracht werden.

Es besteht die Möglichkeit, der GEMA Entwürfe zu Anträgen für die ordentliche Mitgliederversammlung zur Prüfung vorzulegen. Voraussetzung ist, dass mindestens 20 antragsberechtigte Mitglieder und/oder Delegierte die Prüfung ihres mit einer Begründung versehenen Antragsentwurfs spätestens 16 Wochen vor Beginn der ordentlichen Mitgliederversammlung unter Benennung eines Ansprechpartners schriftlich verlangen.

Die GEMA teilt den betreffenden Mitgliedern und/oder Delegierten das Ergebnis ihrer Prüfung innerhalb von sechs Wochen mit. Die Frist beginnt zu laufen, sobald eine ausreichende Zahl von Mitgliedern und/oder Delegierten gemeinsam eine Stellungnahme zu einem Entwurf verlangt.

Die GEMA hat in ihrer Stellungnahme auf folgende Fragen einzugehen:

1. Ob und inwieweit formale oder sprachliche Einwände gegen den Wortlaut des Antragsentwurfes bestehen;

2. ob und inwieweit der anzunehmende Regelungsgehalt des Antragsentwurfes im Widerspruch zu anderen Bestimmungen des Regelwerks der GEMA steht;

3. ob und inwieweit Bedenken gegen die Vereinbarkeit des anzunehmenden Regelungsgehalts des Antragsentwurfes mit der geltenden Rechtslage bestehen.

Die GEMA ist nicht dazu verpflichtet, den Antragstellern ausformulierte Änderungsvorschläge zur Verfügung zu stellen.

6. Der Mitgliederversammlung obliegt insbesondere:

a) die Entgegennahme des Geschäftsberichtes und des Jahresabschlusses sowie die Verabschiedung des Transparenzberichts,

b) die Entlastung des Vorstands, die Entlastung des Aufsichtsrats,

c) die Wahl und die Abberufung der Mitglieder des Aufsichtsrates sowie die Wahl und Abberufung der in die Zuständigkeit der Mitgliederversammlung fallenden Ausschüsse und Kommissionen. Die GEMA setzt sich zum Ziel, den Anteil von Frauen in allen Gremien zu stärken. Die Mitgliederversammlung beschließt auf Vorschlag der Sitzungsgeldkommission über die Sitzungsgelder für die Mitglieder des Aufsichtsrats, der Ausschüsse und Kommissionen.

d) die Ernennung von Ehrenpräsidenten und die Verleihung von Ehrenmitgliedschaften auf Vorschlag des Aufsichtsrates,

e) die Beschlussfassung über Satzungsänderungen,

f) die Beschlussfassung über Änderungen des Berechtigungsvertrages,

g) die Beschlussfassung über Änderungen des Verteilungsplanes einschließlich der allgemeinen Grundsätze für die Abzüge von den Einnahmen und die Verwendung nicht verteilbarer Einnahmen,

h) die Beschlussfassung über die allgemeine Anlagepolitik in Bezug auf die Einnahmen aus den Rechten,

i) die Beschlussfassung über die Bedingungen, zu denen der Berechtigte jedermann das Recht einräumen kann, seine Werke für nicht-kommerzielle Zwecke vergütungsfrei zu nutzen,

j) die Beschlussfassung über die Auflösung des Vereins.

§ 20 bleibt unberührt.

7. In der Mitgliederversammlung hat jedes ordentliche Mitglied eine Stimme. Ist ein Verleger Inhaber mehrerer Einzelfirmen, so steht ihm nur ein Stimmrecht zu. Die zu einem Konzern im Sinne von § 18 AktG gehörenden Verlage haben insgesamt nicht mehr als zwanzig Stimmen.

Für die Vertretung der ordentlichen Mitglieder durch bevollmächtigte oder gesetzliche Vertreter in der Mitgliederversammlung gilt:

a) Die Vertretung darf keinen Interessenkonflikt befürchten lassen. Ein Interessenkonflikt ist in der Regel zu befürchten bei der Bevollmächtigung von

- Mitgliedern anderer Berufsgruppen,
- angeschlossenen oder außerordentlichen Mitgliedern,
- Nutzern oder mit Nutzern wirtschaftlich verflochtenen Personen,
- Personen, die Interessen von Nutzern oder Mitgliedern anderer Berufsgruppen vertreten.

Ein Interessenkonflikt ist in der Regel nicht zu befürchten, wenn ein anderes ordentliches Mitglied derselben Berufsgruppe oder ein naher Angehöriger des Mitglieds bevollmächtigt wird.

b) Die Anzahl der Mitglieder, die sich nach dieser Vorschrift durch denselben Vertreter vertreten lassen können, wird auf zehn beschränkt.

c) Der Vertreter ist weisungsgebunden.

d) Die Vertretung gilt jeweils für eine Mitgliederversammlung und ist unwiderruflich.

e) Die Vertretung ist der GEMA spätestens zwei Wochen vor Beginn der Mitgliederversammlung schriftlich unter Verwendung des hierzu vorgesehenen Formulars anzuzeigen. Ist ein Mitglied wegen Krankheit an der Teilnahme gehindert, ist die Anzeige der Vertretung unter Vorlage eines ärztlichen Attests bis spätestens drei Werktage vor Beginn der Mitgliederversammlung möglich. Dies gilt auch für Verlagsfirmen, die ihr Stimmrecht durch den Inhaber ausüben.

f) Ist ein Mitglied, das zur Berufsgruppe der Komponisten oder der Textdichter gehört, gleichzeitig verfassungsmäßig oder gesellschaftsvertraglich berufener Vertreter eines Musikverlages, so steht auch diesem Mitglied die Ausübung der Mitgliedschaftsrechte nur in einer Berufsgruppe zu.

g) Ist bei einer als Gesellschaft organisierten Verlagsfirma nur Gesamtvertretung zulässig, so wird das Stimmrecht von einem der Gesamtvertreter ausgeübt; für den bzw. die weiteren Vertreter besteht lediglich das Teilnahmerecht.

8. Anstelle der Stimmrechtsausübung in der Mitgliederversammlung können die ordentlichen Mitglieder ihr Stimmrecht im Vorfeld der Mitgliederversammlung im Wege elektronischer Kommunikation ausüben (E-Voting). Darüber hinaus haben die ordentlichen Mitglieder die Möglichkeit, die Versammlung ihrer Berufsgruppe und die Hauptversammlung per Live-Stream zu verfolgen.

Die Stimmrechtsausübung per E-Voting ist nur hinsichtlich der in der Tagesordnung veröffentlichten Wahlvorschläge und Beschlussanträge möglich. Sie ist nicht übertragbar und unwiderruflich.

Mitglieder, die sich in der Mitgliederversammlung vertreten lassen oder als Stellvertreter für ein anderes Mitglied an der Mitgliederversammlung teilnehmen, können ihr Stimmrecht nicht per E-Voting ausüben.

Voraussetzung für die Stimmrechtsausübung per E-Voting und die Teilnahme per Live-Stream ist, dass das Mitglied die hierfür geltenden Fristen und Authentifizierungsanforderungen einhält. Diese werden vom Aufsichtsrat in einer Geschäftsordnung festgelegt, die zu veröffentlichen ist.[5]

Mitglieder, die gegen die in § 10 Ziffer 8 Abs. 2 Satz 2 und in der Geschäftsordnung für E-Voting und Live-Stream enthaltenen Regelungen zur Nichtübertragbarkeit der Stimmrechtsausübung, zur Vertraulichkeit der Authentifizierungsdaten und zur Nichtöffentlichkeit des Live-Streams verstoßen, können durch Beschluss des Aufsichtsrats für fünf Jahre von der Stimmrechtsausübung per E-Voting und der Teilnahme am Live-Stream ausgeschlossen werden.

9. Die Mitgliederversammlung wird nach einer von der Mitgliederversammlung beschlossenen Versammlungs- und Wahlordnung abgehalten, welche Bestandteil dieser Satzung ist.[6]

10. Die Unwirksamkeit von Beschlüssen der Mitgliederversammlung kann nur im Wege der Klage geltend gemacht werden. Sie kann nicht gestützt werden

a) auf eine durch technische Störungen hervorgerufene Verletzung von Rechten, die auf elektronischem Wege wahrgenommen wurden, es sei denn, der GEMA ist grobe Fahrlässigkeit oder Vorsatz vorzuwerfen,

b) auf eine Verletzung von Verfahrensvorschriften, soweit sich die Verletzung nicht auf die Beschlussfassung ausgewirkt hat.

Zur Geltendmachung von Verfahrensverstößen befugt ist jedes in der Mitgliederversammlung erschienene Mitglied, sofern es gegen den Beschluss Widerspruch zum Protokoll erklärt hat, und jedes nicht erschienene Mitglied, sofern es sich darauf beruft, dass es zur Mitgliederversammlung zu Unrecht nicht zugelassen worden sei oder dass die Versammlung nicht ordnungsgemäß einberufen oder der Gegenstand der Beschlussfassung nicht ordnungsgemäß bekanntgemacht worden sei.

---

5) Geschäftsordnung für E-Voting und Live-Stream, abgedruckt auf Seite 318 f.
6) Versammlungs- und Wahlordnung, abgedruckt auf Seite 313 ff.

Die Klage muss innerhalb von sechs Wochen nach der Beschlussfassung erhoben werden.

Zwingende Vorgaben des Gesetzes bleiben unberührt.

§ 11 a) Jede der drei Berufsgruppen (Komponisten, Textdichter, Verleger) wählt die für sie im Aufsichtsrat vorgesehenen Mitglieder getrennt. Innerhalb der einzelnen Berufsgruppen erfolgt die Wahl mit relativer Mehrheit. Die Abberufung erfolgt stets mit Zweidrittelmehrheit. Falls dreiviertel der in jeder der beiden anderen Berufsgruppen anwesenden Stimmen mit der Wahl eines in einer anderen Berufsgruppe gewählten Mitglieds nicht einverstanden sind, muss die Berufsgruppe eine Neuwahl vornehmen, es sei denn, dass sie den zuerst Gewählten mit dreiviertel ihrer Stimmen wiederwählt.

b) Satzungsänderungen, Änderungen des Berechtigungsvertrages, Änderungen des Verteilungsplanes und Beschlüsse über die Auflösung des Vereins werden getrennt nach Berufsgruppen beschlossen, wobei jede Berufsgruppe eine Stimme hat und Satzungsänderungen, Änderungen des Berechtigungsvertrages, Änderungen des Verteilungsplanes und Beschlüsse über Auflösung des Vereins nur wirksam sind, wenn Einstimmigkeit der drei Berufsgruppen vorliegt. § 20 bleibt unberührt.

Innerhalb der Berufsgruppen erfolgt die Abstimmung in der Weise, dass zu jedem Beschluss Zweidrittelmehrheit erforderlich ist, und zwar im Falle der Auflösung des Vereins mit der Maßgabe, dass die Zweidrittelmehrheit mindestens die Hälfte der insgesamt vorhandenen Zahl der zu der jeweiligen Berufsgruppe gehörenden Mitglieder ausmachen muss.

§ 12
VERSAMMLUNG DER AUSSERORDENTLICHEN UND ANGESCHLOSSENEN MITGLIEDER

1. In Verbindung mit jeder ordentlichen und außerordentlichen Mitgliederversammlung der ordentlichen Mitglieder findet eine Versammlung aller außerordentlichen und angeschlossenen Mitglieder statt. Einladung ergeht im Einvernehmen mit dem Aufsichtsrat durch den Vorstand.

In dieser Versammlung, die unter Vorsitz des Aufsichtsratsvorsitzenden oder eines seiner Stellvertreter abgehalten wird, erstattet der Vorstand den Geschäftsbericht und steht der Versammlung zur Auskunftserteilung zur Verfügung. Die Erstattung des Geschäftsberichts erfolgt jedoch nicht, wenn die Versammlung in Verbindung mit einer außerordentlichen Mitgliederversammlung der ordentlichen Mitglieder stattfindet.

Schwerbehinderte Mitglieder mit einem behördlich rechtskräftig festgestellten Grad der Behinderung von 50 und mehr, die aufgrund von damit verbundenen Mobilitätsbeeinträchtigungen an der persönlichen Teilnahme an der Versammlung der außerordentlichen und angeschlossenen Mitglieder gehindert sind, können sich von einem anderen Mitglied ihrer Berufsgruppe vertreten lassen. Es gilt § 10 Ziff. 7 Abs. 2 sinngemäß. Ein Mitglied kann jeweils nur ein schwerbehindertes Mitglied vertreten.

2. Die Versammlung wählt alle drei Jahre aus ihrer Mitte in getrennten Berufsgruppenversammlungen bis zu 64 Mitglieder als Delegierte für die Mitgliederversammlung der ordentlichen Mitglieder, und zwar:

bis zu zweiunddreißig aus der Berufsgruppe Komponisten, von denen mindestens zwölf Rechtsnachfolger sein sollen;

bis zu zwölf aus der Berufsgruppe Textdichter, von denen mindestens vier Rechtsnachfolger sein sollen;

bis zu zwanzig aus der Berufsgruppe Verleger.

Für jede Berufsgruppe werden bis zu fünf Stellvertreter gewählt. Als Delegierter oder Stellvertreter kann nur gewählt werden, wer der GEMA mindestens zwei Jahre angehört. Zudem kann als Delegierter oder Stellvertreter nur gewählt werden, wer in den beiden Kalenderjahren, die dem Jahr der Wahl vorausgegangen sind, Aufkommen in Höhe von insgesamt mindestens EUR 50,00 erzielt hat. Wer für ein ordentliches Verlegermitglied vertretungsberechtigt ist, kann nicht gleichzeitig als Delegierter oder Stellvertreter gewählt werden. Angeschlossene und außerordentliche Mitglieder, deren Antrag auf ordentliche Mitgliedschaft gemäß § 8 Ziff. 3 der Satzung abgelehnt wurde, und Mitglieder, die gemäß § 9 Ziff. 4 der Satzung ausgeschlossen wurden, sind für einen Zeitraum von 5 Jahren nach dem Datum der Ablehnungs- oder Ausschlussentscheidung nicht wählbar.

Bei der Wahl der Delegierten und der Wahl der Stellvertreter hat jedes Mitglied eine Stimme. Verlagsfirmen, die Einzelfirmen sind, üben ihr Stimmrecht durch den Inhaber aus. Verlagsfirmen, die Gesellschaften sind, üben ihr Stimmrecht durch einen verfassungsmäßig oder gesellschaftsvertraglich berufenen Vertreter aus. Ein Vertreter kann das Stimmrecht nicht für mehr als fünf Verlage ausüben. Falls eine Verlagsfirma rechtlich oder tatsächlich an der Ausübung des Stimmrechts gehindert ist, kann das Stimmrecht durch einen im Handelsregister eingetragenen Vertreter oder durch einen Handlungsbevollmächtigten im Sinne von § 54 HGB ausgeübt werden. Diese Vertreter müssen ständig in dem Verlagsunternehmen verlegerisch oder kaufmännisch tätig sein. § 10 Ziff. 7 Abs. 1 Sätze 2 und 3 und Abs. 2 d) bis h) gelten entsprechend.

Die jeweilige Berufsgruppenversammlung wird geleitet von dem Aufsichtsratsvorsitzenden, wenn er der betreffenden Berufsgruppe angehört, oder von demjenigen seiner Stellvertreter, der dieser Berufsgruppe angehört. Für den Fall, dass der Aufsichtsratsvorsitzende oder einer seiner Stellvertreter verhindert ist, erfolgt die Leitung durch das älteste anwesende Aufsichtsratsmitglied der jeweiligen Berufsgruppe.

Innerhalb jeder Berufsgruppe wird die Wahl der einzelnen Delegierten beziehungsweise der einzelnen Stellvertreter zu einer Gesamtwahl zusammengefasst. Dazu werden alle Kandidaten auf einer Liste aufgeführt und zur Abstimmung gestellt. Jeder Wähler hat höchstens so viele Stimmen, wie in seiner Berufsgruppe Delegierte beziehungsweise Stellvertreter gewählt werden können. Für jeden Kandidaten kann jeder Wähler höchstens eine Stimme abgeben. Gewählt sind die Kandidaten, die die meisten Stimmen (relative Mehrheit) erhalten haben. Bei unklarem Wahlergebnis wegen Stimmengleichheit ist eine Stichwahl durchzuführen. Bei Stimmengleichheit in der Stichwahl entscheidet das vom Versammlungsleiter gezogene Los. Sofern sich bei der Delegiertenwahl nicht mehr Mitglieder zur Wahl stellen, als Delegierte gewählt werden können, kann die jeweilige Berufsgruppenversammlung mit einfacher Mehrheit entscheiden, dass die Wahl en-bloc stattfindet.

In den Berufsgruppen Komponisten und Textdichter erfolgt zunächst die Wahl der Rechtsnachfolger und anschließend die Wahl der übrigen Delegierten. Wird die vorgesehene Anzahl von Rechtsnachfolgern nicht erreicht, erhöht sich die Anzahl der noch wählbaren übrigen Delegierten entsprechend.

Die Amtsdauer der Delegierten und ihrer Stellvertreter läuft von der Beendigung der auf ihre Wahl folgenden Mitgliederversammlung bis zum Ablauf der vierten auf ihre Wahl folgenden ordentlichen Mitgliederversammlung. Wiederwahl ist zulässig. Erwirbt ein Delegierter oder ein Stellvertreter die ordentliche Mitgliedschaft, endet sein Amt mit dem Tag, an dem der Vorstand im Einvernehmen mit dem Aufsichtsrat über seine Aufnahme als ordentliches Mitglied entscheidet. Scheidet ein Delegierter aus diesem oder einem anderen Grund während seiner Amtsdauer aus seinem Amt aus, rückt der für die jeweilige Berufsgruppe mit den meisten Stimmen gewählte Stellvertreter für die verbleibende Amtsdauer an seine Stelle. Kann ein ausgeschiedener Delegierter nicht durch einen gewählten Stellvertreter ersetzt werden, hat die jeweilige Berufsgruppe in der darauffolgenden Versammlung der außerordentlichen und angeschlossenen Mitglieder einen neuen Delegierten zu wählen, der für die verbleibende Amtsdauer an die Stelle des ausgeschiedenen Delegierten tritt. Im Übrigen finden Nachwahlen nicht statt.

Für den Fall, dass in einer Versammlung die Delegierten nicht vollständig anwesend sind, werden diese durch die für die jeweilige Berufsgruppe gewählten Stellvertreter ersetzt. Die Reihenfolge richtet sich dabei ebenfalls nach der Anzahl der Stimmen, die die Stellvertreter bei ihrer Wahl erhalten haben.

3. Den Delegierten stehen alle Rechte der ordentlichen Mitglieder zu mit Ausnahme des passiven Wahlrechts und des Rechts, sich vertreten zu lassen.

Die gewählten Stellvertreter der Delegierten können das Stimmrecht nicht per E-Voting ausüben.

4. Die Delegierten sind berechtigt, unter den gleichen Voraussetzungen wie die ordentlichen Mitglieder Anträge für die ordentliche Mitgliederversammlung zu stellen.

§ 13
AUFSICHTSRAT

1. Der Aufsichtsrat besteht aus 15 Mitgliedern, von denen sechs Komponisten, fünf Verleger und vier Textdichter sein müssen. Für jede Berufsgruppe können zwei Stellvertreter gewählt werden, die zur Teilnahme an den Sitzungen des Aufsichtsrates mit vollem Stimmrecht berechtigt sind, wenn und soweit ordentliche Mitglieder ihrer Berufsgruppe an der Teilnahme zur Aufsichtsratssitzung verhindert sind; für die Wahl der Stellvertreter gilt das Wahlverfahren wie für die Mitglieder des Aufsichtsrates.

Komponisten und Textdichter sind wählbar, sofern sie die deutsche Staatsangehörigkeit oder die Staatsangehörigkeit eines anderen Mitgliedstaates der Europäischen Union oder des Europäischen Wirtschaftsraumes besitzen oder ihren steuerlichen Wohnsitz in einem dieser Länder haben und dem Verein mindestens fünf Jahre lang als ordentliches Mitglied angehören.

Verleger sind wählbar, sofern sie mindestens fünf Jahre als Inhaber einer Einzelfirma, persönlich haftender Gesellschafter einer Offenen Handelsgesellschaft oder Kommanditgesellschaft, Geschäftsführer einer GmbH, Vorstandsmitglied einer Aktiengesellschaft oder in leitender Funktion in einem Musikverlag tätig waren. Zudem muss der Verlag seinen Sitz in Deutschland oder einem anderen Mitgliedstaat der Europäischen Union oder des Europäischen Wirtschaftsraumes haben und dem Verein mindestens fünf Jahre lang als ordentliches Mitglied angehören.

Aus einem Verlag oder einer Verlagsgruppe kann nur eine Person dem Aufsichtsrat angehören.

Die Wahl in den Aufsichtsrat ist grundsätzlich nicht möglich, wenn ein struktureller Interessenkonflikt zu befürchten ist. Ein solcher Interessenkonflikt liegt in der Regel vor, wenn das Urheber- oder Verlagsmitglied

> a) mit der GEMA, einem Unternehmen, an dem die GEMA beteiligt ist, oder einer anderen Verwertungsgesellschaft in den letzten drei Jahren vor der Wahl regelmäßig oder in größerem Umfang Lizenzverträge abgeschlossen hat oder
>
> b) in wirtschaftlichem oder personellem Zusammenhang mit solchen Lizenznehmern steht oder
>
> c) in wirtschaftlichem oder personellem Zusammenhang mit einer mit der GEMA konkurrierenden Organisation steht.

Aus dem Kreis der Verlagsmitglieder, die die in Absatz 5 genannten Voraussetzungen erfüllen, können jedoch ein Kandidat zum Aufsichtsratsmitglied und ein Kandidat zum Stellvertreter für dieses Aufsichtsratsmitglied gewählt werden. Deren Stimmrecht ruht bei Beschlussfassungen über die Aufstellung und Änderung von Tarifen und den Abschluss von Gesamtverträgen sowie bei allen sonstigen Beschlusspunkten, bei denen der Interessenkonflikt zum Tragen kommen kann.

2. Die Amtsdauer der Aufsichtsratsmitglieder läuft von der Beendigung der Mitgliederversammlung, in der ihre Wahl erfolgt ist, bis zum Ablauf der dritten auf die Wahl folgenden ordentlichen Mitgliederversammlung.

Wiederwahl ist zulässig. Solange eine Neuwahl nicht stattfindet, bleibt der Aufsichtsrat im Amt. Sofern ein Vertreter der Berufsgruppe Verleger während seiner Amtszeit zu einem anderen Verlag wechselt, bleibt er im Amt, wenn der neue Verlag die für die Wahl in den Aufsichtsrat geltenden Voraussetzungen erfüllt. Anderenfalls scheidet er aus seinem Amt aus.

Scheidet während der Amtsdauer ein Aufsichtsratsmitglied aus diesem oder einem anderen Grund aus, so haben die Aufsichtsratsmitglieder seiner Berufsgruppe ein Ersatzmitglied zu wählen, das an dessen Stelle tritt.

Dieses bedarf der Bestätigung durch die nächste Mitgliederversammlung, soweit die Amtsdauer über diese Mitgliederversammlung hinausgeht.

3. Der Aufsichtsrat hat die nach dem Verwertungsgesellschaftengesetz dem Aufsichtsgremium zugewiesenen Pflichten und Befugnisse.

Er beschließt über

> a) die Ernennung, Anstellung und Entlassung der Mitglieder des Vorstandes sowie über die Höhe ihrer Vergütung und sonstige Leistungen,
>
> b) die Bestellung und Abberufung des Abschlussprüfers,
>
> c) den Beitritt zu oder Austritt aus anderen Gesellschaften, Vereinen oder sonstigen Organisationen, die Gründung von Tochtergesellschaften und den Erwerb von Anteilen an anderen Organisationen,

d) die Grundsätze des Risikomanagements,

e) den Erwerb, Verkauf und die Beleihung unbeweglicher Sachen,

f) die Aufnahme und Vergabe von Darlehen sowie die Stellung von Darlehenssicherheiten,

g) den Abschluss und die Beendigung von Repräsentationsvereinbarungen mit anderen Verwertungsgesellschaften,

h) die Wahrnehmungsbedingungen, soweit nicht in dieser Satzung eine andere Zuständigkeit vorgesehen ist,

i) die Aufstellung und Änderung von Tarifen und den Abschluss von Gesamtverträgen.

Der Aufsichtsrat hat gegenüber dem Vorstand ein Weisungsrecht.

Näheres zur Behandlung einzelner Geschäftsvorfälle durch Aufsichtsrat und Vorstand regelt der Aufsichtsrat in einer Geschäftsordnung.[7]

4. Der Aufsichtsrat ist berechtigt, zu den Sitzungen der Ausschüsse und Kommissionen Aufsichtsratsmitglieder zu entsenden.

Der Aufsichtsrat kann Beschlüsse der Ausschüsse und Kommissionen aufheben. Er entscheidet in letzter Instanz. Dies gilt nicht für Beschlüsse der Sitzungsgeldkommission und des Beschwerdeausschusses.

5. Der Aufsichtsrat wählt aus seiner Mitte einen Vorsitzenden und zwei Stellvertreter.

6. Die Abstimmung im Aufsichtsrat erfolgt mit einfacher Stimmenmehrheit der anwesenden Mitglieder. Wenn die in einer Aufsichtsratssitzung anwesenden Komponisten einstimmig eine Meinung vertreten, so können sie von den übrigen anwesenden Aufsichtsratsmitgliedern nicht überstimmt werden.

Stimmvertretung ist unzulässig.

Der Aufsichtsrat ist beschlussfähig, wenn mindestens die Hälfte seiner Mitglieder, davon mindestens je zwei Mitglieder jeder Berufsgruppe, anwesend sind.

7. Der Aufsichtsrat gibt sich eine Geschäftsordnung.[8]

§ 14 VORSTAND

Der Vorstand vertritt den Verein gerichtlich und außergerichtlich.

Besteht der Vorstand aus mehreren Personen, so sind je zwei gemeinschaftlich zur Vertretung des Vereins berechtigt.

Der Vorstand wird vom Aufsichtsrat bestellt und abberufen.

Die Vertretungsbefugnis des Vorstandes wird durch ein von der für die Vereinsaufsicht zuständigen Senatsverwaltung auszustellendes Zeugnis nachgewiesen. Zu dem Zweck werden der zuständigen Senatsverwaltung die jeweiligen Berufungsniederschriften vorgelegt.

---

[7] Geschäftsordnung für die Behandlung von Geschäftsvorfällen durch Aufsichtsrat und Vorstand, abgedruckt auf Seite 326 f.
[8] Geschäftsordnung für den Aufsichtsrat, abgedruckt auf Seite 320 ff.

Der Vorstand hat der zuständigen Senatsverwaltung im Monat Januar eine Liste der Vorstandsmitglieder sowie der Mitglieder des Aufsichtsrates, aus welcher Name, Vorname, Stand und Wohnort zu entnehmen sind, einzureichen. Sind seit Einreichung der letzten Liste Änderungen hinsichtlich der Personen der Vorstandsmitglieder bzw. Aufsichtsratsmitglieder nicht eingetreten, so genügt die Einreichung einer entsprechenden Erklärung.

§ 15 Der Vorstand hat dem Aufsichtsrat vierteljährlich einen Geschäftsbericht und außerdem spätestens einen Monat vor der ordentlichen Mitgliederversammlung einen Geschäftsbericht über das abgelaufene Geschäftsjahr sowie einen Voranschlag für das folgende Jahr vorzulegen.

§ 16 A. *Entfällt*

B. Schiedsgericht

1. a) Über Streitigkeiten zwischen GEMA-Mitgliedern entscheidet – soweit sich aus den folgenden Bestimmungen nichts anderes ergibt – unter Ausschluss des Rechtsweges ein Schiedsgericht.

Das Schiedsgericht entscheidet insbesondere im Streitfalle über die Auslegung der Satzung, des Verteilungsplanes, des Berechtigungsvertrages, der Geschäftsordnungen, der Versammlungsordnung und über die Rechtswirksamkeit von Beschlüssen und sonstigen Maßnahmen der GEMA.

b) Die Geschäftsordnung des Schiedsgerichts wird vom Aufsichtsrat beschlossen.[9]

c) Das Schiedsgericht besteht aus einem Obmann und vier Beisitzern, von denen jede Partei zwei Beisitzer zu benennen hat. Vorstands- und Aufsichtsratsmitglieder der GEMA sowie Personen, die zur GEMA in einem Anstellungsvertrag oder in einem ständigen sonstigen Auftragsverhältnis stehen, können nicht als Obmann oder Beisitzer benannt werden. Für Aufsichtsratsmitglieder aus der Berufsgruppe Verleger gilt dies in Bezug auf sämtliche Vertreter und sonstige Mitarbeiter des Verlags. Der Obmann muss zum Richteramt befugt sein. Er wird von den Beisitzern aus einer vom Aufsichtsrat aufzustellenden Vorschlagsliste gewählt, es sei denn, dass sich die streitenden Parteien vorher bereits über einen Obmann geeinigt haben. Für die Ablehnung eines Beisitzers oder des Obmanns gelten §§ 1036, 1037 ZPO. Einigt sich die Mehrheit der Beisitzer nicht auf einen Obmann, so wird der Obmann auf Antrag einer der Parteien vom Senatspräsidenten des Urheberrechts-Spezialsenats beim Bundesgerichtshof aus der Vorschlagsliste ernannt.

2. Die Kosten des Schiedsgerichtsverfahrens werden unter entsprechender Anwendung der Kostenvorschriften der ZPO von den jeweiligen Prozessparteien nach Maßgabe der Entscheidung des Schiedsgerichts getragen.

3. Der Kläger kann, anstatt das Schiedsgericht anzurufen, auch die Klage vor dem zuständigen ordentlichen Gericht erheben. Das Wahlrecht erlischt mit der Einreichung der Klage. Vor Erhebung der Klage beim Schiedsgericht hat der Kläger das Einverständnis des Beklagten zur Entscheidung der Streitigkeiten durch das Schiedsgericht einzuholen. Verweigert der Beklagte seine Zustimmung, oder erfolgt

---

[9] Geschäftsordnung des Schiedsgerichts, abgedruckt auf Seite 335.

die Zustimmungserklärung nicht innerhalb von 14 Tagen nach Erhalt der Anfrage, so kann nur das ordentliche Gericht angerufen werden.

C. Beschwerdeausschuss

1. Der Beschwerdeausschuss ist zuständig für Streitigkeiten zwischen der GEMA und ihren Mitgliedern, soweit sie sich aus dem Mitgliedschaftsverhältnis ergeben.

Jedes Mitglied kann bei Verletzung seiner berechtigten Interessen als Vereinsmitglied den Beschwerdeausschuss anrufen.

Die Zuständigkeit des Beschwerdeausschusses ist ausgeschlossen, soweit in der Satzung oder weiteren Bestimmungen ein anderes vereinsinternes Verfahren vorgesehen ist.

2. Der Ausschuss erlässt auf Antrag des Mitglieds eine Entscheidung, die innerhalb von sechs Monaten erfolgen soll. Solange der Beschwerdeausschuss nicht entschieden hat, ist der Rechtsweg zu den ordentlichen Gerichten ausgeschlossen.

3. Der Ausschuss besteht aus je einem Vertreter der drei Berufsgruppen und einem Vorsitzenden sowie je einem Stellvertreter. Die Berufsgruppenvertreter bzw. die Verlage, für die sie tätig sind, müssen der GEMA mindestens fünf Jahre als ordentliches Mitglied angehören. Die Stellvertreter bzw. die Verlage, für die sie tätig sind, müssen der GEMA mindestens drei Jahre als ordentliches Mitglied angehören. Aufsichtsratsmitglieder können nicht gewählt werden. Für Aufsichtsratsmitglieder aus der Berufsgruppe Verleger gilt dies in Bezug auf sämtliche Vertreter und sonstige Mitarbeiter des Verlags.

Die Berufsgruppenvertreter wählen aus vom Aufsichtsrat aufzustellenden Vorschlagslisten den Vorsitzenden sowie dessen Stellvertreter. Diese müssen die Befähigung zum Richteramt haben.

Darüber hinaus kann der Ausschuss mit Zustimmung von Aufsichtsrat und Vorstand externe Sachverständige punktuell zur Beratung hinzuziehen oder als ständige Mitglieder mit beratender Funktion kooptieren. Die Amtsdauer der als ständige Mitglieder kooptierten Sachverständigen endet mit der Amtsperiode der stimmberechtigten Ausschussmitglieder oder durch Abberufung durch die stimmberechtigten Ausschussmitglieder.

4. Die Berufsgruppenvertreter werden auf die Dauer von 3 Jahren auf Grundlage der Wahlvorschläge des Aufsichtsrats durch die Mitgliederversammlung gewählt. Bei der Auswahl der Wahlvorschläge berücksichtigt der Aufsichtsrat das Ziel, den Anteil von Frauen in allen Gremien zu stärken. Andere Wahlvorschläge können von den ordentlichen Mitgliedern und Delegierten im Vorfeld der Mitgliederversammlung, in der die Wahl stattfindet, beim Wahlausschuss eingereicht werden. Für die Einreichung der Wahlvorschläge und die Wahl gelten § 11 a) der Satzung und B. I. der Versammlungs- und Wahlordnung entsprechend.

Die Berufsgruppenvertreter bleiben bis zum Ablauf der dritten auf die Wahl folgenden ordentlichen Mitgliederversammlung im Amt. Wiederwahl ist zulässig. Sofern der Berufsgruppenvertreter der Verleger oder dessen Stellvertreter während seiner Amtszeit zu einem anderen Verlag wechselt, bleibt er im Amt, wenn der neue Verlag die für die Wahl in den Beschwerdeausschuss geltenden Voraussetzungen erfüllt. Anderenfalls scheidet er aus seinem Amt aus.

Scheidet ein Berufsgruppenvertreter oder ein Stellvertreter während seiner Amtszeit aus diesem oder einem anderen Grund aus, so haben die Aufsichtsratsmitglieder seiner Berufsgruppe ein Ersatzmitglied zu wählen, das an dessen Stelle tritt. Die Ersatzwahl bedarf der Bestätigung durch die nächste Mitgliederversammlung, soweit die Amtsdauer über diese Mitgliederversammlung hinausgeht.

5. Die Beschwerde ist an den Vorstand zu richten. Der Vorstand oder – falls der Aufsichtsrat zuständig ist – der Aufsichtsrat können der Beschwerde abhelfen. Falls Vorstand oder Aufsichtsrat nicht abhelfen, entscheidet der Beschwerdeausschuss unverzüglich.

6. Die Kosten des Beschwerdeverfahrens mit Ausnahme der eigenen Kosten des Beschwerdeführers werden von der GEMA getragen. Die Mitglieder des Beschwerdeausschusses erhalten für ihre Tätigkeit lediglich Ersatz ihrer Reisekosten und Barauslagen. Darüber hinaus wird für jedes Beschwerdeverfahren eine Fallpauschale in Höhe von EUR 2 400,00 gezahlt. Hiervon erhält der Vorsitzende bzw. der stellvertretende Vorsitzende EUR 1 200,00, die Berufsgruppenvertreter erhalten jeweils EUR 400,00.

7. Der Beschwerdeausschuss gibt sich eine Geschäftsordnung[10], die der Mitgliederversammlung vorgelegt werden muss.

D. Sitzungsgeldkommission

1. Unter Berücksichtigung der Vorgaben des § 5a unterbreitet die Sitzungsgeldkommission der Mitgliederversammlung Vorschläge über die Höhe der Sitzungsgelder, über die die Mitgliederversammlung beschließt.

2. Die Sitzungsgeldkommission besteht aus je einem Vertreter der drei Berufsgruppen und dem Vorsitzenden des Beschwerdeausschusses als Vorsitzenden. Die Mitgliederversammlung wählt die Berufsgruppenvertreter auf die Dauer von jeweils drei Jahren. Für jeden Berufsgruppenvertreter wird ein Stellvertreter gewählt. Wiederwahl ist zulässig. Wahlvorschläge können von den ordentlichen Mitgliedern und Delegierten im Vorfeld der Mitgliederversammlung, in der die Wahl stattfindet, beim Wahlausschuss eingereicht werden. Für die Einreichung der Wahlvorschläge und die Wahl gelten § 11 a) der Satzung und B. I. der Versammlungs- und Wahlordnung entsprechend. Der Vorsitzende der Kommission wird durch den stellvertretenden Vorsitzenden des Beschwerdeausschusses vertreten. Die Berufsgruppenvertreter bzw. die Verlage, für die sie tätig sind, müssen der GEMA mindestens fünf Jahre als ordentliches Mitglied angehören. Die Stellvertreter bzw. die Verlage, für die sie tätig sind, müssen der GEMA mindestens drei Jahre als ordentliches Mitglied angehören. Aufsichtsratsmitglieder und Mitglieder sonstiger Ausschüsse oder Kommissionen können nicht zu Berufsgruppenvertretern oder Stellvertretern gewählt werden. Für Aufsichtsratsmitglieder aus der Berufsgruppe Verleger gilt dies in Bezug auf sämtliche Vertreter und sonstige Mitarbeiter des Verlags. Sofern der Berufsgruppenvertreter der Verleger oder dessen Stellvertreter während seiner Amtszeit zu einem anderen Verlag wechselt, bleibt er im Amt, wenn der neue Verlag die für die Wahl in die Sitzungsgeldkommission geltenden Voraussetzungen erfüllt. Anderenfalls scheidet er aus seinem Amt aus. Scheidet ein Berufsgruppenvertreter oder ein Stellvertreter während seiner Amtszeit aus

---

10) Geschäftsordnung für den Beschwerdeausschuss, abgedruckt auf Seite 333 f.

diesem oder einem anderen Grund aus, so hat die betreffende Berufsgruppe in der darauffolgenden Mitgliederversammlung ein Ersatzmitglied zu wählen, das an dessen Stelle tritt, soweit die Amtsdauer über diese Mitgliederversammlung hinausgeht.

3. Die Kommission wird durch den Aufsichtsrat oder die Mitgliederversammlung einberufen. Sie berät nichtöffentlich. Der Vorsitzende des Aufsichtsrats und seine Stellvertreter sowie der Vorstand erhalten Gelegenheit zur Stellungnahme. Soweit über Sitzungsgelder für Ausschüsse oder Kommissionen beraten wird, die nicht aus Mitgliedern des Aufsichtsrats bestehen, steht dieses Recht auch dem Vorsitzenden des jeweils betroffenen Gremiums bzw. einem von diesem Gremium bestimmten Vertreter zu. Der Vorsitzende der Sitzungsgeldkommission entscheidet über die Hinzuziehung von Sachverständigen.

4. Die Kommission entscheidet mit einfacher Mehrheit, bei Stimmengleichheit entscheidet die Stimme des Vorsitzenden.

5. Die Mitglieder der Sitzungsgeldkommission erhalten für ihre Tätigkeit lediglich Ersatz ihrer Reisekosten und Barauslagen.

6. Die Mitglieder der GEMA werden im Rahmen des Geschäftsberichts über die Höhe der von der Sitzungsgeldkommission festgelegten jeweiligen pauschalen Sitzungsgelder sowie die Gesamtsumme der in einem Geschäftsjahr an die Mitglieder des Aufsichtsrats, der Kommissionen und Ausschüsse geleisteten Zahlungen informiert.

7. Bis zur erstmaligen Beschlussfassung durch die Mitgliederversammlung werden Sitzungsgelder in zuletzt geltender Höhe gezahlt.

E. Urheber-Verleger-Schlichtungsstelle

1. Die Urheber-Verleger-Schlichtungsstelle ist zuständig für Streitigkeiten zwischen Urhebern und Verlegern über die Erbringung der verlegerischen Leistung gemäß § 7 Abs. 2 und 3 des Verteilungsplans.

2. Die Urheber-Verleger-Schlichtungsstelle kann von jedem Urheber eines verlegten Werkes angerufen werden, der geltend macht, dass der Verleger wegen Nichterbringung verlegerischer Leistungen i. S. d. § 7 Abs. 2 des Verteilungsplans ihm gegenüber nicht länger an der Verteilung der Einnahmen für das Werk zu beteiligen ist. Die Urheber-Verleger-Schlichtungsstelle kann bei Streitigkeiten über die Erbringung verlegerischer Leistungen auch von einem Verleger angerufen werden.

Rügen mehrere Urheber die Nichterbringung einer verlegerischen Leistung in Bezug auf einen Verlagsvertrag, ist über jede Urheber-Verleger-Rechtsbeziehung separat zu verhandeln und zu entscheiden.

3. Die Urheber-Verleger-Schlichtungsstelle hat einen schriftlichen Schlichtungsspruch zu erlassen, der innerhalb von 6 Monaten erfolgen soll. Der Schlichtungsspruch ist zu begründen. In dem Schlichtungsspruch befindet die Urheber-Verleger-Schlichtungsstelle darüber, ob der Verleger eine verlegerische Leistung i. S. d. § 7 Abs. 2 des Verteilungsplans erbracht hat und aus diesem Grund weiter an der Verteilung der Einnahmen für das Werk zu beteiligen ist. Hierbei hat die Urheber-Verleger-Schlichtungsstelle das Vorliegen einer verlegerischen Leistung im Rahmen einer umfassenden Abwägung unter Berücksichtigung der wirtschaftlichen

Bedingungen der Werkentstehung und Werkverwertung, der Festlegungen des Verlagsvertrages und des Zeitablaufs seit der Werkschöpfung zu beurteilen. Vertragliche und gesetzliche Ansprüche im Innenverhältnis zwischen Urheber und Verleger wie z. B. Kündigungs-, Rücktritts- oder Rückrufsrechte bleiben von dem Schlichtungsspruch unberührt.

4. Bis zum Erlass des Schlichtungsspruchs ist der Rechtsweg zu den ordentlichen Gerichten ausgeschlossen. Nach Erlass des Schlichtungsspruchs kann die unterlegene Partei ihre Ansprüche binnen weiterer 6 Monaten im ordentlichen Rechtsweg geltend machen. Wird innerhalb dieser Frist kein Nachweis der gerichtlichen Geltendmachung erbracht oder wird der Schlichtungsspruch durch gemeinsame Erklärung, die der GEMA vorzulegen ist, von beiden Parteien akzeptiert, verteilt die GEMA entsprechend dem Schlichtungsspruch.

5. Die Urheber-Verleger-Schlichtungsstelle besteht aus je einem Vertreter der drei Berufsgruppen und einem Vorsitzenden sowie je einem Stellvertreter. Die Berufsgruppenvertreter werden von den Aufsichtsräten der jeweiligen Berufsgruppe jeweils für die Dauer von drei Jahren bestellt. Sie dürfen als natürliche Personen nicht Mitglied des Aufsichtsrats oder eines anderen von der Mitgliederversammlung zu wählenden Gremiums sein. Die Berufsgruppenvertreter wählen aus vom Aufsichtsrat aufzustellenden Vorschlagslisten einstimmig den Vorsitzenden sowie dessen Stellvertreter. Diese müssen die Befähigung zum Richteramt haben.

Die Urheber-Verleger-Schlichtungsstelle trifft ihre Entscheidungen mit einfacher Mehrheit. Bei Stimmengleichheit entscheidet die Stimme des Vorsitzenden. Die Berufsgruppenvertreter der Komponisten und Textdichter nehmen nur an Entscheidungen über solche Streitigkeiten teil, an denen Mitglieder ihrer jeweiligen Berufsgruppe beteiligt sind.

6. Die Mitglieder der Urheber-Verleger-Schlichtungsstelle erhalten für ihre Tätigkeit Ersatz ihrer Reisekosten und Barauslagen. Darüber hinaus wird für jedes Verfahren vor der Schlichtungsstelle eine Fallpauschale in Höhe von EUR 600 fällig, von der der Vorsitzende bzw. der stellvertretende Vorsitzende die Hälfte und die an der Entscheidung beteiligten Berufsgruppenvertreter zu gleichen Teilen die andere Hälfte als Aufwandsentschädigung erhalten. Über die Tragung dieser Kosten sowie der eigenen Kosten der Parteien entscheidet die Schlichtungsstelle nach Maßgabe der im Schlichtungsspruch getroffenen Entscheidung.

7. Näheres regelt eine Geschäftsordnung[11], die vom Aufsichtsrat beschlossen wird.

8. Aufsichtsrat und Vorstand werden das Funktionieren und den Arbeitsanfall der Urheber-Verleger-Schlichtungsstelle gründlich beobachten. Soweit dies entweder von der Mehrheit des Aufsichtsrats oder einstimmig von den Vertretern einer Berufsgruppe im Aufsichtsrat befürwortet wird, werden Aufsichtsrat und Vorstand einen Vorschlag für die Überarbeitung der Regelungen zur Funktionsweise der Urheber-Verleger-Schlichtungsstelle erarbeiten und in der ordentlichen Mitgliederversammlung 2020 zur Abstimmung stellen.

§ 17 Die Verteilung des Aufkommens einschließlich der für soziale und kulturelle Zwecke bereitgestellten Mittel erfolgt nach einem Verteilungsplan, dessen Änderung nur

---

11) Geschäftsordnung für die Urheber-Verleger-Schlichtungsstelle, abgedruckt auf Seite 336 ff.

nach Maßgabe von § 11 b) der Satzung zulässig ist. Der Verteilungsplan kann vorsehen, dass Aufsichtsrat und Vorstand einvernehmlich über den Ausgleich solcher Ansprüche entscheiden, die sich aus einer nachträglich festgestellten systematischen Fehlerhaftigkeit der Verteilung, insbesondere wegen Nichtigkeit einer Regelung des Verteilungsplans, ergeben.

§ 18 *Entfällt*

§ 19 Für Satzungsänderungen sind die gesetzlich vorgesehenen Vorschriften zu beachten.

Im Falle der Auflösung des Vereins muss etwa verbleibendes Vermögen Vereinigungen zugeführt werden, deren gemeinnütziger und kultureller Zweck anerkannt ist.

Satzungsänderungen bedürfen gemäß § 33 Abs. 2 BGB zu ihrer Wirksamkeit der Genehmigung der zuständigen Senatsverwaltung; das gleiche gilt für die Auflösung des Vereins.

§ 20
Redaktionelle Änderungen

Der Aufsichtsrat ist im Einvernehmen mit dem Vorstand befugt, redaktionelle Änderungen von Satzung, Verteilungsplan und den von der Mitgliederversammlung beschlossenen Geschäftsordnungen vorzunehmen, solange sie nur die sprachliche Form, jedoch nicht den Regelungsgehalt betreffen. Dies umfasst ausschließlich die Korrektur von Fehlern der Orthographie, Grammatik oder Interpunktion, die Anpassung von Verweisen und Nummerierungen innerhalb des GEMA-Regelwerks, die Anpassung von Verweisen auf Gesetzesbestimmungen und Namen von Organisationen sowie die Vereinheitlichung von Abkürzungen.

Die vorgenommenen redaktionellen Änderungen werden veröffentlicht. Die Mitglieder werden hierüber in der auf die Beschlussfassung des Aufsichtsrats folgenden Ausgabe der an alle Mitglieder versandten Publikation „virtuos" informiert, wobei auf dem Titelblatt in hervorgehobener Weise auf diese Information hingewiesen wird.

II 2 Berechtigungsvertrag

(Neufassung aufgrund der Beschlüsse der ordentlichen Mitgliederversammlung vom 24./25. Mai 2019)

Berechtigungsvertrag

zwischen dem unterzeichneten

Urheber ....

Musikverleger (Musikverlag)[1] ....

Rechtsnachfolger des ....

– im folgenden kurz Berechtigter genannt –

und

der GEMA Gesellschaft für musikalische Aufführungs- und mechanische Vervielfältigungsrechte, vertreten durch ihren Vorstand in 10787 Berlin, Bayreuther Straße 37,

– im folgenden kurz GEMA genannt –.

§ 1 Der Berechtigte überträgt hiermit der GEMA als Treuhänderin für alle Länder alle ihm gegenwärtig zustehenden und während der Vertragsdauer noch zuwachsenden, zufallenden, wieder zufallenden oder sonst erworbenen Urheberrechte in folgendem Umfang zur Wahrnehmung nach Maßgabe der folgenden Bestimmungen:

a) Die Aufführungsrechte an Werken der Tonkunst mit oder ohne Text, jedoch unter Ausschluss des Rechts zur bühnenmäßigen Aufführung dramatisch-musikalischer Werke (vollständig, als Querschnitt oder in größeren Teilen). Der Ausschluss umfasst auch die bühnenmäßige Aufführung sonstiger Werke der Tonkunst (mit oder ohne Text) als integrierende Bestandteile dramatisch-musikalischer Bühnenstücke, z. B. im Rahmen von Balletten oder Hit-Musicals. Unerheblich ist, ob die Werke eigens für die Umsetzung auf der Bühne geschaffen worden sind.

Bühnenmusiken, soweit sie nicht integrierender Bestandteil des Bühnenwerkes sind, Bühnenschauen, Filmbegleitmusik, Einlagen in Revuen, Einlagen in Operetten, Possen und Lustspielen, melodramatische und Kabarettaufführungen sind Gegenstand dieses Vertrages, soweit es sich nicht um die Aufführung von Bestandteilen dramatisch-musikalischer Werke in anderen Bühnenwerken handelt.

---

[1] Handelt es sich nicht um eine Einzelperson, so ist die Angabe der Rechtsform des Verlages erforderlich (z.B. Einzelfirma, OHG, KG, GmbH, AG). Der Berechtigungsvertrag muss in solchen Fällen durch die im Handelsregister eingetragenen Vertretungsberechtigten unter Hinzufügung des Firmenstempels unterschrieben werden.

b) Die Rechte der Hörfunk-Sendung mit Ausnahme der Sendung dramatisch-musikalischer Werke, sei es vollständig, als Querschnitt oder in größeren Teilen [2].

c) Die Rechte der Lautsprecherwiedergabe einschließlich der Wiedergabe von dramatisch-musikalischen Werken durch Lautsprecher.

d) Die Rechte der Fernseh-Sendung mit Ausnahme von dramatisch-musikalischen Werken, sei es vollständig, als Querschnitt oder in größeren Teilen.[2]

e) Die Rechte der Fernseh-Wiedergabe einschließlich der Wiedergabe von dramatisch-musikalischen Werken.

f) Die Filmvorführungsrechte einschließlich der Rechte an dramatisch-musikalischen Werken.

g) Die Rechte der Aufführung und Wahrnehmbarmachung mittels der gemäß Abs. h) hergestellten Vorrichtungen, mit Ausnahme

aa) der bühnenmäßigen Aufführung dramatisch-musikalischer Werke, sei es vollständig, als Querschnitt oder in größeren Teilen,

bb) der Wahrnehmbarmachung dramatisch-musikalischer Werke in Theatern im Sinne von § 19 Abs. 3 UrhG [3].

h) Die Rechte der Aufnahme auf Ton-, Bildton-, Multimedia- und andere Datenträger einschließlich z. B. Speichercard, DataPlay Disc, DVD (Digital Versatile Disc), Twin Disc, Ton- und Bildtonträger mit ROM-part und entsprechende Träger mit Datenlink, sowie die Vervielfältigungs- und Verbreitungsrechte an diesen Trägern.

Das Recht, Werke der Tonkunst (mit oder ohne Text) in Datenbanken, Dokumentationssysteme oder in Speicher ähnlicher Art einzubringen.

Das Recht, Werke der Tonkunst (mit oder ohne Text), die in Datenbanken, Dokumentationssysteme oder in Speicher ähnlicher Art eingebracht sind, elektronisch oder in ähnlicher Weise zu übermitteln, einschließlich z. B. für mobile Internetnutzung und für Musiktauschsysteme.

Die Rechtewahrnehmung zur Nutzung der Werke der Tonkunst (mit oder ohne Text) als Ruftonmelodien und als Freizeichenuntermalungsmelodien erfolgt zweistufig. Stufe 1: Das Recht zur Einwilligung in die Benutzung eines Werkes als Ruftonmelodie oder als Freizeichenuntermalungsmelodie, insbesondere nach § 14 UrhG [4] und § 23 Satz 1 UrhG [5], bleibt beim Berechtigten. Stufe 2: Die Rechte nach lit. h Abs. 1 bis 3 überträgt der Berechtigte der GEMA zur Wahrnehmung.

---

[2] Die Rechte zur zeitgleichen, unveränderten und vollständigen Weiterverbreitung dramatisch-musikalischer Werke in Fernseh- und Hörfunkprogrammen im Sinne und im Umfang der EG-Richtlinie 93/83 vom 27. 9. 1993 werden der GEMA von den betroffenen Berechtigten durch gesondertes Mandat übertragen.

[3] Abgedruckt auf Seite 81.

[4] § 14 UrhG lautet: „Der Urheber hat das Recht, eine Entstellung oder eine andere Beeinträchtigung seines Werkes zu verbieten, die geeignet ist, seine berechtigten geistigen oder persönlichen Interessen am Werk zu gefährden."

[5] § 23 Satz 1 UrhG lautet: „Bearbeitungen oder andere Umgestaltungen des Werkes dürfen nur mit Einwilligung des Urhebers des bearbeiteten oder umgestalteten Werkes veröffentlicht oder verwertet werden."

Die Rechtsübertragung erfolgt jeweils vorbehaltlich der Regelung nach Abs. i).

Die vorgenannten Rechte umfassen nicht die graphischen Rechte, insbesondere nicht das Recht am Notenbild oder Textbild.

Für Vervielfältigung dramatisch-musikalischer Werke – vollständig, im Querschnitt oder in größeren Teilen – zum persönlichen oder sonstigen eigenen Gebrauch durch Ton- oder Bildtonträger bleibt dem Berechtigten das Vervielfältigungsrecht vorbehalten, soweit es sich um die Wahrnehmung gegenüber Theatern handelt.

i) (1) Die Rechte zur Benutzung eines Werkes (mit oder ohne Text) zur Herstellung von Filmwerken oder jeder anderen Art von Aufnahmen auf Bildtonträger sowie jeder anderen Verbindung von Werken der Tonkunst (mit oder ohne Text) mit Werken anderer Gattungen auf Multimedia- und andere Datenträger oder in Datenbanken, Dokumentationssystemen oder in Speichern ähnlicher Art, u. a. mit der Möglichkeit interaktiver Nutzung, mit der Maßgabe, dass GEMA und Berechtigter sich gegenseitig von allen bekanntwerdenden Fällen benachrichtigen. Der GEMA werden diese Rechte unter einer auflösenden Bedingung übertragen.

Die Bedingung tritt ein, wenn der Berechtigte der GEMA schriftlich mitteilt, dass er die Rechte im eigenen Namen wahrnehmen möchte. Diese Mitteilung muss innerhalb einer Frist von vier Wochen erfolgen; bei subverlegten Werken beträgt die Frist drei Monate. Die Frist wird von dem Zeitpunkt an berechnet, zu dem der Berechtigte im Einzelfall Kenntnis erlangt hat. In der Mitteilung des Berechtigten an die GEMA über einen ihm selbst bekanntgewordenen Einzelfall muss die Erklärung enthalten sein, ob er die Rechte im eigenen Namen wahrnehmen möchte. Der Rückfall tritt nur ein, soweit es sich um die Benutzung zur Herstellung eines bestimmten Filmwerkes oder sonstigen Bildtonträgers oder Multimedia- oder anderen Datenträgers oder die Verbindung mit Werken anderer Gattungen in einer bestimmten Datenbank, einem bestimmten Dokumentationssystem oder einem bestimmten Speicher ähnlicher Art handelt. Bei Filmwerken schließt der Rückfall das Recht zur Vervielfältigung und Verbreitung ein, soweit es sich um Werke handelt, die zur öffentlichen Vorführung in Lichtspieltheatern oder zur Sendung bestimmt sind. Bei sonstigen Aufnahmen auf Bildtonträger beschränkt sich der Rückfall auf die Befugnis, die Zustimmung zur Werkverbindung und zur Herstellung von 50 gesondert zu kennzeichnenden Vervielfältigungsstücken für Einführungszwecke zu erteilen. Unberührt bleiben die Rechte für Fernsehproduktionen im Sinne von Abs. (2).

(2) Bei Fernsehproduktionen vergibt die GEMA die Herstellungsrechte an Sendeunternehmen und deren eigene Werbegesellschaften insoweit, als es sich um Eigen- oder Auftragsproduktionen für eigene Sendezwecke und Übernahmesendungen handelt. Die Einwilligung des Berechtigten ist jedoch erforderlich, wenn Dritte an der Herstellung beteiligt sind oder wenn die Fernsehproduktionen von Dritten genutzt werden sollen. Das gilt insbesondere für Coproduktionen. Für Fernseh-Coproduktionen zwischen Sendeunternehmen, an denen mindestens ein inländisches Sendeunternehmen beteiligt ist, gilt Satz 1 entsprechend.

Unter den vorgenannten Voraussetzungen vergibt die GEMA das Herstellungsrecht auch für Fernsehproduktionen zu Zwecken der Programmankündigung (Trailer), jedoch nur insoweit, als hierbei Werke der Tonkunst mit oder ohne Text verwendet werden, die eigens für eine mit dem Trailer angekündigte Eigen- oder Auftragsproduktion geschaffen worden sind (Auftragskompositionen).[6]

(3) In jedem Falle bleiben jedoch die Rechte bei Fernsehproduktionen und anderen Bildtonträgern bis auf die der GEMA vorbehaltenen Rechte dem Berechtigten selbst vorbehalten, wenn es sich handelt um

aa) vorbestehende dramatisch-musikalische Werke, sei es vollständig, als Querschnitt oder in größeren Teilen;

bb) die Benutzung eines Werkes (mit oder ohne Text) zur Herstellung eines dramatisch-musikalischen Werkes;

cc) die Verwendung von Konzertliedern, Schlagern oder Einlagen aus dramatisch-musikalischen Werken in anderen dramatisch-musikalischen oder dramatischen Werken oder in Fernsehproduktionen oder bei anderen Bildtonträgern, die eine Verbindung mehrerer Musiktitel unter einem Leitgedanken und mit einem Handlungsfaden darstellen. Bei Fernsehproduktionen bleibt in allen diesen Fällen dem Berechtigten das Einwilligungsrecht vorbehalten. Die Einwilligung kann jedoch, soweit es sich um Eigen- oder Auftragsproduktionen für eigene Sendezwecke und Übernahmesendungen der Fernsehanstalten und deren eigener Werbegesellschaften handelt, vom Berechtigten nicht von der Zahlung einer Vergütung abhängig gemacht werden. Wird die Einwilligung erteilt, erfolgt Verrechnung nach Maßgabe des Verteilungsplanes.

k) Hinsichtlich der Nutzung von Werken der Tonkunst (mit oder ohne Text) zu Werbezwecken wird im Sinne einer separaten Rechtewahrnehmung durch den Berechtigten einerseits und die GEMA andererseits wie folgt unterschieden:

(1) Die Befugnis, im jeweiligen Einzelfall Dritten die Zustimmung zur Benutzung eines Werkes der Tonkunst (mit oder ohne Text) zu Werbezwecken zu erteilen oder eine solche Benutzung zu verbieten, verbleibt beim Berechtigten. Die Zustimmung kann räumlich, zeitlich und/oder inhaltlich beschränkt werden.

(2) Der Berechtigte überträgt der GEMA die in den Absätzen a) bis h) und l) genannten Rechte unter einer auflösenden Bedingung jeweils auch zu Werbezwecken. Die Bedingung tritt ein, wenn der Berechtigte von seiner Befugnis Gebrauch macht und die Benutzung gemäß Absatz (1) im Einzelfall gegenüber einem Dritten verbietet und der Berechtigte dies der GEMA schriftlich mitteilt.

§ 1 i) Absatz (2) Unterabsatz 2 in der Fassung ab 1.1.2016 bleibt unberührt.

l) Die Rechte für Nutzungen, die durch technische oder rechtliche Weiterentwicklung der in den Absätzen a) bis i) geregelten Nutzungsarten entstehen und diesen entsprechen sowie darüber hinaus diejenigen Rechte für eigenständige Nutzungsarten, die erst nach Abschluss des Berechtigungsvertrages bekannt werden. Der Berechtigte kann die Übertragung der Rechte für eigenständige Nutzungsarten insgesamt oder für einzelne neu entstandene Nutzungsarten im Sinne des § 31a UrhG schriftlich widerrufen. Das Widerrufsrecht erlischt nach Ablauf von drei Monaten seit Absendung der schriftlichen Mitteilung über die beabsichtigte Aufnahme der Lizenzierung der neuartigen Nutzung durch

---

[6] § 1 i) Absatz (2) Unterabsatz 2 gilt ab 1.1.2016.

die GEMA. Die schriftliche Mitteilung erfolgt jeweils in der an alle Mitglieder versandten Publikation „virtuos", wobei auf dem Titelblatt in hervorgehobener Weise auf diese Mitteilung hingewiesen wird.

m) (1) Die gesetzlichen Vergütungsansprüche aus §§ 20b Abs. 2, 27 Abs. 1 und 2, 45a Abs. 2 Satz 1, 46 Abs. 4, 47 Abs. 2 , 52 Abs. 1 Satz 2 und Abs. 2 Satz 2, 54 Abs. 1, 54b Abs. 1, 54e und 54f UrhG, § 60h Abs. 1 Satz 1 UrhG sowie 137l Abs. 5 UrhG. Mit Ausnahme des § 27 Abs. 2 UrhG umfassen die übertragenen Ansprüche nicht die Nutzung grafischer Aufzeichnungen musikalischer Werke.

(2) Die gesetzlichen Vergütungsansprüche, die durch die Schaffung neuer Vorschriften im Bereich der in den Absätzen a) bis l) genannten Rechte entstehen. Der Berechtigte kann die Übertragung der neu entstandenen Ansprüche schriftlich widerrufen. Das Widerrufsrecht erlischt nach Ablauf von drei Monaten seit Absendung der schriftlichen Mitteilung über die beabsichtigte Aufnahme der Wahrnehmung des neu geschaffenen Anspruchs durch die GEMA. Die schriftliche Mitteilung erfolgt jeweils in der an alle Mitglieder versandten Publikation „virtuos", wobei auf dem Titelblatt in hervorgehobener Weise auf diese Mitteilung hingewiesen wird.

§ 1a Der Berechtigte hat die Möglichkeit, auf Antrag eine vergütungsfreie GEMA-Nicht-Kommerzielle-Lizenz („GEMA-NK-Lizenz") für die gemäß § 1 übertragenen Rechte zu erwerben, die ihn dazu berechtigt,

a) seine Werke selbst nicht-kommerziell zu nutzen und

b) jedermann oder einzelnen Personen eine vergütungsfreie Lizenz für die nicht-kommerzielle Nutzung seiner Werke einzuräumen.

Die Voraussetzungen für den Erwerb der GEMA-NK-Lizenz und die Bedingungen für die Vergabe vergütungsfreier Lizenzen für nicht-kommerzielle Nutzungen werden von der Mitgliederversammlung beschlossen und sind zu veröffentlichen.

§ 2 Soweit der Berechtigte über die Rechte gegenwärtig nicht verfügen kann, überträgt er sie für den Fall, dass ihm die Verfügungsbefugnis wieder zufällt. Die Übertragung umfasst die vorgenannten Rechte auch insoweit, als der Berechtigte sie durch Rechtsnachfolge erlangt oder erlangt hat.

§ 3 1. Die GEMA ist berechtigt, die ihr vom Berechtigten übertragenen Rechte im eigenen Namen auszuüben, sie auszuwerten, die zu zahlende Gegenleistung in Empfang zu nehmen und über den Empfang rechtsverbindlich zu quittieren, die ihr übertragenen Rechte an Dritte ganz oder zum Teil weiter zu übertragen oder die Benutzung zu untersagen, alle ihr zustehenden Rechte auch gerichtlich in jeder der GEMA zweckmäßig erscheinenden Weise im eigenen Namen geltend zu machen.

Erzielt die GEMA Erträge auf der Basis von Vergütungsvereinbarungen, die von veröffentlichten GEMA-Tarifen abweichen, so erteilt sie dem Berechtigten auf schriftliche Anfrage Auskunft über die Vergütungsgrundsätze dieser Vereinbarungen, soweit der Berechtigte an den im Rahmen der Vergütungsvereinbarung genutzten Werken beteiligt ist und ein berechtigtes Interesse des Berechtigten an der begehrten Auskunft besteht, dem keine überwiegenden Interessen der Gesamtheit der Mitglieder oder Dritter entgegenstehen.

2. Die GEMA sorgt durch den Abschluss von Mandats- und Gegenseitigkeitsverträgen mit ausländischen Verwertungsgesellschaften dafür, dass die ihr vom Berechtigten übertragenen Rechte auch international wahrgenommen werden. Darüber hinaus ist die GEMA außerhalb ihres Verwaltungsgebietes nicht zur Rechtewahrnehmung verpflichtet. Ist die Rechtewahrnehmung für ein Land insgesamt oder im Hinblick auf einzelne Nutzungsarten nicht durch Mandats- oder Gegenseitigkeitsverträge geregelt, so kann der Berechtigte für das entsprechende Land oder die entsprechenden Nutzungsarten jederzeit auch ohne Einhaltung der Kündigungsfrist gemäß § 10 schriftlich die Rückübertragung der eingeräumten Rechte verlangen. Derartige Beschränkungen der internationalen Rechtewahrnehmung werden den Berechtigten regelmäßig über die an alle Berechtigten versandte Publikation „virtuos" mitgeteilt, wobei auf dem Titelblatt in hervorgehobener Weise auf diese Mitteilung hingewiesen wird.

§ 4 Die Ansprüche des Berechtigten gegen die GEMA sind nur nach Vereinbarung mit der GEMA abtretbar. Dies gilt nicht, soweit der Urheber im Verlagsvertrag lediglich Ausschüttungsansprüche in Höhe der im Verteilungsplan für Verleger vorgesehenen Anteile an den Verleger abtritt. Die GEMA ist berechtigt, für die Bearbeitung von Abtretungen nach Satz 1 – mit Ausnahme von Beitragsabtretungen an die Berufsverbände – zu Lasten ihres Berechtigten (Schuldners) eine den Unkosten entsprechende Verwaltungsgebühr zu erheben[7].

Bei Vorauszahlungen tritt der Berechtigte seine Zahlungsansprüche bis zur Tilgung der Vorauszahlungen unwiderruflich an die GEMA ab.

§ 5 Der Berechtigte verpflichtet sich, der GEMA alle unter diesen Vertrag fallenden Werke auf den von ihr ausgegebenen Formularen, insbesondere unter Angabe des Titels und der Gattung der Werke, der Namen der Komponisten, Textdichter, Verleger und auch eines eventuellen Pseudonyms anzumelden, ein vervielfältigtes Exemplar jedes angemeldeten Werkes zur Registrierung vorzulegen und die Richtigkeit seiner Angaben hinsichtlich seiner Urheberschaft in der von der GEMA vorgeschriebenen Form nachzuweisen.[8]

Für Werke, die der Berechtigte nicht ordnungsgemäß anmeldet, verliert er gegenüber der GEMA den Anspruch auf Verrechnung bis zur ordnungsgemäßen Anmeldung.

Der Berechtigte verpflichtet sich, der GEMA für die Feststellung seiner Rechte jede erforderliche Auskunft zu erteilen.

§ 5a Der Berechtigte darf Nutzer weder direkt noch indirekt an seinem Aufkommen beteiligen, damit diese seine Werke bei der Nutzung bevorzugen. Ein Verstoß gegen dieses Verbot liegt beispielsweise vor, wenn ein Urheber oder Verleger ein Sendeunternehmen direkt oder indirekt an seinem Aufkommen beteiligt, um zu erreichen, dass dieses seine Werke bei der Gestaltung des Sendeprogramms bevorzugt.

Sofern ein Berechtigter mit der GEMA, einem Unternehmen, an dem die GEMA beteiligt ist, oder einer anderen Verwertungsgesellschaft Lizenzverträge abschließt oder in wirtschaftlichem oder personellem Zusammenhang mit Lizenznehmern

---

[7] Die Verwaltungsgebühr beträgt einmalig EUR 15,00 (zzgl. USt.).
[8] Anmeldebogen für ein Originalwerk, abgedruckt auf Seite 504 f., Subverlegeranmeldung, abgedruckt auf Seite 515 f.

steht, begründet dies alleine nicht die Annahme des in Absatz 1 Satz 1 genannten Tatbestands.

Im Falle der Zuwiderhandlung gegen das in Absatz 1 geregelte Verbot ist der Berechtigte verpflichtet, einen Betrag in der Höhe an die Sozialkasse der GEMA abzuführen, in der er den Nutzer an seinem Aufkommen beteiligt hat. Übersteigt der an den Nutzer abgeführte Betrag die auf den Berechtigten entfallende Vergütung für das betroffene Werk, so ist nur diese Vergütung an die Sozialkasse der GEMA abzuführen.

Die anderen Vorschriften der Satzung über satzungswidriges Verhalten bleiben unberührt.

§ 6 a) Satzung wie Verteilungsplan, auch soweit künftig die Satzung oder der Verteilungsplan geändert werden sollte, bilden einen Bestandteil dieses Vertrages.

Beschließt die Mitgliederversammlung in Zukunft Abänderungen oder Ergänzungen des Berechtigungsvertrages, die aus Gründen der kollektiven Rechtewahrnehmung für alle Berechtigten einheitlich gelten müssen, so gelten auch diese Abänderungen oder Ergänzungen als Bestandteil des Berechtigungsvertrages. Alle sonstigen Abänderungen oder Ergänzungen des Berechtigungsvertrages, insbesondere soweit sie den Umfang der von der GEMA wahrgenommenen Rechte betreffen, bedürfen der Zustimmung des Berechtigten. Abänderungen oder Ergänzungen des Berechtigungsvertrages sind dem Berechtigten schriftlich mitzuteilen. Soweit die Zustimmung des Berechtigten erforderlich ist, gilt diese als erteilt, wenn der Berechtigte der Abänderung oder Ergänzung nicht binnen drei Monaten seit Absendung der schriftlichen Mitteilung ausdrücklich schriftlich widerspricht; auf diese Rechtsfolge ist er in der Mitteilung hinzuweisen. Die schriftliche Mitteilung erfolgt in der auf die Mitgliederversammlung folgenden, an alle Mitglieder versandten Publikation „virtuos", wobei auf dem Titelblatt in hervorgehobener Weise auf diese Mitteilung hingewiesen wird.

Der Berechtigte erklärt, Satzung und Verteilungsplan ausgehändigt erhalten zu haben.

b) Der Berechtigte, der seinen Verpflichtungen aus der Satzung, dem Verteilungsplan und dem Berechtigungsvertrag nicht nachkommt, ist verpflichtet, die der GEMA durch seinen Verzug entstandenen Kosten zu erstatten.

§ 7 Der Berechtigte verpflichtet sich, jeden Wechsel des Wohnsitzes und der Staatsangehörigkeit, jede Änderung der Firma, ihrer Inhaber- und Gesellschafterverhältnisse oder in der Zeichnung der Firma, jede Verlegung der Niederlassung sowie jeden Fall der Inverlagnahme oder des Verlagswechsels unverzüglich der GEMA anzuzeigen.

Wird die Anzeige der Adressenänderung vom Berechtigten oder im Todesfall durch seinen Rechtsnachfolger unterlassen und läßt sich die neue Adresse des Berechtigten nicht durch Rückfrage bei der für den letzten Wohnsitz zuständigen Meldebehörde feststellen, so ist die GEMA berechtigt, den Berechtigungsvertrag zum Ende des Geschäftsjahres vorzeitig zu kündigen, in dem die negative Nachricht der Meldebehörde eingegangen ist. Die Kündigung erfolgt in diesem Falle durch eingeschriebenen Brief, der an die letzte der GEMA bekanntgegebene Adresse zu richten ist.

§ 8 1. Der Berechtigte verpflichtet sich, bei erstmaligem Vertragsabschluss einmalig eine vom Aufsichtsrat festzusetzende Aufnahmegebühr an die GEMA zu entrichten.[9]

2. Der Berechtigte verpflichtet sich, einen vom Aufsichtsrat festzusetzenden jährlichen Mitgliedsbeitrag an die GEMA zu entrichten.[10]

Bei Vertragsabschluss ist der Mitgliedsbeitrag im voraus zu bezahlen. In den Folgejahren wird der Mitgliedsbeitrag jährlich dem Mitgliedskonto des Berechtigten belastet und gegen die in dem betreffenden Jahr anfallenden Gutschriften verrechnet. Soweit die für den Berechtigten anfallenden Gutschriften die Höhe des Mitgliedsbeitrages nicht erreichen, ist der Berechtigte zur umgehenden Zahlung des Differenzbetrages an die GEMA verpflichtet. Erreichen die für den Berechtigten erfolgenden Gutschriften die Höhe des Mitgliedsbeitrages in drei aufeinanderfolgenden Jahren nicht, so kann die GEMA den Berechtigungsvertrag zum Ende des darauffolgenden Geschäftsjahres vorzeitig schriftlich kündigen oder die weitere Wahrnehmung seiner Rechte davon abhängig machen, dass der Mitgliedsbeitrag bei Beginn des Geschäftsjahres im voraus entrichtet wird.

3. Im Gegensatz zu der Regelung über die Verteilung der Erträge aus dem Aufführungsrecht gilt vorbehaltlich anderweitiger Beschlüsse für die Verteilung der Erträge aus dem Vervielfältigungsrecht der Grundsatz, dass der GEMA aus diesen Erträgen eine Kommission in Höhe von bis zu 25 % zusteht.

§ 9 Für die Rechtsnachfolge im Vertragsverhältnis sind die allgemeinen gesetzlichen Bestimmungen maßgebend, soweit nicht die GEMA-Satzung und dieser Vertrag abweichende Bestimmungen enthalten.

Im Falle des Todes des Berechtigten wird der Berechtigungsvertrag mit dessen Rechtsnachfolger bzw. Rechtsnachfolgern in den Urheberrechten fortgesetzt. Die GEMA kann verlangen, dass der Nachweis der Rechtsinhaberschaft durch einen Erbschein, die Vorlage eines Testamentsvollstreckerzeugnisses oder sonstiger vom Nachlassgericht auszustellender Urkunden geführt wird. Bis zum Nachweis der Rechtsinhaberschaft ist die GEMA zu Auszahlungen nicht verpflichtet.

Sind mehrere Rechtsnachfolger vorhanden, müssen diese ihre Rechte gegenüber der GEMA durch einen gemeinsamen Bevollmächtigten ausüben. Die GEMA kann verlangen, dass die Bevollmächtigung durch öffentlich beglaubigte Urkunden nachgewiesen wird. Bis zur Bestellung eines gemeinsamen Bevollmächtigten ist die GEMA zu Auszahlungen nicht verpflichtet.

Jeder Rechtsnachfolger in den Urheberrechten eines verstorbenen Berechtigten ist verpflichtet, den Todesfall innerhalb von 6 Wochen nach Kenntniserhalt der GEMA mitzuteilen. Hinterlässt ein Berechtigter mehrere Rechtsnachfolger und verstirbt einer dieser Rechtsnachfolger, so ist auch der nach Abs. 3 zu bestellende gemeinsame Bevollmächtigte zu dieser Mitteilung verpflichtet.

---

9) Die Aufnahmegebühr beträgt EUR 90,00 (zzgl. USt.) für Urheber, EUR 180,00 (zzgl. USt.) für Verleger.
10) Der Mitgliedsbeitrag beträgt EUR 50,00 für Urheber, EUR 100,00 für Verleger.

Kommt ein zur Mitteilung Verpflichteter dieser Pflicht nicht nach und bewirkt die GEMA deshalb rechtsgrundlose Zahlungen, so ist die GEMA berechtigt, diese Zahlungen zurückzufordern, ohne dass von den Zahlungsempfängern ein Wegfall der Bereicherung gem. § 818 Abs. 3 BGB geltend gemacht werden kann.

Werden innerhalb von zwei Jahren nach dem Tode des Berechtigten keine Ansprüche auf die Rechtsnachfolge in den Urheberrechten geltend gemacht und erreichen die für die unbekannten Rechtsnachfolger insgesamt erfolgenden Gutschriften in zwei aufeinanderfolgenden Jahren die Summe der für diese Jahre insgesamt zu zahlenden Mitgliedsbeiträge nicht, so endet der Berechtigungsvertrag zum Ende des laufenden Geschäftsjahres.

§ 10 1. Der Vertrag wird mit Wirkung vom ...... geschlossen. Er kann unter Einhaltung einer Frist von sechs Monaten zum Ende eines jeden Kalenderjahres schriftlich gekündigt werden.

2. Abweichend von Ziff. 1 kann der Berechtigungsvertrag hinsichtlich der Rechtsübertragung für die von § 1h) Abs. 2 bis 4 erfassten Onlinenutzungen unter Einhaltung einer Frist von drei Monaten schriftlich zum Ende eines jeden Kalenderjahres gekündigt werden.

Soweit dies für die von § 1h) Abs. 2 bis 4 erfassten Onlinenutzungen erforderlich ist, umfasst die Teilkündigung auch das Recht, Werke der Tonkunst aufzunehmen und technisch aufzubereiten. Umfasst ist auch die sich an eine solche Onlinenutzung unmittelbar anschließende Speicherung des übermittelten Werkes beim Endnutzer (Download).

Im Übrigen bleibt der Berechtigungsvertrag von der Teilkündigung unberührt. Dies gilt insbesondere hinsichtlich der Rechtsübertragung für die von § 1b) und d) erfassten Sendevorgänge, auch soweit sie im Wege der Onlinedistribution erfolgen (z.B. Internetradio und Internetfernsehen).

3. Der Berechtigungsvertrag endet mit Ablauf der Schutzdauer sämtlicher Werke, an denen der Berechtigte der GEMA Rechte zur Wahrnehmung übertragen hat.

§ 11 Mit Beendigung des Vertrages fallen die Rechte an den bisherigen Berechtigten zurück, ohne dass es einer besonderen Rückübertragung bedarf. Jedoch soll zur Vermeidung einer Störung der öffentlichen Musikpflege die Auseinandersetzung bezüglich der zurückfallenden Urheberrechte in der Weise erfolgen, dass die Musikverbraucher, deren Verträge vor Beendigung dieses Berechtigungsvertrages für die Nutzung von Werken des ausgeschiedenen Berechtigten abgeschlossen wurden und über den Zeitpunkt des Ablaufs des Berechtigungsvertrages hinaus bestehen, für die ganze Dauer ihrer Verträge zur Nutzung befugt bleiben.

Die Verrechnung der demnach etwa noch auf den ausgeschiedenen Berechtigten entfallenden Erträge erfolgt nach den Bestimmungen des Verteilungsplanes der GEMA.

§ 12 Wird die GEMA aufgelöst, so gilt dieser Vertrag zum Ende desjenigen Vierteljahres als gekündigt, welches auf das Vierteljahr folgt, in dem der Auflösungsbeschluss durch die zuständige Staatsbehörde genehmigt ist.

§ 13 Der Erfüllungsort dieses Vertrages ist der Sitz der GEMA, durch den auch der Gerichtsstand für Streitigkeiten zwischen den Parteien aus diesem Vertrage bestimmt wird.

§ 14 Dieser Vertrag, von dem der Berechtigte eine Ausfertigung erhält, wird von beiden Teilen unterzeichnet. Soweit zwischen den vertragschließenden Parteien bereits ein Vertragsverhältnis bestanden hat, tritt dieser Vertrag an die Stelle der bisherigen Vereinbarungen.

§ 15 Zu Änderungen des Berechtigungsvertrages bedarf es der für Satzungs- und Verteilungsplan-Änderungen erforderlichen Mehrheit in der Mitgliederversammlung.

§ 16
Besondere Vereinbarungen

Abschluss und Kündigung des Berechtigungsvertrages können auf die Rechtsübertragung für bestimmte Nutzungsarten und/oder für bestimmte Länder beschränkt werden. Solche Beschränkungen können sich jedoch nur auf die Übertragung der Rechte an allen Werken des Berechtigten, nicht auf die Rechte an einzelnen seiner Werke beziehen. Ausgenommen von der Rechtsübertragung werden folgende Länder – Nutzungsarten –:

Berlin, den ....

..............................., den ....

GEMA

Gesellschaft für musikalische Aufführungs- und mechanische Vervielfältigungsrechte

Der Vorstand:

(Handelt es sich nicht um eine Einzelperson, so ist Angabe der Rechtsform des Verlages erforderlich [z. B. Einzelfirma, OHG, KG, GmbH, AG]. Der Berechtigungsvertrag muss in solchen Fällen durch die im Handelsregister eingetragenen Vertretungsberechtigten unter Hinzufügung des Firmenstempels unterschrieben werden.)

....

....

II 3 Abgrenzungsvereinbarung

von 1964/1965, mit Nachträgen von 1965, 1977 und 1981

Zwischen

der GEMA, Gesellschaft für musikalische Aufführungs- und mechanische Vervielfältigungsrechte, Berlin, Bayreuther Straße 37, vertreten durch ihren Vorstand

– nachstehend „GEMA" genannt –

einerseits

und

– nachstehend „Rundfunkanstalt" genannt –

andererseits,

wird zur Auslegung des zwischen GEMA und Rundfunkanstalt geschlossenen Vertrages, im besonderen zur Abgrenzung zwischen „großen" und „kleinen" Rechten, nachstehende

VEREINBARUNG

geschlossen.

I.

Zu den von der GEMA bei Sendung von Werken der Musik in der Bundesrepublik Deutschland verwalteten „kleinen" Rechte zählen:

1. Im Bereich des Hörfunks

a) Teile sowie Querschnitte und Ausschnitte eines dramatisch-musikalischen Werkes bis zu einer Gesamtsendedauer von 25 Minuten (ohne Vorspann, An- und Absage), vorausgesetzt, dass die Sendung der Teile nicht mehr als 25 % der Sendedauer des ganzen Werkes beansprucht und nicht das szenische Geschehen des ganzen Werkes in seinen wesentlichen Zügen dargeboten wird.

Werden im Rahmen solcher Werkteile Rechte von Librettisten oder (und) Spezialbearbeitern in Anspruch genommen, so bleiben deren Ansprüche auf gesonderte Vergütung von dieser Vereinbarung unberührt.

b) Choreographische Werke ganz oder teilweise. Dies gilt nicht, wenn das szenische Geschehen des ganzen Werkes in seinen wesentlichen Zügen dargeboten wird.

2. Im Bereich des Fernsehens

a) Teile sowie Querschnitte und Ausschnitte eines dramatisch-musikalischen Werkes bis zu einer Gesamtsendedauer von 15 Minuten (ohne Vorspann, An- und Absage), vorausgesetzt, dass die Sendung der Teile nicht mehr als 25 % der Sendedauer des ganzen Werkes beansprucht und nicht das szenische Geschehen des ganzen Werkes in seinen wesentlichen Zügen dargeboten wird. Für den internationalen Programmaustausch gilt anstelle von 15 Minuten eine Grenze von 20 Minuten mit der Maßgabe, dass die Rundfunkanstalt mit dem Werkberechtigten einen Vertrag abzuschließen hat.

Werden im Rahmen solcher Werkteile Rechte von Librettisten oder (und) Spezialbearbeitern in Anspruch genommen, so bleiben deren Ansprüche auf gesonderte Vergütung von dieser Vereinbarung unberührt.

b) Choreographische Werke ganz oder teilweise. Dies gilt nicht, wenn das szenische Geschehen des ganzen Werkes in seinen wesentlichen Zügen dargeboten wird.

Fernsehübertragungen von Bühnenaufführungen „vertanzter" konzertanter Werke fallen unter Großes Recht.

„Fernseheigene" Choreographien konzertanter Werke fallen dagegen unter Kleines Recht, werden also durch die GEMA verrechnet. Voraussetzungen dafür sind Einwilligungen der Berechtigten und Zahlung eines Betrages in Höhe der doppelten Materialleihgebühren.

c) Senderechte an ursprünglich zur Vorführung in Lichtspieltheatern bestimmten Bild-Ton-Trägern, vorausgesetzt, dass bei dramatisch-musikalischen Werken die Senderechte durch die Fernsehanstalt von dem Inhaber der Rechte am Bild-Ton-Träger erworben sind.

d) Konzertlieder, Schlager und dergleichen, auch wenn sie im Kostüm und mit Dekor wiedergegeben werden, vorausgesetzt, dass sie nicht Gegenstand einer Bearbeitung sind, die durch Hinzufügen einer szenischen Handlung – gleichviel, ob deren Inhalt mit dem Lied übereinstimmt oder nicht – ein dramatisch-musikalisches Werk entstehen lässt.

Vorbehaltlich des Rechts des Bearbeiters gelten für Teile, Querschnitte und Ausschnitte einer Bearbeitung die gleichen Grundsätze wie für andere dramatisch-musikalische Werke (Ziff. I, 2 Buchst. a).

II.

Wird die Verwendung von Bestandteilen aus dramatisch-musikalischen Werken als Einlagen in anderen dramatisch-musikalischen Werken vom Berechtigten genehmigt, so sind die durch die GEMA nach ihrem Berechtigungsvertrag wahrgenommenen Rechte durch den zwischen GEMA und Rundfunkanstalt geschlossenen Vertrag abgegolten.

III.

Für den Fall von Meinungsverschiedenheiten tritt ein Schlichtungsausschuss zusammen, dessen Mitglieder sich aus bis zu vier Vertretern der GEMA, bis zu vier Vertretern der Rundfunkanstalten und bis zu zwei Vertretern je Berufsverband (Deutscher Komponisten-Verband, Deutscher Textdichter-Verband, Deutscher Musikverleger-Verband, Verband deutscher Bühnenverleger und Dramatiker-Union) zusammensetzen.

Die Federführung dieses Ausschusses haben abwechselnd alle zwei Jahre GEMA und Rundfunkanstalten; von der GEMA wird mit der Federführung begonnen.

Die Kosten des Schlichtungsausschusses werden von den Beteiligten selbst getragen.

IV.

Vorstehende Vereinbarung wird zunächst für die Zeit bis zum 31. Dezember 1967 geschlossen. Sie verlängert sich, falls sie nicht sechs Monate vor Ablauf durch eingeschriebenen Brief gekündigt wird, um jeweils ein Jahr.

II 4 Verträge mit ausländischen Verwertungsgesellschaften und Inkassoorganisationen

Stand: 1. August 2019 (Aufgeführt sind die Verwertungsgesellschaften mit ihrem jeweiligen Sitz)

I. Aufführungs- und Senderechte

a) Gegenseitigkeitsverträge:

1. AAS, Baku (Aserbaidschan)
2. ACAM, San José (Costa Rica)
3. ACDAM, Havanna (Kuba)
4. ACUM, Tel-Aviv (Israel)
5. AEPI, Athen (Griechenland)
6. AGADU, Montevideo (Uruguay)
7. AKKA-LAA, Riga (Lettland)
8. AKM, Wien (Österreich)
9. ALBAUTOR, Tirana (Albanien)
10. AMUS, Sarajewo (Bosnien und Herzegowina)
11. APA, Asunción (Paraguay)
12. APDAYC, Lima (Peru)
13. APRA, Crows Nest (Australien)
14. ARMAUTHOR, Jerewan (Armenien)
15. ARTISJUS, Budapest (Ungarn)
16. ASCAP, New York (USA) (GEMA-Repertoire für USA nur soweit nicht durch BMI oder SESAC vertreten)
17. BMI, New York (USA) (GEMA-Repertoire für USA nur soweit bei BMI-Mitgliedern verlegt oder subverlegt)
18. BUMA, Hoofddorp (Niederlande)
19. CASH, Hong Kong (Volksrepublik China)
20. COMPASS, Singapur (Singapur)
21. COSOMA, Lilongwe (Malawi)
22. COTT, Port of Spain (Trinidad & Tobago)
23. EAÜ, Tallinn (Estland)
24. FILSCAP, Manila (Philippinen)
25. GCA, Tiflis (Georgien)
26. HDS-ZAMP, Zagreb (Kroatien)
27. IMRO, Dublin (Irland)
28. IPRS, Mumbai (Indien)
29. JASRAC, Tokio (Japan)
30. KAZAK, Almaty (Kasachstan)
31. KCI, Jakarta (Indonesien)
32. KODA, Gentofte (Dänemark)
33. KOMCA, Seoul (Südkorea)
34. LATGA-A, Vilnius (Litauen)
35. MACA, Macau (Macau)
36. MACP, Kuala Lumpur (Malaysien)
37. MASA, Quatre Bornes (Mauritius)
38. MCSC, Beijing (Volksrepublik China)
39. MCT, Bangkok (Thailand)
40. MESAM, Istanbul (Türkei)
41. MUSICAUTOR, Sofia (Bulgarien)

42. MÜST, Taipei (Taiwan)
43. NCIP, Minsk (Weißrussland)
44. ONDA, Algier (Algerien)
45. OSA, Prag (Tschechische Republik)
46. PRS for Music, London (Großbritannien)
47. RAO, Moskau (Russische Föderation)
48. SABAM, Brüssel (Belgien)
49. SACEM, Paris (Frankreich)
50. SACM, Mexico-City (Mexiko)
51. SACVEN, Caracas (Venezuela)
52. SADAIC, Buenos Aires (Argentinien)
53. SAMRO, Johannesburg (Südafrika)
54. SAYCE, Quito (Ecuador)
55. SAYCO, Bogotá (Kolumbien)
56. SAZAS, Ljubljana (Slowenien)
57. SCD, Santiago de Chile (Chile)
58. SESAC, New York (USA) (GEMA-Repertoire für USA nur soweit bei SESAC-Mitgliedern verlegt oder subverlegt)
59. SGAE, Madrid (Spanien)
60. SIAE, Rom (Italien)
61. SOBODAYCOM, La Paz (Bolivien)
62. SOCAN, Don Mills (Kanada)
63. SOCOM-ZAMP, Skopje (Mazedonien)
64. SOKOJ, Belgrad (Serbien/Montenegro)
65. SOZA, Bratislava (Slowakische Republik)
66. SPA, Lissabon (Portugal)
67. STEF, Reykjavik (Island)
68. STIM, Stockholm (Schweden)
69. SUISA, Zürich (Schweiz)
70. TEOSTO, Helsinki (Finnland)
71. TONO, Oslo (Norwegen)
72. UACRR, Kiew (Ukraine)
73. UBC, Rio de Janeiro (Brasilien)
74. UCMR-ADA, Bukarest (Rumänien)
75. VCPMC, Hanoi (Vietnam)
76. ZAIKS, Warschau (Polen)

b) Einseitige Verträge (Rechtsübertragungen auf die GEMA):
1. ABRAMUS, São Paulo (Brasilien)
2. AMAR, Rio de Janeiro (Brasilien)
3. AMRA, New York (USA)
4. ASSIM, São Paulo (Brasilien)
5. LITERAR-MECHANA, Wien (Österreich)
6. MSG, Istanbul (Türkei)
7. SADEMBRA, Rio de Janeiro (Brasilien)
8. SBACEM, Rio de Janeiro (Brasilien)
9. SBAT, Rio de Janeiro (Brasilien)
10. SICAM, São Paulo (Brasilien)

II. MECHANISCHE VERVIELFÄLTIGUNGSRECHTE

a) Gegenseitigkeitsverträge:
1. AAS, Baku (Aserbaidschan)
2. ACDAM, Havanna (Kuba)
3. ACUM, Tel-Aviv (Israel)
4. AEPI, Athen (Griechenland)
5. AGADU, Montevideo (Uruguay)
6. AKKA-LAA, Riga (Lettland) via NCB
7. AMCOS, Sydney (Australien)

8. ARMAUTHOR, Jerewan (Armenien)
9. AMUS, Sarajewo (Bosnien und Herzegowina)
10. ARTISJUS, Budapest (Ungarn)
11. AUSTRO-MECHANA, Wien (Österreich)
12. CASH, Hong Kong (Volksrepublik China)
13. COMPASS, Singapur (Singapur)
14. COTT, Port of Spain (Trinidad & Tobago)
15. EAÜ, Tallinn (Estland) via NCB
16. FILSCAP, Manila (Philippinen)
17. GCA, Tiflis (Georgien)
18. The HARRY FOX AGENCY, New York (USA)
19. HDS-ZAMP, Zagreb (Kroatien)
20. JASRAC, Tokio (Japan)
21. KAZAK, Almaty (Kasachstan)
22. KCI, Jakarta (Indonesien)
23. KOMCA, Seoul (Südkorea)
24. LATGA-A, Vilnius (Litauen) via NCB
25. MACP, Kuala Lumpur (Malaysien)
26. MASA, Quatre Bornes (Mauritius)
27. MCPS, London (Großbritannien)
28. MCSC, Beijing (Volksrepublick China)
29. MESAM, Istanbul (Türkei)
30. MUSICAUTOR, Sofia (Bulgarien)
31. NCB, Kopenhagen (Dänemark)
32. ONDA, Algier (Algerien)
33. OSA, Prag (Tschechische Republik)
34. RAO, Moskau (Russische Föderation)
35. SABAM, Brüssel (Belgien)
36. SACEM/SDRM, Paris (Frankreich)
37. SACM, Mexico-City (Mexiko)
38. SADAIC, Buenos Aires (Argentinien)
39. SAMRO, Johannesburg (Südafrika)
40. SAZAS, Ljubljana (Slowenien)
41. SCD, Santiago de Chile (Chile)
42. SGAE, Madrid (Spanien)
43. SIAE, Rom (Italien)
44. SODRAC, Montreal (Kanada)
45. SOKOJ, Belgrad (Serbien/Montenegro)
46. SOZA, Bratislava (Slowakische Republik)
47. SPA, Lissabon (Portugal)
48. STICHTING STEMRA, Hoofddorp (Niederlande)
49. SUISA, Zürich (Schweiz)
50. UACRR, Kiew (Ukraine)
51. UBC, Rio de Janeiro (Brasilien)
52. UCMR-ADA, Bukarest (Rumänien)
53. VCPMC, Hanoi (Vietnam)
54. ZAIKS, Warschau (Polen)

b) Einseitige Verträge (Rechtsübertragung auf die GEMA):
1. ADDAF, Rio de Janeiro (Brasilien)
2. AMAR, Rio de Janeiro (Brasilien)
3. LITERAR-MECHANA, Wien (Österreich)
4. MSG, Istanbul (Türkei)
5. SACVEN, Caracas (Venezuela)
6. SAYCO, Bogotá (Kolumbien)
7. SBACEM, Rio de Janeiro (Brasilien)
8. SBAT, Rio de Janeiro (Brasilien)

9. SESAC, New York (USA)
10. SICAM, São Paulo (Brasilien)
11. SOBODAYCOM, La Paz (Bolivien)

c) Mandat an die GEMA:
AMRA, New York (USA)

III. BESCHRÄNKUNGEN DER INTERNATIONALEN RECHTEWAHRNEHMUNG*

Stand: 1. August 2019

a) Länder, für die die Wahrnehmung der Rechte am GEMA-Repertoire insgesamt nicht durch Mandats- oder Gegenseitigkeitsverträge geregelt ist (soweit bekannt):

Afghanistan, Angola, Äthiopien, Bangladesch, Burma, Burundi, Buthan, Dschibuti, Eritrea, Gabun, Ghana, Guyana, Haiti, Iran, Irak, Jemen, Jordanien, Kambodscha, Kap Verde, Kirgisien, Kosovo, Laos, Liberia, Libyen, Marshallinseln, Moldawien, Mongolei, Montenegro, Mozambik, Nepal, Nordkorea, Osttimor, Ruanda, Sierra Leone, Somalia, Sudan, Syrien, Tadschikistan, Turkmenistan, Tuvalu, Usbekistan, Vanuatu.

b) Länder, für die die Wahrnehmung der Rechte am GEMA-Repertoire im Hinblick auf einzelne Nutzungsarten nicht durch Mandats- oder Gegenseitigkeitsverträge geregelt ist (soweit bekannt):

– *USA:* Herstellungsrecht, Vervielfältigungsrecht Bildtonträger

– *Türkei:* Herstellungsrecht, Vervielfältigungsrecht Bildtonträger

– *Argentinien, Brasilien, Chile, China, Costa Rica, Estland, Indien, Island, Israel, Italien, Kolumbien, Kuba, Kongo (Dem. Rep.), Litauen, Mexiko, Norwegen, Peru, Slowenien, Südkorea, Thailand, Uruguay, Venezuela, Weißrussland:* Rechte zur Nutzung von Musik zu Werbezwecken.

---

* Gemäß § 3 Ziffer 2 Satz 3 Berechtigungsvertrag kann der Berechtigte für die genannten Länder bzw. Nutzungsarten jederzeit auch ohne Einhaltung einer Kündigungsfrist gemäß § 10 Berechtigungsvertrag schriftlich die Rückübertragung seiner der GEMA eingeräumten Rechte verlangen.

II 5 SATZUNG DES BIEM

Abgeändert durch die Generalversammlung
(Tokio, 29. Mai 2019)

ABSCHNITT I
Zweck – Aufgaben – Bezeichnung – Sitz – Dauer
Rechte und Pflichten der stimm- oder nicht-stimmberechtigten Gesellschaften

ARTIKEL 1 Die nachstehend aufgeführten Anteilseigner und nicht-stimmberechtigten Gesellschaften haben sich zu einer Gesellschaft bürgerlichen Rechts (Société Civile) zusammengeschlossen, deren am 21. Januar 1929 in Form einer Privaturkunde aufgestellte und bei Rechtsanwalt Pierre GIRARDIN, Notar zu Paris, am 21. Januar 1929 hinterlegte Gründungssatzung durch Beschlüsse der Generalversammlungen vom 10. Juli 1935, 16. März 1938, 4. Mai 1939, 3. April 1946, 24. September 1946, 5. Mai 1947, 24. Mai 1949, 22. Mai 1950, 27. Mai 1952, 2. Juni 1953, 17. Mai 1954, 20. Juni 1956, 15. November 1957, 19. Juni 1958, 24. Juni 1959, 31. Mai 1960, 21. Dezember 1960, 21. Juni 1961, 30. März 1962, 4. Juli 1962, 21. November 1962, 27. März 1968, 8. Oktober 1968, 18. Juni 1971, 23. Juni 1972, 22. Juni 1973, 26. April 1975, 2. Oktober 1976, 30. September 1978, 10. Oktober 1980, 14. Mai 1981, 2. Oktober 1982, 28. Oktober 1985, 24. September 1987, 19. September 1988, 18. September 1989, 24. September 1990, 10. September 1991, 15. September 1992, 16. September 1993, 14. September 1994, 7. September 1995, 11. September 1996, 3. Oktober 1997, 18. September 1998, 22. Oktober 1999, 3. Oktober 2000, 28. September 2001, 2. Juni 2006, 1. Juni 2007, 5. Juni 2008, 10. Juni 2010, 10. Juni 2011, 8. Juni 2012, 5. Juni 2014, 3. Juni 2015, 17. März 2016, 9. Juni 2017 und 29. Mai 2019 abgeändert worden ist.

Die Gesellschaft unterliegt der vorliegenden Satzung und den Artikeln 1832 ff. des Code Civil in der durch Gesetz Nr. 78-9 vom 4. Januar 1978 geänderten Fassung.

Die Gesellschaft kann in keinem Falle von den stimm- und nicht-stimmberechtigten Gesellschaften Leistungen verlangen, noch kann sie Vermögen bilden, soweit dies nicht unbedingt für die Geschäftsführung erforderlich ist. Sie verfolgt lediglich die im nachstehenden Artikel aufgeführten Zwecke von allgemeinem Interesse.

ARTIKEL 2
ZWECK DER
GESELLSCHAFT
Die Gesellschaft hat zum Zweck, im Hinblick auf eine wirksame Wahrnehmung der Rechte der Aufnahme und der mechanischen Vervielfältigung die Gesellschaften, welche die genannten Rechte verwalten oder satzungsgemäß zu ihrer Verwaltung befugt sind, vorausgesetzt, dass sie über einen geeigneten Verwaltungsapparat verfügen, zu vereinen und in Verfolgung dieses Ziels:

1) zur Verteidigung und Entwicklung des Urheberrechtsschutzes auf dem Gebiet des mechanischen Vervielfältigungsrechts beizutragen;

2) den Text eines Gegenseitigkeits- oder unilateralen Vertrages aufzustellen, der zwischen den stimmberechtigten Gesellschaften abzuschließen ist, um die Verwaltung der Repertoires der anderen stimmberechtigten Gesellschaften durch jede stimmberechtigte Gesellschaft in ihrem Verwertungsgebiet sicherzustellen;

3) in Form von Normalverträgen durch Verhandlungen den Text der Verträge zu vereinbaren, welche die stimmberechtigten Gesellschaften in ihren jeweiligen Gebieten mit den Herstellern von Phonogrammen und Videogrammen auf der Grundlage der Gleichheitsbehandlung der Berechtigten zu schließen gehalten sind;

4) mit allen anderen Verbrauchern und/oder internationalen Gruppen von Verbrauchern des Rechts der Aufnahme und der mechanischen Vervielfältigung Rahmenverträge oder allgemeine Nutzungsbedingungen auszuhandeln oder zu entwerfen, deren Anwendung den stimm- und nicht-stimmberechtigten Gesellschaften empfohlen wird;

5) alle erforderlichen Maßnahmen zu treffen, um in den nicht zu den Verwertungsgebieten der stimm- oder nicht-stimmberechtigten Gesellschaften gehörenden Ländern die Wahrung und Verwaltung ihrer Repertoires sicherzustellen; hierbei steht es jedoch jeder stimm- oder nicht-stimmberechtigten Gesellschaft frei, die Wahrung und Verwaltung ihres Repertoires in diesen Ländern selbst sicherzustellen;

6) den Text eines obligatorischen Standardmandats aufzustellen, das es den Berechtigten oder Gruppen von Berechtigten, die ihren Wohn- oder Geschäftssitz in einem nicht zum Verwertungsgebiet einer stimm- oder nicht-stimmberechtigten Gesellschaft gehörigen Land haben, ermöglichen soll, einer oder mehreren dieser Gesellschaften die Verwaltung der Rechte der Aufnahme und der mechanischen Vervielfältigung ihres Repertoires zu übertragen. Auf Vorschlag des Vorstands kann die Generalversammlung jedoch gegebenenfalls eine stimm- oder nicht-stimmberechtigte Gesellschaft von der Anwendung des Standardmandats freistellen;

7) die internationale Dokumentation im Hinblick auf die Verwaltung der Rechte der Aufnahme und der mechanischen Vervielfältigung zu organisieren;

8) die Repartierung der Vergütungen für die Abgeltung der Rechte der Aufnahme und der mechanischen Vervielfältigung an den von den stimm- und nicht-stimmberechtigten Gesellschaften verwalteten ausländischen Repertoires zu organisieren;

9) jede technische Zusammenarbeit der stimm- und nicht-stimmberechtigten Gesellschaften untereinander zu fördern und sicherzustellen;

10) auf dem Wege des Schiedsverfahrens zur Beseitigung von Schwierigkeiten, die sich zwischen den stimm- und nicht-stimmberechtigten Gesellschaften ergeben könnten, beizutragen.

Es wird präzisiert, dass sich die in der vorliegenden Satzung erwähnten Rechte der Aufnahme und der mechanischen Vervielfältigung unter Ausschluss der graphischen Vervielfältigung auf jede Form der Vervielfältigung literarischer, dramatischer und musikalischer Werke erstrecken.

ARTIKEL 3
BEZEICHNUNG
Die Gesellschaft führt die Bezeichnung:
„BUREAU INTERNATIONAL DES SOCIETES GERANT LES DROITS D'ENREGISTREMENT ET DE REPRODUCTION MECANIQUE" (BIEM)

Artikel 4
Geschäftssitz

Der Geschäftssitz befindet sich in 20/26 Boulevard du Parc, 92200 Neuilly-sur-Seine.

Artikel 5
Dauer

Die Gesellschaftsdauer des BIEM, verlängert durch Entscheidung der Generalversammlung vom 2. Juni 2006, ist auf 99 Jahre bis zum 2. Juni 2105 festgelegt.

Diese Dauer kann stets durch Entscheidung der Generalversammlung verlängert werden, die gleichfalls alle Vollmachten hat, über eine vorzeitige Auflösung des BIEM zu entscheiden.

Artikel 6
Verschwinden einer stimm- oder nicht-stimmberechtigten Gesellschaft

Das BIEM wird durch das Ausscheiden, den Konkurs, die Zahlungsunfähigkeit oder die Auflösung einer stimm- oder nicht-stimmberechtigten Gesellschaft nicht aufgelöst.

Artikel 7
Verpflichtungen der stimm- und nicht-stimmberechtigten Gesellschaften

Die stimm- und die nicht-stimmberechtigten Gesellschaften verpflichten sich, alles zu unternehmen, um den Zweck des BIEM zu erreichen, sich allem zu enthalten, was ihm schaden könnte, alle Bestimmungen der vorliegenden Satzung zu beachten und alle Entscheidungen der Gesellschaftsorgane anzuwenden.

1) Jede stimmberechtigte Gesellschaft verpflichtet sich, die Verwaltung ihres Repertoires den anderen stimmberechtigten Gesellschaften für deren Verwertungsgebiete zu übertragen.

Gibt es für das gleiche Verwertungsgebiet mehrere stimmberechtigte Gesellschaften, so haben die übrigen stimmberechtigten Gesellschaften die Wahl, welcher dieser Gesellschaften sie ihr Repertoire übertragen wollen.

Die zwischen den stimmberechtigten Gesellschaften abzuschließenden Verträge sind die in Artikel 2 Ziff. 2) vorgesehenen Gegenseitigkeits- oder unilateralen Verträge.

2) Dessen ungeachtet kann die Generalversammlung auf Vorschlag des Vorstands gegebenenfalls eine stimmberechtigte Gesellschaft von der Verpflichtung zum Abschluss von Gegenseitigkeits- oder unilateralen Verträgen mit den anderen stimmberechtigten Gesellschaften des BIEM freistellen.

3) Die Verwaltung durch die stimmberechtigten Gesellschaften umfasst alle Funktionen, die geeignet sind, in ihrem Verwertungsgebiet die volle Ausübung und Wahrung der ihrer Verwaltung übertragenen Rechte der Aufnahme und der mechanischen Vervielfältigung sicherzustellen, und zwar insbesondere:

    a) die Verhandlung, den Abschluss und die Durchführung von Verträgen mit den Verbrauchern entsprechend den Normalverträgen oder gegebenenfalls den vom BIEM aufgestellten Rahmenverträgen oder allgemeinen Nutzungsbedingungen;

    b) die Kontrolle der Verwendung der Werke der ihrer Verwaltung übertragenen Repertoires, die Überprüfung und das Inkasso der von den Verbrauchern gemäß den Verträgen und den gesetzlichen Vorschriften geschuldeten Vergütungen, die Repartierung der kassierten Vergütungen für die Abgeltung des Rechts der Aufnahme und der mechanischen Vervielfältigung und die Unterhaltung der geeigneten Dokumentation, wobei im Hinblick auf Dokumentation und Repartierung die aufgrund von Artikel 2 Ziff. 7) und 8) festgelegten Bestimmungen zu berücksichtigen sind;

c) das Ergreifen jeder Maßnahme zur Wahrung der ihrer Verwaltung übertragenen Rechte der Aufnahme und der mechanischen Vervielfältigung in ihrem Verwertungsgebiet.

4) Die stimmberechtigten Gesellschaften können von den vom BIEM beschlossenen Normalverträgen abweichen, wenn sie entsprechenden zwingenden gesetzlichen Vorschriften unterliegen. Derartige Abweichungen sind dem Vorstand innerhalb von sechzig Tagen ab Inkrafttreten bekanntzugeben.

ABSCHNITT II

Gesellschaftsvermögen – Aufnahme – Ausscheiden und Ausschluss von stimmberechtigten oder nicht-stimmberechtigten Gesellschaften

ARTIKEL 8
EINLAGEN – GESELLSCHAFTSVERMÖGEN

Die Einlage der stimmberechtigten Gesellschaften besteht in einer Bareinzahlung in das Gesellschaftsvermögen, die nicht-stimmberechtigten Gesellschaften unterliegen nicht dieser Einzahlungspflicht.

Aufgrund der von den stimmberechtigten Gesellschaften geleisteten Bareinlagen beläuft sich das Gesellschaftsvermögen auf dreihunderteinundachtzig Euro (EUR 381), aufgeteilt in 25 volleingezahlte Anteile zu jeweils fünfzehn Euro und vierundzwanzig Cent (EUR 15,24), und gliedert sich wie folgt auf:

AEPI	1 Anteil
Société Hellénique pour la Protection de la Propriété Intellectuelle	
Rue Fragoklissias & Samou 51, 15125 Amaroussio, Athen, Griechenland	
ARTISJUS	1 Anteil
Bureau Hongrois pour la Protection des Droits d'Auteurs	
Mészaros u. 15–17, H-1016 Budapest, Ungarn	
AUSTRO-MECHANA	1 Anteil
Gesellschaft zur Wahrnehmung mechanisch-musikalischer Urheberrechte mbH	
Baumannstraße 10, A-1031 Wien, Österreich	
CASH (Wechsel von nicht-stimmberechtigter zu stimmberechtigter Gesellschaft im September 2001)	1 Anteil
Composers and Authors Society of Hong Kong Ltd.	
18/F, Universal Trade Centre,	
3 Arbuthnot Road, Central, Hong Kong	
GEMA	1 Anteil
Gesellschaft für musikalische Aufführungs- und mechanische Vervielfältigungsrechte	
Rosenheimer Straße 11, D-81667 München, Deutschland	
HDS	1 Anteil
Hrvatsko Drustvo Skladatelja/Croatian Composers Society	
Heinzelova 62 a, 10000 Zagreb, Kroatien	
JASRAC	1 Anteil
Japanese Society for Rights of Authors, Composers and Publishers	
3-6–12, Uehara, Shibuya-ku, Tokio 151–8540, Japan	

MCPS Mechanical-Copyright Protection Society Ltd. 2 Pancras Square, London N1C 4AG, United Kingdom	1 Anteil
NCB Nordisk Copyright Bureau Lautrupsgade 2100 Kopenhagen V, Dänemark	1 Anteil
OSA Ochranny Svaz Autorsky Cs. Armady 20, 160 56 Prag 6, Tschechische Republik	1 Anteil
SABAM Société Belge des Auteurs, Compositeurs et Editeurs Rue d'Arlon 75–77, B-1040 Brüssel, Belgien	1 Anteil
SACEM Société des Auteurs, Compositeurs et Editeurs de Musique 225, avenue Charles-de-Gaulle, 92528 Neuilly-sur-Seine, Frankreich	1 Anteil
SACERAU Société des Auteurs, Compositeurs et Editeurs de la République Arabe d'Egypte 10, rue Elfi Bey, 111111 Kairo, Ägypten	1 Anteil
SADAIC Sociedad Argentina de Autores y Compositores de Musica Lavalle 1547, 1048 Buenos Aires, Argentinien	1 Anteil
SCD Sociedad Chilena de Autores e Intérpretes Musicales Condell 346, Providencia, Casilla 51270 Correo Central, Codigo Postal 6640791, Santiago, Chile	1 Anteil
SDRM Société pour l'Administration du Droit de Reproduction Mécanique des Auteurs, Compositeurs et Editeurs 225, avenue Charles-de-Gaulle, 92528 Neuilly-sur-Seine, Frankreich	1 Anteil
SGAE Sociedad General de Autores y Editores Fernando VI- 4, Apartado 484, 28004 Madrid, Spanien	1 Anteil
SIAE Societa Italiana degli Autori ed Editori Viale della Letteratura 30, I-00144 Rom, Italien	1 Anteil
SODRAC Société du Droit de Reproduction des Auteurs, Compositeurs et Editeurs au Canada Tour B, Bureau 1010, 1470 rue Peel, Montréal (Québec) H3A 1T1, Kanada	1 Anteil

SOKOJ | 1 Anteil
Savez Organizacija Kompozitora Jugoslavije
Misarska 12/14, 11000 Belgrad, Republik Serbien

SOZA | 1 Anteil
Slovensky Ochranny Zväz Autorsky
Rastilavova 3, 82108 Bratislava 2, Slowakische Republik

SPA | 1 Anteil
Sociedade Portuguesa de Autores
Av. Duque de Loulé 31, 1069-153 Lissabon, Portugal

STICHTING STEMRA | 1 Anteil
Saturnusstraat 46-62, 2132 WT HB Hoofddorp, Niederlande

SUISA | 1 Anteil
Coopérative des Auteurs et Editeurs de Musique
Bellariastrasse 82, CH-8038 Zürich, Schweiz

UCMR-ADA (Wechsel von nicht-stimmberechtigter | 1 Anteil
zu stimmberechtigter Gesellschaft im Juni 2006)
Uniunea Compozitorilor si Muzicologilor din Romania
Ostasilor Street no 12, Sector 1, Bukarest, Rumänien

ZAIKS | 1 Anteil
Stowarzyszenie Autorow
Ul. Hipoteczna 2, 00-092 Warschau, Polen

ARTIKEL 9
ERHÖHUNG UND HERABSETZUNG DES GESELLSCHAFTSVERMÖGENS

Das Gesellschaftsvermögen kann erhöht werden, um die Aufnahme neuer stimmberechtigter Gesellschaften zu ermöglichen; ebenso kann es als Folge des Ausschlusses oder des Ausscheidens stimmberechtigter Gesellschaften gesenkt werden.

ARTIKEL 10
VERANTWORTUNG DER STIMMBERECHTIGTEN GESELLSCHAFTEN

Die stimmberechtigten Gesellschaften haben ein Eigentumsrecht am Gesellschaftsvermögen entsprechend dem Anteil, den sie an diesem Vermögen besitzen, und sind gegenüber Dritten durch die Schulden und Verpflichtungen des BIEM im gleichen Verhältnis gebunden. Nichtsdestoweniger sind die stimmberechtigten Gesellschaften in ihren Beziehungen untereinander durch die Schulden und Verpflichtungen des BIEM im Verhältnis ihrer jeweiligen Beitragsleistungen zu den Verwaltungskosten des BIEM gebunden.

ARTIKEL 11
AUFNAHME NEUER STIMMBERECHTIGTER GESELLSCHAFTEN

Anträge auf Aufnahme neuer stimm- oder nicht-stimmberechtigter Gesellschaften sind mindestens zwei Monate vor Tagung einer Generalversammlung an den Geschäftsführer zu senden und werden von ihm dann dem Vorstand zugeleitet.

Dieser prüft gemäß Artikel 2, ob die Gesellschaft, die sich um Aufnahme bewirbt (die „antragstellende Gesellschaft"), einerseits Aufzeichnungs- und mechanische Vervielfältigungsrechte wahrnimmt oder durch ihre Satzung zur Wahrnehmung solcher Rechte befähigt ist und ob sie andererseits über ein entsprechendes Verwaltungssystem verfügt.

Wenn diese Kriterien nach Feststellung des Vorstands erfüllt sind, schlägt er der Generalversammlung vor, die Mitgliedschaft der betreffenden Gesellschaft zu genehmigen.

Stellt er fest, dass die antragstellende Gesellschaft die oben genannten Kriterien nicht erfüllt, wird er beschließen, den Antrag abzulehnen. Er hat die betroffene Gesellschaft schriftlich über die Gründe für diese Ablehnung zu informieren. Eine Gesellschaft, deren Aufnahme auf diese Weise abgelehnt worden ist, kann an den Geschäftsführer ein schriftliches Ersuchen richten, der nächsten Generalversammlung die Ablehnungsentscheidung des Vorstands zur neuerlichen Prüfung zu unterbreiten. Die betroffene Gesellschaft ist mindestens vier Wochen im voraus über die Abhaltung der Generalversammlung und die Möglichkeit, von der Generalversammlung angehört zu werden, schriftlich zu informieren. Um von der Generalversammlung angehört zu werden, hat die betroffene Gesellschaft mindestens zwei Wochen vorher einen schriftlichen Antrag an den Geschäftsführer zu stellen.

Die Gründe für die Ablehnung eines Aufnahmeantrages durch die Generalversammlung werden der betroffenen Gesellschaft schriftlich mitgeteilt. Eine Gesellschaft, deren Aufnahme abgelehnt worden ist, kann ihren Aufnahmeantrag nach einer Frist von einem Jahr nach dem Datum des Ablehnungsbeschlusses der Generalversammlung wiederholen.

ARTIKEL 12
AUSSCHEIDEN

Jede stimm- oder nicht-stimmberechtigte Gesellschaft kann nach Ablauf eines Zeitraums von jeweils sechs Jahren ab dem 27. März 1989 ausscheiden, indem sie ihren Ausscheidungsbeschluss dem Vorstand über den Generalsekretär durch eingeschriebenen Brief mit Rückschein mindestens ein Jahr vor Abschluss der laufenden Zugehörigkeitsperiode anzeigt.

Eine Gesellschaft, die ausscheidet, kann nur die Bareinlage, die sie gemäß Artikel 8 gezahlt hat, rückstattet erhalten.

ARTIKEL 13
AUSSCHLUSS

Auf Vorschlag des Vorstands kann eine stimm- oder nicht-stimmberechtigte Gesellschaft, die durch ihr Verhalten die ideellen oder materiellen Interessen des BIEM beeinträchtigt, gegen die vorliegende Satzung in ihrer Gesamtheit oder teilweise vorsätzlich verstößt oder sich weigert, die in Anwendung dieser Satzung gefassten Beschlüsse durchzuführen, durch Beschluss der Generalversammlung aus dem BIEM ausgeschlossen werden.

Die stimm- oder nicht-stimmberechtigte Gesellschaft, die von einem Ausschlussverfahren betroffen ist, ist mindestens vier Wochen vor Abhaltung der Generalversammlung über die Gründe, warum ihr Ausschluss beabsichtigt ist, und über die Möglichkeit, schriftlich vorstellig und vom Vorstand angehört zu werden, bevor dieser eine Entscheidung trifft, zu informieren. Die Gesellschaft hat dem Geschäftsführer mindestens zwei Wochen vorher ihre schriftliche Eingabe und gegebenenfalls ihren Antrag auf Anhörung zuzuleiten.

Falls der Vorstand beschließt, der Generalversammlung den Ausschluss der Gesellschaft vorzuschlagen, hat er die Generalversammlung über den Inhalt der Eingabe der betroffenen Gesellschaft zu unterrichten.

Die betroffene Gesellschaft ist mindestens vier Wochen im voraus über die Abhaltung der Generalversammlung zu informieren. Wenn sie mindestens zwei Wochen davor einen schriftlichen Antrag an den Geschäftsführer stellt, wird sie von der

Generalversammlung angehört, bevor diese ihren Beschluss fasst.

Die Gründe für den Ausschluss einer stimm- oder nicht-stimmberechtigten Gesellschaft durch die Generalversammlung werden der betroffenen Gesellschaft schriftlich mitgeteilt.

Eine stimmberechtigte Gesellschaft, die ausgeschlossen worden ist, kann nur die Bareinlage, die sie gemäß Artikel 8 gezahlt hat, rückerstattet erhalten.

Artikel 14
Aufnahme von nicht-stimmberechtigten Gesellschaften

Auf Vorschlag des Vorstands kann die Generalversammlung nicht-stimmberechtigte Gesellschaften aufnehmen, die über keinerlei Rechte am Gesellschaftsvermögen des BIEM verfügen und die infolgedessen keinen Anspruch auf das in Artikel 19ff. vorgesehene Stimmrecht haben und nicht in den in Artikel 22ff. dieser Satzung vorgesehenen Vorstand gewählt werden können, die aber mit jeweils einer beratenden Stimme an der Generalversammlung teilnehmen.

Folgende Gesellschaften wurden von der Generalversammlung aufgenommen:

ACUM (Wechsel von stimmberechtigter zu nicht-stimmberechtigter Gesellschaft im Juni 2005)
   Société d'Auteurs, Compositeurs et Editeurs de Musique en Israël
   9, Tuval Street, POB 1704, Ramat Gan 52117, Israel

AGADU (Mai 2019)
   Asociación de Autores del Uruguay
   Calle Canelones 1122, CP. 11.100, Montevideo, Uruguay

AMCOS (September 1991)
   Australasian Mechanical Copyright Owners Society Ltd.
   16 Mountain Street Ultimo NSW 2007, Australien

AMRA (Juni 2007)
   American Mechanical Rights Agency, Inc.
   220 West 42nd Street 11th floor, New York, NY 10036, USA

AUTODIA (Juni 2017)
   Collecting Society of Intellectual Property Rights
   3 Korai Street, 105 64 Athens, Greece

CAPASSO (Wechsel von stimmberechtigter zu nicht-stimmberechtigter Gesellschaft im Juni 2017)
   Composers, Authors and Publishers Association
   1st Floor Baker Street, Rosebank, PO BOX 360 Parklands 2121, South Africa

COMPASS (September 2003)
   Composers and Authors Society of Singapore
   60 Paya Lebar Road, #12–48 Paya Lebar Square, Singapore 409051, Singapur

COSOMA (ausgeschlossen Juni 2012)
   Copyright society of Malawi
   Off Paul Kagame Road, PO Box 30784, Lilongwe 3, Malawi

COSON (Juni 2012)
   Copyright Society of Nigeria
   25, Omodara Street, Awuse Estate, Opebi, Ikeja, Lagos, Nigeria

COTT (September 1996)
    Copyright Organisation of Trinidad and Tobago
    139–141 Abercromby Street, Port of Spain, Trinidad und Tobago

GCA (Juni 2010)
    Georgian Copyright Association
    63 Merab Kostava Str., 0171 Tbilisi, Georgien

IPRS (Dezember 2018)
    The Indian Performing Right Society
    208 Golden Chambers 2nd floor New Andheri Link Road, Andheri West, Mumbai 400 058, Indien

KCI (September 1996)
    Karya Cipta Indonesia
    Duta Mas Fatmawati Blok D1 No. 20, Jl. RS Fatmawati, RT.1/RW.5, Cipete Utara, Kby. Baru, Kota Jakarta Selatan, Daerah Khusus Ibukota Jakarta 12150, Indonesien

KOMCA (September 1996)
    Korea Music Copyright Association
    KOMCA Building 332, Gonghang-daero, Gangseo-gu, Seoul 157–280, Korea

LATGA (Juni 2016)
    Association
    J. Basanavičiaus g. 4B, LT-01118 Wilna, Litauen

MCPS-Ireland Ltd (September 2003)
    Mechanical-Copyright Protection Society (Ireland) Limited
    Pembroke Row, Lower Baggot Street 2, Dublin, D02 HW59, Irland

MCSC (Juni 2007)
    Music Copyright Society of China
    5/F Jing Fang Building No 33, Dong Dan San Tiao, Beijing 100005, China

MCT (Juni 2010)
    Music Copyright Thailand
    282/9 Unit E, 3rd Floor, TC Green Office Building, Rama 9 Rd., Huaykwang, Bangkok 10310, Thailand

MESAM (Oktober 2000)
    Türkiye Musiki Eseri Sahipleri Meslek Birligi
    Siracevizler Cad. Esen Sok.
    Saruhan Plaza N° 6/6-34381 Bomonti-Sisli, Istanbul, Türkei

MRMS (Juni 2007)
    Mauritius Rights Management Society
    Avenue des Artistes, Beau Bassin, 0230 Republik Mauritius

MSG (Juni 2007)
    Muzik Eseri Sahipleri Grubu
    Dr Orhan Birman Is Merkezi
    Esentepe Mahallesi Haberler Sokak No. 4, Sisli Istanbul, Türkei

MUSICAUTOR (September 1996)
: Bulgarian Society of Authors, Composers and Music Publishers for Collective Management of Copyright
17, Budapest Street, 4th floor, 1000 Sofia, Bulgarien

PAM CG (Juni 2017)
: Organization for Collective Management of Music Authors' Rights
Dr. Vukašina Markovića bb – Podgorica, Montenegro

RPS (Juni 2012)
: Russian Phonographic Society
Butyrskiy Val St, Block 68/70, Bld. 1, Office 12, Moscow 127055, Russland

SACEM-Luxembourg (September 2003)
: Société des Auteurs, Compositeurs et Editeurs de Musique
76–78, rue de Merl, L-2146 Luxembourg, Luxemburg

SACM (September 1992)
: Sociedad de Autores y Compositores de México
Mayorazgo No 129, Col Xoco, C. P. 03330 Mexico, D.F., Mexiko

SAMRO (Juni 2006)
: Southern African Musical Rights Organisation
SAMRO Place, 20 De Korte Street, Braamfontein, Johannesburg 2001, Südafrika

SAYCE (Mai 2019)
: Sociedad de Autores y Compositores del Ecuador
Av. Republica 500 y Pasaje Carrión, Edf. PUCARÁ,
Piso 6, Quito, Ecuador

SAYCO (Oktober 2004)
: Sociedad de Autores y Compositores de Colombia
Calle 95 No. 11-31, Apartado Aéreo 6482, Bogota, Kolumbien

SAZAS (September 2003)
: Society of Composers and Authors for the Music Copyright Protection in Slovenia
Spruha 19, 1236 Trzin, Slowenien

UBC (Juni 2009)
: Uniao Brasileira de Compositores
Rua do Rosário, 1/13° andar, Centro – Rio de Janeiro, RJ - CEP 20041–003, Brasilien

ZAMP (Juni 2012)
: Musical Copyright Society of Macedonia
ul. Mitropolit Teodosij Gologanov 28, 1000 Skopje, Republik Makedonien

ABSCHNITT III

Einnahmen

ARTIKEL 15
JÄHRLICHER BEITRAG

Von allen Gesellschaften des BIEM wird ein Jahresbeitrag erhoben.

a) Was die stimmberechtigten Gesellschaften betrifft, so werden die Einnahmen des BIEM gebildet durch die von jeder von ihnen vorzunehmende jährliche Zahlung von einerseits einem Pauschalbetrag in Höhe von 457 EUR (vierhundertsiebenundfünfzig Euros) und andererseits einer Beteiligung am Jahresbudget, die entsprechend dem Verhältnis der Anzahl der Stimmen der betreffenden Gesellschaft zur Gesamtzahl der Stimmen berechnet wird.

b) Für die nicht-stimmberechtigten Gesellschaften wird die Höhe des Jahresbeitrages jeweils vom Vorstand nach der Höhe der Einnahmen der betreffenden Gesellschaft festgelegt.

Die Zahlungen gemäß den vorangehenden Absätzen a) und b), die grundsätzlich dazu bestimmt sind, die Gesamtheit der Verwaltungskosten des BIEM zu decken, müssen innerhalb von sechs Wochen nach der diesbezüglichen Entscheidung des Vorstands erfolgen.

ABSCHNITT IV

Gesellschaftsorgane

ARTIKEL 16 Die Gesellschaftsorgane des BIEM sind:

– die Generalversammlung,

– der Vorstand,

– der Geschäftsführer.

GENERALVERSAMMLUNG

ARTIKEL 17
EINBERUFUNG
VORSITZ

Die stimm- und die nicht-stimmberechtigten Gesellschaften werden jährlich vom Vorstand zur ordentlichen Generalversammlung einberufen, und zwar zu dem im Einladungsschreiben angegebenen Tag, Zeitpunkt und Ort.

Der Vorstand kann außerordentliche Generalversammlungen einberufen, soweit sie nicht zur Beschlussfassung über den Jahresabschluss aufgerufen sind. Sie müssen außerdem von ihm auf Verlangen stimmberechtigter Gesellschaften, die ein Drittel der Gesamtheit der Stimmen in der Generalversammlung vertreten, einberufen werden, wobei der Gegenstand des Einberufungsantrages in diesem Falle in die Tagesordnung aufgenommen werden muss.

Die Einladung zu ordentlichen Generalversammlungen oder zu außerordentlich einberufenen Generalversammlungen erfolgt durch eingeschriebenen Brief, der mindestens vier Wochen vorher an die stimm- sowie die nicht-stimmberechtigten Gesellschaften zu richten ist und die vorher vom Vorstand in Konsultation mit dem Präsidenten der Generalversammlung festgelegte Tagesordnung zu enthalten hat. Jede Frage, deren Aufnahme in die Tagesordnung nach deren Erhalt von einer stimm- oder nicht-stimmberechtigten Gesellschaft beantragt wird, ist im Rahmen der Rubrik „Verschiedenes" zu behandeln.

Im Dringlichkeitsfalle kann eine außerordentliche Generalversammlung vom Vorstand innerhalb einer Frist von fünfzehn Tagen unter Angabe der Tagesordnung einberufen werden.

Die Generalversammlung bestellt einen Präsidenten und einen Vizepräsidenten aus dem Kreis der Delegierten der stimmberechtigten Gesellschaften und, falls beide verhindert sind, einen Präsidenten für diese Sitzung. Der Präsident und der Vizepräsident der Generalversammlung werden für die Periode gewählt, die sich vom Ende der Generalversammlung, in der sie gewählt wurden, bis zum Ende der nächstfolgenden ordentlichen Generalversammlung erstreckt.

Es wird eine Anwesenheitsliste geführt, die von den Delegierten der stimm- und nicht-stimmberechtigten Gesellschaften abzuzeichnen ist.

ARTIKEL 18
TEILNAHME AN DEN VERSAMMLUNGEN QUORUM

Alle stimm- und nicht-stimmberechtigten Gesellschaften haben das Recht zur Teilnahme an den Generalversammlungen und können sich durch eine andere Gesellschaft derselben Kategorie vertreten lassen.

Jedoch kann keine Gesellschaft mehr als zwei andere vertreten.

Die Generalversammlung kann nur rechtsgültig beschließen, wenn die Hälfte der Stimmen, über die die Gesamtheit der stimmberechtigten Gesellschaften verfügt, vertreten ist. Ist diese Bedingung nicht erfüllt, wird die Generalversammlung erneut mit zweiwöchiger Frist einberufen und beschließt dann rechtsgültig, gleichgültig wie hoch die durch die anwesenden stimmberechtigten Gesellschaften vertretene Zahl von Stimmen sein mag.

ARTIKEL 19
STIMMZAHL

Die Generalversammlung umfasst alle stimmberechtigten Gesellschaften, denen zwei Grundstimmen und soviel zusätzliche Stimmen zustehen, wie sie im Laufe des vorangegangenen Jahres für die Wahrnehmung der Rechte der Aufnahme und der mechanischen Vervielfältigung in ihren Verwertungsgebieten an Summen von einhundertzweiundfünfzigtausend Euros kassiert haben, wobei Bruchteile von einhundertzweiundfünfzigtausend Euros keine Berücksichtigung finden.

Diese Berechnungsgrundlage muss im Falle einer bedeutenden Währungsschwankung durch einen mit einfacher Mehrheit der vertretenen Stimmen gefassten Beschluss der Generalversammlung geändert werden.

Keine Gesellschaft kann über mehr als einhundertzwanzig Stimmen verfügen, und die Gesellschaften ein und desselben Landes können insgesamt nicht mehr als einhundertzwanzig Stimmen haben, wobei vorausgesetzt wird, dass in einem solchen Falle die Stimmenaufteilung im Verhältnis der Einnahmen einer jeden dieser Gesellschaften erfolgt.

Ein von jeder Gesellschaft bestimmter Stimmführer verfügt bei der Abstimmung über die Gesamtheit der seiner Gesellschaft zufallenden Stimmen.

Jede der nicht-stimmberechtigten Gesellschaften verfügt nur über eine beratende Stimme.

ARTIKEL 20
BEFUGNISSE MEHRHEITEN

Die Generalversammlung wird über alle vom Vorstand getroffenen Entscheidungen unterrichtet und berät über die auf ihre Tagesordnung gesetzten Fragen.

1) Sie entscheidet mit einfacher Mehrheit der vertretenen Stimmen, und zwar insbesondere über:

– die Wahl der Mitglieder des Vorstands,

– die Ernennung des Geschäftsführers oder die Ratifikation seiner Ernennung durch den Vorstand gemäß Artikel 28,

– die Ernennung eines internen Revisors und eines Stellvertreters, die aus den Reihen der in der Generalversammlung anwesenden Delegierten gewählt werden,

– die Genehmigung der Konten und des vom Vorstand erstellten Jahresabschlusses,

– die Genehmigung des vom Geschäftsführer erstellten und gemeinsam mit dem Vorstandsvorsitzenden vorgestellten Jahresberichtes über soziale Angelegenheiten,

– die Entlastung aller übrigen Gesellschaftsorgane,

– die Genehmigung der Texte der vom Vorstand vereinbarten oder aufgestellten Normalverträge, Rahmenverträge oder allgemeinen Bedingungen mit den Nutzern, und zwar insbesondere mit den Herstellern von Phonogrammen und Videogrammen,

– die Genehmigung der vom Vorstand vorgeschlagenen Maßnahmen bezüglich Dokumentation und Repartierung gemäß Artikel 2, 7) und 8),

– die Genehmigung der vom Vorstand vorgeschlagenen Maßnahmen in Anwendung von Artikel 7, 2), sowie des in Artikel 2, 6) festgelegten Textes des Standardmandats von Berechtigten und der vom Vorstand vorgeschlagenen Freistellungen davon,

– die Genehmigung der von den Technischen Kommissionen gemäß Artikel 27 vorgeschlagenen Maßnahmen.

2) Sie entscheidet mit Dreiviertelmehrheit der vertretenen Stimmen über:

– die Genehmigung des vom Vorstand aufgestellten Textes des Gegenseitigkeits- oder unilateralen Vertrages sowie über dessen Änderungen,

– die endgültige Aufnahme neuer stimm- oder nicht-stimmberechtigter Gesellschaften,

– den Ausschluss einer stimm- oder nicht-stimmberechtigten Gesellschaft,

– die Erhöhung oder die Herabsetzung des Gesellschaftsvermögens.

3) Sie entscheidet mit Vierfünftelmehrheit der vertretenen Stimmen über:

– die Änderung der Satzung,

– die Verlängerung und die Reduzierung der Gesellschaftsdauer sowie die vorzeitige Auflösung des BIEM.

ARTIKEL 21
SCHRIFTLICHE
VERHANDLUNG

Vorbehaltlich der nachstehend genannten Ausnahmen kann jede Frage, die in die Kompetenz der Generalversammlung fällt und vom Vorstand im Einvernehmen mit dem Präsidenten der Generalversammlung als dafür geeignet erachtet wird, den stimm- oder nicht-stimmberechtigten Gesellschaften mit eingeschriebenem Brief zur Abstimmung vorgelegt werden.

Herrscht Uneinigkeit zwischen dem Präsidenten der Generalversammlung und dem Vorstand, ob eine Frage den stimm- oder nicht-stimmberechtigten Gesellschaften zur schriftlichen Abstimmung vorgelegt werden soll, entscheidet der Präsident der Generalversammlung.

Für Entscheidungen bei schriftlichen Abstimmungen gelten die Mehrheitserfordernisse des Artikels 20.

Die Stimmen der stimmberechtigten Gesellschaften, deren Antwort nicht binnen sechzig Tagen ab Versand des oben erwähnten eingeschriebenen Briefes beim Geschäftsführer eingelangt ist, werden für das Ergebnis der Abstimmung nicht mitgezählt.

Die beratenden Stimmen der nicht-stimmberechtigten Gesellschaften müssen den Generalsekretär innerhalb derselben Fristen erreichen, um bei der Abstimmung berücksichtigt zu werden.

Der Vorstand kann eine Generalversammlung einberufen, wie auch immer das Ergebnis der Abstimmung ausfällt. In diesem Fall muss die Frage, über die abgestimmt worden ist, in die Tagesordnung aufgenommen werden.

Folgende Punkte dürfen nicht Gegenstand einer schriftlichen Abstimmung durch die stimm- oder nicht-stimmberechtigten Gesellschaften sein:

– die Wahl der Mitglieder des Vorstands,

– die Ernennung des internen Revisors und seines Stellvertreters,

– die Genehmigung der Texte der Normalverträge, der Rahmenverträge oder der allgemeinen Bedingungen mit den Nutzern,

– die Genehmigung des Textes des Gegenseitigkeits- oder unilateralen Vertrages sowie dessen Änderung,

– die Aufnahme neuer stimm- oder nicht-stimmberechtigter Gesellschaften,

– der Ausschluss einer stimm- oder nicht-stimmberechtigten Gesellschaft,

– die Erhöhung oder die Herabsetzung des Gesellschaftsvermögens,

– die Änderung der Satzung,

– die Verlängerung oder die Reduzierung der Gesellschaftsdauer sowie die vorzeitige Auflösung des BIEM.

VORSTAND

Artikel 22
Zusammensetzung
Wahl der
Mitglieder

Der Vorstand setzt sich aus zehn Mitgliedern zusammen, die in geheimer Wahl mit einfacher Mehrheit von der Generalversammlung unter den zu dieser Versammlung Delegierten gewählt werden, deren Kandidatur von ihrer stimmberechtigten Gesellschaft vorgeschlagen worden ist. Kein Land kann über mehr als einen Sitz im Vorstand verfügen.

Die Mitglieder des Vorstands werden für einen Zeitraum gewählt, der vom Ende der Generalversammlung, die sie gewählt hat, bis zum Ende der nachfolgenden ordentlichen Generalversammlung läuft, und sie sind wiederwählbar.

Innerhalb von drei Monaten nach der Wahl teilt jedes Vorstandsmitglied seine Anschrift, Emailadresse, Telefon- und Faxnummern mit und bestimmt einen oder gegebenenfalls zwei Stellvertreter, die ihn in seiner Abwesenheit mit allen Rechten und Pflichten vertreten.

Der Stellvertreter kann gemeinsam mit dem Vollmitglied des Vorstands als Experte an den Sitzungen teilnehmen, jedoch ohne Stimmrecht.

Die Vorstandsmitglieder erhalten keinerlei Anwesenheits- oder anderweitige Vergütung. Die Pflichten des Vorstands beginnen mit der ersten Sitzung seiner Mitglieder und enden mit der ersten Sitzung der Mitglieder des Vorstands, der ihm nachfolgen soll.

Artikel 23
Unwählbarkeit

Personen, die ständig einem öffentlichen oder privaten Produktions- oder Vertriebsunternehmen von Phonogrammen, Videogrammen, des Hörfunks, der Filmwirtschaft oder des Fernsehens angehören bzw. angehören werden, dürfen nicht zu Vollmitgliedern des Vorstands oder deren Stellvertretern gewählt werden bzw. müssen diese Funktion aufgeben.

Artikel 24
Einberufung des Vorstandes

Der Vorstand wählt aus seinen Reihen einen Vorsitzenden und einen stellvertretenden Vorsitzenden und, im Falle der Abwesenheit beider anlässlich einer Sitzung, einen Sitzungspräsidenten.

Der Vorstand tritt auf Einberufung durch seinen Vorsitzenden zusammen, so oft es die Erfordernisse des BIEM bedingen. Außerdem muss der Vorstand von seinem Vorsitzenden auf Verlangen von fünf Vorstandsmitgliedern mit der von den Antragstellern vorbereiteten Tagesordnung einberufen werden.

Die Einberufung des Vorstands erfolgt je nach Auswahl des Vorsitzenden entweder mittels Brief, Email oder Fax unter Verwendung der vom Mitglied laut Artikel 22 Absatz 3 bereitgestellten Kontaktdaten. Die Einberufung muss wenigstens fünfzehn Tage im voraus erfolgen. Diese Frist kann im Dringlichkeitsfalle und auf alleinige Initiative des Vorstandsvorsitzenden auf fünf Tage reduziert werden, wobei die Einberufung per Telefax oder per e-mail vorzunehmen ist. Das Schreiben zur Einberufung muss eine detaillierte Tagesordnung und die Rahmendaten zur Sitzung beinhalten.

Der Vorsitzende kann darüber entscheiden, ob eine Vorstandssitzung als Präsenzsitzung oder als Audio-, Video- oder Webkonferenz abgehalten werden muss, sofern ihm die Tagesordnung der Sitzung als für die letztgenannten Möglichkeiten geeignet erscheint.

Der Vorstand kann nur rechtsgültig beschließen, wenn fünf seiner Mitglieder anwesend oder vertreten sind. Die Beschlüsse werden mit Stimmenmehrheit gefasst; bei Stimmengleichheit ist die Stimme des Sitzungspräsidenten entscheidend.

Unter Berücksichtigung des vorangegangenen Absatzes wird Folgendes festgelegt: jedes Mitglied, welches mittels Audio-, Video- oder Webkonferenz an dieser Vorstandssitzung teilnimmt, gilt für die Dauer einer derartigen Teilnahme als persönlich anwesend.

Artikel 25
Kleines Verhandlungskomitee

Wenn der Vorstand im Rahmen der Aufstellung oder der Vereinbarung von Normalverträgen, Rahmenverträgen oder allgemeinen Bedingungen, die mit den Nutzern zu schließen sind, offiziell mit den Herstellern von Phonogrammen und Videogrammen zusammentrifft, wird dies in Form eines kleinen Verhandlungskomitees, bestehend aus fünf (oder sechs) ausgewählten Mitgliedern, geschehen. Diese Mitglieder werden unter den Vorstandsmitgliedern mit einfacher Mehrheit durch den Vorstand für den gleichen Zeitraum gewählt, für welchen der Vorstand gewählt ist.

Das kleine Verhandlungskomitee entscheidet mit einfacher Stimmenmehrheit; bei Stimmengleichheit ist die Stimme des Sitzungspräsidenten ausschlaggebend.

Die Mitglieder des kleinen Verhandlungskomitees können sich mit Zustimmung des Vorstandsvorsitzenden von einem Experten begleiten lassen.

**Artikel 26
Befugnisse des Vorstandes**

Es obliegt dem Vorstand

1) die Höhe des Jahresbeitrages gemäß Artikel 15 festzusetzen,

2) den Text der mit den Nutzern, und zwar insbesondere mit den Herstellern von Phonogrammen und Videogrammen abzuschließenden oder aufzustellenden Modellverträge, Rahmenverträge oder allgemeinen Bedingungen zu vereinbaren und der Generalversammlung zur Genehmigung vorzulegen, sowie den Inhalt und die Einhaltung dieser Modellverträge zu kontrollieren,

3) der Generalversammlung den Text des Gegenseitigkeits- oder unilateralen Vertrages vorzuschlagen und sich der Existenz und des Inhalts der bestehenen Gegenseitigkeits- oder unilateralen Verträge zu versichern,

4) der Generalversammlung den Text des in Artikel 2, Ziff. 6) näher bezeichneten Standardmandats der Berechtigten und diesbezügliche Freistellungen vorzuschlagen sowie sich der Existenz und des Inhalts der bestehenden Mandate zu versichern,

5) der Generalversammlung die geeigneten Maßnahmen vorzuschlagen, um die internationale Dokumentation und Repartierung gemäß Artikel 2, Ziff. 7) und 8) sicherzustellen,

6) der Generalversammlung die in Artikel 7, Ziff. 2) vorgesehenen Maßnahmen vorzuschlagen,

7) die Generalversammlung gemäß Artikel 17 einzuberufen,

8) den Jahresbericht über soziale Angelegenheiten, der vom Geschäftsführer erstellt worden ist, festzustellen und ihn der Generalversammlung vorzulegen,

9) das Jahresbudget des BIEM zu genehmigen,

10) den Jahresabschluss zu erstellen und der Generalversammlung vorzulegen,

11) der Generalversammlung die Aufnahme oder den Ausschluss von Gesellschaften gemäß Artikel 11, 13 und 14 vorzuschlagen,

12) den Geschäftsführer gemäß Artikel 28 zu bestellen und seine Vergütung festzulegen,

13) ein Schiedsverfahren aufzustellen, um sich eventuell zwischen den stimm- oder nicht-stimmberechtigten Gesellschaften ergebende Schwierigkeiten zu beseitigen,

14) alle Anträge oder Interventionen zu behandeln, die ihm von einer stimm- oder nicht-stimmberechtigten Gesellschaft zugeleitet werden.

Bezüglich der oben genannten Angelegenheiten kann der Vorstand dem Geschäftsführer die vollen Handlungsbefugnisse übertragen.

Der Vorstand kann außerdem Arbeitsgruppen einsetzen, die ihn in spezifischen Fragen, insbesondere bei den Verhandlungen mit den Nutzern, unterstützen.

**Artikel 27
Technische Kommissionen**

Technische Kommissionen, die zugleich für die Prüfung von Fragen derselben Art zuständig sind, wie die sich im Rahmen der CISAC stellen, und zwar in Übereinstimmung mit den Satzungsbestimmungen dieser Organisation, werden vom Vorstand oder von seinem Vorsitzenden in Zusammenarbeit mit dem Geschäftsführer einberufen.

Diese Kommissionen werden von Vertretern der interessierten stimm- oder nichtstimmberechtigten Gesellschaften gebildet. Die Anzahl der Vertreter pro Gesellschaft darf zwei nicht überschreiten.

Bei der Abstimmung über Vorschläge für Entscheidungen, die endgültig nur von der Generalversammlung getroffen werden dürfen, verfügt jede vertretene Gesellschaft nur über eine Stimme, mit Ausnahme der nicht-stimmberechtigten Gesellschaften, die jeweils nur über eine beratende Stimme verfügen.

Jede Kommission wählt unter den Vertretern der interessierten Gesellschaften ihren Präsidenten für eine Amtsperiode, die dem Zeitraum zwischen den ordentlichen Generalversammlungen der CISAC entspricht. Im Falle der Verhinderung des Präsidenten wird ein Sitzungspräsident gewählt.

Die Kommissionen werden in dem ihnen eigenen Bereich mit der Untersuchung von Problemen befasst, die sich in Bezug auf die Wahrnehmung und die administrative Organisation der Urheberrechte stellen.

Die Tagesordnungen der Sitzungen werden vom Vorstand oder von dessen Vorsitzendem in Zusammenarbeit mit dem Geschäftsführer und den Präsidenten der betreffenden Kommissionen festgelegt, und zwar insbesondere unter Berücksichtigung der von den interessierten Gesellschaften unterbreiteten Vorschläge.

**ARTIKEL 28
GESCHÄFTSFÜHRER**

Das BIEM wird von einem Geschäftsführer („Gérant") geleitet, der eine juristische oder natürliche Person, Mitglied oder nicht, sein kann.

Der Geschäftsführer wird von der Generalversammlung auf Vorschlag des Vorstandes ernannt. Sollte der Posten durch Ableben oder Rücktritt des Geschäftsführers vakant werden, kann der Vorstand selber einen neuen Geschäftsführer ernennen. Diese Ernennung muss durch die Generalversammlung bestätigt werden. Wird die Nominierung des Geschäftsführers nicht von der Generalversammlung bestätigt, so bleiben doch die bis dato ausgeführten Geschäftshandlungen gültig.

Die Amtszeit des Geschäftsführers wird von der Generalversammlung bei seiner Ernennung oder der Erneuerung seines Mandates auf Vorschlag des Vorstandes bestimmt. Sofern der Geschäftsführer vom Vorstand ernannt wurde, um eine durch Ableben oder Rücktritt entstandene Vakanz zu füllen, entscheidet der Vorstand über das Ende des Mandats.

Unter Vorbehalt der Befugnisse von Vorstand und Generalversammlung und im Rahmen des Gesellschaftszweckes verfügt der Geschäftsführer über weitestgehende Befugnisse bei der Geschäftsführung.

Die Funktionen des Geschäftsführers werden nicht vergütet, es sei denn, der Vorstand beschließt es anders und legt in diesem Fall die Höhe der Vergütung fest.

ABSCHNITT V

Gemeinsame Bestimmungen

**ARTIKEL 29
BERECHNUNG DES
QUORUMS UND DER
MEHRHEITEN**

In allen Fällen wird für die Berechnung einer Beschlussfähigkeit oder eines Mehrheitsverhältnisses nur die nach unten abgerundete ganze Zahl berücksichtigt.

ARTIKEL 30
PROTOKOLL
SPRACHE

Nach Genehmigung durch das betreffende Organ werden die Protokolle der Sitzungen der Generalversammlung und des Vorstands vom Sitzungspräsidenten paraphiert und unterzeichnet.

Ferner werden die Protokolle der Sitzungen der Generalversammlung auf ununterbrochen durchnumerierten losen Blättern erstellt, beziffert und paraphiert von der zuständigen Geschäftsstelle.

Die Amtssprache des BIEM ist Französisch.

Für Sitzungen der Generalversammlung, des Vorstands und der Technischen Kommissionen kann je nach Entscheidung des Vorstands Simultan- oder Konsekutivübersetzung zur Verfügung gestellt werden.

ARTIKEL 31
VERGÜTUNG

Die Funktionen eines Delegierten zur Generalversammlung und eines Mitglieds des Vorstands werden nicht vergütet.

ABSCHNITT VI
Verwendung von Einnahmeüberschüssen

ARTIKEL 32
GESCHÄFTSJAHR

Das Geschäftsjahr beginnt am 1. Januar und endet am 31. Dezember eines jeden Jahres.

ARTIKEL 33
ÜBERSCHUSS

Über die Verwendung eines jeden zum Abschluss eines Geschäftsjahres festgestellten Aktivüberschusses entscheidet die Generalversammlung mit Dreiviertelmehrheit der vertretenen Stimmen.

ABSCHNITT VII
Auflösung – Liquidation – Rechtsstreitigkeiten

ARTIKEL 34
AUFLÖSUNG
LIQUIDATION

Sofern das BIEM seine Tätigkeit nicht in der einen oder anderen Form fortsetzt, regelt die Generalversammlung auf Vorschlag des Vorstands das Liquidationsverfahren.

Der Aktivüberschuss der gemäß Artikel 14 gebildeten Mittel des BIEM wird den stimmberechtigten Gesellschaften für ihre Berechtigten im Verhältnis ihrer jeweiligen Beiträge zu den Verwaltungskosten des BIEM zugewiesen.

Nach Begleichung der Verpflichtungen der Gesellschaft erhalten die stimmberechtigten Gesellschaften den Betrag des Nominalwerts ihres Anteils, wie er in Artikel 8 angegeben ist.

Die Gesellschaftsorgane bewahren während der Liquidation die gleichen Zuständigkeiten wie während der Gesellschaftsdauer des BIEM.

Die Generalversammlung hat insbesondere Vollmacht, die Liquidationskonten zu billigen und den übrigen Gesellschaftsorganen Entlastung zu erteilen.

ARTIKEL 35
RECHTSSTREITIGKEITEN

Alle Streitigkeiten, die sich zwischen einer oder mehreren stimm- oder nicht-stimmberechtigten Gesellschaften und dem BIEM ergeben könnten, werden, sofern keine gütliche Beilegung erfolgt, nach französischem Recht entschieden und unterliegen der Rechtsprechung der zuständigen Gerichte am Ort des Gesellschaftssitzes.

In einem solchen Fall muss jede stimm- oder nicht-stimmberechtigte Gesellschaft Domizilerwählung am Ort des Gesellschaftssitzes vornehmen und alle Anzeigen werden ordnungsgemäß an dieses Domizil gerichtet.

Wird keine Domizilwahl vorgenommen, erfolgen Ladungen und Zustellungen rechtsgültig bei der Staatsanwaltschaft am Tribunal de Grande Instance am Ort des Gesellschaftssitzes.

II 6 Satzung der CISAC

(Übersetzung aus dem Englischen)
VERABSCHIEDET von der GENERALVERSAMMLUNG
(Warschau, 1. Juni 2018)

TEIL I
GRUNDSÄTZLICHE BESTIMMUNGEN
Begriffsbestimmungen

ART. 1 Sofern sich aus dem Zusammenhang nichts anderes ergibt, haben die Begriffe in der linken Spalte in dieser Satzung die ihnen in der entsprechenden rechten Spalte zugeschriebene Bedeutung.

Rechnungsbücher	Die offizielle schriftliche Aufzeichnung der finanziellen Vorgänge der CISAC.
Afrikanische Gesellschaft	Eine Organisation für die kollektive Rechtewahrnehmung mit Sitz in einem afrikanischen Land.
AGP-Gesellschaft	Eine Organisation für die kollektive Rechtewahrnehmung, deren Tätigkeitsschwerpunkt die Wahrnehmung von Urheberrechten an graphischen oder photographischen Werken oder Werken der bildenden Künste ist.
Gesellschaft des Asien-Pazifik-Raums	Eine Organisation für die kollektive Rechtewahrnehmung mit Sitz in einem Land der Region Asien-Pazifik.
Board	Das Board of Directors der CISAC, wie in der Satzung erläutert.
Board-Report	Ein ausführlicher Bericht über das durch das Board erfolgte Management der CISAC und die Verwaltung der Finanzen der CISAC.
Kalenderjahr	Ein Zeitraum von 12 Monaten, der am 1. Januar beginnt und am 31. Dezember endet.
Kanadisch-US-amerikanische Gesellschaft	Eine Organisation für die kollektive Rechtewahrnehmung mit Sitz entweder in Kanada oder in den Vereinigten Staaten von Amerika.
Mitteleuropäische/ Osteuropäische/ Zentralasiatische Gesellschaft	Eine Organisation für die kollektive Rechtewahrnehmung mit Sitz in einem Land Mittel- oder Osteuropas oder Zentralasiens.

CIS	Das einheitliche Informationssystem, dessen Zweck die Einführung, Entwicklung und Verwaltung von: (i) Normen zur effizienten Abrechnung von Vergütungen („CIS-Standards") und (ii) Datenbanken ist, die den Informationsaustausch auf der Basis der CIS-Standards ermöglichen.
Kunden-Rechteverwertungseinrichtung	Eine Kunden-Rechteverwertungseinrichtung ist eine Rechteverwertungseinrichtung (RVE) welche mindestens eine Repräsentationsvereinbarung mit einem CISAC-Mitglied mit Sitz in einem anderen Verwaltungsgebiet unterzeichnet hat, von wo aus es seine Geschäfte ausübt und die Voraussetzungen gemäß den jeweils aktuellen, von der CISAC definierten Geschäftsbedingungen erfüllt.
Organisation für die kollektive Rechtewahrnehmung	Als Organisation für die kollektive Rechtewahrnehmung gilt eine Organisation dann, wenn sie sämtliche folgenden Kriterien erfüllt: (1) Sie ist von Gesetzes wegen autorisiert in den Ländern, in denen eine solche Genehmigung für Organisationen für die kollektive Rechtewahrnehmung vorgeschrieben ist bzw. auf Auftragsbasis, aufgrund einer Lizenz oder aufgrund einer vertraglichen Vereinbarung, die als Hauptzweck der Lizenzierung, Verwaltung oder anderweitiger Vertretung von Urheberrechten dient, agiert, und zwar im Namen einer großen Bandbreite an individuellen Urhebern (und ggfs. weiterer Rechteinhaberkategorien); (2) Sie führt ihre Geschäfte auf diskriminierungsfreie Art und Weise durch, ausschließlich zu Gunsten der o.g. Urheber (und ggfs. weiterer Rechteinhaberkategorien); (3) Sie ist – auf der Basis von objektiven, transparenten und diskriminierungsfreien Kriterien zugänglich für alle individuellen Urheber (und ggfs. für weitere Rechteinhaberkategorien); (4) Sie repräsentiert Urheberrechte über ein breites Spektrum an Verwertungsarten hinaus, ausgenommen in Fällen, in denen die Organisation Einschränkungen zur Erfüllung eines bestimmten Zweckes aufgrund anwendbarer Gesetze, staatlicher Verordnungen oder richterlicher Gewalt unterliegt.

(5) Sie ist im Besitz oder unter der Kontrolle der o.g. Urheber (und ggfs. weiterer Rechteinhaberkategorien), ausgenommen in Fällen; in denen sie aufgrund anwendbarer Gesetze, staatlicher Verordnungen oder richterlicher Gewalt einer speziellen Aufsicht unterliegt bzw. ist andernfalls eine gemeinnützige Organisation.

Verfassung	Gründungsurkunde, Gesellschaftsvertrag und Statuten der Gesellschaft, Satzung und Geschäftsordnung.
Urheber	Autor oder Komponist.
DLV-Gesellschaft	Eine Organisation für die kollektive Rechtewahrnehmung, deren Tätigkeitsschwerpunkt die Wahrnehmung von Urheberrechten an dramatischen, literarischen oder audiovisuellen Werken ist.
Einnahmen im Inland	Einnahmen

(i) Entweder direkt durch die Gesellschaft kassiert in den Territorien, die durch ihre Lizenzen abgedeckt sind;

(ii) Oder erhalten durch eine andere Organisation, die mandatiert ist, im Auftrag der Gesellschaft in ihrem Verwaltungsgebiet zu kassieren.

Europäische Gesellschaft	Eine Organisation für die kollektive Rechtewahrnehmung mit Sitz in einem Land (außer Kanada und USA), welches am 31. Mai 2006 Mitglied der UN-Wirtschaftskommission für Europa war.
Experte	Der leitende Mitarbeiter eines Mitglieds, der unmittelbar oder mittelbar für dessen IT-Funktionen verantwortlich ist.
Finanzielle Verpflichtung	Jede finanzielle Verpflichtung, die ein Mitglied, ein Mitgliedschaftsanwärter oder ein assoziiertes Mitglied (laut Definition in Art. 7 ff.), je nachdem, (durch Vertrag, gemäß Satzung oder sonstwie) gegenüber der CISAC hat.
Lateinamerikanisches und Karibisches Mitglied	Ein Mitglied mit Sitz in einem lateinamerikanischen oder karibischen Land oder in Spanien oder Portugal.
Geschäftsordnung	Das gesamte Regelwerk, in welchem Führung, Verfahrensweisen, Zusammensetzung und Praxis eines Organs (laut Definition in Artikel 28) niedergelegt sind.

Lateinamerikanische und Karibische Gesellschaft	Eine Organisation für die kollektive Rechtewahrnehmung, mit Sitz in einem lateinamerikanischen oder karibischen Land.
Repräsentanten des Ausschusses für Rechts- und Gesetzgebungsfragen	Jurist, der (i) von einem Mitglied angestellt bzw. beauftragt ist und unmittelbare oder mittelbare Verantwortung für die rechtlichen Aufgabenbereiche des betreffenden Mitglieds trägt; und (ii) vom Board in Übereinstimmung mit den Artikeln 95 bis 98 berufen worden ist.
Monat	Ein Kalendermonat.
Musikverwertungsgesellschaft	Eine Organisation für die kollektive Rechtewahrnehmung, deren Tätigkeitsschwerpunkt die Wahrnehmung von Urheberrechten an musikalischen Werken ist.
Professional Rules	Der Kodex im Hinblick auf Führungs-, Verwaltungs-, Geschäfts-, Finanz- und CIS-Grundsätze, die: (i) regelmäßig vom Board festgelegt werden und (ii) für jedes Mitglied verbindlich sind.
Region	Jeder der folgenden fünf geographischen Räume: (i) Afrika; (ii) Asien-Pazifik; (iii) Kanada und Vereinigte Staaten von Amerika; (iv) Europa und (v) Lateinamerika und die Karibik.
Repertoire	Jede der folgenden drei Kategorien von urheberrechtlich geschützten Werken: (i) musikalische Werke; (ii) dramatische, literarische und audiovisuelle Werke; und (iii) graphische und photographische Werke sowie Werke der bildenden Kunst.
Inkasso für reprographische Rechte	Jegliche Vergütungen, die für die reprographische Vervielfältigung eines urheberrechtlich geschützten Werkes durch ein Fotokopier-, Druck- oder Faxverfahren kassiert werden.

Rechteverwertungseinrichtung	Eine Organisation gilt als Rechteverwertungseinrichtung, wenn sie nicht als Organisation für die kollektive Rechtewahrnehmung bezeichnet werden kann und die folgenden Kriterien erfüllt:
	– Sie ist von Gesetzes wegen autorisiert, wenn eine solche Genehmigung für Organisationen für die kollektive Rechtewahrnehmung vorgeschrieben ist in dem Gebiet, in dem sie ihre Geschäfte ausübt bzw. wenn sie auf Auftragsbasis, aufgrund einer Lizenz oder aufgrund einer vertraglichen Vereinbarung zur Lizenzierung, Verwaltung oder anderweitiger Vertretung von Urheberrechten im Namen einer großen Bandbreite an individuellen Urhebern (und ggfs. weiteren Rechteinhaberkategorien) agiert;
	– sie lizenziert die Urheberrechte in Bezug auf die Verwertung von urheberrechtlichen Werken im Namen der o.g. Urheber (und ggfs. weiterer Rechteinhaberkategorien);
	– sie lizenziert diese Rechte zugunsten der o.g. Urheber (und ggfs. weiterer Rechteinhaberkategorien).
	Verleger und Produzenten gelten nicht als ‚Rechteverwertungseinrichtungen'.
Vergütungen	Der an einen Urheber oder Verleger gezahlte Anteil der Erlöse aus der Verwertung eines urheberrechtlich geschützten Werkes.
Deklaration der Einnahmen und Ausgaben	Eine Online-Deklaration eines Mitglieds, Mitgliedschaftsanwärters oder assoziierten Mitglieds gegenüber CISAC durch die CISAC Website in Bezug auf die Lizenzeinnahmen, Ausgaben und Ausschüttungen sowie ggf. die Einnahmen aus verwandten Schutzrechten.
Erklärung der Compliance mit Professional Rules	Eine Online-Erklärung eines Mitglieds gegenüber CISAC durch die CISAC Website in Bezug auf die Einhaltung des Kodex durch die Gesellschaft.
Gesellschaft	Eine Organisation für die kollektive Rechtewahrnehmung, die Urheberrechte kollektiv verwaltet.
Satzung	Die in diesem Dokument enthaltene Satzung der CISAC.
Amtszeit	Ein Zeitraum von 36 Monaten.

Top 20-Kandidaten   Die 20 Kandidaten (laut Definition in Artikel 46b)), die nach erfolgreichem Abschluss eines jeden Verfahrensschritts ('Stage' laut Definition in Artikel 53) auf der Kandidatenliste (laut Definition in Art. 47) verbleiben.

Bezeichnung

ART. 2   Die Internationale Konföderation der Verwertungsgesellschaften der Autoren und Komponisten („CISAC") ist ein Verein gemäß dem französischen Vereinsgesetz vom 1. Juli 1901 und dem Dekret vom 16. August 1901. Dieser Verein ist eine internationale, nichtstaatliche Organisation ohne Gewinnzweck, die sich aus Gesellschaften, welche Rechte in allen Kategorien von Urheberrechten wahrnehmen, zusammensetzt, und als solche nicht darauf gerichtet ist, Gewinne zu akkumulieren.

Tätigkeiten

ART. 3   Die CISAC führt ihre Aktivitäten unabhängig von etwaigen Zugehörigkeiten zu sonstigen Rechtspersönlichkeiten durch.

Sitz

ART. 4   Die CISAC hat ihren Sitz in Frankreich. Die Generalversammlung (wie gemäß Artikel 28 konstituiert) kann jedoch den Sitz der CISAC an einen anderen Ort verlegen.

Bestehensdauer

ART. 5   Die Bestehensdauer der CISAC ist unbegrenzt.

Zielsetzungen

ART. 6   Die wesentlichen Zwecke („Zielsetzungen") der CISAC bestehen auf nationaler und internationaler Ebene darin,

     a) die Interessen der Urhebergemeinschaft sowie das geistige Eigentum der Urhebergemeinschaft zu schützen;

     b) bei nationalen, kontinentalen oder internationalen Organen zu Fragen, die das Urheberrecht, die kollektive Wahrnehmung oder die Förderung der Rechte der Urheber und Verleger betreffen, vorstellig zu werden oder zu erscheinen;

     c) jede Kategorie urheberrechtlich geschützter Werke, die von einem Urheber geschaffen werden, sowie jede Art von Kreativität zu wahren, zu achten und zu schützen;

     d) Achtung für die wirtschaftlichen, rechtlichen und immateriellen Interessen des Urhebers zu fördern;

     e) Achtung für die wirtschaftlichen und rechtlichen Interessen des Verlegers zu fördern;

     f) für effiziente Einziehung und Verteilung der Vergütungen zu sorgen;

     g) die technischen Aktivitäten der Gesellschaften zu koordinieren;

     h) eine internationale Forschungs- und Informationszentrale für Mitglieder und Anwärter bereitzustellen;

i) CIS zur Nutzung durch Mitglieder und Mitgliedschaftsanwärter und Dritten gemäß den jeweils aktuellen von der CISAC definierten Geschäftsbedingungen einzuführen, zu entwickeln und aufrechtzuerhalten;

j) bei der Einführung der erforderlichen administrativen Infrastruktur für die Gründung und effektive Tätigkeit von Gesellschaften in Gebieten, wo es noch keine solchen Gesellschaften gibt, behilflich zu sein;

k) Gesellschaften in Ländern, in denen es zwar Gesellschaften gibt, die aber noch nicht volle Wirkung entfalten, im Hinblick auf ihre Entwicklung und Stärkung zu fördern und zu unterstützen;

l) sich in jeder Weise zu betätigen, durch welche die Solidarität zwischen den Gesellschaften gesteigert werden kann;

m) freundschaftliche und kooperative Beziehungen zwischen den Gesellschaften zu hegen und zu pflegen;

n) Fragen und Probleme zu behandeln und zu untersuchen, die einen direkten Bezug zu den immateriellen, materiellen und beruflichen Interessen der Urheber und Verleger sowie der Gesellschaften haben;

o) sämtliche sonstigen Funktionen wahrzunehmen, die zur Entwicklung der Gesellschaften beitragen;

p) eigene Fonds einzurichten (die von den Mitgliedern und Mitgliedschaftsanwärtern auf rein freiwilliger Basis regelmäßig aufgefüllt werden) mit dem Ziel:

   (i) Mitglieder und Mitgliedschaftsanwärter aus Schwellenländern dabei zu unterstützen, moderne Urheberrechtsverwaltungstechniken zu entwickeln („Solidaritätsfonds"); und

   (ii) sonstige Projekte im Rahmen ihres Zweckes zu finanzieren, die vom Board gegebenenfalls initiiert werden; und

q) sämtlichen Geschäften nachzugehen, welche

   (i) zweckmäßigerweise im Zusammenhang mit obigen Zielsetzungen ausgeführt werden können; und

   (ii) den Wert urheberrechtlich geschützter Werke entweder unmittelbar oder mittelbar steigern sollen.

Mitglieder, Assoziierte und Mitgliedschaftsanwärter

ART. 7 Die CISAC setzt sich aus Mitgliedern, assoziierten Mitgliedern und Mitgliedschaftsanwärtern zusammen.

ART. 8 Eine Organisation kann Mitglied werden, wenn sie folgende Voraussetzungen erfüllt:

a) eine Organisation für die kollektive Rechtewahrnehmung {im oben definierten Sinne} ist;

b) die Förderung der immateriellen Interessen der Urheber und den Schutz der materiellen Interessen von Urhebern (und ggfs. weiteren Rechteinhaberkategorien) zum Ziel hat;

c) über einen wirksamen Apparat zum Inkasso und zur Verteilung von Vergütungen an Urheber (und ggfs. weiteren Rechteinhaberkategorien) verfügt und die volle Verantwortung für die Verwaltung der ihr übertragenen Rechte übernimmt;

d) zum gemeinsamen Wohl der Urheber (und ggfs. weiteren Rechteinhaberkategorien) insgesamt tätig ist und nicht für ein bestimmtes Segment oder eine bestimmte Gruppe von Urhebern;

e) volle Verantwortung für die Verwaltung der ihr übertragenen Rechte übernimmt;

f) nachweisen kann, dass ihre Interessen mit den Interessen der CISAC im Einklang stehen;

g) nicht auch die Rechte von ausübenden Künstlern, Herstellern, Rundfunkveranstaltern oder irgendeiner Rechtsperson, welche die Rechte von Autoren, Komponisten (und ggfs. weiteren Rechteinhaberkategorien) verwertet, wahrnimmt, außer als Nebentätigkeit; und

h) nicht befugt ist, Verkauf oder Handel mit den Rechten zu tätigen, welche eine Organisation für die kollektive Rechtewahrnehmung wahrnimmt, und nicht das Recht hat, Verkauf oder Handel mit Beteiligungen an den von einer Organisation für die kollektive Rechtewahrnehmung kassierten oder verteilten Vergütungen zu tätigen.

i) effektiv Vergütungen einzieht und an Urheber (und ggfs. weiteren Rechteinhaberkategorien) verteilt;

j) ihren Tätigkeiten entsprechend den Professional Rules nachgeht;

k) sich als Mitgliedschaftsanwärter einer Anwartschaftsdauer („Probezeit") unterzogen hat; und

l) erfüllt alle einschlägigen und anwendbaren Gesetze und Vorschriften in den Ländern, in denen sie tätig ist.

ART. 9 Eine Organisation kann Mitgliedschaftsanwärter werden, wenn sie folgende Voraussetzungen erfüllt:

a) eine Organisation für die kollektive Rechtewahrnehmung {im oben definierten Sinne} ist;

b) die Förderung der immateriellen Interessen der Urheber und den Schutz der materiellen Interessen von Urhebern (und ggfs. weiteren Rechteinhaberkategorien) zum Ziel hat;

c) zum gemeinsamen Wohl der Urheber (und ggfs. weiteren Rechteinhaberkategorien) insgesamt tätig ist und nicht für ein bestimmtes Segment oder eine bestimmte Gruppe von Urhebern (und ggfs. weiteren Rechteinhaberkategorien);

d) volle Verantwortung für die Verwaltung der ihr übertragenen Rechte übernimmt;

e) nachweisen kann, dass ihre Interessen mit den Interessen der CISAC im Einklang stehen;

f) nicht auch die Rechte von ausübenden Künstlern, Herstellern, Rundfunkveranstaltern oder irgendeiner Rechtsperson, welche die Rechte von Autoren, Komponisten (und ggfs. weiteren Rechteinhaberkategorien) verwertet, wahrnimmt, außer als Nebentätigkeit; und

g) nicht befugt ist, Verkauf oder Handel mit den Rechten zu tätigen, welche eine Organisation wahrnimmt, und nicht das Recht hat, Verkauf oder Handel mit Beteiligungen an den von einer Gesellschaft kassierten oder verteilten Vergütungen zu tätigen;

h) entweder:

 (i) effektiv Vergütungen einzieht und an Urheber (und ggfs. weiteren Rechteinhaberkategorien) verteilt; oder

 (ii) zur Zufriedenheit der CISAC nachweisen kann, dass sie auf die wirksame Einziehung und Verteilung von Vergütungen an Urheber (und ggfs. weiteren Rechteinhaberkategorien) hinarbeitet;

und

i) entweder:

 (i) ihren Tätigkeiten entsprechend den Professional Rules nachgeht;

 oder

 (ii) zur Zufriedenheit der CISAC nachweisen kann, dass sie darauf hinarbeitet, entsprechend den Professional Rules tätig zu werden;

j) erfüllt alle einschlägigen und anwendbaren Gesetze und Vorschriften in den Ländern, in denen sie tätig ist.

ART. 10 Eine Organisation kann assoziiertes Mitglied werden, wenn sie folgende Voraussetzungen erfüllt:

a) keine Organisation für die kollektive Rechtewahrnehmung {im oben definierten Sinne} ist;

b) u.a. die Förderung der immateriellen Interessen von Urhebern und den Schutz der materiellen Interessen von Urhebern (und ggfs. weiteren Rechteinhaberkategorien) zum Ziel hat;

c) nachweisen kann, dass ihre Interessen mit den Interessen der CISAC im Einklang stehen;

d) nicht die Rechte von Autoren, Komponisten (und ggfs. weiteren Rechteinhaberkategorien) verwertet; und

e) nicht berechtigt oder befugt ist, Verkauf oder Handel mit Beteiligungen an den von einer Organisation kassierten oder verteilten Vergütungen oder mit den Rechten zu tätigen, welche sich im Besitz und/oder unter Kontrolle einer Organisation befinden.

Art. 11   Zur Vermeidung von Unklarheiten wird festgestellt:

a) eine Organisation, welche die Voraussetzungen für eine Mitgliedschaft erfüllt, gilt als nicht für eine Mitgliedsanwartschaft oder assoziierte Mitgliedschaft in Frage kommend; und

b) assoziierte Mitglieder brauchen sich keiner Probezeit zu unterziehen.

Art. 12   Vorbehaltlich Artikel 20 bis 23 hat jedes Mitglied das Recht:

a) an jeder Generalversammlung teilzunehmen;

b) bei jeder Generalversammlung mit abzustimmen;

c) für das Board gemäß Artikeln 46 bis 57 zu kandidieren und, wenn gewählt, im Board zu dienen;

d) im Ausschuss für Rechts- und Gesetzgebungsfragen gemäß Artikeln 95 bis 98 vertreten zu sein;

e) gegebenenfalls finanzielle Unterstützung von der CISAC zu erhalten;

f) einem Regionalausschuss gemäß Artikeln 91 bis 93 anzugehören und als Beobachter an jeder Sitzung jedes Regionalausschusses, dem es nicht angehört, teilzunehmen;

g) an jeder Sitzung eines jeden Rates gemäß Artikel 83 teilzunehmen;

h) an jedem vom Board gemäß Artikel 70 g) geschaffenen Technischen Ausschuss teilzunehmen;

i) einen Kandidaten für ein Amt oder als Vertreter in den einzelnen Gremien vorzuschlagen;

j) Zugang zu bestimmten (vom Board von Zeit zu Zeit abgegrenzten) Teilen der CISAC-Website zu erhalten;

k) vom CIS zu profitieren;

l) regelmäßig Informationen und Publikationen, in denen die Tätigkeiten der CISAC dargestellt werden, zu erhalten; und

m) alle sonstigen Rechte auszuüben, die sich aus der Satzung ergeben.

Art. 13   Vorbehaltlich Artikel 20 bis 23 hat jedes assoziierte Mitglied das Recht:

a) als Beobachter an jeder Generalversammlung teilzunehmen;

b) als Beobachter an jeder Sitzung eines jeden Rates teilzunehmen (mit vorheriger schriftlicher Zustimmung und nach freiem Ermessen des/der Vorsitzenden des jeweiligen Rates);

c) Zugang zu bestimmten (vom Board von Zeit zu Zeit abgegrenzten) Teilen der CISAC-Website zu erhalten; und

d) regelmäßig Informationen und Publikationen, in denen die Tätigkeiten der CISAC dargestellt werden, zu erhalten.

Zur Vermeidung von Unklarheiten sei festgestellt, dass kein assoziiertes Mitglied in irgendeiner Sitzung, an der es teilnimmt, stimmberechtigt ist.

Art. 14 Vorbehaltlich Artikel 20 bis 23 und 93 hat ein Mitgliedschaftsanwärter das Recht:

a) als Beobachter an jeder Generalversammlung teilzunehmen;

b) gegebenenfalls finanzielle Unterstützung von der CISAC zu erhalten;

c) als Beobachter an jedem Regionalausschuss teilzunehmen vorbehaltlich der internen Vorschriften des jeweiligen Regionalausschusses;

d) als Beobachter an jeder Sitzung eines jeden Rates gemäß Artikel 83 teilzunehmen;

e) als Beobachter an jedem vom Board gemäß Artikel 70 g) geschaffenen Technischen Ausschuss teilzunehmen;

f) einen Kandidaten für ein Amt oder als Vertreter in den einzelnen Gremien vorzuschlagen;

g) Zugang zu bestimmten (vom Board von Zeit zu Zeit abgegrenzten) Teilen der CISAC-Website zu erhalten;

h) vom CIS zu profitieren;

i) regelmäßig Informationen und Publikationen, in denen die Tätigkeiten der CISAC dargestellt werden, zu erhalten; und

j) alle sonstigen Rechte auszuüben, die sich aus der Satzung ergeben.

Zur Vermeidung von Unklarheiten sei festgestellt, dass kein Mitgliedschaftsanwärter in irgendeiner Sitzung, an der er teilnimmt, stimmberechtigt ist.

Pflichten

Art. 15 a) Jedes Mitglied ist verpflichtet, stets:

(i) die Satzung und die Professional Rules umfassend einzuhalten;

(ii) die Deklaration der Einnahmen und Ausgaben auszufüllen;

(iii) die Erklärung der Compliance mit Professional Rules auszufüllen; und

(iv) seinen Beitrag gemäß Artikeln 112 bis 117 zu entrichten.

b) Jedes assoziierte Mitglied und jeder Mitgliedschaftsanwärter ist verpflichtet, stets:

(i) die Satzung umfassend einzuhalten;

(ii) die Deklaration der Einnahmen und Ausgaben auszufüllen; und

(iii) seinen Beitrag gemäß Artikeln 112 bis 117 zu entrichten.

Aufnahmeverfahren für assoziierte Mitgliedschaft oder Mitgliedschaftsanwärter

Art. 16 Eine Gesellschaft, die Mitgliedschaftsanwärter oder assoziiertes Mitglied werden möchte, muss beim Sekretariat einen Antrag einreichen („Antrag"). Dieser muss folgende Unterlagen enthalten:

a) ein Antragsformular, wie jeweilig von der CISAC vorgeschrieben

(i) in dem sie angibt, ob sie als Mitgliedschaftsanwärter oder als assoziiertes Mitglied aufgenommen werden möchte;

(ii) darum bittet, dass die CISAC ihren Antrag berücksichtigt;

und

(iii) welches eine ausdrückliche Verpflichtung der Gesellschaft enthält, die Satzung anzuerkennen und sich danach zu richten;

b) eine Kopie der Satzung der Gesellschaft in der Originalsprache sowie eine Kopie in Englisch, Französisch oder Spanisch;

c) (im Falle eines Antrages auf Aufnahme als Mitgliedschaftsanwärter) ein Verzeichnis aller Mitglieder der Gesellschaft mit Angabe, ob es sich um einen Autor, einen Komponisten, einen Verleger oder ein sonstiges Mitglied handelt;

d) einen ausführlichen Bericht über die Tätigkeiten der Gesellschaft in den zwölf Monaten vor Einreichung ihres Antrags; dieser Bericht ist in einer Weise abzufassen, die von der CISAC von Zeit zu Zeit festgelegt wird;

e) eine Kopie des Abschlusses der Gesellschaft für die zwölf Monate vor Einreichung ihres Antrags;

f) einen ausführlichen Bericht über die beabsichtigten Tätigkeiten der Gesellschaft in den zwölf Monaten nach Einreichung ihres Antrags; dieser Bericht ist in einer Weise abzufassen, die von der CISAC von Zeit zu Zeit festgelegt wird;

g) (im Falle eines Antrages auf Aufnahme als Mitgliedschaftsanwärter) einen Businessplan mit Budget und einer Einschätzung des Marktpotentials mit Bezug auf den Hauptgeschäftssitz der Gesellschaft und für den Zeitraum von vierundzwanzig Monaten nach Einreichung ihres Antrags; und

h) jedes sonstige Dokument zum Nachweis, dass die Gesellschaft für die Aufnahme als Mitgliedschaftsanwärter oder assoziiertes Mitglied, je nach Lage des Falles, in die CISAC geeignet ist.

Art. 17 Die Generalversammlung wird (nach Berücksichtigung der Empfehlung des Board zu jedem Antrag) entweder

a) die Gesellschaft als assoziiertes Mitglied oder Mitgliedschaftsanwärter aufnehmen oder

b) den Antrag ablehnen.

Aufnahmeverfahren für Mitglieder

Art. 18 Nach Abschluss einer Probezeit von 24 Monaten wird die Generalversammlung einen Mitgliedschaftsanwärter (unter Berücksichtigung der Empfehlung des Board) entweder:

a) als Mitglied aufnehmen;

b) dessen Probezeit um weitere 24 Monate erneuern; oder

c) das Aufnahmeverfahren für den Mitgliedschaftsanwärter in die CISAC beenden.

Die Generalversammlung soll die Probezeit eines Mitgliedschaftsanwärters unbegrenzt erneuern können.

Art. 19 Nach Abschluss der in Artikel 18b) erwähnten Probezeit wird die Generalversammlung einen Mitgliedschaftsanwärter (unter Berücksichtigung der Empfehlung des Board) entweder:

a) als Mitglied aufnehmen; oder

b) das Aufnahmeverfahren für den Mitgliedschaftsanwärter in die CISAC beenden.

Sanktionen

Art. 20 Jedes Mitglied, assoziierte Mitglied oder Mitgliedschaftsanwärter, das sich mit der Erfüllung seiner finanziellen Verpflichtungen gegenüber der CISAC mit mehr als einem Kalenderjahr im Rückstand befindet, hat nicht die Rechte inne, welche:

a) Mitgliedern nach Artikel 12a) bis 12d);

b) assoziierten Mitgliedern nach Artikel 13a);

c) Mitgliedschaftsanwärtern nach Artikel 14a);

eingeräumt sind.

Art. 21 Falls dem Board ein Nachweis darüber vorliegt, dass ein Mitglied, assoziiertes Mitglied oder ein Mitgliedschaftsanwärter einer oder mehrerer der folgenden Verpflichtungen nicht nachgekommen ist:

a) Finanzielle Verpflichtungen mit einem Zahlungsrückstand um mehr als ein Kalenderjahr;

b) (im Falle eines Mitglieds) jährliche Erklärung der Compliance mit Professional Rules nach Artikel 15a);

c) jährliche Deklaration der Einnahmen und Ausgaben nach Artikel 15a) und 15b);

d) (im Falle eines Mitglieds und eines Mitgliedschaftsanwärters) Transparenzverpflichtungen wie in Artikel 8 der Professional Rules dargelegt.

Das Board kann (nach Berücksichtigung der Empfehlung des Sekretariats) jedwede der folgenden Rechte eines Mitglieds, assoziierten Mitglieds oder eines Mitgliedschaftsanwärters aussetzen, je nach Lage des Falls:

e) die nach Artikel 12a) bis 12m) im Falle eines Mitglieds eingeräumten Rechte;

f) die nach Artikel 13a) bis 13d) im Falle eines assoziierten Mitglieds eingeräumten Rechte;

g) die nach Artikel 14a) bis 14j) im Falle eines Mitgliedschaftsanwärters eingeräumten Rechte.

Das Board soll die Generalversammlung über die Liste derjenigen Mitglieder, Mitgliedschaftsanwärter und assoziierten Mitglieder informieren, die mit Sanktionen belegt wurden.

Art. 22 Falls dem Board ein Nachweis darüber vorliegt, dass ein Mitglied, assoziiertes Mitglied oder Mitgliedschaftsanwärter:

a) sich mit der Erfüllung seiner finanziellen Verpflichtungen gegenüber CISAC um mehr als zwei Kalenderjahre im Rückstand befindet;

b) den Verstoß oder die Verstöße gemäß Artikel 21 nicht behebt und/oder gegen jegliche Bestimmungen der Satzung oder (im Falle eines Mitglieds) der Professional Rules verstoßen hat; oder

c) nicht mehr die Zulassungsvoraussetzungen erfüllt, welche in Artikel 8, Artikel 9 oder Artikel 10 vorgesehen sind, je nach Lage des Falles;

so hat das Board das betreffende Mitglied, assoziierte Mitglied oder den Mitgliedschaftsanwärter, je nach Lage des Falles, zu unterrichten über:

a) die gegen es/ihn vorgebrachten Tatsachenbehauptungen;

b) die Nachweise, welche dem Board vorliegen; sowie

c) die Art der Sanktion, die vom Board in Erwägung gezogen wird.

Das betreffende Mitglied, assoziierte Mitglied oder der Mitgliedschaftsanwärter, je nach Lage des Falles, kann (nach Wahl des betreffenden Mitglieds, assoziierten Mitglieds oder Mitgliedschaftsanwärters, je nach Lage des Falles) seine Verteidigung (im Folgenden die „Verteidigung") gegenüber dem Board auf schriftliche Weise oder mündlich vorbringen.

Nachdem er über die Triftigkeit einer solchen Verteidigung beraten hat, kann das Board (je nach der Schwere des Verstoßes) eine Empfehlung abgeben (im Folgenden als die „Empfehlung" bezeichnet), dass die Generalversammlung dem betreffenden Mitglied, assoziierten Mitglied oder Mitgliedschaftsanwärter eine oder mehrere Sanktionen (im Folgenden „Sanktionen") auferlegt. Ohne darauf begrenzt zu sein, können die Sanktionen Folgendes enthalten:

a) Warnung;

b) Rüge;

c) eine Geldbuße, die nicht höher als der Mitgliedsbeitrag (gemäß Definition in Übereinstimmung mit Artikel 112) sein darf, welcher von dem betreffenden Mitglied, assoziierten Mitglied oder Mitgliedschaftsanwärter im Hinblick auf das Kalenderjahr fällig ist, das unmittelbar demjenigen Kalenderjahr vorausgeht, in welchem die betreffende Geldbuße verhängt werden soll;

d) zeitweiliger Ausschluss aus der CISAC oder

e) Ausschluss aus der CISAC auf Dauer.

ART. 23 Nach Beratung der Empfehlung und einer etwaigen Verteidigung, die durch das betreffende Mitglied, assoziierte Mitglied oder den Mitgliedschaftsanwärter vorgebracht wurde, kann die Generalversammlung Sanktionen von solcher Art verhängen, wie sie diese für geeignet erachtet.

TEIL II
AUFBAU UND VERWALTUNG DER CISAC
Präsident und Vizepräsident

ART. 24 Es gibt einen Präsidenten und mindestens zwei Vizepräsidenten.

ART. 25 Der Präsident und die Vizepräsidenten müssen Komponisten oder Autoren verschiedener Nationalitäten sein. Sie müssen über einen wohlerworbenen guten

Ruf verfügen und die verschiedenen, von CISAC-Mitgliedern wahrgenommenen Repertoirekategorien, wie in dieser Satzung definiert, vertreten. Sie müssen aus verschiedenen Regionen, in denen CISAC-Mitglieder vertreten sind, kommen.

Art. 26 Der Präsident und die Vizepräsidenten werden von der Generalversammlung aufgrund einer vom Board of Directors abgegebenen Empfehlung gewählt.

a) Die Nominierung eines Kandidaten für eine Funktion als Präsident oder Vizepräsident sollte dem Board of Directors zusammen mit einer Kurzdarstellung mit kurzer Biographie des Kandidaten und weiteren Informationen zur Unterstützung der Kandidatur zur Prüfung vorgelegt werden.

b) Nominierungen können dem Board of Directors von einem CISAC-Mitglied, dem Sekretariat, den Urheberräten oder Ausschüssen, die nach dieser Satzung anerkannt sind, zur Prüfung unterbreitet werden.

c) Erfolgt die Nominierung durch das Sekretariat oder einen der Urheberräte oder Ausschüsse der CISAC oder möchte ein CISAC-Mitglied einen Kandidaten nominieren, der einer anderen Organisation für die kollektive Rechtewahrnehmung angehört, so sollte die Absicht zur Nominierung des Kandidaten einer jeden Organisation für die kollektive Rechtewahrnehmung, welcher dieser angehört, mitgeteilt werden.

d) Der Präsident und die Vizepräsidenten werden für eine Amtszeit gewählt. Bei Ablauf dieser Amtszeit können der Präsident und die Vizepräsidenten in derselben Eigenschaft für höchstens zwei aufeinanderfolgende Amtszeiten wiedergewählt werden. Wer, dies sei zur Vermeidung von Unklarheiten festgestellt, für zwei aufeinanderfolgende Amtszeiten als Präsident oder Vizepräsident amtiert hat, kann in derselben Eigenschaft erst wiedergewählt werden, wenn eine weitere Amtsperiode verstrichen ist.

Art. 27 Die Amtstätigkeit des Präsidenten und der Vizepräsidenten erfolgt unentgeltlich, außer dass sie jeweils die ihnen in Wahrnehmung ihrer Funktionen entstandenen, angemessenen Reise- und Unterkunftskosten erstattet bekommen.

Satzungsmäßige Organe

Art. 28 Jedes der folgenden Gremien gilt als satzungsmäßiges Organ der CISAC („Organ"):

a) die jährliche ordentliche Generalversammlung nach Maßgabe von Artikel 40 und die außerordentliche Generalversammlung nach Maßgabe von Artikel 41 („Generalversammlung");

b) das Board [of Directors] nach Maßgabe von Artikel 44;

c) das Sekretariat unter Leitung eines Generaldirektors nach Maßgabe von Artikel 72;

d) die Räte nach Maßgabe von Artikel 82;

e) die Regionalausschüsse nach Maßgabe von Artikel 90;

f) der Ausschuss für Rechts- und Gesetzgebungsfragen nach Maßgabe von Artikel 95;

g) der interne Revisionsausschuss nach Maßgabe von Artikel 103.

Generalversammlung

Zusammensetzung

Art. 29 Es gibt eine Generalversammlung, die jedem Mitglied, Mitgliedschaftsanwärter und assoziierten Mitglied offen steht.

Art. 30 Bei jeder Generalversammlung kann jedes Mitglied durch maximal drei Delegierte vertreten sein. Wird ein Mitglied von zwei oder drei Delegierten vertreten und ist dieses Mitglied eine Vereinigung von Urhebern und Verlegern, so muss mindestens einer der Delegierten ein Urheber sein.

Art. 31 Bei jeder Generalversammlung kann jeder Mitgliedschaftsanwärter durch maximal zwei Delegierte vertreten sein. Wird ein Mitgliedschaftsanwärter von zwei Delegierten vertreten und handelt es sich bei ihm um eine Vereinigung von Urhebern und Verlegern, so muss mindestens einer dieser Delegierten ein Urheber sein.

Art. 32 Jedes assoziierte Mitglied kann bei jeder Generalversammlung durch maximal zwei Delegierte vertreten sein.

Art. 33 Der Präsident führt den Vorsitz in der Generalversammlung oder in seiner Abwesenheit zumindest einer der Vizepräsidenten.

Ausübung von Stimmrechten

Art. 34 Vorbehaltlich Artikel 20 bis 23 und Artikel 35 stehen jedem Mitglied bei jeder Generalversammlung in jedem Kalenderjahr die folgenden Stimmen zu:

a) eine ordentliche Stimme sowie

b) eine zusätzliche Stimme je 1.525 Euro Beitrag für das Kalenderjahr, welches dem Kalenderjahr, in dem die betreffende Generalversammlung stattfindet, unmittelbar vorausgeht.

Art. 35 Die Gesamtzahl der von jedem Mitglied, welches überwiegend Rechte in einer Repertoirekategorie verwaltet, abgegebenen Stimmen darf 13,5 Prozent der Gesamtstimmen aller Mitglieder, die überwiegend Rechte dieser Repertoirekategorie verwalten, nicht überschreiten. Zur Vermeidung von Unklarheiten und zum Zwecke dieses Artikels gilt, dass ein Mitglied dann überwiegend Rechte in einer Repertoirekategorie verwaltet, wenn der prozentuale Anteil an seinen Einnahmen im Inland in einem Kalenderjahr bei dieser Repertoirekategorie ausweislich der jedes Jahr der CISAC vorgelegten jährlichen Deklaration der Einnahmen und Ausgaben höher ist als bei jeder anderen Kategorie.

Art. 36 Jedes Mitglied bevollmächtigt einen seiner Delegierten zur Abgabe seiner Stimmen.

Art. 37 Wenn ein Mitglied nicht an der Generalversammlung teilnehmen kann, kann es seine Stimmrechte einem anderen Mitglied übertragen unter der Voraussetzung, dass ein Mitglied in keinem Fall mehr als zwei abwesende Mitglieder vertreten darf.

Mehrheitsbeschlüsse und Quorum

Art. 38 Vorbehaltlich Artikel 75, Artikel 132 und Artikel 137 werden Beschlüsse der Generalversammlung mit der Mehrheit der Stimmen gefasst, die von den in der Generalversammlung anwesenden und den vertretenen abwesenden Mitgliedern abgegeben werden.

Art. 39 Eine Generalversammlung ist nur beschlussfähig, wenn die in dieser Generalversammlung anwesenden und die vertretenen abwesenden Mitglieder:

a) mindestens einem Fünftel der Gesamtzahl aller Mitglieder entsprechen; und

b) mindestens zwei Drittel der Gesamtstimmen aller Mitglieder kontrollieren.

Einberufung und Abhaltung

Art. 40 Jährlich wird vor Ende Juni eines jeden Kalenderjahres eine ordentliche Generalversammlung abgehalten.

Art. 41 Eine außerordentliche Generalversammlung kann - auf einen bestimmten Zweck begrenzt - vom Generaldirektor auf Wunsch des Board einberufen werden.

Art. 42 Jede Generalversammlung wird vom Generaldirektor schriftlich durch schriftliche Mitteilung an jedes Mitglied und assoziierte Mitglied sowie an jeden Mitgliedschaftsanwärter mindestens zwei Monate vor der betreffenden Generalversammlung einberufen.

Aufgaben

Art. 43 Die jährliche ordentliche Generalversammlung:

a) wählt oder bestellt, je nachdem:

   (i) den Präsidenten und den Vizepräsidenten gemäß Artikel 26;

   (ii) die Direktoren gemäß Artikel 46 bis 55;

   (iii) den internen Revisionsausschuss nach Maßgabe der Bestimmungen in Artikeln 104 bis 106; und

   (iv) die satzungsgemäßen externen Abschlussprüfer gemäß Artikel 124.

b) genehmigt bis Ende des Monats Juni in jedem Kalenderjahr für das unmittelbar vorausgehende Kalenderjahr:

   (i) den Jahresabschluss;

   (ii) den gemäß Artikel 124 erstellten Bericht der satzungsgemäßen externen Abschlussprüfer; und

   (iii) den Bericht des Board.

c) genehmigt in jedem Kalenderjahr die Tätigkeiten des Generaldirektors in dem unmittelbar vorausgehenden Kalenderjahr.

d) prüft:

   (i) jeden Antrag gemäß Artikeln 16 bis 17;

   (ii) jede Empfehlung gemäß Artikeln 22 bis 23; und

   (iii) jeden gemäß Artikeln 130 bis 132 unterbreiteten Vorschlag;

e) nimmt jeden von einem Mitglied oder assoziierten Mitglied oder Mitgliedschaftsanwärter gemäß Artikel 135 erklärten Austritt zur Kenntnis;

f) trifft Beschlussfassungen im Zusammenhang mit der Übertragung der Aufnahme eines Mitglieds, assoziierten Mitglieds oder eines Mitgliedschaftsanwärters in die CISAC gemäß Artikel 136;

g) setzt eine prozentuale Obergrenze sowie eine Untergrenze für den Mitgliedsbeitrag für Mitglieder, assoziierte Mitglieder und Mitgliedschaftsanwärter fest und überträgt dem Board die Befugnis, gemäß Artikel 112, die Prozentsätze für den Mitgliedsbeitrag zu finalisieren;

h) stellt die Richtlinien auf, welche die Gebühren für Kunden-Rechteverwertungseinrichtungen zur Nutzung von CIS-Tools festlegt, und dem Board die Amtsbefugnis erteilt, den tatsächlichen Endbetrag der Gebühren zu bestimmen;

i) erteilt, mit einer objektiven Begründung, eine Genehmigung oder Zurückweisung hinsichtlich der Empfehlung des Boards zur Zulassung einer RVE als Kunden-Rechteverwertungseinrichtung.

Board

Zusammensetzung

ART. 44 Es gibt ein Board, welches der Generalversammlung rechenschaftspflichtig ist.

ART. 45 Das Board setzt sich aus nicht mehr als 20 Mitgliedern ('Direktoren') zusammen.

Wahl

ART. 46 Das Vorbereitungsverfahren für Wahlen zum Board hat wie folgt zu sein:

a) Wann immer die Abhaltung einer Wahl fehlschlägt, hat das Sekretariat mit angemessener Schnelligkeit und Sorgfalt ein Schreiben an jedes Mitglied zu übersenden, in welchem es das betreffende Mitglied über das Datum der betreffenden Wahl in Kenntnis setzt.

b) Ein Mitglied, das sein aktuelles Soll bei den Mitgliedsbeiträgen erfüllt hat und beabsichtigt, seine Kandidatur für das Board bekanntzugeben (im Folgenden als „Kandidat" bezeichnet), hat dem Sekretariat einen eingeschriebenen Brief zu übersenden. Dieser Brief muss:

(i) mit geeigneten Rechtfertigungsgründen anzeigen, in welcher Region das betreffende Mitglied ansässig ist („Regionalkategorie"), und im Hinblick auf welche Kategorie das betreffende Mitglied vorwiegend Rechte wahrnimmt (im Folgenden als „Repertoire-Kategorie" bezeichnet); und

(ii) beim Sekretariat spätestens 30 Tage vor dem Datum einer solchen Wahl eingehen.

Zur Vermeidung von Unklarheiten und zum Zwecke dieses Artikels gilt, dass ein Mitglied dann überwiegend Rechte in einer Repertoirekategorie verwaltet, wenn der prozentuale Anteil an seinen Einnahmen im Inland in einem Kalenderjahr bei dieser Repertoirekategorie ausweislich der jedes Jahr der CISAC vorgelegten jährlichen Deklaration der Einnahmen und Ausgaben höher ist als bei jeder anderen Kategorie.

c) Das Sekretariat hat ein Verzeichnis sämtlicher Kandidaten zu erstellen, welche die in Artikel 46 b) niedergelegten Anforderungen erfüllen (im Folgenden das „Erstverzeichnis"). Im Erstverzeichnis sind die Regionalkategorie und die Repertoirekategorie eines jeden Kandidaten anzugeben.

d) Eine jede Wahl ist durch geheime Abstimmung durchzuführen.

e) Ein jedes Mitglied, das anwesend oder abwesend, jedoch auf der Generalversammlung vertreten ist, darf für nicht weniger als 10 und nicht mehr als 20 Kandidaten auf dem Erstverzeichnis stimmen, darunter:

   (i) mindestens eine Gesellschaft aus den Bereichen Mitteleuropa/Osteuropa/Mittelasien;

   (ii) mindestens ein Kandidat in einer jeden Regionalkategorie; und

   (iii) mindestens ein Kandidat in einer jeden Repertoirekategorie,

   und zwar auf solche Weise, dass seine Abstimmungsabsichten deutlich sind.

ART. 47 Nachdem die Stimmen durch eine unabhängige Organisation gezählt worden sind, hat das Sekretariat ein Verzeichnis zu erstellen, in welchem die Gesamtzahl der Stimmen niedergelegt ist, die sich ein jeder Kandidat gesichert hat, und zwar in absteigender numerischer Reihenfolge der auf diese Weise gesicherten Stimmen (im Folgenden die „Kandidatenliste"). Falls bei zwei Kandidaten jeweils Gleichheit der abgegebenen Stimmen besteht, gilt von dem Kandidaten, welcher den größeren Mitgliedsbeitrag in dem Kalenderjahr gezahlt hat, das unmittelbar dem Kalenderjahr vorausgeht, in welchem die Wahl stattfindet, dass er mehr Stimmen als der andere Kandidat erhalten hat.

ART. 48 Befinden sich weniger als 21 Kandidaten auf der Kandidatenliste, dann sind sämtliche Kandidaten auf der Kandidatenliste ordnungsgemäß gewählt, um ihren Dienst im Board absolvieren zu können.

ART. 49 Falls sich mehr als 20 Kandidaten auf der Kandidatenliste befinden, so ist das Auswahlverfahren für die Wahl zum Board (das „Auswahlverfahren") in Übereinstimmung mit den folgenden Bestimmungen durchzuführen.

ART. 50 Die Absicht des Auswahlverfahrens (im Folgenden die „Absicht") muss es sein sicherzustellen, dass:

a) sofern es praktisch durchführbar ist, die in Artikel 51 a) bis e) niedergelegten Kriterien (im Folgenden die „Kriterien" genannt) beachtet werden; und

b) die Kriterien in aufeinanderfolgender Weise sowie in Übereinstimmung mit einer strengen Prioritätsreihenfolge (im Folgenden „Prioritätsreihenfolge" genannt) angewandt werden.

ART. 51 Die Kriterien und die Prioritätsreihenfolge für die Anwendung der Kriterien sind wie folgt:

a) Es dürfen nicht mehr als zwei Direktoren des Board in ein und demselben Land ansässig sein;

b) von jeden der im Folgenden genannten Gesellschaften darf es nicht weniger als zwei im Board geben:

   (i) Gesellschaften aus dem Raum Asien/Pazifik;

   (ii) Gesellschaften aus Afrika;

   (iii) Gesellschaften aus Lateinamerika und der Karibik sowie

   (iv) Gesellschaften aus Kanada/USA

   (im Folgenden als „Regionalrepräsentation" bezeichnet);

c) es darf im Board nicht weniger als eine Gesellschaft aus Mitteleuropa/Osteuropa/Mittelasien geben;

d) es darf im Board nicht weniger als drei Gesellschaften aus Europa („Europa-Repräsentation") geben; und

e) es darf im Board nicht weniger als zwei von jeweils den folgenden Gesellschaften geben:

(i) Musikgesellschaften;

(ii) DLV-Gesellschaften; und

(iii) AGP-Gesellschaften

(im Folgenden als „Repertoire-Repräsentation" bezeichnet).

Art. 52 Falls sich unter den ersten 20 Kandidaten auf der Kandidatenliste, welche sich die größte Anzahl der Stimmen gesichert haben, eine hinreichende Anzahl an Kandidaten befindet um sicherzustellen, dass die Absicht verwirklicht wird, dann ist jeder dieser 20 Kandidaten für den Dienst im Board zu wählen.

Art. 53 Falls sich unter den ersten 20 Kandidaten auf der Kandidatenliste, welche sich die größte Anzahl der Stimmen gesichert haben, keine hinreichende Anzahl an Kandidaten befindet um sicherzustellen, dass die Absicht verwirklicht wird, dann ist vorbehaltlich von Artikel 54 ein jeder der im Folgenden aufgeführten Verfahrensschritte („Verfahrensschritte") anzuwenden, und zwar strikt in der folgenden Reihenfolge:

a) Falls es unter den ersten 20 Kandidaten auf der Kandidatenliste, welche sich die größte Anzahl an Stimmen gesichert haben, drei oder mehr Kandidaten aus demselben Land gibt, dann ist der betreffende dritte oder weitere Kandidat, welcher die wenigsten Stimmen erhielt, von der Kandidatenliste zu streichen und aus dem Auswahlverfahren herauszunehmen.

b) Der in Artikel 53 a) dargestellte Verfahrensschritt ist zu wiederholen, bis der in Artikel 51 a) beschriebene Zustand hergestellt ist.

c) Falls die Absicht nicht realisiert wird, weil unter den ersten 20 Kandidaten eine unzureichende Regionalrepräsentation im Hinblick auf die in Artikel 51 b) niedergelegten Regionen besteht, dann ist der Kandidat in jeder solchen Region, die nicht bei den ersten 20 Kandidaten ist und welcher sich die größte Anzahl an Stimmen gesichert hat, auf die erste Stelle auf der Kandidatenliste zu setzen; und jeder andere Kandidat auf der Kandidatenliste ist um eine Stelle niedriger auf der Kandidatenliste zu setzen.

d) Der in Artikel 53 c) dargestellte Verfahrensschritt ist zu wiederholen im Hinblick auf eine jede Region, die in Artikel 51 b) niedergelegt ist, bis der in Artikel 51 b) beschriebene Zustand hergestellt ist.

e) Falls die Absicht nicht realisiert wird, weil unter den ersten 20 Kandidaten keine Gesellschaft aus dem Bereich Mitteleuropa/Osteuropa/Mittelasien ist, dann ist die Gesellschaft aus dem Bereich Mitteleuropa/Osteuropa/Mittelasien, die nicht unter den ersten 20 Kandidaten ist und welche sich die größte Anzahl an Stimmen gesichert hat, auf die erste Stelle auf der Kandidatenliste zu setzen;

und jeder andere Kandidat auf der Kandidatenliste ist um eine Stelle niedriger auf der Kandidatenliste zu setzen.

f) Der in Artikel 53 e) dargestellte Verfahrensschritt ist zu wiederholen, bis der in Artikel 51 c) beschriebene Zustand hergestellt ist.

g) Falls die Absicht nicht realisiert wird, weil unter den ersten 20 Kandidaten eine unzureichende Europa-Repräsentation besteht, dann ist die europäische Gesellschaft, die nicht unter den ersten 20 Kandidaten ist und die sich die größte Anzahl an Stimmen gesichert hat, auf die erste Stelle auf der Kandidatenliste zu setzen; und jeder andere Kandidat auf der Kandidatenliste ist um eine Stelle niedriger auf der Kandidatenliste zu setzen.

h) Der in Artikel 53 g) dargestellte Verfahrensschritt ist zu wiederholen, bis eine hinreichende Europa-Repräsentation besteht.

i) Falls die Absicht nicht realisiert wird, weil unter den ersten 20 Kandidaten eine bestimmte Repertoirekategorie unterrepräsentiert ist, dann ist der Kandidat in der betreffenden Repertoirekategorie, der nicht unter den ersten 20 Kandidaten ist und der sich die größte Anzahl an Stimmen gesichert hat, auf die erste Stelle auf der Kandidatenliste zu setzen; und jeder andere Kandidat auf der Kandidatenliste ist um eine Stelle niedriger auf der Kandidatenliste zu setzen.

j) Der in Artikel 53 i) dargestellte Verfahrensschritt ist im Hinblick auf eine jede Repertoirekategorie zu wiederholen, bis jede Repertoirekategorie hinreichend vertreten ist.

Art. 54 Falls es bei irgendeinem Verfahrensschritt des Auswahlverfahrens keinen Kandidaten auf der Kandidatenliste gibt, so dass der betreffende Verfahrensschritt mit Erfolg durchgeführt werden kann, dann ist das Auswahlverfahren fortzusetzen, als ob es sich bei dem betreffenden Verfahrensschritt nicht um einen Bestandteil des Auswahlverfahrens handeln würde.

Art. 55 Nachdem ein jeder Verfahrensschritt mit Erfolg abgeschlossen worden ist, werden die Kandidaten, die auf den ersten zwanzig Positionen der Kandidatenliste erscheinen, ordnungsgemäß gewählt, so dass sie ihren Dienst im Board absolvieren können.

Art. 56 Bei der Person, die das Mitglied im Board repräsentiert, muss es sich um den Chief Executive Officer des betreffenden Mitglieds handeln oder um einen anderen leitenden Vertreter des Mitglieds, welcher vom Board von Zeit zu Zeit ausdrücklich genehmigt worden ist.

Art. 57 Ein jeder Direktor ist für eine Amtszeit zu wählen.

Wahl des/der Vorsitzenden und des/der Stellvertretenden Vorsitzenden

Art. 58 Das Board wählt aus seiner Mitte für einen Zeitraum, welcher der Dauer seines Mandats entspricht (den „Mandatszeitraum"), einen Vorsitzenden und zwei Stellvertretende Vorsitzende. Bei Ablauf des Mandatszeitraums können sowohl der Vorsitzende als auch die Stellvertretenden Vorsitzenden in derselben Eigenschaft wiedergewählt werden, und zwar für eine Höchstzahl von zwei aufeinanderfolgenden Mandatszeiträumen. Zur Vermeidung von Unklarheiten sei hier festgestellt, dass eine Person, die zwei aufeinanderfolgende Mandatszeiträume als Vorsitzender oder Stellvertretender Vorsitzender absolviert hat, nicht in derselben Eigenschaft wiedergewählt werden kann, bis ein weiterer Mandatszeitraum verstrichen ist.

Art. 59 Mindestens ein(e) Stellvertretende(r) Vorsitzende(r) muss ein Mitglied aus einer anderen Region als der des/der Vorsitzenden sein; und mindestens ein(e) Stellvertretende(r) Vorsitzende(r) muss ein anderes Repertoire wahrnehmen als das des/der Vorsitzenden.

Sitzungen

Art. 60 Den Vorsitz bei Sitzungen des Board führt der/die Vorsitzende.

Art. 61 Falls der/die Vorsitzende zurückgetreten oder das Amt unbesetzt ist, hat derjenige/diejenige Stellvertretende Vorsitzende, welche(r) am längsten Mitglied der CISAC ist, bis zur nächsten Board-Sitzung als Vorsitzende(r) zu amtieren; bei dieser Sitzung hat das Board eine(n) neue(n) Vorsitzende(n) für den verbleibenden Mandatszeitraum des Board zu wählen. Im Falle eines Rücktritts des/der Vorsitzenden sowie beider Stellvertretender Vorsitzender oder im Falle der Unbesetztheit all dieser Ämter hat der Generaldirektor eine Board-Sitzung anzuberaumen, um eine(n) neue(n) Vorsitzende(n) und zwei neue Stellvertretende Vorsitzende für den verbleibenden Mandatszeitraum des Board zu wählen.

Art. 62 Während seiner/ihrer Amtszeit hat der/die Vorsitzende regelmäßig Verbindung mit dem Generaldirektor zu halten und im Benehmen mit dem Generaldirektor über die Einberufung von Board-Sitzungen sowie die Vorbereitung von dringlichen Angelegenheiten zu entscheiden.

Art. 63 Das Board muss mindestens zweimal in jedem Kalenderjahr zusammentreten.

Art. 64 Die Personen, die den Vorsitz über jeden der Räte führen, können als Beobachter die Sitzung des Board besuchen, welche der Jahresgeneralversammlung unmittelbar vorausgeht.

Art. 65 Vorbehaltlich von Artikel 76 ist eine beschlussfähige Mindestanzahl von zwölf Direktoren dafür notwendig, dass eine Sitzung des Board auf rechtsgültige Weise abgehalten wird.

Art. 66 Bei jeder Board-Sitzung hat ein jeder Direktor eine Stimme.

Art. 67 Entscheidungen des Board sind durch eine Mehrheit der anwesenden Direktoren zu verabschieden.

Art. 68 Falls bei einer Board-Sitzung Stimmengleichheit entsteht, steht der/dem Vorsitzenden der Sitzung eine zweite und ausschlaggebende Stimme zu.

Befugnisse und Aufgaben

Art. 69 Vorbehaltlich der Bestimmungen der vorliegenden Satzung stehen dem Board die weitestgehenden Befugnisse zu.

Art. 70 Zu den Befugnissen und Aufgaben des Board gehören, ohne darauf begrenzt zu sein, folgende:

a) Handeln im Namen der CISAC;

b) Autorisieren von Handlungen bzw. Transaktionen, welche unter die Zielsetzungen der CISAC fallen;

c) Treffen von notwendigen Entscheidungen, je nachdem, wie es durch einen Anlass erforderlich wird;

d) Erwerb und Veräußerung von Ausrüstung und Immobilien;

e) Schaffung und Weiterentwicklung des CIS zum Zweck der Verbesserung eines wirksamen Urheberrechts-Managements;

f) Suche nach Möglichkeiten zum Erreichen von Solidarität zwischen den Gesellschaften;

g) Bestellung von Fachausschüssen und Festlegung ihrer internen Vorschriften, Ziele und Pflichten entsprechend den Zwecken der CISAC;

h) in jedem Kalenderjahr Vorlage eines Board-Reports an die jeweilige Generalversammlung im Hinblick auf das unmittelbar vorausgegangene Kalenderjahr;

i) in jedem Kalenderjahr Vorlage des Jahresabschlusses an die jeweilige Generalversammlung im Hinblick auf das unmittelbar vorausgegangene Kalenderjahr;

j) Vorlage von Vorschlägen an die Generalversammlung im Hinblick auf die Wahl des Präsidenten und der Vizepräsidenten der CISAC;

k) alle Mitglieder dazu aufzufordern, den Verpflichtungen in den „Professional Rules" [Fachvorschriften] nachzukommen;

l) Überprüfung der möglichen Aufnahme einer Gesellschaft in die CISAC in Übereinstimmung mit Artikel 16 bis 19 sowie Beratung der Generalversammlung mit Bezug auf eine solche mögliche Aufnahme;

m) Abgabe einer Empfehlung an die Generalversammlung in Übereinstimmung mit den Artikeln 22 bis 23;

n) Berufung und Entlassung des Generaldirektors in Übereinstimmung mit den Artikeln 74 bis 76;

o) Verwaltung der Einkünfte in Übereinstimmung mit den Artikeln 111 bis 121;

p) Autorisierung der Aufwendung von Freiwilligen Zusatzbeiträgen in Übereinstimmung mit den Artikeln 122 bis 123;

q) Festsetzung des Prozentsatzes für den Mitgliedsbeitrag für Mitglieder, assoziierte Mitglieder und Mitgliedschaftsanwärter durch die dem Board in Artikel 43 durch die Generalversammlung übertragene Befugnis, gemäß Artikel 112;

r) den Endbetrag der Gebühren für Kunden-Rechteverwertungseinrichtungen festzusetzen, kraft ihres durch die General Assembly [Hauptversammlung] aufgrund von Artikel 43 festgelegten Amtes und

s) die Anträge von RVEs auf Kunden-RVE-Mitgliedschaft zu überprüfen zusammen mit einer Voranzeige durch den Generaldirektor in Bezug auf einen solchen potentiellen Antrag, und eine Empfehlung an die General Assembly [Hauptversammlung] auszusprechen.

Art. 71 Ein jeder Direktor kann an jeder Sitzung eines jeden Gremiums als Beobachter teilnehmen.

Generaldirektor und Sekretariat

Zusammensetzung

Art. 72 Es besteht ein Sekretariat unter der Leitung eines Generaldirektors.

Art. 73 Sofern praktisch durchführbar, hat in der Zusammensetzung des Sekretariatspersonals der internationale Charakter der CISAC-Mitgliedschaft zum Ausdruck zu kommen.

Berufung und Entlassung

Art. 74 Der Generaldirektor ist durch das Board für einen vom Board näher zu bestimmenden Zeitraum zu berufen. Nach Ablauf dieses Zeitraums kann der Generaldirektor in gleicher Funktion für eine oder mehrere weitere Perioden wieder berufen werden.

Art. 75 Über Berufung, Wiederberufung und Entlassung des Generaldirektors ist durch eine Abstimmung von nicht weniger als zwei Dritteln der anwesenden Direktoren zu entscheiden.

Art. 76 Eine beschlussfähige Mindestanzahl von drei Vierteln der anwesenden Direktoren ist notwendig, damit eine Entscheidung auf rechtsgültige Weise nach Maßgabe von Artikel 75 getroffen wird.

Art. 77 Das leitende Personal des Sekretariats ist durch den Generaldirektor zu berufen und zu entlassen. Das Board hat eine solche Berufung bzw. Entlassung zur Kenntnis zu nehmen.

Art. 78 Das untergeordnete Personal des Sekretariats ist durch den Generaldirektor ohne Verweisung an das Board zu berufen und zu entlassen.

Befugnisse und Aufgaben

Art. 79 Der Generaldirektor kann an einer jeden Sitzung eines jeden Gremiums als Beobachter teilnehmen.

Art. 80 Der Generaldirektor ist der ordnungsgemäß befugte rechtliche Vertreter der CISAC und ist gegenüber dem Board verantwortlich.

Art. 81 Der Generaldirektor hat all diejenigen Verwaltungsaufgaben auszuführen, welche zum Tätigkeitsbereich der CISAC gehören. Insbesondere und ohne Begrenzung darauf hat der Generaldirektor:

a) die von der Generalversammlung und vom Board erreichten Entscheidungen umzusetzen;

b) die Arbeit des Sekretariats zu beaufsichtigen sowie

c) in Verbindung mit der/dem Vorsitzenden eines jeden Gremiums:

   (i) die Sitzungen eines jeden solchen Gremiums anzuberaumen;

   (ii) die verwaltungs- und sekretariatsmäßige Vorbereitung einer jeden Sitzung eines jeden solchen Gremiums sicherzustellen; und

   (iii) die Tagesordnung für eine jede Sitzung eines jeden solchen Gremiums vorzubereiten;

d) das übliche Tagesgeschäft der CISAC zu erledigen;

e) die sachgemäße Durchführung der Verwaltungsarbeiten der CISAC sicherzustellen;

f) mit der notwendigen Befugnis in Finanzangelegenheiten ausgestattet zu sein, um sämtliche Aufwendungen bestreiten zu können, welche durch das Budget der CISAC autorisiert sind;

g) im Namen der CISAC vor ordentlichen Gerichten aufzutreten;

h) die Einkünfte im Namen des Board zu verwalten und die Verantwortung für sämtliche Aufwendungen innerhalb des Budgets der CISAC zu übernehmen;

i) den Jahresabschluss ordnungsgemäß zu verwalten und zu führen;

j) sicherzustellen, dass die einschlägigen CISAC-Dokumentationen jedem Mitglied und Mitgliedschaftsanwärter zugänglich sind;

k) im Auftrag und nach Anweisung des Board spezifische Einsätze durchzuführen;

l) all diejenigen sonstigen Verwaltungsaufgaben zu erfüllen, welche notwendig sind, um das ordnungsgemäße Funktionieren der CISAC sicherzustellen;

m) den Antrag einer RVE auf Kunden-RVE-Mitgliedschaft zu prüfen und eine Empfehlung an den Board auszusprechen.

Internationale Urheberräte

Zusammensetzung

ART. 82 Es besteht jeder der im Folgenden aufgeführten Räte (einzeln jeweils als „Rat" bezeichnet):

a) Autoren und Regisseure Weltweit (W&DW);

b) der Internationale Rat der Urheber von Musik (CIAM) sowie

c) der Internationale Rat der Urheber von Werken der Grafik, der bildenden Kunst und der Fotografie (CIAGP).

ART. 83 Jedes Mitglied, assoziierte Mitglied oder Mitgliedschaftsanwärter kann in dem entsprechenden Rat je nach dem/den von ihm wahrgenommenen Repertoire(s) durch eine Höchstzahl von drei Delegierten vertreten sein. Wird ein Mitglied oder Mitgliedschaftsanwärter durch einen Delegierten vertreten, muss dieser Delegierte ein Urheber sein. Wird ein Mitglied oder Mitgliedschaftsanwärter durch zwei Delegierte vertreten wird, muss mindestens einer dieser Delegierten ein Urheber sein. In Fällen, in denen ein Mitglied oder Mitgliedschaftsanwärter durch drei Delegierte vertreten wird, müssen mindestens zwei dieser Delegierten Urheber sein.

Befugnisse und Aufgaben

ART. 84 Mit Bezug auf das Repertoire, mit welchem er am engsten verbunden ist, muss ein jeder Rat:

a) als Beratungsgremium tätig werden;

b) zur Beratung mit einem anderen Gremium zur Verfügung stehen;

c) für die Förderung der Zielsetzungen verantwortlich sein;

d) einer jeden Jahresgeneralversammlung einen schriftlichen und mündlichen Bericht abstatten; und

e) seine eigene Geschäftsordnung festlegen;

und zwar unter der Voraussetzung, dass keine Entscheidung eines Rates endgültig sein oder veröffentlicht werden darf, bis die betreffende Entscheidung in Einklang mit der Satzung steht und bis diese Entscheidung durch das Board gebilligt worden ist.

Ungeachtet des oben Gesagten bedürfen Entscheidungen des CIAM nicht der Genehmigung des Board und gelten unter der Voraussetzung als endgültig, dass sie in den Zuständigkeitsbereich des CIAM gemäß vorliegender Satzung fallen und nicht die Wirkung haben, die CISAC in irgendeiner Weise rechtlich zu binden.

Sitzungen

ART. 85 Die Abstimmung innerhalb eines jeden Rates erfolgt per Delegation. Einer jeden Delegation steht eine Stimme zu.

ART. 86 Ein jeder Rat hat aus dem Kreis seiner Mitglieder eine(n) Urheber(in) als Vorsitzende(n) zu wählen, und zwar unter der Voraussetzung, dass keine Person zum/zur Vorsitzenden von mehr als einem solchen Rat gewählt werden darf.

ART. 87 Der/die Vorsitzende hat sein/ihr Amt für einen Zweijahreszeitraum inne (im Folgenden der „Zweijahreszeitraum"). Bei Ablauf des Zweijahreszeitraums kann der/die Vorsitzende in derselben Eigenschaft wiedergewählt werden, und zwar für eine Höchstzahl von zwei aufeinanderfolgenden Zweijahreszeiträumen. Zur Vermeidung von Unklarheiten sei hier festgestellt, dass eine Person, die zwei aufeinanderfolgende Zweijahreszeiträume als Amtszeiten absolviert hat, nicht in derselben Eigenschaft wiedergewählt werden darf, bis ein weiterer Zweijahreszeitraum verstrichen ist.

ART. 88 Ist der/die Vorsitzende an der Teilnahme an einer Ratssitzung verhindert, so ist der Vorsitz von einem/einer Vorsitzenden zu übernehmen, der/die auf der Sitzung gewählt wird.

ART. 89 Ein jeder Rat tritt mindestens einmal alle zwei Kalenderjahre zusammen.

Regionalausschüsse

Zusammensetzung

ART. 90 Es bestehen die folgenden Regionalausschüsse:

a) ein Afrikanischer Ausschuss;

b) ein Ausschuss für Asien/Pazifik;

c) ein Ausschuss für Kanada/USA;

d) ein Europäischer Ausschuss; und

e) ein Lateinamerikanischer und Karibischer Ausschuss.

Wahl

ART. 91 Im Hinblick auf Artikel 90 a) bis d) wird ein jedes Mitglied in einer jeden Region automatisch für den Dienst im Regionalausschuss für die betreffende Region gewählt.

Art. 92 Im Hinblick auf Artikel 90 e) wird ein jedes lateinamerikanische und karibische Mitglied automatisch für den Dienst im Lateinamerikanischen und Karibischen Ausschuss gewählt.

Art. 93 Ein jeder Regionalausschuss hat im Rahmen seiner Geschäftsordnung

a) zu entscheiden, ob sich Mitgliedschaftsanwärter als Beobachter an solchen Regionalausschüssen beteiligen können;

b) lädt Kunden-Rechteverwertungseinrichtungen als Beobachter zu bestimmten Teilen der Versammlung ein, die sich auf CIS Tools beziehen.

Befugnisse und Aufgaben

Art. 94 Ein jeder Regionalausschuss muss mit Bezug auf seine Region:

a) als Beratungsgremium tätig werden;

b) zur Beratung mit einem anderen Gremium zur Verfügung stehen;

c) für die Förderung der Zielsetzungen verantwortlich sein;

d) einer jeden Jahresgeneralversammlung einen Regionalbericht abstatten; und

e) seine eigene Geschäftsordnung festlegen;

und zwar unter der Voraussetzung, dass keine Entscheidung eines Regionalausschusses endgültig sein oder veröffentlicht werden darf, bis die betreffende Entscheidung in Einklang mit der Satzung steht und bis diese Entscheidung durch das Board gebilligt worden ist.

Der Rechtsausschuss

Zusammensetzung

Art. 95 Es besteht ein Rechtsausschuss, der sich aus nicht mehr als 25 durch das Board berufenen Rechtsanwälten zusammensetzen muss.

Art. 96 Ein jeder Repräsentant im Rechtsausschuss (im Folgenden als „Repräsentant im Rechtsausschuss" bezeichnet) ist durch ein Mitglied in Dienst zu stellen oder zu beauftragen. Bei der Berufung der Repräsentanten im Rechtsausschuss in den Rechtsausschuss hat das Board sicherzustellen, dass im Rechtsausschuss auf angemessene Weise die Grundsätze für Regionalrepräsentation und Repertoire-Repräsentation zum Ausdruck kommen, welche in Artikel 51 im Hinblick auf das Board niedergelegt sind.

Art. 97 Eine jede in Übereinstimmung mit Artikel 96 vorgenommene Berufung gilt für einen Zeitraum, welcher dem Mandatszeitraum des Board entspricht. Am Ende des betreffenden Zeitraums kann ein Repräsentant im Rechtsausschuss erneut berufen werden, und zwar vorbehaltlich der Anforderungen von Artikel 96.

Art. 98 Ist ein Repräsentant im Rechtsausschuss aus einem beliebigen Grund an der Erbringung seiner Dienste verhindert, so kann das Board für einen Zeitraum, welcher der verbleibenden Mandatszeit des Board entspricht, einen Ersatz-Repräsentanten im Rechtsausschuss ernennen.

Befugnisse und Aufgaben

Art. 99 Der Rechtsausschuss muss mit Bezug auf rechtliche Fragen:

a) solche Fragen analysieren;

b) als Beratungsgremium tätig werden;

c) zur Beratung mit einem anderen Gremium zur Verfügung stehen;

d) für die Förderung der Zielsetzungen verantwortlich sein;

e) einer jeden Jahresgeneralversammlung einen schriftlichen und mündlichen Bericht abstatten; und

f) seine eigene Geschäftsordnung festlegen;

und zwar unter der Voraussetzung, dass keine Entscheidung des Rechtsausschusses endgültig sein bzw. veröffentlicht werden darf, bis die betreffende Entscheidung in Einklang mit der Satzung steht und bis diese Entscheidung durch das Board gebilligt worden ist.

Sitzungen

Art. 100 Der Rechtsausschuss hat aus dem Kreis seiner Mitglieder für einen Zeitraum, welcher demjenigen seines Mandats entspricht („Mandatszeitraum"), eine(n) Vorsitzende(n) und Stellvertretende(n) Vorsitzende(n) zu wählen. Bei Ablauf des Mandatszeitraums können der/die Vorsitzende und die Stellvertretende(n) Vorsitzende(n) in derselben Eigenschaft wiedergewählt werden, und zwar für eine Höchstzahl von zwei aufeinanderfolgenden Mandatszeiträumen. Zur Vermeidung von Unklarheiten sei hier festgestellt, dass eine Person, die zwei aufeinanderfolgende Mandatszeiträume als Vorsitzende(r) oder Stellvertretende(r) Vorsitzende(r) absolviert hat, nicht in derselben Eigenschaft wiedergewählt werden darf, bis ein weiterer Mandatszeitraum verstrichen ist.

Art. 101 Falls der/die Vorsitzende am Besuch einer Sitzung verhindert ist, so ist der Vorsitz von dem/der Stellvertretenden Vorsitzenden zu übernehmen. Sind der/die Vorsitzende(n) und der/die Stellvertretende(n) Vorsitzende(n) am Besuch einer Sitzung verhindert, so ist der Vorsitz von einer Person zu übernehmen, die auf der Sitzung gewählt wird.

Art. 102 Der Rechtsausschuss tritt mindestens einmal in einem jeden Kalenderjahr zusammen.

Innenrevisionsausschuss

Zusammensetzung

Art. 103 Es besteht ein Innenrevisionsausschuss.

Art. 104 Der Innenrevisionsausschuss setzt sich zusammen aus drei Revisoren (im Folgenden die „Innenrevisoren"), welche entweder:

a) in Dienst zu stellen oder

b) auf regelmäßiger Basis durch ein Mitglied zu beauftragen sind, und zwar unter der Voraussetzung, dass eine durch einen Direktor in Dienst gestellte bzw. beauftragte Person nicht für den Dienst im Innenrevisionsausschuss in Frage kommt.

Art. 105 Ein jeder der Innenrevisoren ist durch die Generalversammlung für eine bestimmte Amtszeit zu wählen.

Art. 106 Das Verfahren für eine Wahl in den Innenrevisionsausschuss ist wie folgt:

a) Wann immer die Abhaltung einer Wahl fällig wird, hat das Sekretariat jedem Mitglied mit angemessener Eile und Sorgfalt ein Schreiben zuzusenden, in welchem das betreffende Mitglied über das Datum benachrichtigt wird, an welchem die betreffende Wahl abzuhalten ist.

b) Ein Mitglied, das seine Mitgliedsbeiträge fristgemäß entrichtet hat und beabsichtigt, eine Person für den Innenrevisionsausschuss zu nominieren (im Folgenden „Kandidat für den Innenrevisionsausschuss"), hat an das Sekretariat einen eingeschriebenen Brief einzusenden, in welchem es diese Absicht bekundet. Der betreffende Brief muss beim Sekretariat spätestens 30 Tage vor dem Datum der betreffenden Wahl eingehen.

c) Das Sekretariat hat in alphabetischer Reihenfolge ein Verzeichnis sämtlicher Kandidaten für den Innenrevisionsausschuss zu erstellen, welche die oben in Artikel 104 und 106(b) niedergelegten Anforderungen erfüllen (im Folgenden das „Erstverzeichnis" genannt).

d) Falls sich im Erstverzeichnis weniger als vier Kandidaten für den Innenrevisionsausschuss befinden, so ist jeder Kandidat für den Innenrevisionsausschuss im Erstverzeichnis ordnungsgemäß für den Dienst im Innenrevisionsausschuss gewählt.

e) Befinden sich auf der Kandidatenliste mehr als drei Kandidaten für den Innenrevisionsausschuss, so gelten die folgenden Bestimmungen:

f) Jede Wahl ist durch geheime Abstimmung durchzuführen.

g) Jedes Mitglied, das auf der Generalversammlung anwesend oder vertreten ist, darf für nicht mehr als drei Kandidaten für den Innenrevisionsausschuss im Erstverzeichnis stimmen, und zwar auf solche Weise, dass seine Abstimmungsabsichten deutlich sind.

h) Nachdem die Stimmen durch eine unabhängige Organisation gezählt worden sind, hat das Sekretariat ein Verzeichnis zu erstellen, in welchem die Gesamtzahl der Stimmen niedergelegt ist, die sich ein jeder Kandidat für den Innenrevisionsausschuss gesichert hat, und zwar in absteigender numerischer Reihenfolge der auf diese Weise gesicherten Stimmen (im Folgenden die „Kandidatenliste"). Falls bei zwei Kandidaten für den Innenrevisionsausschuss jeweils Gleichheit der abgegebenen Stimmen besteht, gilt von dem Kandidaten für den Innenrevisionsausschuss, welcher den größeren Mitgliedsbeitrag in dem Kalenderjahr gezahlt hat, das unmittelbar dem Kalenderjahr vorausgeht, in welchem die Wahl stattfindet, dass er mehr Stimmen als der andere Kandidat für den Innenrevisionsausschuss erhalten hat.

i) Die drei Kandidaten für den Innenrevisionsausschuss auf der Kandidatenliste, welche die größte Anzahl von Stimmen erhalten haben, sind ordnungsgemäß für den Dienst im Innenrevisionsausschuss gewählt.

Art. 107 Das Board kann zur Unterstützung der Innenrevisoren einen professionellen Abschlussprüfer bestellen.

Art. 108 Der Innenrevisionsausschuss hat in jedem Kalenderjahr und im Hinblick auf das unmittelbar vorausgehende Kalenderjahr:

a) den Jahresabschluss zu prüfen;

b) die Vollständigkeit und Zuverlässigkeit der Finanzbuchhaltung der CISAC zu gewährleisten;

c) die Verwendung der Einkünfte zu verifizieren; und

d) jeder Jahresgeneralversammlung spätestens 30 Tage vor dem ersten Tag einer jeden solchen Jahresgeneralversammlung einen Report vorzulegen, in welchem seine Beobachtungen im Einzelnen dargelegt sind.

Sitzungen

Art. 109 Der Innenrevisionsausschuss tritt mindestens einmal in jedem Kalenderjahr auf Initiative des Generaldirektors zusammen, und zwar spätestens 60 Tage vor dem ersten Tag einer jeden Jahresgeneralversammlung.

Art. 110 Die Innenrevisoren dürfen nicht an den Sitzungen des Board teilnehmen, können sich jedoch auf Ersuchen der Innenrevisoren oder auf Ersuchen des Board an das Board wenden.

Teil III
EINKÜNFTE DER CISAC

Einkünfte der CISAC

Art. 111 Die Einkünfte der CISAC (im Folgenden die „Einkünfte") leiten sich aus den folgenden Quellen her:

a) Mitgliedsbeiträgen, in Übereinstimmung mit den Artikeln 112 bis 117;

b) Aufnahmegebühren, in Übereinstimmung mit den Artikeln 118 bis 120;

c) CIS-Zahlungen, in Übereinstimmung mit Artikel 121;

d) eventuellen Schenkungen und Legaten;

e) Erträgen aus Investitionen (sofern vorhanden) aus einer jeden der Quellen, welche in Artikel 111 a) bis d) niedergelegt sind;

f) Gebühren von Kunden-Rechteverwertungseinrichtungen.

Mitgliedsbeiträge

Art. 112 Ein jedes Mitglied, ein jeder Mitgliedschaftsanwärter und ein jedes assoziiertes Mitglied hat an die CISAC einen jährlichen Mitgliedsbeitrag (den „Mitgliedsbeitrag") zu zahlen. Vorbehaltlich der Artikel 113, 114 und 115 beträgt der Mitgliedsbeitrag für jede Mitgliedskategorie in einem jeden Kalenderjahr denjenigen Prozentsatz seiner Einnahmen während des unmittelbar vorausgegangenen Kalenderjahres, welchen die Generalversammlung für geeignet erachtet. Die jährliche Generalversammlung setzt prozentuale Obergrenzen sowie eine betragliche Untergrenze für den Mitgliedsbeitrag für Mitglieder, assoziierte Mitglieder und Mitgliedschaftsanwärter für das laufende Kalenderjahr fest und überträgt dem Board gemäß Artikel 43 g) die Befugnis, die Prozentsätze für den Mitgliedsbeitrag zu finalisieren.

Art. 113 Der von einem jeden Mitglied, welches überwiegend Rechte in einer Repertoirekategorie verwaltet, zu zahlende Mitgliedsbeitrag darf 13,5 Prozent der Gesamtbeiträge nicht übersteigen, die von sämtlichen Mitgliedern, die überwiegend Rechte in dieser Kategorie verwalten, gezahlt werden. Zur Vermeidung von Unklarheiten und zum Zwecke dieses Artikels gilt, dass ein Mitglied dann überwiegend Rechte in einer Repertoirekategorie verwaltet, wenn der prozentuale Anteil an seinen Einnahmen in einem Kalenderjahr bei dieser Repertoirekategorie ausweislich der jedes Jahr der CISAC vorgelegten jährlichen Gewinn- und Verlustrechnung höher ist als bei jeder anderen Sparte.

Art. 114 Was das Inkasso für reprographische Rechte betrifft, das bei einem Mitglied, Mitgliedschaftsanwärter oder assoziierten Mitglied (je nach Lage des Falles) während eines jeden der Kalenderjahre 2015, 2016 und 2017 eingegangen ist, sind diese Fälle von Inkasso für reprographische Rechte für die Zwecke der Berechnung des von dem betreffenden Mitglied, Mitgliedschaftsanwärter oder assoziierten Mitglied fälligen Mitgliedsbeitrags im Hinblick auf das betreffende Kalenderjahr auszuschließen.

Art. 115 Der Mitgliedsbeitrag für ein jedes assoziierte Mitglied und einen jeden Mitgliedschaftsanwärter beträgt 10 Prozent des Mitgliedsbeitrags für Mitglieder, und zwar vorbehaltlich eines Mindestbetrages, welcher vom Board mindestens einmal alle zwei Jahre und vorbehaltlich von Artikel 117 festzusetzen ist.

Art. 116 Ein jedes Mitglied, ein jeder Mitgliedschaftsanwärter und ein jedes assoziiertes Mitglied hat:

a) der CISAC vollständige Einzelangaben zu seinen Einnahmen im Inland mittels der Deklaration der Einnahmen und Ausgaben innerhalb von drei Monaten zukommen zu lassen, nachdem die CISAC um solche Einzelangaben ersucht hat, so dass die CISAC seinen Mitgliedsbeitrag berechnen kann; und

b) die Rechnung der CISAC im Hinblick auf seinen Mitgliedsbeitrag innerhalb von einem Monat nach dem Datum einer solchen Rechnung zu zahlen.

Art. 117 Unter außergewöhnlichen Umständen kann das Board einen Verzicht, eine Minderung oder einen Aufschub der Zahlung des Mitgliedsbeitrags durch ein Mitglied, einen Mitgliedschaftsanwärter oder ein assoziiertes Mitglied aussprechen unter der Voraussetzung, dass ein solcher Verzicht, eine solche Minderung bzw. ein solcher Aufschub objektiv gerechtfertigt ist.

Aufnahmegebühren

Art. 118 Ein jedes assoziiertes Mitglied und ein jeder Mitgliedschaftsanwärter hat an die CISAC eine Aufnahmegebühr (im Folgenden die „Aufnahmegebühr") zu zahlen.

Art. 119 Die Aufnahmegebühr ist von Zeit zu Zeit durch die Generalversammlung festzulegen.

Art. 120 Die Aufnahme einer Gesellschaft als assoziiertes Mitglied oder Mitgliedschaftsanwärter in die CISAC wird erst nach Zahlung der Aufnahmegebühr wirksam.

CIS-Zahlungen

ART. 121 Ein jedes Mitglied und jeder Mitgliedschaftsanwärter hat im Hinblick auf ein jedes Kalenderjahr von der CISAC verlangte Zahlungen im Hinblick auf das betreffende Kalenderjahr zu leisten, um die der CISAC durch die Verwaltung des CIS entstandenen Kosten abzudecken.

Freiwillige Zusatzbeiträge

ART. 122 Wenn das Board es für notwendig erachtet, kann das Board in schriftlicher Form darum ersuchen, dass ein jedes Mitglied und ein jeder Mitgliedschaftsanwärter auf rein freiwilliger Grundlage eine Zahlung leistet (den „Freiwilligen Zusatzbeitrag") zu dem Zweck:

a) den Solidaritätsfonds einzurichten oder wiederaufzufüllen; und

b) diejenigen zu den Zielsetzungen gehörenden sonstigen Projekte zu finanzieren, welche das Board von Zeit zu Zeit in die Wege leiten kann.

ART. 123 Zur Vermeidung von Unklarheiten sei hier festgestellt, dass ein jeder Freiwillige Zusatzbeitrag eine Zahlung darstellt, die zusätzlich zu denjenigen obligatorischen Zahlungen erfolgt, welche in den Artikeln 111 bis 121 niedergelegt sind, und im Jahresabschluss getrennt von den Einkünften zu behandeln ist.

Satzungsgemäße externe Abschlussprüfer

ART. 124 Auf Vorschlag des Board beruft die Generalversammlung einen satzungsgemäßen externen Abschlussprüfer sowie einen stellvertretenden satzungsgemäßen externen Abschlussprüfer. Eine solche Berufung gilt für einen Zeitraum von sechs Jahren. Die satzungsgemäßen externen Abschlussprüfer haben in einem jeden Kalenderjahr und im Hinblick auf das unmittelbar vorausgegangene Kalenderjahr:

a) in einem jeden Kalenderjahr und im Hinblick auf das unmittelbar vorausgegangene Kalenderjahr den Jahresabschluss einzusehen und zu überprüfen mit dem Ziel, die Vollständigkeit und Zuverlässigkeit der Rechnungslegungssysteme der CISAC sicherzustellen; und

b) jeder Jahresgeneralversammlung spätestens 30 Tage vor dem ersten Tag einer jeden solchen Jahresgeneralversammlung die nach dem jeweils geltenden französischen Recht vorgeschriebenen Berichte vorzulegen.

TEIL IV

SCHLUSSBESTIMMUNGEN

Teilnahme an Sitzungen der satzungsmäßigen Organe der CISAC

ART. 125 Vorbehaltlich von Artikel 12 f), Artikel 14 d), Artikel 64, Artikel 71, Artikel 79, Artikel 110 und Artikel 126 ist eine Sitzung eines jeden Gremiums streng auf die Mitglieder eines jeden solchen Gremiums zu beschränken.

ART. 126 Eine Person darf an einer Sitzung eines jeden Gremiums mit der vorherigen schriftlichen Zustimmung des/der Vorsitzenden der betreffenden Sitzung teilnehmen unter der Voraussetzung, dass die Anwesenheit der betreffenden Person bei einer solchen Sitzung den Sachen, die in der Tagesordnung für die betreffende Sitzung enthalten sind, dienlich ist.

Sprachen

Art. 127 Französisch ist die offizielle Sprache der CISAC.

Art. 128 Französisch, Englisch und Spanisch sind die Arbeitssprachen der CISAC.

Art. 129 Vorbehaltlich ihrer technischen und finanziellen Mittel hat die CISAC für Sitzungen der Generalversammlung und des Board ein Simultanübersetzungssystem in Französisch, Englisch, Spanisch und jeder sonstigen Sprache bereitzustellen, wie dies von Zeit zu Zeit sachdienlich ist.

Satzungsänderungen

Art. 130 Die Satzung darf nur auf schriftlichen Vorschlag des Board oder einer Mindestanzahl von vier Mitgliedern (im Folgenden als „Vorschlag" bezeichnet) geändert werden. Ein jeder Vorschlag ist dem Generaldirektor spätestens zwei Monate vor dem ersten Tag einer Generalversammlung vorzulegen.

Art. 131 Der Generaldirektor hat einen jeden Vorschlag einem jeden Mitglied, assoziierten Mitglied und Mitgliedschaftsanwärter spätestens einen Monat vor dem ersten Tag der betreffenden Generalversammlung vorzulegen.

Art. 132 Ein Vorschlag ist zu verabschieden nach Genehmigung in der Generalversammlung durch:

a) eine Mehrheit von nicht weniger als zwei Dritteln der von den anwesenden bzw. abwesenden, aber vertretenen Mitgliedern abgegebenen Stimmen; und

b) eine Mehrheit von anwesenden bzw. abwesenden, aber vertretenen Mitgliedern, wenn die betreffenden Stimmen so abgegeben wurden.

Übersetzung der Satzung

Art. 133 Bei der französischen Fassung der vorliegenden Satzung handelt es sich um den einzigen autorisierten Text. Der Generaldirektor hat Übersetzungen in die englische und die spanische Sprache anfertigen zu lassen und sie den jeweiligen Mitgliedern zukommen zu lassen, und zwar unter der Voraussetzung, dass dann, wenn sich aus dem Wortlaut Unterschiede oder Konflikte ergeben, der französische Text maßgeblich ist.

Repräsentationsvereinbarungen

Art. 134 Zur Vermeidung von Unklarheiten sei hier festgestellt, dass eine Aufnahme in die CISAC keine Vorbedingung für den durch eine Organisation erfolgenden Abschluss einer Repräsentationsvereinbarung mit einer anderen Organisation darstellt. Beim Abschluss einer solchen Repräsentationsvereinbarung handelt es sich um eine bilaterale Angelegenheit, die außerhalb des Zuständigkeitsbereiches der CISAC liegt.

Austritt

Art. 135 Ein Mitglied, assoziiertes Mitglied oder ein Mitgliedschaftsanwärter kann aus der CISAC austreten, indem es der CISAC mit einer Frist von nicht weniger als sechs Monaten eine schriftliche Kündigung zustellen lässt, welche am letzten Tag eines Kalenderjahres wirksam wird. Auf der ersten Jahresgeneralversammlung, die nach einem solchen Austritt abgehalten wird, hat die Generalversammlung zur Kenntnis zu nehmen, dass das betreffende Mitglied, assoziierte Mitglied bzw. der Mitgliedschaftsanwärter auf diese Weise ausgetreten ist.

Übertragung

ART. 136 Ein Mitglied, assoziiertes Mitglied oder Mitgliedschaftsanwärter kann seine Aufnahme in die CISAC durch schriftliche Mitteilung an die CISAC auf eine dritte Partei (einen „Dritten") übertragen, vorausgesetzt, dass:

a) eine solche Übertragung allein zu dem Zweck einer Umorganisation, Konsolidierung, Zusammenlegung, Übernahme oder Sanierung erfolgt;

b) der Dritte die Voraussetzungen für eine Mitgliedschaft, assoziierte Mitgliedschaft oder Mitgliedsanwartschaft (je nachdem) gemäß Artikeln 8 bis 11 erfüllt; und

c) die Generalversammlung innerhalb von 12 Monaten, nachdem diese Mitteilung bei der CISAC eingegangen ist, nach ihrem uneingeschränkten Ermessen beschließen kann, dass der Dritte nicht die Voraussetzungen für eine Mitgliedschaft, assoziierte Mitgliedschaft oder Mitgliedsanwartschaft (je nachdem) gemäß Artikeln 8 bis 11 erfüllt („Beschlussfassung"). Bis zu dem Zeitpunkt, an dem CISAC den Dritten schriftlich von diesem Beschluss in Kenntnis setzt, gilt diese Übertragung als rechtswirksam; ab diesem Zeitpunkt gilt sie jedoch als null und nichtig.

Zur Vermeidung von Unklarheiten wird festgestellt, dass kein Mitglied, assoziiertes Mitglied oder Mitgliedschaftsanwärter seine Aufnahme in die CISAC an einen Dritten zu irgendeinem anderen Zweck als zu den in Artikel 136 a) niedergelegten Zwecken übertragen darf.

Auflösung

ART. 137 Die Auflösung der CISAC kann nur entschieden werden durch:

a) die Mitglieder in der Generalversammlung;

b) auf Verlangen von nicht weniger als der Hälfte der Mitglieder; und

c) durch eine Mehrheit von nicht weniger als drei Vierteln der Gesamtzahl der Stimmen, die durch die anwesenden oder abwesenden, aber vertretenen Mitglieder abgegeben wurden.

ART. 138 Im Falle einer Auflösung ernennt die Generalversammlung eine Sonderkommission, welche die Art und Weise zu bestimmen hat, auf welche die Vermögenswerte der CISAC zu liquidieren sind.

Satzung der GESAC

(Übersetzung aus dem Französischen)

Groupement Européen des Sociétés d'Auteurs et Compositeurs „GESAC", EWIV

Europäische Wirtschaftliche Interessenvereinigung
1000 BRÜSSEL, rue Montoyer, 23
EWIV-Register BRÜSSEL Nummer 38

Koordinierte Satzung

Kapitel I
Name – Sitz – Gegenstand – Dauer

Artikel 1
Gründung
Zwischen den erschienenen Parteien und allen anderen, diesem Vertrag später beitretenden juristischen Personen wird eine Europäische Wirtschaftliche Interessenvereinigung gegründet, die der Gemeinschaftsverordnung (EWG Nummer 2137/85) vom fünfundzwanzigsten Juli neunzehnhundertfünfundachtzig, dem belgischen Gesetz vom zwölften Juli neunzehnhundertneunundachtzig über verschiedene Maßnahmen zur Durchführung der Verordnung sowie allen künftigen Bestimmungen, die diese Rechtsvorschriften ändern oder ergänzen, und dem vorliegenden Vertrag unterliegt.

Ab dem Tag ihrer Eintragung beim Handelsregister des Staates, in dem diese Vereinigung ihren Sitz hat, besitzt sie die Rechtspersönlichkeit und die volle Rechtsfähigkeit.

Vorbehaltlich der Bestimmungen der EWG-Verordnung Nummer 2137/85 vom fünfundzwanzigsten Juli neunzehnhundertfünfundachtzig ist das belgische Gesetz vom siebzehnten Juli neunzehnhundertneunundachtzig über die wirtschaftliche Interessenvereinigung anwendbar, und zwar einerseits auf den Gründungsvertrag der Vereinigung mit Ausnahme der Fragen, die den Personenstand und die Rechts-, Geschäfts- und Handlungsfähigkeit natürlicher Personen sowie die Rechts- und Handlungsfähigkeit juristischer Personen betreffen, und andererseits auf die innere Verfassung der Vereinigung sowie ihre Abwicklung und die Beendigung der Abwicklung.

Artikel 2
Name
Die Vereinigung führt den Namen „Groupement Européen des Sociétés d'Auteurs et Compositeurs" E.W.I.V., abgekürzt „GESAC".

Beide – der vollständige oder der abgekürzte – Namen können gemeinsam oder einzeln benutzt werden.

Artikel 3
Sitz

Die Vereinigung hat ihren Sitz in Belgien, rue Montoyer 23, 1000 Brüssel. Er kann durch einfachen Mehrheitsbeschluss der Generalversammlung innerhalb Belgiens verlegt werden.

Er kann gemäß Artikel 14 der Verordnung Nr. 2137/85 des Rates der Europäischen Gemeinschaften durch einstimmigen Beschluss der Generalversammlung außerhalb Belgiens verlegt werden.

Die Versammlung kann die Eröffnung oder Schließung von Niederlassungen und Geschäftsstellen beschließen.

Artikel 4
Gegenstand

Gegenstand der Vereinigung ist insbesondere gegenüber den Institutionen der Europäischen Gemeinschaft die Unterstützung und Entwicklung der rechtlichen, wirtschaftlichen und kulturellen Tätigkeiten ihrer Mitglieder und die Zusammenarbeit auf dem Gebiet der Urheberrechte.

Artikel 5
Dauer

Die Vereinigung wird für eine unbegrenzte Dauer ab dreißigsten Januar neunzehnhunderteinundneunzig gegründet.

Kapitel II

Finanzierung der Vereinigung

Artikel 6
Finanzierungsform

Die Vereinigung hat kein Kapital.

Die Finanzierung der Vereinigung wird durch die jährlichen Beitragsleistungen ihrer Mitglieder sichergestellt.

Die Beiträge werden im Verhältnis zur Zahl der Stimmen, welche die Mitglieder nach Artikel 15 der Satzung besitzen, festgelegt.

Jede Änderung des Anteils jedes Mitglieds oder bestimmter Mitglieder bedarf eines einstimmigen Beschlusses der Generalversammlung der Mitglieder.

Ein anfängliches Betriebskapital wird auf der Grundlage des vom Präsidenten erstellten und von der Generalversammlung genehmigten Budgets gebildet.

Kapitel III

Mitglieder

Artikel 7
Aufnahme

Die Vereinigung kann Gesellschaften zur kollektiven Wahrnehmung von Urheberrechten, die Mitglieder der CISAC (Confédération Internationale des Sociétés d'Auteurs et Compositeurs) und/oder des BIEM (Bureau International des sociétés gérant les droits d'enregistrement et de reproduction mécanique) sind und ihren Sitz und ihre Hauptverwaltung in der Europäischen Gemeinschaft haben, als neue Mitglieder aufnehmen.

Der Aufnahmebeschluss wird von den Mitgliedern in der Generalversammlung einstimmig gefasst.

Das neue Mitglied haftet nicht für vor seinem Beitritt entstandene Verbindlichkeiten der Vereinigung.

Artikel 8
Freiwilliger Austritt

Ein Mitglied kann am Ende jedes Kalenderjahres unter Einhaltung einer Kündigungsfrist von achtzehn Monaten aus der Vereinigung austreten.

Die Austrittserklärung ist mittels Einschreiben gegen Rückschein an den Präsidenten zu richten.

Artikel 9
Ausschluss

Ein Mitglied kann ausgeschlossen werden, wenn es seine Pflichten nicht erfüllt oder schwere Störungen der Arbeit der Vereinigung verursacht.

Der Ausschluss wird von der Generalversammlung mit Dreiviertelmehrheit der Mitglieder beschlossen. Das Mitglied, dessen Ausschluss vorgeschlagen wird, wird angehört und nimmt nicht an der Abstimmung teil.

Artikel 10
Zwangsaustritt

Jedes Mitglied scheidet im Falle des Konkurses oder der Auflösung, oder wenn es die Bedingungen des Artikels 7 nicht mehr erfüllt, aus der Vereinigung aus.

Artikel 11
Restliche Mitglieder

Die Vereinigung besteht nach Ausscheiden eines Mitglieds zwischen den verbleibenden Mitgliedern fort, es sei denn, die Vereinigung hat nurmehr ein einziges Mitglied und eine Berichtigung ist nicht möglich.

Kapitel IV

Generalversammlungen

Artikel 12
Einberufung und Abhaltung von Versammlungen

Die Generalversammlung besteht aus allen Mitgliedern der Vereinigung; den Versammlungsvorsitz führt der Präsident der Vereinigung oder bei dessen Verhinderung ein Vizepräsident des Board.

Die Generalversammlung fasst jeden Beschluss zur Verwirklichung des Unternehmensgegenstandes der Vereinigung.

Sie tritt so oft wie erforderlich auf Verlangen des Präsidenten oder eines Viertels der Mitglieder der Vereinigung und mindestens alljährlich im Laufe des ersten Quartals zur Genehmigung des Jahresabschlusses und zu den satzungsgemäßen Wahlen zusammen.

Die Einberufung erfolgt mittels Schreiben des Präsidenten vierzehn Tage vor dem Datum der Versammlung bzw. im Fall der ordentlichen Jahresversammlung einen Monat vor deren Termin.

Die Tagesordnung ist in dem Einberufungsschreiben anzugeben.

Die Mitglieder werden durch eine Führungskraft ihrer Wahl vertreten, die sich durch Fachleute unterstützen lassen kann. Ein Mitglied kann sich von einem anderen Mitglied vertreten lassen.

Die Generalversammlung kann beschließen, zur Untersuchung bestimmter Fragen Arbeitsgruppen zu bilden.

Der Präsident hat auf entsprechendes Verlangen eines Mitglieds eine Anhörung der Mitglieder durchzuführen.

Artikel 12 (bis)
Ausschüsse

Die Vereinigung hat zwei ständige Ausschüsse: die Madrid-Gruppe und das Kommunikationskomitee.

(1) Die Madrid-Gruppe ist ein Ausschuss von Experten, die von den Mitgliedern benannt werden, um die Vereinigung zu Entwicklungen in Politik, Recht und Regu-

lierung mit Bezug auf die in Artikel Vier oben festgelegten Zielsetzungen der Vereinigung zu beraten.

Die Madrid-Gruppe kommt mindestens zweimal im Jahr zusammen, wobei die Sitzungstermine zu Beginn jedes Jahres festgesetzt werden.

Der/Die Vorsitzende der Madrid-Gruppe wird von dem Ausschuss selbst ernannt; er/sie organisiert und leitet die Arbeit des Ausschusses.

Der/Die Vorsitzende der Madrid-Gruppe nimmt, wann immer erforderlich, an den Sitzungen des Board teil.

(2) Das Kommunikationskomitee ist ein Ausschuss von Experten für Kommunikation mit und Interessenvertretung bei EU-Institutionen und nationalen Behörden, die von den Mitgliedern zur Beratung des Board und des Geschäftsführers bei Kommunikationsinitiativen sowie zur Unterstützung bei der Organisation von Veranstaltungen zur Förderung der Ziele der Vereinigung benannt werden.

Das Kommunikationskomitee kommt mindestens zweimal im Jahr zusammen, wobei die Sitzungstermine zu Beginn jedes Jahres festgesetzt werden.

Der/Die Vorsitzende des Kommunikationskomitees wird von dem Ausschuss selbst ernannt; er/sie organisiert und leitet die Arbeit des Ausschusses.

Der/Die Vorsitzende des Kommunikationskomitees nimmt, wann immer erforderlich, an den Sitzungen des Board teil.

ARTIKEL 13
BESCHLUSSFÄHIGKEIT NACH ANWESENHEIT UND MEHRHEIT

Vorbehaltlich der Artikel 3, 6, 7, 9 und 25 werden Beschlüsse mit einfacher Stimmenmehrheit gefasst, wobei die Anwesenheit der Mehrheit der Mitglieder erforderlich ist.

In den in Art. 17 (2) der Verordnung Nr. 2137/85 des Rates der Europäischen Gemeinschaften vorgesehenen Fällen werden die Beschlüsse einstimmig gefasst.

ARTIKEL 14
NIEDERSCHRIFTEN

Die von dem Geschäftsführer erstellten Protokolle der Generalversammlungen werden von den Mitgliedern, die dies wünschen, unterzeichnet.

Die bei Gericht oder andernorts vorzulegenden Abschriften oder Auszüge werden vom Präsidenten unterzeichnet.

ARTIKEL 15
STIMMENZAHL

(1) Jede Mitgliedsgesellschaft verfügt über mindestens fünf (5) Stimmen.

(2) Außerdem verfügt jede Mitgliedsgesellschaft über zusätzliche Stimmen, die nach ihrem Inkassoaufkommen berechnet werden:

- Von Null bis vierundzwanzig Komma neunundneunzig (0 bis 24,99) Millionen EURO wird pro angefangenen Teilbetrag von einer (1) Million EURO eine Stimme zuerkannt;

- Von fünfundzwanzig (25) Millionen EURO bis vierundsiebzig Komma neunundneunzig (74,99) Millionen EURO wird pro angefangenen Teilbetrag von zwei (2) Millionen EURO eine Stimme zuerkannt;

- Von fünfundsiebzig (75) Millionen EURO bis hundertvierundsiebzig Komma neunundneunzig (174,99) Millionen EURO wird pro angefangenen Teilbetrag von vier (4) Millionen EURO eine Stimme zuerkannt;

- Von hundertfünfundsiebzig (175) Millionen EURO bis dreihundertvierundsiebzig Komma neunundneunzig (374,99) Millionen EURO wird pro angefangenen Teilbetrag von acht (8) Millionen EURO eine Stimme zuerkannt;
- Ab dreihundertfünfundsiebzig (375) Millionen EURO wird pro angefangenen Teilbetrag von sechzehn (16) Millionen EURO eine Stimme zuerkannt.

Kein Mitglied darf über Stimmenmehrheit verfügen.

(3) Wenn eine Mitgliedsgesellschaft, die ausschließlich mechanische Rechte verwertet, in dem gleichen Verwertungsgebiet tätig ist wie eine andere Mitgliedsgesellschaft, die öffentliche Aufführungsrechte verwertet, werden ihr sechzig Prozent (60 %) der Stimmen zuerkannt, die sich aus den Bestimmungen der Absätze (1) und (2) ergeben.

(4) Diese Gesellschaft kann jedoch an die Generalversammlung einen begründeten Antrag stellen, dass ihr die Gesamtheit der Stimmen, die sich aus den Absätzen (1) und (2) ergeben, erteilt werden, und zwar ab dem Jahr, welches auf den Beschluss der Generalversammlung folgt.

Kapitel V

Geschäftsführung

Artikel 16
Leitung

Die Vereinigung wird von einem Präsidenten geführt, der von der Generalversammlung der Mitglieder für einen verlängerbaren Zeitraum von zwei Jahren für maximal sechs Jahre ernannt wird. Seine Befugnisse werden von der Generalversammlung festgelegt.

Er wird von einem Board beraten und von einem Geschäftsführer unterstützt, welcher von der Generalversammlung auf Vorschlag des Präsidenten ernannt wird. Der Geschäftsführer darf weder den Gesellschaftsorganen noch der Belegschaft der Mitgliedsgesellschaften angehören.

Der Geschäftsführer führt die Beschlüsse des Board und der Generalversammlung unter der Aufsicht des Präsidenten durch.

Artikel 16 (bis)
Board

Das Board ist zuständig für die Beratung über Grundsatzfragen, die Überprüfung der Strategie der Vereinigung und für die Abgabe von Empfehlungen für Beschlussfassungen der Generalversammlung.

Das Board besteht aus neun Mitgliedern, einschließlich des Präsidenten und der Vizepräsidenten. Nur die Geschäftsführer von GESAC-Mitgliedsgesellschaften (oder Personen in gleichwertiger Funktion) können in das Gremium gewählt werden.

Den Board-Vorsitz führen der GESAC-Präsident und drei Vizepräsidenten.

Wahlen für das Board, einschließlich der drei Vizepräsidenten, finden auf den jährlichen ordentlichen Generalversammlungen statt.

Die Mitglieder des Board werden für eine Dauer von zwei Jahren gewählt, die verlängert werden kann.

Die Zusammensetzung des Board muss die in der GESAC vertretenen Hauptinteressenströmungen widerspiegeln.

Das Board tritt vierteljährlich zusammen.

Die Niederschriften der Board-Sitzungen werden an die Mitglieder in Umlauf gegeben.

Artikel 17
Vakanz

(1) Im Falle des Todes oder Rücktritts des Präsidenten oder auch, wenn er sein Amt bei der Mitgliedsgesellschaft, die er vertritt, niederlegt, ernennt das Board eines seiner Mitglieder für seine restliche Amtszeit bis zur nächsten ordentlichen Generalversammlung, die einen neuen Präsidenten wählt. Tritt die Vakanz während des ersten Jahres im Amt ein, so gilt Folgendes:

– Der neue Präsident wird für eine Dauer von einem Jahr gewählt (bis zur nächsten ordentlichen Generalversammlung, in welcher das Board vollzählig ersetzt wird);

– Ist der neue Präsident ein Mitglied oder Vizepräsident des amtierenden Board, so wählt die ordentliche Generalversammlung gleichermaßen ein neues Mitglied oder einen neuen Vizepräsidenten des Board, je nachdem, für einen Zeitraum von einem Jahr.

(2) Im Falle des Todes oder Rücktritts eines Mitglieds des Board oder auch, wenn es sein Amt bei der Mitgliedsgesellschaft, die es vertritt, während des ersten Jahres seiner Amtszeit niederlegt, wählt die ordentliche Generalversammlung ein neues Mitglied für einen Zeitraum von einem Jahr.

Artikel 18
Tägliche Geschäftsführung – Befugnisse

Der Präsident ist für die Führung der täglichen Geschäfte der Vereinigung verantwortlich.

Er berät sich mit dem Board in allen wichtigen und grundsätzlichen Fragen.

Das Board genehmigt die Leistungen sowie Vergütung, Gehälter und Zulagen des Managements, die – ob fest oder variabel – den Gemeinkosten angelastet werden.

Artikel 19
Vergütungen

Bei jeder Ernennung beschließt die Generalversammlung, ob und in welchem Umfang das Präsidentenamt mit einer festen oder variablen Vergütung zu Lasten der Gemeinkosten entschädigt wird.

Artikel 20
Haftung

Der Präsident übernimmt keine persönliche Haftung in Bezug auf die Verpflichtungen der Vereinigung.

Er ist nur für seine Amtsausübung verantwortlich.

Artikel 21
Vertretung

Die Vereinigung wird bei allen Rechtsgeschäften, einschließlich solchen, an denen ein öffentlicher Bediensteter oder ein Ministerialbeamter mitwirkt, sowie bei Gericht durch den Präsidenten vertreten.

Kapitel VI

Kontrolle

Artikel 22
Kontrolle

Die Kontrolle der Geschäftsführung wird von einem Wirtschaftsprüfer, der von der Generalversammlung ernannt wird, ausgeübt.

Sein Mandat dauert drei Jahre und ist verlängerbar.

Die Artikel 64 Abschnitt 1, Absätze 2 bis 5, 64 Abschnitt 2, Absatz 2, 64bis, 64ter Absätze 1, 3, 4 und 5, 64quater, 64quinquies, 64sexies, 64septies, 64octies und 65, Absätze 1, 2, 5 und 6 sowie Absatz 2 der einheitlichen belgischen Gesetze über

Handelsgesellschaften gelten in Bezug auf die Ernennung, das Mandat, die Haftung und die Abberufung des oder der Wirtschaftsprüfer(s).

Kapitel VII
Geschäftsbücher

Artikel 23
Geschäftsjahr

Das Geschäftsjahr läuft vom ersten Januar bis zum einunddreißigsten Dezember.

Am Ende jedes Geschäftsjahres erstellt der Präsident den Jahresabschluss und legt ihn im Laufe des ersten Quartals der Generalversammlung zur Genehmigung vor.

Artikel 24
Ergebnisse

Wenn der Abschluss einen Gewinn ausweist, kann die Generalversammlung beschließen, ihn ganz oder teilweise einem Rücklagenposten zuzuführen, ihn vorzutragen oder unter den Mitgliedern im Verhältnis zu ihren Rechten zu verteilen.

Im Falle eines Verlustes kann der Präsident die Mitglieder der Vereinigung auffordern, in demselben Verhältnis zur Deckung des erlittenen Verlustes beizutragen.

Kapitel VIII
Auflösung, Abwicklung

Artikel 25

Die Vereinigung kann durch Beschluss der Generalversammlung, der mit Dreiviertelmehrheit der Mitglieder gefasst wird, aufgelöst werden.

Artikel 26

Der Präsident übernimmt die Abwicklung der Vereinigung.

Artikel 27

Das nach Bereinigung aller Verbindlichkeiten und Abwicklungskosten eventuell verbleibende Nettovermögen wird unter den Mitgliedern im Verhältnis zu der Zahl der Stimmen, über die sie nach Artikel 15 der Satzung verfügen, aufgeteilt.

Kapitel IX
Schlussbestimmungen

Artikel 28
Bestimmung des Erfüllungsortes

Für die Durchführung des Vertrages bestimmen jedes Mitglied, der Präsident, Mitglied des Board, Geschäftsführer und Abwickler mit Wohnsitz im Ausland den Sitz der Vereinigung zum Erfüllungsort, an den alle für ihn bestimmten Mitteilungen, Mahnungen und Zustellungen rechtskräftig vorgenommen werden können.

Artikel 29
Gerichtsstand

Für alle Streitigkeiten zwischen der Vereinigung, ihren Mitgliedern, dem Präsidenten, Mitgliedern des Board und dem Geschäftsführer, den Abschlussprüfern und Abwicklern in Bezug auf die Geschäfte der Vereinigung und die Durchführung der vorliegenden Satzung werden ausschließlich die Gerichte des Landes, in dem die Vereinigung ihren Sitz hat, für zuständig erklärt, es sei denn, die Vereinigung entscheidet ausdrücklich anders.

Artikel 30
Allgemeines Recht

Die Mitglieder wollen sich vollkommen nach der EWG-Verordnung Nr. 2137/85 vom fünfundzwanzigsten Juli neunzehnhundertfünfundachtzig über die Schaffung einer Europäischen Wirtschaftlichen Interessenvereinigung und dem belgischen Gesetz vom zwölften Juli neunzehnhundertneunundachtzig über verschiedene Durchführungsmaßnahmen für diese Verordnung richten.

Infolgedessen gelten die Bestimmungen dieser Verordnung und des Gesetzes, von denen nicht zulässigerweise abgewichen wird, als in diese Urkunde übernommen, und Bestimmungen, die den zwingenden Vorschriften der Verordnung und des Gesetzes zuwiderlaufen, gelten als nicht erfolgt.

ARTIKEL 31
GESCHÄFTSORDNUNG

Eine Geschäftsordnung, die vom Präsidenten aufzustellen und danach von der Generalversammlung unter den in Artikel 13 der Satzung vorgesehenen Bedingungen zu genehmigen oder abzuändern ist, kann im Rahmen der gesetzlichen und satzungsmäßigen Vorschriften alle Bestimmungen zur Durchführung der vorliegenden Satzung und Abwicklung der Geschäfte der Vereinigung beinhalten.

Sie kann insbesondere den Mitgliedern alle im Interesse der Vereinigung erforderlichen Verpflichtungen auferlegen.

II 8 Gegenseitigkeitsverträge

Mustervertrag im EU-Bereich für das Aufführungs- und Senderecht gemäss CISAC-Standardvertrag

Vertrag

Zwischen den Unterzeichneten:

– der ...

vertreten durch

einerseits,

und

– der ...

andererseits,

ist Folgendes vereinbart und beschlossen worden:

Art. 1 (I) Aufgrund dieses Vertrages gewährt die ... der ... das nichtausschließliche Recht, in den in Artikel 6 (I) nachstehend präzisierten und abgegrenzten Gebieten die für alle (in Absatz III dieses Artikels definierten) öffentlichen Aufführungen von Werken der Tonkunst mit oder ohne Text, die durch augenblicklich bestehende oder während der Vertragsdauer in Kraft tretende nationale Gesetzgebungen, bilaterale Abkommen und multilaterale internationale Konventionen über das Urheberrecht (Copyright, geistiges Eigentum usw....) geschützt sind, erforderlichen Genehmigungen zu erteilen.

Das nichtausschließliche Recht, das im vorstehenden Absatz behandelt wird, wird in dem Umfang erteilt, in dem das öffentliche Aufführungsrecht an den betreffenden Werken während der Vertragsdauer in irgendeiner Form der ... in Übereinstimmung mit ihren Statuten und deren Ausführungsbestimmungen von den Berechtigten zur Verwaltung abgetreten, übertragen oder eingebracht worden ist oder wird; diese Werke bilden in ihrer Gesamtheit „das Repertoire der ...".

(II) Umgekehrt gewährt aufgrund des Vertrages die ... der ... das nichtausschließliche Recht, in den in Artikel 6 (I) nachstehend präzisierten und abgegrenzten Gebieten, die für alle (in Absatz III dieses Artikels definierten) öffentlichen Aufführungen von Werken der Tonkunst mit oder ohne Text, die durch augenblicklich bestehende oder während der Vertragsperiode in Kraft tretende nationale Gesetzgebungen, bilaterale Abkommen und multilaterale internationale Konventionen über das Urheberrecht (Copyright, geistiges Eigentum usw.) geschützt sind, erforderlichen Genehmigungen zu erteilen.

Das nichtausschließliche Recht, das im vorstehenden Absatz behandelt wird, wird in dem Umfang erteilt, in dem das öffentliche Aufführungsrecht an den betreffenden Werken während der Vertragsdauer in irgendeiner Form der ... in Übereinstimmung mit ihren Statuten und deren Ausführungsbestimmungen von den Berechtigten zur Verwaltung abgetreten, übertragen oder eingebracht worden ist oder wird; diese Werke bilden in ihrer Gesamtheit „das Repertoire der ...".

(III) Im Text dieses Vertrages umfasst der Ausdruck „öffentliche Aufführungen" alle musikalischen Darbietungen und Aufführungen, die der Öffentlichkeit an irgendeinem Ort innerhalb des Verwaltungsgebietes jeder der vertragschließenden Gesellschaften mittels irgendeines Instruments und auf irgendeine Weise zu Gehör gebracht werden, gleichgültig ob das Instrument bekannt ist und bereits zur Verwendung gelangt oder erst während der Vertragsperiode erfunden und verwendet wird. Unter „öffentlichen Aufführungen" versteht man vor allem Folgendes:

Lebende Aufführungen instrumentaler oder vokaler Art;

Aufführungen mittels mechanischer Instrumente, wie Schallplatten, Drähte, Bänder und Tonbänder (magnetische und andere);

Aufführungen mittels Verfahren der Projektion (Tonfilm), Verbreitung sowie Übertragung (Hör- und Bildfunksendung, gleichgültig ob es sich um direkte oder übernommene Sendungen oder um übertragene Sendungen usw. handelt);

Aufführungen mittels Rundfunk-Empfangsgeräten (Hörfunkempfänger und Bildfunkempfänger sowie Drahtfunkempfang usw.);

Aufführungen mittels ähnlicher Vorrichtungen und Mittel usw.

Das Zugehörbringen oder die öffentliche Aufführung mittels mechanischer Vorrichtungen, wie Schallplatten, Drähte, Tonbänder (magnetische und andere) usw. können nur genehmigt werden, wenn der Inhaber des mechanischen Rechts (oder sein Vertreter) zuvor der mechanischen Vervielfältigung des betreffenden Tonträgers für Zwecke seiner öffentlichen Aufführung zugestimmt hat.

Die Genehmigung zur rundfunkmäßigen Verbreitung und Übertragung wird der Bedingung unterworfen, dass die Rundfunkanstalt die Zustimmung des Inhabers des mechanischen Rechts (oder seines Vertreters) einerseits für ihre eigenen Aufnahmen und andererseits für die Verwendung von von Dritten hergestellten Tonträgern erhalten hat.

Die in beiden vorstehenden Absätzen vorgesehenen Bestimmungen sind in den Ländern nicht anzuwenden, in denen Gesetze oder Rechtsprechung dem Urheber nicht das Recht zuerkennen, die Benutzung der Aufnahmen, deren Herstellung er gestattet hat, zu kontrollieren.

Die Genehmigung zur Aufführung durch Projektionsverfahren (Tonfilm) wird der Bedingung unterworfen, dass das Tonfilmherstellungsrecht vom Inhaber des Urheberrechts (oder von seinem Vertreter) ordnungsgemäß eingeräumt worden ist.

ART. 2 (I) Das nichtausschließliche Recht, Aufführungsgenehmigungen zu erteilen, wie es in Art. 1 gesagt ist, ermächtigt jede der vertragschließenden Gesellschaften, im Rahmen ihrer Vollmachten gemäß diesem Vertrag, ihren Statuten und Ausführungsbestimmungen sowie der nationalen Gesetzgebung der Länder ihres Verwaltungsgebietes:

a) öffentliche Aufführungen von Werken aus dem Repertoire der anderen Gesellschaft, sowohl im eigenen Namen als auch im Namen des in Frage kommenden Urhebers zu erlauben oder zu untersagen und die für diese Aufführungen erforderlichen Genehmigungen zu erteilen;

b) alle aufgrund der von ihr erteilten Genehmigungen (wie unter a) oben vorgesehen) festgesetzten Gebühren zu kassieren;

– alle Beträge zu kassieren, die als Entschädigung oder Schadenersatz für nicht-genehmigte Aufführungen der betreffenden Werke fällig werden könnten;

– rechtsverbindliche Quittungen für das Inkasso und die soeben erwähnten Einziehungen zu geben;

c) alle Rechtsschritte gegen alle natürlichen oder juristischen Personen und alle Behörden oder andere Verwaltungsstellen, die für die unrechtmäßigen Aufführungen der betreffenden Werke verantwortlich sind, sowohl im eigenen Namen als auch im Namen des in Frage kommenden Urhebers einzuleiten und durchzuführen;

– Vergleiche und Kompromisse zu schließen, das Schiedsgericht sowie sämtliche Gerichte, alle Sonder- und Verwaltungsgerichte, anzurufen;

d) alle anderen Schritte zu unternehmen, um den Schutz des öffentlichen Aufführungsrechts von Werken, die unter diesen Vertrag fallen, zu sichern.

(II) Da der vorliegende Vertrag zwischen den vertragschließenden Gesellschaften unter Berücksichtigung ihrer Person abgeschlossen ist, wird ausdrücklich übereingekommen, dass ohne ausdrückliche und schriftliche Genehmigung der einen der vertragschließenden Gesellschaften die andere vertragschließende Gesellschaft einem Dritten, gleichgültig auf welche Weise, die Gesamtheit oder einen Teil der Ausübung der Vorrechte, Möglichkeiten und anderer Titel, die sie auf Grund des erwähnten Vertrages und insbesondere des vorliegenden Art. 2 innehat, nicht zedieren oder übertragen kann. Jede in Missachtung dieser Klausel vorgenommene Übertragung würde nichtig und rechtsunwirksam sein.

(III) Die vertragschließenden Gesellschaften vereinbaren bezüglich der Direktsendung über Satellit, dass die in Artikel 1 des vorliegenden Vertrages verliehenen Rechte nicht auf die Wahrnehmungsgebiete beschränkt sind, sondern für alle Länder gelten, die im Footprint des Satelliten liegen, dessen Sendungen von den Wahrnehmungsgebieten einer vertragschließenden Gesellschaft ausgehen, vorausgesetzt, dass zuvor die Zustimmung der anderen vertragschließenden Gesellschaft zu den Bedingungen eingeholt wurde, zu denen die erforderlichen Genehmigungen für diese Sendungen erteilt werden können, soweit diese Wahrnehmungsgebiete sich im Footprint des Satelliten befinden.

ART. 3 (I) Aufgrund der in den Artikeln 1 und 2 erteilten Vollmachten verpflichtet sich jede vertragschließende Partei, in ihren Verwaltungsgebieten die Rechte der Mitglieder der anderen Partei in der gleichen Weise und in dem gleichen Umfang zur Geltung zu bringen wie diejenigen ihrer eigenen Mitglieder, und zwar im Rahmen des gesetzlichen Schutzes, der dem ausländischen Werk in dem Land, wo der Schutz gefordert wird, gewährt wird; zumindest sollte es aber im Hinblick auf diesen Vertrag möglich sein, einen gleichwertigen Schutz zu gewähren, wenn ein gesetzlicher Schutz fehlt. Die vertragschließenden Parteien verpflichten sich außerdem, auf jede nur mögliche Weise das Prinzip der Gleichheit zwischen den Mitgliedern der einen und der anderen Gesellschaft durch geeignete statutarische Bestimmungen, die sich auf die Abrechnung der Gebühren beziehen, selbst dort aufrechtzuerhalten, wo durch lokale Gesetze ausländische Werke Gegenstand einer Diskriminierung sind.

Insbesondere wird jede Gesellschaft für die Werke des Repertoires der anderen Gesellschaft die gleichen Tarife sowie die gleichen Inkasso- und Abrechnungsmethoden wie für die Werke ihres eigenen Repertoires anwenden (vorbehaltlich der in Art. 7 nachstehend erwähnten Abmachungen).

(II) Jede der vertragschließenden Gesellschaften verpflichtet sich, der anderen Gesellschaft alle von ihr erbetenen Informationen über die Tarife zu geben, die sie in ihren eigenen Verwaltungsgebieten in den verschiedenen Fällen öffentlicher Aufführungen anwendet.

(III) Jede der Gesellschaften verpflichtet sich, um eine tatkräftige Solidarität im Hinblick auf die Hebung des Niveaus von Urheberrechtsabkommen in den betreffenden Ländern und im Hinblick auf das Gleichgewicht, was den wirtschaftlichen Inhalt dieses Vertrages anbelangt, zu erreichen, auf Verlangen der anderen Gesellschaft erforderliche Kontakte mit ihr aufzunehmen, um gemeinschaftlich die wirksamsten Maßnahmen ausfindig zu machen.

ART. 4 Jede der vertragschließenden Parteien stellt der anderen Partei alle erforderlichen Unterlagen zur Verfügung, um ihr zu ermöglichen, die Berechtigung zum Inkasso nachzuweisen, zu dem sie aufgrund dieses Vertrages verpflichtet ist, und um alle gerichtlichen oder anderen Schritte zu unternehmen, wie in Art. 2 (I) oben erwähnt.

ART. 5 (I) Jede der vertragschließenden Parteien stellt der anderen sämtliche erforderlichen Unterlagen, Beweisstücke und Auskünfte zur Verfügung, die ihr eine gewissenhafte und wirksame Kontrolle ihrer Interessen ermöglichen, insbesondere im Hinblick auf die Anmeldung von Werken, Inkasso und Abrechnung der Gebühren sowie Einziehung und Überprüfung von Aufführungsprogrammen.

Insbesondere wird jede der vertragschließenden Parteien die andere über jede Abweichung unterrichten, die sie zwischen der erhaltenen und ihrer eigenen Dokumentation oder der von einer anderen Gesellschaft gelieferten Dokumentation feststellt.

(II) Außerdem hat jede der Gesellschaften das Recht, sämtliche Unterlagen der anderen einzusehen und von dieser alle bezüglich des Inkassos und der Abrechnung der Gebühren erforderlichen Unterlagen vorgelegt zu bekommen, um die Verwaltung ihres Repertoires durch die andere Gesellschaft kontrollieren zu können.

(III) Jede der vertragschließenden Gesellschaften ist berechtigt, einen Vertreter bei der anderen zu ernennen, der in ihrem Namen die in den Absätzen (I) und (II) vorgesehene Kontrolle durchführt. Die Wahl dieses Vertreters unterliegt der Zustimmung der Gesellschaft, bei der er akkreditiert werden soll; im Falle der Ablehnung muss diese begründet werden.

Verwaltungsgebiet

Art. 6 (I) In Anwendung des vorliegenden Vertrages ist das Verwaltungsgebiet der .... Folgendes:

...

In Anwendung des vorliegenden Vertrages ist das Verwaltungsgebiet der .... Folgendes:

...

(II) Während der Vertragsdauer wird sich jede der vertragschließenden Gesellschaften jeder Einmischung in die Ausübung des durch vorliegenden Vertrag eingeräumten Mandats durch die andere vertragschließende Gesellschaft in deren Gebiet enthalten.

Abrechnung der Gebühren

Art. 7 (I) Jede der Gesellschaften verpflichtet sich, nach besten Kräften die Programme aller in ihren Verwaltungsgebieten stattgefundenen öffentlichen Aufführungen einzusammeln und diese als Grundlage für die Abrechnung des Netto-Gesamtbetrages der für diese Aufführungen kassierten Gebühren zu verwerten.

(II) Die Zuteilung der auf die in den Verwaltungsgebieten jeder Gesellschaft aufgeführten Werke entfallenden Summen erfolgt laut Art. 3 und gemäß dem Verteilungsplan der abrechnenden Gesellschaft, jedoch unter Berücksichtigung der folgenden Absätze:

> a) Wenn alle Bezugsberechtigten eines Werkes Mitglieder der gleichen Gesellschaft, jedoch nicht der abrechnenden Gesellschaft, sind, wird der Gesamtbetrag (100 %) der auf das Werk entfallenden Gebühren an die Gesellschaft abgerechnet, deren Mitglieder diese Bezugsberechtigten sind.
>
> b) Für ein Werk, dessen Bezugsberechtigte nicht alle Mitglieder der gleichen Gesellschaft sind, aber von denen auch keiner Mitglied der abrechnenden Gesellschaft ist, werden die Gebühren entsprechend der fiche internationale abgerechnet (d. h. nach den von den Gesellschaften, deren Mitglieder die Bezugsberechtigten sind, übermittelten und gebilligten Karteikarten oder gleichwertige Deklarationen).
>
> Wenn es sich um divergierende fiches internationales oder Deklarationen handelt, kann die abrechnende Gesellschaft die Gebühren entsprechend ihrem Verteilungsplan verteilen, vorbehaltlich des Falls, in dem unterschiedliche Bezugsberechtigte einen gleichen Anteil beanspruchen, der dann bis zu einer Einigung unter den interessierten Gesellschaften zurückgestellt werden kann.
>
> c) Für ein Werk, bei dem einer der Bezugsberechtigten Mitglied der abrechnenden Gesellschaft ist, kann diese Gesellschaft die Abrechnung für das Werk nach ihrem eigenen Verteilungsplan vornehmen.
>
> d) Der auf den Verleger entfallende Anteil eines Werkes oder die Gesamtheit der Anteile, die auf eine beliebige Anzahl von Verlegern oder Subverlegern eines Werkes entfallen, darf in keinem Fall die Hälfte (50 %) der auf das Werk entfallenden gesamten Gebühren überschreiten.

e) Wenn ein Werk bei Fehlen einer fiche internationale oder einer gleichwertigen Dokumentation nur durch den Namen des Komponisten, der Mitglied einer Gesellschaft ist, identifiziert wird, so sind sämtliche für dieses Werk angefallenen Vergütungen der Gesellschaft des Komponisten zu übersenden; handelt es sich um die Bearbeitung eines nicht geschützten Werkes, sind die Vergütungen an die Gesellschaft des Bearbeiters, soweit dieser bekannt ist, zu zahlen; handelt es sich um einen adaptierten Text eines nicht geschützten Werkes, sind die Vergütungen an die Gesellschaft des Textdichters zu überweisen.

Die Gesellschaft, welche die nach vorerwähnten Bestimmungen abgerechneten Vergütungen erhält, ist verpflichtet, bei gemischten Werken die eventuelle Verteilung an die anderen am Werk beteiligten Gesellschaften vorzunehmen und die verteilende Gesellschaft mittels fiche internationale oder einer gleichwertigen Dokumentation zu unterrichten.

f) Falls ein Mitglied der einen Gesellschaft das Recht erworben hat, ein Werk aus dem Repertoire der anderen Gesellschaft zu übersetzen, zu bearbeiten oder neu zu verlegen bzw. auszuwerten, so erfolgt die Abrechnung der Gebühren unter Berücksichtigung der Bestimmungen dieses Artikels.

ART. 8 (I) Jede Gesellschaft hat die Möglichkeit, von den für die andere Gesellschaft einkassierten Beträgen den erforderlichen Prozentsatz zur Deckung ihrer tatsächlichen Verwaltungskosten abzuziehen. Dieser erforderliche Prozentsatz darf nicht über dem liegen, der den eigenen Mitgliedern der abrechnenden Gesellschaft in Abzug gebracht wird; diese Gesellschaft muss hierbei immer bestrebt sein, sich in vernünftigen Grenzen entsprechend den lokalen Bedingungen ihrer Verwaltungsgebiete zu halten.

(II) Wenn sie kein zusätzliches Inkasso für Pensions-, Hilfs- oder Unterstützungskassen ihrer Mitglieder oder für die Förderung der nationalen Künste oder für Fonds vornimmt, die auf irgendeine Weise dem vorerwähnten Zweck vorbehalten sind, hat jede der Gesellschaften die Möglichkeit, von der von ihr kassierten und auf die vertragschließende Gesellschaft entfallende Summe höchstens 10 % in Abzug zu bringen, die den betreffenden Zwecken zuzuführen sind.

(III) Alle anderen Abzüge, mit Ausnahme von Steuern, die eine der vertragschließenden Gesellschaften an den der anderen Gesellschaft zustehenden Netto-Gebühren vornehmen könnte oder vornehmen muss, sollten Anlaß zu Sonderabkommen zwischen den vertragschließenden Parteien sein, um der Gesellschaft, die keine derartigen Abzüge vornimmt, zu erlauben, sich im Rahmen des Möglichen an dem Betrag der von ihr für die andere Gesellschaft kassierten Gebühren zu entschädigen.

(IV) Kein Teil der von jeder Gesellschaft für Rechnung der anderen pauschal kassierten Gebühren, die als Gegenleistung für die erteilten Genehmigungen im Hinblick auf das geschützte Repertoire allein, das sie rechtmäßig verwalten, zu gelten haben, darf gegenüber der anderen Gesellschaft als unverteilbar angesehen werden. Infolgedessen muss der Netto-Betrag, der von der einen für die andere Gesellschaft kassiert worden ist, restlos an diese abgerechnet werden, und zwar unter Berücksichtigung des in Absatz (I) erwähnten einzigen Abzugs und vorbehaltlich der in Absatz (II) und (III) vorgesehenen Bedingungen.

Art. 9 (I) Jede der vertragschließenden Gesellschaften verteilt die aufgrund dieses Vertrages geschuldeten Beträge, an die andere Gesellschaft, je nachdem, wie die Abrechnungen an die eigenen Mitglieder erfolgen, und zwar mindestens einmal im Jahr. Die Zahlung dieser Beträge ist innerhalb von 90 Tagen nach jeder Abrechnung vorzunehmen, sofern nicht ein Fall höherer Gewalt ordnungsgemäß festgestellt wird.

Bei Veränderung der Währungsparität der Länder der vertragschließenden Gesellschaften (d. h. Landeswährungen im Verhältnis zu der üblichen Zahlungswährung) bringt die zahlungspflichtige Gesellschaft, wenn diese Änderung einer effektiven Abwertung entspricht und die Zahlung nach Ablauf der vorerwähnten vertraglichen Frist stattfindet, das erforderliche Quantum in ihrer Landeswährung auf, damit die berechtigte Gesellschaft in ihrer Landeswährung denselben Betrag erhält, den sie bei Zahlung zu dem am 90. Tag der erwähnten vertraglichen Frist geltenden Wechselkurs erhalten hätte, vorausgesetzt, dass die berechtigte Gesellschaft alle notwendigen Verwaltungsformalitäten bei der zahlungspflichtigen Gesellschaft erfüllt hat, damit diese ihren Verpflichtungen nachkommen kann.

(II) Jeder Zahlung wird eine Abrechnungsliste beigefügt, die so aufgestellt ist, dass sie der anderen Gesellschaft ermöglicht, jedem beteiligten Berechtigten, gleichgültig welcher Zugehörigkeit und welcher Kategorie, die ihm zustehenden Gebühren zuzuteilen. Diese Listen sollen im Prinzip in drei Sparten aufgeteilt sein:

1. Allgemeine Rechte;

2. Hör- und Bildfunk;

3. Tonfilm.

Sie sollen, was Inhalt und äußere Form anbelangt, einheitlich sein.

Die Listen der Sparten Allgemeine Rechte und Hör- und Bildfunk werden in sechs Spalten aufgeteilt, von denen die letzte (wenn möglich) freigelassen und der empfangenden Gesellschaft zur Verfügung gestellt werden soll; die fünf anderen Spalten sollen enthalten:

1. Die Namen der Komponisten (alphabetisch geordnet);

2. zu jedem Komponisten die Titel der Werke (alphabetisch geordnet);

3. die Berechtigten;

4. den Anteil für die empfangende Gesellschaft;

5. die Höhe der angegebenen Gebühren, möglichst in der Landeswährung der abrechnenden Gesellschaft oder, mangels derselben, Punkte.

Die Liste der Sparte Tonfilm wird ebenfalls wie die vorhergehenden sechs Spalten haben; die beiden ersten Spalten jedoch sollen anstatt der Komponisten-Namen und Werktitel enthalten:

1. den Titel des Films in der Sprache des Verwertungslandes;

2. den Originaltitel.

(III) Die Überweisungen werden von jeder Gesellschaft in der Währung ihres Landes durchgeführt.

(IV) Jede Gesellschaft bleibt der anderen Gesellschaft gegenüber für jeden Fehler oder jede Unterlassung verantwortlich, die sie in der Gebühren-Abrechnung des Repertoires der anderen Gesellschaft begehen könnte.

(V) Allein die Tatsache des Verstreichens der zwischen den vertragschließenden Parteien vertraglich auszumachenden Zahlungsfrist gibt ohne weitere Formalitäten einen vollen Rechtsgrund zur Übermittlung einer dringenden Aufforderung an diejenige Gesellschaft, die nicht zum festgesetzten Termin ihren Verpflichtungen der anderen Gesellschaft gegenüber nachgekommen ist; selbstverständlich höhere Gewalt ausgenommen.

(VI) Sofern gesetzliche oder ähnliche Maßnahmen die internationale Zahlungsfreiheit behindern oder Zahlungsabkommen zwischen den Ländern der beiden vertragschließenden Gesellschaften geschlossen worden sind oder werden, muss jede der beiden Gesellschaften:

a) unverzüglich und unmittelbar nach Abschluss des Abrechnungskontos der anderen Gesellschaft alle für die möglichst rasche Überweisung der Beträge erforderlichen Schritte und Formalitäten bei ihrer nationalen Behörde erfüllen;

b) die andere Gesellschaft über die Durchführung der Schritte und Formalitäten unterrichten und ihr die in Absatz (II) dieses Artikels erwähnten Abrechnungsblätter übersenden.

Art. 10 (I) Jede Gesellschaft übermittelt der anderen eine vollständige und genaue Liste der bürgerlichen Namen und der Pseudonyme ihrer Mitglieder nebst Todesdatum der bereits bei Abschluss dieses Vertrages verstorbenen Komponisten- und Textdichter-Mitglieder, deren Rechte sie weiterhin wahrnimmt. Von Zeit zu Zeit übersendet sie der anderen Gesellschaft in gleicher Form Nachtragslisten, die die Zu- und Abgänge sowie Änderungen hinsichtlich der Hauptliste anzeigen, und wenigstens einmal im Jahr eine Liste ihrer im Laufe des Jahres verstorbenen Komponisten- und Textdichter-Mitglieder.

(II) Jede Gesellschaft übermittelt ebenfalls der anderen ein gültiges Exemplar ihrer Statuten, Ausführungsbestimmungen und ihres Verteilungsplans und benachrichtigt sie von allen während der Dauer des Vertrages vorgenommenen Änderungen.

Art. 11 (I) Die Mitglieder jeder der vertragschließenden Gesellschaften werden von der anderen Gesellschaft aufgrund dieses Vertrages geschützt und vertreten, ohne dass von ihnen die Erfüllung von Formalitäten bei der vertretenen Gesellschaft verlangt wird und ohne dass sie Mitglieder derselben werden müssen.

(II) Jedoch soll die vorangehende Klausel nicht als Verbot für eine der vertragschließenden Gesellschaften betrachtet werden, natürliche Personen als Mitglieder aufzunehmen, die in ihren eigenen Verwaltungsgebieten unter das Flüchtlings-Statut fallen oder die berechtigt sind, sich dort niederzulassen und tatsächlich mindestens ein Jahr lang dort ansässig gewesen sind, und zwar, solange sie dort weiter ansässig sind. Diese Mitgliedschaft gilt nicht für das Gebiet der Gesellschaft, die in dem Land dessen Staatsangehöriger der Urheber ist, tätig ist.

(III) Jede der vertragschließenden Gesellschaften verpflichtet sich, an die Mitglieder der anderen Gesellschaft keine direkte Mitteilung zu richten, sondern gegebenenfalls eine solche Mitteilung über die andere Gesellschaft zu leiten.

(IV) Alle Zwischenfälle oder Schwierigkeiten, die sich zwischen den vertragschließenden Gesellschaften bezüglich der Zugehörigkeit eines Berechtigten oder

Rechtsnachfolgers ergeben könnten, werden unter den Gesellschaften auf gütlichem Wege im Geiste großzügigster Konzilianz geregelt.

VERBAND

ART. 12 Der vorliegende Vertrag unterliegt den Bestimmungen der Satzung und Beschlüssen der CISAC (International Confederation of Societies of Authors and Composers).

VERTRAGSDAUER

ART. 13 Dieser Vertrag tritt am ... für einen Zeitraum von einem Jahr in Kraft und verlängert sich unter Vorbehalt von Artikel 14 stillschweigend um jeweils ein weiteres Jahr, wenn er nicht durch eingeschriebenen Brief mit Rückschein mindestens sechs Monate vor Ablauf jeder Vertragsperiode gekündigt wird.

ART. 14 Ungeachtet der Bestimmungen des Art. 13 kann dieser Vertrag von einer der vertragschließenden Gesellschaften sofort gekündigt werden:

a) wenn in den Statuten, den Ausführungsbestimmungen sowie im Verteilungsplan der anderen Gesellschaft Änderungen vorgenommen werden, durch welche der Genuss oder die Ausübung der Eigentumsrechte der augenblicklichen Inhaber der Urheberrechte der vertretenen Gesellschaft wesentlich beeinträchtigt werden;

b) wenn in dem Land einer der vertragschließenden Gesellschaften eine Rechts- und Sachlage entsteht, durch die die Mitglieder der anderen Gesellschaft in eine ungünstigere Lage kommen als die Mitglieder der Gesellschaft des betreffenden Landes, oder wenn eine der vertragschließenden Gesellschaften Maßnahmen in die Praxis umsetzt, die einem Boykott der Werke aus dem Repertoire der anderen vertragschließenden Gesellschaft gleichkommen.

RECHTSSTREITIGKEITEN – GERICHTSSTAND

ART. 15 (I) Jede der vertragschließenden Gesellschaften kann den Verband um Rat anrufen hinsichtlich jedweder Schwierigkeiten zwischen beiden Gesellschaften in Bezug auf Interpretation des vorliegenden Vertrages oder in Bezug auf Vertragserfüllung.

(II) Beide vertragschließenden Gesellschaften können, falls notwendig, vereinbaren, sich untereinander einem Schiedsspruch der zuständigen Stelle im Verband zu unterwerfen, um Streitigkeiten, welche zwischen ihnen in Bezug auf den vorliegenden Vertrag entstehen, beizulegen.

(III) Wenn beide vertragschließenden Gesellschaften nicht glauben, sich untereinander einem Schiedsspruch unterwerfen zu müssen, um einen Streit zu beseitigen, so ist das Gericht am Sitz der beklagten Gesellschaft zuständig.

Ausgefertigt nach Treu und Glauben

in ......, am   in ......, am

Für ....:   Für ....:

Protokoll zum Vertrag zwischen ... und ...

1. Der Vertrag zwischen ... und ... vom ...
   wird mit Wirkung vom ... durch den vorliegenden Vertrag ersetzt.

2. Vertrag und Protokoll werden von den Vertragsparteien gemeinsam der Europäischen Kommission zur Kenntnisnahme vorgelegt.

3. Im einzelnen wird noch Folgendes vereinbart:

   a) zu Art. 1 Für den Fall, dass ein Vertragspartner Rechte im Verwaltungsgebiet des anderen Vertragspartners vergibt, erfolgt eine unverzügliche schriftliche Benachrichtigung desselben unter gleichzeitiger Aushändigung einer Abschrift der erteilten Erlaubnis.

   b) zu Art. 7 Abs. (I) Die Vertragsparteien garantieren ihren Mitgliedern kein Mindesteinkommen.

   c) zu Art. 8 Abs. (I) Verwaltet eine Gesellschaft zugleich das öffentliche Aufführungsrecht und das mechanische Vervielfältigungsrecht, können die Verwaltungskosten eines der beiden Rechte nicht durch sämtliche oder einen Teil der Abzüge gedeckt werden, die für die Verwaltungskosten des anderen Rechtes vorgenommen werden.

   d) zu Art. 8 Abs. (IV) Die ... ist berechtigt, von ihren außerordentlichen Erträgnissen (wie z. B. Mitgliedsbeiträgen, Zinserträgen von angelegten Einnahmen, Mieterträgen von Immobilien, Entschädigungen und Zwangssummen bezahlt von Musikverbrauchern und sonstigem Ausfall usw.) den prozentualen Anteil einzubehalten, der sich aus dem Verhältnis der Beteiligung der ... an der Gesamtverteilungssumme ergibt.

   e) zu Art. 8 Abs. (I) und (II) Bei Anwendung von Ziff. 3a) durch eine der beiden Vertragsparteien hat die andere das Recht, eine angemessene Entschädigung für ihre eigenen Aufwendungen zu verlangen.

   f) Die Vertragsparteien verpflichten sich dazu, keine Vertretung einer Gesellschaft, die ihren Sitz außerhalb der Europäischen Union (EU) hat, oder deren Repertoire für das Verwaltungsgebiet der anderen Vertragspartei ohne vorherige Genehmigung der anderen Vertragspartei zu übernehmen.

   Von dieser Bestimmung sind diejenigen Vertretungen von Drittgesellschaften außerhalb der EU ausgenommen, die jetzt schon von einer der Vertragsparteien vertreten sind.

4. Dieses Protokoll ist integrierender Bestandteil des vorliegenden Vertrages. Es findet also für die gesamte Dauer dieses Vertrages unter Einschluss von Verlängerungen Anwendung und jede Kündigung des einen zieht die Kündigung des anderen nach sich.

......, den   ......, den
Für ....:   Für ....:

Mustervertrag im EU-Bereich für das Vervielfältigungsrecht gemäss BIEM-Standardvertrag

Abgeändert durch die Generalversammlung (Lissabon, 9. Juni 2017)

Gegenseitigkeitsvertrag

Zwischen

der Gesellschaft X

vertreten durch ...

einerseits,

und

der Gesellschaft Y

vertreten durch ...

andererseits,

nachstehend als die „vertragschließenden Gesellschaften" bezeichnet,

ist Folgendes vereinbart worden:

ARTIKEL I 1) Durch diesen Vertrag überträgt jede der vertragschließenden Gesellschaften der anderen die Wahrnehmung der nachstehend definierten Rechte.

2) Die Wahrnehmung der vorerwähnten Rechte hat die Aufnahme und die mechanische Vervielfältigung der Werke des Repertoires der anderen Gesellschaft in dem entsprechenden Verwertungsgebiet der vertragschließenden Gesellschaften und die Verbreitung der so hergestellten Aufnahmen und Vervielfältigungsexemplare, gleichgültig in welcher Form und an welchem Ort, zum Gegenstand.

3) Das Repertoire der vertragschließenden Gesellschaften umfasst die literarischen, dramatischen, musikdramatischen und musikalischen Werke mit oder ohne Text, für welche die Inhaber der Rechte der Aufnahme und der mechanischen Vervielfältigung den vertragschließenden Gesellschaften die Wahrnehmung dieser Rechte übertragen haben oder während der Vertragsdauer übertragen werden.

4) Die unter diesen Vertrag fallenden Rechte der Aufnahme und der mechanischen Vervielfältigung erstrecken sich auf jede Form der Aufnahme und der Vervielfältigung unter Ausschluss der graphischen Vervielfältigung.

5) Jede der Gesellschaften betraut die jeweils andere auf nichtexklusiver Basis auch mit der Aufgabe, für ihre Mitglieder die Gelder einzuziehen und zu verteilen, welche Produzenten oder Distributoren für den Download von Werken aus dem Repertoire der Gesellschaft in den USA von digitalen Serviceprovidern erhalten haben.

ARTIKEL II Jede der vertragschließenden Gesellschaften wird der anderen Gesellschaft schriftlich jede Einschränkung oder jeden Vorbehalt in der Zusammensetzung ihres Repertoires und in ihren Verwaltungsrechten bekanntgeben.

ARTIKEL III In Anwendung dieses Vertrages umfasst:

1) das Verwaltungsgebiet der ...:

...

2) das Verwaltungsgebiet der ...:

...

Artikel IV 1) In allen Fällen, in denen eine Pauschalvergütung erhoben wird, wird jede der vertragschließenden Gesellschaften den auf die Werke des Repertoires der anderen Gesellschaft entfallenden Anteil nach den gleichen Regeln wie für die Werke ihres eigenen Repertoires festlegen.

2) Sofern diese Pauschalvergütung bei den Rundfunk- und Fernsehanstalten für das öffentliche Aufführungs- (Sende-)recht und das mechanische Vervielfältigungsrecht erhoben wird, wird die kassierende Gesellschaft zumindest ein Drittel dieser Pauschalvergütung auf das mechanische Vervielfältigungsrecht als Entschädigung für alle von den genannten Anstalten hergestellten Aufnahmen verrechnen.

3) Im Falle von Tonträgerexporten verpflichtet sich die lizenzierende Gesellschaft, die Bedingungen und Konditionen des Bestimmungslandes anzuwenden, d. h. die Bedingungen und Konditionen des Landes, in welchem die Vervielfältigungsstücke tatsächlich verkauft werden.

4) Sollten die Exporte weniger als 100 Vervielfältigungen pro Land, pro Katalognummer und Abrechnungszeitraum betragen, wird vereinbart, dass derartige Ausgänge als Verkäufe im Inland behandelt werden können; als Folge werden die Bedingungen und Konditionen des Ursprungslandes angewendet.

5) Die Gesellschaften vereinbaren, dass die Rechteinhaber im Bestimmungsland die berechtigten Empfänger der Vergütungsverteilung sind, wenn dies zu angemessenen Kosten realisierbar ist. Die Gesellschaften werden dementsprechend Vereinbarungen auf gegenseitiger Grundlage ausarbeiten.

6) Vorbehaltlich etwaiger gesetzlicher Lizenzierungspflichten soll eine Lizenz für das mechanische Vervielfältigungsrecht, welche das Repertoire der Gesellschaft umfasst, die die andere Gesellschaft mit ihrer Vertretung beauftragt, von der anderen vertragschließenden Gesellschaft einem Hersteller, der eine solche Lizenz zur Vervielfältigung von Originalträgern (Master) beantragt hat, nur nach Erfüllung jeglicher Verpflichtungen gewährt werden, die infolge der früheren Verwertung dieser Master möglicherweise in Bezug auf die Verwertung des Repertoires der Gesellschaft, die die andere mit ihrer Vertretung beauftragt, gegenüber dieser Gesellschaft oder irgendeiner anderen BIEM-Mitgliedsgesellschaft entstanden sind. Diese Bestimmung berührt nicht die Möglichkeit der betreffenden Gesellschaften, eine Lösung zu vereinbaren, die die Rechteinhaber schützt.

Artikel V 1) Gesellschaft X verpflichtet sich, regelmäßig die zur Durchführung des vorliegenden Vertrages erforderliche Dokumentation zur Verfügung zu stellen, und zwar an: (Nichtzutreffendes streichen)

Gesellschaft Y direkt,

Gesellschaft Z als abrechnender Gesellschaft für Gesellschaft X.

2) Gesellschaft Y verpflichtet sich, regelmäßig die zur Durchführung des vorliegenden Vertrages erforderliche Dokumentation zur Verfügung zu stellen, und zwar an: (Nichtzutreffendes streichen)

Gesellschaft X direkt,

Gesellschaft Z als abrechnender Gesellschaft für Gesellschaft Y.

Artikel VI 1) Die Abrechnung der von Gesellschaft X für Gesellschaft Y kassierten Beträge erfolgt durch (Nichtzutreffendes streichen):

Gesellschaft X selbst

Gesellschaft Z als abrechnender Gesellschaft für Gesellschaft X entsprechend der nach Artikel V oben gelieferten Dokumentation.

2) Die Abrechnung der von Gesellschaft Y für Gesellschaft X kassierten Beträge erfolgt durch (Nichtzutreffendes streichen):

Gesellschaft Y selbst

Gesellschaft Z als abrechnender Gesellschaft für Gesellschaft Y entsprechend der nach Artikel V oben gelieferten Dokumentation.

3) Die Abrechnung der von Gesellschaft X für Gesellschaft Y kassierten Beträge erfolgt in Form von (Nichtzutreffendes streichen):

Phono:

Einzelabrechnungen pro Urheberrechtsinhaber

Titellisten in alphabetischer Reihenfolge.

Radio/TV (und Nutzer mehrerer Rechte, soweit zutreffend):

Einzelabrechnungen pro Urheberrechtsinhaber

Titellisten in alphabetischer Reihenfolge.

4) Die Abrechnung der von Gesellschaft Y für Gesellschaft X kassierten Beträge erfolgt in Form von (Nichtzutreffendes streichen):

Phono:

Einzelabrechnungen pro Urheberrechtsinhaber

Titellisten in alphabetischer Reihenfolge.

Radio/TV (und Nutzer mehrerer Rechte, soweit zutreffend):

Einzelabrechnungen pro Urheberrechtsinhaber

Titellisten in alphabetischer Reihenfolge.

5) Bei Radio/TV-Verwertung (und ggf. Nutzern mehrerer Rechte)

a) erfolgt die Abrechnung der von Gesellschaft X für Gesellschaft Y kassierten Beträge auf der Grundlage (Nichtzutreffendes streichen)

der Phono-Verteilungsschlüssel von Gesellschaft Y

der Verteilungsskala „Hörfunk/Fernseh-Aufzeichnungen" von Gesellschaft X (oder) Gesellschaft Z .... (im Fall von Einzelabrechnungen).

b) erfolgt die Abrechnung der von Gesellschaft Y für Gesellschaft X kassierten Beträge auf der Grundlage (Nichtzutreffendes streichen)

der Phono-Verteilungsschlüssel von Gesellschaft X

der Verteilungsskala „Hörfunk/Fernseh-Aufzeichnungen" von Gesellschaft Y (oder) Gesellschaft Z .... (im Fall von Einzelabrechnungen).

6) Jede der vertragschließenden Gesellschaften verpfichtet sich, die Arbeiten zur Abrechnung des Repertoires der anderen nicht später als zwei Monate nach Fertigstellung der Abrechnungsarbeiten ihres eigenen Repertoires abzuschließen. Die Arbeiten, die ggf. von durch sie mit der Abrechnung des internationalen Repertoires

beauftragten Gesellschaften durchgeführt werden, sind in diesem Zeitraum nicht enthalten.

7) Die jeder Gesellschaft zustehenden Beträge sind zur Zahlung fällig, sobald die kassierende Gesellschaft die Abrechnungsergebnisse kennt. Die das Inkasso tätigende Gesellschaft hat daher die der anderen Gesellschaft zustehenden Beträge unverzüglich in ihrer Landeswährung zu überweisen.

Artikel VII 1) Auf die in Durchführung dieses vorliegenden Vertrages kassierten Bruttobeträge erheben die vertragschließenden Gesellschaften die folgenden Kommissionssätze:

	Gesellschaft X	Gesellschaft Y
Phono:	%	%
Hörfunk-Fernsehen:	%	%

2) Die auf das Inkasso von anderen Quellen erhobenen Kommissionssätze sind Sache einer gegenseitigen Vereinbarung zwischen den vertragschließenden Gesellschaften.

3) Der zwischen den vertragschließenden Gesellschaften vereinbarte Kommissionssatz beinhaltet die Kosten, die den ggf. von ihnen mit der Abrechnung des internationalen Repertoires beauftragten Gesellschaften entstehen, wobei die Kosten jeder abrechnenden Gesellschaft von der vertragschließenden Gesellschaft zu tragen sind, die deren Dienste in Anspruch nimmt. Die zwischen den Gesellschaften vereinbarte Gesamtkommission sollte unter keinen Umständen 25 % ihrer Bruttoinkassosumme überschreiten.

Artikel VIII Jede der vertragschließenden Gesellschaften hat das Recht, alle sich auf die Durchführung dieses Vertrages beziehenden Vorgänge bei der anderen Gesellschaft zu kontrollieren.

Artikel IX Der vorliegende Vertrag unterliegt den Bestimmungen der BIEM-Satzung und den Beschlüssen, die von den zuständigen Organen zu ihrer Durchführung gefasst werden.

Artikel X Der vorliegende Vertrag wird für eine Dauer von einem Jahr von .... bis zum .... abgeschlossen. Er kann durch stillschweigende Billigung um jeweils ein Jahr verlängert werden, sofern er nicht durch eingeschriebenen Brief mit Rückschein sechs Monate vor dem Ende des laufenden Zeitraums gekündigt wird.

Protokoll zum Vertrag zwischen ... und ...

1. Vertrag und Protokoll werden von den Vertragsparteien gemeinsam der Europäischen Kommission zur Kenntnisnahme vorgelegt.

2. Im einzelnen wird noch Folgendes vereinbart:

a) **zu Art. I Abs. (2)** Für den Fall, dass ein Vertragspartner Rechte im Verwaltungsgebiet des anderen Vertragspartners vergibt, erfolgt eine unverzügliche schriftliche Benachrichtigung desselben unter gleichzeitiger Aushändigung einer Abschrift der erteilten Erlaubnis.

b) **zu Art. III** Während der Vertragsdauer wird sich jede der vertragschließenden Gesellschaften jeder Einmischung in die Ausübung des durch vorliegenden Vertrag eingeräumten Mandats durch die andere vertragschließende Gesellschaft in deren Gebiet enthalten.

c) **zu Art. VI** Die Vertragsparteien garantieren ihren Mitgliedern kein Mindesteinkommen.

d) **zu Art. VII** Bei Anwendung von Ziff. 2a) durch eine der beiden Vertragsparteien hat die andere das Recht, eine angemessene Entschädigung für ihre eigenen Aufwendungen zu verlangen.

e) Die Vertragsparteien verpflichten sich dazu, keine Vertretung einer Gesellschaft, die ihren Sitz außerhalb der Europäischen Union (EU) hat, oder deren Repertoire für das Verwaltungsgebiet der anderen Vertragspartei ohne vorherige Genehmigung der anderen Vertragspartei zu übernehmen. Von dieser Bestimmung sind diejenigen Vertretungen von Drittgesellschaften außerhalb der EU ausgenommen, die jetzt schon von einer der Vertragsparteien vertreten sind.

3. Dieses Protokoll ist integrierender Bestandteil des vorliegenden Vertrages. Es findet also für die gesamte Dauer dieses Vertrages unter Einschluss von Verlängerungen Anwendung und jede Kündigung des einen zieht die Kündigung des anderen nach sich.

1. Zusatzprotokoll zum Vertrag zwischen ... und GEMA

Es wird übereingekommen und vereinbart, dass Artikel II des Vertrages die Verwaltung von Werken im jeweiligen Repertoire ausschließt, wenn diese Werke auf der Tonfilmspur in Synchronisation für Theater, Fernsehen oder sonstige Form der Vorführung aufgenommen werden sollen. Wenn GEMA und ... von einem Verbraucher um eine Lizenz zur Aufnahme eines Werkes aus dem ... bzw. GEMA-Repertoire für die Zwecke der Herstellung einer Tonfilmspur für Theater, Fernsehen oder sonstige Form der Vorführung gebeten werden, ist zunächst die Instruktion von ... bzw. GEMA einzuholen.

Beide Gesellschaften stimmen überein, dass, wenn möglich, und vorausgesetzt, dass die Zustimmung vom Urheberrechtsinhaber an einem für Synchronisationszwecke gewünschten Werk gegeben wird, sie die andere Gesellschaft autorisieren soll, die entsprechende Lizenz gegen Zahlung der vom Urheberrechtsinhaber geforderten Vergütung zu erteilen.

Es wird ferner vereinbart, dass die Ausnahmeregelung gemäß diesem Anhang sich nicht auf Aufnahmen erstreckt, die für Fernsehzwecke von oder im Auftrag von Rundfunk- und Fernsehanstalten im Verwaltungsgebiet von ... und ... vorgenommen werden.

......, den ......, den

Für ...: Für die GEMA:

2. Zusatzprotokoll zum Vertrag zwischen ... und GEMA

Die Vereinbarung im 1. Zusatzprotokoll wird nach Maßgabe der von der GEMA-Mitgliederversammlung am 26./27. Juni 1984 beschlossenen Neufassung des Berechtigungsvertrages wie folgt ergänzt:

> Bei Fernsehproduktionen können die Herstellungsrechte an Fernsehanstalten nur insoweit vergeben werden, als es sich um Eigen- oder Auftragsproduktionen für eigene Sendezwecke und direkte oder zeitverschobene Übernahmesendungen handelt. Die Einwilligung der Berechtigten ist jedoch erforderlich, wenn Dritte an der Herstellung beteiligt sind oder wenn die Fernsehproduktionen von Dritten genutzt werden sollen. Das gilt insbesondere für Koproduktionen.

......, den ......, den

Für ...: Für die GEMA:

III GESCHÄFTSORDNUNGEN

III 1 Versammlungs- und Wahlordnung

Fassung vom 24./25. Mai 2019

A. Versammlungsordnung

gemäß § 10 Ziff. 9 der Satzung

I. MITGLIEDERVERSAMMLUNG

1.
Die Mitgliederversammlung besteht aus der Hauptversammlung und den Versammlungen der drei Berufsgruppen.

Beschlüsse können nicht vor den Berufsgruppenversammlungen gefasst werden.

2.
Die Hauptversammlung und die Berufsgruppenversammlungen sind nichtöffentlich. Neben den gesetzlich zur Anwesenheit befugten Personen und dem Vorstand sind die folgenden weiteren Personengruppen als Gäste zugelassen:

neu gewählte Delegierte der außerordentlichen und angeschlossenen Mitglieder zu der auf ihre Wahl folgenden Mitgliederversammlung,

die erforderliche Anzahl von Begleitern hilfsbedürftiger Mitglieder,

jeweils bis zu zwei Vertreter der mit den Kurien verbundenen Berufsverbände und

die vom Vorstand hinzugezogenen Redner, GEMA-Mitarbeiter, Rechtsberater, Wirtschaftsprüfer und sonstigen Personen.

Darüber hinaus werden Personen nur zugelassen, soweit die Mitgliederversammlung dies mit einfacher Mehrheit beschließt.

Die aus der Mitgliedschaft erwachsenden Teilhaberechte stehen den aufgrund dieser Ziffer zugelassenen Personen nicht zu.

Hilfsbedürftig im Sinne dieser Vorschrift ist, wer aufgrund von Krankheit oder Alter nicht dazu in der Lage ist, ohne Begleitperson Mitgliedschaftsrechte in angemessener Weise in der Versammlung auszuüben. Die Mitnahme von Begleitpersonen ist der GEMA spätestens eine Woche vor Beginn der Mitgliederversammlung schriftlich unter Beifügung der zur Prüfung der Hilfsbedürftigkeit erforderlichen Dokumente anzuzeigen. Der Nachweis ist durch Vorlage eines Schwerbehindertenausweises oder eines ärztlichen Attestes zu erbringen. Die Zulassung von Begleitpersonen gilt jeweils für eine Mitgliederversammlung.

II. HAUPTVERSAMMLUNG

1.
(1) Die Hauptversammlung wird geleitet von dem Aufsichtsratsvorsitzenden oder einem seiner Stellvertreter oder durch das an Lebensjahren älteste Aufsichtsratsmitglied.

(2) Nach Eintritt in die Tagesordnung werden die Anträge in der Reihenfolge der Einladung behandelt. Abweichungen von dieser Reihenfolge können von der Hauptversammlung mit einfacher Mehrheit beschlossen werden.

(3) Den Vorrang erhalten Wortmeldungen von Mitgliedern zum Verfahren, im besonderen Anträge auf

a) Anwendung der Versammlungsordnung,

b) Verweisung an einen Ausschuss,

c) Schluss der Aussprache,

d) Vertagung der Aussprache,

e) Übergang zur Tagesordnung.

Diese Wortmeldungen haben den Vorrang vor dem Hauptgegenstand, dessen Beratung durch sie unterbrochen wird.

(4) Die Redezeit für jeden Diskussionsbeitrag zu einem Tagesordnungspunkt ist auf 10 Minuten beschränkt. Dem Redner kann jedoch von der Hauptversammlung eine längere Redezeit eingeräumt werden. Bei Überschreitung der Redezeit kann der Vorsitzende dem Redner nach einmaliger Mahnung das Wort entziehen.

(5) Die Hauptversammlung kann den Schluss der Debatte beschließen. In diesem Falle ist nur noch den bereits vorgemerkten Rednern das Wort zu erteilen. Die Redezeit für den Einzelnen verkürzt sich dann auf 5 Minuten.

2.

(1) Die Abstimmung in der Hauptversammlung erfolgt mittels eines elektronischen Abstimmungssystems, per Stimmzettel oder per Handzeichen. Der Versammlungsleiter bestimmt, welches Abstimmungsverfahren zur Anwendung kommt. § 10 Ziffer 8 Satzung bleibt unberührt.

(2) Wird durch Handzeichen abgestimmt, so ist der Versammlungsleiter mit Zustimmung der Hauptversammlung berechtigt, das Stimmergebnis festzustellen, indem er die Nein-Stimmen und die Enthaltungen ermittelt (Subtraktionsverfahren).

(3) Werden die Ergebnisse solcher Abstimmungen angezweifelt, so erfolgt Stimmauszählung.

(4) Bei Abstimmungen kommt es für das Erreichen der erforderlichen Mehrheit auf das Verhältnis der Ja-Stimmen zur Summe der Ja- und Nein-Stimmen an. Bei Stimmengleichheit gelten Anträge als abgelehnt. Stimmenthaltungen werden nicht berücksichtigt. Ausdrücklich erklärte Stimmenthaltungen werden jedoch als solche im Protokoll erfasst.

(5) Während einer Abstimmung bleiben die Türen des Versammlungsraumes geschlossen.

(6) Jedes Abstimmungsergebnis ist zu protokollieren. Bei satzungsändernden Anträgen ist auch das Stimmverhältnis beziffert im Protokoll niederzulegen.

(7) Wird in der Hauptversammlung über einen von den Berufsgruppen bereits angenommenen oder abgelehnten Antrag vor Abschluss des betreffenden Tagesordnungspunktes eine nochmalige Diskussion und Abstimmung verlangt, so ist diesem Verlangen zu entsprechen, wenn dies von der Hälfte der abgegebenen Stimmen oder von Dreiviertel der abgegebenen Stimmen einer Berufsgruppe unterstützt wird. Teil II. Ziff. 2 (4) gilt entsprechend. Über Anträge, die von allen Berufsgruppen angenommen worden sind, jedoch nicht in derselben Fassung, findet in der Hauptversammlung stets eine nochmalige Diskussion und Abstimmung statt.

Ausgenommen hiervon sind Wahlen.

III. BERUFSGRUPPENVERSAMMLUNGEN

1.
Die Berufsgruppenversammlung muss die Tagesordnungspunkte der Hauptversammlung beraten und über diejenigen Punkte abstimmen, für die getrennte Abstimmung nach Berufsgruppen vorgeschrieben ist. Das Abstimmungsergebnis kann auf Zustimmung, Ablehnung oder Stimmenthaltung der Berufsgruppe lauten.

Einem Antragsteller kann Rederecht in einer anderen Kurie eingeräumt werden, wenn in dieser kein Mitglied an der Antragstellung beteiligt ist. Der Redewunsch sollte im Antrag angekündigt werden.

2.
Jede Berufsgruppenversammlung wird geleitet von dem Aufsichtsratsvorsitzenden, wenn er der betreffenden Berufsgruppe angehört, oder von demjenigen seiner Stellvertreter, der dieser Berufsgruppe angehört, oder durch ein von den anwesenden Aufsichtsratsmitgliedern gewähltes Aufsichtsratsmitglied.

3.
Im Übrigen sind die Bestimmungen des Teils II bis auf Ziff. 1 (1) entsprechend anzuwenden.

4.
(1) Die Vorsitzenden der Berufsgruppenversammlungen unterrichten sich gegenseitig und den Vorstand über die Abstimmungsergebnisse.

(2) Wird ein Antrag, für den getrennte Abstimmung der Berufsgruppen vorgeschrieben ist, abgelehnt oder zwar von allen Berufsgruppen angenommen, jedoch nicht in derselben Fassung, so kann der Vermittlungsausschuss angerufen werden.

(3) Der Vermittlungsausschuss kann von den Vorsitzenden jeder Berufsgruppenversammlung oder vom Vorstand angerufen werden.

(4) Dem Vermittlungsausschuss gehören neben dem Vorstand und den Vorsitzenden der Berufsgruppenversammlungen aus jeder Berufsgruppe 2 weitere, von der jeweiligen Berufsgruppe zu wählende Vertreter an. Gewählt sind die Kandidaten, die die meisten Stimmen (relative Mehrheit) erhalten haben. Für jeden vom Vermittlungsausschuss zu behandelnden Antrag kann die jeweilige Berufsgruppe ihre Vertreter gesondert wählen.

Daneben nehmen an der Sitzung des Vermittlungsausschusses die Rechtsberater, der Justitiar sowie gegebenenfalls vom Vermittlungsausschuss hinzugezogene weitere GEMA-Mitarbeiter und sonstige Personen beratend teil.

(5) Der Vermittlungsausschuss berät und beschließt, ob der Antrag in der abgelehnten oder in einer davon abweichenden Fassung den Berufsgruppen zur erneuten Beschlussfassung vorgelegt werden soll.

(6) Über den vom Vermittlungsausschuss vorgelegten Antrag wird in der Hauptversammlung getrennt nach Berufsgruppen abgestimmt. Teil II Ziffer 2 (7) bleibt unberührt.

IV. ÄNDERUNGEN

Zu Änderungen der Versammlungsordnung bedarf es der für Satzungsänderungen erforderlichen Mehrheit der Mitgliederversammlung. § 20 der Satzung bleibt unberührt.

B. Wahlordnung für die Wahl zum Aufsichtsrat

I. Durchführung der Wahl in den Berufsgruppen Komponisten, Textdichter, Verleger

1.
Die Wahl der Aufsichtsräte innerhalb der einzelnen Berufsgruppen (6 Komponisten und 2 Stellvertreter, 4 Textdichter und 2 Stellvertreter, 5 Verleger und 2 Stellvertreter) erfolgt durch eine Gesamtwahl, bei der jedes zur Wahl berechtigte Mitglied so viele Stimmen hat, wie Aufsichtsräte bzw. Stellvertreter zu wählen sind.

2.
Gewählt sind die Kandidaten, die in der Reihenfolge der für sie abgegebenen gültigen Stimmen die meisten Stimmen (relative Mehrheit der Stimmen) erhalten haben. Ungültige Stimmen und Stimmenthaltungen gelten nicht als abgegebene Stimmen und werden nicht gezählt. Bei unklarem Wahlergebnis wegen Stimmengleichheit ist eine Stichwahl durchzuführen. Bei Stimmengleichheit in der Stichwahl entscheidet das vom Wahlleiter gezogene Los. § 10 Ziffer 8 Absatz 2 Satzung bleibt unberührt.

3.
Unter Leitung des Versammlungsleiters wählt jede Berufsgruppe einen Wahlausschuss, dessen Aufgabe es ist, die Listen zur Gesamtwahl im Vorfeld der Mitgliederversammlung aufzustellen und die Wahl zu leiten.

Die ordentlichen Mitglieder und Delegierten können die Wahlvorschläge für die Aufsichtsratsmitglieder und stellvertretenden Aufsichtsratsmitglieder ihrer Berufsgruppe beim Wahlausschuss unter Verwendung des hierfür vorgesehenen Formulars einreichen. Zudem müssen die kandidierenden Mitglieder gegenüber dem Wahlausschuss in der dafür vorgegebenen Form eine Erklärung abgeben, ob und inwiefern sie unter die in § 13 Ziff. 1 Abs. 5 der Satzung geregelten Bestimmungen fallen. Die Wahlvorschläge und Erklärungen müssen spätestens acht Wochen vor dem Termin der Mitgliederversammlung, in der die Wahl stattfindet, eingegangen sein. Außer im Fall einer erforderlichen Nachnominierung sind zusätzliche Wahlvorschläge in der Mitgliederversammlung nicht möglich.

Der Wahlausschuss prüft die Wahlvorschläge auf das Vorliegen der Voraussetzungen für die passive Wählbarkeit und fasst diese zu einer Gesamtwahlliste zusammen. Die Gesamtwahlliste ist in der Tagesordnung zu der Mitgliederversammlung, in der die Wahl stattfindet, zu veröffentlichen.

Der Wahlausschuss besteht jeweils aus einem Wahlleiter und einem Stellvertreter des Wahlleiters. Die Mitglieder des Wahlausschusses müssen ordentliche Mitglieder der GEMA sein, dürfen nicht dem Aufsichtsrat angehören und können bei der Aufsichtsratswahl nicht kandidieren. Für Mitglieder der Berufsgruppe Verleger gilt dies in Bezug auf sämtliche Vertreter und sonstige Mitarbeiter des Verlags. Wahlvorschläge für den Wahlausschuss sind analog I Ziff. 3 Abs. 2 bei der GEMA einzureichen. Die Mitglieder des Wahlausschusses werden auf die Dauer von drei Jahren analog den Regelungen zu I Ziff. 1 und 2 dieser Wahlordnung gewählt. Ihre Amtsdauer läuft ab ihrer Wahl bis zur Neuwahl. Wiederwahl ist zulässig. Sofern der Wahlleiter der Verleger oder dessen Stellvertreter während seiner Amtszeit zu einem anderen Verlag wechselt, bleibt er im Amt, wenn der neue Verlag die für die Wahl in den Wahlausschuss geltenden Voraussetzungen erfüllt. Anderenfalls scheidet er aus seinem Amt aus. Scheidet während der Amtsdauer ein Wahlausschussmitglied aus diesem oder einem anderen Grund aus, so haben die Aufsichtsratsmitglieder seiner Berufsgruppe ein Ersatzmitglied zu wählen, das an dessen Stelle tritt. Dieses bedarf der Bestätigung durch die jeweilige Berufsgruppe in der nächsten Mitgliederversammlung, soweit die Amtsdauer über diese Mitgliederversammlung hinausgeht.

4.
Die Wahl in der Mitgliederversammlung erfolgt geheim mittels eines elektronischen Abstimmungssystems oder per Stimmzettel. Der Wahlleiter bestimmt, welches Verfahren zur Anwendung kommt. § 10 Ziffer 8 Satzung bleibt unberührt. Jedes ordentliche Mitglied hat soviele Stimmen, wie in seiner Berufsgruppe Aufsichtsräte zu wählen sind (6 Komponisten, 4 Textdichter, 5 Verleger). Die Stimmabgabe erfolgt dadurch, dass das Mitglied für die jeweils auf der Gesamtwahlliste stehenden Kandidaten seine Stimme abgibt bzw. sich enthält.

5.
Der Wahlleiter stellt nach Abschluss des Wahlvorganges das Ergebnis fest.

6.
Über die Tätigkeit des Wahlausschusses ist eine Niederschrift zu fertigen, die von allen Mitgliedern des Wahlausschusses zu unterschreiben ist. Die Niederschrift muss mindestens enthalten: Ort und Zeit der Wahlversammlung, Bezeichnung der Mitglieder des Wahlausschusses, Zahl der stimmberechtigten Mitglieder im jeweiligen Wahlgang, Namen der Kandidaten, Ergebnis des ersten Wahlganges und ggf. weiterer Wahlgänge, Annahme der Wahl.

II. ÄNDERUNGEN
Diese Wahlordnung kann als Teil der Versammlungsordnung mit der für Satzungsänderungen erforderlichen Mehrheit durch die Mitgliederversammlung geändert werden. § 20 der Satzung der GEMA bleibt unberührt.

III 2 Geschäftsordnung für E-Voting und Live-Stream

Fassung vom 12./13. Dezember 2018

Gemäß § 10 Ziffer 8 Absatz 4 der Satzung beschließt der Aufsichtsrat folgende Geschäftsordnung:

§ 1 Registrierung für E-Voting und Live-Stream

(1) Die Stimmrechtsausübung per E-Voting und die Teilnahme am Live-Stream der Mitgliederversammlung setzen voraus, dass sich das Mitglied innerhalb der in Absatz 3 geregelten Frist für das so genannte „Online-Paket" registriert.

(2) Die Registrierung erfolgt über ein Online-Registrierungssystem, das den Mitgliedern über ein Zugangsportal auf der GEMA-Website zur Verfügung gestellt wird. Die Zugangsdaten für das Online-Registrierungssystem und die Informationen zur Online-Registrierung erhalten die stimmberechtigten Mitglieder mit der Einladung zur Mitgliederversammlung.

(3) Die Frist für die Registrierung für das Online-Paket beginnt 5 Wochen vor dem Termin der jeweiligen Mitgliederversammlung um 10.00 Uhr deutscher Zeit und endet 4 Wochen vor dem Termin der jeweiligen Mitgliederversammlung um 18.00 Uhr deutscher Zeit.

(4) Die Registrierung für das Online-Paket gilt jeweils nur für eine Mitgliederversammlung.

§ 2 Authentifizierungsdaten für E-Voting und Live-Stream

(1) Nach erfolgreicher Registrierung erhält das Mitglied seine persönlichen Authentifizierungsdaten für das E-Voting und für den Live-Stream mit Informationen zur Anmeldung beim E-Voting-System und Live-Stream-Portal per Post an die bei der GEMA registrierte Adresse zugesandt. Sofern das Mitglied seinen Wohnsitz in Deutschland hat, erfolgt der Versand per Übergabeeinschreiben („Einschreiben Eigenhändig"). Im Ausland erfolgt die Zustellung soweit möglich nach vergleichbaren Zustellungsmodalitäten.

(2) Die Authentifizierungsdaten sind vertraulich zu behandeln und dürfen nur vom Mitglied persönlich und nur für die Anmeldung beim E-Voting-System und beim Live-Stream-Portal der GEMA genutzt werden. Die Authentifizierungsdaten dürfen nicht an Dritte weitergegeben werden. Ein Verstoß gegen dieses Verbot kann vereinsrechtliche Maßnahmen gemäß § 10 Ziffer 8 Absatz 5 der Satzung nach sich ziehen.

§ 3 Stimmabgabe per E-Voting

(1) Die Stimmabgabe per E-Voting erfolgt über ein E-Voting-System, das den Mitgliedern über ein Zugangsportal auf der GEMA-Website zur Verfügung gestellt wird. Voraussetzung für die Stimmabgabe per E-Voting ist, dass sich das Mitglied mit seinen persönlichen Authentifizierungsdaten beim E-Voting-System innerhalb der in Absatz 3 geregelten Frist anmeldet.

(2) Die Stimmabgabe erfolgt geheim mittels eines elektronischen Stimmzettels. Der elektronische Stimmzettel ist entsprechend der im E-Voting-System enthaltenen Anleitung elektronisch auszufüllen und abzusenden. Mit dem Hinweis über die erfolgreiche Stimmabgabe gilt diese als vollzogen. Mit Vollzug der Stimmabgabe

verliert das Mitglied die Möglichkeit, seine Stimme in der Mitgliederversammlung per Präsenz-Voting auszuüben oder durch einen Stellvertreter ausüben zu lassen.

(3) Die Frist für die Anmeldung beim E-Voting-System und die Stimmabgabe per E-Voting beginnt 3 Wochen vor dem Termin der jeweiligen Mitgliederversammlung um 10.00 Uhr deutscher Zeit und endet 2 Wochen vor dem Termin der jeweiligen Mitgliederversammlung um 18.00 Uhr deutscher Zeit.

(4) Ist die Stimmabgabe per E-Voting während der in Absatz 3 geregelten Frist aus von der GEMA zu vertretenden technischen Gründen für die stimmberechtigten, registrierten Mitglieder nicht möglich, kann die Frist für die Stimmabgabe per E-Voting mit Zustimmung von Aufsichtsrat und Vorstand verlängert werden. Die Verlängerung wird den Mitgliedern durch eine Veröffentlichung auf der GEMA-Website bekannt gegeben.

§ 4 Ermittlung der Wahl- und Abstimmungsergebnisse

Die Wahl- und Abstimmungsergebnisse der Stimmabgabe per E-Voting („E-Voting-Ergebnisse") werden geheim auf einem besonders gesicherten, externen Server gespeichert. In der Mitgliederversammlung wird das Gesamtergebnis der Wahlen und Abstimmungen unter Berücksichtigung der E-Voting-Ergebnisse ermittelt und angezeigt.

§ 5 Teilnahme am Live-Stream

(1) Die Teilnahme am Live-Stream der Mitgliederversammlung erfolgt über das von der GEMA auf der GEMA-Website zur Verfügung gestellte Live-Stream-Portal. Voraussetzung für die Teilnahme am Live-Stream ist, dass sich das Mitglied mit seinen persönlichen Authentifizierungsdaten beim Live-Stream-Portal anmeldet.

(2) Die Anmeldung beim Live-Stream-Portal und Teilnahme am Live-Stream ist für das Mitglied während der Dauer der Versammlung seiner Berufsgruppe und während der Dauer der Hauptversammlung möglich.

(3) Der Live-Stream der Mitgliederversammlung ist nichtöffentlich. Die Teilnahme am Live-Stream ist nur dem hierfür registrierten und authentifizierten Mitglied erlaubt. Die Weitergabe der Authentifizierungsdaten an Dritte und die Vervielfältigung, Verbreitung, Veröffentlichung und jegliche sonstige Zugänglichmachung des Live-Streams für Dritte sind nicht erlaubt. Zur Wahrung dieses Verbots wird der Live-Stream durch Einblenden der Mitgliedsnummer des jeweiligen Mitglieds gekennzeichnet.

(4) Ein Verstoß gegen die in Absatz 3 geregelten Verbote kann strafrechtliche oder vereinsrechtliche Maßnahmen gemäß § 10 Ziffer 8 Absatz 5 der Satzung nach sich ziehen.

Geschäftsordnung für den Aufsichtsrat

Fassung vom 23./24. Mai 2017

Der Aufsichtsrat beschließt nach § 13 Ziff. 7 der Satzung nachstehende Geschäftsordnung:

§ 1
Aufgaben und Rechte

Aufgaben und Rechte des Aufsichtsrates ergeben sich aus Satzung, Berechtigungsvertrag und Verteilungsplan.

§ 2
Wahlen

(1) Der Aufsichtsrat wählt jährlich nach Schluss der ordentlichen Mitgliederversammlung in einer ohne besondere Einladung stattfindenden Sitzung aus seiner Mitte einen Vorsitzenden und zwei Stellvertreter.

Der Vorsitzende wird aus der Berufsgruppe der Komponisten, die beiden Stellvertreter jeweils aus der Berufsgruppe der Textdichter und der Musikverleger gewählt.

(2) Bei Verhinderung des Vorsitzenden erfolgt dessen Vertretung in der Zeit vom 1. Januar bis 30. Juni durch den zum Stellvertreter gewählten Textdichter, in der Zeit vom 1. Juli bis 31. Dezember durch den zum Stellvertreter gewählten Musikverleger.

Die stellvertretenden Vorsitzenden vertreten sich untereinander.

(3) Der verhinderte Vorsitzende oder dessen verhinderter Stellvertreter hat dem amtierenden Stellvertreter alle für die Vertretung erforderlichen Informationen und Unterlagen zur Verfügung zu stellen.

(4) Scheiden Vorsitzender oder Stellvertreter aus ihrem Amt aus, so hat der Aufsichtsrat für den Ausscheidenden unverzüglich eine Neuwahl vorzunehmen.

(5) Der Vorsitzende und seine Stellvertreter haben bei Beendigung ihres Amtes den von ihnen geführten Schriftwechsel in den Angelegenheiten des Aufsichtsrates ihrem jeweiligen Nachfolger im Amt auszuhändigen.

§ 3
Stellung des Vorsitzenden

(1) Zu den Geschäften des Vorsitzenden gehört, den Aufsichtsrat gegenüber dem Vorstand zu vertreten, den Aufsichtsrat einzuberufen und die Sitzungen des Aufsichtsrates zu leiten.

(2) Die Mitglieder des Aufsichtsrates führen in Angelegenheiten des Aufsichtsrates ihren Schriftwechsel ausschließlich mit dem Vorsitzenden des Aufsichtsrates, jedoch können informative Fragen oder technische Anregungen an den Vorstand gerichtet werden.

§ 4
Einberufung

(1) Die Einberufung des Aufsichtsrates hat unter Angabe der Tagesordnung mit einer Frist von mindestens einer Woche, gerechnet vom Tage der Aufgabe der Einladung bei der Post, zu erfolgen.

(2) Die Tagesordnung bestimmt der Vorsitzende; sie muss die Gegenstände der Verhandlung ihrem wesentlichen Inhalt nach bezeichnen.

(3) Jedes Aufsichtsratsmitglied und der Vorstand können unter Angabe des Zweckes und der Gründe verlangen, dass ein vierzehn Tage vorher gestellter Antrag auf die Tagesordnung gesetzt wird.

Anträge sind an den Aufsichtsratsvorsitzenden unter Übersendung einer Abschrift an den Vorstand zu richten.

(4) Der Aufsichtsrat muss einberufen werden, falls mindestens vier Aufsichtsratsmitglieder oder der Vorstand dies unter Angabe des Zweckes und der Gründe verlangen. Die Sitzung muss in einem solchen Fall binnen zwei Wochen, gerechnet vom Tage eines solchen Ersuchens, stattfinden. Lehnt der Vorsitzende dieses Ersuchen ab oder kommt er ihm innerhalb dieser Frist nicht nach, so können die Antragsteller unter Mitteilung des Sachverhalts selbst den Aufsichtsrat einberufen.

(5) Ist der Vorsitzende des Aufsichtsrates verhindert, lädt der Stellvertreter ein.

(6) Tagesordnungspunkte, die aus Zeitmangel vertagt werden mussten, sollen zu Anfang der darauffolgenden Sitzung behandelt werden.

§ 5
TEILNAHME AN SITZUNGEN DES AUFSICHTSRATES

Teilnahmeberechtigt an den Aufsichtsratssitzungen sind außer den Mitgliedern des Aufsichtsrates

1. der Vorstand,

2. Rechtsberater und Sachverständige in dem vom Vorsitzenden des Aufsichtsrates oder vom Vorstand zu bestimmenden Umfang,

soweit der Aufsichtsrat nicht etwas anderes beschließt.

Die Stellvertreter sind zur Teilnahme an den Sitzungen des Aufsichtsrates mit vollem Stimmrecht berechtigt, wenn und soweit ordentliche Mitglieder ihrer Berufsgruppe an der Teilnahme verhindert sind. Welcher Stellvertreter einzuladen ist, bestimmt in seiner Berufsgruppe der Vorsitzende bzw. der stellvertretende Vorsitzende des Aufsichtsrates.

§ 6
BESCHLUSSFASSUNG

(1) Der Aufsichtsrat ist beschlussfähig, wenn mindestens die Hälfte seiner Mitglieder, davon mindestens je zwei Mitglieder jeder Berufsgruppe, anwesend sind.

(2) Die Beschlüsse werden mit einfacher Stimmenmehrheit der anwesenden Mitglieder gefasst. Bei Stimmengleichheit entscheidet die Stimme des Vorsitzenden. Wenn die in einer Aufsichtsratssitzung anwesenden Komponisten einstimmig eine Meinung vertreten, so können sie von den übrigen anwesenden Aufsichtsratsmitgliedern nicht überstimmt werden. Stimmvertretung ist unzulässig.

(3) Die Art der Abstimmung entscheidet der Vorsitzende, falls der Aufsichtsrat nichts anderes beschließt.

(4) Schriftliche, telegrafische oder fernmündliche Beschlussfassungen des Aufsichtsrates sind nur zulässig, wenn kein Mitglied diesem Verfahren widerspricht.

§ 7
PROTOKOLL

(1) Über jede Sitzung des Aufsichtsrates ist ein Protokoll zu verfassen, das vom Aufsichtsratsvorsitzenden und vom Vorstand gemeinschaftlich zu unterzeichnen ist. In dem Protokoll sind Ort und Tag der Sitzung, Teilnehmer, Gegenstand der Tagesordnung, der wesentliche Inhalt der Verhandlungen und Beschlüsse des Aufsichtsrates wiederzugeben. Ein Verstoß gegen Satz 1 oder Satz 2 macht einen Beschluss nicht unwirksam.

(2) Jedes Mitglied des Aufsichtsrates und die Stellvertreter erhalten eine Abschrift des Protokolls. Diese Abschriften sollen innerhalb von vier Wochen nach der Aufsichtsratssitzung verteilt werden.

(3) Das Protokoll ist vom Aufsichtsrat in der nächsten Sitzung zu genehmigen. Einsprüche gegen das Protokoll sollen spätestens 14 Tage vor der nächsten Aufsichtsratssitzung schriftlich bei der GEMA eingegangen sein.

§ 8
AUSSCHÜSSE UND KOMMISSIONEN

(1) Der Aufsichtsrat bestimmt die Errichtung von Ausschüssen und Kommissionen und deren Zusammensetzung mit Ausnahme der von der Mitgliederversammlung zu wählenden Ausschüsse und Kommissionen. Des Weiteren kann der Aufsichtsrat ad hoc Arbeitsgruppen bilden. Der Aufsichtsrat bestimmt ferner aus seiner Mitte auf Vorschlag der betreffenden Berufsgruppe für jede Berufsgruppe einen Delegierten für die verschiedenen Wertungsverfahren, für das Schätzungsverfahren der Bearbeiter und für den Werkausschuss.

(2) Der Aufsichtsrat bildet folgende ständige Ausschüsse:

Wirtschaftsausschuss,

Tarifausschuss,

Programmausschuss,

Aufnahmeausschuss,

Wertungsausschuss der Verleger in der Sparte E.

(3) Die Ausschüsse und Kommissionen sind nicht zu Weisungen an den Vorstand berechtigt. Ihre Beschlüsse haben – bis auf die Beschlüsse der Wertungsausschüsse und die Beschlüsse der Verteilungsplankommission im Fall von § 130 Absatz 5 des Verteilungsplans – nur vorbereitenden Charakter.

(4) Die Mitglieder der ständigen Ausschüsse mit Ausnahme des Aufnahmeausschusses und des Wertungsausschusses der Verleger in der Sparte E müssen dem Aufsichtsrat als ordentliche Mitglieder oder Stellvertreter angehören, doch können zu den Beratungen auch andere ordentliche GEMA-Mitglieder als Sachverständige hinzugezogen werden.

(5) Die Amtsdauer der Mitglieder der Ausschüsse und Kommissionen endet spätestens mit der Amtsperiode des Aufsichtsrates. Wiederwahl ist zulässig.

Der neugewählte Aufsichtsrat kann nach Schluss der ordentlichen Mitgliederversammlung, in der er gewählt wurde, in einer ohne besondere Einladung stattfindenden Sitzung die Mitglieder der Ausschüsse und Kommissionen wählen.

(6) Scheidet während der Amtsdauer ein Ausschuss- oder Kommissionsmitglied aus, so hat der Aufsichtsrat ein Ersatzmitglied zu wählen, das an dessen Stelle tritt.

(7) Wenn mehr als die Hälfte der Mitglieder eines Ausschusses oder einer Kommission zurücktritt, ist Neuwahl des Ausschusses oder der Kommission erforderlich.

(8) Der Aufsichtsrat erlässt eine Geschäftsordnung für die aus seiner Mitte gebil-

deten und zu bildenden Ausschüsse und Kommissionen. Diese regelt Näheres zu den Aufgaben, dem Verfahren, der Besetzung sowie zur Teilnahme an den Sitzungen dieser Ausschüsse und Kommissionen.

§ 8a
Anhörung bei Kooptationsanträgen

Vor der Entscheidung über den Erwerb der ordentlichen Mitgliedschaft durch Kooptation nach § 7 Ziff. 3 der Satzung kann der Aufsichtsrat den Aufnahmeausschuss, den Wertungsausschuss oder den Werkausschuss anhören.

§ 9
Verschwiegenheitspflicht

(1) Über vertrauliche Angaben ist Stillschweigen zu bewahren. Das gleiche gilt für Vorgänge und Tatsachen, die auf Grund eines Aufsichtsratsbeschlusses vertraulich zu behandeln sind.

Als vertrauliche Angaben gelten im Besonderen geheimhaltungsbedürftige Angaben über das Auf- und Einkommen von Mitgliedern und sonstigen Berechtigten, Kredite, Abstimmungsvorgänge, Beratungen über Verhandlungen mit Vertragspartnern der GEMA sowie behördliche Eingaben.

Entsprechendes gilt für die Sitzungsprotokolle und die zur Vorbereitung einer Sitzung übermittelten Unterlagen.

(2) Die Verschwiegenheitpflicht erstreckt sich auf den gesamten, nach § 5 in Betracht kommenden Personenkreis unter Einschluss der ausgeschiedenen oder ausscheidenden Personen.

(3) Stellvertretende Mitglieder des Aufsichtsrates dürfen mit allen Vorgängen vertraut gemacht werden. Für ihre Verschwiegenheitspflicht gilt das gleiche wie für die Verschwiegenheitspflicht der Mitglieder des Aufsichtsrates.

(4) Neugewählte Aufsichtsratsmitglieder und Stellvertreter sind vom Vorsitzenden auf die Verschwiegenheitspflicht hinzuweisen.

§ 9a
Richtlinien für Geschäfte unter Mitgliedern des Aufsichtsrates

Die Mitglieder des Aufsichtsrates verpflichten sich, die im Anhang zu dieser Geschäftsordnung enthaltenen Richtlinien für Geschäfte unter Mitgliedern des Aufsichtsrates zu beachten.

§ 10
Ehrenamtliche Tätigkeit der Mitglieder des Aufsichtsrates, der Ausschüsse und der Kommissionen

Die Tätigkeit der Mitglieder des Aufsichtsrates, der Ausschüsse und der Kommissionen ist ehrenamtlich. Sie erhalten lediglich Tage- und Übernachtungsgelder sowie ihre Reisekosten und Barauslagen ersetzt. Die Tage- und Übernachtungsgelder können durch einen Pauschalbetrag abgegolten werden.

§ 11
Inkrafttreten

Diese Geschäftsordnung tritt am 10. März 1970 in Kraft.

ANHANG **ZUR GESCHÄFTSORDNUNG FÜR DEN AUFSICHTSRAT**

Richtlinien für Geschäfte unter Mitgliedern des Aufsichtsrates

Fassung vom 8. Mai 2013

PRÄAMBEL (1) Der Aufsichtsrat der GEMA trägt als Organ gemäß § 5 b) der Satzung der GEMA wesentliche Verantwortung in der Organisationsstruktur des Vereins. Seine Aufgaben und Rechte ergeben sich gemäß § 1 der Geschäftsordnung für den Aufsichtsrat aus Satzung, Berechtigungsvertrag und Verteilungsplan.

(2) Die pflichtgemäße Wahrnehmung des Amts als Mitglied des Aufsichtsrates erfordert es, dass die Aufsichtsratsmitglieder untereinander keine Rechtsgeschäfte oder sonstige wirtschaftliche Verbindungen eingehen, die über eine übliche Zusammenarbeit im Kreativbereich hinausgehen („unübliche Geschäfte") und zu Interessenkonflikten führen können.

(3) Vor diesem Hintergrund verpflichten sich die Mitglieder des Aufsichtsrates gemäß § 9a der Geschäftsordnung für den Aufsichtsrat, die folgenden Richtlinien für Geschäfte unter Mitgliedern des Aufsichtsrates („Richtlinien") einzuhalten:

§ 1
GESCHÄFTE UNTER MITGLIEDERN DES AUFSICHTSRATES

(1) Die Mitglieder des Aufsichtsrates haben bei der Vornahme von Geschäften mit anderen Mitgliedern des Aufsichtsrates die Interessen der GEMA an der Unabhängigkeit der Mitglieder des Aufsichtsrates zu berücksichtigen.

(2) Dementsprechend verpflichten sich die Aufsichtsratsmitglieder, untereinander grundsätzlich nur solche Geschäfte abzuschließen, die die übliche Zusammenarbeit im Kreativbereich betreffen („übliche Geschäfte"). Als übliche Geschäfte sind insbesondere der Abschluss von Verlags- und Co-Verlagsverträgen, der Abschluss von Abdruckverträgen oder Vereinbarungen über das gemeinsame Schaffen musikalischer Werke anzusehen.

Bei der Vornahme von unüblichen Geschäften mit anderen Mitgliedern des Aufsichtsrates haben sich die Mitglieder des Aufsichtsrates dagegen grundsätzlich sehr zurückhaltend zu verhalten. Die Aufsichtsratsmitglieder verpflichten sich, solche Geschäfte nur abzuschließen, wenn dadurch ihre Unabhängigkeit bei der Mandatsausübung in keiner Weise beeinträchtigt wird.

(3) Geschäfte unter Mitgliedern des Aufsichtsrates sind für die Zwecke dieser Richtlinien auch Geschäfte, die ein Mitglied des Aufsichtsrates mit einer Gesellschaft oder Organisation vornimmt, bei der ein anderes Mitglied des Aufsichtsrates (i) Mitglied eines Leitungsorgans oder (ii) persönlich haftender Gesellschafter oder anderweitig aufgrund seiner Beteiligung oder Stimmrechte oder aufgrund Vertrages in einer kontrollierenden Position ist oder (iii) anderweitig auf wesentliche unternehmerische Entscheidungen Einfluss nehmen kann.

§ 2
ANZEIGEPFLICHT BEI UNÜBLICHEN GESCHÄFTEN

(1) Unübliche Geschäfte zwischen Mitgliedern des Aufsichtsrates, deren wirtschaftlicher Wert EUR 2.000,00 überschreitet („anzeigepflichtige Geschäfte"), sind von den beteiligten Aufsichtsratsmitgliedern dem Vorsitzenden und dem Rechtsberater des Aufsichtsrates in Textform (§ 126b BGB, z.B. per Brief, Telefax oder E-Mail) anzuzeigen. Soweit weitere Informationen und Unterlagen zu den anzeigepflichtigen Geschäften vernünftigerweise erforderlich sind, um eine Einschätzung zu ermöglichen, ob die anzeigepflichtigen Geschäfte die Unabhängigkeit der beteiligten Mitglieder zu beeinträchtigen geeignet sind, haben die beteiligten

Aufsichtsratsmitglieder diese Informationen oder Unterlagen dem Vorsitzenden und dem Rechtsberater des Aufsichtsrates auf Anforderung ebenfalls zu übermitteln. Die vorstehenden Sätze gelten entsprechend, wenn sich die Umstände eines anzeigepflichtigen Geschäfts, das dem Vorsitzenden und dem Rechtsberater des Aufsichtsrates bereits angezeigt wurde, nicht unerheblich geändert haben.

(2) Der Vorsitzende berichtet dem Aufsichtsrat mindestens einmal jährlich über alle anzeigepflichtigen Geschäfte, die ihm angezeigt wurden oder an denen er selbst beteiligt ist. Inhalt und Umfang dieses Berichts kann der Aufsichtsrat durch Beschluss näher regeln.

§ 3
Allgemeine Anzeige- und Hinweispflichten gegenüber dem Aufsichtsrat, persönliche Umstände

Sonstige Anzeigepflichten nach Gesetz, Satzung, Berechtigungsvertrag und Verteilungsplan in ihrer jeweils aktuellen Fassung bleiben unberührt bestehen. Auf die Pflicht, gegenüber dem Aufsichtsrat auch persönliche Umstände anzuzeigen, die eine Auswirkung auf die Amtsführung haben können, wird ausdrücklich hingewiesen; diese Pflicht besteht auch dann, wenn Dritte eine mögliche Auswirkung auf die Amtsführung sehen könnten.

§ 4
Inkrafttreten

Dieser Anhang zur Geschäftsordnung für den Aufsichtsrat tritt am 8. Mai 2013 in Kraft.

Geschäftsordnung für die Behandlung von Geschäftsvorfällen durch Aufsichtsrat und Vorstand

Fassung vom 12./13. Oktober 2016

Im Rahmen seiner Zuständigkeit gemäß § 13 Ziff. 3 Abs. 2 der Satzung und in Ausübung seines Weisungsrechts gemäß § 13 Ziff. 3 Abs. 3 der Satzung erklärt der Aufsichtsrat die folgenden Geschäftsvorfälle für seiner Zustimmung bedürftig:

1. die Bestellung und Abberufung des Abschlussprüfers;
2. den Beitritt zu oder Austritt aus anderen Gesellschaften, Vereinen oder sonstigen Organisationen, wenn hierdurch die Interessen der GEMA berührt werden; die Gründung von Tochtergesellschaften und den Erwerb von Anteilen an anderen Organisationen oder Unternehmen;
3. die Festlegung der Grundsätze des Risikomanagements;
4. Erwerb, Verkauf oder Beleihung unbeweglicher Sachen, Erbbaurechten und anderer eigentumsähnlicher Rechte, Erwerb oder Veräußerung von Hypotheken, Grund- und Rentenschulden, sofern ein Betrag von EUR 200 000,– überschritten wird;
5. die Aufnahme von Darlehen und die Stellung von Darlehenssicherheiten, sofern ein Betrag von EUR 200 000,– überschritten wird;
6. den Abschluss und die Beendigung von Repräsentationsvereinbarungen mit ausländischen Verwertungsgesellschaften, soweit der Inhalt von den Musterverträgen internationaler Organisationen abweicht;
7. Wahrnehmungsbedingungen, die in die Zuständigkeit des Aufsichtsrats fallen;
8. die Aufstellung und Änderung von Tarifen und den Abschluss von Gesamtverträgen;
9. Neubauten, Zu- und Umbauten, sofern deren Kosten im Einzelfall EUR 200 000,– übersteigen;
10. Abschluss, Kündigung oder wesentliche Änderung langfristiger (über 5 Jahre) Miet- oder Pachtverträge;
11. den Abschluss sachlich bedeutsamer Lieferungs- und ähnlicher Verträge (mehr als EUR 200 000,–);
12. die Veräußerung von Gegenständen der Betriebseinrichtung, sofern ein Betrag von EUR 200 000,– überschritten wird; sofern kein normaler Abgang vorliegt;
13. das Eingehen von Akzeptverbindlichkeiten und Bürgschaften, sofern ein Betrag von EUR 200 000,– überschritten wird und die Laufzeit über 12 Monate beträgt;
14. die Festlegung der Unternehmensstrategie; die Stimmabgabe zu Beschlüssen von grundlegender oder rechtspolitischer Bedeutung; die Durchführung grundlegender organisatorischer Veränderungen; die Errichtung und Auflösung von Geschäftsstellen und Auslandsvertretungen;

15. Ernennung, Versetzung und Abberufung von Direktoren;

    Abschluss, Änderung und Kündigung von Verträgen über die Einräumung von Anteilen am Ertrag oder über außertarifliche Pensionszusagen sowie von Beratungsverträgen mit einem Entgelt von mehr als EUR 75 000,– jährlich;

    Abschluss von Lohn- und Gehaltstarifverträgen;

16. die Führung von Grundsatzprozessen, Rechtsstreitigkeiten mit einem Streitwert von mehr als EUR 200 000,–, sofern es sich nicht um vertraglich oder tariflich begründete Zahlungsansprüche gegen Musikverwerter handelt, oder die Einleitung von Aktivprozessen gegen Mitglieder, sofern sie nicht selbst Musikverwerter sind;

    die Anrufung des Bundesgerichtshofs, des Bundesverfassungsgerichts oder Europäischer Gerichte;

17. Aufträge zur Erstattung von Gutachten gegen ein Honorar von mehr als EUR 50 000,–;

18. Ertrags-, Aufwands- und Investitionsbudgets für ein Geschäftsjahr. Soweit solche Budgets nach den vorstehenden Ziffern 1 – 17 zustimmungsbedürftige Einzelpositionen enthalten, die im Budget spezifiziert und als zustimmungspflichtig gekennzeichnet worden sind und denen zugestimmt worden ist, bedürfen diese keiner nochmaligen Zustimmung;

19. die Festlegung der Grundsätze für die Gewährung von Vorauszahlungen an Mitglieder sowie von Vorauszahlungen, die von diesen Grundsätzen abweichen.

III 5 Geschäftsordnung für Ausschüsse und Kommissionen des Aufsichtsrats

(für gem. § 8 (1) der Geschäftsordnung für den Aufsichtsrat vom Aufsichtsrat aus seiner Mitte gebildete Ausschüsse und Kommissionen sowie gem. § 8 (2) vom Aufsichtsrat aus seiner Mitte zu bildende ständige Ausschüsse)

Fassung vom 11./12. Oktober 2017

§ 1 Vorbehaltlich anderer Regelungen haben die Ausschüsse und Kommissionen des Aufsichtsrats die Aufgabe, ihren Arbeitsbereich betreffende Themen zu prüfen, hierüber dem Aufsichtsrat zu berichten und gegebenenfalls Änderungsvorschläge zu machen.

§ 2 Der Vorstand ist verpflichtet, den Ausschüssen und Kommissionen alle für ihre Arbeit notwendigen Unterlagen zur Einsicht zur Verfügung zu stellen und ihnen alle gebotenen Auskünfte zu erteilen.

§ 3 Den Ausschüssen und Kommissionen gehören Vertreter der Berufsgruppen im Aufsichtsrat in von diesem jeweils zu bestimmender Anzahl an.

Dem Programmausschuss, der aus zwei Unterausschüssen besteht, und zwar

a) dem Ausschuss für E-Musik und

b) dem Ausschuss für U, R, FS,

gehören im Unterausschuss für E-Musik zwei Komponisten und zwei Verleger, im Unterausschuss für U, R, FS zwei Komponisten, zwei Textdichter und zwei Verleger an.

Für jede in einem Ausschuss/einer Kommission vertretene Berufsgruppe wird ein Stellvertreter gewählt.

Die Ausschüsse und Kommissionen wählen aus ihrer Mitte jeweils einen Vorsitzenden und einen stellvertretenden Vorsitzenden. Zudem kann ein Protokollführer gewählt werden.

Die Ausschüsse und Kommissionen fassen ihre Entschließungen mit einfacher Stimmenmehrheit. Bei Stimmengleichheit entscheidet die Stimme des jeweiligen Vorsitzenden.

§ 4 An den Sitzungen der Ausschüsse und Kommissionen können zudem folgende Personen beratend teilnehmen:

a) die Vorsitzenden der Berufsgruppen im Aufsichtsrat, sofern diese nicht bereits Mitglied des jeweiligen Ausschusses/der jeweiligen Kommission sind,

b) nicht zum jeweiligen Ausschuss/zur jeweiligen Kommission gehörige weitere Mitglieder und ggf. stellvertretende Mitglieder des Aufsichtsrats, sofern der Aufsichtsrat entsprechend entscheidet,

c) der Vorstand,

d) Berater, Sachverständige, GEMA-Mitarbeiter und sonstige Personen in vom Ausschuss/von der Kommission im Einvernehmen mit dem Vorstand zu bestimmendem Umfang. Darüber hinaus können die Ausschüsse und Kommissionen Sachverständige im Einvernehmen mit dem Vorstand auch als ständige Mitglieder mit beratender Funktion kooptieren. Die Amtsdauer der als ständige Mitglieder kooptierten Sachverständigen endet mit der Amtsperiode der stimmberechtigten Ausschuss- bzw. Kommissionsmitglieder oder durch Abberufung durch die stimmberechtigten Ausschuss- bzw. Kommissionsmitglieder.

§ 5 Ein Ausschuss/eine Kommission kann vom jeweiligen Vorsitzenden und vom Vorstand einberufen werden. Die jeweils erste Sitzung des Gremiums nach seiner Neuwahl beruft der jeweilige bisherige Vorsitzende im Einvernehmen mit dem Vorstand ein. Gehört der bisherige Vorsitzende dem neu gewählten Gremium nicht mehr an, so erfolgt die Einberufung im Einvernehmen mit dem Vorstand durch ein vom Aufsichtsrat bei der Neuwahl des jeweiligen Gremiums zu bestimmendes, bis zur Wahl eines Vorsitzenden federführendes Mitglied.

§ 6 Sofern ein verhindertes Mitglied eines Ausschusses/einer Kommission nicht von dem gewählten Stellvertreter aus seiner Berufsgruppe vertreten werden kann, wird vom Aufsichtsratsvorsitzenden oder dessen für die Berufsgruppe zuständigen Stellvertreter im Einvernehmen mit dem Vorstand ein Stellvertreter bestimmt. Sofern aus der Berufsgruppe des verhinderten Gremienmitglieds kein Stellvertreter bestimmt werden kann, besteht die Möglichkeit, einen Stellvertreter aus einer anderen Berufsgruppe zu bestimmen.

§ 7 Die Ausschuss- und Kommissionsmitglieder führen in Angelegenheiten des jeweiligen Gremiums ihre Korrespondenz ausschließlich mit dessen Vorsitzendem.

§ 8 Über die Sitzungen der Ausschüsse und Kommissionen wird jeweils ein Protokoll angefertigt, das vom Vorsitzenden und – sofern ein solcher gewählt wurde – vom Protokollführer zu unterzeichnen ist.

§ 9 Zur Regelung von Aspekten, die einzelne Ausschüsse und Kommissionen betreffen, kann der Aufsichtsrat spezifische Geschäftsordnungen verabschieden.

III 6 Geschäftsordnung für das Aufnahmeverfahren

Fassung vom 21./22. Oktober 2019

Gemäß § 6 der Satzung beschließt der Aufsichtsrat folgende Geschäftsordnung:

§ 1 Die Aufnahme als angeschlossenes oder außerordentliches Mitglied ist abhängig von der Zahlung der vom Aufsichtsrat festgesetzten Aufnahmegebühr*⁾.

Weitere Voraussetzung für die Aufnahme eines Musikverlags als angeschlossenes Mitglied ist die Vorlage eines wirksamen Verlagsvertrages, in dem die Beteiligung des Verlags an den Ausschüttungen der GEMA nach Maßgabe des GEMA-Verteilungsplans vereinbart ist, sowie die Vorlage einer Gewerbeanmeldung, eines Handelsregisterauszuges oder eines vergleichbaren ausländischen Verzeichnisses.

§ 2 I. Über die Aufnahme als angeschlossenes Mitglied entscheidet die GEMA. Über die Aufnahme als außerordentliches Mitglied entscheidet der Vorstand auf der Grundlage der Empfehlung des Aufnahmeausschusses.

II. Bei Aufnahmeanträgen von Urhebern setzt sich der Aufnahmeausschuss wie folgt zusammen:

a) Bei Anträgen von Komponisten

aus zwei namhaften Mitgliedern der Berufsgruppe Komponisten der GEMA, von denen einer Lehrer an einer Musikhochschule sein sollte.

b) Bei Anträgen von Textdichtern

aus zwei namhaften Mitgliedern der Berufsgruppe Textdichter der GEMA.

III. Bei Aufnahmeanträgen von Musikverlegern setzt sich der Aufnahmeausschuss zusammen aus zwei namhaften Mitgliedern der Berufsgruppe Verleger der GEMA.

IV. Es wird für jede Berufsgruppe ein Stellvertreter gewählt.

V. Die Mitglieder des Ausschusses einschließlich der Stellvertreter müssen ordentliche Mitglieder der GEMA (§ 7 Ziff. 1 der Satzung) sein. Sowohl die Ausschussmitglieder als auch deren Stellvertreter dürfen als natürliche Person nicht dem Aufsichtsrat der GEMA angehören. Bei der Wahl der Ausschussmitglieder und der Stellvertreter berücksichtigt der Aufsichtsrat das Ziel, den Anteil von Frauen in allen Gremien zu stärken.

Sofern ein Ausschussmitglied oder Stellvertreter der Berufsgruppe Verleger während seiner Amtszeit zu einem anderen Verlag wechselt, bleibt er im Amt, wenn der neue Verlag die für die Wahl in den Aufnahmeausschuss geltenden Voraussetzungen erfüllt. Anderenfalls scheidet er aus seinem Amt aus.

Darüber hinaus kann der Ausschuss mit Zustimmung von Aufsichtsrat und Vorstand externe Sachverständige punktuell zu Beratung hinzuziehen oder als ständi-

---

*⁾ Die Aufnahmegebühr beträgt EUR 90,00 (zzgl. USt.) für Urheber und EUR 180,00 (zzgl. USt.) für Verleger.

ge Mitglieder mit beratender Funktion kooptieren. Die Amtsdauer der als ständige Mitglieder kooptierten Sachverständigen endet mit der Amtsperiode der stimmberechtigten Ausschussmitglieder oder durch Abberufung durch die stimmberechtigten Ausschussmitglieder.

VI. Die Ausschüsse halten ihre Sitzungen jeweils nach Bedarf auf Einladung des Vorstands ab. Über die Anträge auf Aufnahme als außerordentliches Mitglied wird nach Maßgabe dieser Geschäftsordnung und der einschlägigen Bestimmungen der Satzung der GEMA beraten.

Der Vorstand der GEMA oder ein von ihm benannter Vertreter kann an allen Sitzungen des Aufnahmeausschusses teilnehmen.

Die Direktion Mitglieder- und Repertoire-Management der GEMA hat die Anträge auf Erwerb der außerordentlichen Mitgliedschaft so vorzubereiten, dass der Aufnahmeausschuss über diese in der Sitzung sofort beraten und hierzu eine Empfehlung aussprechen kann.

§ 3 Die Aufnahme eines Urhebers als außerordentliches Mitglied ist von folgenden Bedingungen abhängig:

1. Aufnahmeanträgen von Komponisten sollen 5 vom Antragsteller selbst geschaffene Werke in Form von Partituren oder anderen geeigneten Unterlagen wie z.B. im Handel erhältlichen Tonträgern beigefügt werden.
2. Aufnahmeanträgen von Textdichtern sollen 5 vertonte Texte, die der Antragsteller selbst geschaffen hat, beigefügt werden.
3. Der Antragsteller hat gleichzeitig die verteilungsrelevante Nutzung dieser Werke nachzuweisen.
4. Falls ein Antragsteller die Aufnahme zugleich als Komponist und als Textdichter beantragt, sind die Aufnahmebedingungen für jede Berufsgruppe zu erfüllen.

§ 4 Von den Urhebern unter den Antragstellern kann verlangt werden, dass sie ihr berufsmäßiges Können nachweisen[*].

§ 5 Die Aufnahme von Musikverlagen als außerordentliches Mitglied ist von folgenden Bedingungen abhängig:

1. Die Verlagswerke des Antragstellers müssen verteilungsrelevant genutzt worden sein.
2. Der antragstellende Verlag hat zusätzlich nachzuweisen, dass er verlegerische Leistungen im Sinne des Regelwerks der GEMA erbringt.

---

[*] Der Aufsichtsrat hat gleichzeitig die folgenden Richtlinien beschlossen:
Dem Aufnahmeausschuss obliegt u. a. die Prüfung des berufsmäßigen Könnens des Antragstellers. Die Prüfung sollte nach folgenden Kriterien erfolgen:
a) Nachweis eines an einer Musikhochschule mit Erfolg absolvierten Kompositionsstudiums oder Vorlage von Partituren oder anderen Unterlagen, z. B. Tonträger, aus denen die Gewissheit gewonnen wird, dass der Antragsteller über das berufsmäßige Können verfügt.
b) Sofern die unter a) erwähnten Nachweise nicht überzeugend erbracht werden können und der Aufnahmeausschuss Zweifel am berufsmäßigen Können hegt, kann er die Ableistung einer Klausurarbeit verlangen.
Die in der Klausurarbeit zu erbringenden Leistungen sind in das Ermessen des Aufnahmeausschusses gestellt und sollen den Erfordernissen der in der Tätigkeitssparte des Antragstellers üblichen professionellen Voraussetzungen entsprechen.

a) Der Nachweis der verlegerischen Leistungen kann dadurch erbracht werden, dass der antragstellende Verlag für von ihm verlegte Werke ein Mindestaufkommen in Höhe von EUR 2.500,00 in mindestens einem der dem Jahr der Antragstellung vorausgehenden 5 Jahre nachweist und dem Aufnahmeausschuss zusätzlich zu 5 Werken Druckausgaben, veröffentlichte Tonträger oder andere geeignete Unterlagen, die die Erbringung verlegerischer Leistungen dokumentieren, vorlegt.

b) Verlage der Ernsten Musik können den Nachweis der verlegerischen Leistungen auch durch Vorlage von 25 handelsüblichen Instrumentalmusikausgaben oder von 10 Orchesterleihmaterialien (Partitur und Stimmen) erbringen.

c) Verlage der Unterhaltungs- und Tanzmusik können den Nachweis der verlegerischen Leistungen auch durch Vorlage von 30 Werken in handelsüblichen Gitarren-, Klavier- oder Akkordeon-Einzelausgaben oder von 10 Werken in Salonorchester- oder 15 Werken in Combo- (im Sinne eines kleinen Orchesterarrangements) oder Blasmusik-Ausgaben erbringen.

3. Der Antragsteller muss gemäß § 6 Ziffer 3 Abs. 2 der Satzung im Handelsregister oder in einem vergleichbaren ausländischen Verzeichnis eingetragen sein. Er muss dem Antrag einen Handelsregisterauszug bzw. einen Auszug aus dem ausländischen Verzeichnis sowie Unterlagen beifügen, aus denen die Geschäftspartner und die Beteiligungen ersichtlich sind.

Der Aufnahmeausschuss kann die Aufnahme als außerordentliches Mitglied zurückstellen, solange die Erbringung verlegerischer Leistungen zwischen dem Antragsteller und Urhebern bei ihm verlegter Werke gemäß § 7 Abs. 3 i.V.m. § 10 des Verteilungsplans streitig ist.

§ 6 Die Bestimmungen von § 6 Ziff. 3 und 4 und § 16 E. der Satzung sowie § 7 Abs. 1 bis 3 i.V.m. § 10 des Verteilungsplans bleiben unberührt.

§ 7 Bei positiver Entscheidung wird der Antragsteller als außerordentliches Mitglied in die GEMA aufgenommen.

§ 8 Die Ablehnung und die Zurückstellung der Aufnahme als angeschlossenes oder außerordentliches Mitglied ist dem Antragsteller schriftlich mitzuteilen. Bei Ablehnung oder Zurückstellung der Aufnahme als außerordentliches Mitglied erhält der Antragsteller zusätzlich den betreffenden Auszug aus dem Protokoll des Aufnahmeausschusses. Der Antragsteller kann gegen die Ablehnung innerhalb von sechs Wochen nach Zugang Beschwerde beim Aufsichtsrat einlegen. Der Aufsichtsrat entscheidet endgültig über den Antrag.

§ 9 Änderungen dieser Geschäftsordnung beschließt der Aufsichtsrat der GEMA mit einfacher Stimmenmehrheit.

§ 10 Die vom Aufsichtsrat in der Sitzung vom 13./14. Dezember 2017 beschlossene Neufassung der Geschäftsordnung für das Aufnahmeverfahren gilt für Aufnahmeanträge, die ab dem 1.1.2018 bei der GEMA eingehen.

Geschäftsordnung für den Beschwerdeausschuss

gemäß § 16 Abschnitt C Ziff. 7 der Satzung

Fassung vom 24. September 2019

1. Nach § 16 Abschnitt C Ziff. 3 der Satzung besteht der Beschwerdeausschuss aus einem Vorsitzenden und je einem Vertreter der drei Berufsgruppen. Der Vorsitzende muss die Befähigung zum Richteramt haben. Die Berufsgruppenvertreter bzw. die Verlage, für die sie tätig sind, müssen der GEMA mindestens fünf Jahre als ordentliches Mitglied angehören. Die Stellvertreter bzw. die Verlage, für die sie tätig sind, müssen der GEMA mindestens drei Jahre als ordentliches Mitglied angehören. Aufsichtsratsmitglieder dürfen nicht gewählt werden. Für Aufsichtsratsmitglieder aus der Berufsgruppe Verleger gilt dies in Bezug auf sämtliche Vertreter und sonstige Mitarbeiter des Verlags.

    Darüber hinaus kann der Ausschuss mit Zustimmung von Aufsichtsrat und Vorstand externe Sachverständige punktuell zur Beratung hinzuziehen oder als ständige Mitglieder mit beratender Funktion kooptieren. Die Amtsdauer der als ständige Mitglieder kooptierten Sachverständigen endet mit der Amtsperiode der stimmberechtigten Ausschussmitglieder oder durch Abberufung durch die stimmberechtigten Ausschussmitglieder.

2. Gemäß § 16 Abschnitt C Ziff. 5 der Satzung sind Beschwerden an den Vorstand zu richten.

    Helfen Vorstand bzw. Aufsichtsrat der Beschwerde nicht ab, ist sie mit einer ausführlichen schriftlichen Stellungnahme dem Vorsitzenden des Beschwerdeausschusses innerhalb eines Monats ab Eingang vorzulegen.

3. Der Vorsitzende leitet die Beschwerde mit der Stellungnahme des Vorstandes bzw. Aufsichtsrates an die übrigen Mitglieder des Beschwerdeausschusses.

    Gleichzeitig gibt er dem Beschwerdeführer unter Übersendung der Stellungnahme des Vorstandes bzw. Aufsichtsrates Gelegenheit, innerhalb von zwei Wochen zu erwidern.

4. Der Beschwerdeausschuss trifft seine Entscheidungen nach mündlicher Beratung oder im schriftlichen Verfahren innerhalb von 6 Monaten ab Eingang der Beschwerde (§ 16 Abschnitt C Ziff. 2).

    Widerspricht ein Mitglied des Beschwerdeausschusses dem schriftlichen Verfahren, so ist mündlich zu beraten. Wird eine mündliche Verhandlung als erforderlich angesehen, bestimmt der Vorsitzende den Verhandlungsort.

5. Der Beschwerdeausschuss kann den Beschwerdeführer und/oder den Vorstand bzw. einen Vertreter des Aufsichtsrates anhören und auch eine vergleichsweise Regelung anstreben.

6. Der Beschwerdeausschuss ist nur bei Mitwirkung aller seiner stimmberechtigten Mitglieder beschlussfähig. Der Beschwerdeausschuss entscheidet mit der Mehrheit der nach der Satzung möglichen Stimmen.

Bei Stimmengleichheit entscheidet die Stimme des Vorsitzenden.

Enthaltungen sind ausgeschlossen.

7. Die Entscheidungen sind mit einer kurzen Begründung zu versehen, vom Vorsitzenden zu unterschreiben und dem Beschwerdeführer mittels eingeschriebenen Briefes gegen Rückschein sowie dem Vorstand bzw. Aufsichtsrat – je nach Zuständigkeit – einfach zu übersenden.

8. Der Beschwerdeausschuss hat über seine Beratungen eine Niederschrift zu fertigen, die deren wesentlichen Verlauf enthält.

   Zur Protokollführung kann der Beschwerdeausschuss eine Hilfsperson hinzuziehen. Die Niederschrift ist vom Vorsitzenden zu unterzeichnen und innerhalb eines Monats den Mitgliedern des Beschwerdeausschusses und dem Vorstand bzw. dem Aufsichtsrat zu übersenden.

9. Falls innerhalb eines Monats nach Aufgabe zur Post keine schriftlichen Einwände gegen die Niederschrift beim Vorsitzenden des Beschwerdeausschusses erhoben werden, gilt diese als genehmigt.

Geschäftsordnung des Schiedsgerichts der GEMA

gemäß § 16 Abschnitt B Ziff. 1b) der Satzung

Fassung vom 21./22. Oktober 2019

1. Das Schiedsgericht besteht aus einem Obmann und vier Beisitzern, von denen jede Partei zwei Beisitzer zu benennen hat. Vorstands- und Aufsichtsratsmitglieder der GEMA sowie Personen, die zur GEMA in einem Anstellungsvertrag oder in einem ständigen sonstigen Auftragsverhältnis stehen, können nicht als Obmann oder Beisitzer benannt werden. Für Aufsichtsratsmitglieder aus der Berufsgruppe der Verleger gilt dies in Bezug auf sämtliche Vertreter und sonstige Mitarbeiter des Verlags. Der Obmann muss zum Richteramt befugt sein. Er wird von den Beisitzern aus einer vom Aufsichtsrat aufzustellenden Vorschlagsliste gewählt. Für die Ablehnung eines Beisitzers oder des Obmanns gelten §§ 1036, 1037 ZPO. Einigt sich die Mehrheit der Beisitzer nicht auf einen Obmann, so wird der Obmann auf Antrag einer der Parteien vom Senatspräsidenten des Urheberrechts-Spezialsenats beim Bundesgerichtshof aus der Vorschlagsliste ernannt.

2. Will eine Partei das Schiedsgericht anrufen, so hat sie unter Angabe des Streitgegenstandes die andere Partei aufzufordern, darin einzuwilligen, dass über den Streitgegenstand das Schiedsgericht entscheiden solle. Das Schiedsgericht kann angerufen werden, falls der Beklagte seine Zustimmung erteilt. Ist die Zustimmung erteilt, so hat die betreibende Partei unter Bezeichnung der ernannten eigenen Beisitzer die andere Partei schriftlich aufzufordern, ihrerseits ihre Beisitzer zu benennen. Die andere Partei muss hierauf 14 Tage nach Zugang der Aufforderung, ihre Beisitzer zu ernennen, entsprechen. Dasselbe gilt nach Wegfall eines Beisitzers.

3. Das Schiedsgericht hat nach dem geltenden deutschen Recht zu entscheiden.

   Es urteilt hierbei nach freiem pflichtgemäßen Ermessen und ordnet das Verfahren unter Berücksichtigung der im 10. Buch der Zivilprozessordnung enthaltenen Vorschriften ebenfalls nach freiem Ermessen.

4. Das Schiedsgericht kann Zustellungen mit gleicher Wirkung an die Parteien oder an die Prozessbevollmächtigten vornehmen.

5. Die ernannten Beisitzer haben vor der Wahl des Obmanns zunächst eine Einigung zwischen den Parteien zu versuchen.

6. Das Schiedsgericht setzt den Streitwert nach freiem Ermessen fest. Es hat vor der Festsetzung den Parteien Gelegenheit zur Stellungnahme zu geben.

7. Der Obmann und die Beisitzer erhalten für ihre Tätigkeit die Gebühren, die einem Rechtsanwalt für die Vertretung der Parteien vor den staatlichen Gerichten zustehen würden, und zwar erhalten die von den Parteien ernannten Beisitzer je $5/10$, der Obmann $13/10$ der Gebühren des Anwalts in der ersten Instanz.

8. Als zuständiges Gericht im Sinne von §§ 1062–1064 der Zivilprozessordnung wird das Kammergericht Berlin vereinbart.

III 9 Geschäftsordnung für die Urheber-Verleger-Schlichtungsstelle

gemäß § 16 Abschnitt E Ziff. 7 der Satzung

Fassung vom 21./22. Oktober 2019

§ 1 Nach § 16 Abschnitt E. Ziff. 1 der Satzung ist die Urheber-Verleger-Schlichtungsstelle zuständig für Streitigkeiten zwischen Urhebern und Verlegern über die Frage, ob eine verlegerische Leistung gemäß § 7 Abs. 2 und 3 des Verteilungsplans erbracht worden ist.

§ 2 (1) Nach § 16 Abschnitt E. Ziff. 2 der Satzung kann die Urheber-Verleger-Schlichtungsstelle von jedem Urheber eines verlegten Werkes angerufen werden, der geltend macht, dass der Verleger wegen Nichterbringung verlegerischer Leistungen i.S.d. § 7 Abs. 2 des Verteilungsplans ihm gegenüber nicht länger an der Verteilung der Einnahmen für das Werk zu beteiligen ist. Die Urheber-Verleger-Schlichtungsstelle kann bei Streitigkeiten über die Erbringung verlegerischer Leistungen auch von einem Verleger angerufen werden.

(2) Rügen mehrere Urheber die Nichterbringung einer verlegerischen Leistung in Bezug auf einen Verlagsvertrag, ist über jede Urheber-Verleger-Rechtsbeziehung separat zu verhandeln und zu entscheiden.

(3) Die Anrufung der Urheber-Verleger-Schlichtungsstelle ist unter Verwendung des hierfür vorgesehenen Formulars mit einer Begründung und sämtlichen relevanten Unterlagen wie insbesondere dem Verlagsvertrag an den Vorstand zu richten. Darüber hinaus hat der Anrufende zu erklären, ob er eine mündliche Verhandlung vor der Urheber-Verleger-Schlichtungsstelle beantragen möchte, und die gemäß § 7 (2) geltende Fallpauschale zu entrichten.

(4) Der Vorstand leitet die Anrufung unverzüglich an den Vorsitzenden der Urheber-Verleger-Schlichtungsstelle weiter. Der Vorsitzende leitet die Anrufung unverzüglich an die gemäß § 6 (1) für die Entscheidung zuständigen Mitglieder der Urheber-Verleger-Schlichtungsstelle weiter.

(5) Der Vorsitzende informiert die weiteren beteiligten Parteien schriftlich über die Anrufung und fordert diese auf, innerhalb eines Monats ab Zugang der Mitteilung schriftlich Stellung zu nehmen, sämtliche relevanten Unterlagen einzureichen und zu erklären, ob sie eine mündliche Verhandlung vor der Urheber-Verleger-Schlichtungsstelle beantragen möchten.

(6) Sofern eine Partei einen Antrag auf mündliche Verhandlung gestellt hat oder der Vorsitzende eine mündliche Anhörung für erforderlich hält, ruft er eine Sitzung der Urheber-Verleger-Schlichtungsstelle ein und informiert die Parteien und den Vorstand schriftlich über den Termin und den Ort der Sitzung. Darüber hinaus kann der Vorsitzende die Parteien zur Einreichung weiterer schriftlicher Stellungnahmen und Unterlagen auffordern.

(7) Nach Eingang der Stellungnahmen und Unterlagen leitet der Vorsitzende diese an die gemäß § 6 (1) für die Entscheidung zuständigen Mitglieder der Urheber-Verleger-Schlichtungsstelle weiter.

§ 3 (1) Nach § 16 Abschnitt E. Ziff. 3 der Satzung hat die Urheber-Verleger-Schlichtungsstelle einen schriftlichen Schlichtungsspruch zu erlassen, der innerhalb von 6 Monaten ab Zugang der Anrufung bei der Urheber-Verleger-Schlichtungsstelle erfolgen soll. Im Rahmen der 6-Monatsfrist bearbeitet die Urheber-Verleger-Schlichtungsstelle die eingehenden Streitigkeiten entsprechend ihrer Dringlichkeit. Hierbei ist neben inhaltlichen Aspekten auch der jeweilige Streitwert, gemessen an der Höhe der gesperrten Ausschüttungen, zu beachten.

(2) Der Schlichtungsspruch ist zu begründen. In dem Schlichtungsspruch befindet die Urheber-Verleger-Schlichtungsstelle darüber, ob der Verleger eine verlegerische Leistung i.S.d. § 7 Abs. 2 des Verteilungsplans erbracht hat und aus diesem Grund weiter an der Verteilung der Einnahmen für das Werk zu beteiligen ist. Hierbei hat die Urheber-Verleger-Schlichtungsstelle das Vorliegen einer verlegerischen Leistung im Rahmen einer umfassenden Abwägung unter Berücksichtigung der wirtschaftlichen Bedingungen der Werkentstehung und Werkverwertung, der Festlegungen des Verlagsvertrages und des Zeitablaufs seit der Werkschöpfung zu beurteilen. Vertragliche und gesetzliche Ansprüche im Innenverhältnis zwischen Urheber und Verleger wie z.B. Kündigungs-, Rücktritts- oder Rückrufsrechte bleiben von dem Schlichtungsspruch unberührt.

(3) Der Schlichtungsspruch ist vom Vorsitzenden zu unterschreiben und den beteiligten Parteien mittels eingeschriebenen Briefes gegen Rückschein sowie dem Vorstand einfach zu übersenden.

§ 4 Nach § 16 Abschnitt E. Ziff. 4 der Satzung ist der Rechtsweg zu den ordentlichen Gerichten bis zum Erlass des Schlichtungsspruchs ausgeschlossen. Nach Erlass des Schlichtungsspruchs kann die unterlegene Partei ihre Ansprüche binnen weiterer 6 Monaten im ordentlichen Rechtsweg geltend machen. Wird innerhalb dieser Frist kein Nachweis der gerichtlichen Geltendmachung erbracht oder wird der Schlichtungsspruch durch gemeinsame Erklärung, die der GEMA vorzulegen ist, von beiden Parteien akzeptiert, verteilt die GEMA entsprechend dem Schlichtungsspruch.

§ 5 (1) Nach § 16 Abschnitt E. Ziff. 5 Abs. 1 der Satzung besteht die Urheber-Verleger-Schlichtungsstelle aus je einem Vertreter der drei Berufsgruppen und einem Vorsitzenden sowie je einem Stellvertreter. Die Berufsgruppenvertreter und ihre Stellvertreter werden von den Aufsichtsräten der jeweiligen Berufsgruppe jeweils für die Dauer von drei Jahren bestellt. Sie dürfen als natürliche Personen nicht Mitglied des Aufsichtsrats oder eines anderen von der Mitgliederversammlung zu wählenden Gremiums sein. Der Berufsgruppenvertreter der Verleger und dessen Stellvertreter müssen nicht notwendigerweise in einem Verlag tätig sein, der Berechtigter der GEMA ist. Sie müssen jedoch beruflich schwerpunktmäßig im Musikverlagswesen tätig sein oder gewesen sein.

(2) Die Berufsgruppenvertreter wählen aus vom Aufsichtsrat aufzustellenden Vorschlagslisten einstimmig den Vorsitzenden sowie dessen Stellvertreter. Diese müssen die Befähigung zum Richteramt haben.

(3) Scheidet ein Berufsgruppenvertreter oder ein Stellvertreter während seiner Amtszeit aus, so haben die Aufsichtsratsmitglieder seiner Berufsgruppe ein Ersatzmitglied zu bestellen, das an dessen Stelle tritt.

(4) Die Urheber-Verleger-Schlichtungsstelle kann externe Sachverständige punktuell zur Beratung hinzuziehen.

§ 6 (1) Nach § 16 Abschnitt E. Ziff. 5 Abs. 2 der Satzung nehmen die Berufsgruppenvertreter der Komponisten und Textdichter nur an Entscheidungen über solche Streitigkeiten teil, an denen Mitglieder ihrer jeweiligen Berufsgruppe beteiligt sind.

(2) Die Urheber-Verleger-Schlichtungsstelle ist nur bei Mitwirkung aller für die jeweilige Entscheidung zuständigen Mitglieder beschlussfähig.

(3) Nach § 16 Abschnitt E. Ziff. 5 Abs. 2 der Satzung trifft die Urheber-Verleger-Schlichtungsstelle ihre Entscheidungen mit einfacher Mehrheit. Bei Stimmengleichheit entscheidet die Stimme des Vorsitzenden. Enthaltungen sind ausgeschlossen.

(4) Über die Art der Abstimmung und den Gang des Verfahrens entscheidet der Vorsitzende.

§ 7 (1) Nach § 16 Abschnitt E. Ziff. 6 der Satzung erhalten die Mitglieder der Urheber-Verleger-Schlichtungsstelle für ihre Tätigkeit von der GEMA Ersatz ihrer Reisekosten und Barauslagen.

(2) Darüber hinaus wird für jedes Verfahren vor der Schlichtungsstelle eine Fallpauschale in Höhe von EUR 600 fällig, von der der Vorsitzende bzw. der stellvertretende Vorsitzende die Hälfte und die an der Entscheidung beteiligten Berufsgruppenvertreter zu gleichen Teilen die andere Hälfte als Aufwandsentschädigung erhalten. Über die Tragung der Fallpauschale, etwaiger Kosten für den Sachverständigen sowie der eigenen Kosten der Parteien entscheidet die Schlichtungsstelle nach Maßgabe der im Schlichtungsspruch getroffenen Entscheidung.

Der Vorsitzende bzw. der stellvertretende Vorsitzende kann zusätzlich eine aufwandsbezogene Entschädigung von der GEMA erhalten.

(3) Wird die Urheber-Verleger-Schlichtungsstelle wegen Nichterbringung verlegerischer Leistungen in Bezug auf mehrere Werke, die von demselben Verlagsvertrag erfasst sind, angerufen, handelt es sich lediglich um ein Verfahren.

§ 8 Die Urheber-Verleger-Schlichtungsstelle hat über ihre Beratungen eine Niederschrift zu fertigen, die deren wesentlichen Verlauf enthält. Die Niederschrift ist vom Vorsitzenden zu unterzeichnen und innerhalb eines Monats den Mitgliedern der Urheber-Verleger-Schlichtungsstelle und dem Vorstand zu übersenden.

III 10 Geschäftsordnung für den Werkausschuss

Fassung vom 24./25. Mai 2019

§ 1 Der Werkausschuss besteht aus vier Vertretern der Berufsgruppe Komponisten (mit vier Stellvertretern), zwei Vertretern der Berufsgruppe Textdichter (mit zwei Stellvertretern) und einem Vertreter der Berufsgruppe Verleger (mit einem Stellvertreter). Die Textdichter nehmen jedoch nur an den Sitzungen teil, wenn folgende Fälle beraten werden.

a) Streitfälle gemäß § 5 Abs. 2 des Verteilungsplans in der dort vorgesehenen Besetzung des Werkausschusses,

b) Entscheidungen hinsichtlich des Textanteils gemäß § 196 des Verteilungsplans,

c) Entscheidungen gemäß § 197 des Verteilungsplans,

d) Zweifelsfälle der Schutzfähigkeit von Texten gemäß § 51 des Verteilungsplans,

e) Anträge nach § 64 des Verteilungsplans auf höhere Einstufung von textierten Werken.

Die Teilnahme des Musikverlegers beschränkt sich auf Fälle verlegter Werke.

Die Mitglieder des Werkausschusses bzw. die Verlage, für die sie tätig sind, müssen der GEMA mindestens fünf Jahre als ordentliches Mitglied angehören. Die Stellvertreter bzw. die Verlage, für die sie tätig sind, müssen der GEMA mindestens drei Jahre als ordentliches Mitglied angehören. Die Mitglieder des Werkausschusses und ihre Stellvertreter dürfen als natürliche Personen nicht dem Aufsichtsrat angehören. Sie werden auf die Dauer von drei Jahren auf Vorschlag des Aufsichtsrates durch die Mitgliederversammlung gewählt. Für die Wahl gelten § 11a) der Satzung und B. I. der Versammlungs- und Wahlordnung entsprechend. Bei der Auswahl der Wahlvorschläge berücksichtigt der Aufsichtsrat das Ziel, den Anteil von Frauen in allen Gremien zu stärken.

Wiederwahl ist zulässig.

Die Ausschussmitglieder bleiben bis zum Ablauf der 3. auf die Wahl folgenden ordentlichen Mitgliederversammlung im Amt. Sofern der Berufsgruppenvertreter der Verleger oder dessen Stellvertreter während seiner Amtszeit zu einem anderen Verlag wechselt, bleibt er im Amt, wenn der neue Verlag die für die Wahl in den Werkausschuss geltenden Voraussetzungen erfüllt. Anderenfalls scheidet er aus seinem Amt aus.

Scheidet während der Amtsdauer ein Mitglied aus diesem oder einem anderen Grund aus, so haben die Aufsichtsratsmitglieder seiner Berufsgruppe ein Ersatzmitglied zu wählen, das an dessen Stelle tritt. Dieses bedarf der Bestätigung durch die nächste Mitgliederversammlung, soweit die Amtsdauer über diese Mitgliederversammlung hinausgeht.

§ 2 Der Werkausschuss wählt aus seiner Mitte einen Vorsitzenden, einen stellvertretenden Vorsitzenden und einen Protokollführer.

Darüber hinaus kann der Ausschuss mit Zustimmung von Aufsichtsrat und Vorstand externe Sachverständige punktuell zur Beratung hinzuziehen oder als ständige Mitglieder mit beratender Funktion kooptieren. Die Amtsdauer der als ständige Mitglieder kooptierten Sachverständigen endet mit der Amtsperiode der stimmberechtigten Ausschussmitglieder oder durch Abberufung durch die stimmberechtigten Ausschussmitglieder.

Der Ausschuss entscheidet mit einfacher Mehrheit der bei der Abstimmung vorhandenen Stimmen. Bei Stimmengleichheit entscheidet die Stimme des Vorsitzenden.

Der Ausschuss ist beschlussfähig, wenn mindestens drei stimmberechtigte Mitglieder anwesend sind.

Der Vorstand ist zur Teilnahme an den Sitzungen des Werkausschusses berechtigt. Er ist verpflichtet, dem Ausschuss alle für seine Arbeit notwendigen Unterlagen zur Einsicht zur Verfügung zu stellen und ihm alle gebotenen Auskünfte zu erteilen.

An den Sitzungen des Werkausschusses kann ein Delegierter des Aufsichtsrats teilnehmen.

§ 3 Der Delegierte des Aufsichtsrats und der Vorstand haben lediglich beratende Stimme.

Der Werkausschuss kann von seinem Vorsitzenden oder vom Vorstand einberufen werden.

Die erste Sitzung des Ausschusses nach seiner Neuwahl beruft der bisherige Vorsitzende im Einvernehmen mit dem Vorstand ein. Gehört der bisherige Vorsitzende dem neu gewählten Werkausschuss nicht mehr an, so erfolgt die Einberufung im Einvernehmen mit dem Vorstand durch ein von der Mitgliederversammlung bei der Neuwahl des Ausschusses bestimmtes, bis zur Wahl des Ausschussvorsitzenden federführendes Mitglied.

Die Ausschussmitglieder führen in Ausschussangelegenheiten ihre Korrespondenz ausschließlich mit dem Ausschussvorsitzenden.

§ 4 Der Werkausschuss hat die ihm nach dem Verteilungsplan der GEMA zugewiesenen Aufgaben.

§ 5 Über die Sitzungen des Werkausschusses wird ein Protokoll geführt, das vom Vorsitzenden und dem Protokollführer zu unterzeichnen ist.

§ 6 Die Entscheidung des Werkausschusses ist allen am Werk Beteiligten mit Rechtsmittelbelehrung mitzuteilen. Sofern der Werkausschuss den Einstufungsantrag eines Mitglieds abgelehnt hat, hat er seine Entscheidung zu begründen.

Gegen die Entscheidungen des Werkausschusses kann von jedem betroffenen Mitglied und vom Vorstand innerhalb einer Frist von acht Wochen Einspruch eingelegt werden. Die Frist beginnt für das betroffene Mitglied mit dem Zugang der Entscheidung, für den Vorstand vom Tage der Entscheidung an zu laufen.

Es stehen dem betroffenen Mitglied wahlweise zwei Einspruchswege offen:

a) Das Mitglied kann schriftlich Einspruch beim Werkausschuss einlegen. Der Einspruch ist zu begründen.

b) Das Mitglied kann mündliche Anhörung im Werkausschuss verlangen. Zu dieser Anhörung kann das Mitglied als Beistand ein Mitglied seiner Kurie hinzuziehen.

Die Entscheidung des Werkausschusses über den Einspruch ist dem betroffenen Mitglied mit einer Begründung und Rechtsmittelbelehrung mitzuteilen. Sofern der Werkausschuss dem Einspruch nicht abhilft, kann das betroffene Mitglied innerhalb einer Frist von 8 Wochen ab Zugang der Entscheidung verlangen, dass diese dem Aufsichtsrat zur Prüfung vorgelegt wird.

Der Vorstand kann lediglich Einspruch gemäß a) einlegen. Sofern der Werkausschuss dem Einspruch nicht abhilft, kann der Vorstand innerhalb einer Frist von 8 Wochen ab dem Tage der Entscheidung verlangen, dass diese dem Aufsichtsrat zur Prüfung vorgelegt wird.

Die Entscheidungen des Werkausschusses und des Aufsichtsrates zu Einsprüchen sind allen am Werk Beteiligten mit einer Begründung mitzuteilen.

§ 7 Änderungen dieser Geschäftsordnung erfolgen durch die Mitgliederversammlung nach den Regeln, die für eine Satzungs- oder Verteilungsplanänderung vorgesehen sind. § 20 der Satzung der GEMA bleibt unberührt.

IV   Verteilungsplan und Wertungsverfahren

IV 1 Verteilungsplan der GEMA

Fassung aufgrund der Beschlüsse in der ordentlichen Mitgliederversammlung am 24. und 25. Mai 2019

Inhaltsverzeichnis

Allgemeiner Teil

Kapitel 1: Allgemeine Grundsätze der Verteilung

Abschnitt 1. Gegenstand, Geschäftsjahr
- § 1 Gegenstand des Verteilungsplans
- § 2 Geschäftsjahr

Abschnitt 2. Die Ausschüttungsberechtigten und ihre Bestimmung durch die GEMA
- § 3 Grundsätze
- § 4 Komponist
- § 5 Textdichter
- § 6 Bearbeiter
- § 7 Verleger
- § 8 Subverleger
- § 9 Bestimmung der Ausschüttungsberechtigten durch die GEMA
- § 10 Vorgehen bei widerstreitenden Ansprüchen

Abschnitt 3. Die Bildung von Sparten zur Verteilung der Einnahmen auf die Werke
- § 11 Grundsätze
- § 12 Die Sparten der Rechte der öffentlichen Wiedergabe gemäß § 15 Abs. 2 UrhG
- § 13 Die Sparten der Rechte der Vervielfältigung und Verbreitung gemäß § 15 Abs. 1 UrhG

Abschnitt 4. Die Zuordnung der Einnahmen zu den Sparten
- § 14 Grundsatz
- § 15 Einnahmen für die Wiedergabe von Fernsehsendungen
- § 16 Einnahmen für die Wiedergabe von Bildtonträgern
- § 17 Einnahmen für Wiedergaben mittels mechanischer Vorrichtungen in Kinos
- § 18 Einnahmen für sonstige Wiedergaben von Tonträgern und Wiedergaben von Hörfunksendungen
- § 19 Einnahmen für die Kabelweitersendung von Rundfunksendungen
- § 20 Einnahmen für die gewerbliche Vervielfältigung von Tonträgeraufnahmen ohne Nutzungsmeldungen
- § 21 Einnahmen für die gewerbliche Vervielfältigung von Bildtonträgeraufnahmen ohne Nutzungsmeldungen
- § 22 Einnahmen aus dem Vergütungsanspruch gemäß § 27 Abs. 1 UrhG

§ 23 Einnahmen aus dem Vergütungsanspruch gemäß § 27 Abs. 2 UrhG
§ 24 Einnahmen aus dem Vergütungsanspruch gemäß § 60h Abs. 1 S. 1 UrhG
§ 25 Einnahmen aus dem Vergütungsanspruch gemäß § 54 Abs. 1 UrhG

Abschnitt 5. Die Aufteilung der Ausschüttung pro Werk auf die am Werk Beteiligten
§ 26 Grundsätze
§ 27 Wechsel von Verlegern zu anderen Verwertungsgesellschaften
§ 28 Ausfall

Abschnitt 6. Kostendeckung und Mittel für soziale und kulturelle Zwecke
§ 29 Kostendeckung
§ 30 Mittel für soziale und kulturelle Zwecke
§ 31 Verwendung der Mittel für soziale und kulturelle Zwecke

Abschnitt 7. Vorgänge außerhalb des gewöhnlichen Geschäftsverlaufs
§ 32 Außerordentliche Einnahmen aus der Rechtewahrnehmung
§ 33 Korrektur systematischer Verteilungsfehler

Kapitel 2: Allgemeine Ausführungsbestimmungen

Abschnitt 1. Anmeldung der Werke
§ 34 Zuständigkeit
§ 35 Form
§ 36 Frist
§ 37 Anmeldung audiovisueller Werke
§ 38 Vorlage von Werknachweisen
§ 39 Nachweis der Benutzung fremder Werke
§ 40 Bestätigung über die Inverlagnahme
§ 41 Mitteilung von Veränderungen
§ 42 Falsche Angaben bei der Anmeldung
§ 43 Vorgehen bei fehlender Anmeldung

Abschnitt 2. Registrierung der Werke
§ 44 Grundsatz
§ 45 Registrierung von audiovisuellen Werken bei nicht bekannter Laufzeit
§ 46 Registrierung unter Verwendung eines Pseudonyms
§ 47 Registrierung bei Gleichheit bürgerlicher Namen
§ 48 Registrierung unter Verwendung einer Editionsbezeichnung
§ 49 Einspruch gegen die Registrierung

Abschnitt 3. Prüfungsrechte
§ 50 Spieldauer und Besetzung
§ 51 Schutzfähigkeit
§ 52 Autorenschaft bei Bearbeitungen freier Werke

Abschnitt 4. Nutzungsmeldungen
§ 53 Erfassung von Nutzungsmeldungen
§ 54 Bedingungen für die Verrechnung von Nutzungsmeldungen
§ 55 Von der Verrechnung ausgeschlossene Nutzungsmeldungen
§ 56 Fristen für die Berücksichtigung von Nutzungsmeldungen

Abschnitt 5. Ausschüttung
- § 57 Verteilungsfristen und Ausschüttungstermine
- § 58 Detailaufstellungen
- § 59 Reklamationen

Besonderer Teil

Kapitel 1: Punktbewertung und Einstufung
- § 60 Geltungsbereich
- § 61 Die Festsetzung der Punkte durch die GEMA
- § 62 Die Einstufung und Festsetzung der Punkte durch den Werkausschuss
- § 63 Verrechnungsschlüssel I (Werke der ernsten Musik)
- § 64 Verrechnungsschlüssel II (Werke der Unterhaltungsmusik)
- § 65 Verrechnungsschlüssel III (Werke, die sich nicht nach den Verrechnungsschlüsseln I, II oder IV einstufen lassen)
- § 66 Verrechnungsschlüssel IV

Kapitel 2: Die Verteilung in den Sparten des Nutzungsbereichs Aufführung

Abschnitt 1. Allgemeine Regelungen
- § 67 Die Sparten des Nutzungsbereichs Aufführung
- § 68 Die Ermittlung der Nutzungen in den Sparten des Nutzungsbereichs Aufführung

Abschnitt 2. Verteilung in der Sparte BM (Bühnenmusik)
- § 69 Gegenstand der Sparte
- § 70 Die zu verteilenden Einnahmen
- § 71 Durchführung der Verteilung

Abschnitt 3. Verteilung in der Sparte E (E-Musik-Veranstaltungen)
- § 72 Gegenstand der Sparte
- § 73 Die zu verteilenden Einnahmen
- § 74 Durchführung der Verteilung

Abschnitt 4. Verteilung in der Sparte ED (E-Musik-Direktverteilung)
- § 75 Gegenstand der Sparte
- § 76 Die zu verteilenden Einnahmen
- § 77 Durchführung der Verteilung

Abschnitt 5. Verteilung in der Sparte KI (Musik im Gottesdienst)
- § 78 Gegenstand der Sparte
- § 79 Die zu verteilenden Einnahmen
- § 80 Ermittlung der Nutzungen
- § 81 Durchführung der Verteilung

Abschnitt 6. Verteilung in der Sparte U (U-Musik-Veranstaltungen)
- § 82 Gegenstand der Sparte
- § 83 Die zu verteilenden Einnahmen
- § 84 Bildung von Inkassosegmenten
- § 85 Verteilung nach Punktwerten
- § 86 Verteilung nach Veranstaltungen
- § 87 Verteilung bei Vor- und Hauptprogramm

Abschnitt 7. Verteilung in der Sparte UD (U-Musik-Direktverteilung)
- § 88 Gegenstand der Sparte
- § 89 Die zu verteilenden Einnahmen
- § 90 Durchführung der Verteilung

Kapitel 3: Die Verteilung in den Sparten des Nutzungsbereichs Sendung

Abschnitt 1. Allgemeine Regelungen
- § 91 Die Sparten des Nutzungsbereichs Sendung
- § 92 Die Aufteilung der Einnahmen für Musiknutzungen im Rundfunk auf die Sparten des Nutzungsbereichs Sendung
- § 93 Die Ermittlung der Nutzungen in den Sparten des Nutzungsbereichs Sendung
- § 94 Ausnahme von der Verteilung auf der Grundlage von Nutzungsmeldungen

Abschnitt 2. Die Verteilung in den Sparten des Hörfunks

Unterabschnitt 1. Verteilung in der Sparte R (Hörfunk)
- § 95 Gegenstand der Sparte
- § 96 Die zu verteilenden Einnahmen
- § 97 Die Gewichtung der Nutzungen mit Senderkoeffizienten
- § 98 Die Gewichtung der Nutzungen mit Kulturfaktoren
- § 99 Die Gewichtung bei paralleler und gleichzeitiger Sendung
- § 100 Durchführung der Verteilung

Unterabschnitt 2. Verteilung in der Sparte R VR (Hörfunk-Vervielfältigungsrecht)
- § 101 Gegenstand der Sparte
- § 102 Die zu verteilenden Einnahmen
- § 103 Die Gewichtung der Nutzungen in der Sparte R VR
- § 104 Durchführung der Verteilung

Abschnitt 3. Die Verteilung in den Sparten des Fernsehens

Unterabschnitt 1. Verteilung in den Sparten FS (Fernsehen) und T FS (Tonfilm im Fernsehen)
- § 105 Gegenstand der Sparten
- § 106 Die zu verteilenden Einnahmen
- § 107 Die Gewichtung der Nutzungen mit Koeffizienten für Fernsehsendungen
- § 108 Die Gewichtung der Nutzungen mit AR-Senderkoeffizienten
- § 109 Die Gewichtung bei paralleler und gleichzeitiger Sendung
- § 110 Durchführung der Verteilung

Unterabschnitt 2. Verteilung in den Sparten FS VR (Fernsehen-Vervielfältigungsrecht) und T FS VR (Tonfilm im Fernsehen-Vervielfältigungsrecht)
- § 111 Gegenstand der Sparten
- § 112 Die zu verteilenden Einnahmen
- § 113 Die Gewichtung der Nutzungen in den Sparten FS VR und T FS VR
- § 114 Durchführung der Verteilung

Kapitel 4: Die Verteilung in den Sparten des Nutzungsbereichs Wiedergabe
  § 115   Die Sparten des Nutzungsbereichs Wiedergabe
  Abschnitt 1. Verteilung in der Sparte DK (Diskotheken-Wiedergaben)
    § 116   Gegenstand der Sparte
    § 117   Die zu verteilenden Einnahmen
    § 118   Ermittlung der Nutzungen
    § 119   Durchführung der Verteilung
  Abschnitt 2. Verteilung in der Sparte DK VR (Diskotheken-Wiedergaben-Vervielfältigungsrecht)
    § 120   Gegenstand der Sparte
    § 121   Die zu verteilenden Einnahmen
    § 122   Durchführung der Verteilung
  Abschnitt 3. Verteilung in der Sparte EM (E-Musik-Wiedergaben)
    § 123   Gegenstand der Sparte
    § 124   Die zu verteilenden Einnahmen
    § 125   Ermittlung der Nutzungen
    § 126   Durchführung der Verteilung
  Abschnitt 4. Verteilung in der Sparte M (U-Musik-Wiedergaben)
    § 127   Gegenstand der Sparte
    § 128   Die zu verteilenden Einnahmen
    § 129   Durchführung der Verteilung
    § 130   Direktverteilung auf Antrag

Kapitel 5: Die Verteilung in den Sparten des Nutzungsbereichs Vorführung
  § 131   Die Sparten des Nutzungsbereichs Vorführung
  Abschnitt 1. Verteilung in der Sparte T (Tonfilm)
    § 132   Gegenstand der Sparte
    § 133   Die zu verteilenden Einnahmen
    § 134   Ermittlung der Nutzungen
    § 135   Durchführung der Verteilung
  Abschnitt 2. Verteilung in den Sparten TD (Tonfilm-Direktverteilung) und TD VR (Tonfilm-Direktverteilung-Vervielfältigungsrecht)
    § 136   Gegenstand der Sparten
    § 137   Die zu verteilenden Einnahmen
    § 138   Durchführung der Verteilung

Kapitel 6: Die Verteilung in den Sparten des Nutzungsbereichs Vervielfältigung und Verbreitung
  § 139   Die Sparten des Nutzungsbereichs Vervielfältigung und Verbreitung
  Abschnitt 1. Verteilung in der Sparte Phono VR (Tonträger-Vervielfältigungsrecht)
    § 140   Gegenstand der Sparte

§ 141 Die zu verteilenden Einnahmen
§ 142 Durchführung der Verteilung

Abschnitt 2. Verteilung in der Sparte BT VR (Bildtonträger-Vervielfältigungsrecht)
§ 143 Gegenstand der Sparte
§ 144 Die zu verteilenden Einnahmen
§ 145 Durchführung der Verteilung

Kapitel 7: Die Verteilung in den Sparten des Nutzungsbereichs Online

Abschnitt 1. Allgemeine Regelungen
§ 146 Die Sparten des Nutzungsbereichs Online
§ 147 Der Grundsatz der Direktverteilung im Nutzungsbereich Online
§ 147a Aufteilung der Einnahmen auf die Sparten des Nutzungsbereichs Online bei der gebietsübergreifenden Vergabe von Online-Rechten

Abschnitt 2. Verteilung in den Sparten I R (Internetradio) und I R VR (Internetradio-Vervielfältigungsrecht)
§ 148 Gegenstand der Sparten
§ 149 Die zu verteilenden Einnahmen
§ 150 Aufteilung der Einnahmen auf die Sparten
§ 151 Ermittlung der Nutzungen
§ 152 Durchführung der Verteilung

Abschnitt 3. Verteilung in den Sparten I FS (Internetfernsehen), I T FS (Internetfernsehen-Tonfilm), I FS VR (Internetfernsehen-Vervielfältigungsrecht) und I T FS VR (Internetfernsehen-Tonfilm-Vervielfältigungsrecht)
§ 153 Gegenstand der Sparten
§ 154 Die zu verteilenden Einnahmen
§ 155 Aufteilung der Einnahmen auf die Sparten
§ 156 Ermittlung der Nutzungen
§ 157 Durchführung der Verteilung

Abschnitt 4. Verteilung in den Sparten KMOD (Ruftonmelodien) und KMOD VR (Ruftonmelodien-Vervielfältigungsrecht)
§ 158 Gegenstand der Sparten
§ 159 Die zu verteilenden Einnahmen
§ 160 Aufteilung der Einnahmen auf die Sparten
§ 161 Ermittlung der Nutzungen
§ 162 Durchführung der Verteilung

Abschnitt 5. Verteilung in den Sparten MOD D (Music-on-Demand-Download) und MOD D VR (Music-on-Demand-Download-Vervielfältigungsrecht)
§ 163 Gegenstand der Sparten
§ 164 Die zu verteilenden Einnahmen
§ 165 Aufteilung der Einnahmen auf die Sparten
§ 166 Ermittlung der Nutzungen
§ 167 Durchführung der Verteilung

Abschnitt 6. Verteilung in den Sparten MOD S (Music-on-Demand-Streaming) und MOD S VR (Music-on-Demand-Streaming-Vervielfältigungsrecht)
- § 168 Gegenstand der Sparten
- § 169 Die zu verteilenden Einnahmen
- § 170 Aufteilung der Einnahmen auf die Sparten
- § 171 Ermittlung der Nutzungen
- § 172 Durchführung der Verteilung

Abschnitt 7. Verteilung in den Sparten VOD D (Video-on-Demand-Download) und VOD D VR (Video-on-Demand-Download-Vervielfältigungsrecht)
- § 173 Gegenstand der Sparten
- § 174 Die zu verteilenden Einnahmen
- § 175 Aufteilung der Einnahmen auf die Sparten
- § 176 Ermittlung der Nutzungen
- § 177 Durchführung der Verteilung

Abschnitt 8. Verteilung in den Sparten VOD S (Video-on-Demand-Streaming) und VOD S VR (Video-on-Demand-Streaming-Vervielfältigungsrecht)
- § 178 Gegenstand der Sparten
- § 179 Die zu verteilenden Einnahmen
- § 180 Aufteilung der Einnahmen auf die Sparten
- § 181 Ermittlung der Nutzungen
- § 182 Durchführung der Verteilung

Abschnitt 8a. Verteilung in den Sparten GOP (Streaming auf Gemischten Online-Plattformen) und GOP VR (Streaming auf Gemischten Online-Plattformen-Vervielfältigungsrecht)
- § 182a Gegenstand der Sparten
- § 182b Die zu verteilenden Einnahmen
- § 182c Grundsätze für die Druchführung der Verteilung
- § 182d Verteilung auf der Grundlage von Nutzungsmeldungen
- § 182e Zuschlagsverteilung

Abschnitt 9. Verteilung in den Sparten WEB (Websites) und WEB VR (Websites-Vervielfältigungsrecht)
- § 183 Gegenstand der Sparten
- § 184 Die zu verteilenden Einnahmen
- § 185 Aufteilung der Einnahmen auf die Sparten
- § 186 Ermittlung der Nutzungen
- § 187 Durchführung der Verteilung

Kapitel 8: Die Verteilung in den Sparten des Nutzungsbereichs Ausland
- § 188 Verteilung in der Sparte A
- § 189 Verteilung in der Sparte A VR

Kapitel 9: Die Aufteilung der Ausschüttung auf die Ausschüttungsberechtigten bei GEMA-Originalwerken

Abschnitt 1. Allgemeine Regelungen
- § 190 Anwendungsbereich
- § 191 Die Ausschüttung bei mehreren Beteiligten derselben Berufsgruppe
- § 192 Die Ausschüttung bei Berechtigten der GEMA und anderer Verwertungsgesellschaften derselben Berufsgruppe
- § 193 Freie Vereinbarkeit bei Werken der Unterhaltungsmusik
- § 194 Die Aufteilung der Ausschüttung bei Potpourris
- § 194a Die Aufteilung der Ausschüttung bei Nutzungen dramatisch-musikalischer Werke

Abschnitt 2. Die Aufteilung der Ausschüttung in den Sparten der Rechte der öffentlichen Wiedergabe

Unterabschnitt 1. Allgemeiner Anteilsschlüssel
- § 195 Anteilsschlüssel
- § 196 Beteiligung des Textdichters bei Werken der ernsten Musik
- § 197 Beteiligung bei textierten Werken der U-Musik mit Gleichrangigkeit von Musik und Text
- § 198 Beteiligung des Bearbeiters geschützter Werke
- § 199 Die Beteiligung des Bearbeiters urheberrechtlich freier Werke
- § 199a Beteiligung des Spezialtextdichters

Unterabschnitt 2. Anteilsschlüssel für die Sparte FS
- § 200 Anteilsschlüssel
- § 201 Beteiligung des Bearbeiters und des Spezialtextdichters

Unterabschnitt 3. Anteilsschlüssel für die Sparten T und T FS
- § 202 Anteilsschlüssel
- § 203 Beteiligung des Textdichters
- § 204 Beteiligung des Bearbeiters und des Spezialtextdichters
- § 205 *Entfällt*

Abschnitt 3. Die Aufteilung der Ausschüttung in den Sparten der Rechte der Vervielfältigung und Verbreitung
- § 206 Anteilsschlüssel für die Sparten Phono VR, GOP VR, I R VR, KMOD VR, MOD D VR, MOD S VR und WEB VR
- § 207 Anteilsschlüssel für die Sparten DK VR, FS VR, R VR und T FS VR
- § 208 Anteilsschlüssel für die Sparten BT VR, I FS VR, I T FS VR, TD VR, VOD D VR und VOD S VR

Kapitel 10: Die Aufteilung der Ausschüttung an die Ausschüttungsberechtigten bei subverlegten Werken

Abschnitt 1. Allgemeine Regelungen
- § 209 Anwendungsbereich
- § 210 Voraussetzungen für die Beteiligung eines Subverlegers
- § 211 Beteiligung mehrerer Verleger bei in Deutschland subverlegten Werken
- § 212 Zweiter Subverleger

§ 213 Gemeinschaftsproduktionen
§ 214 Repräsentant

Abschnitt 2. Die Aufteilung der Ausschüttung bei subverlegten Werken in den Sparten der Rechte der öffentlichen Wiedergabe
§ 215 *Entfällt*
§ 216 Anteilsschlüssel
§ 217 *Entfällt*

Abschnitt 3. Die Aufteilung der Ausschüttung bei subverlegten Werken in den Sparten der Rechte der Vervielfältigung und Verbreitung
§ 218 Allgemeine Regelungen
§ 219 Die Aufteilung bei nicht vertretenen ausländischen Originalverlegern
§ 220 Beteiligung des deutschen Subtextdichters in den Sparten Phono VR, I R VR, KMOD VR, MOD D VR, MOD S VR, GOP VR (Nutzungsmeldungen) und WEB VR
§ 221 Beteiligung des deutschen Subtextdichters in den Sparten R VR, FS VR, T FS VR, DK VR, TD VR, BT VR, I FS VR, I T FS VR, VOD D VR und VOD S VR
§ 222 Beteiligung des ausländischen Subtextdichters

SCHLUSSBESTIMMUNGEN

§ 223 Inkrafttreten
§ 224 Auslegungsregel

Allgemeiner Teil

Kapitel 1: Allgemeine Grundsätze der Verteilung

**Abschnitt 1
Gegenstand,
Geschäftsjahr**

§ 1 Gegenstand des Verteilungsplans

Die GEMA ermittelt nach Maßgabe dieses Verteilungsplans die Ausschüttung für diejenigen geschützten Musikwerke (mit oder ohne Text), für die ihr Rechte und Ansprüche durch ihre Berechtigten im Berechtigungsvertrag oder durch eine andere Verwertungsgesellschaft auf Grundlage einer Repräsentationsvereinbarung zur Wahrnehmung eingeräumt worden sind.

§ 2 Geschäftsjahr

Das Geschäftsjahr ist das Kalenderjahr. Die Höhe der in jedem Jahr insgesamt zu verteilenden Summe entspricht den Gesamteinnahmen aus den Rechten aus dem In- und Ausland nach Abzug der Gesamtkosten, der sonstigen im Verteilungsplan vorgesehenen Abzüge sowie der Beträge, die den ausländischen Verwertungsgesellschaften zustehen, mit denen die GEMA eine Repräsentationsvereinbarung geschlossen hat.

**Abschnitt 2
Die Ausschüttungsberechtigten und
ihre Bestimmung
durch die GEMA**

§ 3 Grundsätze

[1] Ausschüttungsberechtigt nach Maßgabe und unter den Voraussetzungen der Regelungen dieses Verteilungsplans sind Komponisten, Textdichter, Bearbeiter (zusammengefasst „Urheber") und Verleger, soweit sie mit der GEMA einen Berechtigungsvertrag geschlossen haben. Ausschüttungsberechtigt ist auch der Rechtsnachfolger nach Maßgabe von § 9 des Berechtigungsvertrags. Das Verhältnis zu Urhebern und Verlegern, die einer Verwertungsgesellschaft für musikalische Urheberrechte angehören, mit der die GEMA eine Repräsentationsvereinbarung geschlossen hat, richtet sich nach der jeweiligen Repräsentationsvereinbarung.

[2] Die Ausschüttungsberechtigung der Urheber und Verleger besteht ohne Rücksicht darauf, durch wen die Rechte der GEMA zur Wahrnehmung eingeräumt worden sind.

[3] Anspruch auf Berücksichtigung bei der Verteilung haben nur diejenigen Urheber und Verleger, die an den während des Geschäftsjahres genutzten Werken nachgewiesenermaßen beteiligt sind.

§ 4 Komponist

Komponist ist, wer das Werk tatsächlich komponiert hat.

§ 5 Textdichter

[1] Textdichter ist, wer den Text tatsächlich geschaffen hat.

[2] Der Textdichter wird auch dann beteiligt, wenn das Musikwerk, zu dem der Text gehört, ohne den Text genutzt wird. Jedoch werden nachträglich unterlegte Texte von Musikwerken nur verrechnet, wenn auch der Text genutzt wird, es sei denn, dass die Zugkraft des Musikwerks auf die nachträgliche Textierung zurückgeht. Gleiches gilt bei subtextierten Werken für den Subtext. Ferner wird der Textdichter in den Sparten der Rechte der öffentlichen Wiedergabe nicht beteiligt für die Nutzung von Musikwerken, die zwar auf textierten Musikwerken beruhen, aber eine selbständige musikalische Gestaltung haben; auch in diesen Fällen ist der

Textdichter dann zu beteiligen, wenn die Zugkraft des Musikwerks auf den Text zurückgeht. Die Entscheidung, ob die Zugkraft auf die nachträgliche Textierung bzw. den Subtext oder den Text zurückgeht, ist im Streitfall durch den Werkausschuss zu treffen. In solchen Fällen entscheidet der Werkausschuss in der Besetzung von 2 Komponisten und 2 Textdichtern. Für die Prüfung sind vom Anspruchsteller grundsätzlich das ungedruckte oder gedruckte Belegexemplar, d.h. die partiturmäßige Festlegung (in sechsfacher Ausfertigung), sowie ergänzend gegebenenfalls veröffentlichte oder anderweitig verfügbare Audio-Aufnahmen vorzulegen. Auf Antrag kann der Werkausschuss auf die Vorlage der partiturmäßigen Festlegung verzichten. Bei Werken ganz oder überwiegend improvisatorischen Charakters oder elektroakustischer Musik genügt die Vorlage von Audio-Aufnahmen und schriftlichen Erläuterungen zur Werkgestaltung. Gegen die Entscheidung des Werkausschusses kann Einspruch gemäß § 6 der Geschäftsordnung für den Werkausschuss eingelegt werden.

[3] Spezialtextdichter ist, wer den Originaltext eines Werkes bearbeitet hat. Der Spezialtextdichter ist in allen Sparten des Verteilungsplans ausschüttungsberechtigt, wenn seine Textbearbeitung bei der GEMA angemeldet und in den Nutzungsmeldungen identifizierbar ist. Bei der Bearbeitung des Originaltextes eines geschützten Werkes müssen seine Textbearbeitung und seine Beteiligung zudem zum Zeitpunkt der Anmeldung von den am geschützten Werk beteiligten Berechtigten genehmigt worden sein.

§ 6 Bearbeiter

[1] Bearbeiter ist, wer das Werk tatsächlich bearbeitet hat. Die Umschreibung einer bereits vorhandenen Stimme für ein anderes Instrument stellt keine Bearbeitung im Sinne des Verteilungsplans dar. Die Beteiligung der Spezialbearbeiter richtet sich nach der Geschäftsordnung für das Schätzungsverfahren der Bearbeiter.

[2] Der Bearbeiter freier Werke ist in allen Sparten des Verteilungsplans ausschüttungsberechtigt.

[3] Der Bearbeiter geschützter Werke ist nur in den Sparten der Rechte der öffentlichen Wiedergabe ausschüttungsberechtigt. Er hat Anspruch auf Beteiligung, wenn seine Bearbeitung und seine Beteiligung vom Urheber des geschützten Werkes genehmigt worden sind und seine Bearbeitung bei der GEMA angemeldet und ausdrücklich in den Nutzungsmeldungen genannt ist. Die Regelungen zu Glaubhaftmachung und Reklamation gemäß § 59 bleiben unberührt.

§ 7 Verleger

[1] Verleger eines Werkes ist, wer mit dem Urheber einen Verlagsvertrag geschlossen und das Werk vereinbarungsgemäß verlegt hat. Der Verleger ist nur bei Ausschüttungen für Werke ausschüttungsberechtigt, die er verlegt hat. Die Beteiligung des Verlegers an den Ausschüttungen der GEMA nach Maßgabe dieses Verteilungsplans muss im Verlagsvertrag vereinbart und für das jeweilige Werk gemäß § 35 bei der GEMA angemeldet sein. Für die Beteiligung des Verlegers an Ausschüttungen auf gesetzliche Vergütungsansprüche gilt zusätzlich § 26. Zur Prüfung der zwischen Urheber und Verleger über die Ausschüttungsberechtigung getroffenen Vereinbarungen ist die GEMA nicht verpflichtet. Es gilt § 9.

[2] Voraussetzung für die Beteiligung des Verlegers ist die Erbringung einer verlegerischen Leistung in Bezug auf das Werk. Als verlegerische Leistung gilt die Vervielfältigung und Verbreitung des Werkes im Sinne des Verlagsgesetzes. Unabhängig hiervon kann die verlegerische Leistung auch durch Leistungen in den Bereichen Promotion und Vermarktung des Werkes, Finanzierung und Produktion oder Service und Administration erbracht werden. Zum Bereich Service und Administration gehört insbesondere die erforderliche Kommunikation gegenüber der GEMA hinsichtlich des Werkes und seiner Nutzungen auch im Interesse des Urhebers (z.B. durch die Anmeldung des Werkes, die Prüfung von Abrechnungsunterlagen und die Reklamationsbearbeitung).

[3] Die GEMA ist nicht verpflichtet, das Vorliegen einer verlegerischen Leistung zu überprüfen. Besteht zwischen dem Urheber und dem Verleger Uneinigkeit über die Erbringung der verlegerischen Leistung, findet die Regelung zum Vorgehen bei widerstreitenden Ansprüchen gemäß § 10 entsprechende Anwendung mit der Maßgabe, dass jede Partei anstelle der ordentlichen Gerichte zunächst die Urheber-Verleger-Schlichtungsstelle gemäß § 16 E. der Satzung anrufen kann. Ruft keine Partei innerhalb der Fristen des § 10 die ordentlichen Gerichte oder die Urheber-Verleger-Schlichtungsstelle an, so ist die GEMA berechtigt, den Verleger weiter an der Verteilung der Einnahmen für das Werk zu beteiligen.

[4] Bei Auftragskompositionswerken zu Fernsehproduktionen, die bei der GEMA ab dem 1.1.2007 angemeldet werden, ist Voraussetzung für die Beteiligung eines Verlegers eine schriftliche, werkbezogene Bestätigung durch den Verleger an die GEMA, dass die Übertragung der Verlagsrechte nicht Bedingung oder Voraussetzung für die Erteilung des Kompositionsauftrags war.

§ 8 Subverleger

[1] Subverleger ist derjenige Verleger, der ein Werk mit Einverständnis des Originalverlegers für ein oder mehrere Länder laut Subverlagsvertrag übernimmt, das Werk gemäß den Regelungen dieses Verteilungsplans in einer eigenen neugedruckten Ausgabe veröffentlicht und in denjenigen Ländern vertreibt, in denen er zum Vertrieb berechtigt ist.

[2] Für die Beteiligung des Subverlegers müssen die Voraussetzungen gemäß § 2 [0] erfüllt sein.

§ 9 Bestimmung der Ausschüttungsberechtigten durch die GEMA

[1] Die GEMA leistet die sich aus dem Verteilungsplan ergebenden Ausschüttungen mit befreiender Wirkung an diejenigen Urheber und Verleger, welche ihr aufgrund der Anmeldungen der Werke oder aufgrund anderer Umstände als die Empfangsberechtigten bekannt sind.

[2] Bei berechtigten Zweifeln an der Ausschüttungsberechtigung ist diese durch den Anspruchsteller darzulegen und zu beweisen.

§ 10 Vorgehen bei widerstreitenden Ansprüchen

Treten Ansprüche Mehrerer in Widerstreit, so ist die GEMA verpflichtet und berechtigt, die Auszahlung so lange zu verweigern, bis eine gemeinsame Erklärung der streitenden Parteien oder eine für die Parteien verbindliche Entscheidung über die Berechtigung vorliegt. Die GEMA kann eine Frist von 6 Monaten zur Geltendmachung der Ansprüche (im ordentlichen Rechtsweg oder nach Vereinsrecht gemäß

§ 16 der Satzung) setzen. Wird der Nachweis der Geltendmachung innerhalb dieser Frist nicht erbracht, ist die GEMA zur Auszahlung an denjenigen berechtigt, der nach der Werkanmeldung die Priorität hat. Ist zwischen den Parteien streitig, ob der Urheber der Beteiligung des Verlegers an Ausschüttungen auf gesetzliche Vergütungsansprüche zugestimmt hat, ist die GEMA nach fruchtlosem Ablauf der Frist zur Ausschüttung an den Urheber berechtigt.

**Abschnitt 3
Die Bildung von Sparten zur Verteilung der Einnahmen auf die Werke**

§ 11 Grundsätze

[1] Für die Verteilung werden Sparten entsprechend den verschiedenen Musikverwertungsgebieten gebildet.

[2] Die Verteilung in den Sparten erfolgt im Wege der Direktverteilung oder im Wege der kollektiven Verteilung.

[3] Soweit Direktverteilung erfolgt, werden die Einnahmen, die die GEMA für eine Nutzung erzielt, abzüglich Kosten und sonstiger Abzüge auf die jeweils genutzten Werke verteilt. Soweit sich einzelnen Werken keine gesonderten Einnahmen zuordnen lassen, erfolgt die Verteilung auf die Werke pro rata numeris. Soweit die Nutzung innerhalb eines Pauschalinkassovertrags erfolgt ist, wird bei der Direktverteilung in den Sparten BM, ED, UD und EM derjenige Betrag als Einnahme im Sinne von Satz 1 zugrunde gelegt, der sich im Falle einer Einzellizenzierung der betreffenden Nutzung unter Berücksichtigung tariflicher und gesamtvertraglicher Nachlässe ergeben würde.

[4] Soweit kollektive Verteilung erfolgt, werden die Einnahmen, die die GEMA für eine Vielzahl von Nutzungen erzielt, zur gemeinsamen Verteilung zusammengefasst. Dabei wird die Gesamtsumme der jeweiligen Einnahmen für die betreffenden Nutzungen abzüglich Kosten und sonstiger Abzüge (Nettoverteilungssumme) auf alle genutzten Werke verteilt.

§ 12 Die Sparten der Rechte der öffentlichen Wiedergabe gemäß § 15 Abs. 2 UrhG

Zur Verteilung für Nutzungen der Rechte der öffentlichen Wiedergabe gemäß § 15 Abs. 2 UrhG werden die folgenden Sparten gebildet:

A	Ausland
BM	Bühnenmusik
DK	Diskotheken-Wiedergaben
E	E-Musik-Veranstaltungen
ED	E-Musik-Direktverteilung
EM	E-Musik-Wiedergaben
FS	Fernsehen
GOP	Streaming auf Gemischten Online-Plattformen (Nutzungsmeldungen und Zuschlag) [1]
I R	Internetradio
I FS	Internetfernsehen
I T FS	Internetfernsehen-Tonfilm
KI	Musik im Gottesdienst
KMOD	Ruftonmelodien
M	U-Musik-Wiedergaben
MOD D	Music-on-Demand-Download

[1] Gilt für die Verteilung für die Geschäftsjahre bis einschließlich 2022.

MOD S	Music-on-Demand-Streaming
R	Hörfunk
T	Tonfilm
TD	Tonfilm-Direktverteilung
T FS	Tonfilm im Fernsehen
U	U-Musik-Veranstaltungen
UD	U-Musik-Direktverteilung
VOD D	Video-on-Demand-Download
VOD S	Video-on-Demand-Streaming
WEB	Websites

§ 13 Die Sparten der Rechte der Vervielfältigung und Verbreitung gemäß § 15 Abs. 1 UrhG

Zur Verteilung für Nutzungen der Rechte der Vervielfältigung und Verbreitung gemäß § 15 Abs. 1 UrhG werden die folgenden Sparten gebildet:

A VR	Ausland-Vervielfältigungsrecht
BT VR	Bildtonträger-Vervielfältigungsrecht
DK VR	Diskotheken-Wiedergaben-Vervielfältigungsrecht
FS VR	Fernsehen-Vervielfältigungsrecht
GOP VR	Streaming auf Gemischten Online-Plattformen-Vervielfältigungsrecht (Nutzungsmeldungen und Zuschlag)[2]
I R VR	Internetradio-Vervielfältigungsrecht
I FS VR	Internetfernsehen-Vervielfältigungsrecht
I T FS VR	Internetfernsehen-Tonfilm-Vervielfältigungsrecht
KMOD VR	Ruftonmelodien-Vervielfältigungsrecht
MOD D VR	Music-on-Demand-Download-Vervielfältigungsrecht
MOD S VR	Music-on-Demand-Streaming-Vervielfältigungsrecht
Phono VR	Tonträger-Vervielfältigungsrecht
R VR	Hörfunk-Vervielfältigungsrecht
TD VR	Tonfilm-Direktverteilung-Vervielfältigungsrecht
T FS VR	Tonfilm im Fernsehen-Vervielfältigungsrecht
VOD D VR	Video-on-Demand-Download-Vervielfältigungsrecht
VOD S VR	Video-on-Demand-Streaming-Vervielfältigungsrecht
WEB VR	Websites-Vervielfältigungsrecht

ABSCHNITT 4
DIE ZUORDNUNG DER EINNAHMEN ZU DEN SPARTEN

§ 14 Grundsatz

[1] Einnahmen für Nutzungen, die den Gegenstand einer Sparte bilden, werden in den entsprechenden Sparten verteilt.

[2] Einnahmen, für die keine gesonderten Sparten gebildet sind, werden den bestehenden Sparten nach Maßgabe der nachstehenden Regelungen zugewiesen.

§ 15 Einnahmen für die Wiedergabe von Fernsehsendungen

Die Einnahmen für die Wiedergabe von Fernsehsendungen werden den Sparten FS und T FS zugewiesen.

---

[2] Gilt für die Verteilung für die Geschäftsjahre bis einschließlich 2022.

§ 16 Einnahmen für die Wiedergabe von Bildtonträgern

Die Einnahmen für die Wiedergabe von Bildtonträgern werden zu 20 % der Sparte M, zu 30 % der Sparte T, zu 20 % den Sparten FS und T FS und zu 30 % als prozentualer Zuschlag der Sparte BT VR zugewiesen.

§ 17 Einnahmen für Wiedergaben mittels mechanischer Vorrichtungen in Kinos

Von den Einnahmen aus betriebsüblichen Musikdarbietungen in Kinos werden 8 % für Wiedergaben mittels mechanischer Vorrichtungen in Kinos zur Verfügung gestellt. Dieser Anteil wird zu 60 % der Sparte R und zu 40 % der Sparte M zugewiesen.

§ 18 Einnahmen für sonstige Wiedergaben von Tonträgern und Wiedergaben von Hörfunksendungen

Die Einnahmen für sonstige Wiedergaben von Tonträgern (mit Ausnahme der in den Sparten BM, EM und DK abgerechneten Wiedergaben) und Wiedergaben von Hörfunksendungen werden zu 60 % der Sparte R und zu 40 % der Sparte M zugewiesen.

§ 19 Einnahmen für die Kabelweitersendung von Rundfunksendungen

[1] Die Einnahmen für die Kabelweitersendung von Rundfunksendungen durch inländische Kabelunternehmen werden auf die Sparte R sowie die Sparten FS und T FS im Verhältnis der Reichweite der Kabelweitersendung von Hörfunkwellen zur Reichweite der Kabelweitersendung von Fernsehprogrammen aufgeteilt.

[2] Die Einnahmen, die für die Kabelweitersendung deutscher Rundfunksendungen durch ausländische Kabelunternehmen nach Kostenabzug zur Verfügung stehen, werden auf die Nettoverteilungssumme der Sparte R sowie auf die Nettoverteilungssumme der Sparten FS und T FS nach Maßgabe der von den ausländischen Verwertungsgesellschaften mitgeteilten Zuordnung der Kabelweitersendung zu Hörfunk und Fernsehen aufgeteilt.

§ 20 Einnahmen für die gewerbliche Vervielfältigung von Tonträgeraufnahmen ohne Nutzungsmeldungen

[1] Die Einnahmen für die gewerbliche Vervielfältigung von Tonträgeraufnahmen, für die keine Nutzungsmeldungen erhältlich sind, werden zu 75 % der Sparte R VR und zu 25 % als prozentualer Zuschlag der Sparte Phono VR zugewiesen.

[2] Ausgenommen von dieser Regelung sind die in der Sparte DK VR abzurechnenden Einnahmen.

§ 21 Einnahmen für die gewerbliche Vervielfältigung von Bildtonträgeraufnahmen ohne Nutzungsmeldungen

Die Einnahmen für die gewerbliche Vervielfältigung von Bildtonträgeraufnahmen, für die keine Nutzungsmeldungen erhältlich sind, werden zu 95 % den Sparten FS VR und T FS VR und zu 5 % als prozentualer Zuschlag der Sparte BT VR zugewiesen.

§ 22 Einnahmen aus dem Vergütungsanspruch gemäß § 27 Abs. 1 UrhG

[1] Die Einnahmen aus dem Vergütungsanspruch gemäß § 27 Abs. 1 UrhG für die Vermietung von Tonträgern werden als prozentualer Zuschlag zu 75 % der Sparte Phono VR und zu 25 % der Sparte R VR zugewiesen.

[2] Die Einnahmen aus dem Vergütungsanspruch gemäß § 27 Abs. 1 UrhG für die Vermietung von Bildtonträgern werden als prozentualer Zuschlag zu 75 % der Sparte BT VR und zu 25 % den Sparten FS VR und T FS VR zugewiesen.

§ 23 Einnahmen aus dem Vergütungsanspruch gemäß § 27 Abs. 2 UrhG

[1] Die Einnahmen aus dem Vergütungsanspruch gemäß § 27 Abs. 2 UrhG für das Verleihen durch der Öffentlichkeit zugängliche Einrichtungen (Bibliothekstantieme) werden nach Maßgabe der folgenden Regelungen verteilt.

[2] Der auf den Verleih von Tonträgern entfallende Anteil wird als prozentualer Zuschlag zu 75 % der Sparte Phono VR und zu 25 % der Sparte R VR zugewiesen.

[3] Der auf den Verleih von Bildtonträgern entfallende Anteil wird als prozentualer Zuschlag zu 75 % der Sparte BT VR und zu 25 % den Sparten FS VR und T FS VR zugewiesen.

[4] Der auf den Verleih von Notenmaterial entfallende Anteil wird als unverteilbar behandelt.

§ 24 Einnahmen aus dem Vergütungsanspruch gemäß § 60h Abs. 1 S. 1 UrhG

[1] Die Einnahmen aus dem Vergütungsanspruch gemäß § 60h Abs. 1 S. 1 UrhG für gesetzlich erlaubte Nutzungen für Unterricht, Wissenschaft und Institutionen werden nach Maßgabe der folgenden Regelungen verteilt.

[2] Die Einnahmen aus gesetzlich erlaubten Nutzungen von Audiowerken werden als prozentualer Zuschlag in den Sparten MOD S und MOD S VR verteilt.

[3] Die Einnahmen aus gesetzlich erlaubten Nutzungen von audiovisuellen Werken werden als prozentualer Zuschlag in den Sparten VOD S und VOD S VR verteilt.

§ 25 Einnahmen aus dem Vergütungsanspruch gemäß § 54 Abs. 1 UrhG

[1] Die Einnahmen aus dem Vergütungsanspruch gemäß § 54 Abs. 1 UrhG für private Vervielfältigung werden nach Maßgabe der folgenden Regelungen verteilt.

[2] Die Einnahmen aus privater Vervielfältigung von Tonträgeraufnahmen werden als prozentualer Zuschlag zu 20 % der Sparte R, zu 10 % der Sparte R VR, zu 45 % der Sparte Phono VR, zu 12,5 % den Sparten MOD D und MOD D VR und zu 12,5 % den Sparten MOD S und MOD S VR zugewiesen. [3)]

[3] Die Einnahmen aus privater Vervielfältigung von Bildtonträgeraufnahmen werden als prozentualer Zuschlag zu 66,67 % den Sparten FS und T FS und zu 33,33 % den Sparten FS VR und T FS VR, zugewiesen. [4)]

[4] Die Verteilung dieser Einnahmen erfolgt an die Ausschüttungsberechtigten des Geschäftsjahres, für das die Einnahmen durch die GEMA erzielt worden sind.

---

3) Die von der ordentlichen Mitgliederversammlung 2018 beschlossene Neufassung gilt für die Verteilung von Einnahmen, die die GEMA für die Geschäftsjahre ab 2018 erhält.
4) Die von der ordentlichen Mitgliederversammlung 2018 beschlossene Neufassung gilt für die Verteilung von Einnahmen, die die GEMA für die Geschäftsjahre ab 2018 erhält.

Bei der Verteilung werden solche Werknutzungen nicht berücksichtigt, bei denen die Werke durch technische Maßnahmen gemäß § 95a UrhG gegen die Vornahme privater Vervielfältigungen geschützt sind.

Abschnitt 5
Die Aufteilung der Ausschüttung pro Werk auf die am Werk Beteiligten

§ 26 Grundsätze

[1] Die pro Werk ermittelte Ausschüttung wird auf die am Werk Beteiligten nach Anteilen aufgeteilt. In den Sparten der Rechte der öffentlichen Wiedergabe mit Ausnahme der Sparte KI sowie der Sparten der Nutzungsbereiche Ausland und Online werden die Anteile in Zwölfteln und Vierundzwanzigsteln gebildet. In den Sparten der Rechte der Vervielfältigung und Verbreitung sowie in allen Sparten der Nutzungsbereiche Ausland und Online erfolgt die Aufteilung nach prozentualen Anteilen. In der Sparte KI erfolgt die Aufteilung auf die Ausschüttungsberechtigten gemäß § 81.

[2] Für die Höhe der Anteile und ihre Zuordnung zu den Urhebern und Verlegern gelten die in Kapitel 9 und 10 des Besonderen Teils dieses Verteilungsplans geregelten Anteilsschlüssel unabhängig davon, wer die Rechte an dem Werk bei der GEMA eingebracht hat.

[3] Bei der Verteilung von Einnahmen aus gesetzlichen Vergütungsansprüchen auf verlegte Werke werden die gemäß Kapitel 9 des Besonderen Teils dem Verleger zugeordneten Anteile nur dann an den Verleger ausgeschüttet, wenn der Urheber der Beteiligung des Verlegers an Ausschüttungen auf gesetzliche Vergütungsansprüche gemäß § 27a des Verwertungsgesellschaftengesetzes zugestimmt hat und diese Zustimmung der GEMA unter Berücksichtigung der Fristen gemäß §§ 36 Abs. 2 und 41 Abs. 3 mitgeteilt worden ist. Stimmt der Urheber der Beteiligung des Verlegers an Ausschüttungen auf gesetzliche Vergütungsansprüche nicht zu, werden die gemäß Kapitel 9 des Besonderen Teils dem Verleger zugeordneten Anteile an den Einnahmen aus gesetzlichen Vergütungsansprüchen an den Urheber ausgeschüttet.

§ 27 Wechsel von Verlegern zu anderen Verwertungsgesellschaften

Wenn Verleger einer ausländischen Verwertungsgesellschaft beitreten, so dürfen die Anteile ihrer Urheber und deren Rechtsnachfolger dadurch nicht geschmälert werden.

§ 28 Ausfall

[1] In den Sparten DK, DK VR, E, FS und FS VR, M, R und R VR, T, T FS, T FS VR und U (alle Inkassosegmente) wird auch für freie und nicht vertretene Anteile, die sich bei der Aufteilung der pro Werk ermittelten Ausschüttung unter Anwendung dieses Verteilungsplans ergeben, ein Ausschüttungsbetrag ermittelt. Die Summe der hiernach pro Sparte auf freie und nicht vertretene Anteile entfallenden Ausschüttungsbeträge wird als Ausfall bezeichnet. In der Sparte U wird der Ausfall für jedes Inkassosegment gesondert ermittelt.

[2] Der Ausfall wird auf die Ausschüttungsberechtigten proportional zu der Ausschüttung aufgeteilt, die sie jeweils pro Sparte und Berufsgruppe erhalten. In der Sparte U erfolgt die Aufteilung für die einzelnen Inkassosegmente gesondert.

[3] Die auf die ordentlichen Mitglieder der GEMA entfallenden Anteile am Ausfall werden nach den Regelungen der Anhänge zu den Geschäftsordnungen für die Wertungsverfahren in den Sparten E und U verteilt. Die übrigen Ausschüttungs-

berechtigten erhalten die auf sie entfallenden Anteile am Ausfall als prozentualen Zuschlag zur Ausschüttung für die jeweilige Sparte und Berufsgruppe. Ausschüttungsberechtigte einer Verwertungsgesellschaft, die mit der GEMA eine Repräsentationsvereinbarung geschlossen hat, werden bei der Verteilung des Ausfalls nur nach Maßgabe der jeweiligen Repräsentationsvereinbarungen unter Voraussetzung der Gegenseitigkeit berücksichtigt.

Abschnitt 6
Kostendeckung und Mittel für soziale und kulturelle Zwecke

§ 29 Kostendeckung

[1] Aufnahmegebühren und Mitgliedsbeiträge werden, nach Abzug von 10 % für soziale und kulturelle Zwecke gemäß § 30 Abs. 2, für die Finanzierung der allgemeinen Kosten der Rechtewahrnehmung zur Verfügung gestellt.

[2] Für die Finanzierung der Inanspruchnahme individueller Verwaltungsleistungen durch Berechtigte setzt der Vorstand im Einvernehmen mit dem Aufsichtsrat Verwaltungsgebühren in angemessener Höhe fest. Die Verwaltungsgebühren sind zu veröffentlichen.*⁾

[3] Die Kosten aus Beteiligungen an Unternehmen und die Kosten aus Leistungen der GEMA für Dritte wie der Übernahme von Mandaten von anderen Verwertungsgesellschaften und sonstigen Rechteinhabern werden mit den jeweiligen Einnahmen verrechnet.

[4] In den Sparten der Rechte der Vervielfältigung und Verbreitung (ohne die Sparten der Nutzungsbereiche Online und Ausland) wird von den Einnahmen eine Kommission von bis zu 25 % berechnet. Dies gilt auch für Einnahmen aus gesetzlichen Vergütungsansprüchen, die diesen Sparten gemäß §§ 22, 23, 24 und 25 zugewiesen sind. Die Höhe der Kommission wird von Aufsichtsrat und Vorstand einvernehmlich festgelegt.

[5] In den Sparten des Nutzungsbereichs Online wird von den Einnahmen eine einheitliche Kommission von bis zu 15 % berechnet. Der Kommissionssatz wird von Aufsichtsrat und Vorstand einvernehmlich festgelegt.

[6] In der Sparte UD wird von den gemäß § 88 lit. h zu verteilenden Einnahmen eine Kommission von bis zu 15 % berechnet. Der Kommissionssatz wird von Aufsichtsrat und Vorstand einvernehmlich festgelegt.

[7] Von den Einnahmen, die die GEMA für Auslandsnutzungen ihres Repertoires aufgrund von Repräsentationsvereinbarungen mit anderen Verwertungsgesellschaften erzielt, wird eine gesonderte Kommission berechnet, deren Höhe von Aufsichtsrat und Vorstand einvernehmlich festgelegt wird.

[8] Im Übrigen werden die Kosten der GEMA durch Anwendung eines pro Geschäftsjahr ermittelten einheitlichen Kostensatzes auf die Einnahmen in den Sparten der Rechte der öffentlichen Wiedergabe (ohne die Sparten des Nutzungsbereichs Online, die in der Sparte UD gemäß § 88 lit. h zu verteilenden Einnahmen und die für Auslandsnutzungen aufgrund von Repräsentationsvereinbarungen mit anderen Verwertungsgesellschaften erzielten Einnahmen) gedeckt.

---

*⁾ s. Dienstleistungskatalog unter www.gema.de/musikurheber/dienstleistungen

§ 30 Mittel für soziale und kulturelle Zwecke

[1] In den Sparten der Rechte der öffentlichen Wiedergabe mit Ausnahme der Sparte A werden 10 % der nach Abzug der Kosten zur Verfügung stehenden Einnahmen für soziale und kulturelle Zwecke bereitgestellt. Soweit die GEMA Rechte für eine andere Verwertungsgesellschaft für musikalische Urheberrechte wahrnimmt, erfolgt der 10 %-Abzug nach Maßgabe der jeweiligen Repräsentationsvereinbarung.

[2] Von den Aufnahmegebühren und Mitgliedsbeiträgen werden jeweils 10 % für soziale und kulturelle Zwecke bereitgestellt.

[3] Zinserträge, Konventionalstrafen, nicht verteilbare Einnahmen aus den Rechten im Sinne des Verwertungsgesellschaftengesetzes und andere unverteilbare Beträge werden für soziale und kulturelle Zwecke bereitgestellt. Wenn die Kosten für die Verteilung in keinem Verhältnis zur Einnahme stehen, kann die GEMA mit Zustimmung des Aufsichtsrates die betreffenden Einnahmen als unverteilbar behandeln.

§ 31 Verwendung der Mittel für soziale und kulturelle Zwecke

[1] Die Erfüllung des sozialen Zweckes erfolgt durch die Bereitstellung von Mitteln zugunsten der GEMA-Sozialkasse und der Alterssicherung. Die Höhe des der Sozialkasse zur Verfügung zu stellenden Betrags bestimmt sich nach der Satzung der Sozialkasse. Im Übrigen werden die Mittel im Rahmen der verschiedenen Wertungs- und Schätzungsverfahren verteilt. Das Beteiligungsverhältnis wird von Vorstand und Aufsichtsrat einvernehmlich festgelegt.

[2] Die Zuwendungen in der Sparte E dürfen 30,07 % der insgesamt für soziale und kulturelle Zwecke zur Verfügung stehenden Mittel nach Abzug des für die Sozialkasse zur Verfügung zu stellenden Betrags nicht unterschreiten.

ABSCHNITT 7
VORGÄNGE AUSSERHALB DES GEWÖHNLICHEN GESCHÄFTSVERLAUFS

§ 32 Außerordentliche Einnahmen aus der Rechtewahrnehmung

[1] Erzielt die GEMA für einen oder mehrere bereits abgerechnete Verteilungszeiträume außerhalb des gewöhnlichen Geschäftsverlaufs nachträgliche Einnahmen (außerordentliche Einnahmen) und ist eine werk- und nutzungsbezogene Verteilung der außerordentlichen Einnahmen in den betroffenen Sparten und Verteilungszeiträumen nicht oder nur mit wirtschaftlich unverhältnismäßigem Aufwand möglich, so findet eine Zuschlagsverteilung statt. Hierbei werden die außerordentlichen Einnahmen als prozentualer Zuschlag für die betreffenden Sparten an die Ausschüttungsberechtigten der einzelnen Verteilungszeiträume verteilt. § 28 findet entsprechende Anwendung. Soweit sich Teilbeträge konkreten Verteilungszeiträumen zuordnen lassen, werden sie als prozentualer Zuschlag zu diesen Verteilungszeiträumen verteilt (periodengenaue Zuschlagsverteilung). Soweit eine solche periodengenaue Zuschlagsverteilung nicht oder nur mit wirtschaftlich unverhältnismäßigem Aufwand möglich ist, werden die Beträge proportional auf alle betroffenen Verteilungszeiträume aufgeteilt.

[2] Soweit eine Zuschlagsverteilung nach Abs. 1 nicht oder nur mit wirtschaftlich unverhältnismäßigem Aufwand möglich ist, werden die außerordentlichen Einnahmen wie Ertrag des Verteilungszeitraumes behandelt, in dem sie erzielt worden sind. Dies ist insbesondere der Fall, wenn die zu erwartenden Kosten einer Zuschlagsverteilung mehr als 25 % der zu verteilenden Gesamtsumme der außerordentlichen Einnahmen betragen würden oder die für ein bereits abgerechne-

tes Geschäftsjahr erzielten außerordentlichen Einnahmen insgesamt weniger als 1 Mio. Euro betragen.

[3] Auf die Zuschlagsverteilung finden die für die jeweiligen Sparten und Verteilungszeiträume geltenden Kostenabzüge und Kommissionen keine Anwendung. Von den außerordentlichen Einnahmen werden lediglich vorab die zu erwartenden unmittelbaren Kosten der Zuschlagsverteilung in Abzug gebracht. Diese Kosten setzt der Aufsichtsrat im Vorhinein im Einvernehmen mit dem Vorstand in pauschalierter Weise fest.

[4] Von den außerordentlichen Einnahmen in den Sparten der Rechte der öffentlichen Wiedergabe werden gemäß § 30 Abs. 1 Abzüge für soziale und kulturelle Zwecke vorgenommen. Diese Abzüge sowie gegebenenfalls in den außerordentlichen Einnahmen enthaltene unverteilbare Beträge werden als prozentualer Zuschlag zu den betreffenden Geschäftsjahren der verschiedenen Wertungs- und Schätzungsverfahren sowie der Alterssicherung verteilt. Vorab erhält die Sozialkasse aus diesen Abzügen und unverteilbaren Beträgen Mittel zur Verteilung für das Geschäftsjahr, in dem die außerordentlichen Einnahmen erzielt worden sind, sofern die der Sozialkasse für dieses Geschäftsjahr insgesamt zur Verfügung gestellten Mittel zur Deckung des Bedarfs der wiederkehrenden Leistungen im Sinne der Satzung der Sozialkasse nicht ausreichen. Die Höhe des der Sozialkasse aus den vorgenannten Abzügen und unverteilbaren Beträgen zur Verfügung zu stellenden Betrags bestimmt sich nach der Satzung der Sozialkasse.

[5] Hat sich die Verteilung für einen betroffenen Verteilungszeitraum gemäß § 33 als systematisch fehlerhaft erwiesen, ist die GEMA berechtigt, bei der Ermittlung der Berechnungsgrundlage für die Zuschlagsverteilung Pauschalierungen vorzunehmen. Hierbei sind das Interesse an einer möglichst präzisen Berechnung und das wirtschaftliche Gebot der Verhältnismäßigkeit abzuwägen. Der Gleichbehandlungsgrundsatz ist zu beachten und auf Härtefälle angemessen Rücksicht zu nehmen.

§ 33 Korrektur systematischer Verteilungsfehler

[1] Erweist sich die Verteilung für einen Verteilungszeitraum im Nachhinein insgesamt oder in Teilen als systematisch fehlerhaft, insbesondere wegen der Nichtigkeit einer Regelung dieses Verteilungsplans, und ist eine vollständige Rückabwicklung und Neuvornahme der Verteilung nicht oder nur mit wirtschaftlich unverhältnismäßigem Aufwand möglich, können Aufsichtsrat und Vorstand einvernehmlich beschließen,

(a) bei der Berechnung der Höhe der sich aus der fehlerhaften Verteilung ergebenden Ansprüche Pauschalierungen vorzunehmen, soweit eine präzise Berechnung nicht oder nur mit wirtschaftlich unverhältnismäßigem Aufwand möglich ist;
(b) die Ansprüche der durch die fehlerhafte Verteilung nachteilig betroffenen Berechtigten aus den laufenden und künftigen Einnahmen zu befriedigen;
(c) Rückforderungsansprüche der GEMA gegen künftige Zahlungsansprüche der durch die fehlerhafte Verteilung begünstigten Berechtigten aufzurechnen;
(d) statt einer Aufrechnung ganz oder teilweise auf Rückforderungsansprüche der GEMA zu verzichten.

[2] Bei der Auswahl unter den zur Verfügung stehenden Maßnahmen haben Aufsichtsrat und Vorstand das Interesse an einer möglichst vollständigen Erfüllung der jeweiligen Ansprüche und das wirtschaftliche Gebot der Verhältnismäßigkeit abzuwägen. Der Gleichbehandlungsgrundsatz ist zu beachten und auf Härtefälle angemessen Rücksicht zu nehmen.

Kapitel 2: Allgemeine Ausführungsbestimmungen

**Abschnitt 1
Anmeldung der Werke**

§ 34 Zuständigkeit

[1] Bei verlegten Werken ist der Verleger zugleich für die Urheber zur Anmeldung verpflichtet. Ein Werk gilt als verlegt, soweit ein Verleger gemäß § 7 an den Ausschüttungen auf die Nutzungsrechte für das Werk zu beteiligen ist. Nicht verlegte Werke (Manuskriptwerke) müssen vom Komponisten angemeldet werden. Wenn dies nicht möglich ist, sind die übrigen Urheber berechtigt und verpflichtet, die Werkanmeldung vorzunehmen.

[2] Verleger, welche lediglich Abdrucks- oder Bearbeitungsgenehmigungen an Werken erhalten haben, ohne an der auf diese Werke entfallenden Ausschüttung beteiligt zu sein, haben die Anmeldung unter Berücksichtigung dieser Tatsache vorzunehmen. Ist jedoch ein solcher Verleger an der auf den Originalverleger entfallenden Ausschüttung zu beteiligen, so ist der Anmeldung die Zustimmung des Originalverlegers über die Beteiligung beizufügen. Für Subverlagsverträge mit dem Ausland gelten die Sonderregelungen gemäß § 210 Abs. 5 und 6.

[3] Bei audiovisuellen Werken kann die Anmeldung abweichend von Abs. 1 durch den Urheber, den Verleger oder durch den Produzenten des audiovisuellen Werks erfolgen. Bei den durch Werke verschiedener Komponisten musikalisch unterlegten audiovisuellen Werken ist im Zweifelsfall die Aufstellung des Produzenten maßgebend.

§ 35 Form

Die Anmeldung erfolgt unter Einhaltung der Formvorgaben der GEMA. Bei verlegten Werken ist mit der Anmeldung anzugeben, ob im Verlagsvertrag die Beteiligung des Verlegers an den Ausschüttungen der GEMA auf Nutzungsrechte nach Maßgabe dieses Verteilungsplans vereinbart ist. Die Zustimmung des Urhebers zur Beteiligung des Verlegers an Ausschüttungen auf gesetzliche Vergütungsansprüche gemäß § 26 Abs. 3 ist gesondert unter Einhaltung der hierfür geltenden Formvorgaben der GEMA mitzuteilen.

§ 36 Frist

[1] Ein Anspruch auf Ausschüttung besteht nur bei rechtzeitiger Anmeldung. Die GEMA ist aber berechtigt, auch Werknutzungen zu verrechnen, die vor dem Eingang einer nicht rechtzeitigen, jedoch im Übrigen ordnungsgemäßen Anmeldung stattgefunden haben.

[2] Eine Anmeldung ist rechtzeitig im Sinne von Abs. 1, wenn sie innerhalb folgender Fristen bei der GEMA eingeht:

Sparten	Nutzungen und Nutzungszeiträume	Anmeldefrist
GOP (Nutzungsmeldungen)[5], GOP VR (Nutzungsmeldungen)[6], KMOD, KMOD VR, MOD D, MOD D VR, MOD S, MOD S VR, VOD D, VOD D VR, VOD S, VOD S VR	Nutzungen im 1. Quartal	30.4. des Nutzungsjahres
	Nutzungen im 2. Quartal	31.7. des Nutzungsjahres
	Nutzungen im 3. Quartal	31.10. des Nutzungsjahres
	Nutzungen im 4. Quartal	31.1. des Folgejahres
Sonstige Sparten, halbjährliche Ausschüttung	Nutzungen im 1. Halbjahr	31.7. des Nutzungsjahres
	Nutzungen im 2. Halbjahr	31.1. des Folgejahres
Sonstige Sparten, jährliche Ausschüttung	Nutzungen audiovisueller Werke (audiovisuelle Produktionen und audiovisuelle Werbespots) in der Zeit vom 1.11. bis 31.12. in den Sparten FS, FS VR, T FS und T FS VR	31.3. des Folgejahres
	Sonstige Nutzungen und Sparten	31.1. des Folgejahres
GOP (Zuschlag)[7], GOP VR (Zuschlag)[8]		Es gelten die Anmeldefristen der gemäß § 182e zu berücksichtigenden Sparten

§ 37 Anmeldung audiovisueller Werke

In den Anmeldungen von audiovisuellen Werken (audiovisuelle Produktionen und audiovisuelle Werbespots) sind die jeweils im audiovisuellen Werk vorkommenden eigenen Kompositionen und die sonstigen musikalischen Werke aufzuführen. Meldungen der an einem audiovisuellen Werk Beteiligten, insbesondere die Ansprüche der Bearbeiter, müssen vom Komponisten bestätigt werden. Die Anmeldung hat in Sekunden der Laufzeit zu erfolgen. Die GEMA ist berechtigt, die Anmeldung bezüglich der gemachten Angaben zu überprüfen.

---

5) Gilt für die Verteilung für die Geschäftsjahre bis einschließlich 2022.
6) Gilt für die Verteilung für die Geschäftsjahre bis einschließlich 2022.
7) Gilt für die Verteilung für die Geschäftsjahre bis einschließlich 2022.
8) Gilt für die Verteilung für die Geschäftsjahre bis einschließlich 2022.

§ 38 Vorlage von Werknachweisen

[1] Auf Anforderung der GEMA hat der Anmelder einen Werknachweis durch Vorlage einer Druckausgabe, des Manuskripts, einer Ablichtung davon oder einer Audio-Aufnahme zu erbringen. Bei verlegten Werken genügt der Anmelder der Vorlagepflicht gegenüber der GEMA, wenn er in Erfüllung seiner nach der Pflichtablieferungsverordnung vom 17. Oktober 2008 (BGBl. I S. 2013) bestehenden Ablieferungspflicht dem Deutschen Musikarchiv (Deutsche Nationalbibliothek, Deutsches Musikarchiv, Deutscher Platz 1, 04103 Leipzig) 2 Exemplare der Druckausgabe einreicht und der GEMA dies unter Nennung der Einzeltitel der Werke schriftlich mitteilt.

[2] Wird trotz Anforderung der GEMA keiner der in Abs. 1 genannten Werknachweise geführt, besteht für das betroffene Werk kein Anspruch auf Ausschütttung.

[3] Gehört der Verleger eines verlegten Werkes nicht der GEMA, sondern einer ausländischen Verwertungsgesellschaft an, so ist entweder der Komponist oder ein anderer der Ausschüttungsberechtigten zum Werknachweis verpflichtet.

§ 39 Nachweis der Benutzung fremder Werke

[1] Die Anmeldenden sind verpflichtet, Werke, die unter Benutzung fremder Werke oder fremder Motive entstanden sind, entsprechend zu kennzeichnen und die Quellenstellen der benutzten Werke anzugeben.

[2] Neben dem Belegexemplar der angemeldeten Komposition oder Bearbeitung ist auf Verlangen das benutzte Originalwerk, gleich ob urheberrechtlich geschützt oder frei, der Anmeldung beizufügen.

[3] Kompositionen, Texte und Bearbeitungen, die unter Benutzung fremder geschützter Werke entstanden sind, werden nur dann bei der Verteilung berücksichtigt, wenn der Anmeldung die Zustimmung des Inhabers des Urheberrechts des verwendeten Originalwerkes oder der Bearbeitung – in der von der GEMA vorgeschriebenen Form – beiliegt.

§ 40 Bestätigung über die Inverlagnahme

Bei Anmeldung von Instrumental- oder Vokalwerken der gehobenen U-Musik mit einer Punktbewertung ab 24 und der E-Musik, deren Aufführungsmaterial vom Verleger nur mietweise vertrieben wird, ist dem Anmeldebogen die Bestätigung des Urhebers über die Inverlagnahme beizufügen.

§ 41 Mitteilung von Veränderungen

[1] Ergeben sich nach der Anmeldung eines Werkes Veränderungen des Sachverhalts (z.B. Inverlagnahme, Vertragsauflösung, Einzelherausgabe, Titelveränderung, Bearbeitungen, Verkürzungen, Erweiterungen usw.), so ist der Ausschüttungsberechtigte verpflichtet, der GEMA diese Änderungen mit den entsprechenden Unterlagen mitzuteilen. Soweit Änderungen erfolgen, erhalten die Anteilberechtigten eines Werkes eine erneute Bestätigung über die geänderte Werkregistrierung. Differenzen, die sich aus Veränderungen unter den Beteiligten ergeben, müssen vorher unter den Beteiligten selbst geklärt werden.

[2] Damit sie bei der Verteilung für einen Nutzungszeitraum berücksichtigt werden können, müssen Veränderungen der GEMA rechtzeitig mitgeteilt werden. Bei verspäteter Mitteilung einer Veränderung besteht ein Anspruch auf Berücksich-

tigung erst für den jeweils nächsten Nutzungszeitraum; eine Nachverrechnung ist ausgeschlossen.

[3] Die Mitteilung einer Veränderung ist rechtzeitig im Sinne von Abs. 2, wenn sie innerhalb folgender Fristen bei der GEMA eingeht:

Sparten	Nutzungszeiträume	Frist für die Mitteilung von Veränderungen
GOP (Nutzungsmeldungen)[9], GOP VR (Nutzungsmeldungen)[10], KMOD, KMOD VR, MOD D, MOD D VR, MOD S, MOD S VR, VOD D, VOD D VR, VOD S, VOD S VR	Nutzungen im 1. Quartal	30.4. des Nutzungsjahres
	Nutzungen im 2. Quartal	31.7. des Nutzungsjahres
	Nutzungen im 3. Quartal	31.10. des Nutzungsjahres
	Nutzungen im 4. Quartal	31.1. des Folgejahres
Sonstige Sparten, halbjährliche Ausschüttung	Nutzungen im 1. Halbjahr	31.7. des Nutzungsjahres
	Nutzungen im 2. Halbjahr	31.1. des Folgejahres
Sonstige Sparten, jährliche Ausschüttung	gesamtes Nutzungsjahr	31.1. des Folgejahres
GOP (Zuschlag)[11], GOP VR (Zuschlag)[12]		Es gelten die Anmeldefristen der gemäß § 182e zu berücksichtigenden Sparten

[4] Innerhalb eines Nutzungszeitraums werden unterschiedliche Beteiligungen an einem Werk nur für die Verteilung in den Sparten GOP (Nutzungsmeldungen),[13] GOP VR (Nutzungsmeldungen),[14] KMOD, KMOD VR, MOD D, MOD D VR, MOD S und MOD S VR berücksichtigt.

§ 42 Falsche Angaben bei der Anmeldung

[1] Falls ein Urheber oder Verleger bei seiner Werkanmeldung wissentlich oder grob fahrlässig falsche Angaben macht, so verliert er für diese nicht ordnungsgemäß angemeldeten Werke bis zur ordnungsgemäßen Anmeldung den Anspruch auf Ausschüttung. Ferner kann der Vorstand oder der Aufsichtsrat der GEMA Maßnahmen gemäß § 9 A Ziff. 4 der Satzung und § 54 Abs. 7 dieses Verteilungsplans gegen den Urheber oder Verleger ergreifen.

[2] Für falsche Angaben bei der Mitteilung von Veränderungen an angemeldeten Werken gilt Abs. 1 entsprechend.

---

9) Gilt für die Verteilung für die Geschäftsjahre bis einschließlich 2022.
10) Gilt für die Verteilung für die Geschäftsjahre bis einschließlich 2022.
11) Gilt für die Verteilung für die Geschäftsjahre bis einschließlich 2022.
12) Gilt für die Verteilung für die Geschäftsjahre bis einschließlich 2022.
13) Gilt für die Verteilung für die Geschäftsjahre bis einschließlich 2022.
14) Gilt für die Verteilung für die Geschäftsjahre bis einschließlich 2022.

§ 43 Vorgehen bei fehlender Anmeldung

[1] Sind nicht angemeldete Originalkompositionen aufgeführt worden, so ergeht nach Abschluss des jeweiligen Verteilungszeitraums eine einmalige Aufforderung an den Urheber oder Verleger zur Anmeldung, wenn der auf das Werk entfallende Ausschüttungsbetrag mindestens EUR 10,23 beträgt. Auf Anmahnung innerhalb einer Frist von 3 Monaten gemeldete Werke gelangen im nächsten Verteilungszeitraum zur Verteilung.

[2] Sind nicht oder nicht ordnungsgemäß angemeldete Originalkompositionen mechanisch vervielfältigt worden, so ergeht eine einmalige Aufforderung an den oder die Urheber oder Verleger zur Anmeldung. Auf Anmahnung innerhalb einer Frist von 3 Monaten gemeldete Werke gelangen im nächsten Verteilungszeitraum zur Verteilung.

ABSCHNITT 2
REGISTRIERUNG DER WERKE

§ 44 Grundsatz

Die Werke werden auf der Grundlage der Angaben in den Anmeldungen registriert.

§ 45 Registrierung von audiovisuellen Werken bei nicht bekannter Laufzeit

[1] Audiovisuelle Werke, bei denen die Laufzeiten der einzelnen Musikwerke nicht bekannt sind, während die Gesamtlaufzeit festgestellt werden konnte, werden registriert, indem die Gesamtmusiklaufzeit gleichmäßig auf die einzelnen Musikwerke verteilt wird.

[2] Audiovisuelle Werke, bei denen die Laufzeiten der einzelnen Musikwerke nicht bekannt sind und deren Gesamtmusiklaufzeit nicht festgestellt werden konnte, werden nach folgendem Schlüssel registriert und verrechnet:

Zahl der im audiovisuellen Werk verwendeten Musikwerke	pro Musikwerk registrierte Laufzeit in Sekunden
1–30	36
31–50	24
51–100	12
über 100	6

[3] Wird ein Musikwerk in einem audiovisuellen Werk nur teilweise (partial) benutzt, so wird für dieses Musikwerk die Hälfte der Musiksekunden nach dem Schlüssel gemäß Abs. 2 zuerkannt.

[4] Ist die gemäß Abs. 2 und 3 errechnete Gesamtmusiklaufzeit länger als zwei Drittel der Länge des Films, wie sie sich nach etwaiger Kürzung aufgrund einer Altersfreigabeprüfung ergibt, so ist die Gesamtmusiklaufzeit verhältnismäßig zu kürzen.

[5] Die Regelungen zur Registrierung bei nicht bekannter Laufzeit gelten nicht für Musiknutzungen im Rahmen von audiovisuellen Werbespots.

§ 46 Registrierung unter Verwendung eines Pseudonyms

[1] Urheber können unter Beachtung der gesetzlichen Vorschriften neben ihrem bürgerlichen oder ständigen Künstlernamen auch Pseudonyme benutzen. Vor-

aussetzung hierfür ist eine schriftliche Bestätigung der GEMA, dass das gewählte Pseudonym noch nicht von einem Dritten benutzt wird.

[2] Der Name einer Gruppe wird nicht anerkannt. Die Werkanmeldung muss vielmehr für jeden einzelnen Urheber in der sonst üblichen Weise vorgenommen werden.

[3] Die benutzten Pseudonyme dürfen zusammen mit dem bürgerlichen oder dem ständigen Künstlernamen den Verwertern mitgeteilt werden.

[4] Für das zweite Pseudonym und alle weiteren ist eine Verwaltungsgebühr gemäß § 29 Abs. 2 zu zahlen.

[5] Es ist unzulässig, den Namen – sei es der bürgerliche Name oder das Pseudonym – eines Urhebers als Pseudonym zu wählen. Ebenso wenig ist die Annahme eines Pseudonyms zulässig, das Verwechslungsgefahr mit anderen Namen in sich birgt. Bei Verstößen gegen diese Regelung verliert der Verletzer des Namensrechts für die unter den unerlaubterweise benutzten Pseudonymen erschienenen Werke jeglichen Zahlungsanspruch gegen die GEMA.

§ 47 Registrierung bei Gleichheit bürgerlicher Namen

Bei Gleichheit bürgerlicher Namen sollen sich die Beteiligten zur Vermeidung einer Verwechslungsgefahr darüber einigen, in welcher Weise die Namen durch Zusätze unterschiedlich gemacht werden können.

§ 48 Registrierung unter Verwendung einer Editionsbezeichnung

[1] Musikverlage können unter Beachtung der gesetzlichen Vorschriften neben der Firmenbezeichnung auch Editionsbezeichnungen benutzen. Voraussetzung hierfür ist eine schriftliche Bestätigung der GEMA, dass die gewählte Editionsbezeichnung noch nicht von einem Dritten benutzt wird.

[2] Die benutzten Editionsbezeichnungen dürfen zusammen mit der Firmenbezeichnung den Verwertern mitgeteilt werden. Für die zweite Editionsbezeichnung und alle weiteren ist eine Verwaltungsgebühr gemäß § 29 Abs. 2 zu zahlen.

§ 49 Einspruch gegen die Registrierung

Die am Werk beteiligten Urheber und Verleger erhalten eine Bestätigung über die erfolgte Werkregistrierung. Gegen die Werkregistrierung kann vom Berechtigten innerhalb von 3 Monaten nach Zugang der Mitteilung Einspruch erhoben werden. In diesem Fall findet die Regelung zum Vorgehen bei widerstreitenden Ansprüchen gemäß § 10 entsprechende Anwendung.

**Abschnitt 3
Prüfungsrechte**

§ 50 Spieldauer und Besetzung

[1] Die GEMA ist berechtigt, die gemeldete Spieldauer und die gemeldete Besetzung zu prüfen. Ergeben sich die Verteilung beeinflussende Differenzen zwischen der gemeldeten und der von der GEMA festgestellten Spieldauer oder Besetzung, so ist die GEMA unter gleichzeitiger Benachrichtigung der Ausschüttungsberechtigten zur Korrektur berechtigt.

[2] Ist keine Einigung zwischen dem Anmeldenden und der GEMA hinsichtlich der Spieldauer oder der Besetzung zu erzielen, so entscheidet der Werkausschuss über die der Verteilung zugrunde zu legende und zu registrierende Spieldauer oder Besetzung. Für die Prüfung sind vom Ausschüttungsberechtigten grundsätzlich das

ungedruckte oder gedruckte Belegexemplar, d. h. die partiturmäßige Festlegung (in sechsfacher Ausfertigung), sowie ergänzend gegebenenfalls veröffentlichte oder anderweitig verfügbare Audio-Aufnahmen vorzulegen. Bei Werken ganz oder überwiegend improvisatorischen Charakters oder elektroakustischer Musik genügt die Vorlage von Audio-Aufnahmen und schriftlichen Erläuterungen zur Werkgestaltung. Gegen die Entscheidung des Werkausschusses kann Einspruch gemäß § 6 der Geschäftsordnung für den Werkausschuss eingelegt werden.

§ 51 Schutzfähigkeit

[1] In Zweifelsfällen prüft der Werkausschuss der GEMA die Schutzfähigkeit der ihm vorgelegten Werke. Für die Prüfung sind vom Urheber oder Verleger grundsätzlich das ungedruckte oder gedruckte Belegexemplar, d. h. die partiturmäßige Festlegung (in sechsfacher Ausfertigung), sowie ergänzend gegebenenfalls veröffentlichte oder anderweitig verfügbare Audio-Aufnahmen vorzulegen. Bei Werken ganz oder überwiegend improvisatorischen Charakters oder elektroakustischer Musik genügt die Vorlage von Audio-Aufnahmen und schriftlichen Erläuterungen zur Werkgestaltung.

[2] Gegen die Entscheidung des Werkausschusses kann Einspruch gemäß § 6 der Geschäftsordnung für den Werkausschuss eingelegt werden. Es bleibt dem Urheber oder Verleger unbenommen, den ordentlichen Rechtsweg zu beschreiten, falls er die Entscheidung des Aufsichtsrats über seinen Einspruch nicht billigt. Bis zur rechtskräftigen Entscheidung des ordentlichen Gerichts ist die Entscheidung des Werkausschusses bzw. des Aufsichtsrats für die GEMA wie für die Urheber oder Verleger bindend.

§ 52 Autorenschaft bei Bearbeitungen freier Werke

[1] Bei Bearbeitungen freier Werke kann der Werkausschuss gebeten werden, anhand der vorgelegten Partituren, Particells oder entsprechenden Arbeitsvorlagen die Wahrscheinlichkeit der Autorenschaft zu prüfen und hierzu gutachterlich Stellung zu nehmen.

[2] Gegen die Entscheidung des Werkausschusses kann Einspruch gemäß § 6 der Geschäftsordnung für den Werkausschuss eingelegt werden.

Abschnitt 4 Nutzungsmeldungen

§ 53 Erfassung von Nutzungsmeldungen

Die GEMA ist verpflichtet, die ihr gegenüber den Veranstaltern von öffentlichen Wiedergaben zustehenden gesetzlichen Ansprüche auf Abgabe von Aufstellungen über die bei der Veranstaltung genutzten Werke (Nutzungsmeldungen) geltend zu machen. Sie trägt jedoch keine Verantwortung für den vollständigen Eingang der Nutzungsmeldungen und deren Vollständigkeit.

§ 54 Bedingungen für die Verrechnung von Nutzungsmeldungen

[1] Die GEMA ist nach der Rechtsprechung als Treuhänderin aller Mitglieder verpflichtet, der missbräuchlichen Ausnutzung des Verteilungsplans entgegenzuwirken. Diesem Zweck dienen die folgenden Regelungen.

[2] Zur Verrechnung gelangen nur Nutzungsmeldungen, die den Tatsachen entsprechen.

[3] Es ist dem Ausschüttungsberechtigten untersagt, auf die Erstellung der Nutzungsmeldungen Einfluss zu nehmen oder Nutzungsmeldungen selbständig oder im Auftrage zu erstellen.

[4] Ausgenommen von diesem Verbot sind Ausschüttungsberechtigte, die als ausübende Berufsmusiker oder aufgrund vertraglicher Verpflichtungen zur Erstellung von Nutzungsmeldungen verpflichtet sind. Sie haben im eigenen Interesse nach der Veranstaltung geeignete Nachweise zu sichern (zum Beispiel Zeugenaussagen neutraler und unbeteiligter Dritter, Belege einer geordneten Buchhaltung), um in den Fällen des Abs. 6 die Richtigkeit der Angaben in den Nutzungsmeldungen darlegen zu können. Nimmt ein solcher Ausschüttungsberechtigter an einer von der GEMA lizenzierten Veranstaltung teil, die im Freien auf öffentlich frei zugänglichen, auch überdachten Plätzen (z.B. in Bahnhofshallen, in Eingangshallen, in dem öffentlichen Publikumsverkehr zugänglichen Galerien und Passagen, auf Straßenfesten, in Fußgängerzonen, in Malls) stattfindet und auf der für die dort anzutreffenden Passanten Werke dargeboten werden, so bedürfen die von ihm erstellten Nutzungsmeldungen einer Bestätigung des Veranstalters.

[5] Die GEMA kann Ausschüttungsberechtigte im Sinne von Abs. 4 auffordern, für einen bestimmten Zeitraum, etwa bis zu 2 Monate, ihre Auftrittstermine und -orte rechtzeitig mitzuteilen. Als rechtzeitig gilt die Mitteilung, wenn sie mindestens 2 Wochen vor dem jeweiligen Auftrittstermin bei der GEMA eingeht.

[6] Soweit eine Nutzungsmeldung nicht den Tatsachen entspricht, ist die GEMA berechtigt, Nutzungsmeldungen des betroffenen Veranstalters bzw. des nach Abs. 4 zur Abgabe von Nutzungsmeldungen Befugten von der Verrechnung eines Geschäftsjahres zurückzustellen, bis der Veranstalter bzw. der Ausschüttungsberechtigte die Richtigkeit der darin enthaltenen Angaben nachgewiesen hat. Dasselbe gilt, soweit begründete Zweifel an der Richtigkeit von wesentlichen Bestandteilen von Nutzungsmeldungen bestehen. Die GEMA benachrichtigt den Veranstalter bzw. den Ausschüttungsberechtigten bis zum Ausschüttungstermin von der Zurückstellung und fordert ihn auf, den Nachweis zu erbringen. Wird dieser nicht innerhalb von 6 Monaten nach der Benachrichtigung erbracht, sind die zurückgestellten Nutzungsmeldungen von der Verrechnung ausgeschlossen.

[7] In Fällen von falschen Angaben, die einen rechtswidrigen Vermögensvorteil bezwecken, ist der Vorstand im Zusammenwirken mit dem Aufsichtsrat berechtigt, Konventionalstrafen zu fordern, die mit den dem Ausschüttungsberechtigten zufallenden Ausschüttungsansprüchen verrechnet werden können. Das Recht auf Ablehnung eines Antrags auf Aufnahme als ordentliches Mitglied nach § 8 Ziff. 3 der Satzung und auf Ausschluss nach § 9 A Ziff. 4 der Satzung bleibt davon unberührt.

§ 55 Von der Verrechnung ausgeschlossene Nutzungsmeldungen

[1] Von der Verrechnung ausgeschlossen sind Nutzungsmeldungen zu Nutzungen, für die nach Maßgabe gesetzlicher Vorschriften oder aus anderen Gründen keine Lizenzvergütungen an die GEMA gezahlt werden.

[2] Von der Verrechnung ausgeschlossen sind Nutzungsmeldungen, die entgegen § 54 Abs. 3 von den Ausschüttungsberechtigten erstellt sind.

[3] Von der Verrechnung ausgeschlossen sind Nutzungsmeldungen, die nach § 54 Abs. 4 einer Bestätigung des Veranstalters bedürfen, diese aber nicht enthalten.

[4] Von der Verrechnung ausgeschlossen sind Nutzungsmeldungen für Veranstaltungen, für die ein Ausschüttungsberechtigter seiner Mitteilungspflicht gemäß § 54 Abs. 5 nicht rechtzeitig nachgekommen ist, es sei denn, der Ausschüttungsberechtigte legt durch konkrete, nachprüfbare Angaben dar, dass eine Mitteilung aus objektiven Gründen nicht möglich war.

§ 56 Fristen für die Berücksichtigung von Nutzungsmeldungen

[1] Nutzungsmeldungen können nur berücksichtigt werden, soweit sie für die Verteilung in den Sparten E, ED, EM, BM, U und UD bis zum 31.03. des auf die Veranstaltung folgenden Jahres und für die Verteilung in den übrigen Sparten mit kollektiver Verteilung bis zum 31.12. des auf die Nutzung folgenden Jahres bei der GEMA eingehen. Später eingehende Nutzungsmeldungen sind von der Verrechnung ausgeschlossen. Unberührt bleiben die Fristen gemäß § 59.

[2] Bei den in Abs. 1 genannten Sparten setzt ein Anspruch auf Berücksichtigung einer Nutzungsmeldung zum regulären Ausschüttungstermin (Hauptverteilung) für den betreffenden Nutzungszeitraum voraus, dass die Nutzungsmeldung mindestens 3 Monate vor diesem Ausschüttungstermin bei der GEMA eingegangen ist. Nutzungsmeldungen, die später bei der GEMA eingehen und aus diesem Grund nicht bei der Hauptverteilung berücksichtigt werden können, werden zur jeweils nächsten Ausschüttung für die betreffende Sparte berücksichtigt. Die 3-Monats-Frist nach Satz 1 gilt entsprechend.

ABSCHNITT 5 AUSSCHÜTTUNG

§ 57 Verteilungsfristen und Ausschüttungstermine

[1] Die GEMA verteilt die Einnahmen aus den Rechten spätestens neun Monate nach Ablauf des Geschäftsjahrs, in dem sie eingezogen wurden. Einnahmen aus den Rechten, die die GEMA für Nutzungen ihres Repertoires aufgrund von Repräsentationsvereinbarungen mit anderen Verwertungsgesellschaften für musikalische Urheberrechte erzielt, werden spätestens sechs Monate nach Erhalt an die Mitglieder verteilt. Die Verteilungsfristen nach Satz 1 und 2 gelten nicht, soweit die GEMA aus sachlichen Gründen an der Durchführung der Verteilung gehindert ist.

[2] Die Ausschüttungstermine für die einzelnen Sparten (Zahlungsplan) und die Vorauszahlungstermine werden unter Berücksichtigung der Verteilungsfristen des Absatz 1 durch den Aufsichtsrat jeweils für das kommende Geschäftsjahr aufgrund der Vorschläge des Vorstands festgelegt. Soweit Einnahmen, die die GEMA außerhalb des gewöhnlichen Geschäftsverlaufs für bereits abgerechnete Verteilungszeiträume erzielt, als prozentualer Zuschlag zu diesen Verteilungszeiträumen oder werk- und nutzungsbezogen verteilt werden, legt der Aufsichtsrat die Ausschüttungstermine aufgrund der Vorschläge des Vorstands gesondert fest. Die Ausschüttungs- und Vorauszahlungstermine sind zu veröffentlichen.

§ 58 Detailaufstellungen

[1] In den Sparten BM, DK, E, ED, EM, FS, FS VR, GOP (Nutzungsmeldungen)[15], GOP VR (Nutzungsmeldungen)[16], KMOD, KMOD VR, M, MOD D, MOD D VR, MOD S, MOD S VR, R, R VR, T, TD, TD VR, T FS, T FS VR, U, UD, VOD D, VOD D VR, VOD S, VOD S VR, WEB und WEB VR kann der Ausschüttungsberechtigte innerhalb einer

---

15) Gilt für die Verteilung für die Geschäftsjahre bis einschließlich 2022.
16) Gilt für die Verteilung für die Geschäftsjahre bis einschließlich 2022.

Frist von 8 Wochen ab dem jeweiligen Ausschüttungstermin eine Aufstellung der verrechneten Werke, der Beteiligungsquote und der Beträge sowie in den Sparten U und UD der Zahl der abgerechneten Aufführungen anfordern (Detailaufstellung 1).

[2] In den Sparten R, R VR, FS, FS VR, T FS und T FS VR kann der Ausschüttungsberechtigte innerhalb einer Frist von 8 Wochen ab dem jeweiligen Ausschüttungstermin für die verrechneten Werke und Filme eine Aufstellung mit Angabe des Senders, des Sendedatums, der genauen tatsächlichen Spieldauer und der Koeffizienten für Fernsehsendungen gemäß § 107 anfordern, soweit die GEMA von den Sendeunternehmen die entsprechenden Angaben erhalten hat (Detailaufstellung 2).

[3] In den Sparten BM, E, ED, EM, U und UD kann der Ausschüttungsberechtigte innerhalb von 8 Wochen ab dem jeweiligen Ausschüttungstermin eine Aufstellung mit Angabe des Ortes, des Datums der Aufführung und des Namens des Veranstalters verlangen (Detailaufstellung 3).

[4] In den Sparten Phono VR und BT VR kann der Ausschüttungsberechtigte innerhalb einer Frist von 8 Wochen ab dem jeweiligen Ausschüttungstermin eine Aufstellung mit den verrechneten Werken, den Beteiligungsquoten, den werkweise verrechneten Beträgen und den Angaben zum Lizenznehmer, zum Träger, zur Anzahl der Vervielfältigungen und zum Nutzungszeitraum anfordern (Detailaufstellung 4).

[5] In der Sparte A und der Sparte A VR kann der Ausschüttungsberechtigte innerhalb einer Frist von 8 Wochen ab dem jeweiligen Termin der Auslandsausschüttung eine Aufstellung der in Abs. 1–4 genannten Informationen anfordern, soweit die GEMA diese Informationen von der ausländischen Verwertungsgesellschaft erhalten hat (Detailaufstellung 5).

[6] Die elektronische Bereitstellung der Detailaufstellungen erfolgt kostenfrei. Darüber hinaus kann der Ausschüttungsberechtigte den postalischen Versand der Detailaufstellungen gegen Zahlung einer Verwaltungsgebühr gemäß § 29 Abs. 2 beantragen. Die elektronische Bereitstellung und der postalische Versand der Detailaufstellungen erfolgen bis auf Widerruf).[17]

§ 59 Reklamationen

[1] Reklamationen einer regulären Ausschüttung (Hauptverteilung) können nur berücksichtigt werden, wenn sie in den Sparten der Nutzungsbereiche Sendung, Vorführung und Ausland innerhalb einer Frist von 18 Monaten, in den Sparten E, ED, EM und BM innerhalb einer Frist von 12 Monaten und in den übrigen Sparten innerhalb einer Frist von 3 Monaten nach dem jeweiligen Ausschüttungstermin gemäß § 57 bei der GEMA eingehen. In den Sparten GOP und GOP VR beginnt die Dreimonatsfrist mit dem jeweiligen Ausschüttungstermin für die Zuschlagsverteilung gemäß § 182e.[18]

[2] Reklamationen sonstiger Ausschüttungen können nur berücksichtigt werden, wenn sie innerhalb einer Frist von 3 Monaten nach der jeweiligen Ausschüttung bei der GEMA eingehen. Im Rahmen solcher Reklamationen können keine wei-

---

17) Die von der ordentlichen Mitgliederversammlung 2017 beschlossene Fassung von § 58 Absätze 1 bis 6 gilt ab dem 1. 1. 2018.
18) Die Regelung für die Sparten GOP und GOP VR gilt für die Verteilung für die Geschäftsjahre bis einschließlich 2022.

teren Nutzungen gemeldet oder glaubhaft gemacht werden, die zum regulären Ausschüttungstermin unberücksichtigt geblieben sind.

[3] Reklamationen müssen konkrete Angaben enthalten, die eine Prüfung zulassen, und können ferner nur dann berücksichtigt werden, wenn das Ergebnis einen Mindestbetrag von EUR 5,00 pro Werk erwarten lässt. Ergibt die Prüfung der Reklamation einen Zahlungsanspruch, so wird dieser nach Abschluss der Prüfung mit dem nächsten Ausschüttungstermin fällig. Auf Antrag kann ein angemessener Vorschuss gewährt werden.

[4] Die Berechtigten können Nutzungen, die nicht in den verwertbaren Nutzungsmeldungen enthalten sind, innerhalb der Fristen des Abs. 1 glaubhaft machen. Abs. 3 gilt entsprechend. Die Möglichkeit der Glaubhaftmachung besteht nicht für solche Nutzungsmeldungen, die gemäß § 54 Abs. 6 von der Verrechnung ausgeschlossen oder zurückgestellt wurden. In diesen Fällen setzt eine Verrechnung voraus, dass der Urheber oder Verleger den vollen Beweis (zum Beispiel Zeugenaussagen neutraler und unbeteiligter Dritter) für die Richtigkeit der Nutzungsmeldungen erbringt.

Besonderer Teil

KAPITEL 1: PUNKTBEWERTUNG UND EINSTUFUNG

§ 60 Geltungsbereich

In den Sparten E, U (Inkassosegmente gemäß § 84 Ziff. (1) bis (8)), R und FS erfolgt eine Punktbewertung und Einstufung der Werke nach Maßgabe der folgenden Regelungen.

§ 61 Die Festsetzung der Punkte durch die GEMA

[1] Nach Nutzung der angemeldeten und registrierten Werke setzt die GEMA die Punkte bzw. die Verteilung nach den Verrechnungsschlüsseln I bis IV fest. Zum Zweck der Prüfung der Werkart gemäß den Verrechnungsschlüsseln I bis IV und im Fall von Reklamationen kann die GEMA vom Ausschüttungsberechtigten die Vorlage des ungedruckten oder gedruckten Belegexemplars, d.h. die partiturmäßige Festlegung, sowie ergänzend gegebenenfalls veröffentlichte oder anderweitig verfügbare Audio-Aufnahmen anfordern. Für eine Punktfestsetzung gemäß Verrechnungsschlüssel I Ziff. 7 oder eine Verteilung gemäß Verrechnungsschlüssel IV Ziff. 1 oder 3 ist die Vorlage einer Audio-Aufnahme und einer schriftlichen Erläuterung zur Werkgestaltung ausreichend. Für eine Punktfestsetzung gemäß Verrechnungsschlüssel II Ziff. 1 oder als zeitgenössischer Jazz gemäß Verrechnungsschlüssel II Ziff. 2 ist die Vorlage einer Audio-Aufnahme ausreichend. In Zweifelsfällen legt die GEMA dem Werkausschuss die Werke zur Einstufung bzw. zur Festsetzung der Punkte vor. Gleiches gilt, wenn die Entscheidung nach den Verrechnungsschlüsseln in die Zuständigkeit des Werkausschusses fällt.

[2] Bei Aufführungen von Teilen eines Gesamtwerkes der E-Musik werden die Punkte entsprechend der zur Aufführung gebrachten Spieldauer nach den Verrechnungsschlüsseln I oder III festgesetzt.

[3] Erfolgt die Aufführung eines Werkes in einer kleineren Besetzung als angemeldet, ist bei der Festlegung der Punkte die Anzahl der an der Aufführung beteiligten Spieler maßgebend. § 65 Abs. 5 bleibt unberührt.

[4] Bei Simultanaufführung mehrerer Werke erfolgt die Verrechnung der simultan aufgeführten Werke zusammengefasst wie die Aufführung eines Werkes nach dem Punktesystem der Verrechnungsschlüssel I oder III, wobei die tatsächlich erklingende Spielzeit und die tatsächliche Anzahl von Mitwirkenden maßgebend sind.

[5] Die Veranstalter und die die Veranstaltung durchführenden Musiker sind verpflichtet, die insoweit erforderlichen Angaben über die tatsächlich erklingende Spielzeit und die tatsächliche Anzahl von Mitwirkenden an die GEMA zu melden.

§ 62 Die Einstufung und Festsetzung der Punkte durch den Werkausschuss

[1] In den Fällen des § 61 Abs. 1 Satz 5 und 6 prüft der Werkausschuss die ihm vorgelegten Werke und setzt für diese die Einstufung bzw. die Punkte nach den Verrechnungsschlüsseln I bis IV fest. In Zweifelsfällen oder auf Antrag prüft der Werkausschuss, ob Aufkommen, das in der Sparte FS für Nutzungen von Auftragskompositionen für Eigen- oder Auftragsproduktionen des Fernsehens erzielt wird, in das Wertungsverfahren der Komponisten in der Sparte E einzubeziehen ist. Das Ergebnis ist den Ausschüttungsberechtigten bekanntzugeben.

[2] Für die Prüfung sind vom Ausschüttungsberechtigten die in § 61 Abs. 1 genannten Unterlagen vorzulegen. Die partiturmäßige Festlegung ist in sechsfacher Ausfertigung vorzulegen.

[3] Gegen die Entscheidung des Werkausschusses kann Einspruch gemäß § 6 der Geschäftsordnung für den Werkausschuss eingelegt werden.

§ 63 Verrechnungsschlüssel I (Werke der ernsten Musik)

[1] Für Werke der ernsten Musik gilt folgender Verrechnungsschlüssel:

	Punktbewertung	
	in der Sparte E	in den Sparten R und FS
1. Instrumentalwerke (1-2 Instrumentalstimmen) sowie 1-4stimmige solistische Vokalwerke a cappella oder mit Begleitung von 1-2 Instrumenten		
bis zu 2 Minuten	12	1
über 2 Minuten bis zu 4 Minuten	24	1
über 4 Minuten bis unter 5 Minuten	36	1¼
ab 5 Minuten	96	1¼
ab 10 Minuten	180	1¼
ab 20 Minuten	360	1¾
ab 30 Minuten	480	1¾
ab 45 Minuten	720	1¾
ab 60 Minuten	960	1¾

	Punktbewertung	
	in der Sparte E	in den Sparten R und FS
2. Instrumentalwerke (3-9 Instrumentalstimmen) sowie solistische Vokalwerke mit mehr als vier realen Stimmen a cappella oder mit Begleitung von 3–6 obligaten Instrumenten		
bis zu 2 Minuten	24	1¼
über 2 Minuten bis zu 4 Minuten	36	1½
über 4 Minuten bis unter 5 Minuten	60	2
ab 5 Minuten	120	2
ab 10 Minuten	240	2
ab 20 Minuten	480	2
ab 30 Minuten	720	2
ab 45 Minuten	960	2
ab 60 Minuten	1 200	2
3. Chorwerke a cappella (1- 4 stimmig) oder mit Begleitung von 1-2 Instrumenten		
bis zu 2 Minuten[19]	12	1
über 2 Minuten bis zu 3 Minuten[19]	24	1
bis unter 5 Minuten	36	1½
ab 5 Minuten	96	1½
ab 10 Minuten	180	1½
ab 20 Minuten	360	1½
ab 30 Minuten	720	1½
ab 45 Minuten	960	1½
ab 60 Minuten	1 200	1½
4. Chorwerke mit Begleitung von 3-6 obligaten Instrumenten oder a cappella mit mehr als 4 realen Stimmen		
bis zu 2 Minuten[19]	36	1¼
über 2 Minuten bis zu 3 Minuten[19]	72	1½
bis unter 5 Minuten	96	1¾
ab 5 Minuten	120	1¾
ab 10 Minuten	240	1¾
ab 20 Minuten	480	1¾
ab 30 Minuten	720	1¾
ab 45 Minuten	960	1¾
ab 60 Minuten	1 200	1¾

[19] Gilt für ab dem 1.1.2002 angemeldete Werke.

	Punktbewertung	
	in der Sparte E	in den Sparten R und FS
5. Werke für Streich- und Kammerorchester in beliebiger Besetzung sowie Vokal-, Chor- und Instrumentalwerke mit Streich- und Kammerorchesterbegleitung		
bis zu 2 Minuten	40	1¾
über 2 Minuten bis zu 3 Minuten	80	2
über 3 Minuten bis unter 5 Minuten	120	2¼
ab 5 Minuten	240	2¼
ab 10 Minuten	480	2¼
ab 20 Minuten	960	2¼
ab 30 Minuten	1 200	2¼
ab 45 Minuten	1 680	2¼
ab 60 Minuten	2 160	2¼
6. Werke für großes Orchester sowie Vokal-, Chor- und Instrumentalwerke mit großem Orchester		
bis zu 2 Minuten	80	2
über 2 Minuten bis zu 3 Minuten	160	2¼
über 3 Minuten bis unter 5 Minuten	240	2½
ab 5 Minuten	480	2½
ab 10 Minuten	960	2½
ab 20 Minuten	1 200	2½
ab 30 Minuten	1 680	2½
ab 45 Minuten	2 160	2½
ab 60 Minuten	2 400	2½
7. Elektroakustische Musik, Musik mit überwiegend elektroakustischen Anteilen		
bis zu 2 Minuten	12	1
über 2 Minuten bis zu 4 Minuten	24	1
über 4 Minuten bis zu 5 Minuten	36	1
über 5 Minuten bis zu 10 Minuten	96	1
über 10 Minuten bis zu 20 Minuten	180	1
über 20 Minuten bis zu 30 Minuten	360	1
über 30 Minuten bis zu 45 Minuten	720	1
über 45 Minuten bis zu 60 Minuten	960	1
ab 60 Minuten	1 200	1

	Punktbewertung	
	in der Sparte E	in den Sparten R und FS
8. Werke oder Werkfragmente gemäß Ziff. 1. bis 7., die in den Sparten R und FS als Pausen- und Vorlaufmusik, Einleitungs-, Zwischen- und Schlussmusik, Titel- und Erkennungsmusiken zu regelmäßig wiederkehrenden Sendungen, d. h. zu sich mindestens an 5 aufeinanderfolgenden Tagen oder wöchentlich einmal in 7 aufeinanderfolgenden Wochen wiederholenden Sendungen zur Verrechnung kommen		1

[2] Auf Antrag und bei Vorlage der entsprechenden Unterlagen kann der Werkausschuss zu den in Ziff. 7 genannten Werken die Punktbewertung in der Sparte E nach dem Punktschema in Ziff. 5[20] und in den Sparten R und FS bis auf 2½ festsetzen.

[3] Jedes selbstständig geführte Instrument gilt als eine Stimme. Es gilt höchstens die Zahl der mitwirkenden Spieler. Elektroakustische Zuspielungen bzw. Bandzuspielungen zu live gespielten Instrumenten werden insgesamt als eine Stimme gezählt.

[4] Als Werke für Kammerorchester bzw. kleine Orchester gelten diejenigen in Ziff. 5. und 6. genannten Kompositionen, die in der Partiturbesetzung bis zu 18 selbstständig geführte Stimmen aufweisen. Alle Werke in Partiturbesetzung ab 19 Stimmen zählen als Werke für große Orchester.

§ 64 Verrechnungsschlüssel II (Werke der Unterhaltungsmusik)

Für Werke der Unterhaltungsmusik gilt folgender Verrechnungsschlüssel:

	Punktbewertung	
	in der Sparte U	in den Sparten R und FS
1. Tanz-, Pop-, Jazz- und Rockmusik mit oder ohne Text, Märsche und andere vokale, instrumentale und elektronisch erzeugte Unterhaltungsmusik, Potpourris geschützter Werke gemäß § 194 Abs. 4 sowie urheberrechtlich geschützte Texte zu urheberrechtlich freien unbearbeiteten Werken der Musik	12	1

---

20) Gilt für Einstufungen bis einschließlich Geschäftsjahr 2022.

	Punktbewertung in der Sparte U	Punktbewertung in den Sparten R und FS
2. Konzertstücke mit und ohne Text; Vokalmusik mit oder ohne Instrumente, soweit sie nicht unter Verrechnungsschlüssel I einzustufen ist; zeitgenössischer Jazz von künstlerischer Bedeutung und mit Konzertcharakter, ausgenommen sogenannte Standards. Im Falle von Zweifeln am Jazzcharakter eines Werkes entscheidet der Werkausschuss nach Vorlage eines Belegexemplars über die Zugehörigkeit		
bis zu 10 Minuten	24	1
über 10 Minuten bis zu 20 Minuten	36	1
über 20 Minuten	48	1
3. a) U-Chansons[21]	36	1¼
3. b) Textierte Werke der U-Musik, die einen urheberrechtlich geschützten Text von besonderem künstlerischen Wert haben. Voraussetzung für die Einstufung ist eine erkennbare Verzahnung der Musik mit der Dramaturgie des Textes. Die Einstufung erfolgt auf Antrag durch den Werkausschuss auf der Grundlage von vollständigen Belegexemplaren	36	1¼[22]
4. Konzertwerke für Orchester bzw. Bigband-, große Fusion- und Jazzbesetzungen ab 10 selbstständig geführten Stimmen oder Konzertwerke mit besonderer Komplexität		
bis zu 2 Minuten	24	1
über 2 Minuten bis zu 4 Minuten	36	1
über 4 Minuten bis zu 10 Minuten	60	1¼
über 10 Minuten bis zu 15 Minuten	120	1½
über 15 Minuten bis zu 20 Minuten	180	1¾
über 20 Minuten bis zu 30 Minuten	360	1¾
über 30 Minuten bis zu 45 Minuten	480	2
über 45 Minuten bis zu 60 Minuten	720	2
über 60 Minuten	960	2

Bei variabler Spieldauer wird bei der Aufführung die Mindestspieldauer für die Verteilung zugrunde gelegt. Die Einstufung nach dieser Ziffer erfolgt auf Antrag unter Vorlage der vollständigen Partitur. In Zweifelsfällen entscheidet der Werkausschuss.

---

[21] Ziff. 3 a) gilt für Einstufungen bis Geschäftsjahr 2011.
[22] Gilt für bis zu 150 nach §§ 97–99 und §§ 107–109 gewichtete Minuten, darüber hinaus erfolgt die Verrechnung mit der Punktbewertung 1.

	Punktbewertung	
	in der Sparte U	in den Sparten R und FS

5. Unterhaltungsmusikwerke von besonderem künstlerischen Wert, die vom Werkausschuss als solche anerkannt worden sind .... 12 bis 2400   1 bis 2½

Die Einstufung durch den Werkausschuss nach dieser Ziff. erfolgt auf Antrag, mit dem die Partitur und eine Erklärung des Komponisten vorzulegen sind, dass das Werk von ihm allein komponiert worden ist und die Partitur von ihm selbst stammt. Weitere Voraussetzung für die Einstufung ist, dass die Aufführung an die in der Partitur festgelegte Besetzung gebunden ist.

Die Punktbewertung erfolgt nach U und richtet sich entsprechend der Besetzung und Spieldauer nach dem Punkteschema in Verrechnungsschlüssel I.

6. *Für Einstufungen bis Geschäftsjahr 2008*
   a) Konzertwerke für Orchester (Originalkompositionen), Ouvertüren, Rhapsodien, Ballettmusiken, Konzertsätze bis zu 10 Minuten Spieldauer, Große mehrteilige Walzer sowie Potpourris bis zu 5 Minuten Spieldauer (ausgenommen Potpourris gemischten Inhalts) 36   1
   b) Konzertwerke für Orchester (Originalkompositionen), Ouvertüren, Rhapsodien, Ballettmusiken, Konzertsätze über 10 Minuten Spieldauer, Fantasien aus Opern, Operetten und Filmen, Potpourris über 5 Minuten Spieldauer (ausgenommen Potpourris gemischten Inhalts) 48   1¼
   c) Konzertwerke für Orchester (Originalkompositionen), Ouvertüren, Rhapsodien, Ballettmusiken, Fantasien aus Opern und Operetten, Potpourris (ausgenommen Potpourris gemischten Inhalts), Konzertsätze, Spieldauer über 15 Minuten 60   1½

7. Werke oder Werkfragmente gemäß Ziff. 1 bis 6, die in den Sparten R und FS als Pausen- und Vorlaufmusik, Einleitungs-, Zwischen- und Schlussmusik, Titel- und Erkennungsmusiken zu regelmäßig wiederkehrenden Sendungen, d.h. zu sich mindestens an 5 aufeinanderfolgenden Tagen oder wöchentlich einmal in 7 aufeinanderfolgenden Wochen wiederholenden Sendungen zur Verrechnung kommen   1

§ 65 Verrechnungsschlüssel III (Werke, die sich nicht nach den Verrechnungsschlüsseln I, II oder IV einstufen lassen)

[1] Für Werke, die sich nicht nach Verrechnungsschlüssel I, Verrechnungsschlüssel II oder Verrechnungsschlüssel IV einstufen lassen, gilt folgender Verrechnungsschlüssel:

	Punktbewertung bei Live-Aufführung	Punktbewertung in den Sparten R und FS
bis zu 2 Minuten	12	1
über 2 Minuten bis zu 4 Minuten	24	1
über 4 Minuten bis zu 5 Minuten	36	1
über 5 Minuten bis zu 10 Minuten	96	1
über 10 Minuten bis zu 20 Minuten	180	1
über 20 Minuten bis zu 30 Minuten	360	1
über 30 Minuten bis zu 45 Minuten	720	1
über 45 Minuten bis zu 60 Minuten	960	1
über 60 Minuten	1 200	1

[2] Bei Live-Aufführung erfolgt die Verteilung in der Sparte E.

[3] Auf Antrag und bei Vorlage der entsprechenden Unterlagen kann der Werkausschuss die Punktbewertung in den Sparten R und FS bis auf 2½ festsetzen.

[4] Bei variabler Spieldauer wird bei der Aufführung die Mindestspieldauer für die Verteilung zugrunde gelegt.

[5] Die Einstufung ist an die in der Partitur festgelegte Besetzung gebunden. Bei Aufführungen und Sendungen mit abweichender Besetzung und/oder abweichender Spieldauer entfällt für diese Nutzungen die Einstufung des Werkes nach Verrechnungsschlüssel III und es erfolgt eine Verteilung gemäß Verrechnungsschlüssel II Abs. 1 Ziff. 1 mit der Punktbewertung in der Sparte U = 12 und der Punktbewertung in den Sparten R und FS = 1.

[6] Bei Nutzungsmeldungen, die gemäß § 54 Abs. 4 von einem Ausschüttungsberechtigten ausgefüllt worden sind und die Werke dieses Ausschüttungsberechtigten ausweisen, für welche die Punkte nach dem Verrechnungsschlüssel III festgelegt wurden, kann die GEMA den Ausschüttungsberechtigten spätestens bis zum Ausschüttungstermin auffordern zu erklären, in welcher Besetzung und mit welcher Spieldauer die Werke aufgeführt wurden. Wird die Erklärung nicht innerhalb von 6 Monaten nach dem Zugang der Aufforderung vorgelegt oder entspricht sie nicht den Tatsachen, besteht kein Anspruch auf Verrechnung der betroffenen Werknutzungen. Wird die Erklärung rechtzeitig vorgelegt und entspricht sie den Tatsachen, so wird der sich danach ergebende Anspruch auf Verrechnung mit dem nächsten Ausschüttungstermin fällig. Entspricht die Erklärung nicht den Tatsachen, so gelten § 3 II (6) der Geschäftsordnung für das Wertungsverfahren der Komponisten in der Sparte E bzw. § 3 (8) der Geschäftsordnung für das Wertungsverfahren der Verleger in der Sparte E.

§ 66 Verrechnungsschlüssel IV

[1] Der Verrechnungsschlüssel IV gilt in folgenden Fällen:

1. Hörstücke und Werke der akustischen Kunst, soweit sie nicht als elektroakustische Musik gemäß Verrechnungsschlüssel I Ziff. 7 einzustufen sind
2. Musik zu vorgetragenem Text gemäß § 19 Abs. 1 UrhG
3. Werke ganz oder überwiegend improvisatorischen Charakters und Musik, die nicht auf andere Weise einzuordnen ist
4. Werke, die nur aus einer Spielanweisung bestehen
5. Auftragskompositionen und sonstige Illustrationsmusiken für Eigen- und Auftragsproduktionen des Fernsehens.

[2] Im Falle der Aufführung erfolgt grundsätzlich Direktverteilung in den Sparten ED oder UD gemäß deren jeweiligem Gegenstand. Für die Live-Aufführung von Auftragskompositionen und sonstigen Illustrationsmusiken für Eigen- und Auftragsproduktionen des Fernsehens kann der Werkausschuss auf Antrag eine gesonderte Einstufung nach den Verrechnungsschlüsseln I bis III vornehmen. In diesem Fall erfolgt die Verteilung je nach Einstufung des Werks in den Sparten E oder U.

[3] Im Falle der Sendung erfolgt die Verteilung in den Sparten des Nutzungsbereichs Sendung. Die Werke erhalten in diesem Fall die Punktbewertung 1. Die Punktbewertung 1 gilt auch für Sendungen, denen eine sonstige direkt zu verteilende Nutzung in den Sparten der Rechte der öffentlichen Wiedergabe zugrunde liegt.

Kapitel 2: Die Verteilung in den Sparten des Nutzungsbereichs Aufführung

**Abschnitt 1
Allgemeine Regelungen**

§ 67 Die Sparten des Nutzungsbereichs Aufführung
Der Nutzungsbereich Aufführung umfasst die Sparten der Live-Aufführung (Sparten E, ED, U und UD) sowie die Sparten BM und KI.

§ 68 Die Ermittlung der Nutzungen in den Sparten des Nutzungsbereichs Aufführung
In den Sparten BM, E, ED, U und UD stellt die GEMA alljährlich für jedes Werk die Zahl der Aufführungen anhand der bei ihr eingegangenen verwertbaren Nutzungsmeldungen und Angaben über veranstaltete Aufführungen fest. Die Ermittlung der Nutzungen in der Sparte KI erfolgt gemäß § 80.

**Abschnitt 2
Verteilung in der Sparte BM (Bühnenmusik)**

§ 69 Gegenstand der Sparte
In der Sparte BM (Bühnenmusik) erhalten Werke eine Ausschüttung für die Aufführung im Sinne des § 19 Abs. 2 UrhG oder die Wiedergabe im Sinne des § 21 UrhG, soweit es sich um folgende Nutzungen handelt:

(a) Bühnenmusik (Kleines Recht),

(b) Bühnen-Aufführungen von vorbestehenden Werken des Kleinen Rechts,

(c) Hörspielmusik (Kleines Recht).

§ 70 Die zu verteilenden Einnahmen

In der Sparte BM werden die Einnahmen verteilt, die aus der Vergabe von Nutzungsrechten für die in § 69 genannten Nutzungen zur Verfügung stehen.

§ 71 Durchführung der Verteilung

Es erfolgt Direktverteilung.

ABSCHNITT 3
VERTEILUNG IN DER SPARTE E (E-MUSIK-VERANSTALTUNGEN)

§ 72 Gegenstand der Sparte

[1] In der Sparte E (E-Musik-Veranstaltungen) erhalten Werke eine Ausschüttung für die Aufführung im Sinne von § 19 Abs. 2 UrhG in Veranstaltungen der ernsten Musik, soweit nicht Direktverteilung in den Sparten ED oder BM vorgesehen ist oder eine Ausschüttung in der Sparte KI erfolgt.

[2] Sind in einer Veranstaltung der ernsten Musik Werke der Unterhaltungsmusik aufgeführt worden, so werden diese in der Sparte U abgerechnet. Aufführungen von Potpourris geschützter Werke im Verwertungsgebiet E werden als Aufführungen im Verwertungsgebiet U verrechnet.

[3] Sind in einer Nutzungsmeldung neben Werken, die nach Verrechnungsschlüssel I oder III einzuordnen sind, auch nach Verrechnungsschlüssel IV einzuordnende Werke enthalten, so wird der auf Nutzungen dieser Werke entfallende Anteil an den Einnahmen proportional zur Gesamtzahl der Werknutzungen ermittelt. Der hiernach auf Werke nach Verrechnungsschlüssel IV entfallende Anteil an den Einnahmen wird in der Sparte ED verteilt.

§ 73 Die zu verteilenden Einnahmen

In der Sparte E werden die Einnahmen verteilt, die aus der Vergabe von Nutzungsrechten für die in § 72 genannten, in der Sparte E zu berücksichtigenden Nutzungen zur Verfügung stehen.

§ 74 Durchführung der Verteilung

[1] Es erfolgt kollektive Verteilung.

[2] Für jedes Werk wird durch Multiplikation der gemäß § 68 ermittelten Aufführungszahlen mit den Punktbewertungen der Verrechnungsschlüssel I oder III eine Punktzahl errechnet.

[3] Werden Werke oder Werkfragmente als Pausen- und Vorlaufmusik, Einleitungs-, Zwischen- und Schlussmusik, Titel- und Erkennungsmusik aufgeführt, so werden solche Aufführungen mit dem Faktor $1/3$ multipliziert.

[4] Der Wert eines Punkts ergibt sich durch Division der Nettoverteilungssumme durch die Gesamtzahl aller Punkte. Die Ausschüttung pro Werk ergibt sich durch Multiplikation der für das Werk errechneten Punktzahl mit dem Punktwert.

ABSCHNITT 4
VERTEILUNG IN DER SPARTE ED (E-MUSIK-DIREKTVERTEILUNG)

§ 75 Gegenstand der Sparte

In der Sparte ED (E-Musik-Direktverteilung) erfolgt in den nachfolgend genannten Fällen eine Ausschüttung für die Aufführung von Werken der ernsten Musik im Sinne des § 19 Abs. 2 UrhG.

(a) Aufführungen von Werken nach Verrechnungsschlüssel IV gemäß § 66 Abs. 2.

(b) Werkaufführungen in an die GEMA abgerechneten öffentlichen Veranstaltungen mit eingeschränktem Konzertcharakter, wie z. B. Proben, Generalproben, offenes Singen oder offenes Musizieren sowie installative Nutzungen von Musikwerken.

(c) Werkaufführungen veranstaltet von oder durchgeführt in Hochschulen, Schulen und anderen Bildungsanstalten während der üblichen Vorlesungs- und Unterrichtszeit, in Krankenhäusern und anderen Einrichtungen der Gesundheitspflege sowie in Altenheimen oder anderen sozialen Einrichtungen (ausgenommen hochschul- oder schuleigene Veranstaltungen mit Lehrpersonal und/oder Schülern bzw. Studenten als Musiker).

(d) Werkaufführungen im Freien, auf öffentlich zugänglichen, auch überdachten Plätzen (z.B. Bahnhofshallen, Eingangshallen, dem öffentlichen Publikumsverkehr zugängliche Galerien und Passagen, Fußgängerzonen, Malls u.ä.) für die dort anzutreffenden Passanten.

(e) Werkaufführungen in sogenannten Happenings, Hauskonzerten oder ähnlichen Veranstaltungen.

(f) Werkaufführungen mit einer Gesamtbesucherzahl von weniger als 10 Zuhörern. Anwesende, die zum Kreis der Veranstalter und Mitwirkenden gehören, sind hierbei nicht zu berücksichtigen.

§ 76 Die zu verteilenden Einnahmen

In der Sparte ED werden die Einnahmen verteilt, die aus der Vergabe von Nutzungsrechten für die in § 75 genannten Nutzungen zur Verfügung stehen.

§ 77 Durchführung der Verteilung

Es erfolgt Direktverteilung.

Abschnitt 5
Verteilung in der Sparte KI (Musik im Gottesdienst)

§ 78 Gegenstand der Sparte

In der Sparte KI (Musik im Gottesdienst) erhalten Werke eine Ausschüttung für die Nutzung im Rahmen von Gottesdiensten, insbesondere im Wege der Aufführung im Sinne des § 19 Abs. 2 UrhG.

§ 79 Die zu verteilenden Einnahmen

In der Sparte KI werden die Einnahmen verteilt, die aus der Vergabe von Nutzungsrechten für die in § 78 genannten Nutzungen zur Verfügung stehen. Dabei werden die Einnahmen für Musiknutzungen in der katholischen Kirche in der Untersparte KK verteilt, die Einnahmen für Musiknutzungen in der evangelischen Kirche in der Untersparte EK und die Einnahmen für Musiknutzungen in der neuapostolischen Kirche in der Untersparte NAK.

§ 80 Ermittlung der Nutzungen

[1] In der Sparte KI erfolgt die Ermittlung der Nutzungen grundsätzlich anhand stichprobenartiger Erhebungen der Kirchen. Art und Umfang der Erhebungen werden von Aufsichtsrat und Vorstand festgelegt. Die Grundsätze der stichprobenartigen Erhebung werden veröffentlicht. Reklamationen einzelner Nutzungen sind wegen der stichprobenartigen Erhebung ausgeschlossen.

[2] Abweichend von Abs. 1 werden längere Werke mit einer Spieldauer von über 10 Minuten, die nicht bereits im Rahmen stichprobenartiger Erhebungen erfasst wurden, aufgrund von Einzelmeldungen der Kirchen berücksichtigt.

§ 81 Durchführung der Verteilung

[1] Es erfolgt kollektive Verteilung.

[2] Die in den Untersparten KK, EK und NAK jeweils zur Verfügung stehende Nettoverteilungssumme wird an diejenigen Urheber und Verleger verteilt, die in den Nutzungsmeldungen genannt sind. Dabei werden für jede gemäß § 80 ermittelte Werknutzung jedem genannten Urheber zwei Anteile und jedem genannten Verleger ein Anteil gutgeschrieben. Die Anteile, die auf die im Rahmen der stichprobenartigen Erhebung gemäß § 80 Abs. 1 ermittelten Werknutzungen entfallen, werden mit einem Faktor multipliziert, der durch lineare Hochrechnung der Stichprobe ermittelt wird. Die Anteile, die auf die gemäß § 80 Abs. 2 aufgrund von Einzelmeldungen der Kirchen berücksichtigten Werknutzungen entfallen, werden bei Werken mit einer Spieldauer von über 10 Minuten mit dem Faktor 3 und bei Werken mit einer Spieldauer von über 20 Minuten mit dem Faktor 6 multipliziert.

[3] Der Ausschüttungsbetrag pro Anteil ergibt sich durch Division der pro Untersparte zur Verfügung stehenden Nettoverteilungssumme durch die Gesamtzahl aller für die jeweilige Untersparte zu berücksichtigenden Anteile. Die Ausschüttung pro Ausschüttungsberechtigtem ergibt sich durch Multiplikation der für diesen errechneten Zahl der Anteile mit dem Ausschüttungsbetrag pro Anteil.

Abschnitt 6
Verteilung in der Sparte U (U-Musik-Veranstaltungen)

§ 82 Gegenstand der Sparte

[1] In der Sparte U (U-Musik-Veranstaltungen) erhalten Werke eine Ausschüttung für die Aufführung im Sinne des § 19 Abs. 2 UrhG in Veranstaltungen der Unterhaltungsmusik, soweit nicht Direktverteilung in den Sparten UD oder BM oder Verteilung in der Sparte KI vorgesehen ist.

[2] Sind in einer Veranstaltung der Unterhaltungsmusik Werke der ernsten Musik aufgeführt worden, so werden diese in der Sparte E abgerechnet. Nutzungsmeldungen von Kur- und Bäderveranstaltungen, die im Verwertungsgebiet U eingehen, gelangen in dem Verwertungsgebiet E zur Verteilung, wenn es sich um Konzerte mit Werken der ernsten Musik handelt.

§ 83 Die zu verteilenden Einnahmen

In der Sparte U werden die Einnahmen verteilt, die aus der Vergabe von Nutzungsrechten für die in § 82 genannten, in der Sparte U zu berücksichtigenden Nutzungen zur Verfügung stehen.

§ 84 Bildung von Inkassosegmenten

Es werden folgende Inkassosegmente gebildet:

(1) Inkasso aus Lizenzverträgen, bei denen eine Zuordnung des Inkassos zu einzelnen Veranstaltungen, insbesondere aufgrund tariflicher Regelungen, nicht möglich ist,

(2) Veranstaltungen mit einem Inkasso bis einschließlich EUR 50,00,

(3) Veranstaltungen mit einem Inkasso von EUR 50,01 bis einschließlich EUR 100,00,

(4) Veranstaltungen mit einem Inkasso von EUR 100,01 bis einschließlich EUR 150,00,

(5) Veranstaltungen mit einem Inkasso von EUR 150,01 bis einschließlich EUR 200,00,

(6) Veranstaltungen mit einem Inkasso von EUR 200,01 bis einschließlich EUR 250,00,

(7) Veranstaltungen mit einem Inkasso von EUR 250,01 bis einschließlich EUR 350,00,

(8) Veranstaltungen mit einem Inkasso von EUR 350,01 bis einschließlich EUR 500,00,

(9) Veranstaltungen mit einem Inkasso von EUR 500,01 bis einschließlich EUR 1 000,00,

(10) Veranstaltungen mit einem Inkasso von EUR 1 000,01 bis einschließlich EUR 5 000,00,

(11) Veranstaltungen mit einem Inkasso von EUR 5 000,01 bis einschließlich EUR 10 000,00,

(12) Veranstaltungen mit einem Inkasso von EUR 10 000,01 und mehr.

§ 85 Verteilung nach Punktwerten

[1] Das Inkasso aus den Inkassosegmenten gemäß § 84 Ziff. (1) bis (8) wird für jedes Inkassosegment gesondert nach Punktwerten verteilt. Hierzu werden für jedes Inkassosegment die Nettoverteilungssumme und die Aufführungszahlen ermittelt. Für die Veranstaltungen, für die keine Nutzungsmeldungen vorliegen, werden die Aufführungszahlen durch lineare Hochrechnung der sich aus den Nutzungsmeldungen ergebenden Aufführungen ermittelt.

[2] Die für Varieté- und Kabarettveranstaltungen mit Ausnahme der Zirkusveranstaltungen sowie für Konzerte der Unterhaltungsmusik festgestellten Aufführungszahlen werden mit dem Faktor 2 und die für Kur- und Bäderveranstaltungen festgestellten Aufführungszahlen mit dem Faktor 1,5 multipliziert.

[3] Die für Potpourris geschützter Werke für große Besetzung (ab 19 selbständig geführte Stimmen) festgestellten Aufführungszahlen werden mit dem Faktor 4 multipliziert. Voraussetzung ist, dass das betreffende Potpourri für große Besetzung bei der GEMA angemeldet und in der angemeldeten Besetzung aufgeführt wurde. Dieser Absatz gilt nicht für Potpourris eigener Werke gemäß § 194 Abs. 6.

[4] Werden Werke oder Werkfragmente als Pausen- und Vorlaufmusik, Einleitungs-, Zwischen- und Schlussmusik, Titel- und Erkennungsmusik aufgeführt, so werden solche Aufführungen mit dem Faktor $1/3$ multipliziert.

[5] In jedem Inkassosegment wird für jedes Werk eine Punktzahl errechnet. Hierfür werden die jeweils ermittelten Aufführungszahlen mit den Punktbewertungen des Verrechnungsschlüssels II multipliziert.

[6] Der Wert eines Punkts ergibt sich durch Division der Nettoverteilungssumme durch die Gesamtzahl aller für das jeweilige Inkassosegment ermittelten Punkte. Die Ausschüttung pro Werk erfolgt durch Multiplikation der für das Werk errechneten Punktzahl mit dem Punktwert.

§ 86 Verteilung nach Veranstaltungen

Das Inkasso aus den Inkassosegmenten gemäß § 84 Ziff. (9) bis (12) wird für jedes Inkassosegment gesondert auf die durch Nutzungsmeldungen belegten Veranstaltungen verteilt. Dabei erhält jede durch eine Nutzungsmeldung belegte Veranstaltung eine Ausschüttung in Höhe des für sie erzielten Nettoinkassos. Dieses wird zu gleichen Teilen auf alle Werkaufführungen der jeweiligen Veranstaltung aufgeteilt. Das auf die nicht durch Nutzungsmeldungen belegten Veranstaltungen entfallende Nettoinkasso jedes Inkassosegments wird als prozentualer Zuschlag auf die gemäß den vorstehenden Sätzen ermittelte Ausschüttung verteilt.

§ 87 Verteilung bei Vor- und Hauptprogramm

Unterscheidet die vom Veranstalter eingereichte Nutzungsmeldung zwischen Vor- und Hauptprogramm bzw. zwischen Vor- und Hauptgruppen, so wird die Nutzungsmeldung in dem Inkassosegment verrechnet, in das das Gesamtinkasso der Veranstaltung fällt. Bei der Verteilung nach Veranstaltungen gemäß § 86 wird das Gesamtinkasso zu 10 % dem Vorprogramm bzw. der Vorgruppe und zu 90 % dem Hauptprogramm bzw. der Hauptgruppe zugeordnet. Sind mehrere Vor- oder Hauptgruppen aufgetreten, so erfolgt die Aufteilung des auf Vor- oder Hauptgruppen jeweils entfallenden Inkassos zu gleichen Teilen.

ABSCHNITT 7
VERTEILUNG IN DER SPARTE UD (U-MUSIK-DIREKTVERTEILUNG)

§ 88 Gegenstand der Sparte

In der Sparte UD (U-Musik-Direktverteilung) erfolgt in den nachfolgend genannten Fällen eine Ausschüttung für die Aufführung von Werken der Unterhaltungsmusik im Sinne des § 19 Abs. 2 UrhG.

(a) Aufführungen von Werken nach Verrechnungsschlüssel IV gemäß § 66 Abs. 2.

(b) Werkaufführungen in an die GEMA abgerechneten öffentlichen Veranstaltungen mit eingeschränktem Konzertcharakter, wie z. B. Proben, Generalproben, offenes Singen oder offenes Musizieren sowie installative Nutzungen von Musikwerken.

(c) Werkaufführungen veranstaltet von oder durchgeführt in Hochschulen, Schulen und anderen Bildungsanstalten während der üblichen Vorlesungs- und Unterrichtszeit, in Krankenhäusern und anderen Einrichtungen der Gesundheitspflege sowie in Altenheimen oder anderen sozialen Einrichtungen (ausgenommen hochschul- oder schuleigene Veranstaltungen mit Lehrpersonal und/oder Schülern bzw. Studenten als Musiker).

(d) Werkaufführungen im Freien, auf öffentlich zugänglichen, auch überdachten Plätzen (z.B. Bahnhofshallen, Eingangshallen, dem öffentlichen Publikumsverkehr zugängliche Galerien und Passagen, Fußgängerzonen, Malls u.ä.) für die dort anzutreffenden Passanten.

(e) Werkaufführungen in sogenannten Happenings, Hauskonzerten oder ähnlichen Veranstaltungen.

(f) Werkaufführungen mit einer Gesamtbesucherzahl von weniger als 10 Zuhörern. Anwesende, die zum Kreis der Veranstalter und Mitwirkenden gehören, sind hierbei nicht zu berücksichtigen.

(g) Nutzungsmeldungen, die überwiegend Werke mit einer Spieldauer von bis zu 2 Minuten enthalten oder bei denen das Verhältnis von Gesamtaufführungsdauer und Anzahl der Werkaufführungen durchschnittlich mehr als 30 Werkaufführungen pro Stunde ergibt.

(h) Auf Antrag erfolgt Direktverteilung für die Werke in Einzelveranstaltungen der U-Musik gemäß § 84 Ziff. (12), in denen zu mindestens 90 % Werke eines Urhebers bzw. einer Urhebergemeinschaft im Sinne der §§ 8 und 9 UrhG aufgeführt werden. Bei Veranstaltungen mit Vor- und Hauptprogramm oder Vor- und Hauptgruppen kann die Direktverteilung nur für das Hauptprogramm bzw. die Hauptgruppe beantragt werden.

Werden nicht nur ausschließlich Werke der antragstellenden Rechteinhaber aufgeführt, sondern bis zu 10 % auch Werke anderer Rechteinhaber, so ist Bemessungsgrundlage für die Direktverteilung der Teil des Nettoinkassos, der dem zahlenmäßigen Anteil der Werke, für die die Direktverteilung beantragt wird, an den in der Veranstaltung aufgeführten Werken entspricht. Die Nutzungen der Werke der anderen Rechteinhaber werden unter Zugrundelegung des verbleibenden Teils des Nettoinkassos in der Sparte U gemäß § 86 in Verbindung mit § 84 Ziff. (12) berücksichtigt.

Der Antrag kann nur von allen an den vom Antrag erfassten Werken beteiligten Rechteinhabern gemeinsam gestellt werden und bezieht sich nur auf die Werke des Antragstellers oder der Antragsteller, soweit diese in den in lit. h Abs. 1 genannten Veranstaltungen aufgeführt wurden.

Der Antrag ist innerhalb von 6 Wochen nach der Veranstaltung zu stellen.

§ 89 Die zu verteilenden Einnahmen

In der Sparte UD werden die Einnahmen verteilt, die aus der Vergabe von Nutzungsrechten für die in § 88 genannten Nutzungen zur Verfügung stehen.

§ 90 Durchführung der Verteilung

Es erfolgt Direktverteilung.

KAPITEL 3: DIE VERTEILUNG IN DEN SPARTEN DES NUTZUNGSBEREICHS SENDUNG

**ABSCHNITT 1
ALLGEMEINE
REGELUNGEN**

§ 91 Die Sparten des Nutzungsbereichs Sendung

[1] Der Nutzungsbereich Sendung umfasst die Sparten des Hörfunks (Sparten R und R VR) und des Fernsehens (Sparten FS, T FS, FS VR und T FS VR).

[2] Für die Verteilung in den Sparten des Hörfunks und des Fernsehens hat die Mitgliederversammlung im Sinne einer Präambel als eine untrennbare Gesamtlösung die nachfolgenden Grundsätze beschlossen. Diese dienen dazu, die Prinzipien der nutzungsbezogenen Verteilung und der kulturellen Förderung (insbesondere

des deutschsprachigen Repertoires und der zeitgenössischen ernsten Musik) in einem ausgewogenen Verhältnis zur Geltung zu bringen. Aufsichtsrat und Vorstand werden die Auswirkungen dieser Verteilungsregeln fortlaufend überprüfen.

§ 92 Die Aufteilung der Einnahmen für Musiknutzungen im Rundfunk auf die Sparten des Nutzungsbereichs Sendung

[1] Der Aufteilung des Inkassos, das die GEMA für Musiknutzungen im Rundfunk erzielt, auf die Sparten des Hörfunks und des Fernsehens liegen die Vergütungen zu Grunde, die für die einzelnen Hörfunkwellen und Fernsehprogramme entsprechend den sich aus den jeweiligen Tarifen ergebenden Bemessungsgrundlagen und Musikanteilen ermittelt wurden. Bei der Berechnung der Vergütung der öffentlich-rechtlichen Rundfunkveranstalter, die auf deren Einnahmen aus Rundfunkbeiträgen beruht, wird derzeit auch der Finanzierungsbedarf von Hörfunk und Fernsehen innerhalb des öffentlich-rechtlichen Rundfunks berücksichtigt. Der Aufsichtsrat kann beschließen, dass bei der Aufteilung der auf Rundfunkbeiträgen beruhenden Einnahmen aus Musiknutzungen im öffentlich-rechtlichen Rundfunk auf die Sparten des Hörfunks und des Fernsehens auch solche Kosten berücksichtigt werden, die bei der Vergütungsberechnung ausgesondert werden, soweit hierfür sachliche Gründe vorliegen. Die Auswirkungen, die die Ermittlung von Vergütungsanteilen auf der Grundlage des Finanzierungsbedarfs des öffentlich-rechtlichen Rundfunks auf die Verteilung hat, sind regelmäßig zu überprüfen. Der Vorstand ist verpflichtet, den Aufsichtsrat über wesentliche strukturelle und quantitative Veränderungen bei der Ermittlung dieses Finanzierungsbedarfs zeitnah zu informieren.

[2] Von den Einnahmen, die zur Verteilung aus Musiknutzungen im Hörfunk zur Verfügung stehen, werden 66 $^{2}/_{3}$ % zugunsten des Senderechts und 33 $^{1}/_{3}$ % zugunsten der mechanischen Rechte verteilt. Der dem Senderecht zuzuordnende Anteil wird in der Sparte R gemäß § 100 verteilt. Der den mechanischen Rechten zuzuordnende Anteil wird in der Sparte R VR gemäß § 104 verteilt.

[3] Die Aufteilung der aus Musiknutzungen im Fernsehen zur Verfügung stehenden Einnahmen auf das Senderecht und die mechanischen Rechte richtet sich danach, welcher Anteil der für das jeweilige Vorjahr pro Fernsehprogramm ermittelten Minuten auf die Sparte FS (ohne Werbung im Sinne von § 1 k des Berechtigungsvertrags) entfallen ist (FS-Anteil). Minuten im Sinne dieser Vorschrift sind die mit den Koeffizienten für Fernsehsendungen gemäß § 107 multiplizierten Sendeminuten. Je nach FS-Anteil erfolgt die Aufteilung nach folgenden drei Segmenten:

(a) Segment 1: Bei Fernsehprogrammen mit einem FS-Anteil von 100 % bis 66,67 % werden die aus Musiknutzungen im Fernsehen zur Verfügung stehenden Einnahmen im Verhältnis 2 zu 1 auf das Senderecht und die mechanischen Rechte aufgeteilt.

(b) Segment 2: Bei Fernsehprogrammen mit einem FS-Anteil von 66,66 % bis 33,33 % werden die aus Musiknutzungen im Fernsehen zur Verfügung stehenden Einnahmen im Verhältnis 2 zu $^{2}/_{3}$ auf das Senderecht und die mechanischen Rechte aufgeteilt.

(c) Segment 3: Bei Fernsehprogrammen mit einem FS-Anteil von 33,32 % bis 0 % werden die aus Musiknutzungen im Fernsehen zur Verfügung stehenden

Einnahmen im Verhältnis 2 zu 1/3 auf das Senderecht und die mechanischen Rechte aufgeteilt.

Für die Aufteilung der Einnahmen aus Musiknutzungen in solchen Fernsehprogrammen, für die kein eigener FS-Anteil ermittelt werden kann, wird ein FS-Anteil zugrunde gelegt, der dem Durchschnitt aller ermittelten FS-Anteile entspricht.

[4] Der dem Senderecht zuzuordnende Anteil an den aus Musiknutzungen im Fernsehen zur Verfügung stehenden Einnahmen wird in den Sparten FS und T FS zu einem Minutenwert auf der Grundlage einer gemeinsamen Nettoverteilungssumme verteilt. Der den mechanischen Rechten zuzuordnende Anteil an den aus Musiknutzungen im Fernsehen zur Verfügung stehenden Einnahmen wird in den Sparten FS VR und T FS VR zu einem Minutenwert auf der Grundlage einer gemeinsamen Nettoverteilungssumme verteilt. Die Verteilung erfolgt für die Sparten FS und T FS gemäß § 110 und für die Sparten FS VR und T FS VR gemäß § 114.

§ 93 Die Ermittlung der Nutzungen in den Sparten des Nutzungsbereichs Sendung

[1] In den Sparten des Hörfunks und des Fernsehens erfolgt die Ermittlung der Nutzungen grundsätzlich aufgrund der durch die Rundfunkveranstalter, gegebenenfalls auch durch Dritte, gelieferten Nutzungsmeldungen. Über nähere Einzelheiten befindet jeweils der Aufsichtsrat.

[2] Die Verteilung erfolgt aufgrund der Spieldauerangaben in den Nutzungsmeldungen.

§ 94 Ausnahme von der Verteilung auf der Grundlage von Nutzungsmeldungen

[1] Nicht auf der Grundlage von Nutzungsmeldungen verteilt werden im Hörfunk und Fernsehen die Einnahmen von Rundfunkveranstaltern, die unter Berücksichtigung anteiliger Einnahmen aus der Kabelweitersendung und der Inkassoaufteilung gemäß § 92 Abs. 1 unterhalb einer vom Aufsichtsrat für den jeweiligen Bereich festzusetzenden Grenze liegen. Die Berücksichtigung anteiliger Einnahmen aus der Kabelweitersendung im Inland erfolgt nur bei Hörfunkwellen und Fernsehprogrammen mit einem vergütungsrelevanten Musikanteil von mindestens 1 %.

[2] Die gemäß Abs. 1 nicht auf der Grundlage von Nutzungsmeldungen zu verteilenden Einnahmen werden als prozentualer Zuschlag zu den Verteilungssummen in den Sparten des Hörfunks und Fernsehens verteilt. Werden einzelne Werke eines Ausschüttungsberechtigten in einem Geschäftsjahr überwiegend (gemessen an den tatsächlich gesendeten Minuten) von Rundfunkveranstaltern genutzt, für die die GEMA gemäß Abs. 1 Einnahmen unterhalb der jeweiligen vom Aufsichtsrat festgesetzten Grenze erhält, erfolgt auf Antrag für diese Nutzungen eine Verteilung nach Maßgabe von Abs. 3.

[3] Der Antrag kann nur berücksichtigt werden, wenn er innerhalb einer Frist von 6 Monaten nach dem jeweiligen Ausschüttungstermin gestellt wird. Der Antrag muss nachprüfbare Angaben zu Werktitel, Beteiligten, Rundfunkveranstalter und Sender, Titel der Sendung, Sendeterminen und Sendedauer des Werkes enthalten und kann ferner nur dann berücksichtigt werden, wenn diese Angaben vom betreffenden Rundfunkveranstalter bestätigt wurden und die Verrechnung einen Mindestbetrag von EUR 5,00 pro Werk erwarten lässt. Der Ausschüttungsbetrag wird nach dem tatsächlichen Umfang der betreffenden Musiknutzung im Ver-

hältnis zu den auf den jeweiligen Rundfunkveranstalter entfallenden Einnahmen ermittelt. Wenn der betreffende Ausschüttungsberechtigte bei der Verteilung für das jeweilige Geschäftsjahr eine Ausschüttung in den Sparten des Hörfunks beziehungsweise Fernsehens erhalten hat, vermindert sich der Ausschüttungsbetrag um den in dieser Verteilung enthaltenen Zuschlag für die nicht auf der Grundlage von Nutzungsmeldungen verrechneten Rundfunkveranstalter. Die Ausschüttung erfolgt im Rahmen der auf die Antragstellung folgenden Rundfunkverteilung.

Abschnitt 2
Die Verteilung in den Sparten des Hörfunks

Unterabschnitt 1. Verteilung in der Sparte R (Hörfunk)

§ 95 Gegenstand der Sparte

In der Sparte R (Hörfunk) erhalten Werke eine Ausschüttung für die Sendung im Sinne des § 20 UrhG im Hörfunk.

§ 96 Die zu verteilenden Einnahmen

In der Sparte R werden folgende Einnahmen verteilt:

(a) der dem Senderecht zuzuordnende Anteil von 66 $^{2}/_{3}$ % der Einnahmen, die zur Verteilung aus Musiknutzungen im Hörfunk zur Verfügung stehen, gemäß § 92 Abs. 2,

(b) 60 % der Einnahmen für Wiedergaben mittels mechanischer Vorrichtungen in Kinos gemäß § 17,

(c) 60 % der Einnahmen für sonstige Wiedergaben von Tonträgern und Wiedergaben von Hörfunksendungen gemäß § 18, soweit keine Direktverteilung auf Antrag gemäß § 130 erfolgt,

(d) 100 % der Einnahmen für die Kabelweitersendung von Hörfunksendungen im In- und Ausland gemäß § 19,

(e) 20 % der Einnahmen aus dem Vergütungsanspruch für die private Vervielfältigung von Tonträgeraufnahmen gemäß § 25 Abs. 2,[23]

(f) 66,67 % der Einnahmen aus Nutzungen im Internetradio, die nicht in den Sparten I R und I R VR verteilt werden, gemäß § 152 Abs. 2,

(g) 66,67 % des den Sparten des Hörfunks zugewiesenen Anteils an den Einnahmen aus Nutzungen als Hintergrund- oder Funktionsmusik auf Internet- und Intranetseiten, die nicht in den Sparten WEB und WEB VR verteilt werden, gemäß § 187 Abs. 2 lit. b.

§ 97 Die Gewichtung der Nutzungen mit Senderkoeffizienten

[1] Für die der Verteilung auf der Grundlage von Nutzungsmeldungen gemäß § 93 unterliegenden Hörfunkwellen werden für jedes Geschäftsjahr variable Senderkoeffizienten gebildet. Die Bildung der Senderkoeffizienten im Hörfunk erfolgt einheitlich für die Verteilung in den Sparten R und R VR.

[2] Die Bildung der Senderkoeffizienten für den privaten Hörfunk erfolgt, indem der jeweils pro Hörfunkwelle zu berücksichtigende Nettobetrag durch die für die

---

[23] Die von der ordentlichen Mitgliederversammlung 2018 beschlossene Neufassung gilt für die Verteilung von Einnahmen, die die GEMA für die Geschäftsjahre ab 2018 erhält.

jeweilige Hörfunkwelle ermittelten Minuten dividiert wird. Für den öffentlich-rechtlichen Hörfunk wird ein Senderkoeffizient für jede Landesrundfunkanstalt gebildet, der einheitlich für alle Hörfunkwellen der jeweiligen Landesrundfunkanstalt gilt. Hierzu wird der für die jeweilige Landesrundfunkanstalt dem Hörfunk zuzuordnende Nettobetrag durch die Summe der ermittelten Minuten aller einzelnen Wellen dieser Landesrundfunkanstalt geteilt. Die Ermittlung der Minuten für digitale Hörfunkwellen erfolgt hierbei unter Anwendung eines Faktors, der der wirtschaftlichen und strukturellen Bedeutung des digitalen Hörfunks innerhalb des öffentlich-rechtlichen Hörfunks Rechnung trägt. Dieser Faktor beträgt für das Geschäftsjahr 2013 einheitlich ein Zehntel. Über Anpassungen des Faktors für spätere Geschäftsjahre beschließt der Aufsichtsrat.

[3] Der Nettobetrag im Sinne dieser Regelung ist die Vergütung, wie sie sich unter Berücksichtigung der Inkassoaufteilung gemäß § 92 Abs. 1 auf Grund der jeweiligen tariflichen Bemessungsgrundlagen und Musikanteile der Hörfunkwellen ergibt, zuzüglich anteiliger Einnahmen aus der Kabelweitersendung, vermindert um die in §§ 29 und 30 vorgesehenen Abzüge. Die Zuordnung der Einnahmen aus der Kabelweitersendung im Inland erfolgt nach Maßgabe der Reichweite der Kabelweitersendung und die Zuordnung der Einnahmen aus der Kabelweitersendung im Ausland nach Maßgabe der Meldungen der ausländischen Verwertungsgesellschaften. Die Berücksichtigung anteiliger Einnahmen aus der Kabelweitersendung im Inland erfolgt nur bei Hörfunkwellen mit einem vergütungsrelevanten Musikanteil von mindestens 1 %. Minuten im Sinne dieser Regelung sind die Sendeminuten. Um die Minutenwerte nach der von der ordentlichen Mitgliederversammlung 2014 beschlossenen Neuordnung der Rundfunkverteilung vergleichbar zu halten, werden die Senderkoeffizienten im Hörfunk mit $1/3$ multipliziert.

§ 98 Die Gewichtung der Nutzungen mit Kulturfaktoren

[1] Für alle Hörfunkwellen, die der Verteilung auf der Grundlage von Nutzungsmeldungen gemäß § 93 unterliegen, wird auf der Grundlage empirischer Untersuchungen anhand der folgenden Kriterien ein Kulturfaktor gebildet:

(1) Anteil deutschsprachigen Repertoires,

(2) Anteil an ernster Musik, Jazz und sonstiger gehobener Vokal- und Instrumentalmusik,

(3) Anteil der Sendung von Eigen- und Auftragsproduktionen,

(4) Anteil der Sendung von Live-Produktionen bzw. Live-Mitschnitten,

(5) Anteil redaktionell betreuter Beiträge mit Musikbezug,

(6) Anteil regionalen Repertoires,

(7) Anteil an Nischenrepertoire abseits des Mainstreams,

(8) Anteil des Repertoires von Nachwuchsurhebern,

(9) Anteil eigener musikalischer Ereignisse mit Sendebezug (Festivals, Konzerte etc.),

(10) Programmvielfalt, gemessen an der Zahl unterschiedlicher Werke pro Welle.

[2] Für jedes Geschäftsjahr wird für jede Hörfunkwelle festgestellt, in welchem Maße sie jedes der in Abs. 1 genannten Kriterien erfüllt. Hierzu werden für die Kriterien gemäß Abs. 1 Ziff. (3) bis (10) jeweils 3 Erfüllungsstufen gebildet, denen die folgenden Punktzahlen zugeordnet werden:

1. Stufe: 1 Punkt
2. Stufe: 3 Punkte
3. Stufe: 5 Punkte

Für die Kriterien gemäß Abs. 1 Ziff. (1) und (2) werden jeweils 5 Erfüllungsstufen gebildet, denen die folgenden Punktzahlen zugeordnet werden:

1. Stufe: 1 Punkt
2. Stufe: 3,5 Punkte
3. Stufe: 6 Punkte
4. Stufe: 8,5 Punkte
5. Stufe: 11 Punkte

[3] Der Kulturfaktor für eine Hörfunkwelle ergibt sich durch Division der Summe der für diese ermittelten Punkte durch die Anzahl der Kriterien.

[4] Zur Ermittlung, regelmäßigen Überprüfung und Anpassung der Kulturfaktoren wird ein Hörfunkausschuss gebildet aus 3 vom Aufsichtsrat zu benennenden Aufsichtsratsmitgliedern, darunter je ein Mitglied jeder Berufsgruppe, und 3 vom Werkausschuss zu benennenden Mitgliedern des Werkausschusses, darunter je ein Mitglied jeder Berufsgruppe. Auf den Hörfunkausschuss findet die Geschäftsordnung für Ausschüsse und Kommissionen des Aufsichtsrats entsprechende Anwendung. Die Einberufung des Hörfunkausschusses erfolgt durch ein vom Aufsichtsrat bei der Benennung zu bestimmendes Aufsichtsratsmitglied des Hörfunkausschusses.

[5] Die vom Hörfunkausschuss ermittelten Kulturfaktoren bedürfen der Genehmigung durch den Aufsichtsrat. Die für die einzelnen Hörfunkwellen festgelegten Kulturfaktoren werden veröffentlicht.

§ 99 Die Gewichtung bei paralleler und gleichzeitiger Sendung

[1] Werden über eine Hörfunkwelle zeitweise parallel mehrere regionale Sendungen ausgestrahlt, ohne dass für diese Sendungen ein gesondertes Inkasso erzielt wird, wird die Sendezeit der regionalen Sendungen durch die Zahl der parallel stattfindenden Ausstrahlungen geteilt.

[2] Wird eine Hörfunkwelle gleichzeitig über mehrere Wellenbereiche desselben Rundfunkveranstalters ausgestrahlt, z. B. analog über MW und UKW oder analog und digital usw., so erfolgt nur eine einmalige Berücksichtigung.

§ 100 Durchführung der Verteilung

[1] Es erfolgt kollektive Verteilung.

[2] In der Sparte R wird ein Minutenwert gebildet, indem die Nettoverteilungssumme durch die Summe der für die einzelnen Hörfunkwellen ermittelten Minuten dividiert wird (Minutenwert Hörfunk-Senderecht). Die Nettoverteilungssumme im Sinne dieser Regelung besteht aus den gemäß § 96 in der Sparte R zu verteilenden Einnahmen mit Ausnahme der Einnahmen aus gesetzlichen Vergütungsansprüchen. Die Ausschüttung pro Werk ergibt sich durch Multiplikation der für die Nutzungen des Werkes ermittelten Minutenzahl mit dem Minutenwert Hörfunk-

Senderecht. Die Einnahmen aus gesetzlichen Vergütungsansprüchen werden als prozentualer Zuschlag verteilt. Die Verteilung für die Kabelweitersendung, Wiedergabe und sonstige Zweitverwertung von dramatisch-musikalischen Werken, sei es vollständig, als Querschnitt oder in größeren Teilen, erfolgt unter Anwendung eines anteiligen Minutenwerts (Minutenwert Hörfunk-Großes Recht).

[3] Minuten im Sinne dieser Regelung sind die jeweils anhand der Nutzungsmeldungen ermittelten Sendeminuten, multipliziert mit den Gewichtungen gemäß §§ 97 bis 99 und den Punktbewertungen für die Sparte R gemäß den Verrechnungsschlüsseln I bis IV.

[4] Werden Werke oder Werkfragmente als Pausen- und Vorlaufmusik, Einleitungs-, Zwischen- und Schlussmusik, Titel- und Erkennungsmusiken regelmäßig wiederkehrend, d.h. zu sich mindestens an 5 aufeinanderfolgenden Tagen oder wöchentlich einmal in 7 aufeinanderfolgenden Wochen wiederholenden Sendungen, gesendet, so werden die gemäß §§ 97 bis 99 gewichteten Minuten mit folgenden Faktoren multipliziert:

(1) bis 5 000 Minuten mit einem Drittel;

(2) über 5 000 Minuten bis 10 000 Minuten mit einem Sechstel;

(3) über 10 000 Minuten mit einem Zehntel.

Dies gilt nicht für Werke gemäß Verrechnungsschlüssel II Ziff. 5.

Unterabschnitt 2. Verteilung in der Sparte R VR (Hörfunk-Vervielfältigungsrecht)

§ 101 Gegenstand der Sparte

In der Sparte R VR (Hörfunk-Vervielfältigungsrecht) erhalten Werke eine Ausschüttung für die Vervielfältigung im Sinne des § 16 Abs. 1 UrhG für Hörfunksendungen.

§ 102 Die zu verteilenden Einnahmen

In der Sparte R VR werden folgende Einnahmen verteilt:

(a) der den mechanischen Rechten zuzuordnende Anteil von 33 $^1/_3$ % der Einnahmen, die zur Verteilung aus Musiknutzungen im Hörfunk zur Verfügung stehen, gemäß § 92 Abs. 2,

(b) 75 % der Einnahmen für die gewerbliche Vervielfältigung von Tonträgeraufnahmen, für die keine Nutzungsmeldungen erhältlich sind, gemäß § 20 Abs. 1,

(c) 25 % der Einnahmen aus dem Vergütungsanspruch für die Vermietung von Tonträgern gemäß § 22 Abs. 1,

(d) 25 % des auf den Verleih von Tonträgern entfallenden Anteils an der Bibliothekstantieme gemäß § 23 Abs. 2,

(e) 10 % der Einnahmen aus dem Vergütungsanspruch für die private Vervielfältigung von Tonträgeraufnahmen gemäß § 25 Abs. 2,[24]

(f) 33,33 % der Einnahmen aus Nutzungen im Internetradio, die nicht in den Sparten I R und I R VR verteilt werden, gemäß § 152 Abs. 2,

---

[24] Die von der ordentlichen Mitgliederversammlung 2018 beschlossene Neufassung gilt für die Verteilung von Einnahmen, die die GEMA für die Geschäftsjahre ab 2018 erhält.

(g) 33,33 % des den Sparten des Hörfunks zugewiesenen Anteils an den Einnahmen aus Nutzungen als Hintergrund- oder Funktionsmusik auf Internet- und Intranetseiten, die nicht in den Sparten WEB und WEB VR verteilt werden, gemäß § 187 Abs. 2 lit. b.

§ 103 Die Gewichtung der Nutzungen in der Sparte R VR

Bei der Verteilung in der Sparte R VR finden die für die jeweilige Hörfunkwelle gebildeten Senderkoeffizienten gemäß § 97 und Kulturfaktoren gemäß § 98 sowie die Gewichtungen für parallele und gleichzeitige Sendung gemäß § 99 Anwendung.

§ 104 Durchführung der Verteilung

[1] Es erfolgt kollektive Verteilung.

[2] In der Sparte R VR wird ein Minutenwert gebildet, indem die Nettoverteilungssumme durch die Summe der für die einzelnen Hörfunkwellen ermittelten Minuten dividiert wird (Minutenwert Hörfunk-Vervielfältigungsrecht). Die Nettoverteilungssumme im Sinne dieser Regelung besteht aus den gemäß § 102 in der Sparte R VR zu verteilenden Einnahmen mit Ausnahme der Einnahmen aus gesetzlichen Vergütungsansprüchen. Die Ausschüttung pro Werk ergibt sich durch Multiplikation der für die Nutzungen des Werkes ermittelten Minutzahl mit dem Minutenwert Hörfunk-Vervielfältigungsrecht. Die Einnahmen aus gesetzlichen Vergütungsansprüchen werden als prozentualer Zuschlag verteilt.

[3] Minuten im Sinne dieser Regelung sind die jeweils anhand der Nutzungsmeldungen ermittelten Sendeminuten multipliziert mit den Gewichtungen gemäß § 103. § 100 Abs. 4 gilt entsprechend.

[4] Bei in Deutschland verlegten Werken ausländischer Urheber, deren mechanische Rechte der Verleger zu 100 % erworben hat, erhält der Verleger auch die Anteile der Urheber ausgezahlt.

ABSCHNITT 3
DIE VERTEILUNG IN DEN SPARTEN DES FERNSEHENS

UNTERABSCHNITT 1. VERTEILUNG IN DEN SPARTEN FS (FERNSEHEN) UND T FS (TONFILM IM FERNSEHEN)

§ 105 Gegenstand der Sparten

[1] In der Sparte FS (Fernsehen) erhalten Werke in Eigen- und Auftragsproduktionen des Fernsehens eine Ausschüttung für die Sendung im Sinne des § 20 UrhG im Fernsehen.

[2] In der Sparte T FS (Tonfilm im Fernsehen) erhalten Werke in Filmen, bei denen es sich nicht um Eigen- und Auftragsproduktionen des Fernsehens handelt (Fremdproduktionen), eine Ausschüttung für die Sendung im Sinne des § 20 UrhG im Fernsehen.

§ 106 Die zu verteilenden Einnahmen

Es wird eine gemeinsame Verteilungssumme für die Verteilung in den Sparten FS und T FS gebildet. In dieser werden folgende Einnahmen zusammengefasst:

(a) der dem Senderecht zuzuordnende Anteil der Einnahmen, die zur Verteilung aus Musiknutzungen im Fernsehen zur Verfügung stehen, gemäß § 92 Abs. 3,
(b) 100 % der Einnahmen für die Wiedergabe von Fernsehsendungen gemäß § 15,

(c) 20 % der Einnahmen für die Wiedergabe von Bildtonträgern gemäß § 16,
(d) 100 % der Einnahmen für die Kabelweitersendung von Fernsehsendungen im In- und Ausland gemäß § 19,
(e) 66,67 % der Einnahmen aus dem Vergütungsanspruch für die private Vervielfältigung von Bildtonträgeraufnahmen gemäß § 25 Abs. 3,[25)]
(f) 66,67 % der Einnahmen aus Nutzungen im Internetfernsehen, die nicht in den Sparten I FS, I T FS, I FS VR und I T FS VR verteilt werden, gemäß § 157 Abs. 2,
(g) 33,33 % des den Sparten des Fernsehens zugewiesenen Anteils an den Einnahmen aus Nutzungen durch Anbieter von Video-on-Demand-Diensten (Download), die nicht in den Sparten VOD D und VOD D VR verteilt werden, gemäß § 177 Abs. 2,
(h) 66,67 % des den Sparten des Fernsehens zugewiesenen Anteils an den Einnahmen aus Nutzungen durch Anbieter von Video-on-Demand-Diensten (Streaming), die nicht in den Sparten VOD S und VOD S VR verteilt werden, gemäß § 182 Abs. 2,
(i) 66,67 % des den Sparten des Fernsehens zugewiesenen Anteils an den Einnahmen aus Nutzungen als Hintergrund- oder Funktionsmusik auf Internet- und Intranetseiten, die nicht in den Sparten WEB und WEB VR verteilt werden, gemäß § 187 Abs. 2 lit. c.

§ 107 Die Gewichtung der Nutzungen mit Koeffizienten für Fernsehsendungen

[1] Die Verteilung in den Sparten FS und T FS erfolgt unter Anwendung der nachfolgenden nutzungsbezogenen Koeffizienten.

[2] Koeffizient 0,1 gilt für Musik zu Videotextprogrammen.

[3] Koeffizient 1 gilt für folgende Werknutzungen:

(a) Tonsignete, Pausen- und Vorlaufmusik; Einleitungs- und Schlussmusik zu Sendereihen oder Serien (Eigen- und Auftragsproduktionen), bei denen die jeweiligen Einzelsendungen im Programm eines Senders regelmäßig, d. h. mindestens an 5 aufeinanderfolgenden Tagen oder wöchentlich einmal in 7 aufeinanderfolgenden Wochen, ausgestrahlt werden. Bei Werknutzungen nach diesem Absatz werden die jeweils nach §§ 107 bis 109 gewichteten Minuten bei über 5 000 Minuten mit dem Faktor $1/3$ und bei über 10 000 Minuten mit dem Faktor $1/10$ multipliziert;

(b) sonstige Illustrationsmusik (außer Einleitungs- und Schlussmusik), die wiederkehrend zur Kennzeichnung oder Untermalung von standardisierten Formatelementen in den Einzelsendungen einer regelmäßig ausgestrahlten Sendereihe oder Serie im Sinne von lit. a, z.B. im Rahmen von Talk-, Koch- oder Gerichtsshows sowie Spielsendungen, zum Einsatz kommt. Bei diesen Werknutzungen werden die jeweils nach §§ 107 bis 109 gewichteten Minuten bei über 5 000 Minuten mit dem Faktor $1/6$ und bei über 10 000 Minuten mit dem Faktor $1/10$ multipliziert;

(c) sonstige Illustrationsmusik (außer Einleitungs- und Schlussmusik), die in regelmäßig ausgestrahlten Sendereihen oder Serien im Sinne von lit. a mit bewegten oder unbewegten Bildern (z. B. Landschafts- oder Weltraumauf-

---

[25)] Die von der ordentlichen Mitgliederversammlung 2018 beschlossene Neufassung gilt für die Verteilung von Einnahmen, die die GEMA für die Geschäftsjahre ab 2018 erhält.

nahmen) überwiegend ohne Wortbeitrag zum Einsatz kommt. Bei diesen Werknutzungen werden die jeweils nach §§ 107 bis 109 gewichteten Minuten bei über 5 000 Minuten mit dem Faktor $1/6$ und bei über 10 000 Minuten mit dem Faktor $1/10$ multipliziert.

[4] Koeffizient 1,25 gilt für Musik in Fremdproduktionen in täglichen, d. h. in der Regel an 5 Tagen pro Woche und in mehreren Wochen eines Jahres ausgestrahlten Serien.

[5] Koeffizient 2 gilt für folgende Werknutzungen:

(a) Musik in Fremdproduktionen, die nicht unter Koeffizient 1,25 fällt;

(b) Musik in Eigen- und Auftragsproduktionen in täglichen, d. h. in der Regel an 5 Tagen pro Woche und in mehreren Wochen eines Jahres ausgestrahlten Sendereihen oder Serien (z. B. Fernsehfilm-, Sport- und Info-Serien), die nicht unter Koeffizient 1 fällt;

(c) Musik zu Werbespots und zu sonstigen Werbefilmen; hier erfolgt eine Kappung der jeweils nach §§ 107 bis 109 gewichteten und mit Koeffizient 2 multiplizierten Minuten bei über 5 000 Minuten auf ein Drittel und bei über 10 000 Minuten auf ein Zehntel; im Übrigen bleiben unberührt die gemäß Abs. 3 mit Koeffizient 1 in der Sparte FS abzurechnenden Sachverhalte (wie z. B. Tonsignete).

[6] Koeffizient 3 gilt für Musik, die nicht unter Koeffizient 0,1, 1, 1,25, 2 und 6 fällt.

[7] Koeffizient 6 gilt für dargestellte Musik.

§ 108 Die Gewichtung der Nutzungen mit AR-Senderkoeffizienten

[1] Für die der Verteilung auf der Grundlage von Nutzungsmeldungen gemäß § 93 unterliegenden Fernsehprogramme werden für jedes Geschäftsjahr variable AR-Senderkoeffizienten gebildet.

[2] Die Bildung der AR-Senderkoeffizienten erfolgt, indem der jeweils pro Fernsehprogramm zu berücksichtigende Nettobetrag durch die für das jeweilige Fernsehprogramm ermittelten Minuten dividiert wird.

[3] Der Nettobetrag im Sinne dieser Regelung ist der gemäß § 92 Abs. 3 dem Senderecht zuzuordnende Anteil an der Vergütung, wie sie sich unter Berücksichtigung der Inkassoaufteilung gemäß § 92 Abs. 1 ergibt, zuzüglich anteiliger Einnahmen aus der Kabelweitersendung, vermindert um die in §§ 29 und 30 vorgesehenen Abzüge. Die Zuordnung der Einnahmen aus der Kabelweitersendung im Inland erfolgt nach Maßgabe der Reichweite der Kabelweitersendung und die Zuordnung der Einnahmen aus der Kabelweitersendung im Ausland nach Maßgabe der Meldungen der ausländischen Verwertungsgesellschaften. Die Berücksichtigung anteiliger Einnahmen aus der Kabelweitersendung im Inland erfolgt nur bei Fernsehprogrammen mit einem vergütungsrelevanten Musikanteil von mindestens 1 %. Minuten im Sinne dieser Regelung sind die Sendeminuten multipliziert mit den Koeffizienten für Fernsehsendungen gemäß § 107 und der Gewichtung bei paralleler und regionaler Sendung gemäß § 109. Um die Minutenwerte nach der von der ordentlichen Mitgliederversammlung 2014 beschlossenen Neuordnung

der Rundfunkverteilung vergleichbar zu halten, werden die AR-Senderkoeffizienten mit ½ multipliziert.

§ 109 Die Gewichtung bei paralleler und gleichzeitiger Sendung

[1] Werden über ein Fernsehprogramm zeitweise parallel mehrere regionale Sendungen ausgestrahlt, ohne dass für diese Sendungen ein gesondertes Inkasso erzielt wird, wird die Sendezeit der regionalen Sendungen durch die Zahl der parallel stattfindenden Ausstrahlungen geteilt.

[2] Wird ein Fernsehprogramm gleichzeitig über mehrere Wellenbereiche desselben Rundfunkveranstalters ausgestrahlt, z. B. analog und digital usw., so erfolgt nur eine einmalige Berücksichtigung.

§ 110 Durchführung der Verteilung

[1] Es erfolgt kollektive Verteilung.

[2] In den Sparten FS und T FS wird ein Minutenwert gebildet, indem die gemeinsame Nettoverteilungssumme beider Sparten durch die Summe der für die einzelnen Fernsehprogramme ermittelten Minuten dividiert wird (Minutenwert Fernsehen-Senderecht). Die Nettoverteilungssumme im Sinne dieser Regelung besteht aus den gemäß § 106 in den Sparten FS und T FS zu verteilenden Einnahmen mit Ausnahme der Einnahmen aus gesetzlichen Vergütungsansprüchen, die als prozentualer Zuschlag verteilt werden. Minuten im Sinne dieser Regelung sind die jeweils anhand der Nutzungsmeldungen ermittelten Sendeminuten multipliziert mit den Gewichtungen gemäß §§ 107 bis 109 sowie den Punktbewertungen für die Sparte FS gemäß den Verrechnungsschlüsseln I bis IV.

[3] In der Sparte FS ergibt sich die Ausschüttung pro Werk durch Multiplikation der für die Nutzungen des Werkes ermittelten Minutenzahl mit dem Minutenwert Fernsehen-Senderecht. Die Minuten für Werke mit Verrechnung in der Sparte FS werden ermittelt, indem die jeweils anhand der Nutzungsmeldungen ermittelten Sendeminuten mit den Gewichtungen gemäß §§ 107 bis 109 sowie den Punktbewertungen für die Sparte FS gemäß den Verrechnungsschlüsseln I bis IV multipliziert werden.

[4] In der Sparte T FS ergibt sich die Ausschüttung pro Werk durch Multiplikation der für die Nutzungen des Werkes ermittelten Musiksekundenzahl mit einem aus dem Minutenwert Fernsehen-Senderecht abgeleiteten Musiksekundenwert. Die Musiksekunden für Werke mit Verrechnung in der Sparte T FS werden ermittelt, indem die jeweils anhand der Nutzungsmeldungen ermittelten Sendesekunden mit den Gewichtungen gemäß §§ 107 bis 109 multipliziert werden.

[5] Die Verteilung für die Kabelweitersendung, Wiedergabe und sonstige Zweitverwertung von dramatisch-musikalischen Werken, sei es vollständig, als Querschnitt oder in größeren Teilen, erfolgt unter Anwendung eines anteiligen Minutenwerts (Minutenwert Fernsehen-Großes Recht).

Unterabschnitt 2. Verteilung in den Sparten FS VR (Fernsehen-Vervielfältigungsrecht) und T FS VR (Tonfilm im Fernsehen-Vervielfältigungsrecht)

§ 111 Gegenstand der Sparten

[1] In der Sparte FS VR (Fernsehen-Vervielfältigungsrecht) erhalten Werke in Eigen- und Auftragsproduktionen des Fernsehens eine Ausschüttung für die Vervielfältigung im Sinne des § 16 Abs. 1 UrhG für Fernsehsendungen sowie gegebenenfalls für die Nutzung des Herstellungsrechts.

[2] In der Sparte T FS VR (Tonfilm im Fernsehen-Vervielfältigungsrecht) erhalten Werke in Fremdproduktionen eine Ausschüttung für die Vervielfältigung im Sinne des § 16 Abs. 1 UrhG für Fernsehsendungen.

§ 112 Die zu verteilenden Einnahmen

Es wird eine gemeinsame Verteilungssumme für die Verteilung in den Sparten FS VR und T FS VR gebildet. In dieser werden folgende Einnahmen zusammengefasst:

(a) der den mechanischen Rechten zuzuordnende Anteil der Einnahmen, die zur Verteilung aus Musiknutzungen im Fernsehen zur Verfügung stehen, gemäß § 92 Abs. 3,

(b) 95 % der Einnahmen aus der gewerblichen Vervielfältigung von Bildtonträgeraufnahmen, für die keine Nutzungsmeldungen erhältlich sind, gemäß § 21,

(c) 25 % der Einnahmen aus dem Vergütungsanspruch für die Vermietung von Bildtonträgern gemäß § 22 Abs. 2,

(d) 25 % des auf den Verleih von Bildtonträgern entfallenden Anteils an der Bibliothekstantieme gemäß § 23 Abs. 3,

(e) 33,33 % der Einnahmen aus dem Vergütungsanspruch für die private Vervielfältigung von Bildtonträgeraufnahmen gemäß § 25 Abs. 3,[26]

(f) 33,33 % der Einnahmen aus Nutzungen im Internetfernsehen, die nicht in den Sparten I FS, I T FS, I FS VR und I T FS VR verteilt werden, gemäß § 157 Abs. 2,

(g) 66,67 % des den Sparten des Fernsehens zugewiesenen Anteils an den Einnahmen aus Nutzungen durch Anbieter von Video-on-Demand-Diensten (Download), die nicht in den Sparten VOD D und VOD D VR verteilt werden, gemäß § 177 Abs. 2,

(h) 33,33 % des den Sparten des Fernsehens zugewiesenen Anteils an den Einnahmen aus Nutzungen durch Anbieter von Video-on-Demand-Diensten (Streaming), die nicht in den Sparten VOD S und VOD S VR verteilt werden, gemäß § 182 Abs. 2,

(i) 33,33 % des den Sparten des Fernsehens zugewiesenen Anteils an den Einnahmen aus Nutzungen als Hintergrund- oder Funktionsmusik auf Internet- und Intranetseiten, die nicht in den Sparten WEB und WEB VR verteilt werden, gemäß § 187 Abs. 2 lit. c.

§ 113 Die Gewichtung der Nutzungen in den Sparten FS VR und T FS VR

[1] Bei der Verteilung in den Sparten FS VR und T FS VR finden die Koeffizienten für Fernsehsendungen gemäß § 107 Anwendung. Bei Nutzungen, für die die GEMA

---

[26] Die von der ordentlichen Mitgliederversammlung 2018 beschlossene Neufassung gilt für die Verteilung von Einnahmen, die die GEMA für die Geschäftsjahre ab 2018 erhält.

das Herstellungsrecht nicht an die Sendeunternehmen vergibt, werden die mit den Koeffizienten gewichteten Minuten mit $^1/_{10}$ multipliziert.

[2] Für die der Verteilung auf der Grundlage von Nutzungsmeldungen gemäß § 93 unterliegenden Fernsehprogramme werden für jedes Geschäftsjahr variable VR-Senderkoeffizienten gebildet. Die Bildung der VR-Senderkoeffizienten erfolgt, indem der jeweils pro Fernsehprogramm zu berücksichtigende Nettobetrag durch die für das jeweilige Fernsehprogramm ermittelten Minuten dividiert wird. Der Nettobetrag im Sinne dieser Regelung ist der gemäß § 92 Abs. 3 den mechanischen Rechten zuzuordnende Anteil an der Vergütung, wie sie sich unter Berücksichtigung der Inkassoaufteilung gemäß § 92 Abs. 1 ergibt, vermindert um die in § 29 Abs. 4 vorgesehene Kommission. Minuten im Sinne dieser Regelung sind die Sendeminuten multipliziert mit den sich gemäß Abs. 1 und 3 ergebenden Gewichtungen.

[3] Bei der Verteilung in den Sparten FS VR und T FS VR finden die Gewichtungen für parallele und gleichzeitige Sendung gemäß § 109 Anwendung.

§ 114 Durchführung der Verteilung

[1] Es erfolgt kollektive Verteilung.

[2] In den Sparten FS VR und T FS VR wird ein Minutenwert gebildet, indem die gemeinsame Nettoverteilungssumme beider Sparten durch die Summe der für die einzelnen Fernsehprogramme ermittelten Minuten dividiert wird (Minutenwert Fernsehen-Vervielfältigungs- und Herstellungsrecht). Die Nettoverteilungssumme im Sinne dieser Regelung besteht aus den gemäß § 112 in den Sparten FS VR und T FS VR zu verteilenden Einnahmen mit Ausnahme der Einnahmen aus gesetzlichen Vergütungsansprüchen, die als prozentualer Zuschlag verteilt werden. Minuten im Sinne dieser Regelung sind die jeweils anhand der Nutzungsmeldungen ermittelten Sendeminuten multipliziert mit den sich gemäß § 113 Abs. 1 bis 3 ergebenden Gewichtungen.

[3] In der Sparte FS VR ergibt sich die Ausschüttung pro Werk durch Multiplikation der für die Nutzungen des Werkes ermittelten Minutenzahl mit dem Minutenwert Fernsehen-Vervielfältigungs- und Herstellungsrecht. Die Minuten für Werke mit Verrechnung in der Sparte FS VR werden ermittelt, indem die jeweils anhand der Nutzungsmeldungen ermittelten Sendeminuten mit den Gewichtungen gemäß § 113 Abs. 1 bis 3 multipliziert werden.

[4] In der Sparte T FS VR ergibt sich die Ausschüttung pro Werk durch Multiplikation der für die Nutzungen des Werkes ermittelten Musiksekundenzahl mit einem aus dem Minutenwert Fernsehen-Vervielfältigungs- und Herstellungsrecht abgeleiteten Musiksekundenwert. Die Musiksekunden für Werke mit Verrechnung in der Sparte T FS VR werden ermittelt, indem die jeweils anhand der Nutzungsmeldungen ermittelten Musiksekunden mit den Gewichtungen gemäß § 113 Abs. 1 bis 3 multipliziert werden.

[5] Bei in Deutschland verlegten Werken ausländischer Urheber, deren mechanische Rechte der Verleger zu 100 % erworben hat, erhält der Verleger auch die Anteile der Urheber ausgezahlt.

Kapitel 4: Die Verteilung in den Sparten des Nutzungsbereichs Wiedergabe

§ 115 Die Sparten des Nutzungsbereichs Wiedergabe

Der Nutzungsbereich Wiedergabe umfasst die Sparten der öffentlichen Wiedergabe gemäß §§ 21 und 22 UrhG (Sparten DK, EM und M) sowie die Sparte DK VR.

Abschnitt 1 – Verteilung in der Sparte DK (Diskotheken-Wiedergaben)

§ 116 Gegenstand der Sparte

In der Sparte DK (Diskotheken-Wiedergaben) erhalten Werke eine Ausschüttung für die öffentliche Wiedergabe im Sinne des § 21 UrhG in Diskotheken, Clubs u.Ä.

§ 117 Die zu verteilenden Einnahmen

In der Sparte DK werden die Einnahmen verteilt, die aus der Vergabe von Nutzungsrechten für die in § 116 genannten Nutzungen zur Verfügung stehen.

§ 118 Ermittlung der Nutzungen

In der Sparte DK erfolgt die Ermittlung der Wiedergabeminuten auf der Grundlage eines statistisch abgesicherten Monitoring-Verfahrens, das vom Aufsichtsrat und vom Vorstand festgelegt wird. Die Grundsätze des Monitoring-Verfahrens sind zu veröffentlichen. Reklamationen einzelner Nutzungen sind wegen der Ermittlung des Repertoires aufgrund des Monitoring-Verfahrens bzw. einer repräsentativen Stichprobe ausgeschlossen.

§ 119 Durchführung der Verteilung

[1] Es erfolgt kollektive Verteilung.

[2] Die Verteilung erfolgt nach einem Minutenwert. Für jedes im Rahmen des Monitoring-Verfahrens ermittelte Werk wird die Gesamtzahl der wiedergegebenen Minuten ermittelt. Der Minutenwert ergibt sich durch Division der Nettoverteilungssumme durch die Gesamtzahl aller wiedergegebenen Minuten. Die Ausschüttung pro Werk ergibt sich durch Multiplikation der für ein Werk ermittelten Minuten mit dem Minutenwert.

Abschnitt 2 – Verteilung in der Sparte DK VR (Diskotheken-Wiedergaben-Vervielfältigungsrecht)

§ 120 Gegenstand der Sparte

In der Sparte DK VR (Diskotheken-Wiedergaben-Vervielfältigungsrecht) erhalten Werke eine Ausschüttung für die Vervielfältigung im Sinne des § 16 Abs. 1 UrhG durch Discjockeys zum Zwecke der öffentlichen Wiedergabe in Diskotheken, Clubs u. Ä.

§ 121 Die zu verteilenden Einnahmen

In der Sparte DK VR werden die Einnahmen verteilt, die aus der Vergabe von Nutzungsrechten für die in § 120 genannten Nutzungen zur Verfügung stehen.

§ 122 Durchführung der Verteilung

[1] Es erfolgt kollektive Verteilung.

[2] Die Verteilung erfolgt nach einem Minutenwert. Der Minutenwert ergibt sich durch Division der Nettoverteilungssumme durch die Gesamtzahl der gemäß § 118 für die Sparte DK ermittelten wiedergegebenen Minuten. Die Ausschüttung pro Werk ergibt sich durch Multiplikation der für ein Werk gemäß § 119 Abs. 2 ermittelten Minutenzahl mit dem Minutenwert.

Abschnitt 3
Verteilung in der Sparte EM (E-Musik-Wiedergaben)

§ 123 Gegenstand der Sparte
In der Sparte EM (E-Musik-Wiedergaben) erhalten Werke der ernsten Musik eine Ausschüttung für die öffentliche Wiedergabe durch Tonträger im Sinne des § 21 UrhG, soweit nicht eine Ausschüttung in der Sparte BM erfolgt.

§ 124 Die zu verteilenden Einnahmen
In der Sparte EM werden die Einnahmen verteilt, die aus der Vergabe von Nutzungsrechten für die in § 123 genannten Nutzungen zur Verfügung stehen.

§ 125 Ermittlung der Nutzungen
Die Verteilung in der Sparte EM erfolgt auf der Grundlage von Nutzungsmeldungen. Für die Ermittlung der Nutzungen gilt § 68 entsprechend.

§ 126 Durchführung der Verteilung
Es erfolgt Direktverteilung.

Abschnitt 4
Verteilung in der Sparte M (U-Musik-Wiedergaben)

§ 127 Gegenstand der Sparte
In der Sparte M (U-Musik-Wiedergaben) erhalten Werke eine Ausschüttung für die öffentliche Wiedergabe im Sinne der §§ 21 und 22 UrhG, soweit nicht eine Verteilung in einer anderen Sparte erfolgt.

§ 128 Die zu verteilenden Einnahmen
In der Sparte M werden folgende Einnahmen verteilt:
(a) 20 % der Einnahmen für die Wiedergabe von Bildtonträgern gemäß § 16,
(b) 40 % der Einnahmen für Wiedergaben mittels mechanischer Vorrichtungen in Kinos gemäß § 17,
(c) 40 % der Einnahmen für sonstige Wiedergaben von Tonträgern und Wiedergaben von Hörfunksendungen gemäß § 18.

§ 129 Durchführung der Verteilung
[1] Aufkommen in der Sparte U gemäß § 86 sowie Aufkommen in der Sparte UD mit Ausnahme der Werkaufführungen gemäß § 88 lit. b bis f erhält einen M-Zuschlag in Höhe von 20 %.

[2] Die nach Abzug dieses Zuschlags verbleibende Nettoverteilungssumme der Sparte M wird auf die in U-Veranstaltungen gemäß § 85 aufgeführten Werke nach hochgerechneten und gewichteten Aufführungszahlen abgerechnet. Für jedes Werk wird durch Multiplikation der hochgerechneten und gegebenenfalls gewichteten Aufführungszahlen mit den Punktbewertungen des Verrechnungsschlüssels II eine Punktzahl errechnet. Der Wert eines Punkts ergibt sich durch Division der Nettoverteilungssumme durch die Gesamtzahl aller Punkte. Die Ermittlung der Ausschüttung pro Werk erfolgt durch Multiplikation der für das Werk errechneten Punktzahl mit dem Punktwert, wobei die Ausschüttung pro Werk auf den zweifachen Betrag der Ausschüttung begrenzt ist, die das Werk für Aufführungen in U-Veranstaltungen gemäß § 85 für das jeweilige Geschäftsjahr insgesamt erhält. Der aufgrund dieser Begrenzung verbleibende Restbetrag wird als prozentualer Zuschlag auf die Ausschüttungen verteilt, die sich in der Sparte M durch die Verrechnung nach hochgerechneten und gewichteten Aufführungszahlen ergeben. Wenn die Kosten für eine Zuschlagsverteilung in keinem Verhältnis zur Höhe des zu

verteilenden Restbetrages stehen, kann dieser mit Zustimmung des Aufsichtsrats als unverteilbar behandelt werden.

[3] Die Berücksichtigung von mehr als 100 tatsächlichen und gemäß § 85 Abs. 4 gewichteten Aufführungen für ein Werk in der Sparte M ist nur möglich, wenn im gleichen oder im vorhergehenden Geschäftsjahr in der Sparte R oder in der Sparte FS für dieses Werk mindestens 2 gemäß §§ 97 bis 99 oder §§ 107 bis 109 gewichtete Minuten abgerechnet worden sind. Bei Potpourris geschützter Werke gemäß § 194 Abs. 4 und 5 wird jede tatsächliche Aufführung entsprechend dem in dieser Bestimmung geregelten Anteilsschlüssel den verrechneten Werken oder Werkteilen zugeordnet, wobei $^{12}/_{12}$ (100 %) als eine Aufführung zu werten sind.

§ 130 Direktverteilung auf Antrag

[1] Ist bei Einnahmen aus sonstigen Wiedergaben von Tonträgern und Wiedergaben von Hörfunksendungen gemäß § 18 eine Verteilung in der Sparte M nach § 129 nicht möglich, weil die wiedergegebenen Werke nicht live aufgeführt werden, so wird der der Sparte M zugeordnete Anteil von 40 % dieser Einnahmen auf Antrag direkt verteilt. Bei Werken, die weder live aufgeführt werden, noch eine Ausschüttung in der Sparte R erhalten, werden die aus Nutzungen gemäß Satz 1 zur Verfügung stehenden Einnahmen auf Antrag zu 100 % direkt verteilt.

[2] Voraussetzung für die Direktverteilung ist, dass

(a) sich der jeweiligen Nutzung eine konkrete Einnahme zuordnen lässt,

(b) ein an den genutzten Werken beteiligter Berechtigter – gegebenenfalls zugleich stellvertretend für alle übrigen an den vom Antrag erfassten Werken beteiligten Berechtigten – bis zum 30.06. des auf das jeweilige Nutzungsjahr folgenden Jahres einen schriftlichen Antrag auf Direktverteilung bei der GEMA eingereicht hat. Der Antrag muss die Werke, für die die Direktverteilung beantragt wird, den Nutzer und den vom Antrag erfassten Nutzungszeitraum benennen,

(c) dem Antrag eine Bestätigung des Nutzers beiliegt, aus der sich ergibt, in welchem Zeitraum die im Antrag benannten Werke genutzt wurden und welchen Anteil sie an den insgesamt in diesem Zeitraum erfolgten Werkwiedergaben ausmachen. In begründeten Fällen kann die GEMA als Nachweis die Vorlage einer vollständigen, vom Nutzer bestätigten Wiedergabeliste verlangen,

(d) die Direktverteilung einen Mindestbetrag von EUR 10,00 pro Werk erwarten lässt.

[3] Die Bemessungsgrundlage für die Direktverteilung richtet sich nach dem Verhältnis des vom Antrag erfassten Zeitraums zur Gesamtnutzungsdauer sowie nach dem Anteil der Werkwiedergaben, für die die Direktverteilung beantragt wird, an der Gesamtzahl der Werkwiedergaben, die in dem vom Antrag erfassten Zeitraum stattgefunden haben.

[4] Die Direktverteilung erfolgt zum 1.11. des auf die Nutzung folgenden Jahres.

[5] Die Verteilungsplankommission kann Pauschalbeträge für die Berücksichtigung von Härtefällen festsetzen. Als Härtefälle gelten regelmäßige Wiedergaben im Sinne des Abs. 1 in regelmäßig auftretenden Nutzungskontexten, bei denen eine Direktverteilung nach Abs. 2 nicht möglich ist, da die Zuordnung einer konkreten

Einnahme gemäß Abs. 2 lit. a oder die Ermittlung des Anteils an den Werkwiedergaben gemäß Abs. 2 lit. b nicht oder nur mit wirtschaftlich unverhältnismäßigem Aufwand durchgeführt werden kann. Die übrigen Voraussetzungen der Absätze 1 und 2 gelten entsprechend. Bei der Festsetzung der Pauschalen sind Erfahrungswerte zu den durchschnittlichen Einnahmen und der Anzahl der Werkwiedergaben bei vergleichbaren Nutzungen zu berücksichtigen. Die Pauschalen sind zu veröffentlichen.

Kapitel 5: Die Verteilung in den Sparten des Nutzungsbereichs Vorführung

§ 131 Die Sparten des Nutzungsbereichs Vorführung
Der Nutzungsbereich Vorführung umfasst die Sparten der Filmvorführung (Sparten T, TD und TD VR).

Abschnitt 1
Verteilung in der Sparte T (Tonfilm)

§ 132 Gegenstand der Sparte
In der Sparte T (Tonfilm) erhalten Werke eine Ausschüttung für die Vorführung von audiovisuellen Werken (Filmen) im Sinne des § 19 Abs. 4 UrhG in Kinos, soweit nicht eine Verteilung in der Sparte TD erfolgt.

§ 133 Die zu verteilenden Einnahmen
In der Sparte T werden folgende Einnahmen verteilt:

(a) der nach dem Abzug für Wiedergaben mittels mechanischer Vorrichtungen gemäß § 17 verbleibende Anteil von 92 % der Einnahmen, die aus der Vergabe von Nutzungsrechten für betriebsübliche Musikdarbietungen in Kinos zur Verfügung stehen,

(b) 30 % der Einnahmen für die Wiedergabe von Bildtonträgern gemäß § 16.

§ 134 Ermittlung der Nutzungen
In der Sparte T wird die Zahl der Vorführungen jedes einzelnen Filmes grundsätzlich aufgrund der durch die Kinos, ggf. auch durch Dritte, gelieferten Nutzungsmeldungen festgestellt.

§ 135 Durchführung der Verteilung
[1] Es erfolgt kollektive Verteilung.

[2] In der Sparte T wird ein Musiksekundenwert gebildet, indem die Nettoverteilungssumme durch die Summe der für alle Werke mit Verrechnung in der Sparte T ermittelten Sekunden dividiert wird. Die Sekundenzahl pro Werk wird ermittelt, indem die Musiksekunden, die sich für das Werk aufgrund der Anmeldungen für audiovisuelle Werke pro Film ergeben, mit der Anzahl der Vorführungen der betreffenden Filme multipliziert werden. Die Ausschüttung pro Werk ergibt sich durch Multiplikation der für die Nutzungen des Werkes ermittelten Sekundenzahl mit dem Musiksekundenwert.

ABSCHNITT 2
VERTEILUNG IN DEN SPARTEN TD (TONFILM-DIREKTVERTEILUNG) UND TD VR (TONFILM-DIREKTVERTEILUNG-VERVIELFÄLTIGUNGSRECHT)

§ 136 Gegenstand der Sparten

[1] In der Sparte TD (Tonfilm-Direktverteilung) erhalten Werke in Wirtschaftsfilmen eine Ausschüttung, insbesondere für die Vorführung im Sinne des § 19 Abs. 4 UrhG.

[2] In der Sparte TD VR (Tonfilm-Direktverteilung-Vervielfältigungsrecht) erhalten Werke in Wirtschaftsfilmen eine Ausschüttung für die Vervielfältigung im Sinne von § 16 Abs. 1 UrhG zum Zwecke der Vorführung.

§ 137 Die zu verteilenden Einnahmen

In den Sparten TD und TD VR werden die Einnahmen verteilt, die aus der Vergabe von Nutzungsrechten für die in § 136 genannten Nutzungen jeweils zur Verfügung stehen.[27]

§ 138 Durchführung der Verteilung

In den Sparten TD und TD VR erfolgt jeweils Direktverteilung auf die sich aus der Anmeldung des audiovisuellen Werks ergebenden Werke.

KAPITEL 6: DIE VERTEILUNG IN DEN SPARTEN DES NUTZUNGSBEREICHS VERVIELFÄLTIGUNG UND VERBREITUNG

§ 139 Die Sparten des Nutzungsbereichs Vervielfältigung und Verbreitung

Der Nutzungsbereich Vervielfältigung und Verbreitung umfasst die Sparten der Vervielfältigung und Verbreitung auf Tonträgern (Sparte Phono VR) und Bildtonträgern (Sparte BT VR).

ABSCHNITT 1
VERTEILUNG IN DER SPARTE PHONO VR (TONTRÄGER-VERVIELFÄLTIGUNGSRECHT)

§ 140 Gegenstand der Sparte

In der Sparte Phono VR (Tonträger-Vervielfältigungsrecht) erhalten Werke eine Ausschüttung für die Vervielfältigung im Sinne des § 16 Abs. 1 UrhG und die Verbreitung im Sinne des § 17 Abs. 1 UrhG auf Tonträgern.

§ 141 Die zu verteilenden Einnahmen

In der Sparte Phono VR werden folgende Einnahmen verteilt:

(a) 100 % der Einnahmen, die aus der Vergabe von Nutzungsrechten für die in § 140 genannten Nutzungen zur Verfügung stehen,

(b) 25 % der Einnahmen für die gewerbliche Vervielfältigung von Tonträgeraufnahmen, für die keine Nutzungsmeldungen erhältlich sind, gemäß § 20 Abs. 1,

(c) 75 % der Einnahmen aus dem Vergütungsanspruch für die Vermietung von Tonträgern gemäß § 22 Abs. 1,

(d) 75 % des auf den Verleih von Tonträgern entfallenden Anteils an der Bibliothekstantieme gemäß § 23 Abs. 2,

---

[27] Die von der ordentlichen Mitgliederversammlung 2019 beschlossene Neufassung gilt für die Verteilung ab Geschäftsjahr 2020.

(e) 45 % der Einnahmen aus dem Vergütungsanspruch für die private Vervielfältigung von Tonträgeraufnahmen gemäß § 25 Abs. 2.[28]

§ 142 Durchführung der Verteilung

[1] Es erfolgt Direktverteilung der Einnahmen, die aus den in § 140 genannten Nutzungen zur Verfügung stehen, auf die sich aus der Anmeldung des Tonträgers ergebenden Werke. Die übrigen in der Sparte Phono VR zu verteilenden Einnahmen werden als prozentualer Zuschlag zu den direkt verteilten Beträgen verteilt.

[2] Lizenzeinnahmen bis zu EUR 1,00 pro Werk werden nicht werkbezogen, sondern als prozentualer Zuschlag auf die in der Sparte Phono VR verrechneten Werke verteilt.

[3] Bei in Deutschland verlegten Werken ausländischer Urheber, deren mechanische Rechte der Verleger zu 100 % erworben hat, erhält der Verleger auch die Anteile der Urheber ausgezahlt.

Abschnitt 2 — Verteilung in der Sparte BT VR (Bildtonträger-Vervielfältigungsrecht)

§ 143 Gegenstand der Sparte

In der Sparte BT VR (Bildtonträger-Vervielfältigungsrecht) erhalten Werke eine Ausschüttung für die Vervielfältigung im Sinne des § 16 Abs. 1 UrhG und die Verbreitung im Sinne des § 17 Abs. 1 UrhG auf Bildtonträgern sowie gegebenenfalls für die Nutzung des Herstellungsrechts.

§ 144 Die zu verteilenden Einnahmen

In der Sparte BT VR werden folgende Einnahmen verteilt:

(a) 100 % der Einnahmen, die aus der Vergabe von Nutzungsrechten für die in § 143 genannten Nutzungen zur Verfügung stehen,

(b) 30 % der Einnahmen für die Wiedergabe von Bildtonträgern gemäß § 16,

(c) 5 % der Einnahmen für die gewerbliche Vervielfältigung von Bildtonträgeraufnahmen, für die keine Nutzungsmeldungen erhältlich sind, gemäß § 21,

(d) 75 % der Einnahmen aus dem Vergütungsanspruch für die Vermietung von Bildtonträgern gemäß § 22 Abs. 2,

(e) 75 % des auf den Verleih von Bildtonträgern entfallenden Anteils an der Bibliothekstantieme gemäß § 23 Abs. 3,

(f) 30 % der Einnahmen für Nutzungen durch Anbieter von Video-on-Demand-Diensten (Download), die nicht in den Sparten VOD D und VOD D VR verteilt werden, gemäß § 177 Abs. 2,

(g) 30 % der Einnahmen für Nutzungen durch Anbieter von Video-on-Demand-Diensten (Streaming), die nicht in den Sparten VOD S und VOD S VR verteilt werden, gemäß § 182 Abs. 2.[29]

§ 145 Durchführung der Verteilung

[1] Es erfolgt Direktverteilung der Einnahmen, die aus den in § 143 genannten Nutzungen zur Verfügung stehen, auf die sich aus der Anmeldung des Bildtonträ-

---

[28] Die von der ordentlichen Mitgliederversammlung 2018 beschlossene Neufassung gilt für die Verteilung von Einnahmen, die die GEMA für die Geschäftsjahre ab 2018 erhält.

[29] Die von der ordentlichen Mitgliederversammlung 2018 beschlossene Neufassung von § 144 lit. f-g gilt für die Verteilung von Einnahmen, die die GEMA für die Geschäftsjahre ab 2018 erhält.

gers ergebenden Werke. Die übrigen in der Sparte BT VR zu verteilenden Einnahmen werden als prozentualer Zuschlag zu den direkt verteilten Beträgen verteilt.

[2] Lizenzeinnahmen bis zu EUR 1,00 pro Werk werden nicht werkbezogen, sondern als prozentualer Zuschlag auf die in der Sparte BT VR verrechneten Werke verteilt.

[3] Bei in Deutschland verlegten Werken ausländischer Urheber, deren mechanische Rechte der Verleger zu 100 % erworben hat, erhält der Verleger auch die Anteile der Urheber ausgezahlt.

Kapitel 7: Die Verteilung in den Sparten des Nutzungsbereichs Online

**Abschnitt 1
Allgemeine Regelungen**

§ 146 Die Sparten des Nutzungsbereichs Online

Der Nutzungsbereich Online umfasst die Sparten des Internetradios (Sparten I R und I R VR), des Internetfernsehens (Sparten I FS, I T FS und I FS VR, I T FS VR), der Nutzung durch Onlineanbieter von Ruftonmelodien (Sparten KMOD und KMOD VR), der Nutzung durch Anbieter von Music-on-Demand-Diensten (Download) (Sparten MOD D und MOD D VR), der Nutzung durch Anbieter von Music-on-Demand-Diensten (Streaming) (Sparten MOD S und MOD S VR), der Nutzung durch Anbieter von Video-on-Demand-Diensten (Download) (Sparten VOD D und VOD D VR), der Nutzung durch Anbieter von Video-on-Demand-Diensten (Streaming) (Sparten VOD S und VOD S VR), der Nutzung auf Gemischten Online-Plattformen (Streaming) (Sparten GOP und GOP VR) [30] und der Nutzung als Hintergrund- oder Funktionsmusik auf Internet- und Intranetseiten (Sparten WEB und WEB VR).

§ 147 Der Grundsatz der Direktverteilung im Nutzungsbereich Online

[1] Soweit in diesem Kapitel nichts anderes geregelt ist, erfolgt die Verteilung von Einnahmen aus dem Nutzungsbereich Online im Wege der Direktverteilung.[31]

[2] Eine Direktverteilung wird nicht durchgeführt, soweit für Einnahmen aus Onlinenutzungen keine Nutzungsmeldungen erhältlich sind oder die Kosten für eine Verteilung im Wege der Direktverteilung außer Verhältnis zu den Einnahmen stünden. Die Verteilung der hiernach nicht im Wege der Direktverteilung zu verteilenden Einnahmen erfolgt gemäß den für die einzelnen Sparten getroffenen Regelungen.

§ 147a Aufteilung der Einnahmen auf die Sparten des Nutzungsbereichs Online bei der gebietsübergreifenden Vergabe von Online-Rechten

Bei der gebietsübergreifenden Vergabe von Online-Rechten werden die Einnahmen, die die GEMA aus Nutzungen in Territorien außerhalb Deutschlands erzielt, nach Maßgabe internationaler Standards unter Berücksichtigung der Repräsentationsvereinbarungen mit ausländischen Verwertungsgesellschaften auf die Sparten der öffentlichen Wiedergabe und die Sparten der Rechte der Vervielfältigung und Verbreitung aufgeteilt.

---

[30] Gilt für die Verteilung der Geschäftsjahre bis einschließlich 2022.
[31] Die von der ordentlichen Mitgliederversammlung 2018 beschlossene Neufassung gilt für die Verteilung für die Geschäftsjahre bis einschließlich 2022.

Abschnitt 2
Verteilung in den Sparten I R (Internetradio) und I R VR (Internetradio-Vervielfältigungsrecht)

§ 148 Gegenstand der Sparten

[1] In der Sparte I R (Internetradio) erhalten Werke eine Ausschüttung für die Sendung im Sinne des § 20 UrhG im Internet-Hörfunk.

[2] In der Sparte I R VR (Internetradio-Vervielfältigungsrecht) erhalten Werke eine Ausschüttung für die Vervielfältigung im Sinne des § 16 UrhG für Hörfunksendungen im Internet.

§ 149 Die zu verteilenden Einnahmen

Es werden die Einnahmen verteilt, die aus der Vergabe von Nutzungsrechten für die in § 148 genannten Nutzungen zur Verfügung stehen.

§ 150 Aufteilung der Einnahmen auf die Sparten

Bei der Aufteilung der Einnahmen auf die Sparten I R und I R VR wird ein Verhältnis von 66,67 % für die Sendung und 33,33 % für die Vervielfältigung zugrunde gelegt.

§ 151 Ermittlung der Nutzungen

Die GEMA stellt die genutzten Werke grundsätzlich anhand der von den Internet-Radioveranstaltern zur Verfügung gestellten Nutzungsmeldungen fest. Die für die Ermittlung der Nutzungen und die Verteilung auf der Grundlage von Nutzungsmeldungen in den Sparten des Nutzungsbereichs Sendung geltenden Regelungen gemäß §§ 93 und 94 finden entsprechende Anwendung.

§ 152 Durchführung der Verteilung

[1] Es erfolgt Direktverteilung gemäß § 147. Hierbei finden die für die Verteilung in den Sparten des Nutzungsbereichs Sendung (Hörfunk) geltenden Regelungen entsprechende Anwendung, soweit sie der Direktverteilung nicht widersprechen.

[2] Soweit die Voraussetzungen für eine Direktverteilung nicht vorliegen, werden die Einnahmen zu 66,67 % in der Sparte R und zu 33,33 % in der Sparte R VR verteilt.

Abschnitt 3
Verteilung in den Sparten I FS (Internetfernsehen), I T FS (Internetfernsehen-Tonfilm), I FS VR (Internetfernsehen-Vervielfältigungsrecht) und I T FS VR (Internetfernsehen-Tonfilm-Vervielfältigungsrecht)

§ 153 Gegenstand der Sparten

[1] In der Sparte I FS (Internetfernsehen) erhalten Werke in Eigen- und Auftragsproduktionen des Fernsehens eine Ausschüttung für die Sendung im Sinne des § 20 UrhG im Internet-Fernsehen.

[2] In der Sparte I T FS (Internetfernsehen-Tonfilm) erhalten Werke in Fremdproduktionen eine Ausschüttung für die Sendung im Sinne des § 20 UrhG im Internet-Fernsehen.

[3] In der Sparte I FS VR (Internetfernsehen-Vervielfältigungsrecht) erhalten Werke in Eigen- und Auftragsproduktionen des Fernsehens eine Ausschüttung für die Vervielfältigung im Sinne des § 16 Abs. 1 UrhG für Fernsehsendungen im Internet sowie gegebenenfalls für die Nutzung des Herstellungsrechts.

[4] In der Sparte I T FS VR (Internetfernsehen-Tonfilm-Vervielfältigungsrecht) erhalten Werke in Fremdproduktionen eine Ausschüttung für die Vervielfältigung im Sinne des § 16 Abs. 1 UrhG für Fernsehsendungen im Internet.

§ 154 Die zu verteilenden Einnahmen

Es werden die Einnahmen verteilt, die aus der Vergabe von Nutzungsrechten für die in § 153 genannten Nutzungen zur Verfügung stehen.

§ 155 Aufteilung der Einnahmen auf die Sparten

Bei der Aufteilung der Einnahmen auf die Sparten I FS und I T FS einerseits und die Sparten I FS VR und I T FS VR andererseits wird ein Verhältnis von 66,67 % für die Sendung und 33,33 % für die Vervielfältigung und Herstellung zugrunde gelegt.

§ 156 Ermittlung der Nutzungen

Die GEMA stellt die genutzten Werke grundsätzlich anhand der von den Internet-Fernsehveranstaltern zur Verfügung gestellten Nutzungsmeldungen fest. Die für die Ermittlung der Nutzungen und die Verteilung auf der Grundlage von Nutzungsmeldungen in den Sparten des Nutzungsbereichs Sendung geltenden Regelungen gemäß §§ 93 und 94 finden entsprechende Anwendung.

§ 157 Durchführung der Verteilung

[1] Es erfolgt Direktverteilung gemäß § 147. Hierbei finden die für die Verteilung in den Sparten des Nutzungsbereichs Sendung (Fernsehen) geltenden Regelungen entsprechende Anwendung, soweit sie der Direktverteilung nicht widersprechen.

[2] Soweit die Voraussetzungen für eine Direktverteilung nicht vorliegen, werden die Einnahmen zu 66,67 % in den Sparten FS und T FS und zu 33,33 % in den Sparten FS VR und T FS VR verteilt. Soweit sich nicht direkt zu verteilende Einnahmen der Vergabe des Filmherstellungsrechts zuordnen lassen, erfolgt die Verteilung zugunsten der Sparte FS VR.

Abschnitt 4
Verteilung in den Sparten KMOD (Ruftonmelodien) und KMOD VR (Ruftonmelodien-Vervielfältigungsrecht)

§ 158 Gegenstand der Sparten

[1] In der Sparte KMOD (Ruftonmelodien) erhalten Werke eine Ausschüttung für die öffentliche Zugänglichmachung im Sinne des § 19a UrhG durch Onlineanbieter von Ruftonmelodien.

[2] In der Sparte KMOD VR (Ruftonmelodien-Vervielfältigungsrecht) erhalten Werke eine Ausschüttung für die Vervielfältigung im Sinne des § 16 UrhG durch Onlineanbieter von Ruftonmelodien.

§ 159 Die zu verteilenden Einnahmen

Es werden die Einnahmen verteilt, die aus der Vergabe von Nutzungsrechten für die in § 158 genannten Nutzungen zur Verfügung stehen.

§ 160 Aufteilung der Einnahmen auf die Sparten

Bei der Aufteilung der Einnahmen auf die Sparten KMOD und KMOD VR wird ein Verhältnis von 33,33 % für die öffentliche Zugänglichmachung und 66,67 % für die Vervielfältigung zugrunde gelegt.

§ 161 Ermittlung der Nutzungen

Die Ermittlung der Nutzungen erfolgt aufgrund der Nutzungsmeldungen der Onlineanbieter von Ruftonmelodien.

§ 162 Durchführung der Verteilung

[1] Es erfolgt Direktverteilung gemäß § 147.

[2] Soweit die Voraussetzungen für eine Direktverteilung nicht vorliegen, werden die Einnahmen als prozentualer Zuschlag in den Sparten KMOD und KMOD VR verteilt.

**ABSCHNITT 5
VERTEILUNG IN DEN
SPARTEN MOD D
(MUSIC-ON-DEMAND-
DOWNLOAD) UND
MOD D VR (MUSIC-
ON-DEMAND-DOWN-
LOAD-VERVIELFÄLTI-
GUNGSRECHT)**

§ 163 Gegenstand der Sparten

[1] In der Sparte MOD D (Music-on-Demand-Download) erhalten Werke eine Ausschüttung für die öffentliche Zugänglichmachung im Sinne des § 19a UrhG durch Anbieter von Music-on-Demand-Diensten (Download).

[2] In der Sparte MOD D VR (Music-on-Demand-Download-Vervielfältigungsrecht) erhalten Werke eine Ausschüttung für die Vervielfältigung im Sinne des § 16 UrhG durch Anbieter von Music-on-Demand-Diensten (Download).

§ 164 Die zu verteilenden Einnahmen

In den Sparten MOD D und MOD D VR werden folgende Einnahmen verteilt:

(a) 100 % der Einnahmen, die aus der Vergabe von Nutzungsrechten für die in § 163 genannten Nutzungen zur Verfügung stehen,

(b) 12,5 % der Einnahmen aus dem Vergütungsanspruch für die private Vervielfältigung von Tonträgeraufnahmen gemäß § 25 Abs. 2.[32]

§ 165 Aufteilung der Einnahmen auf die Sparten

Bei der Aufteilung der Einnahmen auf die Sparten MOD D und MOD D VR wird ein Verhältnis von 33,33 % für die öffentliche Zugänglichmachung und 66,67 % für die Vervielfältigung zugrunde gelegt.

§ 166 Ermittlung der Nutzungen

Die Ermittlung der Nutzungen erfolgt aufgrund der Nutzungsmeldungen der Anbieter der Music-on-Demand-Dienste.

§ 167 Durchführung der Verteilung

[1] Es erfolgt Direktverteilung gemäß § 147 für die Einnahmen, die aus den in § 163 genannten Nutzungen zur Verfügung stehen. Soweit die Voraussetzungen für eine Direktverteilung nicht vorliegen, werden die Einnahmen als prozentualer Zuschlag in den Sparten MOD D und MOD D VR verteilt.

[2] Die Einnahmen aus dem Vergütungsanspruch für die private Vervielfältigung von Tonträgeraufnahmen gemäß § 25 Abs. 2 werden ebenfalls als prozentualer Zuschlag zu den direkt verteilten Beträgen verteilt. Hierbei werden nur Nutzungen in Deutschland berücksichtigt.

**ABSCHNITT 6
VERTEILUNG IN DEN
SPARTEN MOD S
(MUSIC-ON-DEMAND-
STREAMING) UND
MOD S VR (MUSIC-
ON-DEMAND-
STREAMING-VERVIEL-
FÄLTIGUNGSRECHT)**

§ 168 Gegenstand der Sparten

[1] In der Sparte MOD S (Music-on-Demand-Streaming) erhalten Werke eine Ausschüttung für die öffentliche Zugänglichmachung im Sinne des § 19a UrhG durch Anbieter von Music-on-Demand-Diensten (Streaming).

[2] In der Sparte MOD S VR (Music-on-Demand-Streaming-Vervielfältigungsrecht) erhalten Werke eine Ausschüttung für die Vervielfältigung im Sinne des § 16 UrhG durch Anbieter von Music-on-Demand-Diensten (Streaming).

§ 169 Die zu verteilenden Einnahmen

In den Sparten MOD S und MOD S VR werden folgende Einnahmen verteilt:

---

32) Die von der ordentlichen Mitgliederversammlung 2018 beschlossene Neufassung gilt für die Verteilung von Einnahmen, die die GEMA für die Geschäftsjahre ab 2018 erhält.

(a) 100 % der Einnahmen, die aus der Vergabe von Nutzungsrechten für die in § 168 genannten Nutzungen zur Verfügung stehen,

(b) 100 % des auf Audiowerke entfallenden Anteils an den Einnahmen aus dem Vergütungsanspruch für gesetzlich erlaubte Nutzungen für Unterricht, Wissenschaft und Institutionen gemäß § 60 h Abs. 1 S. 1 UrhG gemäß § 24 Abs. 2,

(c) 12,5 % der Einnahmen aus dem Vergütungsanspruch für die private Vervielfältigung von Tonträgeraufnahmen gemäß § 25 Abs. 2,[33]

(d) 33 1/3 % der Einnahmen aus Nutzungen als Hintergrund- oder Funktionsmusik auf Internet- und Intranetseiten, für die keine Direktverteilung in den Sparten WEB und WEB VR erfolgt, gemäß § 187 Abs. 2 lit. a.[34]

§ 170 Aufteilung der Einnahmen auf die Sparten

Bei der Aufteilung der Einnahmen auf die Sparten MOD S und MOD S VR wird ein Verhältnis von 66,67 % für die öffentliche Zugänglichmachung und 33,33 % für die Vervielfältigung zugrunde gelegt.

§ 171 Ermittlung der Nutzungen

Die Ermittlung der Nutzungen erfolgt aufgrund der Nutzungsmeldungen der Anbieter der Music-on-Demand-Dienste.

§ 172 Durchführung der Verteilung

[1] Es erfolgt Direktverteilung gemäß § 147 für die Einnahmen, die aus den in § 168 genannten Nutzungen zur Verfügung stehen. Soweit die Voraussetzungen für eine Direktverteilung nicht vorliegen, werden die Einnahmen als prozentualer Zuschlag in den Sparten MOD S und MOD S VR verteilt.

[2] Die übrigen in den Sparten MOD S und MOD S VR zu verteilenden Einnahmen werden ebenfalls als prozentualer Zuschlag zu den direkt verteilten Beträgen verteilt. Bei der Zuschlagsverteilung der Einnahmen aus gesetzlichen Vergütungsansprüchen werden nur Nutzungen in Deutschland berücksichtigt.

ABSCHNITT 7 VERTEILUNG IN DEN SPARTEN VOD D (VIDEO-ON-DEMAND-DOWNLOAD) UND VOD D VR (VIDEO-ON-DEMAND-DOWNLOAD-VERVIELFÄLTIGUNGSRECHT)

§ 173 Gegenstand der Sparten

[1] In der Sparte VOD D (Video-on-Demand-Download) erhalten Werke in Filmen eine Ausschüttung für die öffentliche Zugänglichmachung im Sinne des § 19a UrhG durch Anbieter von Video-on-Demand-Diensten (Download).

[2] In der Sparte VOD D VR (Video-on-Demand-Download-Vervielfältigungsrecht) erhalten Werke in Filmen eine Ausschüttung für die Vervielfältigung im Sinne des § 16 UrhG durch Anbieter von Video-on-Demand-Diensten (Download).

§ 174 Die zu verteilenden Einnahmen

Es werden die Einnahmen verteilt, die aus der Vergabe von Nutzungsrechten für die in § 173 genannten Nutzungen zur Verfügung stehen.

---

33) Die von der ordentlichen Mitgliederversammlung 2018 beschlossene Neufassung gilt für die Verteilung von Einnahmen, die die GEMA für die Geschäftsjahre ab 2018 erhält.
34) Die von der ordentlichen Mitgliederversammlung 2018 beschlossene Neufassung gilt für die Verteilung von Einnahmen, die die GEMA für die Geschäftsjahre ab 2018 erhält.

§ 175 Aufteilung der Einnahmen auf die Sparten

Bei der Aufteilung der Einnahmen auf die Sparten VOD D und VOD D VR wird ein Verhältnis von 33,33 % für die öffentliche Zugänglichmachung und 66,67 % für die Vervielfältigung zugrunde gelegt.

§ 176 Ermittlung der Nutzungen

Die Ermittlung der Nutzungen erfolgt aufgrund der Nutzungsmeldungen der Anbieter der Video-on-Demand-Dienste.

§ 177 Durchführung der Verteilung

[1] Es erfolgt Direktverteilung gemäß § 147.

[2] Soweit die Voraussetzungen für eine Direktverteilung nicht vorliegen, werden die Einnahmen als prozentualer Zuschlag in den Sparten VOD D und VOD D VR verteilt, soweit der im Wege der Direktverteilung zu verteilende Anteil an den für diese Sparten insgesamt zur Verfügung stehenden Einnahmen mindestens 50 % beträgt. Liegt der im Wege der Direktverteilung zu verteilende Anteil der Gesamteinnahmen der Sparten VOD D und VOD D VR unter 50 %, werden die nicht im Wege der Direktverteilung zu verteilenden Einnahmen zu 70 % zugunsten der Sparten des Fernsehens (hiervon zu 33,33 % in den Sparten FS und T FS und zu 66,67 % in den Sparten FS VR und T FS VR) und zu 30 % zugunsten der Sparte BT VR verteilt. Soweit sich nicht direkt zu verteilende Einnahmen der Vergabe des Filmherstellungsrechts zuordnen lassen, erfolgt die Verteilung zugunsten der Sparte FS VR.

ABSCHNITT 8
VERTEILUNG IN DEN SPARTEN VOD S (VIDEO-ON-DEMAND-STREAMING) UND VOD S VR (VIDEO-ON-DEMAND-STREAMING-VERVIELFÄLTIGUNGSRECHT)

§ 178 Gegenstand der Sparten

[1] In der Sparte VOD S (Video-on-Demand-Streaming) erhalten Werke in Filmen eine Ausschüttung für die öffentliche Zugänglichmachung im Sinne des § 19a UrhG durch Anbieter von Video-on-Demand-Diensten (Streaming).

[2] In der Sparte VOD S VR (Video-on-Demand-Streaming-Vervielfältigungsrecht) erhalten Werke in Filmen eine Ausschüttung für die Vervielfältigung im Sinne des § 16 UrhG durch Anbieter von Video-on-Demand-Diensten (Streaming).

§ 179 Die zu verteilenden Einnahmen

In den Sparten VOD S und VOD S VR werden folgende Einnahmen verteilt:

(a) 100 % der Einnahmen, die aus der Vergabe von Nutzungsrechten für die in § 178 genannten Nutzungen zur Verfügung stehen,

(b) 100 % des auf audiovisuelle Werke entfallenden Anteils an den Einnahmen aus dem Vergütungsanspruch für gesetzlich erlaubte Nutzungen für Unterricht, Wissenschaft und Institutionen gemäß § 60h Abs. 1 S. 1 UrhG gemäß § 24 Abs. 3.

§ 180 Aufteilung der Einnahmen auf die Sparten

Bei der Aufteilung der Einnahmen auf die Sparten VOD S und VOD S VR wird ein Verhältnis von 66,67 % für die öffentliche Zugänglichmachung und 33,33 % für die Vervielfältigung zugrunde gelegt.

§ 181 Ermittlung der Nutzungen

Die Ermittlung der Nutzungen erfolgt aufgrund der Nutzungsmeldungen der Anbieter der Video-on-Demand-Dienste.

§ 182 Durchführung der Verteilung

[1] Es erfolgt Direktverteilung gemäß § 147 für die Einnahmen, die aus den in § 178 genannten Nutzungen zur Verfügung stehen. Die übrigen in den Sparten VOD S und VOD S VR zu verteilenden Einnahmen werden als prozentualer Zuschlag zu den direkt verteilten Beträgen verteilt.

[2] Soweit die Voraussetzungen für eine Direktverteilung nicht vorliegen, werden die Einnahmen als prozentualer Zuschlag in den Sparten VOD S und VOD S VR verteilt, soweit der im Wege der Direktverteilung zu verteilende Anteil an den für diese Sparten insgesamt zur Verfügung stehenden Einnahmen mindestens 50 % beträgt. Liegt der im Wege der Direktverteilung zu verteilende Anteil der Gesamteinnahmen der Sparten VOD S und VOD S VR unter 50 %, werden die nicht im Wege der Direktverteilung zu verteilenden Einnahmen zu 70 % zugunsten der Sparten des Fernsehens (hiervon zu 66,67 % in den Sparten FS und T FS und zu 33,33 % in den Sparten FS VR und T FS VR) und zu 30 % in der Sparte BT VR verteilt. Soweit sich nicht direkt zu verteilende Einnahmen der Vergabe des Filmherstellungsrechts zuordnen lassen, erfolgt die Verteilung zugunsten der Sparte FS VR.

ABSCHNITT 8a
VERTEILUNG IN DEN SPARTEN GOP (STREAMING AUF GEMISCHTEN ONLINE-PLATTFORMEN) UND GOP VR (STREAMING AUF GEMISCHTEN ONLINE- PLATTFORMEN-VERVIELFÄLTIGUNGSRECHT)[35]

§ 182a Gegenstand der Sparten

[1] In der Sparte GOP (Streaming auf Gemischten Online-Plattformen) erhalten Werke eine Ausschüttung für die öffentliche Zugänglichmachung im Sinne des § 19a UrhG auf Gemischten Online-Plattformen (Streaming).

[2] In der Sparte GOP VR (Streaming auf Gemischten Online-Plattformen-Vervielfältigungsrecht) erhalten Werke eine Ausschüttung für die Vervielfältigung im Sinne des § 16 UrhG zum Zweck der Nutzung auf Gemischten Online-Plattformen (Streaming).

[3] Gemischte Online-Plattformen im Sinne dieser Regelung sind Internet-Dienste, deren Geschäftsmodell ausschließlich oder vorrangig darauf beruht, Inhalte der Öffentlichkeit zugänglich zu machen, die von Plattform-Nutzern als User-Uploaded-Content zur Verfügung gestellt werden. Nicht in den Anwendungsbereich dieser Regelung fallen zusätzliche Music- oder Video-on-Demand-Dienste, für die der Anbieter einer Gemischten Online-Plattform eine gesonderte Lizenz erworben hat.

§ 182b Die zu verteilenden Einnahmen

In den Sparten GOP und GOP VR werden die Einnahmen verteilt, die aus der Vergabe von Nutzungsrechten für die in § 182a genannten Nutzungen zur Verfügung stehen.

§ 182c Grundsätze für die Durchführung der Verteilung

[1] Die für die einzelnen Gemischten Online-Plattformen erzielten Einnahmen werden jeweils gesondert nach den nachfolgenden Regeln verteilt.

[2] Erhält die GEMA von dem Anbieter einer Gemischten Online-Plattform verwertbare Nutzungsmeldungen zu allen Nutzungsvorgängen auf dieser Gemischten

---

35) Gilt für die Verteilung für die Geschäftsjahre bis einschließlich 2022.

Online-Plattform, so werden die Einnahmen auf der Grundlage der Nutzungsmeldungen gemäß § 182d verteilt. Als Nutzungsvorgänge gelten die jeweils vom Wahrnehmungsumfang der GEMA umfassten Werknutzungen.

[3] Erhält die GEMA von dem Anbieter einer Gemischten Online-Plattform lediglich für einen Teil der Nutzungsvorgänge verwertbare Nutzungsmeldungen, so werden die Einnahmen in einen auf der Grundlage der Nutzungsmeldungen gemäß § 182d zu verteilenden Anteil und einen im Wege der Zuschlagsverteilung gemäß § 182e zu verteilenden Anteil aufgeteilt. Der Anteil, der auf der Grundlage von Nutzungsmeldungen verteilt wird, bemisst sich nach dem Verhältnis zwischen der Gesamtnutzungsdauer der durch verwertbare Nutzungsmeldungen belegten Nutzungsvorgänge und der kumulierten Nutzungsdauer sämtlicher Nutzungsvorgänge auf der jeweiligen Gemischten Online-Plattform.

[4] Soweit die Gesamtnutzungsdauer der durch verwertbare Nutzungsmeldungen belegten Nutzungsvorgänge oder die kumulierte Nutzungsdauer gemäß Abs. 3 nicht aufgrund der Nutzungsmeldungen des Anbieters der Gemischten Online-Plattform ermittelt werden kann, erfolgt die Aufteilung nach einer Quote, die durch den Aufsichtsrat festgelegt wird. Die Festlegung der Quote für die jeweilige Gemischte Online-Plattform erfolgt auf der Grundlage verfügbarer empirischer Daten, die Rückschlüsse auf die Gesamtnutzungsdauer und die kumulierte Nutzungsdauer ermöglichen, insbesondere Abrufzahlen, Nutzerverhalten, Marktanteile, Marktentwicklung und Daten zu vergleichbaren Gemischten Online-Plattformen.

[5] Erhält die GEMA von dem Anbieter einer Gemischten Online-Plattform keine verwertbaren Nutzungsmeldungen, so werden die Einnahmen vollständig im Wege der Zuschlagsverteilung gemäß § 182e verteilt.

§ 182d Verteilung auf der Grundlage von Nutzungsmeldungen

[1] Bei der Aufteilung der auf der Grundlage von Nutzungsmeldungen zu verteilenden Einnahmen auf die Sparten GOP und GOP VR wird ein Verhältnis von 66,67 % für die öffentliche Zugänglichmachung und 33,33 % für die Vervielfältigung zugrunde gelegt.

[2] Die Verteilung erfolgt jeweils auf der Grundlage der verwertbaren Nutzungsmeldungen, die die GEMA von dem Anbieter der Gemischten Online-Plattform erhält.

[3] Die Verteilung erfolgt pro rata temporis aufgrund der in den verwertbaren Nutzungsmeldungen angegebenen Abrufdauern, falls Abrufdauern zu allen in Nutzungsmeldungen belegten Nutzungsvorgängen vorliegen. Andernfalls erfolgt die Verteilung pro rata numeris aufgrund der Abrufzahlen.

[4] Für Reklamationen gelten besondere Anforderungen an die Glaubhaftmachung von Nutzungen, die vom Aufsichtsrat festgelegt und veröffentlicht werden. Im Übrigen bleibt § 59 unberührt. Hat der Berechtigte für die betreffende Gemischte Online-Plattform bereits eine Ausschüttung im Rahmen der Zuschlagsverteilung erhalten, so wird diese mit dem Ausschüttungsanspruch verrechnet, der sich aus einer erfolgreichen Reklamation ergibt.

§ 182e Zuschlagsverteilung

[1] Von den im Wege der Zuschlagsverteilung zu verteilenden Einnahmen werden 66,67 % der Sparte GOP und 33,33 % der Sparte GOP VR zugewiesen.

[2] Die Verteilung erfolgt in den Sparten GOP und GOP VR jeweils als prozentualer Zuschlag auf das modifizierte Jahresaufkommen des Berechtigten.

[3] Das modifizierte Jahresaufkommen des Berechtigten umfasst das Aufkommen, das der Berechtige für das jeweilige Geschäftsjahr in allen Sparten gemäß §§ 12 und 13 erzielt hat, unter Beachtung der nachfolgenden Modifikationen:

(a) Aufkommen in den Sparten M, GOP und GOP VR wird nicht berücksichtigt.

(b) Aufkommen in den Sparten A und A VR wird nur in Bezug auf solche Territorien berücksichtigt, die von der Lizenz der GEMA für die jeweilige Gemischte Online-Plattform umfasst sind.

(c) Aufkommen in den Sparten BT VR, FS, FS VR, I FS, I FS VR, I T FS, I T FS VR, T, TD, TD VR, T FS, T FS VR, VOD D, VOD D VR, VOD S und VOD S VR wird nur berücksichtigt, wenn über die jeweilige Gemischte Online-Plattform auch audiovisuelle Werke zugänglich gemacht werden.

(d) Aufkommen in der Sparte FS VR wird nur zu $1/10$ berücksichtigt.

(e) Soweit der Berechtigte der GEMA die Online-Rechte in dem Zeitraum, für den die zu verteilenden Einnahmen erzielt wurden, nicht eingeräumt hat, wird sein Aufkommen nicht berücksichtigt. Unterjährige Änderungen im Wahrnehmungsumfang werden anteilig berücksichtigt.

(f) Ausfallzuschläge gemäß § 28 Abs. 3 des Verteilungsplans werden nicht berücksichtigt.

[4] Bei der Zuschlagsverteilung in den Sparten GOP und GOP VR erhält modifiziertes Jahresaufkommen in den Sparten A und A VR einen Zuschlag, der dem Anteil dieser Sparten am jeweiligen gesamten modifizierten Jahresaufkommen aller Berechtigten gemäß Abs. 3 entspricht. Im Übrigen werden die im Wege der Zuschlagsverteilung zu verteilenden Nettoeinnahmen zu jeweils gleichen Anteilen auf die folgenden Spartengruppen aufgeteilt:

(a) Sparten der Nutzungsbereiche Aufführung (§ 67) und Wiedergabe (§ 115);

(b) Sparten des Hörfunks (§ 91);

(c) Sparten des Fernsehens (§ 91) und des Nutzungsbereichs Vorführung (§ 131). Diese Spartengruppe wird nur berücksichtigt, soweit über die jeweilige Gemischte Online-Plattform auch audiovisuelle Werke zugänglich gemacht werden;

(d) Sparten des Nutzungsbereichs Vervielfältigung und Verbreitung (§ 139);

(e) Sparten des Nutzungsbereichs Online (§ 146).

Die Höhe des Zuschlags pro Spartengruppe ergibt sich aus dem Verhältnis der für die Spartengruppe insgesamt im Wege der Zuschlagsverteilung zu verteilenden Nettoeinnahmen zum jeweiligen modifizierten Jahresaufkommen aller Berechtigten gemäß Abs. 3.

**ABSCHNITT 9
VERTEILUNG IN DEN
SPARTEN WEB (WEB-
SITES) UND WEB VR
(WEBSITES-VERVIEL-
FÄLTIGUNGSRECHT)**

§ 183 Gegenstand der Sparten

[1] In der Sparte WEB (Websites) erhalten Werke eine Ausschüttung für die öffentliche Zugänglichmachung im Sinne des § 19a UrhG als Hintergrund- oder Funktionsmusik auf Internet- und Intranetseiten.

[2] In der Sparte WEB VR (Websites-Vervielfältigungsrecht) erhalten Werke eine Ausschüttung für die Vervielfältigung im Sinne des § 16 UrhG zum Zweck der öffentlichen Zugänglichmachung der Werke als Hintergrund- oder Funktionsmusik auf Internet- und Intranetseiten.

§ 184 Die zu verteilenden Einnahmen

Es werden die Einnahmen verteilt, die aus der Vergabe von Nutzungsrechten für die in § 183 genannten Nutzungen zur Verfügung stehen.

§ 185 Aufteilung der Einnahmen auf die Sparten

Bei der Aufteilung der Einnahmen auf die Sparten WEB und WEB VR wird ein Verhältnis von 66,67 % für die öffentliche Zugänglichmachung und 33,33 % für die Vervielfältigung zugrunde gelegt.

§ 186 Ermittlung der Nutzungen

Die Ermittlung der Nutzungen erfolgt aufgrund der Nutzungsmeldungen der Betreiber der Internet- und Intranetseiten.

§ 187 Durchführung der Verteilung

[1] Es erfolgt Direktverteilung gemäß § 147.

[2] Soweit die Voraussetzungen für eine Direktverteilung nicht vorliegen, werden die Einnahmen als prozentualer Zuschlag in den Sparten WEB und WEB VR verteilt, soweit der im Wege der Direktverteilung zu verteilende Anteil an den für diese Sparten insgesamt zur Verfügung stehenden Einnahmen mindestens 50 % beträgt. Liegt der im Wege der Direktverteilung zu verteilende Anteil der Gesamteinnahmen der Sparten WEB und WEB VR unter 50 %, werden die nicht im Wege der Direktverteilung zu verteilenden Einnahmen wie folgt verteilt:

(a) 33 $^{1}/_{3}$ % werden als prozentualer Zuschlag zu den Sparten des Nutzungsbereichs Music-on-Demand-Streaming verteilt, hiervon 66,67 % zugunsten der Sparte MOD S und 33,33 % zugunsten der Sparte MOD S VR.

(b) 33 $^{1}/_{3}$ % werden zugunsten der Sparten des Hörfunks verteilt, hiervon 66,67 % zugunsten der Sparte R und 33,33 % zugunsten der Sparte R VR.

(c) 33 $^{1}/_{3}$ % werden zugunsten der Sparten des Fernsehens verteilt, hiervon 66,67 % zugunsten der Sparten FS und T FS und 33,33 % zugunsten der Sparten FS VR und T FS VR.

[3] Soweit sich nicht direkt zu verteilende Einnahmen der Vergabe des Filmherstellungsrechts zuordnen lassen, erfolgt die Verteilung zugunsten der Sparte FS VR.

Kapitel 8: Die Verteilung in den Sparten des Nutzungsbereichs Ausland

§ 188 Verteilung in der Sparte A

[1] In der Sparte A (Ausland) erhalten Werke des GEMA-Repertoires eine Ausschüttung für die Nutzung im Wege der Aufführung, Vorführung, öffentlichen Zugänglichmachung, Sendung und Wiedergabe im Ausland, soweit die Rechtewahrnehmung auf der Grundlage von Repräsentationsvereinbarungen zwischen der GEMA und den jeweiligen ausländischen Verwertungsgesellschaften für musikalische Urheberrechte erfolgt.

[2] Es erfolgt eine Ausschüttung der von den ausländischen Verwertungsgesellschaften erhaltenen Einnahmen nach Maßgabe der von diesen vorgenommenen Verteilung unter Berücksichtigung der in den Repräsentationsvereinbarungen getroffenen Regelungen.

§ 189 Verteilung in der Sparte A VR

[1] In der Sparte A VR (Ausland-Vervielfältigungsrecht) erhalten Werke des GEMA-Repertoires eine Ausschüttung für die Nutzung im Wege der Vervielfältigung und Verbreitung im Ausland, soweit die Rechtewahrnehmung auf der Grundlage von Repräsentationsvereinbarungen zwischen der GEMA und den jeweiligen ausländischen Verwertungsgesellschaften für musikalische Urheberrechte erfolgt.

[2] Es erfolgt eine Ausschüttung der von den ausländischen Verwertungsgesellschaften erhaltenen Einnahmen nach Maßgabe der von diesen vorgenommenen Verteilung unter Berücksichtigung der in den Repräsentationsvereinbarungen getroffenen Regelungen.

Kapitel 9: Die Aufteilung der Ausschüttung auf die Ausschüttungsberechtigten bei GEMA-Originalwerken

**Abschnitt 1
Allgemeine Regelungen**

§ 190 Anwendungsbereich

Die Regelungen dieses Kapitels gelten für Werke, bei denen mindestens ein Originalurheber oder Originalverlag GEMA-Mitglied ist (GEMA-Originalwerke).

§ 191 Die Ausschüttung bei mehreren Beteiligten derselben Berufsgruppe

Sind mehrere Ausschüttungsberechtigte derselben Berufsgruppe beteiligt, so findet eine Teilung der betreffenden Anteile statt.

§ 192 Die Ausschüttung bei Berechtigten der GEMA und anderer Verwertungsgesellschaften derselben Berufsgruppe

Sind bei Werken von GEMA-Mitgliedern mit Mitgliedern anderer Verwertungsgesellschaften derselben Berufsgruppe unterschiedliche Beteiligungen vereinbart, so findet die Aufteilung gemäß Anmeldung statt.

§ 193 Freie Vereinbarkeit bei Werken der Unterhaltungsmusik

[1] Für Werke der Unterhaltungsmusik nach Verrechnungsschlüssel II Ziff. 1, 3 a) und 3 b), die bei der GEMA ab dem 1.1.1996 angemeldet werden, gilt hinsichtlich der Anteile der grundsätzlich gleichberechtigten Urheber die freie Vereinbarkeit der Anteilsaufteilung zwischen den berechtigten Urhebern. Die zwischen den berechtigten Urhebern vereinbarte Anteilsaufteilung muss der GEMA von einem an dem jeweiligen Werk beteiligten Ausschüttungsberechtigten unter Verwendung der von der GEMA zur Verfügung gestellten Formulare mitgeteilt werden. Hierbei muss der Ausschüttungsberechtigte versichern, dass er die Zustimmung aller berechtigten Urheber zu der vereinbarten Anteilsaufteilung eingeholt hat. In der durch die GEMA versandten Bestätigung über die Werkregistrierung werden alle am Werk beteiligten Urheber und Verleger auf die Anteilsaufteilung hingewiesen.[36]

[2] Für Werke, bei denen Musik und Text von einem Urheber allein geschaffen wurden, besteht die Möglichkeit der Gleichstellung der Anteile für Musik und Text.

[3] Der aufgrund freier Vereinbarung festgelegte Schlüssel gilt für alle Sparten der Rechte der öffentlichen Wiedergabe.

[4] Kommt es zu keiner solchen Vereinbarung, gilt der bisherige Verteilungsschlüssel.

§ 194 Die Aufteilung der Ausschüttung bei Potpourris

[1] Der Anteilsschlüssel für die Aufteilung bei Potpourris gilt für Potpourris in allen Sparten.

[2] Potpourris sind zusammengesetzte Werke, die aus 3 oder mehr vorbestehenden Einzelwerken oder Teilen von 3 oder mehr vorbestehenden Einzelwerken bestehen, welche von einem Potpourri-Bearbeiter zusammengestellt und durch Überleitungen verbunden oder in sonstiger Weise musikalisch bearbeitet wurden.

[3] Potpourris, die ausschließlich aus urheberrechtlich freien Werken oder Werkteilen zusammengesetzt sind (Potpourris freier Werke), werden als Bearbeitungen freier Werke registriert. Soweit es sich um eine urheberrechtlich schutzfähige Bearbeitung handelt, erfolgt die Beteiligung des Potpourri-Bearbeiters und ggf. des Potpourri-Verlegers entsprechend den Anteilsschlüsseln für die Bearbeitung freier Werke gemäß Abschnitt 2 und 3 dieses Kapitels.

[4] Bei Potpourris, die aus vorbestehenden urheberrechtlich geschützten Werken zusammengesetzt sind (Potpourris geschützter Werke), wird für die Verteilung wie folgt unterschieden:

(a) Bei unverlegten Potpourris geschützter Werke werden $6/12$ (50 %) zugunsten des Potpourri-Bearbeiters und $6/12$ (50 %) zu gleichen Teilen auf die im Potpourri verwendeten geschützten Werke aufgeteilt.

(b) Bei verlegten Potpourris geschützter Werke werden $3/12$ (25 %) zugunsten des Potpourri-Bearbeiters, $3/12$ (25 %) zugunsten des Potpourri-Verlegers und $6/12$ (50 %) zu gleichen Teilen auf die im Potpourri verwendeten geschützten Werke aufgeteilt.

---

[36] Die von der ordentlichen Mitgliederversammlung 2017 beschlossene Neufassung der Sätze 2 bis 4 gilt ab dem 1.1.2018.

[5] Soweit Potpourris geschützter Werke auch freie Werke enthalten, werden die auf die freien Werke entfallenden Anteile zu gleichen Teilen auf die vorbestehenden geschützten Werke aufgeteilt.

[6] Abweichend von Abs. 4 und 5 werden Potpourris geschützter Werke, bei denen am Potpourri sowie an allen im Potpourri verwendeten vorbestehenden Werken dieselben Ausschüttungsberechtigten beteiligt sind (Potpourris eigener Werke), entsprechend den Anteilsschlüsseln gemäß Abschnitt 2 und 3 dieses Kapitels als neue Werke dieser Ausschüttungsberechtigten ohne Bearbeiterbeteiligung verrechnet. Werden Potpourris eigener Werke von Dritten bearbeitet, gelten Abs. 4 und 5.

§ 194a Die Aufteilung der Ausschüttung bei Nutzungen dramatisch-musikalischer Werke

Die in diesem Kapitel geregelten Anteilsschlüssel gelten ab Geschäftsjahr 2017 auch für die Ausschüttung für Nutzungen dramatisch-musikalischer Werke, sei es vollständig, als Querschnitt oder in größeren Teilen.

ABSCHNITT 2
DIE AUFTEILUNG DER AUSSCHÜTTUNG IN DEN SPARTEN DER RECHTE DER ÖFFENTLICHEN WIEDERGABE

UNTERABSCHNITT 1. ALLGEMEINER ANTEILSSCHLÜSSEL

§ 195 Anteilsschlüssel

In den Sparten BM, DK, E, ED, EM, GOP (Nutzungsmeldungen)[37], I R, I FS, I T FS, KMOD, M, MOD D, MOD S, R, TD, U, UD, VOD D, VOD S und WEB wird die pro Werk ermittelte Ausschüttung auf die am Werk beteiligten Ausschüttungsberechtigten wie folgt aufgeteilt:

	am Werk Beteiligte	Anteile	bei erhöhtem Bearbeiteranteil gemäß § 198
A.	Komponist	12/12	
B.	Komponist	8/12	
	Textdichter	4/12	
C.	Komponist	11/12	10/12
	Bearbeiter	1/12	2/12
D.	Komponist	7/12	6/12
	Bearbeiter	1/12	2/12
	Textdichter	4/12	4/12
E.	Komponist	8/12	
	Verleger	4/12	
F.	Komponist	5/12	
	Textdichter	3/12	
	Verleger	4/12	

---

37) Gilt für die Verteilung für die Geschäftsjahre bis einschließlich 2022.

am Werk Beteiligte		Anteile	bei erhöhtem Bearbeiteranteil gemäß § 198
G.	Komponist	7/12	6/12
	Bearbeiter	1/12	2/12
	Verleger	4/12	4/12
H.	Komponist	4/12	4/12
	Bearbeiter	1/12	2/12
	Textdichter	3/12	3/12
	Verleger	4/12	3/12

§ 196 Beteiligung des Textdichters bei Werken der ernsten Musik

Bei Werken der ernsten Musik, bei denen in geringem Umfang Text aufgeführt wird, ist der Anteil des Textdichters entsprechend dem Verhältnis des verwendeten Textes zum Gesamtumfang des Werkes zu verrechnen. In Zweifelsfällen oder auf Antrag entscheidet der Werkausschuss. Gegen die Entscheidung des Werkausschusses kann Einspruch gemäß § 6 der Geschäftsordnung für den Werkausschuss eingelegt werden.

§ 197 Beteiligung bei textierten Werken der U-Musik mit Gleichrangigkeit von Musik und Text

Soweit der Werkausschuss textierte Werke der U-Musik, die auf Antrag unter Verrechnungsschlüssel II Ziff. 3 a) oder Ziff. 3 b) eingestuft worden sind, als gleichrangig in Musik und Text ansieht, gelten für die Anteile von Komponisten und Textdichtern folgende Regelungen:

am Werk Beteiligte		Anteile	bei erhöhtem Bearbeiteranteil gemäß § 198
B.	Komponist	6/12	
	Textdichter	6/12	
D.	Komponist	6/12	5/12
	Bearbeiter	1/12	2/12
	Textdichter	5/12	5/12
F.	Komponist	4/12	
	Textdichter	4/12	
	Verleger	4/12	

Gegen die Entscheidung des Werkausschusses kann Einspruch gemäß § 6 der Geschäftsordnung für den Werkausschuss eingelegt werden.

§ 198 Beteiligung des Bearbeiters geschützter Werke

Bei Bearbeitungen geschützter Werke beträgt der Bearbeiteranteil $^{1}/_{12}$, soweit es sich bei den Bearbeitungen nach den Verrechnungsschlüsseln I bis III um Werke mit der Punktbewertung 12 für Live-Aufführungen handelt, und $^{2}/_{12}$, soweit es sich bei den Bearbeitungen nach den Verrechnungsschlüsseln I bis III um Werke mit Punktbewertungen ab 24 für Live-Aufführungen handelt.

§ 199 Die Beteiligung des Bearbeiters urheberrechtlich freier Werke

[1] Bei Bearbeitungen freier Werke beträgt der Anteil des Bearbeiters $^{3}/_{12}$. Bei Werken mit Text wird der Bearbeiter in Höhe des Textdichters beteiligt. Für die nicht zu verteilenden Anteile findet § 28 Anwendung.

[2] Bei der Benutzung urheberrechtlich freier Werke kann auf Antrag und unter Vorlage der Notenbelege die Beteiligung des Bearbeiters auf einen halben Komponistenanteil gemäß § 195 festgesetzt werden, wenn das neue Werk zugleich vom vorbestehenden fremden Werk und von neuen, eigenen kompositorischen Leistungen geprägt ist. In Zweifelsfällen entscheidet der Werkausschuss der GEMA. Für die Prüfung sind vom Ausschüttungsberechtigten grundsätzlich das ungedruckte oder gedruckte Belegexemplar, d. h. die partiturmäßige Festlegung (in sechsfacher Ausfertigung), sowie ergänzend gegebenenfalls veröffentlichte oder anderweitig verfügbare Audio-Aufnahmen vorzulegen. Bei Werken ganz oder überwiegend improvisatorischen Charakters oder elektroakustischer Musik genügt die Vorlage von Audio-Aufnahmen und schriftlichen Erläuterungen zur Werkgestaltung. Gegen die Entscheidung des Werkausschusses kann Einspruch gemäß § 6 der Geschäftsordnung für den Werkausschuss eingelegt werden. Für die nicht zu verteilenden Anteile findet § 28 Anwendung.

§ 199a Beteiligung des Spezialtextdichters

Bei der Bearbeitung geschützter Originaltexte erhält der Spezialtextdichter die Hälfte des Textdichteranteils.

Unterabschnitt 2. Anteilsschlüssel für die Sparte FS

§ 200 Anteilsschlüssel

Für Werke mit Verteilung in der Sparte FS gilt folgender Anteilsschlüssel:

	am Werk Beteiligte	Anteile	bei erhöhtem Bearbeiteranteil gemäß § 198
A.	Komponist	$^{24}/_{24}$	
B.	Komponist	$^{12}/_{24}$	
	Textdichter	$^{12}/_{24}$	
C.	Komponist	$^{22}/_{24}$	$^{20}/_{24}$
	Bearbeiter	$^{2}/_{24}$	$^{4}/_{24}$

am Werk Beteiligte		Anteile	bei erhöhtem Bearbeiteranteil gemäß § 198
D.	Komponist	11/24	10/24
	Bearbeiter	2/24	4/24
	Textdichter	11/24	10/24
E.	Komponist	16/24	
	Verleger	8/24	
F.	Komponist	9/24	
	Textdichter	7/24	
	Verleger	8/24	
G.	Komponist	14/24	12/24
	Bearbeiter	2/24	4/24
	Verleger	8/24	8/24
H.	Komponist	8/24	7/24
	Bearbeiter	2/24	4/24
	Textdichter	7/24	6/24
	Verleger	7/24	7/24

§ 201 Beteiligung des Bearbeiters und des Spezialtextdichters

[1] Für die Beteiligung des Bearbeiters geschützter Werke gilt § 198 entsprechend.

[2] Für die Beteiligung des Bearbeiters urheberrechtlich freier Werke gilt § 199 entsprechend.

[3] Für die Beteiligung des Spezialtextdichters gilt § 199a entsprechend.

UNTERABSCHNITT 3. ANTEILSSCHLÜSSEL FÜR DIE SPARTEN T UND T FS

§ 202 Anteilsschlüssel

Für Werke mit Verteilung in den Sparten T und T FS gilt folgender Anteilsschlüssel:

am Werk Beteiligte		Anteile
A.	Komponist	12/12
B.	Komponist	8/12
	Textdichter	4/12
C.	Komponist	10/12
	Bearbeiter	2/12

	am Werk Beteiligte	Anteile
D.	Komponist	6/12
	Bearbeiter	2/12
	Textdichter	4/12
E.	Komponist	8/12
	Verleger	4/12
F.	Komponist	5/12
	Textdichter	3/12
	Verleger	4/12
G.	Komponist	6/12
	Bearbeiter	2/12
	Verleger	4/12
H.	Komponist	4/12
	Bearbeiter	2/12
	Textdichter	3/12
	Verleger	3/12

§ 203 Beteiligung des Textdichters

[1] Der Textdichter erhält eine Beteiligung für die von ihm textierten Musiklängen sowie für diejenigen Längen der Illustrationsmusiken, denen die von ihm textierten Lieder motivisch zugrunde liegen.

[2] Bei Neutextierungen bzw. Übersetzungen erhalten sowohl der Original-Textdichter als auch der Übersetzer bzw. der Dichter des neuen Textes je ½ des auf den ganzen Text entfallenden Anteils.

§ 204 Beteiligung des Bearbeiters und des Spezialtextdichters

[1] Der Bearbeiter erhält eine Beteiligung für die von ihm bearbeiteten Musiklängen.

[2] Bei Bearbeitungen geschützter Werke erhält der Bearbeiter die Anteile gemäß § 202.

[3] Bei Bearbeitungen urheberrechtlich freier Werke erhält der Bearbeiter 4/12.

[4] Ist im Falle von Abs. 3 außer dem Bearbeiter ein Textdichter vorhanden, so erhält der Textdichter 3/12 für die von ihm textierten, der Bearbeiter 3/12 für die von ihm bearbeiteten Musiklängen.

[5] Ist im Falle von Abs. 3 außer dem Bearbeiter ein Verleger vorhanden, jedoch kein Textdichter, so erhalten der Bearbeiter 3/12 und der Verleger 3/12.

[6] Sind im Falle von Abs. 3 ein Verleger, ein Textdichter und ein Bearbeiter vorhanden, so erhalten der Textdichter 2/12 für die von ihm textierten, der Bearbeiter 2/12 für die von ihm bearbeiteten Musiklängen; der Verleger erhält 2/12.

[7] Bei der Benutzung urheberrechtlich freier Werke kann der Bearbeiteranteil unter entsprechender Anwendung von § 199 Abs. 2 auf einen halben Komponistenanteil festgesetzt werden.

[8] Für die Beteiligung des Spezialtextdichters gilt § 199a entsprechend.

§ 205 *Entfällt*

Abschnitt 3
Die Aufteilung der Ausschüttung in den Sparten der Rechte der Vervielfältigung und Verbreitung

§ 206 Anteilsschlüssel für die Sparten Phono VR, GOP VR[38], I R VR, KMOD VR, MOD D VR, MOD S VR und WEB VR

[1] Für Werke mit Verteilung in den Sparten Phono VR, I R VR, KMOD VR, MOD D VR, MOD S VR, GOP VR (Nutzungsmeldungen)[39] und WEB VR gelten folgende Anteilsschlüssel:

		Werkanmeldungen ab dem 1.1.1979	Werkanmeldungen vor dem 1.1.1979
A.	Komponist	100 %	100 %
B.	Komponist	50 %	50 %
	Textdichter	50 %	50 %
C.	Komponist	60 %	50 %
	Verleger	40 %	50 %
D.	Komponist	30 %	25 %
	Textdichter	30 %	25 %
	Verleger	40 %	50 %
E.	Komponist (frei)	–	–
	Textdichter	60 %	50 %
	Verleger	40 %	50 %
F.	Komponist	60 %	50 %
	Textdichter (frei)	–	–
	Verleger	40 %	50 %
G.	Komponist	100 %	100 %
	Textdichter (frei)	–	–
H.	Komponist (frei)	–	–
	Textdichter	100 %	100 %
I.	Komponist (frei)	–	–
	Bearbeiter	37,5 %	37,5 %
	Textdichter	25 %	25 %
	Verleger	37,5 %	37,5 %

---

38) Gilt für die Verteilung für die Geschäftsjahre bis einschließlich 2022.
39) Gilt für die Verteilung für die Geschäftsjahre bis einschließlich 2022.

		Werkanmeldungen ab dem 1.1.1979	Werkanmeldungen vor dem 1.1.1979
K.	Komponist (frei)	–	–
	Bearbeiter	25 %	25 %
	Textdichter (Neutext)	37,5 %	37,5 %
	Verleger	37,5 %	37,5 %
L.	Komponist (frei)	–	–
	Bearbeiter	50 %	50 %
	Textdichter	50 %	50 %
M.	Komponist (frei)	–	–
	Bearbeiter	60 %	50 %
	Verleger	40 %	50 %
N.	Komponist (frei)	–	–
	Bearbeiter	100 %	100 %

[2] Für Werke, bei denen die Werkanmeldungen vor dem 1.1.1979 eingegangen sind, kann auf Antrag des Urhebers oder seines Rechtsnachfolgers der Anteil des Verlegers bei Abs. 1 lit. C bis F und M entsprechend dem für Werkanmeldungen ab dem 1.1.1979 geltenden Anteilsschlüssel herabgesetzt werden. Bei einem textierten urheberrechtlich geschützten Werk der Musik muss der Antrag von Komponist und Textdichter gemeinsam gestellt werden. Voraussetzung für Anträge dieser Art ist entweder ein Schiedsspruch nach § 16 B Ziff. 1 a) der GEMA-Satzung oder die rechtskräftige Entscheidung eines ordentlichen Gerichts. Die Vorschriften in §§ 17, 30, 32 des Gesetzes über das Verlagsrecht und in §§ 36, 41 des Gesetzes über Urheberrecht und verwandte Schutzrechte sind anwendbar.

[3] Abs. 2 gilt entsprechend für einen Antrag des Verlegers, wenn die Voraussetzungen für die Herabsetzung des Anteils weggefallen sind.

[4] Für Werke, bei denen die Werkanmeldungen zwischen dem 1.1.1979 und dem 31.12.1989 eingegangen sind, erfolgt bei Abs. 1 lit. C bis F und M eine Beteiligung von 50 % für die Urheber und 50 % für die Verleger, soweit eine solche Beteiligung zwischen den Beteiligten vereinbart und der GEMA unter den Voraussetzungen der Ausnahmeregelung gemäß Abschn. IV Ziff. 1 a) der Ausführungsbestimmungen zum Verteilungsplan B für das mechanische Vervielfältigungsrecht in der jeweils geltenden Fassung angemeldet worden ist.

[5] Bei Bearbeitungen urheberrechtlich freier Werke tritt der Bearbeiter an die Stelle des Komponisten.

[6] Für die Beteiligung des Spezialtextdichters gilt § 199a entsprechend.

§ 207 Anteilsschlüssel für die Sparten DK VR, FS VR, R VR und T FS VR

[1] Für Werke mit Verteilung in den Sparten DK VR, FS VR, R VR und T FS VR gilt folgender Anteilsschlüssel:

A.	Komponist	100 %
B.	Komponist	50 %
	Textdichter	50 %
C.	Komponist	60 %
	Verleger	40 %
D.	Komponist	30 %
	Textdichter	30 %
	Verleger	40 %
E.	Komponist (frei)	30 %
	Textdichter	30 %
	Verleger	40 %
F.	Komponist	30 %
	Textdichter (frei)	30 %
	Verleger	40 %
G.	Komponist	70 %
	Textdichter (frei)	30 %
H.	Komponist (frei)	50 %
	Textdichter	50 %
I.	Komponist (frei)	–
	Bearbeiter	30 %
	Textdichter	30 %
	Verleger	40 %
K.	Komponist (frei)	–
	Bearbeiter	30 %
	Textdichter (Neutext)	30 %
	Verleger	40 %
L.	Komponist (frei)	–
	Bearbeiter	50 %
	Textdichter	50 %
M.	Komponist (frei)	–
	Bearbeiter	60 %
	Verleger	40 %
N.	Komponist (frei)	–
	Bearbeiter	100 %

[2] Bei Bearbeitungen urheberrechtlich freier Werke tritt der Bearbeiter an die Stelle des Komponisten.

[3] Für die Beteiligung des Spezialtextdichters gilt § 199a entsprechend.

§ 208 Anteilsschlüssel für die Sparten BT VR, I FS VR, I T FS VR, TD VR, VOD D VR und VOD S VR

[1] Für Werke mit Verteilung in den Sparten BT VR, I FS VR, I T FS VR, TD VR, VOD D VR und VOD S VR gilt folgender Anteilsschlüssel:

A.	Komponist	100 %
B.	Komponist	50 %
	Textdichter	50 %
C.	Komponist	60 %
	Verleger	40 %
D.	Komponist	30 %
	Textdichter	30 %
	Verleger	40 %
E.	Komponist (frei)	–
	Textdichter	60 %
	Verleger	40 %
F.	Komponist	60 %
	Textdichter (frei)	–
	Verleger	40 %
G.	Komponist	100 %
	Textdichter (frei)	–
H.	Komponist (frei)	–
	Textdichter	100 %
I.	Komponist (frei)	–
	Bearbeiter	30 %
	Textdichter	30 %
	Verleger	40 %
K.	Komponist (frei)	–
	Bearbeiter	30 %
	Textdichter (Neutext)	30 %
	Verleger	40 %
L.	Komponist (frei)	–
	Bearbeiter	50 %
	Textdichter	50 %

M.	Komponist (frei)	–
	Bearbeiter	60 %
	Verleger	40 %
N.	Komponist (frei)	–
	Bearbeiter	100 %

[2] Bei Bearbeitungen urheberrechtlich freier Werke tritt der Bearbeiter an die Stelle des Komponisten.

[3] Für die Beteiligung des Spezialtextdichters gilt § 199a entsprechend.

Kapitel 10: Die Aufteilung der Ausschüttung an die Ausschüttungsberechtigten bei subverlegten Werken

Abschnitt 1
Allgemeine Regelungen

§ 209 Anwendungsbereich

Die Regelungen dieses Abschnitts gelten für Werke mit Beteiligung von GEMA-Originalverlegern, die außerhalb Deutschlands subverlegt werden, sowie für Werke mit Beteiligung von ausländischen Originalverlegern, die in Deutschland subverlegt werden.

§ 210 Voraussetzungen für die Beteiligung eines Subverlegers

[1] Die Beteiligung des Subverlegers bedarf der Zustimmung der GEMA. Dies gilt sowohl für inländische als auch für ausländische Werke. Die Zustimmung gilt als erteilt, wenn der Subverlagsvertrag den Regelungen des Verteilungsplanes nicht widerspricht.

[2] Die Beteiligung des Subverlegers bedarf der Zustimmung der Urheber. Diese kann bereits im Verlagsvertrag erteilt werden. Die Zustimmung der Urheber ist nicht erforderlich, wenn lediglich der normale Verlagsanteil des Originalverlegers zwischen dem Original- und Subverleger aufgeteilt wird. Abs. 4 bleibt unberührt.

[3] Der Subverleger hat das übernommene Werk in einer eigenen neugedruckten Ausgabe zu veröffentlichen. Die aus technischen und wirtschaftlichen Gründen gemeinsam mit dem Originalverleger veröffentlichte Ausgabe wird als eine eigene Ausgabe des Subverlegers angesehen, wenn Original- und Subverleger für das Subverlagsgebiet im Impressum stehen.

[4] Die Veröffentlichung einer eigenen neugedruckten Ausgabe ist nicht erforderlich, wenn es sich um ein großes Instrumental- oder Vokalwerk der E- und gehobenen U-Musik handelt, dessen Aufführungsmaterial von dem Originalverleger selbst nur mietweise abgegeben wird oder vom Subverleger wegen zu hoher Herstellungskosten in der ausländischen Originalausgabe vertrieben wird. In diesen Fällen ist eine Werkanmeldung des Subverlegers bei der GEMA erforderlich. Die Beteiligung des Subverlegers bedarf in diesen Fällen stets der Zustimmung der Urheber und der jeweils zuständigen Auslandsgesellschaft.

[5] Verleger können Werke und/oder Verlagskataloge an ausländische Verleger mit einer Beteiligung des ausländischen Verlegers oder ausländischer Mitautoren an den Einnahmen aus den Rechten nur mit Zustimmung der inländischen Autoren, der GEMA und derjenigen ausländischen Verwertungsgesellschaft vergeben, die das Werk für das betreffende Land verwaltet.

[6] Abschlüsse ausländischer Verleger mit deutschen Verlegern über Werke, die mit einer Beteiligung des deutschen Verlegers oder deutscher Mitautoren an in Deutschland oder im Ausland anfallenden Einnahmen aus den Rechten in Verlag genommen werden, bedürfen der Zustimmung der betreffenden ausländischen Autoren und Verwertungsgesellschaften sowie der GEMA.

[7] Subverlagsverträge müssen für eine Laufzeit von mindestens 3 Kalenderjahren geschlossen werden. Die Laufzeiten der Verträge müssen mit den Kalenderjahren übereinstimmen. Innerhalb eines Verteilungszeitraums können unterschiedliche Beteiligungen an einem Werk nicht berücksichtigt werden.

[8] Für ein im Verwaltungsgebiet der GEMA originalverlegtes Werk ist der Abschluss eines Subverlagsvertrages für dieses Gebiet nicht zulässig.

[9] Der Abschluss eines Subverlagsvertrages ist von den GEMA-Ausschüttungsberechtigten umgehend unter Verwendung des hierfür vorgesehenen Formulars bei der GEMA anzumelden. Die Anmelde- und Mitteilungsfristen gemäß §§ 36 Abs. 2 und 41 Abs. 3 gelten entsprechend. Die Anmeldenden haften der GEMA für die Richtigkeit der Anmeldung. Die GEMA ist berechtigt, die Ausschüttungen mit befreiender Wirkung zugunsten der in den Anmeldungen der Werke oder den Mitteilungen der ausländischen Schwestergesellschaften angegebenen Urheber und Originalverleger oder deren Rechtsnachfolger zu leisten, sofern im Zeitpunkt der Verteilung keine Anmeldung des Subverlagsvertrages vorliegt.

[10] Erwirbt ein ausländischer Verleger einen deutschen Verlagskatalog, so bleiben die Anteile der Urheber hiervon unberührt, selbst wenn der Erwerber für den Katalog oder Einzelwerke einen Subverlagsvertrag mit einem deutschen Verleger schließt.

[11] Abtretungen von GEMA-Originalwerken an Verleger, die einer Verwertungsgesellschaft angehören, mit der die GEMA keine Repräsentationsvereinbarung geschlossen hat, werden nicht anerkannt.

[12] Eine Abtretung des zwischen dem Original- und dem Subverleger vereinbarten Anteils ist lediglich intern zwischen den beteiligten Verlegern möglich und hat keinen Einfluss auf die Abrechnung der GEMA.

§ 211 Beteiligung mehrerer Verleger bei in Deutschland subverlegten Werken

Sind bei in Deutschland subverlegten Werken mehrere Verleger unterschiedlich zu beteiligen, so findet die Aufteilung gemäß Anmeldung statt.

§ 212 Zweiter Subverleger

Falls ein GEMA-Verlagsmitglied ein Werk von einem ausländischen ersten Subverleger in den zweiten Subverlag übernimmt, beteiligt die GEMA lediglich ihr Verlagsmitglied und den Originalverleger des Werkes mit Ausnahme von Werken eines Originalverlegers in den USA. Erwirbt ein GEMA-Verlagsmitglied von dem kontinentalen Subverleger eines Originalverlegers aus den USA ein Werk, so beteiligt die GEMA ihr Verlagsmitglied und den kontinentalen Subverleger.

§ 213 Gemeinschaftsproduktionen

[1] Vollständig verlegte Werke, an denen mindestens ein GEMA-Originalverleger sowie mindestens ein ausländischer Originalverleger beteiligt sind (Gemeinschaftsproduktionen), können weder zwischen den beteiligten Verlegern der Gemeinschaftsproduktion noch in den Ländern, in denen die Verleger ihren Sitz haben, subverlegt werden.

[2] Im Falle einer Gemeinschaftsproduktion ist der Anteil für die beteiligten Verleger in den Sparten der Rechte der öffentlichen Wiedergabe nicht höher als $4/12$ und in den Sparten der Rechte der Vervielfältigung und Verbreitung nicht höher als 50 %.

§ 214 Repräsentant

[1] Übernimmt ein GEMA-Verleger ausländische Werke lediglich zum Zwecke der Verbreitung von einem ausländischen Originalverleger, ohne eine eigene Ausgabe zu drucken und (bei An- und Ummeldungen ab dem 1.1.2007) handelsüblich zu vertreiben (zum Beispiel durch die Aufnahme in die Internationale Datenbank für Noten und Verlagsartikel (IDNV-Verzeichnis) oder durch die Vergabe einer ISMN-Nummer und/oder eines Barcodes), so soll dieser Verleger (Repräsentant) grundsätzlich nicht über sein Hauptkonto beteiligt werden. § 210 Abs. 4 bleibt unberührt.

[2] Die mit dem ausländischen Originalverleger vereinbarte Beteiligung ist dem Repräsentanten nach Abzug einer Verwaltungsgebühr gemäß § 29 Abs. 2 auf ein Sonderkonto gutzuschreiben. Die dem Sonderkonto gutgeschriebene Ausschüttung wird im Rahmen der Wertung und bei der Berechnung des für die Erlangung der ordentlichen Mitgliedschaft erforderlichen Aufkommens nicht berücksichtigt.

[3] Abweichend von Abs. 1 und 2 kann der Repräsentant in den Sparten T, TD, TD VR, T FS und T FS VR mit bis zu $6/12$ über sein Hauptkonto beteiligt werden. Voraussetzung hierfür ist die Zustimmung der GEMA und der ausländischen Verwertungsgesellschaft und das Einverständnis der Autoren, das vor Abschluss des Vertrages der GEMA nachzuweisen ist. Der Repräsentant muss der GEMA die im Tonfilm übliche Musikaufstellung einsenden.

ABSCHNITT 2
DIE AUFTEILUNG DER AUSSCHÜTTUNG BEI SUBVERLEGTEN WERKEN IN DEN SPARTEN DER RECHTE DER ÖFFENTLICHEN WIEDERGABE

§ 215 *Entfällt*

§ 216 Anteilsschlüssel

[1] Der Anteil, der auf die Urheber (Komponist, Originalbearbeiter, Subbearbeiter, Originaltextdichter, Subtextdichter) entfällt, beträgt $6/12$ (50 %) der Gesamtanteile des subverlegten Werkes. Die Anteile, die auf den Original- und Subverleger zusammen entfallen, betragen $6/12$ (50 %) der Gesamtanteile.

[2] Die Aufteilung zwischen Original- und Subverleger richtet sich nach den zwischen den beteiligten Verlegern getroffenen Vereinbarungen.

[3] Die deutschen Subverleger haben, wenn die Zustimmung der GEMA erfolgen soll, in den Subverlagsverträgen darauf zu achten, dass die Anteile eventueller GEMA-Subtextdichter nicht unter $3/24$ (12 $1/2$ %) der Gesamtanteile und die Anteile eventueller GEMA-Subbearbeiter nicht unter $2/24$ (8 $1/3$ %) der Gesamtanteile liegen.

[4] Der Subtextdichter hat Anspruch auf Beteiligung, wenn

(a) seine Subtextierung und seine Beteiligung zum Zeitpunkt der Anmeldung von einem autorisierten Subverlag genehmigt worden sind,

(b) seine Subtextierung bei der GEMA angemeldet ist und

(c) seine Subtextierung in den Nutzungsmeldungen identifizierbar ist.

§ 59 bleibt unberührt.

[5] Bei in Deutschland subverlegten Werken aus dem fremdsprachigen Ausland gilt zudem Folgendes:

(a) Mit schriftlicher Einwilligung des Subtextdichters kann vom Subverleger im Einzelfalle ein Spezialsubtext autorisiert werden. Stellt der Spezialsubtext lediglich eine Bearbeitung oder Umgestaltung des Subtextes dar, so wird der Subtextdichteranteil zwischen dem Subtextdichter und dem Spezialsubtextdichter geteilt. Ist dagegen ein selbständiger Text entstanden, so erhält nur der Urheber dieses Textes als neuer Subtextdichter den Subtextdichteranteil für seine Textversion.

(b) Unter veränderten Verhältnissen kann vom Subverleger die Aktualisierung des Subtextes verlangt werden. Lehnt der Subtextdichter dies ab oder ist er dazu nicht in der Lage, so hat der Subverleger das Recht, nach 3 Monaten, von der Aufforderung durch den Subverleger an gerechnet, einen anderen Subtextdichter zu wählen. Der bisherige Subtextdichter darf nicht widersprechen, wenn seine Weigerung gegen Treu und Glauben verstoßen würde. Stellt der neue Subtext lediglich eine Bearbeitung oder Umgestaltung des bisherigen Subtextes dar, so wird der Subtextdichteranteil zwischen dem Subtextdichter und dem Spezialsubtextdichter geteilt. Ist dagegen ein selbständiger Text entstanden, so erhält nur der Urheber dieses Textes als neuer Subtextdichter den Subtextdichteranteil für seine Textversion.

(c) Die Originalversionen werden an die Berechtigten (gemäß Anmeldung des Subverlegers) des Originalwerks verrechnet.

[6] Bei Subbearbeitungen geschützter Originalwerke beträgt der Subbearbeiteranteil in den Sparten des Allgemeinen Anteilsschlüssels gemäß § 195 und in der Sparte FS $1/24$, soweit es sich bei den Subbearbeitungen nach den Verrechnungsschlüsseln I bis III um Werke mit der Punktbewertung 12 für Live-Aufführungen handelt, und $2/24$, soweit es sich bei den Subbearbeitungen nach den Verrechnungsschlüsseln I bis III um Werke mit Punktbewertungen ab 24 für Live-Aufführungen handelt.

[7] Der Subbearbeiter hat Anspruch auf Beteiligung, wenn er von einem Subverleger hierzu autorisiert und seine Subbearbeitung ausdrücklich in den Nutzungsmeldungen genannt ist. Die Regelungen zu Glaubhaftmachung und Reklamation gemäß § 59 bleiben unberührt.

§ 217 *Entfällt*

ABSCHNITT 3
DIE AUFTEILUNG DER AUSSCHÜTTUNG BEI SUBVERLEGTEN WERKEN IN DEN SPARTEN DER RECHTE DER VERVIELFÄLTIGUNG UND VERBREITUNG

§ 218 Allgemeine Regelungen

[1] Bei in Deutschland subverlegten Werken richtet sich die Beteiligung des Subverlegers nach den zwischen den Beteiligten getroffenen Vereinbarungen unter Berücksichtigung der Verteilungspläne der betreffenden ausländischen Verwertungsgesellschaften. Bei in Deutschland subverlegten Werken aus dem fremdsprachigen Ausland erfolgt eine Beteiligung von 50 % für die Urheber und 50 % für den Originalverleger, wenn mindestens einer der Urheber der GEMA angehört.

[2] Bei im Ausland subverlegten GEMA-Originalwerken richtet sich die Verteilung der Anteile der Originalbezugsberechtigten nach den Regelungen des Kapitels 9 des Besonderen Teils dieses Verteilungsplans. Für die Sparten Phono VR, I R VR, KMOD VR, MOD D VR, MOD S VR, GOP VR (Nutzungsmeldungen)[40] und WEB VR erkennt die GEMA die Beteiligungsquoten gemäß Abs. 1 Satz 2 an.

[3] Bei in den deutschsprachigen Ländern erstmalig erschienenen Werken mit deutschsprachigem Originaltext dürfen im Falle eines Subverlages in einem deutschsprachigen Land die auf den Original- und Subverleger entfallenden Anteile zusammen nicht mehr als 60 % der Gesamtausschüttung betragen. Diese Regelung gilt sowohl für in Deutschland subverlegte ausländische Werke als auch für im Ausland subverlegte GEMA-Originalwerke.

§ 219 Die Aufteilung bei nicht vertretenen ausländischen Originalverlegern

Gehört der ausländische Originalverleger keiner Verwertungsgesellschaft an, mit der die GEMA eine Repräsentationsvereinbarung geschlossen hat, so erhält der deutsche Subverleger in den Sparten Phono VR, BT VR, TD VR und den Sparten des Nutzungsbereichs Online auch den Anteil des Originalverlegers verrechnet mit der Maßgabe, die Weiterverteilung an den Originalverleger nach den Regelungen seines Subverlagsvertrages vorzunehmen. Gehört auch der Urheber keiner solchen Verwertungsgesellschaft an, so erhält der deutsche Subverleger auch dessen Anteil. Im Falle der Weitergabe des Werkes an Subverleger in Österreich und der Schweiz erhält der österreichische bzw. schweizerische Subverleger an Stelle des deutschen Subverlegers dessen Anteil. Der Anteil des deutschen Subtextdichters gemäß §§ 220 und 221 bleibt davon unberührt.

§ 220 Beteiligung des deutschen Subtextdichters in den Sparten Phono VR, I R VR, KMOD VR, MOD D VR, MOD S VR, GOP VR (Nutzungsmeldungen)[41] und WEB VR

[1] Bei in Deutschland subverlegten Werken aus dem fremdsprachigen Ausland hat der Subtextdichter Anspruch auf Beteiligung, wenn

(a) seine Subtextierung und seine Beteiligung zum Zeitpunkt der Anmeldung von einem autorisierten Subverlag genehmigt worden sind,

(b) seine Subtextierung bei der GEMA angemeldet ist und

(c) seine Subtextierung in den Nutzungsmeldungen identifizierbar ist.

§ 59 Abs. 1 und 2 bleiben unberührt.

[2] Es wird lediglich ein Subtext für die Dauer der Schutzfrist anerkannt. Der Subtextdichter erhält von 100 % einen festen Anteil von $16^{2/3}$ %. Dieser Anspruch besteht unabhängig von der Höhe der Beteiligung des Subverlegers.

[3] § 216 Abs. 5 gilt entsprechend.

§ 221 Beteiligung des deutschen Subtextdichters in den Sparten R VR, FS VR, T FS VR, DK VR, TD VR, BT VR, I FS VR, I T FS VR, VOD D VR und VOD S VR

[1] Für angemeldete Subtextierungen ausländischer Originalwerke erhält der Subtextdichter 30 %, der Subverleger 70 % des in Deutschland verbleibenden

---

40) Gilt für die Verteilung für die Geschäftsjahre bis einschließlich 2022.
41) Gilt für die Verteilung für die Geschäftsjahre bis einschließlich 2022.

Anteils. Für den Beteiligungsanspruch des Subtextdichters gelten die in § 220 Abs. 1 geregelten Voraussetzungen entsprechend.

[2] § 216 Abs. 5 gilt entsprechend.

§ 222 Beteiligung des ausländischen Subtextdichters

Bei autorisierten fremdsprachigen Textierungen deutschsprachiger Werke, die nicht im Ausland subverlegt sind, erhält der ausländische Textdichter in den Sparten Phono VR, BT VR, TD VR und den Sparten des Nutzungsbereichs Online bei Nutzungen von Aufnahmen mit seinem Text in dem autorisierten Gebiet die Hälfte des in seinem Land geltenden Textdichteranteils, jedoch in den Sparten Phono VR, I R VR, KMOD VR, MOD D VR, MOD S VR, GOP VR (Nutzungsmeldungen)[42] und WEB VR nicht mehr als 12,5 % und in den Sparten BT VR, I FS VR, I T FS VR, TD VR, VOD D VR und VOD S VR nicht mehr als 15 % der Ausschüttung. Der Restbetrag wird nach dem jeweiligen Originalanteilsschlüssel verteilt.

SCHLUSSBESTIMMUNGEN

§ 223 Inkrafttreten

Dieser Verteilungsplan tritt mit Wirkung zum 1.1.2017 in Kraft.

§ 224 Auslegungsregel

Dieser Verteilungsplan ersetzt gemäß dem Beschluss der ordentlichen Mitgliederversammlung vom 26./27.4.2016 zu Tagesordnungspunkt 23 den bisherigen Verteilungsplan der GEMA, bestehend aus den Verteilungsplänen A. für das Aufführungs- und Senderecht, B. für das mechanische Vervielfältigungsrecht und C. für den Nutzungsbereich Online. Die mit der Beschlussfassung über Tagesordnungspunkt 23 der ordentlichen Mitgliederversammlung vom 26./27.4.2016 verbundenen Änderungen des Wortlauts sowie des Aufbaus des bisherigen Verteilungsplans sind in der Absicht erfolgt, diesen redaktionell zu überarbeiten. Inhaltliche Änderungen sind mit dieser Überarbeitung nicht beabsichtigt, es sei denn, eine Änderung ist in der Begründung des Beschlussantrages zum Tagesordnungspunkt 23, abgedruckt in der Tagesordnung für die Mitgliederversammlung vom 26./27.4.2016, ausdrücklich als inhaltliche Änderung gekennzeichnet worden. Bei der Auslegung der Regelungen des vorliegenden Verteilungsplans ist deshalb im Zweifel anzunehmen, dass mit einer im Rahmen des Tagesordnungspunkts 23 der ordentlichen Mitgliederversammlung vom 26./27.4.2016 beschlossenen Änderung des Wortlauts und des Aufbaus keine inhaltliche Abweichung von der bis zum 31.12.2016 geltenden Fassung des Verteilungsplans gewollt war.

---

42) Gilt für die Verteilung für die Geschäftsjahre bis einschließlich 2022.

EDV-Verrechnungsschlüssel
für die Punktbewertung nach dem Verteilungsplan

zu § 62 Abs. 1

	Punkte	Schlüssel	Sparten R und FS Punkte	Schlüssel
Fernsehauftragskompositionen - Einbeziehung in die E-Wertung			1	140

zu § 63

	Sparte E Punkte	Schlüssel	Sparten R und FS Punkte	Schlüssel
1. Instrumentalwerke (1-2 Instrumentalstimmen) sowie 1-4 stimmige solistische Vokalwerke a cappella oder mit Begleitung von 1-2 Instrumenten				
bis zu 2 Minuten	12	038	1	038
über 2 Minuten bis zu 4 Minuten	24	039	1	039
über 4 Minuten bis unter 5 Minuten	36	031	1 ¼	030
ab 5 Minuten	96	032	1 ¼	030
ab 10 Minuten	180	033	1 ¼	030
ab 20 Minuten	360	034	1 ¾	034
ab 30 Minuten	480	035	1 ¾	034
ab 45 Minuten	720	036	1 ¾	034
ab 60 Minuten	960	037	1 ¾	034
Chansons E (bis MGV 2010)	36	131	1 ¼	130
2. Instrumentalwerke (3-9 Instrumentalstimmen) sowie solistische Vokalwerke mit mehr als vier realen Stimmen a cappella oder mit Begleitung von 3-6 obligaten Instrumenten				
bis zu 2 Minuten	24	048	1 ¼	048
über 2 Minuten bis zu 4 Minuten	36	049	1 ¼	049
über 4 Minuten bis unter 5 Minuten	60	041	2	040
ab 5 Minuten	120	042	2	040
ab 10 Minuten	240	043	2	040
ab 20 Minuten	480	044	2	040
ab 30 Minuten	720	045	2	040
ab 45 Minuten	960	046	2	040
ab 60 Minuten	1200	047	2	040

IV 1 — EDV-Verrechnungsschlüssel für die Punktbewertung nach dem Verteilungsplan

	Sparte E		Sparten R und FS	
	Punkte	Schlüssel	Punkte	Schlüssel
3. Chorwerke a cappella (1-4 stimmig) oder mit Begleitung von 1-2 Instrumenten				
bis zu 2 Minuten	12	078	1	078
über 2 Minuten bis zu 3 Minuten	24	079	1	079
bis unter 5 Minuten	36	071	1 $1/2$	070
ab 5 Minuten	96	072	1 $1/2$	070
ab 10 Minuten	180	073	1 $1/2$	070
ab 20 Minuten	360	074	1 $1/2$	070
ab 30 Minuten	720	075	1 $1/2$	070
ab 45 Minuten	960	076	1 $1/2$	070
ab 60 Minuten	1200	077	1 $1/2$	070
4. Chorwerke mit Begleitung von 3-6 obligaten Instrumenten oder a cappella mit mehr als 4 realen Stimmen				
bis zu 2 Minuten	36	088	1 $1/4$	088
über 2 Minuten bis zu 3 Minuten	72	089	1 $1/2$	089
bis unter 5 Minuten	96	081	1 $3/4$	080
ab 5 Minuten	120	082	1 $3/4$	080
ab 10 Minuten	240	083	1 $3/4$	080
ab 20 Minuten	480	084	1 $3/4$	080
ab 30 Minuten	720	085	1 $3/4$	080
ab 45 Minuten	960	086	1 $3/4$	080
ab 60 Minuten	1200	087	1 $3/4$	080
5. Werke für Streich- und Kammerorchester in beliebiger Besetzung sowie Vokal-, Chor- und Instrumentalwerke mit Streich- und Kammerorchesterbegleitung				
bis zu 2 Minuten	40	098	1 $3/4$	098
über 2 Minuten bis zu 3 Minuten	80	099	2	099
über 3 Minuten bis unter 5 Minuten	120	091	2 $1/4$	090
ab 5 Minuten	240	092	2 $1/4$	090
ab 10 Minuten	480	093	2 $1/4$	090
ab 20 Minuten	960	094	2 $1/4$	090
ab 30 Minuten	1200	095	2 $1/4$	090
ab 45 Minuten	1680	096	2 $1/4$	090
ab 60 Minuten	2160	097	2 $1/4$	090

EDV-Verrechnungsschlüssel für die Punktbewertung nach dem Verteilungsplan

	Sparte E		Sparten R und FS	
	Punkte	Schlüssel	Punkte	Schlüssel
6. Werke für großes Orchester sowie Vokal-, Chor- und Instrumentalwerke mit großem Orchester				
bis zu 2 Minuten	80	108	2	108
über 2 Minuten bis zu 3 Minuten	160	109	2 $\frac{1}{4}$	109
über 3 Minuten bis unter 5 Minuten	240	101	2 $\frac{1}{2}$	100
ab 5 Minuten	480	102	2 $\frac{1}{2}$	100
ab 10 Minuten	960	103	2 $\frac{1}{2}$	100
ab 20 Minuten	1200	104	2 $\frac{1}{2}$	100
ab 30 Minuten	1680	105	2 $\frac{1}{2}$	100
ab 45 Minuten	2160	106	2 $\frac{1}{2}$	100
ab 60 Minuten	2400	107	2 $\frac{1}{2}$	100
7. Elektroakustische Musik, Musik mit überwiegend elektroakustischen Anteilen				
bis zu 2 Minuten	12	308	1	300
über 2 Minuten bis zu 4 Minuten	24	309	1	300
über 4 Minuten bis zu 5 Minuten	36	301	1	300
über 5 Minuten bis zu 10 Minuten	96	302	1	300
über 10 Minuten bis zu 20 Minuten	180	303	1	300
über 20 Minuten bis zu 30 Minuten	360	304	1	300
über 30 Minuten bis zu 45 Minuten	720	305	1	300
über 45 Minuten bis zu 60 Minuten	960	306	1	300
ab 60 Minuten	1200	307	1	300
auf Antrag im Rundfunk			1 $\frac{1}{4}$	310
			1 $\frac{1}{2}$	320
			1 $\frac{3}{4}$	330
			2	340
			2 $\frac{1}{4}$	350
			2 $\frac{1}{2}$	360

	Sparte E		Sparten R und FS	
	Punkte	Schlüssel	Punkte	Schlüssel
8. Werke oder Werkfragmente gemäß Ziff. 1. bis 7., die in den Sparten R und FS als Pausen- und Vorlaufmusik, Einleitungs-, Zwischen- und Schlussmusik, Titel- und Erkennungsmusiken zu regelmäßig wiederkehrenden Sendungen, d. h. zu sich mindestens an 5 aufeinanderfolgenden Tagen oder wöchentlich einmal in 7 aufeinanderfolgenden Wochen wiederholenden Sendungen zur Verrechnung kommen.			1	170
auf Antrag Bewertung nach Punkteschema in Ziffer 5 (Gilt für die Geschäftsjahre 2008, 2009 und 2010)				
bis zu 2 Minuten	40	408	1	400
über 2 Minuten bis zu 3 Minuten	80	409	1	400
bis unter 5 Minuten	120	401	1	400
ab 5 Minuten	240	402	1	400
ab 10 Minuten	480	403	1	400
ab 20 Minuten	960	404	1	400
ab 30 Minuten	1200	405	1	400
ab 45 Minuten	1680	406	1	400
ab 60 Minuten	2160	407	1	400
auf Antrag im Rundfunk			1 ¼	410
			1 ½	420
			1 ¾	430
			2	440
			2 ¼	450
			2 ½	460

zu § 64

	Sparte U		Sparten R und FS	
	Punkte	Schlüssel	Punkte	Schlüssel
1. Tanz-, Pop-, Jazz- und Rockmusik mit oder ohne Text, Märsche und andere vokale, instrumentale und elektronisch erzeugte Unterhaltungsmusik, Potpourris geschützter Werke gemäß § 194 Abs. 4 sowie urheberrechtlich geschützte Texte zu urheberrechtlich freien unbearbeiteten Werken der Musik.	12	001	1	001
2. Konzertstücke mit und ohne Text; Vokalmusik mit oder ohne Instrumente, soweit sie nicht unter Verrechnungsschlüssel I einzustufen ist; zeitgenössischer Jazz von künstlerischer Bedeutung und mit Konzertcharakter, ausgenommen sogenannte Standards. Im Falle von Zweifeln am Jazzcharakter eines Werkes entscheidet der Werkausschuss nach Vorlage eines Belegexemplars über die Zugehörigkeit				
bis zu 10 Minuten	24	002	1	002
über 10 Minuten bis zu 20 Minuten	36	007	1	007
über 20 Minuten	48	008	1	008
3. a) U-Chansons	36	014	1 1/4	014
3. b) Textierte Werke der U-Musik, die einen urheberrechtlich geschützten Text von besonderem künstlerischen Wert haben. Voraussetzung für die Einstufung ist eine erkennbare Verzahnung der Musik mit der Dramaturgie des Textes. Die Einstufung erfolgt auf Antrag durch den Werkausschuss auf der Grundlage von vollständigen Belegexemplaren.	36	025	1 1/4 bzw. 1	025
4. Konzertwerke für Orchester bzw. Bigband-, große Fusion- und Jazzbesetzungen ab 10 selbstständig geführten Stimmen oder Konzertwerke mit besonderer Komplexität.				
bis zu 2 Minuten	24	621	1	620
über 2 Minuten bis zu 4 Minuten	36	622	1	620
über 4 Minuten bis zu 10 Minuten	60	623	1 1/4	623
über 10 Minuten bis zu 15 Minuten	120	624	1 1/2	624

EDV-Verrechnungsschlüssel für die Punktbewertung nach dem Verteilungsplan

	Sparte U		Sparten R und FS	
	Punkte	Schlüssel	Punkte	Schlüssel
über 15 Minuten bis zu 20 Minuten	180	625	1 3/4	625
über 20 Minuten bis zu 30 Minuten	360	626	1 3/4	625
über 30 Minuten bis zu 45 Minuten	480	627	2	627
über 45 Minuten bis zu 60 Minuten	720	628	2	627
über 60 Minuten	960	629	2	627
5. Unterhaltungsmusikwerke von besonderem künstlerischen Wert, die vom Werkausschuss als solche anerkannt worden sind.	96	006	1 1/2	006
			1 3/4	024
Analog § 63 [1] Ziff. 1: bis zu 2 Minuten	12	538	1	538
über 2 Minuten bis zu 4 Minuten	24	539	1	539
über 4 Minuten bis unter 5 Minuten	36	531	1 1/4	530
ab 5 Minuten	96	532	1 1/4	530
ab 10 Minuten	180	533	1 1/4	530
ab 20 Minuten	360	534	1 3/4	534
ab 30 Minuten	480	535	1 3/4	534
ab 45 Minuten	720	536	1 3/4	534
ab 60 Minuten	960	537	1 3/4	534
Analog § 63 [1] Ziff. 2: bis zu 2 Minuten	24	548	1 1/4	548
über 2 Minuten bis zu 4 Minuten	36	549	1 1/4	549
über 4 Minuten bis unter 5 Minuten	60	541	2	540
ab 5 Minuten	120	542	2	540
ab 10 Minuten	240	543	2	540
ab 20 Minuten	480	544	2	540
ab 30 Minuten	720	545	2	540
ab 45 Minuten	960	546	2	540
ab 60 Minuten	1200	547	2	540
Analog § 63 [1] Ziff. 3: bis zu 2 Minuten	12	578	1	578
über 2 Minuten bis zu 3 Minuten	24	579	1	579
bis unter 5 Minuten	36	571	1 1/2	570

EDV-Verrechnungsschlüssel für die Punktbewertung nach dem Verteilungsplan

		Sparte U		Sparten R und FS	
		Punkte	Schlüssel	Punkte	Schlüssel
	ab 5 Minuten	96	572	1 1/2	570
	ab 10 Minuten	180	573	1 1/2	570
	ab 20 Minuten	360	574	1 1/2	570
	ab 30 Minuten	720	575	1 1/2	570
	ab 45 Minuten	960	576	1 1/2	570
	ab 60 Minuten	1200	577	1 1/2	570
Analog § 63 [1] Ziff. 4:	bis zu 2 Minuten	36	588	1 1/4	588
	über 2 Minuten bis zu 3 Minuten	72	589	1 1/2	589
	bis unter 5 Minuten	96	581	1 3/4	580
	ab 5 Minuten	120	582	1 3/4	580
	ab 10 Minuten	240	583	1 3/4	580
	ab 20 Minuten	480	584	1 3/4	580
	ab 30 Minuten	720	585	1 3/4	580
	ab 45 Minuten	960	586	1 3/4	580
	ab 60 Minuten	1200	587	1 3/4	580
Analog § 63 [1] Ziff. 5:	bis zu 2 Minuten	40	598	1 3/4	598
	über 2 Minuten bis zu 3 Minuten	80	599	2	599
	über 3 Minuten bis unter 5 Minuten	120	591	2 1/4	590
	ab 5 Minuten	240	592	2 1/4	590
	ab 10 Minuten	480	593	2 1/4	590
	ab 20 Minuten	960	594	2 1/4	590
	ab 30 Minuten	1200	595	2 1/4	590
	ab 45 Minuten	1680	596	2 1/4	590
	ab 60 Minuten	2160	597	2 1/4	590
Analog § 63 [1] Ziff. 6:	bis zu 2 Minuten	80	608	2	608
	über 2 Minuten bis zu 3 Minuten	160	609	2 1/4	609
	über 3 Minuten bis unter 5 Minuten	240	601	2 1/2	600
	ab 5 Minuten	480	602	2 1/2	600
	ab 10 Minuten	960	603	2 1/2	600
	ab 20 Minuten	1200	604	2 1/2	600

EDV-Verrechnungsschlüssel für die Punktbewertung nach dem Verteilungsplan

		Sparte U		Sparten R und FS	
		Punkte	Schlüssel	Punkte	Schlüssel
	ab 30 Minuten	1680	605	2 1/2	600
	ab 45 Minuten	2160	606	2 1/2	600
	ab 60 Minuten	2400	607	2 1/2	600
Analog § 63 [1] Ziff. 7:	bis zu 2 Minuten	12	808	1	800
	über 2 Minuten bis zu 4 Minuten	24	809	1	800
	über 4 Minuten bis zu 5 Minuten	36	801	1	800
	über 5 Minuten bis zu 10 Minuten	96	802	1	800
	über 10 Minuten bis zu 20 Minuten	180	803	1	800
	über 20 Minuten bis zu 30 Minuten	360	804	1	800
	über 30 Minuten bis zu 45 Minuten	720	805	1	800
	über 45 Minuten bis zu 60 Minuten	960	806	1	800
	ab 60 Minuten	1200	807	1	800
	auf Antrag im Rundfunk			1 1/4	810
				1 1/2	820
				1 3/4	830
				2	840
				2 1/4	850
				2 1/2	860
(Die von MGV 1988 bis MGV 2005 gültige Ziff. 7 des Abschnitt XI der Ausführungsbestimmungen zum Verteilungsplan A)		96	010	1 3/4	010
		96	011	2	011
		96	012	2 1/4	012
		96	013	2 1/2	013
		240	015	2 1/2	013
		480	016	2 1/2	013
		960	017	2 1/2	013
		1200	018	2 1/2	013
		1680	019	2 1/2	013

	Sparte U		Sparten R und FS	
	Punkte	Schlüssel	Punkte	Schlüssel
	2160	020	2 $1/2$	013
	2400	021	2 $1/2$	013

6. *Für Einstufungen bis Geschäftsjahr 2008*

a) Konzertwerke für Orchester (Originalkompositionen), Ouvertüren, Rhapsodien, Ballettmusiken, Konzertsätze bis zu 10 Minuten Spieldauer, Große mehrteilige Walzer sowie Potpourris bis zu 5 Minuten Spieldauer (ausgenommen Potpourris gemischten Inhalts)

	36	003	1	003

b) Konzertwerke für Orchester (Originalkompositionen), Ouvertüren, Rhapsodien, Ballettmusiken, Konzertsätze über 10 Minuten Spieldauer, Fantasien aus Opern, Operetten und Filmen, Potpourris über 5 Minuten Spieldauer (ausgenommen Potpourris gemischten Inhalts)

	48	004	1	004
	48	022	1 $1/4$	022

c) Konzertwerke für Orchester (Originalkompositionen), Ouvertüren, Rhapsodien, Ballettmusiken, Fantasien aus Opern und Operetten, Potpourris (ausgenommen Potpourris gemischten Inhalts), Konzertsätze, Spieldauer über 15 Minuten

	60	005	1	005
	60	023	1 $1/2$	023

7. Werke oder Werkfragmente gemäß Ziff. 1. bis 6., die in den Sparten R und FS als Pausen- und Vorlaufmusik, Einleitungs-, Zwischen- und Schlussmusik, Titel- und Erkennungsmusiken zu regelmäßig wiederkehrenden Sendungen, d. h. zu sich mindestens an 5 aufeinanderfolgenden Tagen oder wöchentlich einmal in 7 aufeinanderfolgenden Wochen wiederholenden Sendungen zur Verrechnung kommen.

			1	001
Gemischte Potpourris	12	009	1	009

zu § 65

	Live-Aufführung		Sparten R und FS	
	Punkte	Schlüssel	Punkte	Schlüssel
bis zu 2 Minuten	12	128	1	120
über 2 Minuten bis zu 4 Minuten	24	129	1	120
über 4 Minuten bis zu 5 Minuten	36	121	1	120
über 5 Minuten bis zu 10 Minuten	96	122	1	120
über 10 Minuten bis zu 20 Minuten	180	123	1	120
über 20 Minuten bis zu 30 Minuten	360	124	1	120
über 30 Minuten bis zu 45 Minuten	720	125	1	120
über 45 Minuten bis zu 60 Minuten	960	126	1	120
über 60 Minuten	1200	127	1	120
Werkausschuss-Einstufung Rundfunk			1 1/4	180
			1 1/2	110
			1 3/4	190
			2	200
			2 1/4	210
			2 1/2	220

zu § 66 (§§ 75, 69 und 123)

			Sparten R und FS	
	Punkte	Schlüssel	Punkte	Schlüssel
Bühnenmusik (Kleines Recht)			1	150
Direktverteilung		161	1	160
		162		

IV 2 Wertungsverfahren der Komponisten in der Sparte E

Geschäftsordnung

Fassung aufgrund der Beschlüsse der ordentlichen Mitgliederversammlung vom 24. und 25. Mai 2019

Die nach §§ 30 und 31 des Verteilungsplans zur Verfügung stehenden Beträge werden nach Maßgabe folgender Bestimmungen verteilt:

§ 1 (1) Es wird ein Wertungsausschuss gebildet aus 3[1]) Vertretern der Berufsgruppe Komponisten mit 2[1]) Stellvertretern.

Darüber hinaus wird ein Sachverständiger (mit Stellvertreter) gewählt, der in Fällen von Chormusik beratend mitwirkt.[1])

Die Mitglieder des Wertungsausschusses müssen der GEMA mindestens fünf Jahre als ordentliches Mitglied angehören. Die Stellvertreter müssen der GEMA mindestens drei Jahre als ordentliches Mitglied angehören. Aufsichtsratsmitglieder sind als natürliche Personen nicht wählbar.

(2) Die Mitglieder des Wertungsausschusses werden auf die Dauer von drei Jahren auf Grundlage der Wahlvorschläge des Aufsichtsrates durch die Mitgliederversammlung gewählt. Bei der Auswahl der Wahlvorschläge berücksichtigt der Aufsichtsrat das Ziel, den Anteil von Frauen in allen Gremien zu stärken. Andere Wahlvorschläge können von den ordentlichen Mitgliedern und Delegierten im Vorfeld der Mitgliederversammlung, in der die Wahl stattfindet, beim Wahlausschuss eingereicht werden. Für die Einreichung der Wahlvorschläge und die Wahl gelten § 11a) der Satzung und B. I. der Versammlungs- und Wahlordnung entsprechend. Die Ausschussmitglieder bleiben bis zum Ablauf der dritten auf die Wahl folgenden ordentlichen Mitgliederversammlung im Amt. Wiederwahl ist zulässig.

(3) Scheidet während der Amtsdauer ein Ausschussmitglied aus, so haben die Aufsichtsratsmitglieder seiner Berufsgruppe ein Ersatzmitglied zu wählen, das an dessen Stelle tritt. Die Ersatzwahl bedarf der Bestätigung durch die nächste Mitgliederversammlung, soweit die Amtsdauer über diese Mitgliederversammlung hinausgeht.

(4) Die außerordentlichen und angeschlossenen Mitglieder werden im Wertungsausschuss durch einen Delegierten ihrer Berufsgruppe vertreten, der bei der Wertung der außerordentlichen und angeschlossenen Mitglieder seiner Berufsgruppe beratend mitwirkt. Der Delegierte wird jeweils für die Amtsperiode des Wertungsausschusses von der Versammlung der außerordentlichen und angeschlossenen Mitglieder gewählt. Er muss 5 Jahre außerordentliches oder angeschlossenes Mitglied der GEMA gewesen sein. Für die Wahl gelten § 11a) und § 12 Ziff. 2 Abs. 3 Satz 4 der Satzung sowie B. I. der Versammlungs- und Wahlordnung entsprechend.

§ 2 (1) Der Wertungsausschuss wählt aus seiner Mitte einen Vorsitzenden und einen stellvertretenden Vorsitzenden.

---

1) Gilt für Wahlen ab Geschäftsjahr 2013.

Darüber hinaus kann der Ausschuss mit Zustimmung von Aufsichtsrat und Vorstand externe Sachverständige punktuell zur Beratung hinzuziehen oder als ständige Mitglieder mit beratender Funktion kooptieren. Die Amtsdauer der als ständige Mitglieder kooptierten Sachverständigen endet mit der Amtsperiode der stimmberechtigten Ausschussmitglieder oder durch Abberufung durch die stimmberechtigten Ausschussmitglieder.

(2) Der Wertungsausschuss ist nur beschlussfähig, wenn 3 stimmberechtigte Mitglieder oder ihre Stellvertreter anwesend sind.

(3) Der Wertungsausschuss entscheidet mit einfacher Mehrheit der bei der Abstimmung vorhandenen Stimmen. Bei Stimmengleichheit entscheidet die Stimme des Vorsitzenden.

(4) An den Sitzungen des Wertungsausschusses kann ein Delegierter des Aufsichtsrates teilnehmen.

(5) Der Vorstand kann an allen Sitzungen des Wertungsausschusses teilnehmen.

(6) Der Delegierte des Aufsichtsrates und der Vorstand haben lediglich beratende Stimme.

§ 3 Alle lebenden Komponisten der GEMA und deren Rechtsnachfolger gemäß § 3 II können nach Maßgabe folgender Bestimmungen am Wertungsverfahren beteiligt werden:

I. (1) Soweit in den für das Wertungsverfahren bestehenden Gruppen eine längere Mitgliedschaftsdauer verlangt wird, wird die Zugehörigkeit des Mitgliedes zu den früheren Verwertungsgesellschaften STAGMA, GEMA, GDT oder AKM angerechnet.

Die Zugehörigkeit zu einer anderen Verwertungsgesellschaft kann angerechnet werden.

(2) Die Mitgliedschaftsdauer wird vom 1. Januar des Jahres an berechnet, in dem das Mitglied die Mitgliedschaft erworben hat.

(3) Mitglieder, die nicht über das erforderliche berufsmäßige Können verfügen, um ihre Werke auch ohne die schöpferische Unterstützung durch andere zu schaffen, können keine Wertung erhalten.

Das Mitglied kann zum Nachweis seines berufsmäßigen Könnens aufgefordert werden.

(4) Soweit bei der Bewertung Auslandseinnahmen zugrunde zu legen sind, die sich unter den Berufsgruppen nicht aufteilen lassen, wird der Betrag der Berufsgruppe zugeordnet, in der die Abrechnung erfolgt ist. Bei Beteiligung eines Mitglieds sowohl an der U- als auch an der E-Wertung werden die Abrechnungen der Sparten BM, T und A in dem Wertungsverfahren berücksichtigt, in dem das Mitglied seinen Schaffensschwerpunkt hat.

II. (1) Nach dem Tode des Urhebers sind Beteiligte am Wertungsverfahren nur dessen Ehegatte oder eingetragener Lebenspartner und seine Kinder, soweit sie Rechtsnachfolger in den Urheberrechten sind.

Leistungen an Kinder des verstorbenen Urhebers erfolgen nur bis zur Vollendung des 30. Lebensjahres.

(2) Voraussetzung für Zuwendungen an den Ehegatten ist, dass

a) die Ehe mindestens 3 Monate bestanden hat,

b) im Falle der Eheschließung nach Vollendung des 60. Lebensjahres des Mitglieds mit einem um mehr als 20 Jahre jüngeren Ehegatten die Ehe mindestens 10 Jahre, mit einem weniger als 20 Jahre jüngeren Ehegatten die Ehe mindestens 5 Jahre bestanden hat.

Die in a) und b) geregelten Voraussetzungen gelten entsprechend für Zuwendungen an den eingetragenen Lebenspartner.

Soweit ein überlebender Ehegatte die in a) bzw. b) geregelte Voraussetzung der Ehedauer nicht erfüllt, kann er mit Zustimmung des Aufsichtsrats als Beteiligter anerkannt werden, wenn er Rechtsnachfolger in den Urheberrechten ist und vor der Eheschließung langjähriger Lebensgefährte des Urhebers war. Diese Bestimmung gilt entsprechend für eingetragene Lebenspartner.

(3) Wenn weder ein überlebender Ehegatte oder eingetragener Lebenspartner noch Kinder vorhanden sind, kann mit Zustimmung des Aufsichtsrats auch ein langjähriger Lebensgefährte, der Rechtsnachfolger in den Urheberrechten ist, als Beteiligter anerkannt werden.

(4) Der Wertungszuschlag gemäß § 5 Abs. (1) wird mit $33^{1}/_{3}$ % der Aufkommensbeträge berechnet. Punkte für die Dauer der Mitgliedschaft werden einschließlich des Todesjahres des Mitglieds vergeben.

(5) Die Zuwendung beträgt jedoch höchstens 10 % der jeweils nach § 4 Abs. (1) für den Ausgleichsfonds zur Verfügung stehenden Gesamtsumme.

(6) Wer als Bezugsberechtigter sich oder einem anderen wissentlich oder grob fahrlässig durch falsche Angaben einen rechtswidrigen Vermögensvorteil verschafft und/oder wer gegen die Missbrauchsvorschriften in § 42, § 54 Abs. 1–4, 6 und 7 oder § 65 Abs. 6 des Verteilungsplans verstößt, kann durch den Wertungsausschuss vom Wertungsverfahren für das auf den Verstoß folgende Geschäftsjahr ausgeschlossen werden. Bei solchen Verstößen entscheidet der Wertungsausschuss, ob es geboten ist, die Einstufung für das Wertungsverfahren gemäß § 5 (1) zu ändern.

Statt des Ausschlusses vom Wertungsverfahren kann in minder schweren Fällen die Wertungszuweisung entsprechend der Schwere des Verstoßes gekürzt werden.

III. Werden urheberrechtliche Nutzungsrechte eines Nicht-GEMA-Mitglieds an ein GEMA-Mitglied abgetreten (zediert), so nimmt weder der Abtretende (Zedent) noch der Abtretungsempfänger (Zessionar) für die abgetretenen Rechte an diesem Wertungsverfahren teil. Dies gilt für alle ab dem 1.6.2003 bei der GEMA eingereichten Abtretungen sowie für Werkanmeldungen aus Abtretungen vor diesem Stichtag.

§ 4 (1) Bis zu 3 % der zur Verfügung gestellten Wertungssumme können einem Ausgleichsfonds zugeführt werden.

(2) Dieser Fonds hat einmal den Zweck, an Mitglieder, deren Schaffen künstlerisch erfolgreich war, in Härtefällen Zuwendungen zu machen. Zum anderen sollen daraus die unmittelbaren Abkömmlinge derjenigen Komponisten, die als politisch oder „rassisch" Verfolgte Deutschland vor 1945 verlassen mussten, Zuwendungen erhalten.

Ferner sollen daraus in begründeten Ausnahmefällen Mitglieder dafür entschädigt werden, dass ihre Werke in den Programmen nicht oder nicht vollständig erfasst wurden.

(3) Bis zu 20 % der bereitgestellten E-Wertungssumme können der Förderung des zeitgenössischen Musikschaffens zur Verfügung gestellt werden.

§ 5 (1) Es bestehen bei der Wertung insgesamt 7 Gruppen mit folgenden Punktzahlen und Wertungszuschlägen:

Gruppe	Punktzahl	Wertungszuschlag in Wertungsmark[2]
I	120 Punkte und mehr	100 %
II	100 Punkte und mehr	90 %
III	80 Punkte und mehr	80 %
IV	60 Punkte und mehr	60 %
V	40 Punkte und mehr	40 %
VI	20 Punkte und mehr	20 %
VII	10 Punkte und mehr	10 %

(2) Mindestens ein Drittel der Punkte müssen Punkte zu (3) B) bis H) sein.

Zugrunde gelegt wird jeweils das Aufkommen des Mitglieds in dem Geschäftsjahr, das dem des Wertungsverfahrens vorausgeht, bei einem Dreijahresdurchschnitt das Aufkommen der drei Geschäftsjahre, die dem des Wertungsverfahrens vorausgehen. Für Auslandsaufkommen gilt das Jahr als Geschäftsjahr, in dem die Beträge dem Mitgliedskonto zugeflossen sind. Aufkommen, das im Wege einer Zuschlagsverrechnung von außerordentlichen Einnahmen gemäß § 32 des Verteilungsplans erzielt worden ist, wird bei der Berechnung der Punktzahl nicht berücksichtigt.

Kein Mitglied erhält aus den Mitteln des Wertungsverfahrens mehr als 2 % des zur Verfügung stehenden Gesamtbetrages.

---

[2] Berechnet wird der Wertungszuschlag:
a) vom Aufkommen in der Sparte E (Dreijahresdurchschnitt) bis zu EUR 9 000,–, darüber hinaus bis zum 10fachen des Aufkommens der Sparten R und FS (Dreijahresdurchschnitt);
b) vom Aufkommen in den Sparten Ki und FKi, soweit es 25 % des Durchschnittsaufkommens in der Sparte E nicht übersteigt;
c) vom Aufkommen in den Sparten R und FS (Dreijahresdurchschnitt) bis zu EUR 1 550,– zu 100 %, von dem EUR 1 550,– übersteigenden Aufkommen bis EUR 7 700,– zu $33^{1}/_{3}$ %, vom weiteren Aufkommen 10 %.
Aufkommen, das in den genannten Sparten im Wege einer Zuschlagsverrechnung von außerordentlichen Einnahmen gemäß § 32 des Verteilungsplans erzielt worden ist, wird bei der Berechnung des Wertungszuschlags nicht berücksichtigt.
Der Wertungszuschlag stellt zunächst nur eine Verrechnungseinheit dar, aus der sich die später zu ermittelnde sog. Wertungsmark ergibt. Die Höhe der Wertungsmark wird errechnet aus dem Verhältnis der Verteilungssumme zu der im Rahmen des Wertungsverfahrens verfügbaren Summe.
Bei Komponisten, die ihre Werke durch einen oder mehrere Zessionare der GEMA bis zum 31. 5. 2003 zur Wahrnehmung übertragen haben, liegt der Berechnung des Wertungszuschlags das Gesamtaufkommen des Komponisten aus allen Zessionen zugrunde.

(3) Die Punktzahl errechnet sich wie folgt:

A) Dauer der Mitgliedschaft
Pro Jahr 1 Punkt

B) Aufkommen in der Sparte E

1) Komponisten nach H) a), b) und c)

Dreijahresdurchschnitt
je EUR 75,– 1 Punkt bis zu 30 Punkten

2) Komponisten nach H) d)
Dreijahresdurchschnitt
je EUR 190,– 1 Punkt bis zu 30 Punkten

C) Aufkommen in der Sparte Ki
je EUR 75,– 1 Punkt bis zu 20 Punkten

D) Aufkommen in den Sparten BM, ED [3] und EM
je EUR 100,– 1 Punkt bis zu 25 Punkten

E) Aufkommen in den Sparten R und FS
Dreijahresdurchschnitt
je EUR 100,– 1 Punkt bis zu 30 Punkten

F) Aufkommen in der Sparte T (einschließlich FS-Fremdproduktionen)
je EUR 255,– 1 Punkt bis zu 15 Punkten

G) Auslandsaufkommen
Unter Zugrundelegung des Dreijahresdurchschnitts
je EUR 75,– 1 Punkt bis zu 20 Punkten

H) Bewertung der künstlerischen Persönlichkeit und des Gesamtschaffens

a) Komponisten, deren Schaffen als umfassend bezeichnet werden kann.

Bei der Bewertung sind die abgerechneten Werke nach §§ 63 und 65 des Verteilungsplans maßgebend. Oper und Ballett werden zur Bewertung nur herangezogen, wenn diese Werkgattungen nach Umfang und Verbreitung im Schaffen des Komponisten eine den kleinen Rechten vergleichbare Geltung haben.

Stufe 1 80 Punkte

Komponisten, für die folgende Merkmale zutreffen:

Ein im echten Sinne des Wortes umfassendes Gesamtschaffen, das vorliegt, wenn Aufführungen und Sendungen aus der Mehrzahl der Werkgattungen, besonders von Werken nach § 63 Abs. 1 Ziff. 5 und 6 des Verteilungsplans nachgewiesen sind.

Stetige Aufführungen und Sendungen innerhalb eines Jahrzehnts von Werken verschiedener Gattungen, darunter Kompositionen nach § 63 Abs. 1 Ziff. 5 und 6 des Verteilungsplans. Voraussetzung ist das Vorhandensein von Standard- oder Repertoire-Werken. Internationale Geltung durch Aufführungen ausländischer Institutionen oder Ensembles an einer Vielzahl von bedeutenden Musikstätten im Ausland.

---

[3] ED-Aufkommen nach § 75 lit. b-f des Verteilungsplans bleiben ohne Berücksichtigung.

Stufe 2   60 Punkte

Komponisten, für die folgende Merkmale zutreffen:

Ein im echten Sinne des Wortes umfassendes Gesamtschaffen, das vorliegt, wenn Aufführungen und Sendungen aus der Mehrzahl der Werkgattungen, besonders von Werken nach § 63 Abs. 1 Ziff. 5 und 6 des Verteilungsplans nachgewiesen sind.

Stetige Aufführungen und Sendungen im In- und Ausland innerhalb eines Jahrzehnts von Werken verschiedener Gattungen, darunter Kompositionen nach § 63 Abs. 1 Ziff. 5 und 6 des Verteilungsplans.

Stufe 3   50 Punkte

Komponisten, für die folgende Merkmale zutreffen:

Ein im echten Sinne des Wortes umfassendes Gesamtschaffen, das vorliegt, wenn Aufführungen und Sendungen für mindestens 3 Punkte zu E) aus der Mehrzahl der Werkgattungen, besonders von Werken nach § 63 Abs. 1 Ziff. 5 und 6 des Verteilungsplans nachgewiesen sind.

Aufführungen im In- und Ausland und Sendungen in genügender Anzahl für mindestens 3 Punkte zu E).

Stufe 4   45 Punkte

Komponisten, für die folgende Merkmale zutreffen:

Ein im echten Sinne des Wortes umfassendes Gesamtschaffen, das vorliegt, wenn Aufführungen und Sendungen aus der Mehrzahl der Werkgattungen bzw. Abrechnungen in Rundfunk und Fernsehen nachgewiesen sind.

b) Komponisten, auf die die Voraussetzungen der in Abschn. a) bezeichneten Merkmale nicht zutreffen   bis zu 40 Punkte

c) Komponisten, deren Schaffen überwiegend der Kirchenmusik gewidmet ist   bis zu 50 Punkte

d) Komponisten, deren Schaffen überwiegend Werke der Chormusik umfasst bis zu 40 Punkte

Bei erstmals am Wertungsverfahren zu beteiligenden Komponisten erfolgt eine Prüfung der Voraussetzungen für eine Bewertung der künstlerischen Persönlichkeit und des Gesamtschaffens nur, wenn mindestens vier Punkte zu § 5 (3) B) bis G) errechnet worden sind, wobei die Punkte zu C), D), F) und G) nur berücksichtigt werden, wenn mindestens 2 Punkte zu B) oder E) erreicht sind.

(4) Sobald das Mitglied eine bestimmte Gruppe erreicht hat, verbleibt es selbst dann in dieser Gruppe, wenn die Voraussetzungen sich soweit geändert haben sollten, dass das Mitglied in eine niedrigere Gruppe umgestuft werden müsste. Diese Vorschrift schließt eine Änderung der Einstufung nach § 3 II (6) nicht aus.

(5) Die durch das Limit in Abs. (2) freigewordenen Beträge werden jeweils mit der Wertungssumme des nächsten Jahres verteilt.

(6) Bei Anwendung von Ziff. (3) B) bis G) erfolgt Aufrundung auf volle EUR 10,– bzw. EUR 5,–.

§ 6 Der Wertungsausschuss entscheidet, abgesehen von der Mitgliedschaftsdauer und dem Aufkommen, über die Eingruppierung gemäß § 5 und über die Ausschüttung aus dem Ausgleichsfonds gemäß § 4.

§ 7 Die Wertung der Mitglieder des Ausschusses und des Delegierten des Aufsichtsrates erfolgt in Abwesenheit des Betroffenen durch die übrigen Ausschussmitglieder und den Vorstand. Bei Stimmengleichheit entscheidet die Stimme des Sitzungsvorsitzenden.

§ 8 (1) Die Entscheidung des Wertungsausschusses ist dem betroffenen Mitglied mit Rechtsmittelbelehrung mitzuteilen. Gegen die Entscheidung können das betroffene Mitglied, der Delegierte des Aufsichtsrates und der Vorstand innerhalb einer Frist von acht Wochen Einspruch beim Wertungsausschuss einlegen.

(2) Die Frist beginnt für das betroffene Mitglied mit dem Zugang der Entscheidung, für den antragsberechtigten Delegierten des Aufsichtsrates und den Vorstand vom Tage der Entscheidung des Wertungsausschusses an zu laufen.

(3) Das Mitglied hat den Einspruch schriftlich einzulegen. Der Einspruch ist zu begründen. Über den Einspruch entscheidet der Vorsitzende des Wertungsausschusses nach Rücksprache mit den übrigen Ausschussmitgliedern. Die Entscheidung ist dem Mitglied mit einer Begründung und Rechtsmittelbelehrung mitzuteilen.

(4) Sofern der Wertungsausschuss dem Einspruch nicht abhilft, kann das Mitglied innerhalb einer Frist von 8 Wochen ab Zugang der Entscheidung verlangen, dass diese dem Aufsichtsrat zu Prüfung vorgelegt wird. Die Entscheidung des Aufsichtsrats ist dem Mitglied mitzuteilen. Sofern der Aufsichtsrat dem Einspruch nicht abhilft, hat er seine Entscheidung schriftlich zu begründen.

(5) Die Absätze 3 und 4 gelten entsprechend für Einsprüche des Delegierten des Aufsichtsrates und des Vorstands. Die 8-Wochen-Frist für die Anrufung des Aufsichtsrats beginnt ab dem Tage der Entscheidung des Wertungsausschusses über einen solchen Einspruch.

(6) Der Delegierte hat bei Entscheidungen des Aufsichtsrates über seine Einsprüche kein Stimmrecht.

§ 9 Die durch das Wertungsverfahren entstehenden Kosten gehen zu Lasten der von der GEMA für das Wertungsverfahren zur Verfügung gestellten Mittel.

§ 10 (1) Erweist sich die Wertung für ein Geschäftsjahr im Nachhinein insgesamt oder in Teilen als systematisch fehlerhaft, insbesondere wegen der Nichtigkeit einer Regelung dieser Geschäftsordnung, und ist eine vollständige Rückabwicklung und Neuvornahme der Wertung nicht oder nur mit wirtschaftlich unverhältnismäßigem Aufwand möglich, können Aufsichtsrat und Vorstand einvernehmlich beschließen,

bei der Berechnung der Höhe der sich aus der fehlerhaften Wertung ergebenden Ansprüche Pauschalierungen vorzunehmen, soweit eine präzise Berechnung nicht oder nur mit wirtschaftlich unverhältnismäßigem Aufwand möglich ist;

die Ansprüche der durch die fehlerhafte Wertung nachteilig betroffenen Berechtigten aus den für laufende und künftige Wertungsverfahren zur Verfügung gestellten Mitteln zu befriedigen;

Rückforderungsansprüche der GEMA gegen künftige Zahlungsansprüche der durch die fehlerhafte Wertung begünstigten Berechtigten aufzurechnen;

statt einer Aufrechnung ganz oder teilweise auf Rückforderungsansprüche der GEMA zu verzichten.

Bei der Auswahl unter den zur Verfügung stehenden Maßnahmen haben Aufsichtsrat und Vorstand das Interesse an einer möglichst vollständigen Erfüllung der jeweiligen Ansprüche und das wirtschaftliche Gebot der Verhältnismäßigkeit abzuwägen. Der Gleichbehandlungsgrundsatz ist zu beachten und auf Härtefälle angemessen Rücksicht zu nehmen.

(2) Mittel, die aufgrund außerordentlicher Einnahmen der GEMA für die Wertung für ein bereits abgerechnetes Geschäftsjahr zur Verfügung gestellt werden, werden als prozentualer Zuschlag in dem betreffenden Geschäftsjahr verrechnet. Soweit eine solche Verrechnung als Zuschlag nicht oder nur mit wirtschaftlich unverhältnismäßigem Aufwand möglich ist, werden die zur Verfügung gestellten Mittel der Wertung für das Geschäftsjahr zugeführt, in dem die außerordentlichen Einnahmen erzielt worden sind.

Hat sich die Wertung für ein Geschäftsjahr gemäß Absatz (1) dieser Vorschrift als systematisch fehlerhaft erwiesen, ist die GEMA berechtigt, Pauschalierungen bei der Ermittlung der Berechnungsgrundlage für eine Zuschlagsverrechnung von Mitteln vorzunehmen, die aufgrund außerordentlicher Einnahmen der GEMA nachträglich für die Wertung für dieses Geschäftsjahr zur Verfügung gestellt werden. Hierbei sind das Interesse an einer möglichst präzisen Berechnung und das wirtschaftliche Gebot der Verhältnismäßigkeit abzuwägen. Der Gleichbehandlungsgrundsatz ist zu beachten und auf Härtefälle angemessen Rücksicht zu nehmen.

§ 11 Die Geschäftsordnung gilt vom Geschäftsjahr 1984 an.

§ 12 Änderungen dieser Geschäftsordnung erfolgen durch die Mitgliederversammlung nach den Regeln, die für eine Satzungs- und Verteilungsplanänderung vorgesehen sind. § 20 der Satzung der GEMA bleibt unberührt.

ANHANG ZUR GESCHÄFTSORDNUNG FÜR DAS WERTUNGSVERFAHREN DER KOMPONISTEN IN DER SPARTE E

Besondere Regelung für ordentliche Mitglieder der GEMA mit mindestens 20 Mitgliedschaftsjahren zur GEMA

Fassung vom 25./26. Juni 2013

I. Die Komponisten, die ordentliche Mitglieder der GEMA sind, stellen ihre Anteile am sogenannten Ausfall einem Fonds zur Verfügung, aus dem sie Zuwendungen erhalten, wenn sie sowohl ihr 60. Lebensjahr vollendet haben als auch seit mindestens 20 Jahren ordentliche Mitglieder der GEMA sind.

Die Höhe dieser Zuwendungen wird wie folgt errechnet:

1. Für jedes Mitglied wird seine im Wertungsverfahren aus § 5 (3) der Geschäftsordnung in einem Jahr errechnete Höchstpunktzahl festgestellt, die sich aus dem günstigsten Verhältnis von Aufkommenspunkten zu Punkten für die Dauer der ordentlichen Mitgliedschaft ergibt. Für die Berechnung der Dauer

der ordentlichen Mitgliedschaft wird der 1. Januar des Jahres zugrunde gelegt, in dem der Aufnahmeantrag bei der GEMA eingegangen ist. Voraussetzung ist, dass zum Zeitpunkt des Einganges des Aufnahmeantrages die Bedingungen gemäß § 7 Ziff. 1 der Satzung der GEMA erfüllt waren.

Nicht angerechnet werden die Ermessenspunkte für die Bewertung des Gesamtschaffens und der künstlerischen Persönlichkeit.

2. Mindestens ein Drittel der Punkte müssen Aufkommenspunkte sein. Hat das Mitglied in einem anderen Jahr ein günstigeres Verhältnis zwischen Aufkommens- und Mitgliedschaftspunkten, so wird dieses Jahr der Berechnung zugrunde gelegt.

3. Hat das Mitglied Anspruch auch in der Sparte U, so werden bei der Feststellung der Höchstpunktzahl die in der U-Wertung erzielten Aufkommenspunkte mit berücksichtigt.

4. Aus der Gesamtzahl der errechneten Punkte und dem zur Verfügung gestellten Betrag ergibt sich der Punktwert für die Zuwendung.

5. Mittel, die dem Fonds für ein bereits abgerechnetes Geschäftsjahr aufgrund außerordentlicher Einnahmen der GEMA nachträglich zur Verfügung gestellt werden, werden als prozentualer Zuschlag in dem betreffenden Geschäftsjahr verrechnet. Soweit eine solche Verrechnung als Zuschlag nicht oder nur mit wirtschaftlich unverhältnismäßigem Aufwand möglich ist, werden die zur Verfügung gestellten Mittel dem Fonds für das Geschäftsjahr zugeführt, in dem die außerordentlichen Einnahmen erzielt worden sind.

II. Gegen die Entscheidung kann vom Mitglied innerhalb einer Frist von acht Wochen Einspruch beim Aufsichtsrat eingelegt werden. Die Frist beginnt mit dem Zugang der Entscheidung zu laufen.

III. Änderungen dieses Anhangs sind nur durch die Mitgliederversammlung nach den Regeln zulässig, die für eine Satzungs- und Verteilungsplanänderung vorgesehen sind. § 20 der Satzung der GEMA bleibt unberührt.

IV. Dieser Anhang zur Geschäftsordnung ist erstmalig für das GEMA-Geschäftsjahr 1973 anzuwenden.

IV 3 Wertungsverfahren der Textdichter in der Sparte E

Geschäftsordnung

Fassung aufgrund der Beschlüsse der ordentlichen Mitgliederversammlung vom 16./17. Mai 2018

Die vom Vorstand und Aufsichtsrat nach §§ 30 und 31 des Verteilungsplans für ein Wertungsverfahren der Textdichter in der Sparte E (Veranstaltungen Ernster Musik) zur Verfügung gestellten Mittel werden nach Maßgabe der nachstehenden Bestimmungen verteilt:

§ 1 Die Mitglieder des Wertungsausschusses sind mit den für den Wertungsausschuss für das Wertungsverfahren der Komponisten in der Sparte E gewählten Mitgliedern identisch.[1]

§ 2 Die Bestimmungen der Geschäftsordnung für das Wertungsverfahren der Komponisten in der Sparte E mit Anhang gelten entsprechend.

§ 3 Die Geschäftsordnung gilt vom Geschäftsjahr 1986 an.

§ 4 Änderungen dieser Geschäftsordnung beschließt die Mitgliederversammlung nach den Regeln, die für eine Satzungs- und Verteilungsplanänderung vorgesehen sind. § 20 der Satzung der GEMA bleibt unberührt.

---

[1] Die von der ordentlichen Mitgliederversammlung 2018 beschlossene Neufassung gilt ab der Neuwahl des Wertungsausschusses für das Wertungsverfahren der Komponisten in der Sparte E in der Mitgliederversammlung 2019.

IV 4 Wertungsverfahren der Verleger in der Sparte E

Geschäftsordnung

Fassung vom 21./22. Oktober 2019

Die vom Vorstand und Aufsichtsrat nach §§ 30 und 31 des Verteilungsplans für ein Wertungsverfahren der Verleger in der Sparte E (Veranstaltungen Ernster Musik) zur Verfügung gestellten Mittel werden nach Maßgabe der nachstehenden Bestimmungen verteilt:

§ 1 (1) Es wird ein Wertungsausschuss aus 2 Verlegern und 1 Stellvertreter gebildet.

Die Ausschussmitglieder bzw. die Verlage, für die sie tätig sind, müssen mindestens fünf Jahre ordentliche Mitglieder der GEMA sein. Der Stellvertreter bzw. der Verlag, für den er tätig ist, muss der GEMA mindestens drei Jahre als ordentliches Mitglied angehören. Die Ausschussmitglieder und der Stellvertreter dürfen als natürliche Personen nicht dem Aufsichtsrat angehören.

(2) Die Mitglieder des Wertungsausschusses werden auf die Dauer von 3 Jahren durch den Aufsichtsrat gewählt. Bei der Wahl berücksichtigt der Aufsichtsrat das Ziel, den Anteil von Frauen in allen Gremien zu stärken.

Wiederwahl ist zulässig. Sofern ein Ausschussmitglied oder ein Stellvertreter während seiner Amtszeit zu einem anderen Verlag wechselt, bleibt er im Amt, wenn der neue Verlag die für die Wahl in den Wertungsausschuss geltenden Voraussetzungen erfüllt. Anderenfalls scheidet er aus seinem Amt aus.

(3) Scheidet während der Amtsdauer ein Ausschussmitglied oder ein Stellvertreter aus diesem oder einem anderen Grund aus, so hat der Aufsichtsrat ein Ersatzmitglied zu wählen, das an dessen Stelle tritt.

§ 2 (1) An allen Sitzungen des Wertungsausschusses können der Vorstand und ein Delegierter des Aufsichtsrates teilnehmen.

(2) Der Vorstand und der Delegierte des Aufsichtsrates haben lediglich beratende Stimme.

(3) Darüber hinaus kann der Ausschuss mit Zustimmung von Aufsichtsrat und Vorstand externe Sachverständige punktuell zur Beratung hinzuziehen oder als ständige Mitglieder mit beratender Funktion kooptieren. Die Amtsdauer der als ständige Mitglieder kooptierten Sachverständigen endet mit der Amtsperiode der stimmberechtigten Ausschussmitglieder oder durch Abberufung durch die stimmberechtigten Ausschussmitglieder.

(4) Die Wertung für Ausschussmitglieder und den Delegierten des Aufsichtsrats erfolgt in Abwesenheit des Betroffenen durch die übrigen Ausschussmitglieder und den Vorstand. Bei Stimmengleichheit entscheidet die Stimme des Sitzungsvorsitzenden.

§ 3 Die Mitglieder der GEMA können nach Maßgabe folgender Bestimmungen am Wertungsverfahren beteiligt werden:

(1) Bis zu 20 % des zur Verfügung stehenden Betrages werden vorab einem Ausgleichsfonds für Härtefälle zugeführt sowie der Förderung zeitgenössischer Musik zur Verfügung gestellt.

(2) 40 % des zur Verfügung stehenden Betrages werden anteilmäßig dem Aufkommen aus den Senderechten in den Sparten R und FS zugeschlagen, wobei Aufkommen für Werke nach § 63 Abs. 1 Ziff. 3 und 4 des Verteilungsplans zu 80 % und Aufkommen für Werke nach § 65 des Verteilungsplans zu $66^{2}/_{3}$ % angerechnet werden. Zugrundegelegt wird jeweils das Aufkommen des Verlages in dem Geschäftsjahr, das dem des Wertungsverfahrens vorausgeht.

(3) Vom Restbetrag werden bis zu 5 % einem Fonds zur Verfügung gestellt, aus dem Verlage mit Abrechnungen aus Veranstaltungen mit Inkasso von mehr als EUR 3 000,– einen entsprechenden Ausgleich erhalten.

Der verbleibende Betrag wird anteilmäßig dem Aufkommen aus dem Konzert-Aufkommen der Sparte E zugeschlagen, wobei das Aufkommen für Werke nach § 63 Abs. 1 Ziff. 3 und 4 des Verteilungsplans zu 80 % und das Aufkommen für Werke nach § 65 des Verteilungsplans zu $66^{2}/_{3}$ % angerechnet wird.

Der sich daraus ergebende Gesamtbetrag E wird bis zu Euro 18 000,– darüber hinaus bis zum 10fachen des Aufkommens R + FS berücksichtigt. Zugrundegelegt wird jeweils das Aufkommen des Verlages in dem Geschäftsjahr, das dem des Wertungsverfahrens vorausgeht.

Die neu gefassten Bestimmungen werden für das Geschäftsjahr 2000 ihre Anwendung finden für die Abrechnung im Geschäftsjahr 2001.

(4) Bei den Berechnungen nach Absatz (2) und (3) bleibt Aufkommen, das im Wege einer Zuschlagsverrechnung von außerordentlichen Einnahmen gemäß § 32 des Verteilungsplans erzielt worden ist, unberücksichtigt.

(5) Für alle an einem Werk beteiligten Originalverleger werden insgesamt in keinem Fall mehr als $4/_{12}$ Verlegeranteile am Werk zugrunde gelegt. Höhere Verlegerbeteiligungen werden – bei mehreren beteiligten Verlegern im Verhältnis der Anteile – gekürzt.

(6) Für alle an einem Werk beteiligten GEMA-Subverleger werden insgesamt in keinem Fall mehr als $3/_{12}$ Verlegeranteile am Werk zugrunde gelegt. Höhere Verlegerbeteiligungen werden – bei mehreren beteiligten Verlegern im Verhältnis der Anteile – gekürzt.

(7) Mittel, die aufgrund außerordentlicher Einnahmen der GEMA für die Wertung für ein bereits abgerechnetes Geschäftsjahr zur Verfügung gestellt werden, werden als prozentualer Zuschlag in dem betreffenden Geschäftsjahr verrechnet. Soweit eine solche Verrechnung als Zuschlag zu einem bereits abgerechneten Geschäftsjahr nicht oder nur mit wirtschaftlich unverhältnismäßigem Aufwand möglich ist, werden die zur Verfügung gestellten Mittel der Wertung für das Geschäftsjahr zugeführt, in dem die außerordentlichen Einnahmen erzielt worden sind.

(8) Wer als Bezugsberechtigter sich oder einem anderen wissentlich oder grob fahrlässig durch falsche Angaben einen rechtswidrigen Vermögensvorteil ver-

schafft und/oder wer gegen die Missbrauchsvorschriften in § 42, § 54 Abs. 1–4, 6 und 7 oder § 65 Abs. 6 des Verteilungsplans verstößt, kann durch den Wertungsausschuss vom Wertungsverfahren für das auf den Verstoß folgende Geschäftsjahr ausgeschlossen werden.

Statt des Ausschlusses vom Wertungsverfahren kann in minder schweren Fällen die Wertungszuweisung entsprechend der Schwere des Verstoßes gekürzt werden.

§ 4 (1) Die Entscheidung des Wertungsausschusses ist dem betroffenen Mitglied mit Rechtsmittelbelehrung mitzuteilen. Gegen die Entscheidung können das betroffene Mitglied, der Delegierte des Aufsichtsrates und der Vorstand innerhalb einer Frist von acht Wochen Einspruch beim Wertungsausschuss einlegen.

(2) Die Frist beginnt für das betroffene Mitglied mit dem Zugang der Entscheidung, für den antragsberechtigten Delegierten des Aufsichtsrates und den Vorstand vom Tage der Entscheidung des Wertungsausschusses an zu laufen.

(3) Das Mitglied hat den Einspruch schriftlich einzulegen. Der Einspruch ist zu begründen. Über den Einspruch entscheidet der Vorsitzende des Wertungsausschusses nach Rücksprache mit den übrigen Ausschussmitgliedern. Die Entscheidung ist dem Mitglied mit einer Begründung und Rechtsmittelbelehrung mitzuteilen.

(4) Sofern der Wertungsausschuss dem Einspruch nicht abhilft, kann das Mitglied innerhalb einer Frist von 8 Wochen ab Zugang der Entscheidung verlangen, dass diese dem Aufsichtsrat zur Prüfung vorgelegt wird. Die Entscheidung des Aufsichtsrats ist dem Mitglied mitzuteilen. Sofern der Aufsichtsrat dem Einspruch nicht abhilft, hat er seine Entscheidung schriftlich zu begründen.

(5) Die Absätze 3 und 4 gelten entsprechend für Einsprüche des Delegierten des Aufsichtsrats und des Vorstands. Die 8-Wochen-Frist für die Anrufung des Aufsichtsrats beginnt ab dem Tage der Entscheidung des Wertungsausschusses über einen solchen Einspruch.

(6) Der Delegierte hat bei Entscheidungen des Aufsichtsrats über seinen Einspruch kein Stimmrecht.

§ 5 Die durch das Wertungsverfahren entstehenden Kosten gehen zu Lasten der von der GEMA für das Wertungsverfahren zur Verfügung gestellten Mittel.

§ 6 (1) Erweist sich die Wertung für ein Geschäftsjahr im Nachhinein insgesamt oder in Teilen als systematisch fehlerhaft, insbesondere wegen der Nichtigkeit einer Regelung dieser Geschäftsordnung, und ist eine vollständige Rückabwicklung und Neuvornahme der Wertung nicht oder nur mit wirtschaftlich unverhältnismäßigem Aufwand möglich, können Aufsichtsrat und Vorstand einvernehmlich beschließen,

bei der Berechnung der Höhe der sich aus der fehlerhaften Wertung ergebenden Ansprüche Pauschalierungen vorzunehmen, soweit eine präzise Berechnung nicht oder nur mit wirtschaftlich unverhältnismäßigem Aufwand möglich ist;

die Ansprüche der durch die fehlerhafte Wertung nachteilig betroffenen Berechtigten aus den für laufende und künftige Wertungsverfahren zur Verfügung gestellten Mitteln zu befriedigen;

Rückforderungsansprüche der GEMA gegen künftige Zahlungsansprüche der durch die fehlerhafte Wertung begünstigten Berechtigten aufzurechnen;

statt einer Aufrechnung ganz oder teilweise auf Rückforderungsansprüche der GEMA zu verzichten.

Bei der Auswahl unter den zur Verfügung stehenden Maßnahmen haben Aufsichtsrat und Vorstand das Interesse an einer möglichst vollständigen Erfüllung der jeweiligen Ansprüche und das wirtschaftliche Gebot der Verhältnismäßigkeit abzuwägen. Der Gleichbehandlungsgrundsatz ist zu beachten und auf Härtefälle angemessen Rücksicht zu nehmen.

(2) Hat sich die Wertung für ein Geschäftsjahr gemäß Absatz (1) dieser Vorschrift als systematisch fehlerhaft erwiesen, ist die GEMA berechtigt, Pauschalierungen bei der Ermittlung der Berechnungsgrundlage für eine Zuschlagsverrechnung solcher Mittel vorzunehmen, die aufgrund außerordentlicher Einnahmen der GEMA nachträglich für die Wertung für dieses Geschäftsjahr zur Verfügung gestellt werden. Hierbei sind das Interesse an einer möglichst präzisen Berechnung und das wirtschaftliche Gebot der Verhältnismäßigkeit abzuwägen. Der Gleichbehandlungsgrundsatz ist zu beachten und auf Härtefälle angemessen Rücksicht zu nehmen.

§ 7 Diese Geschäftsordnung tritt mit Wirkung vom GEMA-Geschäftsjahr 1982 in Kraft.

§ 8 Änderungen dieser Geschäftsordnung erfolgen mit Zweidrittel-Mehrheit durch den Aufsichtsrat.

ANHANG ZUR GESCHÄFTSORDNUNG FÜR DAS WERTUNGSVERFAHREN DER VERLEGER IN DER SPARTE E

Fassung vom 31. Januar 2011

1. Die Verteilung der von den ordentlichen Mitgliedern zur Verfügung gestellten Anteile der Verleger am sogenannten Ausfall erfolgt durch prozentualen Zuschlag zur Verteilungssumme ohne Rücksicht auf die Dauer der ordentlichen Mitgliedschaft.

Mittel, die für ein bereits abgerechnetes Geschäftsjahr aufgrund außerordentlicher Einnahmen der GEMA nachträglich zur Verfügung gestellt werden, werden als prozentualer Zuschlag in dem betreffenden Geschäftsjahr verrechnet. Soweit eine solche Verrechnung als Zuschlag zu einem bereits abgerechneten Geschäftsjahr nicht oder nur mit wirtschaftlich unverhältnismäßigem Aufwand möglich ist, werden die zur Verfügung gestellten Mittel dem Geschäftsjahr zugeführt, in dem die außerordentlichen Einnahmen erzielt worden sind.

2. Dieser Anhang tritt mit Wirkung vom Geschäftsjahr 1970 an in Kraft.

3. Änderungen dieses Anhangs erfolgen mit Zweidrittel-Mehrheit durch den Aufsichtsrat.

IV 5 Wertungsverfahren in der Unterhaltungs- und Tanzmusik

Geschäftsordnung

Fassung aufgrund der Beschlüsse der ordentlichen Mitgliederversammlung vom 24. und 25. Mai 2019

Die nach §§ 30 und 31 des Verteilungsplans zur Verfügung stehenden Beträge werden nach Maßgabe folgender Bestimmungen verteilt:

§ 1 (1) Es wird ein Wertungsausschuss aus

3 Vertretern der Berufsgruppe Komponisten, 3 Vertretern der Berufsgruppe Textdichter, 3 Vertretern der Berufsgruppe Verleger und je 3 Stellvertretern gebildet.

Die Mitglieder des Wertungsausschusses bzw. die Verlage, für die sie tätig sind, müssen der GEMA mindestens fünf Jahre als ordentliches Mitglied angehören. Die Stellvertreter bzw. die Verlage, für die sie tätig sind, müssen der GEMA mindestens drei Jahre als ordentliches Mitglied angehören. Aufsichtsratsmitglieder sind als natürliche Personen nicht wählbar.

(2) Die Mitglieder des Wertungsausschusses werden auf die Dauer von drei Jahren auf Grundlage der Wahlvorschläge des Aufsichtsrates durch die Mitgliederversammlung gewählt. Bei der Auswahl der Wahlvorschläge berücksichtigt der Aufsichtsrat das Ziel, den Anteil von Frauen in allen Gremien zu stärken. Andere Wahlvorschläge können von den ordentlichen Mitgliedern und Delegierten im Vorfeld der Mitgliederversammlung, in der die Wahl stattfindet, beim Wahlausschuss eingereicht werden. Für die Einreichung der Wahlvorschläge und die Wahl gelten § 11a) der Satzung und B. I. der Versammlungs- und Wahlordnung entsprechend. Die Ausschussmitglieder bleiben bis zum Ablauf der dritten auf die Wahl folgenden ordentlichen Mitgliederversammlung im Amt. Wiederwahl ist zulässig. Sofern ein Berufsgruppenvertreter der Verleger oder ein Stellvertreter während seiner Amtszeit zu einem anderen Verlag wechselt, bleibt er im Amt, wenn der neue Verlag die für die Wahl in den Wertungsausschuss geltenden Voraussetzungen erfüllt. Anderenfalls scheidet er aus seinem Amt aus.

Scheidet während der Amtsdauer ein Ausschuss-Mitglied aus diesem oder einem anderen Grund aus, so haben die Aufsichtsratsmitglieder seiner Berufsgruppe ein Ersatzmitglied zu wählen, das an dessen Stelle tritt. Die Ersatzwahl bedarf der Bestätigung durch die nächste Mitgliederversammlung, soweit die Amtsdauer über diese Mitgliederversammlung hinausgeht.

(3) Die außerordentlichen und angeschlossenen Mitglieder werden im Wertungsausschuss durch je einen Delegierten ihrer Berufsgruppe vertreten, der bei der Wertung der außerordentlichen und angeschlossenen Mitglieder seiner Berufsgruppe beratend mitwirkt. Diese Delegierten werden jeweils für die Amtsperiode des Wertungsausschusses von der Versammlung der außerordentlichen und angeschlossenen Mitglieder gewählt. Sie müssen 5 Jahre außerordentliche oder angeschlossene Mitglieder der GEMA gewesen sein. Für die Wahl gelten § 11a) und § 12 Ziff. 2 Abs. 3 Satz 4 der Satzung sowie B. I. der Versammlungs- und Wahlordnung entsprechend.

§ 2 (1) Der Wertungsausschuss wählt aus seiner Mitte einen Vorsitzenden und zwei stellvertretende Vorsitzende. Der Vorsitzende wird aus der Berufsgruppe der Komponisten, die beiden stellvertretenden Vorsitzenden werden jeweils aus der Berufsgruppe der Textdichter und der Musikverleger gewählt.

Darüber hinaus kann der Ausschuss mit Zustimmung von Aufsichtsrat und Vorstand externe Sachverständige punktuell zur Beratung hinzuziehen oder als ständige Mitglieder mit beratender Funktion kooptieren. Die Amtsdauer der als ständige Mitglieder kooptierten Sachverständigen endet mit der Amtsperiode der stimmberechtigten Ausschussmitglieder oder durch Abberufung durch die stimmberechtigten Ausschussmitglieder.

(2) Der Wertungsausschuss ist nur beschlussfähig, wenn die jeweils für einen Wertungsfall zuständige Berufsgruppe mit allen 3 stimmberechtigten Mitgliedern bzw. Stellvertretern besetzt ist.

(3) Der Wertungsausschuss entscheidet mit einfacher Mehrheit der bei der Abstimmung vorhandenen Stimmen.

Bei Stimmengleichheit entscheidet die Stimmenzahl in der für den Wertungsfall zuständigen Berufsgruppe.

(4) An den Sitzungen des Wertungsausschusses kann je ein Delegierter einer jeden Berufsgruppe des Aufsichtsrates teilnehmen.

(5) Der Vorstand kann an allen Sitzungen des Wertungsausschusses teilnehmen.

(6) Die delegierten Aufsichtsratsmitglieder und der Vorstand haben lediglich beratende Stimme.

§ 3 Die ordentlichen, außerordentlichen und angeschlossenen Mitglieder der GEMA können nach Maßgabe folgender Bestimmungen am Wertungsverfahren beteiligt werden:

(1) Soweit in den für das Wertungsverfahren bestehenden Gruppen eine längere Mitgliedschaftsdauer verlangt wird, wird die Zugehörigkeit des Mitglieds zu den früheren Verwertungsgesellschaften STAGMA, GEMA, GDT oder AKM angerechnet.

Die Zugehörigkeit zu einer anderen Verwertungsgesellschaft kann angerechnet werden.

(2) Die Mitgliedschaftsdauer wird vom 1. Januar des Jahres an berechnet, in dem das Mitglied die Mitgliedschaft erworben hat.

(3) Mitglieder, die nicht über das erforderliche berufsmäßige Können verfügen, um ihre Werke auch ohne die schöpferische Unterstützung durch andere zu schaffen, können keine Wertung erhalten.

Das Mitglied kann zum Nachweis seines berufsmäßigen Könnens aufgefordert werden.

(4) Verleger sind verpflichtet, auf Anforderung einen Verlagskatalog nach neuestem Stand dem Wertungsausschuss einzureichen.

(5) Soweit bei der Bewertung Auslandseinnahmen zugrunde zu legen sind, die sich unter den Berufsgruppen nicht aufteilen lassen, wird der Betrag der Berufsgruppe zugeordnet, in der die Abrechnung erfolgt ist. Bei Beteiligung eines Mitglieds sowohl an der U- als auch an der E-Wertung werden die Abrechnungen der

Sparten BM, T und A in dem Wertungsverfahren berücksichtigt, in dem das Mitglied seinen Schaffensschwerpunkt hat.

(6) Nach dem Tode des Urhebers sind Beteiligte am Wertungsverfahren nur dessen Ehegatte oder eingetragener Lebenspartner sowie seine Kinder, soweit sie Rechtsnachfolger in den Urheberrechten sind. Die Auszahlung der Zuwendungen erfolgt an denjenigen, von dem der Berechtigungsvertrag mit der GEMA fortgesetzt wird. Wenn weder ein überlebender Ehegatte oder eingetragener Lebenspartner noch Kinder vorhanden sind, kann ausnahmsweise mit Zustimmung des Aufsichtsrates auch ein langjähriger Lebensgefährte, der Rechtsnachfolger in den Urheberrechten ist, als Beteiligter anerkannt werden.

(7) Wer als Bezugsberechtigter sich oder einem anderen wissentlich oder grob fahrlässig durch falsche Angaben einen rechtswidrigen Vermögensvorteil verschafft und/oder wer gegen die Missbrauchsvorschriften in §§ 42, 54 Abs. 1–4, 6 und 7 des Verteilungsplans verstößt, kann durch den Wertungsausschuss vom Wertungsverfahren für das auf den Verstoß folgende Geschäftsjahr ausgeschlossen werden. Bei solchen Verstößen entscheidet der Wertungsausschuss, ob es geboten ist, die Einstufung für das Wertungsverfahren gemäß § 5 (1) zu ändern.

Statt des Ausschlusses vom Wertungsverfahren kann in minder schweren Fällen die Wertungszuweisung entsprechend der Schwere des Verstoßes gekürzt werden.

(8) Werden urheberrechtliche Nutzungsrechte eines Nicht-GEMA-Mitglieds an ein GEMA-Mitglied abgetreten (zediert), so nimmt weder der Abtretende (Zedent) noch der Abtretungsempfänger (Zessionar) für die abgetretenen Rechte an diesem Wertungsverfahren teil. Dies gilt für alle ab dem 1.6.2003 bei der GEMA eingereichten Abtretungen sowie für Werkanmeldungen aus Abtretungen vor diesem Stichtag.

§ 4 (1) Es wird ein Ausgleichsfonds gebildet. Für diesen Ausgleichsfonds wird aus den Wertungsmitteln in der Sparte U jährlich ein Betrag in Höhe von maximal EUR 75.000,– zur Finanzierung von Ausgleichszahlungen an Druck- und Subbearbeiter zur Verfügung gestellt. Über die Bedingungen der Mittelberechnung und -vergabe an die Druck- und Subbearbeiter entscheidet der Aufsichtsrat.[1] Zudem wird für diesen Ausgleichsfonds aus den Wertungsmitteln in der Sparte U jährlich ein Betrag in Höhe von maximal EUR 40.000,– zur Finanzierung von Ausgleichszahlungen an Subtextdichter zur Verfügung gestellt. Über die Bedingungen der Mittelberechnung und -vergabe an die Subtextdichter entscheidet ebenfalls der Aufsichtsrat.[2] Darüber hinaus können die Berufsgruppen der Komponisten, Textdichter und Musikverleger dem Ausgleichsfonds bis zu 10 % der auf ihre Berufsgruppen entfallenden Beträge zuführen.

(2) Der Ausgleichsfonds hat einmal den Zweck, an solche Mitglieder, deren Schaffen künstlerisch erfolgreich war oder kulturell besonders förderungswürdig ist, in Härtefällen Zuwendungen zu machen. Zum anderen sollen daraus die unmittelbaren Abkömmlinge derjenigen Komponisten und Textdichter, die als politisch oder „rassisch" Verfolgte Deutschland vor 1945 verlassen mussten, Zuwendungen erhalten.

Ferner sollen daraus in begründeten Ausnahmefällen Mitglieder dafür entschädigt werden, dass ihre Werke in den Programmen nicht oder nicht vollständig erfasst wurden.

---

1) § 4 (1) Sätze 2 und 3 sind befristet für die Wertung der Geschäftsjahre 2015 bis 2017.
2) § 4 (1) Sätze 4 und 5 sind befristet für die Wertung der Geschäftsjahre 2017 bis 2019.

(3) Außerdem können Mittel des Ausgleichsfonds zur Förderung des zeitgenössischen Musikschaffens zur Verfügung gestellt werden.[3]

(4) Verleger von Unterhaltsmusik und von Opern-, Operetten-Potpourris und -Fantasien können aus dem Ausgleichsfonds besondere Zuwendungen erhalten.

(5) Der Wertungsausschuss kann darüber hinaus mit Zustimmung des Aufsichtsrats für Härtefälle, auch solche, die durch Änderungen des Verteilungsplans entstehen, Übergangshilfen beschließen. Die nur auf Antrag zu gewährenden Übergangsleistungen sind auf maximal 2 Jahre begrenzt.

§ 5 (1) Es bestehen bei der Wertung insgesamt 6 Gruppen mit folgenden Punktzahlen und Wertungszuschlägen:

Gruppe	Punktzahl	Wertungszuschlag in Wertungsmark[4]
		(berechnet vom Aufkommen aus dem Aufführungs- und Senderecht, und zwar 100%ig in der Sparte U bei Verrechnung gemäß § 85 des Verteilungsplans und 50%ig bei Verrechnung gemäß § 86 des Verteilungsplans[5], in den Sparten R, FS und T FS anteilig mit 50 % bei den Komponisten, 54 % bei den Textdichtern und 53 % bei den Verlegern, bei Werbung in den Sparten R, FS und T FS anteilig mit 37,5 % bei den Komponisten, 40,5 % bei den Textdichtern und 39,75 % bei den Verlegern)[6]
Gruppe I	100 Punkte und mehr	50 %
Gruppe II	80 Punkte und mehr	40 %

---

3) Befristet für die Wertung der Geschäftsjahre 2007 bis einschließlich 2019.
4) Der Wertungszuschlag stellt zunächst nur eine Verrechnungseinheit dar, aus der sich die später zu ermittelnde sogenannte Wertungsmark ergibt. Die Höhe der Wertungsmark wird errechnet aus dem Verhältnis der Verteilungssumme zu der im Rahmen des Wertungsverfahrens verfügbaren Summe.
Bei Urhebern, die ihre Werke durch einen oder mehrere Zessionare der GEMA bis zum 31.5.2003 zur Wahrnehmung übertragen haben, liegt der Berechnung des Wertungszuschlags das Gesamtaufkommen des Urhebers aus allen Zessionen zugrunde.
Aufkommen, das im Wege einer Zuschlagsverrechnung von außerordentlichen Einnahmen gemäß § 32 des Verteilungsplans erzielt worden ist, wird bei der Berechnung des Wertungszuschlags nicht berücksichtigt.
5) Der Zusatz „bei Verrechnung gemäß § 85 des Verteilungsplans und 50%ig bei Verrechnung gemäß § 86 des Verteilungsplans" gilt für die Wertung ab Geschäftsjahr 2014.
6) Neufassung gültig für die Wertung ab Geschäftsjahr 2013. Für die Wertung der Geschäftsjahre 2006 bis 2012 gilt: „(berechnet vom Aufkommen aus dem Aufführungs- und Senderecht, und zwar 100%ig in den Sparten U und VK, in den Sparten R, FS und T FS anteilig mit 50 % bei den Komponisten, 54 % bei den Textdichtern und 53 % bei den Verlegern)".
Die von der ordentlichen Mitgliederversammlung 2015 beschlossene nachträgliche Berücksichtigung des mit Werbung in der Sparte T FS erzielten Aufkommens bei der Berechnung der Wertungszuschläge für die Geschäftsjahre 2006 bis 2012 erfolgt ohne Anerkenntnis einer Rechtspflicht und für die Geschäftsjahre 2006 bis 2010 nur hinsichtlich solcher Ansprüche, die der Berechtigte in verjährungshemmender Weise geltend gemacht hat.

Gruppe III	60 Punkte und mehr	30 %
Gruppe IV	40 Punkte und mehr	20 %
Gruppe V	20 Punkte und mehr	10 %
Gruppe VI	10 Punkte und mehr	5 %

(2) Mindestens 1/3 der Punkte müssen Aufkommenspunkte sein.

Zugrunde gelegt wird jeweils das Aufkommen des Mitglieds in dem Geschäftsjahr, das dem Jahr des Wertungsverfahrens vorausgeht. Für Auslandsaufkommen gilt das Jahr als Geschäftsjahr, in dem die Beträge dem Mitgliedskonto zugeflossen sind. Aufkommen, das im Wege einer Zuschlagsverrechnung von außerordentlichen Einnahmen gemäß § 32 des Verteilungsplans erzielt worden ist, wird bei der Berechnung der Punktzahl nicht berücksichtigt.

Für die Beteiligung am Wertungsverfahren ist eine Punktzahl von mindestens 10 erforderlich, wobei mindestens 2 Punkte in einer der Sparten U, R, FS oder T FS ohne Werbung[7] erreicht werden müssen.

Kein Mitglied erhält aus den Mitteln des Wertungsverfahrens mehr als 10 % des in seiner Berufsgruppe zur Verfügung stehenden Gesamtbetrages.

Jedoch erhält kein Mitglied der Berufsgruppe Komponisten und kein Mitglied der Berufsgruppe Textdichter aus den Mitteln des Wertungsverfahrens mehr als 4 % des in seiner Berufsgruppe zur Verfügung stehenden Gesamtbetrages.

(3) Die Punktzahlen errechnen sich wie folgt:

A) Dauer der Mitgliedschaft
   Pro Jahr 1 Punkt, bei Verlagen beschränkt auf höchstens 50 Punkte.

B) Aufkommen in der Sparte U:
   aa) Komponisten — je EUR 510,– — 1 Pkt. bis zu 30 Pkt.
   für Unterhaltungsmusik Zuschläge — bis zu 10 Pkt.

   bb) Textdichter — je EUR 510,– — 1 Pkt. bis zu 30 Pkt.
   für Unterhaltungsmusik Zuschläge — bis zu 10 Pkt.

   cc) Verleger — je EUR 510,– — 1 Pkt. bis zu 30 Pkt.
   für Unterhaltungsmusik Zuschläge — bis zu 10 Pkt.

   dd) Unterhaltungsmusikwerke nach § 64 Abs. 1 Ziff. 5
   Komponisten und Textdichter — je EUR 125,– — 1 Pkt. bis zu 10 Pkt.
   Verleger — je EUR 255,– — 1 Pkt. bis zu 10 Pkt.

C) Aufkommen in den Sparten R und FS:
   aa) Komponisten — je EUR 610,– — 1 Pkt. bis zu 25 Pkt.
   bb) Textdichter — je EUR 610,– — 1 Pkt. bis zu 25 Pkt.

---

[7] Zusatz „ohne Werbung" entfällt für die Wertung ab Geschäftsjahr 2013.

cc) Verleger je EUR 610,– 1 Pkt. bis zu 25 Pkt.

dd) Unterhaltungsmusikwerke
nach § 64 Abs. 1 Ziff. 5

Komponisten und
Textdichter je EUR 150,– 1 Pkt. bis zu 10 Pkt.
Verleger je EUR 305,– 1 Pkt. bis zu 10 Pkt.

D) Aufkommen in der Sparte T:
(einschließlich FS-Fremdproduktion):

aa) Komponisten je EUR 255,– 1 Pkt. bis zu 15 Pkt.

bb) Textdichter je EUR 255,– 1 Pkt. bis zu 15 Pkt.

cc) Verleger je EUR 255,– 1 Pkt. bis zu 15 Pkt.

E) Aufkommen in den Sparten BM und UD[8]:

aa) Komponisten je EUR 255,– 1 Pkt. bis zu 15 Pkt.

bb) Textdichter je EUR 255,– 1 Pkt. bis zu 15 Pkt.

cc) Verleger je EUR 255,– 1 Pkt. bis zu 15 Pkt.

F) entfällt ab Geschäftsjahr 2007

G) entfällt ab Geschäftsjahr 2007

H) Auslandsaufkommen:
Komponisten für je EUR 255,– 1 Pkt. bis zu 20 Pkt.
Textdichter für je EUR 125,– 1 Pkt. bis zu 20 Pkt.
Verleger für je EUR 410,– 1 Pkt. bis zu 20 Pkt.

I) Bewertung des Gesamtschaffens und der Bedeutung als Urheber in den Berufsgruppen der Komponisten und der Textdichter; Bewertung des Gesamtschaffens in der Berufsgruppe der Musikverleger bis zu 25 Punkten.

(4) Für den Bearbeiter gehört zum Aufkommen in den Sparten R und FS auch der Betrag, der ihm gemäß § 4 (2) A) und B) jeweils 1.–3. Abs. BB) der Geschäftsordnung für das Schätzungsverfahren der Bearbeiter zufließt.

(5) a) In der Berufsgruppe Verleger werden für alle an einem Werk beteiligten Originalverleger insgesamt in keinem Fall mehr als $4/12$ Verlagsanteile am Werk zugrunde gelegt. Höhere Verlagsbeteiligungen werden – bei mehreren beteiligten Verlegern im Verhältnis der Anteile – gekürzt.

b) Für alle an einem Werk beteiligten GEMA-Subverleger werden insgesamt in keinem Fall mehr als $3/12$, in der Sparte T FS (ohne Werbung)[9] $1/12$ Verlegeranteile am Werk zugrunde gelegt. Höhere Verlagsbeteiligungen werden – bei mehreren beteiligten Verlegern im Verhältnis der Anteile – gekürzt.

(6) Soweit bei der Eingruppierung das Aufkommen zugrunde gelegt wird, erfolgt Aufrundung auf volle EUR 10,– bzw. EUR 5,–.

---

[8] UD-Aufkommen nach § 88 lit. b-f des Verteilungsplans bleiben ohne Berücksichtigung.
[9] Der Zusatz „(ohne Werbung)" entfällt für die Wertung ab Geschäftsjahr 2013. Er findet ferner keine Anwendung im Rahmen der von der ordentlichen Mitgliederversammlung 2015 beschlossenen nachträglichen Berücksichtigung des mit Werbung in der Sparte T FS erzielten Aufkommens bei der Berechnung der Wertungszuschläge für die Geschäftsjahre 2006 bis 2012.

(7) *Entfällt*

(8) a) Sobald das Mitglied eine bestimmte Gruppe erreicht hat, verbleibt es selbst dann in dieser Gruppe, wenn die Voraussetzungen sich soweit geändert haben sollten, dass das Mitglied in eine niedrigere Gruppe umgestuft werden müßte. Diese Vorschrift schließt eine Änderung der Einstufung nach § 3 Abs. (7) nicht aus.

b) In der Berufsgruppe Verleger ist im Falle von Katalogverkäufen der in der Wertung erworbene Besitzstand an den Katalog gebunden.

(9) Die durch das Limit in Abs. (2) freigewordenen Beträge werden in den Berufsgruppen der Komponisten und Textdichter jeweils mit der Wertungssumme des nächsten Jahres in den betreffenden Sparten verteilt. Die Verleger stellen die durch das Limit freigewordenen Beträge kleineren Verlagen als zusätzliche Wertung zur Verfügung unter der Voraussetzung, dass die kleineren Verlage eine Mitgliedschaft von mindestens 15 Jahren und ein geringeres Aufkommen als EUR 15 338,76 (ohne Wertung) haben.

§ 6 (1) Soweit in dieser Geschäftsordnung nichts anderes bestimmt ist, entscheidet der Wertungsausschuss, abgesehen von der Mitgliedschaftsdauer und dem Aufkommen, über die Eingruppierung gemäß § 5 und über die Ausschüttung aus dem Ausgleichsfonds gemäß § 4 aufgrund der Vorschläge, die ihm für die jeweils in Betracht kommende Berufsgruppe aufgrund von Vorberatungen der Mitglieder des Wertungsausschusses gemacht werden, die dieser Berufsgruppe angehören.

(2) Der Aufsichtsrat hat das Recht, zu den Beratungen der Berufsgruppen-Mitglieder ein Mitglied des Aufsichtsrates als Delegierten zu entsenden, das der in Betracht kommenden Berufsgruppe angehören muss.

(3) Der Vorstand kann an allen Beratungen der Berufsgruppen-Mitglieder teilnehmen.

§ 7 Die Wertung für Ausschussmitglieder und die Delegierten des Aufsichtsrates erfolgt in Abwesenheit des Betroffenen durch die übrigen Ausschussmitglieder und den Vorstand. Bei Stimmengleichheit entscheidet die Stimme des Sitzungsvorsitzenden.

§ 8 (1) Die Entscheidung des Wertungsausschusses ist dem betroffenen Mitglied mit Rechtsmittelbelehrung mitzuteilen. Gegen die Entscheidung können das betroffene Mitglied, die Delegierten des Aufsichtsrates und der Vorstand innerhalb einer Frist von acht Wochen Einspruch beim Wertungsausschuss einlegen.

(2) Die Frist beginnt für das betroffene Mitglied mit dem Zugang der Entscheidung, für die antragsberechtigten Delegierten des Aufsichtsrates und den Vorstand vom Tage der Entscheidung des Wertungsausschusses an zu laufen.

(3) Das Mitglied hat den Einspruch schriftlich einzulegen. Der Einspruch ist zu begründen. Über den Einspruch entscheidet der Vorsitzende des Wertungsausschusses bzw. der für die Berufsgruppe des betroffenen Mitglieds gewählte stellvertretende Vorsitzende nach Rücksprache mit den übrigen Ausschussmitgliedern. Die Entscheidung ist dem Mitglied mit einer Begründung und Rechtsmittelbelehrung mitzuteilen.

(4) Sofern der Wertungsausschuss dem Einspruch nicht abhilft, kann das Mitglied innerhalb einer Frist von 8 Wochen ab Zugang der Entscheidung verlangen, dass diese dem Aufsichtsrat zur Prüfung vorgelegt wird. Die Entscheidung des Aufsichtsrats ist dem Mitglied mitzuteilen. Sofern der Aufsichtsrat dem Einspruch nicht abhilft, hat er seine Entscheidung schriftlich zu begründen.

(5) Die Absätze 3 und 4 gelten entsprechend für Einsprüche der Delegierten des Aufsichtsrates und des Vorstands. Die 8-Wochen-Frist für die Anrufung des Aufsichtsrats beginnt ab dem Tage der Entscheidung des Wertungsausschusses über einen solchen Einspruch.

(6) Die Delegierten haben bei Entscheidungen des Aufsichtsrates über ihre Einsprüche kein Stimmrecht.

§ 9 Die durch das Wertungsverfahren entstehenden Kosten gehen zu Lasten der von der GEMA für das Wertungsverfahren zur Verfügung gestellten Mittel.

§ 10 (1) Erweist sich die Wertung für ein Geschäftsjahr im Nachhinein insgesamt oder in Teilen als systematisch fehlerhaft, insbesondere wegen der Nichtigkeit einer Regelung dieser Geschäftsordnung, und ist eine vollständige Rückabwicklung und Neuvornahme der Wertung nicht oder nur mit wirtschaftlich unverhältnismäßigem Aufwand möglich, können Aufsichtsrat und Vorstand einvernehmlich beschließen,

> bei der Berechnung der Höhe der sich aus der fehlerhaften Wertung ergebenden Ansprüche Pauschalierungen vorzunehmen, soweit eine präzise Berechnung nicht oder nur mit wirtschaftlich unverhältnismäßigem Aufwand möglich ist;

> die Ansprüche der durch die fehlerhafte Wertung nachteilig betroffenen Berechtigten aus den für laufende und künftige Wertungsverfahren zur Verfügung gestellten Mitteln zu befriedigen;

> Rückforderungsansprüche der GEMA gegen künftige Zahlungsansprüche der durch die fehlerhafte Wertung begünstigten Berechtigten aufzurechnen;

> statt einer Aufrechnung ganz oder teilweise auf Rückforderungsansprüche der GEMA zu verzichten.

Bei der Auswahl unter den zur Verfügung stehenden Maßnahmen haben Aufsichtsrat und Vorstand das Interesse an einer möglichst vollständigen Erfüllung der jeweiligen Ansprüche und das wirtschaftliche Gebot der Verhältnismäßigkeit abzuwägen. Der Gleichbehandlungsgrundsatz ist zu beachten und auf Härtefälle angemessen Rücksicht zu nehmen.

(2) Mittel, die aufgrund außerordentlicher Einnahmen der GEMA für die Wertung für ein bereits abgerechnetes Geschäftsjahr zur Verfügung gestellt werden, werden als prozentualer Zuschlag in dem betreffenden Geschäftsjahr verrechnet. Soweit eine solche Verrechnung als Zuschlag nicht oder nur mit wirtschaftlich unverhältnismäßigem Aufwand möglich ist, werden die zur Verfügung gestellten Mittel der Wertung für das Geschäftsjahr zugeführt, in dem die außerordentlichen Einnahmen erzielt worden sind.

Hat sich die Wertung für ein Geschäftsjahr gemäß Absatz (1) dieser Vorschrift als systematisch fehlerhaft erwiesen, ist die GEMA berechtigt, Pauschalierungen bei der Ermittlung der Berechnungsgrundlage für eine Zuschlagsverrechnung von Mitteln vorzunehmen, die aufgrund außerordentlicher Einnahmen der GEMA nachträglich für die Wertung für dieses Geschäftsjahr zur Verfügung gestellt werden. Hierbei sind das Interesse an einer möglichst präzisen Berechnung und das wirtschaftliche Gebot der Verhältnismäßigkeit abzuwägen. Der Gleichbehandlungsgrundsatz ist zu beachten und auf Härtefälle angemessen Rücksicht zu nehmen.

§ 11 Diese Geschäftsordnung tritt mit Wirkung vom GEMA-Geschäftsjahr 1983 in Kraft.

§ 12 Änderungen dieser Geschäftsordnung erfolgen durch die Mitgliederversammlung nach den Regeln, die für eine Satzungs- und Verteilungsplanänderung vorgesehen sind. § 20 der Satzung der GEMA bleibt unberührt.

ANHANG **ZUR GESCHÄFTSORDNUNG FÜR DAS WERTUNGSVERFAHREN IN DER UNTERHALTUNGS- UND TANZMUSIK**

Besondere Regelung für ordentliche Mitglieder der GEMA mit mindestens 20 Mitgliedschaftsjahren zur GEMA

Gültig ab Geschäftsjahr 1970

Fassung vom 25./26. Juni 2013

I. Die Komponisten und Textdichter, die ordentliche Mitglieder der GEMA sind, stellen ihre Anteile am sogenannten Ausfall einem Fonds zur Verfügung, aus dem sie Zuwendungen erhalten, wenn sie sowohl ihr 60. Lebensjahr vollendet haben als auch seit mindestens 20 Jahren ordentliche Mitglieder der GEMA sind.

Die Höhe dieser Zuwendungen wird wie folgt errechnet:

1. Für jeden Urheber wird für die Sparte, in der er ordentliches Mitglied ist, seine in dem bisherigen Wertungsverfahren aus § 5 (3) der Geschäftsordnung in einem Jahr errechnete Höchstpunktzahl festgestellt, die sich aus dem günstigsten Verhältnis von Aufkommenspunkten zu Punkten für die Dauer der ordentlichen Mitgliedschaft ergibt. Für die Berechnung der Dauer der ordentlichen Mitgliedschaft wird der 1. Januar des Jahres zugrunde gelegt, in dem der Aufnahmeantrag bei der GEMA eingegangen ist. Voraussetzung ist, dass zum Zeitpunkt des Einganges des Aufnahmeantrages die Bedingungen gemäß § 7 Ziff. 1 der Satzung der GEMA erfüllt waren. Nicht angerechnet werden die Ermessenspunkte für Unterhaltungsmusikzuschläge, Standardwerke der Unterhaltungsmusik, Evergreens der Tanzmusik sowie Bewertung des Gesamtschaffens und der künstlerischen Persönlichkeit. Das Jahr, das Gegenstand des laufenden Wertungsverfahrens ist, wird dabei nicht berücksichtigt.

2. Mindestens ein Drittel der Punkte müssen Aufkommenspunkte sein. Hat das Mitglied in einem anderen Jahr ein günstigeres Verhältnis zwischen Aufkommens- und Mitgliedschaftspunkten, so wird dieses Jahr der Berechnung zugrunde gelegt.

3. Hat der Urheber Anspruch auch in der Sparte E, so werden bei der Feststellung der Höchstpunktzahl die in der E-Wertung erzielten Aufkommenspunkte mit berücksichtigt.

4. Aus der Gesamtzahl der errechneten Punkte und dem zur Verfügung gestellten Betrag ergibt sich der Punktwert für die Zuwendung.

II. Die Verteilung bei den Verlegern erfolgt erstmals in dem Jahr nach Erreichen der ordentlichen Mitgliedschaft durch prozentualen Zuschlag zur Verteilungssumme.

III. Mittel, die für ein bereits abgerechnetes Geschäftsjahr aufgrund außerordentlicher Einnahmen der GEMA nachträglich zur Verfügung gestellt werden, werden als prozentualer Zuschlag in dem betreffenden Geschäftsjahr verrechnet. Soweit eine solche Verrechnung als Zuschlag zu einem bereits abgerechneten Geschäftsjahr nicht oder nur mit wirtschaftlich unverhältnismäßigem Aufwand möglich ist, werden die zur Verfügung gestellten Mittel dem Geschäftsjahr zugeführt, in dem die außerordentlichen Einnahmen erzielt worden sind.

IV. Gegen die Entscheidung kann vom Mitglied innerhalb einer Frist von acht Wochen Einspruch beim Aufsichtsrat eingelegt werden. Die Frist beginnt mit dem Zugang der Entscheidung zu laufen.

V. Änderungen dieses Anhangs sind nur durch die Mitgliederversammlung nach den Regeln zulässig, die für eine Satzungs- und Verteilungsplanänderung vorgesehen sind. § 20 der Satzung der GEMA bleibt unberührt.

IV 6 Schätzungsverfahren der Bearbeiter

Geschäftsordnung

Fassung aufgrund der Beschlüsse der ordentlichen Mitgliederversammlung vom 24. und 25. Mai 2019

Das Schätzungsverfahren dient dazu, Spezialbearbeitern einen Ausgleich dafür zu verschaffen, dass sie nach den Verteilungsplänen A, B und C nicht berücksichtigt werden können. Die Geschäftsordnung ist als vorgegebener Rahmen zu betrachten, innerhalb dessen die Schätzungskommission ihre Entscheidungen nach bestem Wissen und Gewissen trifft.

Die vom Vorstand und Aufsichtsrat nach §§ 30 und 31 des Verteilungsplans für ein Schätzungsverfahren der Bearbeiter in der Sparte U zur Verfügung gestellten Mittel werden jährlich zusammen mit 0,4 Prozent des jeweils in den Sparten R, FS und M auf die Komponisten entfallenden Aufkommens[1] nach Maßgabe der nachstehenden Bestimmungen verteilt:

§ 1 (1) Es wird eine Schätzungskommission aus

5 Bearbeitern und 3 weiteren Bearbeitern als Stellvertreter gebildet.

Die Mitglieder der Schätzungskommission müssen der GEMA mindestens fünf Jahre als ordentliches Mitglied angehören. Die Stellvertreter müssen der GEMA mindestens 3 Jahre als ordentliches Mitglied angehören. Aufsichtsratsmitglieder sind nicht wählbar.

(2) Die Mitglieder der Schätzungskommission werden auf die Dauer von drei Jahren auf Grundlage der Wahlvorschläge des Aufsichtsrates durch die Mitgliederversammlung gewählt. Bei der Auswahl der Wahlvorschläge berücksichtigt der Aufsichtsrat das Ziel, den Anteil von Frauen in allen Gremien zu stärken. Andere Wahlvorschläge können von den ordentlichen Mitgliedern und Delegierten im Vorfeld der Mitgliederversammlung, in der die Wahl stattfindet, beim Wahlausschuss eingereicht werden. Für die Einreichung der Wahlvorschläge und die Wahl gelten § 11a) der Satzung und B. I. der Versammlungs- und Wahlordnung entsprechend.

Die Kommissionsmitglieder bleiben bis zum Ablauf der dritten auf die Wahl folgenden ordentlichen Mitgliederversammlung im Amt. Wiederwahl ist zulässig.

(3) Scheidet während der Amtsdauer ein Ausschussmitglied aus, so hat der Aufsichtsrat ein Ersatzmitglied zu wählen, das an dessen Stelle tritt. Die Ersatzwahl bedarf der Bestätigung durch die nächste Mitgliederversammlung, soweit die Amtsdauer über diese Mitgliederversammlung hinausgeht.

§ 2 (1) Die Kommission wählt aus ihrer Mitte einen Vorsitzenden und einen stellvertretenden Vorsitzenden.

---

[1] Die von der ordentlichen Mitgliederversammlung 2014 beschlossene Neuregelung zur Finanzierung des Schätzungsverfahrens gilt ab dem 1.1.2015.

Darüber hinaus kann die Kommission mit Zustimmung von Aufsichtsrat und Vorstand externe Sachverständige punktuell zur Beratung hinzuziehen oder als ständige Mitglieder mit beratender Funktion kooptieren. Die Amtsdauer der als ständige Mitglieder kooptierten Sachverständigen endet mit der Amtsperiode der stimmberechtigten Kommissionsmitglieder oder durch Abberufung durch die stimmberechtigten Kommissionsmitglieder.

(2) Die Kommission ist nur beschlussfähig, wenn mindestens 3 stimmberechtigte Mitglieder bzw. Stellvertreter anwesend sind.

(3) Die Kommission entscheidet mit einfacher Mehrheit der bei der Abstimmung vorhandenen Stimmen.

Bei Stimmengleichheit entscheidet die Stimme des Vorsitzenden.

(4) Der Vorstand und der Delegierte des Aufsichtsrates können an allen Sitzungen der Schätzungskommission teilnehmen.

Beide haben lediglich beratende Stimme.

§ 3 (1) Als Spezialbearbeitungen im Sinne des Schätzungsverfahrens gelten im Auftrag erstellte vollständige Bearbeitungen von vorbestehenden Werken, sofern sie im Verteilungsplan der GEMA unberücksichtigt bleiben.

Die Aufträge müssen erteilt worden sein

– zur Herstellung von handelsüblichen Tonträgern oder für die Bereitstellung zu kostenpflichtigen Nutzungen im Internet, und zwar von einer Industrietonträgerfirma oder einer Produktionsgemeinschaft

– für Sendezwecke, und zwar von einem Hörfunk- oder Fernsehsender, einem Verlag oder einer Produktionsgemeinschaft.

Für eine Berücksichtigung im Schätzungsverfahren müssen Spezialbearbeitungen lizenzpflichtig genutzt worden sein. Im Zweifelsfall kann die Schätzungskommission einen Nachweis der lizenzpflichtigen Nutzung verlangen. Für eine Berücksichtigung als Spezialbearbeitung für Hörfunk und Fernsehen muss die Spezialbearbeitung von Hörfunk- oder Fernsehsendern gesendet worden sein. Die Bemusterung von Sendern gilt für sich nicht als lizenzpflichtige Nutzung. Nutzungen, die später als fünf Jahre nach der Anmeldung erfolgt sind, werden im Rahmen der Erstschätzung nicht berücksichtigt.

Eine Bearbeitung lediglich des eigenen bzw. eines Parts (Instrument, Chorstimme) stellt in keinem Fall eine Spezialbearbeitung dar.

Die Durchführung einer Tonaufzeichnung als Tonmeister oder Produzent stellt für sich keine Bearbeitung im Sinne des Schätzungsverfahrens dar.

Nicht berücksichtigt werden:

a) Bearbeitungen freier Werke, auch wenn diese durch eine Bearbeitung wieder geschützt sein sollten.

b) Bearbeitungen eigener Kompositionen, die der GEMA als Manuskript gemeldet wurden oder im Eigenverlag erschienen sind sowie andere Bearbeitungen eigener Kompositionen, die keine Spezialbearbeitungen im Sinne des Schätzungsverfahrens sind.

Für Werke, die bis einschließlich Geschäftsjahr 1989 gemeldet wurden, gilt die Regelung, die bis einschließlich 1989 in Kraft war.[2]

c) Bearbeitungen für Tonfilme, Tonfilme im Fernsehen, Fernsehfilme, Fernsehspiele und Hörspiele sowie Werbemusiken.

d) Bearbeitungen, bei denen unter Verwendung einer vorbestehenden Tonaufnahme nur geringfügige Änderungen (z. B. Einfügen von Drumloops, Geräuschen, Effektflächen) an der Vorlage vorgenommen werden.

e) Bearbeitungen für Musikverwerter, die mit der GEMA in keinem direkten Vertragsverhältnis stehen mit Ausnahme von Bearbeitungen, für die die GEMA eine Vergütung im Rahmen der Zentrallizenzierung durch Dritte erhält.[3]

f) Nutzungen von Bearbeitungen im Ausland.

g) Bearbeitungen, für die in Zweifelsfällen auf Anforderung der Schätzungskommission Tonträger und/oder Notenbelege nicht vorgelegt werden können, sowie Bearbeitungen, für die der Nachweis des vorbestehenden Werkes nicht erbracht werden kann.

(2) Für die Verrechnung einer Spezialbearbeitung kann grundsätzlich nur ein Bearbeiter in der Schätzung berücksichtigt werden. In Ausnahmefällen können höchstens drei Bearbeiter berücksichtigt werden, wenn sie das Werk gemeinsam bearbeitet haben. In diesem Fall müssen die Betreffenden ihre Aufstellungen mit Nennung der anderen Beteiligten einreichen.

Zusatzbearbeitungen (z.B. nur Chor-, Streicher- oder Bläserstimmen zu einer fertigen Bearbeitung) können im Rahmen der Schätzung nur dann berücksichtigt werden, wenn der Hauptbearbeiter der Berücksichtigung zugestimmt hat. Die Zustimmung muss bei der Anmeldung der Zusatzbearbeitung nachgewiesen werden und Angaben darüber enthalten, zu welchen Anteilen Haupt- und Zusatzbearbeiter an der Schätzung beteiligt werden sollen.

§ 4 Die Mitglieder der GEMA werden nach Maßgabe folgender Bestimmungen am Schätzungsverfahren beteiligt:

(1) Bis zu 10 % der zur Verfügung stehenden Mittel können einem Ausgleichsfonds zugeführt werden.

Der Ausgleichsfonds hat den Zweck, in Härtefällen oder in Fällen von besonderer künstlerischer Bedeutung Zuwendungen zu machen.

Der verbleibende Rest wird nunmehr wie folgt verteilt:

(2) Circa 60 % der zur Verfügung stehenden Summe werden anhand der eingereichten Unterlagen nach folgendem Schlüssel verteilt:

A) 1. Spezialbearbeitungen für Industrietonträger   3 Punkte

hiervon

    AA)   für mechanisches Vervielfältigungsrecht   1 Punkt

---

[2] Bis Geschäftsjahr 1989 galt folgende Fassung von b):
b) Bearbeitungen eigener Kompositionen, die der GEMA als Manuskript gemeldet wurden oder im Eigenverlag erschienen sind.

[3] Die Ergänzung „mit Ausnahme von Bearbeitungen, für die die GEMA eine Vergütung im Rahmen der Zentrallizenzierung durch Dritte erhält" gilt für die Schätzung ab Geschäftsjahr 2015.

BB)	für die übrigen Rechte	2 Punkte

2. Spezialbearbeitungen für kostenpflichtige Nutzungen
im Internet $1/2$ Punkt

hiervon

AA)	für mechanisches Vervielfältigungsrecht	$1/6$ Punkt
BB)	für die übrigen Rechte	$2/6$ Punkte

3. Potpourris (Medleys) pro Minute		1 Punkt

hiervon

AA)	für mechanisches Vervielfältigungsrecht	$1/3$ Punkt
BB)	für die übrigen Rechte	$2/3$ Punkte

B) 1. Spezialbearbeitungen für Hörfunk und Fernsehen   2 Punkte

hiervon

AA)	für mechanisches Vervielfältigungsrecht	$1/2$ Punkt
BB)	für die übrigen Rechte	$1 1/2$ Punkte

2. Bearbeitungen für Hörfunk und Fernsehen, Spieldauer länger als 8 Minuten und Partiturbesetzung ab 19 selbständig geführten Stimmen
pro Minute   1 Punkt

hiervon

AA)	für mechanisches Vervielfältigungsrecht	$1/4$ Punkt
BB)	für die übrigen Rechte	$3/4$ Punkte

3. Potpourris (Medleys) pro Minute   1 Punkt

hiervon

AA)	für mechanisches Vervielfältigungsrecht	$1/4$ Punkt
BB)	für die übrigen Rechte	$3/4$ Punkte

Die unter A) 1. und 2. sowie B) 1. genannten Punktzahlen gelten für eine Spieldauer von 3 bis 4 Minuten. Bei kürzeren oder längeren Zeiten werden sie entsprechend dividiert bzw. multipliziert.

Bearbeitungen von 2 Stimmen werden im Regelfall nicht berücksichtigt, bei 3 bis 4 Stimmen wird die Punktzahl halbiert. Computerspuren (Tracks) gelten nicht als Einzelstimmen.

Sofern der Spezialbearbeiter an dem der Bearbeitung zu Grunde liegenden Originalwerk als (Mit-)Komponist oder Verleger beteiligt ist, erfolgt seine Beteiligung mit der halben Punktzahl. Dies gilt bei Spezialbearbeitungen für Hörfunk und Fernsehen auch dann, wenn der Spezialbearbeiter an dem der Bearbeitung zu Grunde liegenden Originalwerk als Bearbeiter registriert ist. [4]

Werden mehrere Bearbeiter, die einen Titel gemeinsam bearbeitet haben, berücksichtigt, so werden die auf die jeweilige Spezialbearbeitung entfallenden Punkte

---

[4] Gilt für die Schätzung ab Geschäftsjahr 2015.

unter den beteiligten Bearbeitern verteilt. Dies geschieht, soweit die Beteiligten der Schätzungskommission nichts anderes mitteilen, zu gleichen Teilen.

Im Rahmen der Erstschätzung kann jede Bearbeitung nur einmal zur Schätzung angemeldet und berücksichtigt werden. Die hierfür erforderlichen Unterlagen sind bis zum 15. März des Kalenderjahres einzureichen, das auf das Geschäftsjahr folgt, in dem die Spezialbearbeitung lizenzpflichtig genutzt wurde.

Im Rahmen der Zweitschätzung können Spezialbearbeitungen für Industrietonträger, die für ein vorhergehendes Jahr bei der Erstschätzung anerkannt wurden, auf Antrag wiederholt berücksichtigt werden. Hierbei muss eine Spezialbearbeitung in dem Geschäftsjahr, für das der Antrag gestellt wird, oder in einem späteren Geschäftsjahr einmalig etwa 20 000 verkaufte Tonträgerexemplare aufweisen, um generell an der Zweitschätzung beteiligt zu werden. Nach Erreichen dieser Schwelle erfolgt die Beteiligung in der Zweitschätzung automatisch. Die Berücksichtigung in der Zweitschätzung muss für jede Spezialbearbeitung von jedem beteiligten Bearbeiter nur einmal beantragt werden. Anträge auf Berücksichtigung einer Spezialbearbeitung bei der Zweitschätzung sind jeweils bis zum 1. Februar eines Kalenderjahres einzureichen.

(3) Circa 35 % der zur Verfügung stehenden Summe werden wie folgt verteilt:

Mitglieder, die

A) mindestens 3 Jahre am Schätzungsverfahren beteiligt gewesen sind, erhalten 1 Wertungspunkt,

B) mindestens 5 Jahre am Schätzungsverfahren beteiligt gewesen sind, erhalten 2 Wertungspunkte,

C) mindestens 10 Jahre am Schätzungsverfahren beteiligt gewesen sind, erhalten 3 Wertungspunkte,

D) mindestens 20 Jahre am Schätzungsverfahren beteiligt gewesen sind, erhalten 4 Wertungspunkte,

E) mindestens 30 Jahre am Schätzungsverfahren beteiligt gewesen sind, erhalten 5 Wertungspunkte.

Im Übrigen kann die Kommission je nach Gesamtschaffen zusätzlich bis zu 10 Wertungspunkte zuerkennen. Dies gilt ebenfalls für Bearbeiter, die noch nicht 3 Jahre am Schätzungsverfahren beteiligt gewesen sind.

Erfolgt für ein Geschäftsjahr keine Meldung zur Erstschätzung, so erhält das Mitglied lediglich die Wertungspunkte zuerkannt, die ihm im Jahr zuvor zugesprochen wurden. Wer jedoch zwei oder mehr Jahre hintereinander keine Unterlagen einreicht, erhält für diese Jahre keine Wertungspunkte angerechnet. Erfolgen nach einer mehrjährigen Unterbrechung erneut Meldungen, so besteht ein Anspruch auf die zuletzt zugesprochenen Wertungspunkte.

(4) Circa 5 % der zur Verfügung stehenden Summe dienen als Rücklage für eventuelle Reklamationen und Spesen.

(5) Mittel, die aufgrund außerordentlicher Einnahmen der GEMA für das Schätzungsverfahren für ein bereits abgerechnetes Geschäftsjahr zur Verfügung gestellt werden, werden als prozentualer Zuschlag in dem betreffenden Geschäftsjahr

verrechnet. Soweit eine solche Verrechnung als Zuschlag nicht oder nur mit wirtschaftlich unverhältnismäßigem Aufwand möglich ist, werden die zur Verfügung gestellten Mittel dem Schätzungsverfahren für das Geschäftsjahr zugeführt, in dem die außerordentlichen Einnahmen erzielt worden sind.

(6) Mitglieder, die nicht über das erforderliche berufsmäßige Können verfügen, um Spezialbearbeitungen im Sinne des Schätzungsverfahrens auch ohne die schöpferische Unterstützung durch andere zu schaffen, können keine Schätzung erhalten. Das Mitglied kann zum Nachweis seines berufsmäßigen Könnens aufgefordert werden.

(7) Mitglieder, welche 15 Geschäftsjahre (davon mindestens 10 Jahre ununterbrochen) am Schätzungsverfahren beteiligt gewesen sind, erhalten vom 16. Jahre an die Wertungspunkte nach Absatz (3) automatisch weiter zuerkannt. Nach dem Tod des Bearbeiters werden diese Wertungspunkte in Höhe von 75 % auch den Ehegatten, eingetragenen Lebenspartnern oder minderjährigen Kindern dieser Mitglieder weiterhin zuerkannt, soweit sie Rechtsnachfolger in den Urheberrechten sind. Wenn weder ein überlebender Ehegatte oder eingetragener Lebenspartner noch Kinder vorhanden sind, kann ausnahmsweise mit Zustimmung des Aufsichtsrats auch ein langjähriger Lebensgefährte, der Rechtsnachfolger in den Urheberrechten ist, als Beteiligter anerkannt werden.

(8) Kein Mitglied erhält aus Mitteln des Schätzungsverfahrens mehr als 4 % des jeweils zur Verfügung stehenden Gesamtbetrages.

(9) Wer als Bearbeiter im Rahmen des Schätzungsverfahrens wissentlich oder grob fahrlässig falsche Angaben macht, kann von der Schätzung für das Jahr, in dem der Verstoß begangen wird, ausgeschlossen werden, wenn er oder ein Dritter aufgrund der falschen Angaben einen rechtswidrigen Vermögensvorteil erlangt hat oder bei ungehindertem Fortgang erlangen würde.

Statt des Ausschlusses vom Schätzungsverfahren kann in minder schweren Fällen die Summe, die das Mitglied für das betreffende Jahr aus der Schätzung erhält, entsprechend der Schwere des Verstoßes gekürzt werden.

Vorstand und Aufsichtsrat sind zur Verhängung von Konventionalstrafen berechtigt. Das Recht auf Ausschluss nach § 9 A Ziff. 4 der Satzung bleibt davon unberührt.

(10) Werden urheberrechtliche Nutzungsrechte eines Nicht-GEMA-Mitglieds an ein GEMA-Mitglied abgetreten (zediert), so nimmt weder der Abtretende (Zedent) noch der Abtretungsempfänger (Zessionar) für die abgetretenen Rechte an diesem Schätzungsverfahren teil. Dies gilt für alle ab dem 1. 6. 2003 bei der GEMA eingereichten Abtretungen.

§ 5 Die Schätzung für Kommissionsmitglieder und den Delegierten des Aufsichtsrats erfolgt bei Abwesenheit des jeweils zu schätzenden Mitglieds durch die übrigen Kommissionsmitglieder und den Vorstand. Bei Stimmengleichheit entscheidet die Stimme des Sitzungsvorsitzenden.

§ 6 (1) Die Entscheidung der Kommission ist dem betroffenen Mitglied mit Rechtsmittelbelehrung mitzuteilen. Gegen die Entscheidung können das betroffene Mitglied, der Delegierte des Aufsichtsrates und der Vorstand innerhalb einer Frist von acht Wochen Einspruch bei der Kommission einlegen.

(2) Die Frist beginnt für das betroffene Mitglied mit dem Zugang der Entscheidung der Kommission, für den antragsberechtigten Delegierten des Aufsichtsrates und den Vorstand vom Tage der Entscheidung der Kommission an zu laufen.

(3) Das Mitglied hat den Einspruch schriftlich einzulegen. Der Einspruch ist zu begründen. Über den Einspruch entscheidet der Vorsitzende der Schätzungskommission nach Rücksprache mit den übrigen Kommissionsmitgliedern. Die Entscheidung ist dem Mitglied mit einer Begründung und Rechtsmittelbelehrung mitzuteilen.

(4) Sofern die Schätzungskommission dem Einspruch nicht abhilft, kann das Mitglied innerhalb einer Frist von 8 Wochen ab Zugang der Entscheidung verlangen, dass diese dem Aufsichtsrat zur Prüfung vorgelegt wird. Die Entscheidung des Aufsichtsrats ist dem Mitglied mitzuteilen. Sofern der Aufsichtsrat dem Einspruch nicht abhilft, hat er seine Entscheidung schriftlich zu begründen.

(5) Die Absätze 3 und 4 gelten entsprechend für Einsprüche des Delegierten des Aufsichtsrates und des Vorstands. Die 8-Wochen-Frist für die Anrufung des Aufsichtsrats beginnt ab dem Tage der Entscheidung der Schätzungskommission über den Einspruch des Vorstands.

(6) Der Delegierte hat bei Entscheidungen des Aufsichtsrates über seine Einsprüche kein Stimmrecht.

§ 7 Die durch das Schätzungsverfahren entstehenden Kosten gehen zu Lasten der von der GEMA für das Schätzungsverfahren zur Verfügung gestellten Mittel.

§ 8 (1) Erweist sich das Schätzungsverfahren für ein Geschäftsjahr im Nachhinein insgesamt oder in Teilen als systematisch fehlerhaft, insbesondere wegen der Nichtigkeit einer Regelung dieser Geschäftsordnung, und ist eine vollständige Rückabwicklung und Neuvornahme des Schätzungsverfahrens nicht oder nur mit wirtschaftlich unverhältnismäßigem Aufwand möglich, können Aufsichtsrat und Vorstand einvernehmlich beschließen,

bei der Berechnung der Höhe der sich aus dem fehlerhaften Schätzungsverfahren ergebenden Ansprüche Pauschalierungen vorzunehmen, soweit eine präzise Berechnung nicht oder nur mit wirtschaftlich unverhältnismäßigem Aufwand möglich ist;

die Ansprüche der durch das fehlerhafte Schätzungsverfahren nachteilig betroffenen Berechtigten aus den für laufende und künftige Schätzungsverfahren zur Verfügung gestellten Mitteln zu befriedigen;

Rückforderungsansprüche der GEMA gegen künftige Zahlungsansprüche der durch das fehlerhafte Schätzungsverfahren begünstigten Berechtigten aufzurechnen;

statt einer Aufrechnung ganz oder teilweise auf Rückforderungsansprüche der GEMA zu verzichten.

Bei der Auswahl unter den zur Verfügung stehenden Maßnahmen haben Aufsichtsrat und Vorstand das Interesse an einer möglichst vollständigen Erfüllung der jeweiligen Ansprüche und das wirtschaftliche Gebot der Verhältnismäßigkeit abzuwägen. Der Gleichbehandlungsgrundsatz ist zu beachten und auf Härtefälle angemessen Rücksicht zu nehmen.

(2) Hat sich das Schätzungsverfahren für ein Geschäftsjahr gemäß Absatz (1) dieser Vorschrift als systematisch fehlerhaft erwiesen, ist die GEMA berechtigt, Pauschalierungen bei der Ermittlung der Berechnungsgrundlage für eine Zuschlagsverrechnung solcher Mittel vorzunehmen, die aufgrund außerordentlicher Einnahmen der GEMA nachträglich für das Schätzungsverfahren für dieses Geschäftsjahr zur Verfügung gestellt werden. Hierbei sind das Interesse an einer möglichst präzisen Berechnung und das wirtschaftliche Gebot der Verhältnismäßigkeit abzuwägen. Der Gleichbehandlungsgrundsatz ist zu beachten und auf Härtefälle angemessen Rücksicht zu nehmen.

§ 9 Diese Geschäftsordnung tritt mit Wirkung vom GEMA-Geschäftsjahr 1983 in Kraft.

§ 10 Änderungen dieser Geschäftsordnung erfolgen durch die Mitgliederversammlung nach den Regeln, die für eine Satzungs- und Verteilungsplan-Änderung vorgesehen sind. § 20 der Satzung der GEMA bleibt unberührt.

V   Abrechnungs- und Zahlungstermine

V Abrechnungs- und Zahlungstermine

Die Ausschüttungstermine für das Geschäftsjahr 2019 sind folgende:

Ausschüttungstermin	Sparte	Verteilungszeitraum
1. Januar 2020**		
Vervielfältigung und Verbreitung	BT VR, PHONO VR	1. Halbjahr 2019
Ausland	A, A VR	*
1. April 2020**		
Vervielfältigung und Verbreitung	PHONO VR	Überhang 1. Halbjahr 2019
Online	MOD D, MOD D VR	1. Halbjahr 2019
	MOD S, MOD S VR	
	VOD D, VOD D VR	
	VOD S, VOD S VR	
	GOP, GOP VR	1. Halbjahr 2019 (Nutzungsmeldungen)
	WEB, WEB VR	2019
Ausland	A, A VR	*
1. Juni 2020		
Aufführung	BM, E, ED, KI, U, UD	2019
Wiedergabe	DK, DK VR, EM, M	2019
1. Juli 2020**		
Sendung	FS, FS VR, R, R VR, T FS, T FS VR	2019
Vorführung	T, TD, TD VR	2019
Vervielfältigung und Verbreitung	BT VR, PHONO VR	2. Halbjahr 2019
Online	KMOD, KMOD VR	2019
Ausland	A, A VR	*

Die Ausschüttungstermine für das Geschäftsjahr 2019 sind folgende:

Ausschüttungstermin	Sparte	Verteilungszeitraum
1. Oktober 2020**		
Vervielfältigung und Verbreitung	PHONO VR	Überhang 2. Halbjahr 2019
Online	MOD D, MOD D VR	2. Halbjahr 2019
	MOD S, MOD S VR	
	VOD D, VOD D VR	
	VOD S, VOD S VR	
	GOP, GOP VR	2. Halbjahr 2019 (Nutzungsmeldungen)
Ausland	A, A VR	*
Alterssicherung	AS	2019
Schätzungsverfahren	BS	2019
Wertungsverfahren E	WTE	2019
Wertungsverfahren U	WTU	2019
1. Dezember 2020		
Online	GOP, GOP VR	2019 (Zuschlagsverteilung)

* Die Erträge aus dem Ausland (beide Rechte) werden nach Eingang laufend zum 1. eines jeden Quartals ausgeschüttet.
Informationen zu den Ausschüttungen mit Länderangaben finden Sie auf der GEMA-Homepage www.gema.de/auslandsabrechnungen und in virtuos (Magazin der GEMA).

** Ohne Zuschläge für gesetzliche Vergütungsansprüche. Die Zuschlagsverteilung der im Geschäftsjahr 2019 aus gesetzlichen Vergütungsansprüchen erzielten Einnahmen erfolgt gesondert zum 1. April 2020.

Nachverrechnungen (u.a. aufgrund von Reklamationen gemäß § 59 Abs. 1 und 2 des Verteilungsplans) erfolgen jährlich zum 1. November in den Sparten BM, E, ED, EM, M, U, UD.

VI   Satzung der GEMA-Sozialkasse

Satzung der GEMA-Sozialkasse

Abteilung Komponisten, Abteilung Textdichter, Abteilung Verleger

Fassung vom 11./12. Oktober 2017

Da dem Wert der schöpferischen Leistung eines Urhebers oder der verlegerischen Leistung eines Musikverlegers nicht immer und automatisch ein adäquater Ertrag (Erlös aus der Verwertung des Urheberrechts) entspricht, hat die GEMA durch ihre Mitgliederversammlung neben den Differenzierungen des Verteilungsplans und des Wertungsverfahrens die Errichtung einer sozialen Ausgleichskasse beschlossen.

§ 1
Name

Die soziale Ausgleichskasse führt den Namen „GEMA-Sozialkasse". Sie hat ihren Sitz in Berlin. Das Geschäftsjahr ist das Kalenderjahr.

§ 2
Leistungen

(1) Die Leistungen der GEMA-Sozialkasse werden durch die Solidargemeinschaft aller GEMA-Mitglieder ermöglicht. Die notwendigen Mittel für ein Geschäftsjahr werden von der GEMA grundsätzlich nach dem im Vorfeld festzustellenden voraussichtlichen Bedarf zur Verfügung gestellt, jedoch maximal in Höhe von 17 % der Mittel, die für soziale und kulturelle Zwecke für das Geschäftsjahr nach der Planungsrechnung der GEMA voraussichtlich zur Verfügung stehen werden. Sofern der voraussichtliche Bedarf diesen Betrag übersteigt, werden alle zuerkannten Leistungen nach §§ 8 I. und 8 II. mit Ausnahme des Mindestsatzes für das Geschäftsjahr gleichermaßen anteilig gekürzt.

Dies gilt sowohl für Leistungsberechtigte, die erstmalig einen Anspruch auf Leistungen der Sozialkasse erwerben, als auch für Leistungsberechtigte, die Leistungen der Sozialkasse bereits erhalten.

Sofern die Sozialkasse an außerordentlichen Einnahmen beteiligt wird, erhält sie hieraus Mittel in Höhe des Betrages, der zur Deckung des noch nicht gedeckten Bedarfs für wiederkehrende Leistungen des Geschäftsjahres, in dem die außerordentlichen Einnahmen erzielt worden sind, erforderlich ist, jedoch maximal in Höhe von 17 % der aus den jeweiligen außerordentlichen Einnahmen für soziale und kulturelle Zwecke insgesamt zur Verfügung gestellten Mittel.

Die Mittel werden als prozentualer Zuschlag zu den im betreffenden Geschäftsjahr anteilig gekürzten wiederkehrenden Leistungen an die jeweiligen Leistungsempfänger ausgezahlt.

(2) Leistungen der GEMA-Sozialkasse werden im Alter sowie bei Krankheit, Unfall und sonstigen Fällen der Not gewährt. Darlehen werden nicht gewährt. Beim Tod eines ordentlichen Mitgliedes wird auf Antrag ein Sterbegeld gewährt.

(3) Leistungen werden auch dem hinterbliebenen Ehepartner eines ordentlichen Mitgliedes oder dem hinterbliebenen eingetragenen Lebenspartner eines ordentlichen Mitglieds sowie minderjährigen Waisenkindern des ordentlichen Mitgliedes gewährt.

(4) Alle Leistungen sind freiwillig und widerrufbar. Ein Rechtsanspruch besteht nicht. Die Leistungen unterliegen jedoch dem Gleichbehandlungsgrundsatz.

§ 3
Aufbau der Kasse

(1) Die Sozialkasse besteht aus 3 selbständigen Abteilungen: der Abteilung Komponisten, der Abteilung Textdichter, der Abteilung Musikverleger.

(2) Jede dieser 3 Abteilungen wird von einem Abteilungskuratorium verwaltet, das aus 3 Mitgliedern besteht, die von den betreffenden Kurien im Aufsichtsrat der GEMA auf die Dauer von jeweils 4 Jahren zu wählen sind. Bei der Wahl berücksichtigt der Aufsichtsrat das Ziel, den Anteil von Frauen in allen Gremien zu stärken.

(3) Die Mitglieder der Kuratorien müssen ordentliche Mitglieder der GEMA und dürfen nicht ordentliche Mitglieder des Aufsichtsrates der GEMA sein.

Darüber hinaus können die Abteilungskuratorien mit Zustimmung von Aufsichtsrat und Vorstand externe Sachverständige punktuell zur Beratung hinzuziehen oder als ständige Mitglieder mit beratender Funktion kooptieren. Die Amtsdauer der als ständige Mitglieder kooptierten Sachverständigen endet mit der Amtsperiode der stimmberechtigten Kuratoriumsmitglieder oder durch Abberufung durch die stimmberechtigten Kuratoriumsmitglieder.

(4) Scheidet während der Amtsdauer ein stimmberechtigtes Kuratoriumsmitglied aus, so haben die verbleibenden stimmberechtigten Mitglieder seines Kuratoriums ein Ersatzmitglied zu wählen, das an dessen Stelle tritt. Dieses bedarf der Bestätigung durch die betreffende Kurie im Aufsichtsrat.

(5) Jedes Abteilungskuratorium entscheidet selbständig für die Mitglieder seiner Kurie über Leistungen gemäß den in der Satzung vorgesehenen Richtlinien.

(6) Jedes Abteilungskuratorium fasst seine Beschlüsse mit einfacher Mehrheit und ist beschlussfähig, wenn mindestens 2 stimmberechtigte Mitglieder anwesend sind.

(7a) Jedes Abteilungskuratorium wählt aus seiner Mitte einen geschäftsführenden Kurator. Die 3 geschäftsführenden Abteilungskuratoren bilden zusammen das geschäftsführende Kuratorium der Sozialkasse, das für die Vertretung der Sozialkasse zuständig ist, soweit es sich nicht um die Belange der einzelnen Abteilungen handelt.

(7b) Das geschäftsführende Kuratorium bildet den Vorstand der Sozialkasse. Beschlüsse des geschäftsführenden Kuratoriums bedürfen der Einstimmigkeit, wobei jeder geschäftsführende Kurator an die Beschlüsse des Kuratoriums seiner Abteilung gebunden ist.

§ 4
Verteilung der Mittel

(1) Die Verteilung der verfügbaren Mittel an die Abteilungskuratorien erfolgt durch das geschäftsführende Kuratorium der Sozialkasse derart, dass die 3 Abteilungskuratorien den satzungsmäßig notwendigen Betrag nach Maßgabe des echten Bedarfs beim geschäftsführenden Kuratorium anfordern.

(2) Unbeschadet dessen, dass grundsätzlich der ursprüngliche Verteilungsschlüssel von 51 $^1/_3$ % für die Komponisten, 16 $^2/_3$ % für die Textdichter und 32 % für die Verleger gegenseitig weiter anerkannt bleibt, verpflichten sich die Abteilungskuratorien der Textdichter und Verleger, die ihren echten Bedarf übersteigenden Beträge dem Abteilungskuratorium der Komponisten für dessen echten Bedarf zur Verfügung zu stellen.

§ 5
Voraussetzung für einmalige oder wiederkehrende Leistungen

(1) Einmalige oder wiederkehrende Leistungen können in der Regel nur ordentliche Mitglieder erhalten, die zum Zeitpunkt der Antragstellung

a) im Kalenderjahr 2010 das 60. Lebensjahr vollendet haben,
im Kalenderjahr 2011 60 Jahre und 6 Monate vollendet haben,
im Kalenderjahr 2012 das 61. Lebensjahr vollendet haben,
im Kalenderjahr 2013 61 Jahre und 6 Monate vollendet haben,
im Kalenderjahr 2014 das 62. Lebensjahr vollendet haben,
im Kalenderjahr 2015 62 Jahre und 6 Monate vollendet haben,
im Kalenderjahr 2016 das 63. Lebensjahr vollendet haben,
im Kalenderjahr 2017 63 Jahre und 6 Monate vollendet haben,
im Kalenderjahr 2018 das 64. Lebensjahr vollendet haben,
im Kalenderjahr 2019 64 Jahre und 6 Monate vollendet haben,
im Kalenderjahr 2020 oder in den darauffolgenden Jahren das 65. Lebensjahr vollendet haben.

b) mindestens 5 Jahre, ab Geschäftsjahr 2015 mindestens 10 Jahre, ununterbrochen der GEMA als ordentliches Mitglied angehören und

c) nachweisen können, dass ihre Einnahmen – einschließlich der Einnahmen des Ehepartners oder des eingetragenen Lebenspartners – zum Lebensunterhalt nicht ausreichen.

(2) In Ausnahmefällen können wiederkehrende Leistungen vor dem in § 5 (1) a) geregelten Eintrittsalter bewilligt werden, wenn das Mitglied z.B. durch Krankheit oder Unfall in Not geraten ist. Diese Leistungen können auch zeitlich begrenzt werden. Voraussetzungen sind ausreichende Nachweise für eine andauernde Pflegebedürftigkeit und vollständige Erwerbsunfähigkeit als Komponist, Textdichter oder Verleger.

(3) Bei einmaligen Leistungen kann in besonders begründeten Fällen von den Bestimmungen in Abs. 1 eine Ausnahme gemacht werden.

(4) Ein Verlegermitglied kann unter den Voraussetzungen des § 12 auch Verlagsangestellte als Empfänger einer wiederkehrenden Leistung benennen.

§ 6
Voraussetzung für die Zahlung eines Sterbegeldes

(1) Im Falle des Todes eines ordentlichen Mitgliedes wird auf Antrag an den hinterbliebenen Ehepartner, den hinterbliebenen eingetragenen Lebenspartner oder einen anderen Hinterbliebenen ein Sterbegeld gezahlt.

(2) Das gleiche gilt in der Verlegerabteilung beim Tode eines leitenden Verlagsangestellten, der gemäß § 12 dieser Satzung Bezieher einer wiederkehrenden Leistung war.

(3) Anträge auf Zahlung eines Sterbegeldes sind innerhalb von 6 Monaten nach dem Sterbefall schriftlich bei der GEMA-Sozialkasse einzureichen. Anträge, die nicht fristgerecht eingereicht werden, können nicht berücksichtigt werden.

§ 7
Voraussetzung für einmalige oder wiederkehrende Leistungen an den hinterbliebenen Ehepartner, den hinterbliebenen eingetragenen Lebenspartner oder an minderjährige Waisenkinder

(1) Der hinterbliebene Ehepartner eines ordentlichen Mitgliedes oder der hinterbliebene eingetragene Lebenspartner eines ordentlichen Mitgliedes kann in der Regel eine einmalige oder wiederkehrende Leistung erhalten, wenn

a) das verstorbene ordentliche Mitglied zum Zeitpunkt des Todes mindestens 5 Jahre, ab Geschäftsjahr 2015 mindestens 10 Jahre, ununterbrochen der GEMA als ordentliches Mitglied angehört hat und

b) das Vertragsverhältnis zur GEMA fortgesetzt wird und

c) die Ehe oder die eingetragene Lebenspartnerschaft mindestens 1 Jahr, ab Geschäftsjahr 2015 mindestens 5 Jahre, bestanden hat beziehungsweise bei Eheschließung oder Eintragung der Lebenspartnerschaft nach Vollendung des 60. Lebensjahres des Mitgliedes mit einem mehr als 20 Jahre jüngeren Partner die Ehe oder die eingetragene Lebenspartnerschaft mindestens 5 Jahre, ab Geschäftsjahr 2015 mindestens 10 Jahre, bestanden hat und

d) er nachweist, dass seine Einnahmen zum Lebensunterhalt nicht ausreichen.

(2) Bei einmaligen Leistungen kann von den Bestimmungen in Abs. (1) in besonders begründeten Fällen eine Ausnahme gemacht werden.

(3) Sofern der hinterbliebene Ehepartner oder der hinterbliebene eingetragene Lebenspartner wieder heiratet beziehungsweise Partner in einer neuen eingetragenen Lebenspartnerschaft wird, entfällt jede weitere Zahlung.

(4a) Wenn kein hinterbliebener Ehepartner oder hinterbliebener eingetragener Lebenspartner vorhanden ist, können minderjährigen Waisenkindern des verstorbenen ordentlichen Mitglieds bei nachgewiesener wirtschaftlicher Not einmalige Leistungen gewährt werden.

(4b) Wenn kein hinterbliebener Ehepartner und keine minderjährigen Waisenkinder des verstorbenen ordentlichen Mitglieds vorhanden sind, können in Ausnahmefällen wiederkehrende Leistungen durch Beschluss des Gesamtkuratoriums und mit Zustimmung des Aufsichtsrats, einer langjährigen Lebensgefährtin oder einem langjährigen Lebensgefährten gewährt werden. Diese Regelung gilt nur für solche langjährigen Lebensgefährtinnen oder Lebensgefährten, die bis zum 31.12.2013 einen Antrag auf wiederkehrende Leistung gestellt haben und denen eine Zuerkennung auf wiederkehrende Leistung bewilligt wurde beziehungsweise wird. Bei Heirat entfällt jede weitere Zahlung.

(5) Die Bestimmungen in Abs. (1) c) und Abs. (3) gelten auch für den hinterbliebenen Ehepartner oder hinterbliebenen eingetragenen Lebenspartner eines Verlagsangestellten im Sinne von § 12.

§ 8
Höhe der wiederkehrenden Leistungen

I. Für das Mitglied

(1a) Die Zuerkennung für die wiederkehrende Leistung für Komponisten und Textdichter wird auf 80 % des durchschnittlichen Jahresaufkommens des Mitgliedes bei der GEMA festgesetzt. Sie wird aus den 15 besten den veränderten Lebenshaltungskosten angepassten Jahresaufkommen errechnet. Die wiederkehrende Leistung beträgt mindestens EUR 446,00 und höchstens EUR 1 600,00 im Monat.

(1b) Unabhängig von diesem Höchstsatz wird ein Zuschlag gewährt, wenn das Durchschnittsaufkommen des Mitgliedes bei der GEMA jährlich EUR 16 000,00 übersteigt. Der Zuschlag beträgt für Durchschnittsaufkommen

zwischen	EUR 16 000,00	und	EUR 21 000,00	= im Monat EUR 78,–
zwischen	EUR 21 000,00	und	EUR 26 000,00	= im Monat EUR 156,–
zwischen	EUR 26 000,00	und	EUR 31 000,00	= im Monat EUR 234,–
zwischen	EUR 31 000,00	und	EUR 36 000,00	= im Monat EUR 312,–
zwischen	EUR 36 000,00	und	EUR 41 000,00	= im Monat EUR 390,–
zwischen	EUR 41 000,00	und	EUR 46 000,00	= im Monat EUR 468,–
über	EUR 46 000,00			= im Monat EUR 546,–

(1c) Für die Abteilung Verleger beträgt die wiederkehrende Leistung einheitlich EUR 750,– im Monat.

(2a) In den Abteilungen Komponisten und Textdichter gilt folgende Freibetragsregelung:

Hat das Mitglied neben der wiederkehrenden Leistung noch weitere Einnahmen (einschließlich der Einnahmen des Ehepartners oder des eingetragenen Lebenspartners), so bleibt hierauf ein jährlicher Freibetrag von EUR 18 200,– ohne Anrechnung. Insoweit die Jahreseinnahmen den Freibetrag übersteigen, werden sie auf die wiederkehrende Leistung angerechnet.

(2b) In der Abteilung Verleger gilt folgende Freibetragsregelung:

Den wirtschaftlichen Berufserfordernissen der Musikverleger Rechnung tragend, wird der jährliche Freibetrag auf EUR 54 600,– festgesetzt.

Soweit die wiederkehrende Leistung von einem leitenden Angestellten bezogen wird, werden dessen Einnahmen nicht auf die Leistung angerechnet.

(2c) Der Nachweis der Einnahmen ist durch entsprechende Unterlagen zu führen.

II. Für den hinterbliebenen Ehepartner oder den hinterbliebenen eingetragenen Lebenspartner

(1a) Die wiederkehrende Leistung für den hinterbliebenen Ehepartner oder den hinterbliebenen eingetragenen Lebenspartner oder in den Ausnahmefällen gemäß § 7 (4) b) wird auf 75 % der dem Mitglied zustehenden wiederkehrenden Leistung festgesetzt, jedoch mindestens EUR 334,50 im Monat.

(1b) Die Zuschläge entsprechend § 8 I (1b) betragen dann für den hinterbliebenen Ehepartner oder den hinterbliebenen eingetragenen Lebenspartner oder in den Ausnahmefällen gemäß § 7 (4) b) bei angepasstem durchschnittlichen Jahresaufkommen:

zwischen	EUR 16 000,00	und	EUR 21 000,00	= im Monat EUR 58,50
zwischen	EUR 21 000,00	und	EUR 26 000,00	= im Monat EUR 117,–
zwischen	EUR 26 000,00	und	EUR 31 000,00	= im Monat EUR 175,50
zwischen	EUR 31 000,00	und	EUR 36 000,00	= im Monat EUR 234,–
zwischen	EUR 36 000,00	und	EUR 41 000,00	= im Monat EUR 292,50
zwischen	EUR 41 000,00	und	EUR 46 000,00	= im Monat EUR 351,–
über	EUR 46 000,00			= im Monat EUR 409,50

(1c) Für die Abteilung Verleger beträgt die monatliche Leistung einheitlich EUR 562,50.

(2a) In den Abteilungen Komponisten und Textdichter gilt folgende Freibetragsregelung:

Der Freibetrag im Sinne von Ziff. I (2a) wird auf EUR 13 650,– jährlich festgesetzt.

(2b) In der Abteilung Verleger gilt folgende Freibetragsregelung:

Der Freibetrag im Sinne der Ziff. I (2b) wird auf EUR 40 950,– jährlich festgesetzt.

Soweit die wiederkehrende Leistung von dem hinterbliebenen Ehepartner oder dem hinterbliebenen eingetragenen Lebenspartner eines leitenden Angestellten bezogen wird, werden dessen Einnahmen nicht auf die Leistung angerechnet.

§ 9
HÖHE DES STERBEGELDES

Das Sterbegeld beträgt EUR 1 700,– (EURO eintausendsiebenhundert).

§ 10
HÖHE DER EINMALIGEN LEISTUNGEN

Die Höhe der einmaligen Leistungen wird nach Prüfung des jeweiligen Bedarfs von den zuständigen Abteilungskuratorien festgesetzt. Anträge auf einmalige Leistungen von außergewöhnlicher Höhe können nur vom Gesamtkuratorium genehmigt werden.

§ 11
BEGINN UND BEENDIGUNG VON LEISTUNGEN

(1) Die Zahlung einer wiederkehrenden Leistung an ordentliche Mitglieder beginnt an dem auf die Vollendung des in § 5 (1) a) geregelten Eintrittsalters folgenden Monatsersten. Werden die weiteren Bedingungen des § 5 jedoch erst nach Vollendung des darin geregelten Eintrittsalters erfüllt, so beginnt die Zahlung der wiederkehrenden Leistung mit dem Monatsersten, der auf den Eintritt dieser Bedingungen folgt.

(2) Die Zahlung einer wiederkehrenden Leistung an den hinterbliebenen Ehepartner oder den hinterbliebenen eingetragenen Lebenspartner beginnt mit dem Monatsersten, der auf den Tod des Mitgliedes folgt.

Werden die satzungsgemäßen Voraussetzungen zu einem späteren Zeitpunkt erfüllt, so beginnt die Zahlung mit dem Monatsersten, der auf den Eintritt dieser Bedingungen folgt.

(3) Eine Auszahlung erfolgt ohne rückwirkende Kraft, und zwar erst nachdem der Betreffende einen Antrag auf Zuerkennung gestellt hat und die erforderlichen Unterlagen ordnungsgemäß beigebracht sind.

Beruht die verspätete Einreichung von Unterlagen jedoch auf Umständen, für die der Antragsteller nicht verantwortlich ist, so kann ausnahmsweise auch eine rückwirkende Zahlung erfolgen.

(4) Bei Beendigung der Mitgliedschaft zur GEMA entfallen sämtliche Ansprüche des Berechtigten und seiner Hinterbliebenen. Die von den Verlagen bereits benannten leitenden Angestellten und/oder ihre hinterbliebenen Ehepartner oder hinterbliebenen eingetragenen Lebenspartner behalten ihre Bezugsberechtigung auf wiederkehrende Leistung auch bei Beendigung der Mitgliedschaft des Verlages bei der GEMA nach Maßgabe des § 12 (5).

(5) Die Zahlungen entfallen, wenn sie beschlagnahmt, abgetreten, verpfändet, gepfändet oder auf andere Bezüge angerechnet werden. Entfällt der Hinderungsgrund, ist die Wiederaufnahme der Zahlungen möglich.

Die Zahlung einer wiederkehrenden Leistung endet mit dem Monat des Sterbedatums. Vorausgezahlte Beträge von wiederkehrenden Leistungen werden für die dem Sterbedatum folgenden Monate zurückgefordert. Beim Vorliegen besonderer Gründe kann durch Beschluss des zuständigen Kuratoriums auf die Rückforderung verzichtet werden.

§ 12
Sonderregelung für die Abteilung Verleger

(1) Ein Verlegermitglied, welches die Leistungen der Sozialkasse in Anspruch nehmen will, muss nachweislich hauptberuflich mindestens 10 Jahre entweder Inhaber, Mitinhaber, Komplementär, Kommanditist, geschäftsführender Gesellschafter einer GmbH oder Vorstandsmitglied (einer AG) der Firma sein.

(2) Bei Besitzwechsel des Verlages kommt für das ausscheidende Mitglied keine Leistung der Sozialkasse in Betracht, es sei denn, dass das ausscheidende Mitglied im Zeitpunkt des Besitzwechsels bereits eine Leistung erhält. In diesem Falle erfolgt die Leistung bis zu dessen Tode.

Der direkte Erbgang wird davon nicht berührt, sofern die Erben die Firma unverändert weiterführen.

(3) In jedem Falle müssen für den Verlag die Voraussetzungen betreffend Dauer der ordentlichen Mitgliedschaft und für die von ihm benannte Person die weiteren Voraussetzungen für eine Leistung nach der Satzung gegeben sein.

(4) Verlage, die auf dem Verwertungsgebiet der ernsten Musik in 10 Jahren ein Durchschnittsaufkommen von EUR 9 203,25 im Jahr von der GEMA bezogen haben, können eine zweite Person als Leistungsempfänger benennen, bei einem Durchschnittsaufkommen von EUR 18 406,51 eine dritte Person und bei einem Durchschnittsaufkommen von EUR 27 609,76 und darüber eine vierte Person.

Für Durchschnittsaufkommen auf dem Gebiet der Tanz- und Unterhaltungsmusik sind die doppelten Beträge erforderlich.

(5) Die Voraussetzungen für die Benennung eines leitenden Angestellten für eine laufende Leistung sind erfüllt, wenn dieser mindestens 20 Jahre im Verlag oder im Musikhandel und davon mindestens die letzten 10 Jahre als leitender Angestellter in der antragstellenden Firma beschäftigt gewesen ist.

Die Benennung ist unwiderruflich, es sei denn, dass ein Benannter selbst verzichtet.

Die von den Verlagen bereits benannten leitenden Angestellten und/oder ihre hinterbliebenen Ehepartner oder hinterbliebenen eingetragenen Lebenspartner behalten ihre Bezugsberechtigung auf wiederkehrende Leistungen auch bei Aufgabe der Mitgliedschaft des Verlages bei der GEMA, sofern der Benannte keinen Einfluss auf die Aufgabe der Mitgliedschaft bei der GEMA gehabt hat.

Die Benennung ist auch für Rechtsnachfolger des Unternehmens, für Rechtsnachfolger von Anteilseignern des benennenden Unternehmens sowie für solche Personen bindend, welche die Verlagstätigkeit ganz oder zu wesentlichen Teilen fortsetzen.

(6) Außerordentliche Mitglieder, die die Staatsangehörigkeit eines Mitgliedstaates eines EG-Landes haben und die wegen der Bestimmungen in § 8 Ziff. 3 der GEMA-Satzung nicht die ordentliche Mitgliedschaft erwerben können, werden wie ordentliche Mitglieder behandelt. Auch bei Beendigung der ordentlichen Mitgliedschaft aus Gründen des § 9 B der GEMA-Satzung wird das Mitglied so behandelt, als wäre es noch ordentliches Mitglied.

Das gleiche gilt für Verlagsfirmen, die in wirtschaftlichem sowie personellem Zusammenhang mit ausländischen Verlegern außerhalb des Gebiets der EG stehen und deswegen nicht die Zustimmung des Aufsichtsrates zur Aufnahme als ordentliches Mitglied gefunden haben.

§ 13
Verwaltungskosten

Die durch die Verwaltung der Sozialkasse entstehenden Kosten gehen zu Lasten der von der GEMA zur Verfügung gestellten Mittel.

Die Kuratoren sind ehrenamtlich tätig. Sie erhalten Ersatz ihrer Reisekosten und Barauslagen. Die geschäftsführenden Kuratoren erhalten darüber hinaus eine monatliche Aufwandsentschädigung sowie pauschale Sitzungsgelder in angemessener Höhe für die Teilnahme an Sitzungen des Gesamtkuratoriums. Die weiteren Kuratoriumsmitglieder erhalten pauschale Sitzungsgelder in angemessener Höhe für die Teilnahme an Sitzungen ihres jeweiligen Abteilungskuratoriums und an Sitzungen des Gesamtkuratoriums.

Die Höhe der monatlichen Aufwandsentschädigung und der pauschalen Sitzungsgelder wird durch Beschluss des Aufsichtsrates der GEMA festgelegt. Dabei ist der Natur der Tätigkeit, der Verantwortung und dem mit dem Amt typischerweise verbundenen Tätigkeitsumfang Rechnung zu tragen.

§ 14
Satzungsänderungen

Satzungsänderungen werden von den drei Abteilungskuratorien beraten und sind vom Aufsichtsrat der GEMA zu bestätigen.

Die Angleichung der Leistungen (mit Ausnahme der Leistungen nach § 17) an die veränderten Lebenshaltungskosten wird in Ausführungsbestimmungen geregelt, die ebenfalls von den drei Abteilungskuratorien beraten werden und vom Aufsichtsrat der GEMA zu bestätigen sind.

§ 15
Auflösung

Die Sozialkasse kann nur durch die Mitgliederversammlung der GEMA aufgelöst werden, wobei die Abstimmung gemäß § 11 b) der GEMA-Satzung zu erfolgen hat.

§ 16
Prüfung und Aufsicht

(1) Die Verwendung der Mittel im Sinne dieser Satzung wird durch einen Wirtschaftsprüfer nach einheitlichen Gesichtspunkten kontrolliert. Dieser wird vom Vorstand der GEMA-Sozialkasse bestellt.

(2) Das Aufsichtsrecht hat der Aufsichtsrat der GEMA. Das geschäftsführende Kuratorium erstattet dem Aufsichtsrat der GEMA zum Jahresabschluss Bericht unter Vorlage des Rechnungsabschlusses und des Berichts des Wirtschaftsprüfers.

(3) Gegen Entscheidungen der zuständigen Abteilung der GEMA-Sozialkasse kann der Betroffene innerhalb einer Frist von 4 Wochen nach Zugang der Entscheidung das Gesamtkuratorium der GEMA-Sozialkasse anrufen. Gegen dessen Entscheidung kann der Betroffene innerhalb 4 Wochen nach Zugang dieser Entscheidung Einspruch beim Aufsichtsrat erheben. Der Aufsichtsrat entscheidet nach Anhörung des Vorstands der GEMA-Sozialkasse endgültig.

§ 17
Übergangsbestimmungen

Die bisherigen Bezieher von Alterssold und Witwengeld verbleiben weiterhin im Genuss ihrer bisherigen Bezüge und des Anrechts auf Sterbegeld gemäß den Satzungen der alten Versorgungsstiftungen.

§ 18

(1) Die vorstehende Neufassung der Satzung tritt mit Wirkung vom 12. Oktober 2017 in Kraft.

(2) Die Ausführungsbestimmungen sind Bestandteil der Satzung der GEMA-Sozialkasse. Änderungen bedürfen der Bestätigung durch den Aufsichtsrat.

VI 2 Ausführungsbestimmungen zur Satzung der GEMA-Sozialkasse

Gemäß § 18 Abs. 2 der Satzung werden folgende Ausführungsbestimmungen erlassen:

Zu § 5
1. a) Für die Berechnung der Dauer der ordentlichen Mitgliedschaft wird der 1. Januar des Jahres zugrunde gelegt, in dem der Aufnahmeantrag bei der GEMA eingegangen ist. Voraussetzung ist, dass zum Zeitpunkt des Eingangs des Aufnahmeantrages die Bedingungen gemäß § 7 Ziff. 1 der Satzung der GEMA erfüllt werden.

b) Die frühere Zugehörigkeit zu einer anderen Verwertungsgesellschaft kann in Ausnahmefällen mit Zustimmung des Aufsichtsrates angerechnet werden.

c) Für die Entscheidung über die Mitgliedschaftsdauer sind allein die Auskünfte der Mitgliederabteilung der GEMA maßgebend und nicht die in Einzelfällen abweichende Entscheidung der Wertungskommission.

Zu § 7 (4 b) Dem Antrag auf Anerkennung als hinterbliebene Lebensgefährtin oder hinterbliebener Lebensgefährte müssen überzeugende Nachweise über die langjährige eheähnliche Lebensgemeinschaft beigefügt werden. Die Lebensgemeinschaft kann keinen Zeitraum einschließen, in dem gleichzeitig noch eine Ehe bestand.

Zu § 8 I (1 a)
1. In die Berechnung der Zuerkennungsgrundlage gehen ein:

a) Das Zuerkennungsdatum:
Maßgebendes Datum für die Berechnung der wiederkehrenden Leistung ist das Zuerkennungsdatum. Dieses ist der Monatserste, welcher dem Datum folgt, an dem der Antrag auf Leistungen bei der Sozialkasse eintrifft, frühestens jedoch der Monatserste, welcher dem Datum folgt, an dem die Voraussetzungen des § 5 und des § 11 (1) und (2) der Satzung erfüllt sind.

b) Die tatsächlichen Jahresaufkommen des GEMA-Mitglieds:
Die tatsächlichen Jahresaufkommen des Mitglieds bei der GEMA bis zu dem dem Antrag vorausgehenden abgeschlossenen Geschäftsjahr werden erfasst.

c) Die angeglichenen Jahresaufkommen des GEMA-Mitglieds:
Das angeglichene Jahresaufkommen eines Jahres ergibt sich aus dem tatsächlichen Jahresaufkommen dieses Jahres, multipliziert mit dem Umrechnungsfaktor des Geschäftsjahres gemäß der jährlich neu vom Mathematikinstitut Professor Dr. E. Neuburger erstellten Aufwertungstabelle zu § 8 I (1a).

d) Der Durchschnitt der besten 15 angeglichenen Jahresaufkommen (c). Bei weniger als 15 Jahresaufkommen der Durchschnitt der angeglichenen Jahresaufkommen.

2. Die einmal errechneten und gewährten Zuerkennungen behalten in der Regel für die Dauer der Leistungen Gültigkeit. Alle 3 Jahre werden sie - mit Ausnahme der Leistungen nach § 17 - im Hinblick auf die veränderten Lebenshaltungskosten überprüft. Außerdem kann die Zuerkennungsgrundlage zugunsten des Mitglieds verändert werden, wenn sich durch steigende GEMA-Jahresaufkommen später eine günstigere Durchschnittsberechnung (Ziff.1) ergibt.

3. Das Ausmaß der Anpassung an die veränderten Lebenshaltungskosten (Höhe der Zuschläge, Veränderung der Höchstsätze oder Festbeträge, Veränderung der Freigrenzen) sowie die Höhe des Zuschlags auf die bisher bewilligten Zuerkennungen wird vom Vorstand der GEMA-Sozialkasse unter Beachtung der allgemeinen wirtschaftlichen Entwicklung der GEMA beschlossen und bedarf der Zustimmung des Aufsichtsrates der GEMA.

Zu § 8 I (2 a) und (2 b)

1. In den Abteilungen K und T ist bei der wiederkehrenden Leistung zu unterscheiden zwischen der grundsätzlichen Anerkennung des Anspruchs, dessen Höhe nach den Richtlinien errechnet wird („Zuerkennung"), und der tatsächlichen Leistung der Sozialkasse, die von dem anzurechnenden Einkommen abhängig ist („Auszahlung").

2. Wenn die Voraussetzungen nach § 5 und § 7 erfüllt sind, soll auf Antrag des Mitglieds die Höhe des Anspruchs errechnet und diesem mitgeteilt werden, unabhängig davon, ob zu diesem Zeitpunkt eine wiederkehrende Leistung erfolgen kann.

3. Die Begriffe „weitere Einnahmen" sowie „Jahreseinnahmen" werden wie folgt definiert:

Einnahmen, die auf die wiederkehrende Leistung angerechnet werden, soweit sie den Freibetrag übersteigen, sind:

a) Löhne und Gehälter aus unselbständiger Tätigkeit.

b) Der Gewinn aus freiberuflicher Tätigkeit (abzüglich der Leistungen der GEMA-Sozialkasse an den Antragsteller). Ein Verlust wird allerdings nicht anerkannt.

c) Der Gewinn aus Gewerbebetrieb (bei Verlegern abzüglich der Leistungen der GEMA-Sozialkasse). Ein Verlust wird nicht anerkannt.

d) Gewinne aus Vermietung und Verpachtung. Verluste werden nicht anerkannt und dürfen nicht verrechnet werden.

e) Die Einnahmen aus Kapitalvermögen. Ein Verlust wird nicht anerkannt.

f) Die Einnahmen aus Renten, Pensionen, Lebensversicherungen und Verkäufen von Gewerbebetrieben, Grund- und Wertbesitz (Renten und Pensionen sind mit dem gesamten jährlichen Betrag anzusetzen, nicht nur mit dem sogenannten Ertragsanteil. Die im Rentenbescheid aufgeführten Leistungen für Kindererziehung gehören nicht zu den anrechenbaren Einnahmen).

4. Zur Ermittlung der Einnahmen ist die letzte verfügbare Einkommensteuererklärung mit allen Anlagen und der dementsprechende Einkommensteuerbescheid zugrunde zu legen. Die Gewinnermittlung wird allerdings daraufhin überprüft, ob nicht durch Sonderabschreibungen (z.B. nach dem Berlinförderungsgesetz, Verlustzuweisungen u.ä.) der steuerliche Gewinn gemindert wurde.

5. Zur Überprüfung des Gewinns gehört der Vergleich mit den Jahresgutschriften der GEMA-Mitgliederbuchhaltung. Die Leistungen der GEMA-Sozialkasse, die zwar einkommensteuerpflichtig sind, werden nicht auf die wiederkehrende Leistung angerechnet.

6. Zu den Einnahmen des Mitglieds gehören die des Ehepartners oder die des eingetragenen Lebenspartners; dieses gilt auch für getrennt lebende Ehepartner oder getrennt lebende eingetragene Lebenspartner.

7. Der Nutzungswert des eigengenutzten Wohnraumes ist nicht als Einnahme nach Ziff. 3 d) auf die wiederkehrende Leistung anzurechnen. Ferner werden in der Regel nicht angerechnet: Wohngeld, Sozialhilfe, Blindenpflegegeld und Hilflosenpflegegeld. Medizinisch notwendige Pflegekosten können durch Beschluss des zuständigen Kuratoriums ganz oder anteilig als einnahmemindernd anerkannt werden.

8. Außergewöhnliche einmalige Einnahmen wie Schmerzensgeld, Kulturpreise und Zuwendungen mildtätiger Stiftungen bleiben bis zu einer Höhe von EUR 12 000,00 anrechnungsfrei.

9. Sonderabschreibungen und Sonderausgaben, welche steuerlich „absetzbar" sind, können bei der Anrechnung der „weiteren Einnahmen" auf die wiederkehrende Leistung keine Berücksichtigung finden, z. B. Spenden, steuerbegünstigte Investitionen oder gar Verluste.

Zu § 8 II 1. Im Falle des Todes eines Mitglieds, das eine wiederkehrende Leistung bezogen hat, werden dem hinterbliebenen Ehepartner oder dem hinterbliebenen eingetragenen Lebenspartner für die auf den Todestag folgenden drei Monate die bisherigen Bezüge in voller Höhe als Übergangsgeld weitergewährt.

2. Entsteht durch den Wegfall der Alterssicherung (s. Anhang zu den Geschäftsordnungen für das Wertungsverfahren) ein sozialer Härtefall, so kann die bisher an das verstorbene Mitglied gezahlte wiederkehrende Leistung für die Dauer des Härtefalls in voller Höhe weitergezahlt werden.

3. Die Erläuterung der Begriffe „weitere Einnahmen" und „Jahreseinnahmen" der Ziffern 3. bis 9. zu § 8 I (2a) und (2b) gelten auch für die Einnahmen des hinterbliebenen Ehepartners oder des hinterbliebenen eingetragenen Lebenspartners.

Zu § 9 1. Anspruch auf Sterbegeld haben auch Hinterbliebene von leitenden Angestellten im Sinne von § 12 der Satzung der GEMA-Sozialkasse – Sonderregelung für die Abteilung Verleger.

Zu § 10 1. Anträge auf einmalige Leistung von außergewöhnlicher Höhe sind solche, die über den Betrag von EUR 2 100,– hinausgehen.

Zu § 12 1. Bei Konzernen müssen die Voraussetzungen der Aufkommenshöhe nach § 12 (4) der Satzung von dem einzelnen antragstellenden Verlag erfüllt sein.

2. Die gemäß § 12 der Satzung von einem Verlag zu benennenden bezugsberechtigten Personen können unabhängig von den bereits nach § 17 Bezugsberechtigten dieses Verlages benannt werden.

3. Wenn der hinterbliebene Ehepartner oder der hinterbliebene eingetragene Lebenspartner eines Verlagsinhabers oder einer Verlagsinhaberin, der von der GEMA-Sozialkasse eine wiederkehrende Leistung erhält, in seinem Verlag die Tätigkeit des verstorbenen Ehepartners oder des verstorbenen eingetragenen Lebenspartners voll übernimmt und die Bedingungen für eine wiederkehrende Leistung als ordentliches Mitglied selbst erfüllt, hat er Anspruch auf die volle wiederkehrende Leistung als Mitglied.

Zu § 17 1. Mitglieder, die am 1. 1. 1902 oder früher geboren sind, fallen unter die Vorschriften des § 17 der Satzung.

2. Ein Bezieher von wiederkehrenden Leistungen nach § 17 der Satzung kann, sobald auch die Bedingungen der Satzung nach §§ 5 und 8 von ihm erfüllt werden, diesen Anspruch wählen, solange dies für ihn günstiger ist. Inzwischen ruht sein Anspruch auf den Mindestbetrag der wiederkehrenden Leistung nach § 17 der Satzung.

3. Mit der Zuerkennung der wiederkehrenden Leistung nach § 17 der Satzung sind zwangsläufig auch die Voraussetzungen zum Bezug des „Witwengeldes" nach dem Tode des Mitglieds für die Witwe gegeben.

Betr.: GEMA-Einkommen von Ehepartnern oder eingetragenen Lebenspartnern

1. Bei Ehepartnern oder eingetragenen Lebenspartnern, die beide GEMA-Aufkommen haben, dürfen beide Aufkommen nicht zusammengerechnet werden, um etwa für eines dieser beiden Mitglieder höhere Leistungen zu erzielen. Beide Ehepartner oder eingetragene Lebenspartner haben gegebenenfalls als Mitglieder der GEMA einen getrennten Anspruch auf Leistungen aufgrund des eigenen Aufkommens.

Betr.: GEMA-Einkommen in mehreren Berufsgruppen

1. Hat ein Mitglied in mehreren Berufsgruppen ein GEMA-Aufkommen, so ist für Leistungen diejenige der drei Abteilungen der GEMA-Sozialkasse zuständig, deren entsprechender Berufsgruppe das Mitglied bei Antragstellung angehört. Diese Zuständigkeit gilt grundsätzlich für die gesamte Zeit der Leistung aus der GEMA-Sozialkasse.

2. Eine Person kann niemals mehr als eine wiederkehrende Leistung in Anspruch nehmen. So wird z. B. die wiederkehrende Leistung für einen Urheber (Abt. Komponisten oder Abt. Textdichter) ausgesetzt, solange er eine wiederkehrende Leistung als leitender Angestellter (Abt. Verleger) in Anspruch nimmt.

Geht bei einer Abteilung der GEMA-Sozialkasse der Antrag eines Mitglieds ein, das in mehreren Sparten tätig ist, so ist den in Betracht kommenden anderen Abteilungen der Sozialkasse davon Mitteilung zu machen, um Doppelzahlungen zu vermeiden.

Betr.: Laufende zusätzliche Zuwendungen für Bezieher nach § 17

1. Den Beziehern einer wiederkehrenden Zuwendung wird nach § 17 zu den bisherigen Sätzen von monatlich

	EUR 168,73	für das Mitglied,
	EUR 224,97	für das Verlegermitglied
und	EUR 129,36	für die Witwe,
	EUR 168,73	für die Verlegerwitwe

eine zusätzliche Zuwendung von in der Regel monatlich

	EUR 460,–	für das Mitglied,
	EUR 288,–	für das Verlegermitglied
und	EUR 360,–	für die Witwe,
	EUR 216,–	für die Verlegerwitwe

gewährt, wenn die nachweisbaren Einnahmen des Mitglieds jährlich den Freibetrag von EUR 10 200,–, der Witwe jährlich den Freibetrag von EUR 7 500,– nicht übersteigen.

Die den Freibetrag übersteigenden Einnahmen werden in voller Höhe auf die zuerkannte Zuwendung angerechnet.

Berlin, am 1.1.2014

VII Formulare

Diese und weitere Formulare finden Sie unter:
www.gema.de

Aufnahmeantrag Urheber

Seite 1 von 3

GEMA
Mitglieder- und Partner-Administration
Postfach 80 07 67
81607 München

Telefon +49 89 48003-550
Fax +49 89 48003-555
E-Mail mitgliederpartner@gema.de
Internet www.gema.de

AUFNAHMEANTRAG URHEBER

Schön, dass Sie Mitglied der GEMA werden wollen!

Eine Mitgliedschaft ist dann sinnvoll, wenn von Ihnen geschaffene Werke im laufenden Geschäftsjahr verwertet wurden. Das bedeutet, sie wurden zum Beispiel öffentlich aufgeführt, in Funk und Fernsehen gesendet bzw. auf Ton- oder Bildtonträgern im Handel verkauft, stehen als kommerzieller Download zur Verfügung oder können gestreamt werden. Auch wenn eine Veröffentlichung Ihrer Werke unmittelbar bevorsteht, ist eine GEMA-Mitgliedschaft empfehlenswert.

Bitte lesen Sie vor dem Ausfüllen auch die Informationen auf Seite 3.

ANGABEN ZUM URHEBER

Bitte füllen Sie den Antrag in Druckbuchstaben aus.

Name / Vorname *

Geburtsdatum *   Pseudonym/ Künstlername (muss im Personalausweis oder Pass eingetragen sein)

Bitte fügen Sie eine Kopie Ihres Personalausweises bei.

Straße/ Nr. *

PLZ *   Ort *

Länderkürzel *   E-Mail *

Mobiltelefon   Telefon (tagsüber) *

Steuerlicher Wohnsitz **

* Pflichtangabe
** Pflichtangabe, wenn abweichend von obiger Anschrift oder wenn obige Anschrift eine Postfachadresse ist

MUSIK IST UNS WAS WERT | www.gema.de

Stand 29.10.2018

AUFNAHMEANTRAG URHEBER

Seite 2 von 3

SIND SIE BEREITS MITGLIED EINER MUSIK-VERWERTUNGSGESELLSCHAFT?

☐ Ja   ☐ Nein

Name der Verwertungsgesellschaft

GEMA-VOLLMACHT

Sollten Sie Dritten (z. B. einem Musikverlag oder Manager) eine GEMA-Vollmacht erteilen wollen, verwenden Sie bitte unseren Vordruck: www.gema.de/vollmacht

ERKLÄRUNGEN

Mit meiner Unterschrift bestätige ich die Richtigkeit und Vollständigkeit meiner Angaben und versichere, dass keinem Dritten Nutzungsrechte an meinen Werken eingeräumt wurden. Sollte dies der Fall sein, sende ich der GEMA schnellstmöglich die entsprechenden Vereinbarungen zu und kontaktiere sie für weiterführende Informationen.

Ich bin damit einverstanden, dass die GEMA meine Kontaktdaten (Name, Adresse, E-Mail, Telefonnummer) zum Zweck der Kontaktaufnahme und Vermittlung (z. B. bei Anfragen wegen Bearbeitungen, Vertonungen oder Produktionen) an andere Mitglieder, Verwertungsgesellschaften, Verwerter, Produzenten oder Musikverbände weitergibt.
☐ Ja   ☐ Nein

Sie können ihre Einwilligung jederzeit und ohne Grund für die Zukunft widerrufen (Art. 7 Abs. 3 DS-GVO). Der Widerruf kann postalisch, per E-Mail, per Fax oder telefonisch gegenüber der GEMA erklärt werden. Bitte nutzen Sie die oben genannten Kontaktdaten.

NUTZUNG DER KOSTENFREIEN ONLINE-SERVICES

Nach Abschluss des Aufnahmeverfahrens werden Sie als neues Mitglied automatisch für die kostenfreie Nutzung der Online-Services der GEMA freigeschaltet. Unter anderem können Sie dann unter

www.gema.de/online-services

Ihre Werke anmelden, Ihren Kontoauszug einsehen oder Musikfolgen einreichen, also Mitteilungen über Ihre live aufgeführten Werke an die GEMA übermitteln. Weitere Informationen erhalten Sie per E-Mail.

Ort

Datum   Eigenhändige Unterschrift des Urhebers

WIE SIND SIE AUF UNS AUFMERKSAM GEWORDEN?

Über ...

☐ ... das Internet/ ... die Webseite der GEMA   ☐ ... Freunde/ Bekannte/ Verwandte/ GEMA-Mitglieder

☐ ... meinen Musikverlag   ☐ ... Sonstiges

Aufnahmeantrag Urheber

Seite 3 von 3

DER AUFNAHMEANTRAG – WAS GILT ES ZU BEACHTEN:

- Bitte vergessen Sie nicht, den Aufnahmeantrag zu unterschreiben.

- Um als Mitglied in die GEMA aufgenommen zu werden, fällt eine einmalige Aufnahmegebühr an. Diese beträgt für Urheber derzeit € 107,10 (inkl. USt.). Wir erheben einen jährlichen Mitgliedsbeitrag in Höhe von € 50,00 (umsatzsteuerfrei).

- Nähere Informationen zur Bezahlung des Gesamtbetrages von € 157,10 erhalten Sie zusammen mit dem Berechtigungsvertrag.

WELCHE UNTERLAGEN WERDEN BENÖTIGT?

Um Ihren Antrag bearbeiten zu können, benötigen wir

- den ausgefüllten und unterschriebenen Aufnahmeantrag

- nur zur Identifizierung: eine als solche gekennzeichnete, gut erkennbare Kopie der Vorder- und Rückseite Ihres gültigen Personalausweises oder Reisepasses

  Zur Identifizierung nicht notwendige Angaben (z. B. Augenfarbe, Größe, Zugangs- und Seriennummer) können auf der Kopie geschwärzt werden.

  Die übersandte Kopie wird nach der Identitätsprüfung umgehend vernichtet.

WIE GEHT ES WEITER?

Wenn alle erforderlichen Unterlagen vorliegen, erhalten Sie von der GEMA folgende Unterlagen:

- Ihre Mitgliedsnummer

- die GEMA-Satzung

- den GEMA-Verteilungsplan, anhand dessen die Ertragsverteilung geregelt wird sowie sämtliche Fristen hinsichtlich der verschiedenen Werkanmeldungen verzeichnet sind

- Ihren persönlichen Berechtigungsvertrag in zweifacher Ausfertigung zur Unterzeichnung und Rücksendung.

WAS SOLLTEN SIE NOCH WISSEN?

- Bitte reichen Sie Ihren Aufnahmeantrag frühzeitig ein, auch damit Sie Ihre Werke rechtzeitig anmelden können. Die Werkanmeldung ist nach Abschluss des Aufnahmeverfahrens möglich. Über die verschiedenen Möglichkeiten der Werkanmeldung informieren wir Sie anhand weiterer Infoblätter, die wir Ihnen im Zuge des Aufnahmeverfahrens zusammen mit den Vertragsunterlagen zukommen lassen.

- Pseudonym

  Im Aufnahmeantrag kann der Urheber ein Pseudonym angeben, unter welchem ebenfalls Werke angemeldet werden können. Das erste Pseudonym ist kostenfrei. Jedes weitere Pseudonym kann formlos beantragt und für einmalig € 47,60 (inkl. USt.) registriert werden. Weitere Kosten entstehen hierfür nicht.

- Übrigens, der Schutz Ihrer Werke ist nicht von einer Anmeldung bei der GEMA abhängig, sondern ist im Urheberrechtsgesetz automatisch mit Entstehung des Werkes vorgesehen, und zwar ohne, dass es dazu besonderer Formalitäten bedarf. Im Streitfall, z. B. hinsichtlich Beweisfragen, können Sie Ihre Rechte z. B. durch einen Fachanwalt für Urheber- und Medienrecht vertreten lassen. Es gelten die zivilprozessualen Beweisregeln.

AUFNAHMEANTRAG MUSIKVERLEGER

Seite 1 von 4

GEMA
Mitglieder- und Partner-Administration
Postfach 80 07 67
81607 München

Telefon	+49 89 48003-550
Fax	+49 89 48003-555
E-Mail	mitgliederpartner@gema.de
Internet	www.gema.de

AUFNAHMEANTRAG MUSIKVERLEGER

Bitte lesen Sie vor dem Ausfüllen sorgfältig die allgemeinen Informationen auf Seite 4 sowie das Informationsblatt "Aufnahmeverfahren für Musikverleger". Diese und weitere Informationen finden Sie auf der GEMA-Homepage: **www.gema.de/mitglied_werden**

ANGABEN ZUM MUSIKVERLAG

Vollständiger Verlagsname *

Rechtsform des Verlages *   Gründungsdatum *

Straße *

PLZ *   Ort *   Land *

Steuerlicher Sitz des Verlages **   Zugehörigkeit zu einer Verwertungsgesellschaft

Telefon *   Telefax   Mobil

E-Mail *   Telefon tagsüber bei Rückfragen

ANGABEN ZUM INHABER, GESCHÄFTSFÜHRER ODER PERSÖNLICH HAFTENDEN GESELLSCHAFTER DES ANTRAGSTELLENDEN VERLAGES

Im Falle einer GbR sind alle Gesellschafter einzutragen, ggf. Anlage beifügen.

Name *   Vorname *

Geburtsdatum *   Geburtsort *   Staatsangehörigkeit *

Hauptberuf/Nebenberuf

Name *   Vorname *

Geburtsdatum *   Geburtsort *   Staatsangehörigkeit *

Hauptberuf/Nebenberuf

Stand 14.11.2018

* Pflichtangaben sind mit einem Sternchen gekennzeichnet.   ** Pflichtangabe, wenn abweichend von obiger Anschrift oder wenn obige Anschrift eine Postfachadresse ist.

MUSIK IST UNS WAS WERT | www.gema.de   Aufnahmeantrag Musikverleger | **Seite** 1 // 4

AUFNAHMEANTRAG MUSIKVERLEGER
Seite 2 von 4

ERKLÄRUNGEN

Ich versichere, dass meine Angaben der Wahrheit entsprechen und dass ich berechtigt bin, für den Verlag diesen Aufnahmeantrag zu stellen und zu unterschreiben und einen Berechtigungsvertrag mit der GEMA abzuschließen. Ich bin berechtigt, alle anfallende Korrespondenz von der GEMA zu empfangen und alle Korrespondenz gegenüber der GEMA zu tätigen.

Ich beantrage hiermit die Aufnahme als Musikverleger und zwar als angeschlossenes Mitglied ☐ Ja

oder:

Ich beantrage hiermit die Aufnahme als Musikverleger und zwar als außerordentliches Mitglied ☐ Ja

Bei Beantragung der Aufnahme als außerordentliches Mitglied verpflichte ich mich, dem Aufnahmeausschuss alle von ihm geforderten Auskünfte zu erteilen.

Ort

Datum

Stempel / rechtsverbindliche Unterschrift

WIE SIND SIE AUF UNS AUFMERKSAM GEWORDEN?

Über ...

☐ ... das Internet/ ... die Webseite der GEMA
☐ ... Messen/ Kongresse
☐ ... Sonstiges, nämlich:

☐ ... Freunde/ Bekannte/ Verwandte/ GEMA-Mitglieder
☐ ... die Mitgliederakquise
☐ ... GEMA-Workshops

AUFNAHMEANTRAG MUSIKVERLEGER

Seite 3 von 4

IHRE BANKVERBINDUNG (PFLICHTANGABEN)

Name Geldinstitut

Ort | Land

Angaben für Bankverbindung außerhalb der USA

BIC-/SWIFT-Code | IBAN/Kontonummer

Angaben für Bankverbindung in den USA

BIC-/SWIFT-Code | Kontonummer

ABA Routing Number

Abweichender Kontoinhaber

Wenn Überweisungen nicht auf Ihr eigenes Konto erfolgen sollen und Sie daher nicht Inhaber des oben angegebenen Kontos sind, dann bitte hier Namen und Anschrift des Kontoinhabers angeben:

Name | Vorname

Straße

PLZ | Ort

Land

STEUERANGABEN (PFLICHTANGABEN)

Sind Sie umsatzsteuerpflichtig?

ermäßigter Steuersatz ☐ Nein ☐ Ja ____ % des Aufkommens

allgemeiner Steuersatz ☐ Nein ☐ Ja ____ % des Aufkommens

Es kann sein, dass für Sie beide Steuersätze in Frage kommen. In diesem Fall bitten wir Sie, immer den Prozentanteil des Aufkommens zu den einzelnen Steuersätzen einzutragen.

Name des zuständigen Finanzamts | PLZ

Steuernummer oder Umsatzsteuer-Identifikationsnummer

Obige Steuerangaben sind stets erforderlich, auch wenn keine Umsatzsteuerpflicht vorliegt.

Verlagsbezeichnung, Ihr Name, Vorname in Druckbuchstaben

Ort

Datum | Stempel / rechtsverbindliche Unterschrift

MUSIK IST UNS WAS WERT | www.gema.de

Aufnahmeantrag Musikverleger

Seite 4 von 4

ALLGEMEINE INFORMATIONEN ZUM AUFNAHMEANTRAG MUSIKVERLEGER

Bitte füllen Sie den Antrag vollständig und lesbar aus. Pflichtangaben sind mit einem Sternchen * gekennzeichnet.

Angaben zum Musikverlag
Rechtsform: Wie Einzelperson, Einzelfirma, GbR, oHG, KG, GmbH, GmbH & Co. KG, AG, UG (haftungsbeschränkt) usw.
Adressangaben: Hier ist der Sitz des Verlages anzugeben.

Angaben zum Inhaber, Geschäftsführer oder persönlich haftenden Gesellschafter des antragstellenden Verlages
Im Falle einer GbR sind zu allen Gesellschaftern die Angaben einzutragen. Wenn der Platz auf dem Formular nicht ausreicht, bitte eine Anlage mit diesen Angaben beifügen.

Nutzungen Ihrer Verlagswerke
Bitte machen Sie auf Seite 2 Angaben zu den Nutzungen Ihrer Verlagswerke (Notendruck, Aufführung, Sendung usw.).
Eine GEMA-Mitgliedschaft ist wirtschaftlich nur dann sinnvoll, wenn Ihre Verlagswerke im laufenden Kalenderjahr in einem bestimmten Umfang öffentlich aufgeführt, im Radio oder Fernsehen gesendet oder von Dritten auf im Handel erhältlichen (Bild-)Tonträgern veröffentlicht werden oder wenn solche gewerblichen Verwertungen unmittelbar bevorstehen. Sie müssen daher pro Seite 2 mindestens ein Werk angeben, das tatsächlich im laufenden Kalenderjahr verwertet worden ist. Die Auflistung der Nutzungen auf Seite 2 ersetzt nicht die Anmeldung dieser Werke. Bitte melden Sie daher diese (und ggf. weitere) Werke nach Abschluss des Aufnahmeverfahrens bei der GEMA an.

Steuerangaben: Umsatzsteuerpflicht
Ab einem jährlichen Gesamtumsatz von 17.500 € aus selbstständiger Arbeit besteht eventuell Umsatzsteuerpflicht. Bei Fragen zu Ihrer Umsatzsteuerpflicht wenden Sie sich bitte an Ihren Steuerberater.

Weitergabe von Daten an das Internationale Beteiligtenverzeichnis
Damit eine Wahrnehmung Ihrer Rechte im Ausland möglich ist, leitet die GEMA bestimmte Daten ihrer Mitglieder (wie Verlagsnamen, Editionsbezeichnungen, Angaben zum Berechtigungsvertrag mit der GEMA; nicht jedoch die Anschrift) an das internationale Beteiligtenverzeichnis IPI („Interested Parties Information") weiter, das von den musikalischen Verwertungsgesellschaften weltweit verwendet wird. Nur mithilfe dieser Daten sind die ausländischen Verwertungsgesellschaften in der Lage, GEMA-Mitglieder eindeutig zu identifizieren und Verwertungen ihrer Werke im Ausland zu lizenzieren und abzurechnen. Ohne diese Weitergabe von Daten ist die GEMA nicht in der Lage, ihren Verpflichtungen aus dem Berechtigungsvertrag als Treuhänderin der Rechte ihrer Mitglieder nachzukommen.

Bezahlung der Aufnahmegebühr und des Mitgliedsbeitrags
Für die Aufnahme in die GEMA fällt eine einmalige Aufnahmegebühr an. Musikverleger zahlen dafür derzeit 180,00 € (zzgl. USt; ergibt 214,20 €).

Zudem ist ein jährlicher Mitgliedsbeitrag in Höhe von 100,00 € zu zahlen. Der erste Mitgliedsbeitrag ist bei der Aufnahme zu entrichten. Die späteren Mitgliedsbeiträge werden mit dem Aufkommen verrechnet. Falls jedoch das Aufkommen nicht die Höhe des Mitgliedsbeitrags erreicht, verpflichtet sich der Antragsteller, die Differenz zwischen dem Aufkommen und dem Mitgliedsbeitrag nach Abschluss des Geschäftsjahres zu begleichen.

Nähere Informationen zur Bezahlung des Gesamtbetrages von EUR 314,20 erhalten Sie zusammen mit dem Berechtigungsvertrag.

MUSIK IST UNS WAS WERT **www.gema.de**

CHECKLISTE ZUM AUFNAHMEANTRAG FÜR DIE ANGESCHLOSSENE MITGLIEDSCHAFT

Bitte fügen Sie dem vollständig und lesbar ausgefüllten Aufnahmeantrag folgende Unterlagen bei:

☐ Kopie eines wirksamen Verlagsvertrages, in dem die Beteiligung des Verlags an den Ausschüttungen der GEMA nach Maßgabe des GEMA-Verteilungsplans vereinbart ist.

☐ Handelsregisterauszug, aus dem hervorgeht, dass der Betrieb eines Musikverlages Gegenstand des Unternehmens ist oder, sollte der Verlag nicht im Handelsregister eingetragen sein, eine Kopie der Gewerbeanmeldung des Inhabers bzw. aller Gesellschafter, aus der als angemeldete Tätigkeit der Betrieb eines Musikverlages ersichtlich ist.

CHECKLISTE ZUM AUFNAHMEANTRAG FÜR DIE AUSSERORDENTLICHE MITGLIEDSCHAFT

Bitte fügen Sie dem vollständig und lesbar ausgefüllten Aufnahmeantrag folgende Unterlagen bei:

☐ Belege, dass Ihre Verlagswerke verteilungsrelevant genutzt worden sind.

☐ Nachweis über die verlegerischen Leistung im Sinne des Regelwerks der GEMA.

- Verlage der Ernsten Musik können den Nachweis der verlegerischen Leistungen durch Vorlage von 25 handelsüblichen Instrumentalmusikausgaben oder von 10 Orchesterleihmaterialien (Partitur und Stimmen) erbringen.

- Verlage der Unterhaltungs- und Tanzmusik können den Nachweis der verlegerischen Leistungen durch Vorlage von 30 Werken in handelsüblichen Gitarren-, Klavier- oder Akkordeon-Einzelausgaben oder von 10 Werken in Salonorchester- oder 15 Werken in Combo- (im Sinne eines kleinen Orchesterarrangements) oder Blasmusik-Ausgaben erbringen.

☐ Der aktuelle Handelsregisterauszug sowie Unterlagen, aus denen die Geschäftspartner (z. B. Gesellschafter), die Beteiligungen und die Vertretungsberechtigung (z. B. Vertretungsberechtigung im Falle einer GmbH) ersichtlich sind.

Senden Sie bitte das ausgefüllte Formular an mitgliederpartner@gema.de

Unsere Mitarbeiter stehen Ihnen auch gerne für weitere Erläuterungen zur Verfügung.

Telefon +49 89 48003-550
Fax +49 89 48003-555
E-Mail mitgliederpartner@gema.de
Internet www.gema.de

ANMELDEBOGEN FÜR EIN ORIGINALWERK

GEMA
Postfach 30 12 40
10722 Berlin

Fax +49 30 21245-950
Internet www.gema.de

GEMA-Werknummer

ANMELDUNG FÜR EIN GEMA-ORIGINALWERK

ANGABEN ZUM WERK

Werktitel

Opus | Gattung

☐ Fernsehauftragskomposition
☐ Werbemusik ohne Fremdanteile

Spieldauer Min | Sek | Sprache

Melodien oder Textteile anderer Urheber

Titel

Urheber (Name/Vorname)

MUSIKALISCHER URHEBER

☐ Komponist ☐ Bearbeiter eines gemeinfreien Werkes

#	Name/Vorname	Anteile	GEMA-Mitgliedsnummer
1		%	
2		%	
3		%	
4		%	
5		%	

Besetzung

Anzahl der selbstständig geführten Stimmen | Soli | Chor | Orchester | Anzahl Spieler

☐ Bearbeiter eines urheberrechtlich geschützten Werkes

Name/Vorname | GEMA-Mitgliedsnummer

Besetzung

Anzahl der selbstständig geführten Stimmen | Soli | Chor | Orchester | Anzahl Spieler

MUSIK IST UNS WAS WERT | www.gema.de

Anmeldung GEMA Originalwerk | Seite 1 // 4

Anmeldebogen für ein Originalwerk

TEXTDICHTER

Musik und Text wurden eigens für die Musikkomposition mit Text geschaffen ☐ Ja ☐ Nein
Die Vertonung wurde dem Komponisten gestattet ☐ Ja ☐ Nein

	Name/Vorname	Anteile	GEMA-Mitgliedsnummer
1		%	
2		%	
3		%	
4		%	
5		%	

Spezialtextdichter

Name/Vorname | GEMA-Mitgliedsnummer

Titel | Sprache

☐ Unter Bezugnahme auf § 193 des Verteilungsplans der GEMA versichert der ausschüttungsberechtigte Anmelder, dass mit Zustimmung aller am Werk beteiligten Urheber, die oben angegebene freie Aufteilung der Urheberanteile für alle Rechte der öffentlichen Wiedergabe vereinbart wurde. Die Vereinbarung gilt ausschließlich für Werke der Unterhaltungsmusik nach Verrechnungsschlüssel II Ziff. 1, 3 a) und 3 b).

VERLAG

	Name	Federführung	VRT-Verweis	Anteile	GEMA-Mitgliedsnummer
1				%	
2				%	

Verlagsvertrag gültig ab (Datum)

Ausnahmen im Verlagsvertrag (Vertragsdauer, Gebiet, Sparten)

Sind dem Verleger die Aufführungs- und mechanischen Vervielfältigungsrechte von den Urhebern für den Fall, dass diese keiner Verwertungsgesellschaft angehören, vorsorglich zur treuhänderischen Verwaltung übertragen worden? ☐ Ja ☐ Nein

Sonstige Titel

Untertitel/Inhalte/Mixe

Interpret

Interpret | Produktionstitel/ISRC

Erklärungen

Diese Werkanmeldung erfolgt gemäß § 5 des Berechtigungsvertrages zugleich für die (übrigen) Urheber des Werkes. Soweit das Werk als verlegt angemeldet wird, wird versichert, dass mit dem/den Urheber(n) ein Verlagsvertrag im Sinne des Gesetzes über das Verlagsrecht vom 19.06.1901 geschlossen worden ist.

Wenn es sich beim vom Verlag angemeldeten Werk um eine Auftragskomposition zu einer Fernsehproduktion (Fernsehauftragskomposition) handelt, bestätigt der Verlag hiermit gemäß Verteilungsplan § 7 Abs. 2, dass die Übertragung der Verlagsrechte nicht Bedingung oder Voraussetzung für die Erteilung des Kompositionsauftrags war. Unter Bezugnahme auf § 35 S. 2 des Verteilungsplans der GEMA versichert der Anmelder, dass im Verlagsvertrag die Beteiligung des Verlegers an den Ausschüttungen der GEMA auf Nutzungsrechte nach Maßgabe des Verteilungsplans der GEMA rechtswirksam vereinbart wurde. Der Verleger ist ausschüttungsberechtigt nach § 7 des Verteilungsplans der GEMA.

Ich versichere, dass ich alle Angaben auf diesem Anmeldebogen nach bestem Wissen und Gewissen gemacht habe.

Ort/Datum

GEMA-Mitgliedsnummer | Unterschrift

Anmeldebogen für ein Originalwerk, Hinweise zum Ausfüllen

HINWEISE ZUM AUSFÜLLEN DER ANMELDUNG FÜR EIN GEMA-ORIGINALWERK

Bitte reichen Sie dieses Formular nur dann ein, wenn Sie als GEMA-Mitglied am Werk beteiligt oder ein bevollmächtigter Vertreter eines am Werk beteiligten Urhebers oder Verlags sind.
Pro Werk erwarten wir ein Formular. Wenn die vorgegebenen Zeilen nicht ausreichen, reichen Sie bitte die weiteren Informationen auf einer formlosen Anlage mit ein.

GEMA-Werknummer
Wenn Sie eine Werkanfrage erhalten haben oder Sie aus anderen Gründen bereits die GEMA-Werknummer dieses Werkes kennen, übernehmen Sie bitte die GEMA-Werknummer. Andernfalls bleibt das Feld leer.

Werktitel und Opus
Geben Sie den Titel Ihres Werkes an. Sollten Sie mit Opus-Zahlen arbeiten, tragen Sie diese bitte auch hier ein. Die Angabe der Opus-Zahl ist optional.

Gattung
Gemeint ist die musikalische Gattung des Werkes im Kleinen Recht. Für dramatisch-musikalische Werke, wie Opern, Operetten, Musicals und Ballettmusiken, die unter das Große Recht fallen, stellen wir ein anderes Formular zur Verfügung. Bitte beachten Sie, dass Werke des Großen Rechts nur eingeschränkt von der GEMA wahrgenommen werden.
Ist das Werk eine Auftragskomposition zu einer Fernsehproduktion (**Fernsehauftragskomposition**), kreuzen Sie bitte das Kästchen an (siehe dazu auch die Erklärung am Ende des Formulars). Das Kästchen **Werbemusik ohne Fremdanteile** kreuzen Sie bitte dann an, wenn keine anderen urheberrechtlich freien oder geschützten Werke in diesem für die Werbung geschaffenen Werk benutzt wurden (siehe auch Abschnitt Melodien oder Textteile anderer Urheber).

Spieldauer und Sprache
Informationen zur Spieldauer (in Minuten und Sekunden) sowie zur Sprache eines Vokalwerkes können für die Verrechnung wichtig sein.

Melodien oder Textteile anderer Urheber
Haben Sie Ihr Werk unter Verwendung anderer Werke geschaffen, nennen Sie hier Titel und Urheber. Handelt es sich um eine Volksweise mit unbekanntem Urheber, tragen Sie bei Urheber DP (Domain Public) ein.
Haben Sie ein urheberrechtlich geschütztes Werk verwendet, bearbeitet oder vertont – der Umfang spielt dabei keine Rolle – senden Sie bitte generell die Genehmigung der Berechtigten in Kopie mit ein. Ohne Genehmigung erfolgt keine Verrechnung.

Musikalische Urheber
Zuerst kreuzen Sie bitte an, ob der/die in diesem Feld eingetragene/n musikalische/n Urheber **Komponist/en** oder **Bearbeiter eines gemeinfreien**, d.h. eines urheberrechtlich freien **Werkes** sind.
Als Urheberangabe reicht der Bandname allein nicht aus. Urheber sind natürliche Personen. Geben Sie deshalb bitte alle am Werk beteiligten Urheber mit vollständigen Vor- und Nachnamen an – unabhängig davon, ob sie Mitglied einer Verwertungsgesellschaft sind. Weitere Angaben zur Identifizierung der Person, wie GEMA-Mitgliedsnummer, IPI-Name-Number oder Geburtsdatum sind erwünscht. Sie helfen Missverständnisse und Reklamationen zu vermeiden. Unvollständige oder ungenaue Angaben können wir nicht verarbeiten.
Für den Fall, dass Sie ein urheberrechtlich freies Werk benutzt haben, jedoch einen über die normale Bearbeiterbeteiligung von 3/12 hinausgehenden Anspruch auf den halben oder vollen Komponistenanteil erheben, stellen Sie bitte einen Antrag gemäß GEMA-Verteilungsplan § 199 Abs. 2.

Besetzung
Gemeint sind die Singstimmen, Musikinstrumente oder das Ensemble (Kleine Besetzung, Streichquartett, Chor, Blasorchester usw.) als Freitext, wofür das Werk geschaffen wurde. Bei Werken der U-Musik sind diese Angaben optional. Bei Bearbeitungen urheberrechtlich freier Werke soll der Angabe Aufschluss darüber geben, ob die Bearbeitung ein Instrumentalwerk ist oder (auch) für Singstimmen mit Text geschaffen wurde. Bei einem Werk der Ernsten Musik ist die Anzahl der selbstständig geführten musikalischen Stimmen sinnvoll. Die Anzahl der Spieler bezieht sich auf die ausführenden Sänger und Musiker.

Bearbeiter eines urheberrechtlich geschützten Werkes
Wird die Anmeldung ausnahmsweise vom Bearbeiter selbst vorgenommen, ist zusätzlich eine Bearbeitungsgenehmigung der Berechtigten beizufügen. Bitte melden Sie keine reinen Tonträger-Arrangements geschützter Werke an, da deren Beteiligung im GEMA-Verteilungsplan nicht vorgesehen ist. Diese Bearbeitungen können auf Antrag im Schätzungsverfahren der Bearbeiter berücksichtigt werden. Außerdem gelten die Hinweise wie für **Komponist oder Bearbeiter eines gemeinfreien Werkes und Besetzung.**

Textdichter
Es gelten die gleichen Ausfüllhinweise wie für **Musikalische Urheber.**

Musik und Text eigens für die Musikkomposition mit Text geschaffen: Ja/Nein
Mit dem Kreuz im Kästchen **Ja** versichert der Anmeldende, dass alle Autoren Musik und Text des Werkes eigens für die betreffende Musikkomposition mit Text, das heißt zur gemeinsamen Verwendung geschaffen haben. Dies gilt unabhängig davon, ob die einzelnen Werkteile (Musikwerk und Schriftwerk) jeweils gemeinschaftlich in Miturheberschaft geschaffen wurden. Musikkompositionen mit Text können z.B. Lieder, Opern, Operetten, Musicals sein.
Dagegen wird mit dem Kreuz im Kästchen **Nein** versichert, dass Musik und Text nicht zur gemeinsamen Verwendung geschaffen worden sind. Dies ist in der Regel der Fall, wenn ein Autor ein vorbestehendes Werk mit seinem Werk verbunden hat, indem er ein vorbestehendes literarisches Werk vertont oder zu einer vorbestehenden Komposition nachträglich einen Text geschrieben hat.

Die Vertonung wurde dem Komponisten gestattet.
Wenn Sie als anmeldender Komponist oder Textdichter dieses Feld ankreuzen, bestätigen Sie, dass es sich bei diesem musikalischen Werk um die Vertonung eines vorbestehenden urheberrechtlich geschützten Textes handelt. Gleichzeitig bestätigen Sie, dass die Vertonung des Textes dem Komponisten gestattet wurde. Als anmeldender Komponist reichen Sie bitte die Vertonungsgenehmigung als Anlage immer mit ein.

VII 3 Formulare

Anmeldebogen für ein Originalwerk, Hinweise zum Ausfüllen

Wir verweisen außerdem auf den Abschnitt **Melodien oder Textteile anderer Urheber.**

Existieren mehrere Textfassungen in verschiedenen Sprachen gleichberechtigt nebeneinander, geben Sie diese im Abschnitt **Textdichter** an. Im Abschnitt **Spezialtextdichter** geben Sie bitte die autorisierten Spezial- bzw. Textumgestalter sowie Titel und Sprache an.

Freie Aufteilung der Urheberanteile im Aufführungs- und Senderecht.
Für Werke der Unterhaltungsmusik nach Verrechnungsschlüssel II Ziff. 1, 3 a) und 3b) kann die Anteilsaufteilung zwischen den berechtigten Urhebern für die Sparten der Rechte der öffentlichen Wiedergabe gemäß § 193 Abs. 1 des GEMA-Verteilungsplans frei vereinbart werden. Die vereinbarte Anteilsaufteilung muss der GEMA von einem an dem jeweiligen Werk beteiligten Ausschüttungs-berechtigten mitgeteilt werden. Hierbei muss der Ausschüttungsberechtigte versichern, dass er die Zustimmung aller berechtigten Urheber zu der vereinbarten Anteilsaufteilung eingeholt hat.

Indem Sie als anmeldender Ausschüttungsberechtigter die Checkbox aktivieren, versichern Sie, dass Sie die Zustimmung aller berechtigten Urheber zu der von Ihnen angemeldeten Anteilsaufteilung eingeholt haben. Bitte beachten Sie, dass zwischen Komposition und Text in diesem Fall Insgesamt Anteile von 100% zu verteilen sind.

Verlag
Bitte füllen Sie dieses Feld nur aus, wenn ein Verlagsvertrag geschlossen worden ist und geben Sie dazu an, ab wann (Datum) der **Verlagsvertrag gültig** ist sowie das **Veröffentlichungsdatum der Druckausgabe.**
Wie bei den Urheberangaben erbitten wir auch hier die genaue Verlagsbezeichnung sowie weitere Angaben zur Identifizierung des Verlags, wie GEMA-Mitgliedsnummer oder IPI-Name-Number.
Gibt es mehr als einen Verlag, kennzeichnen Sie bitte – falls vereinbart – den federführenden Verlag im Feld **Federführung**.

Vertritt der Verlag nicht alle Urheber, bitten wir um die jeweilige Zuordnung im Feld **VRT-Verweis** (VRT= Vertreten). Erscheint das Werk unter einer Editionsbezeichnung Ihres Verlags, geben Sie nur die Editionsbezeichnung mit der Editionsmitglieds- oder IPI-Name-Number an.

Sonstige Titel
Dazu gehören z.B. Untertitel, Inhalte und Mixe. Zu Inhalten und Mixen ergänzen Sie bitte die Spieldauer.

Interpret
Die Interpreten-Angabe ist für die Identifizierung eines Werkes sehr hilfreich. Das gilt auch für Produktionstitel wie Tonträger, Bildtonträger usw. und den ISRC.

Unterschrift
Die Anmeldung ist nur mit der Unterschrift des Anmelders gültig. Als Urheber unterschreiben Sie bitte eigenhändig mit Ihrem bürgerlichen Namen. Eine digitale Signatur dürfen wir nicht akzeptieren.

Gern verweisen wir auf die Möglichkeit der papierlosen Online-Werkanmeldung.

WEITERE INFORMATIONEN:
https://www.gema.de/online-services

ANMELDEBOGEN FÜR EIN ORIGINALWERK, WERKBESTÄTIGUNG

```
Werknummer: 8881706
Art: Einzelwerk

Besetzungswerkteile
WT-Nr.:1, Rolle:K, Titel:WENN DER SOMMER KOMMT, Opus:114, Dauer: 5:00
Gattung:SCHLAGER, Besetzung:1 SINGSTIMME UND KLEINES ORCHESTER (12 STIMMEN)
Notendruck:Nein, DVE liegt vor
- 00842747 001.60.63.37.87 URHEBER, GENIUS

WT-Nr.:3, Rolle:B, Besetzung:1 KLEINE BESETZUNG
- 00837223 001.00.88.52.02 ZAUBER, GERD, 100,00%

Textierungswerkteile
WT-Nr.:2, Rolle:T, Titel:WENN DER SOMMER KOMMT, Sprache:DEUTSCH
- 00711280 001.41.90.96.76 SCHREIBER, JOSEPHINE

Ganzwerkfassungen
WF-Nr.:001, ISWC:T-802.219.494-2, Originalwerkfassung, Status:GANZ
Verteil.fähig:ALLE, Zugeordnete WT:1,2, Titel:WENN DER SOMMER KOMMT

WF-Nr.:002, ISWC:T-802.219.495-3, Umgestaltete Werkfassung, Status:GANZ
Verteil.fähig:ALLE, Zugeordnete WT:1,2,3, Titel:WENN DER SOMMER KOMMT

Vereinbarungen
Ab:01.07.2000 Bis:unbefristet, Gebiet:+2WL
Recht: AR Schl: 01
- K    00842747 001.60.63.37.87 URHEBER, GENIUS, 100,00
- T    00711280 001.41.90.96.76 SCHREIBER, JOSEPHINE, 100,00
- OV   00902333 001.01.94.97.86 KLANGWELT MUSIKVERLAG GMBH (ANM), 100,00
Recht: VR Schl: T
- K    00842747 001.60.63.37.87 URHEBER, GENIUS, 100,00
- T    00711280 001.41.90.96.76 SCHREIBER, JOSEPHINE, 100,00
- OV   00902333 001.01.94.97.86 KLANGWELT MUSIKVERLAG GMBH (ANM), 100,00

Sonstige Titel
- sonstiger Titel:VERGESSEN IST DER WINTER
```

ERLÄUTERUNGEN ZU DEN WERKBESTÄTIGUNGEN

Erläuterungen zu den Werkbestätigungen

Dieses Informationsblatt gibt Erläuterungen zu den Bestätigungen von ausregistrierten Werken. Diese Bestätigungen enthalten neben der GEMA-Werknummer und Werkeart folgende Informationen aus einer Werkeregistrierung:

- Werkteile
- Werkfassungen
- Vereinbarungen
- Sonstige Titel/Sonstige Personen

1 WERKTEILE

Ein Werkteil ist ein schöpferischer Baustein eines Werkes. Aus Werkteilen werden Fassungen gebildet. Ein Beispiel für ein Werkteil ist ein Bearbeiter-Werkteil. Die Registrierung dieses Werkteils enthält alle Informationen, die sich auf die schöpferische Leistung des oder der Bearbeiter(s) der betroffenen Bearbeitung beziehen.

Es gibt folgende fünf Arten von Werkteilen, die in der Bestätigung getrennt ausgewiesen werden:

1. Ein Besetzungswerkteil ist verbunden mit einer der Beteiligtenrollen K (Komponist), A (A-Bearbeiter), B (Bearbeiter), SB (Subbearbeiter) oder PB (Potpourri-Bearbeiter).
2. Ein Textierungswerkteil ist verbunden mit einer der Beteiligtenrollen T (Textdichter), TS (Spezialtextdichter), TNA (Nachtextdichter), TNE (Neutextdichter), ST (Subtextdichter), STS (Spezialsubtextdichter) oder STNA (Nachsubtextdichter).
3. Ein Inhaltswerkteil ist eine Inhaltsangabe.
4. Ein Mixwerkteil ist eine Mixangabe.
5. Ein Fassungsverweiswerkteil verweist auf eine andere in DIDAS vorhandene Werkfassung. Dies ist relevant für zusammengesetzte Werke wie Potpourris gemischten Inhalts. Ein Fassungsverweiswerkteil ist eine Inhaltsangabe, die auf eine andere Werkfassung verweist.

Die Numerierung der Werkteile (WT-Nr.) muss nicht lückenlos sein.

Jeder Urheber eines Werkteils wird mit seiner GEMA-Beteiligtennummer und seiner internationalen IP-Name-Number („Interested Party Name Number", ehem. „CAE-Number") ausgegeben.

Wenn mehrere Umgestalter der gleichen Beteiligtenrolle zusammen ein Werkteil geschaffen haben, wird das Beteiligungsverhältnis zwischen diesen Umgestaltern in Prozenten ausgewiesen. Umgestalter sind z.B. Bearbeiter oder Subtextdichter. (Die Anteile der anderen Urheber sind in den Vereinbarungen zu finden.)

2 WERKFASSUNGEN

Ein Werk enthält Werkteile, die zu Werkfassungen kombiniert werden. Eine Werkfassung ist die verwertbare Gestalt eines Werkes. Werkfassungen (nicht: Werke) werden vom Nutzer verwertet und von der GEMA abgerechnet. Es gibt folgende vier Arten von Werkfassungen:

1. Originalwerkfassung
2. Umgestaltete Werkfassung (Bearbeitung, Übersetzung)

ERLÄUTERUNGEN ZU DEN WERK-BESTÄTIGUNGEN

3. Inhaltswerkfassung (Auszug)
4. Mixwerkfassung

In der Werkbestätigung ist vermerkt, aus welchen Werkteilen sich die jeweilige Werkfassung zusammensetzt (Angabe „Zugeordnete WT").

Die Numerierung der Werkfassungen (WF-Nr.) muss nicht lückenlos sein.

Zu jeder Werkfassung ist vermerkt, welchen Registrierstatus sie hat und ob bzw. inwieweit sie verteilungsfähig ist. Häufig vorkommende Registrierstatuskennzeichen sind GANZ (vollständig ausregistrierte Ganzwerkfassung) und FREI (Freie Werkfassung). Häufig vorkommende Verteilungsfähigkeitskennzeichen sind ALLE (für alle Sparten verteilungsfähig), GR (für Sparten des Großen Rechts verteilungsfähig) sowie KEINE (für keine Sparte verteilungsfähig). KEINE kommt u. a. im Zusammenhang mit freien Originalfassungen vor.

3 VEREINBARUNGEN

In den Vereinbarungen wird die Verteilung festgelegt. Dabei gilt aus systematischen Gründen auch die unverlegte Verteilung als „Vereinbarung". Bei GEMA-Originalwerken werden in der Regel die Schlüssel 01 (Aufführungsrecht) und T (Vervielfältigungsrecht) eingesetzt, die auf die aktuellen GEMA-Verteilungen gemäß Verteilungsplan verweisen. Zusätzlich ist jeweils ausgewiesen, wieviel Prozent der jeweilige Beteiligte innerhalb seiner Rolle erhält. Wenn z. B. ein Werk von zwei Komponisten geschrieben worden ist, können diese Urheber eine gleichmäßige Aufteilung (50 % – 50 %) des Komponistenanteils vereinbart haben, aber auch eine ungleichmäßige (z.B. 60 % – 40 %)

Die Verteilungen können auch mit eingesetzten Anteilen und bei Subverlagsverträgen auch mit Subquoten festgelegt werden.

Subverlagsverträge: Die bisherigen AR-Subschlüssel 11, 12, 13 und 14 aus dem Altsystem BVS werden jetzt wie folgt registriert und bestätigt:

BVS		DIDAS
AS:	AR Schl.:	Quote des Subverlegers:
11	06	50,00 VA
12	06	66,67 VA
13	06	33,33 VA
14	06	100,00 VA

Die Angabe AR Schl:06 kann dabei am Subverlagsvertrag entfallen, wenn der Originalverlagsvertrag bereits im Aufführungsrecht mit 06 geschlüsselt ist.

Umgestalter wie Bearbeiter und Subtextdichter werden in der Regel nicht mit in die Vereinbarungen aufgenommen, da sich deren Beteiligung bereits aus den Verteilungsschlüsseln ergibt.

Für die Gebietsangaben der Vereinbarungen wird der internationale sog. TIS-Standard verwendet (Territory Information System). Länder werden durch zweistellige Kodes (z.B. DE für Deutschland), Gebiete durch dreistellige Kodes (z.B. 2WL für Welt) dargestellt. Länder-/Gebietseinschlüsse und -ausschlüsse werden durch die Zeichen + und – dargestellt. Die komplette TIS-Liste ist im GEMA-Brief, Ausgabe

ERLÄUTERUNGEN ZU DEN WERK- BESTÄTIGUNGEN

44 vom Dezember 2002 auf Seite 14 abgedruckt. Sie finden diese Liste auch auf der Website der GEMA unter http://www.gema.de/urheber/werke-anmelden/gebietsabkuerzungen-tis-codes/

4 SONSTIGE TITEL/SONSTIGE PERSONEN

Sofern in der Registrierung vorhanden, werden schließlich auch die Sonstigen Titel und Sonstigen Personen mit ausgegeben. Hierbei kann es sich auch um irrtümliche Angaben und abweichende oder falsche Schreibweisen handeln, die der GEMA aus Nutzungsmeldungen bekannt wurden. Sie werden zur eindeutigen Auffindbarkeit des Werkes bei erneuter Meldung dieser fehlerhaften Form festgehalten.

5 Verwendete Begriffe und englische Übersetzungen

Begriff	Erläuterung	Term / Explanation
A	A-Bearbeiter (Synonym: Hauptbearbeiter) eines freien Werkes	Main arranger: Arranger of a work in the public domain
Ab	Gültig ab	Valid from
Ablauf bestätigt		Expiry confirmed
ANM	Bezeichnet den Beteiligten, der das Werk angemeldet hat.	Notifier: Designates the interested party, who has notified the work.
AR	Aufführungsrecht	PR: Performing right
Art	Werkart	Type of work
B	Bearbeiter eines geschützten Werkes	Arranger of a copyrighted work
Besetzung		Instrumentation
Besetzungswerkteil		Instrumentation fragment
Beteiligter		Interested party, IP
Bis	Gültig bis	Valid until
BTL	Beteiligungsform im Vervielfältigungsrecht	S/M Clause: Sales/manufacture clause for mechanical reproduction right
Dauer	Spieldauer	Duration
Davon		therof
DP	Domain publique, frei	Public domain, free
Fabrikation		Manufacture
Fassungsverweiswerkteil		Version reference fragment
Federführung		Management
Gattung		Genre
Gebiet		Territory
Geschaffen		Created
Gesperrt	Anteile gehen auf Sperrkonto	Blocked: Shares are transferred to a blocked account
HK	Hauptkonto	Main account
Inhaltswerkfassung	Auszug	Excerpt version: Extract
Inhaltswerkteil	Inhaltsangabe	Part fragment: Details of part or movement
Inh.-Nr.	Inhaltsnummer	Part number

ERLÄUTERUNGEN ZU DEN WERKBESTÄTIGUNGEN

Begriff	Erläuterung	Term / Explanation
ISWC	Internationale Werkenummer	International Standard Work Code
K	Komponist	Composer
Mit automatischer Verlängerung		With automatic prolongation
Mixwerkfassung		Mix version
Mixwerkteil	Mixangabe	Mix fragment: Details of mix
Notendruck		Printed sheet music
Nur für freie Länder; für geschützte Länder siehe Werkfassung	Registrierung gilt nur für Länder, in denen das Original urheberrechtlich frei ist. Für Länder, in denen das Original noch geschützt ist, siehe Werkfassung Nr.	Only for countries in the public domain; see Work Version No.... for copyrighted countries. The registration applies only to countries, in which the original is in the public domain. See work-version No.... for countries where the original is still protected by copyright.
Nur zu Werkfassung		Only for work version
Opus		Opus
Originalwerkfassung		Original version
OV	Originalverlag	Original publisher
PB	Potpourri-Bearbeiter: Zusammensteller eines Potpourri gemischten Inhalts	Potpourri arranger: Compiler of a potpourri of mixed content
Recht		Right
Rolle	Beteiligtenrolle	Role of interested party
SB	Subbearbeiter	Subarranger
Schl	Verteilungsschlüssel	Key: Distribution key
Sonstige Person		Other person
Sonstiger Titel		Other title
Sprache		Language
ST	Subtextdichter	Sublyricist
Status	Registrierstatus der Werkfassung	Status: Registration status of work version
STNA	Nachsubtextdichter	Post-sublyricist
STS	Spezialsubtextdichter	Special sublyricist
SV	Subverlag	Subpublisher
T	Textdichter	Lyricist
Textierungswerkteil		Lyrics fragment
Titel		Title
TNA	Nachtextdichter: Originalschöpfer des nachträglich geschaffenen Textes eines ursprünglich untextierten Werkes.	Post-lyricist: Original creator of lyrics subsequently created for an original work without lyrics.
TNE	Neutextdichter: Originalschöpfer des völlig neuen, vom ursprünglichen Originaltext unabhängigen Textes	New lyricist: Original creator of entirely new lyrics, which are independent of the original lyrics

ERLÄUTERUNGEN ZU DEN WERK-BESTÄTIGUNGEN

Begriff	Erläuterung	Term / Explanation
TS	Spezialtextdichter: Umgestalter des Originaltextes	Special lyricist, adapter: Creator of adapted or translated lyrics
Umgestaltete Werkfassung	Bearbeitung, Übersetzung usw.	Modified version: Arrangement, translation etc.
Unbefristet		Without limitation
VA	Vom Anteil der abtretenden Partei	Of the share of the assigning party
Verteil.fähig	Verteilungsfähigkeit der Werkfassung	Eligible for distribution: Work version qualifies for distribution
Vertrieb		Sales
VG	Vom Gesamt	Of the total shares
VR	Vervielfältigungsrecht	MR: Mechanical reproduction right
VR-Schl	Verteilungsschlüssel für das Vervielfältigungsrecht	MR key: Distribution key for mechanical reproduction right
Werkfassung		Work version
Werknummer		Work Number
Werkteil		Work fragment
Werkzession an		Work assignment to
WF-Nr.	Werkfassungsnummer	Work Version Number
WT-Nr.	Werkteilnummer	Work fragment number
Zahlbarkeitsstellung an		Shares payable to
Zugeordnete WT	Zur Werkfassung zugeordnete Werkteile	Assigned work fragments: Work fragments assigned to the work version

Werk-Information zur verbundenen Schutzfrist

GEMA
Postfach 30 12 40
10722 Berlin

Fax +49 30 21245-950
Internet www.gema.de

WERK-INFORMATION ZUR VERBUNDENEN SCHUTZFRIST

Nr.	GEMA-Werknummer	Titel des Werkes	Musik und Text wurden eigens für die Musikkomposition mit Text geschaffen *	Musik oder Text gemeinfrei seit/ab (Datum) **
1.			☐ Ja ☐ Nein	
2.			☐ Ja ☐ Nein	
3.			☐ Ja ☐ Nein	
4.			☐ Ja ☐ Nein	
5.			☐ Ja ☐ Nein	
6.			☐ Ja ☐ Nein	
7.			☐ Ja ☐ Nein	
8.			☐ Ja ☐ Nein	
9.			☐ Ja ☐ Nein	
10.			☐ Ja ☐ Nein	

* Mit dem Kreuz im Kästchen **Ja** versichert der Anmeldende, dass alle Autoren Musik und Text des Werkes eigens für die betreffende Musikkomposition mit Text, das heißt zur gemeinsamen Verwendung geschaffen haben. Dies gilt unabhängig davon, ob die einzelnen Werkteile (Musikwerk und Schriftwerk) jeweils gemeinschaftlich in Miturheberschaft geschaffen wurden. Musikkompositionen mit Text können z.B. Lieder, Popsongs, Opern oder Operetten sein.
Dagegen wird mit dem Kreuz im Kästchen **Nein** versichert, dass Musik und Text nicht zur gemeinsamen Verwendung geschaffen worden sind. Dies ist in der Regel der Fall, wenn ein Autor ein vorbestehendes Werk mit seinem Werk verbunden hat, indem er ein vorbestehendes literarisches Werk vertont oder zu einer vorbestehenden Komposition nachträglich einen Text geschrieben hat.

** Gemeinfrei bedeutet hier gemeinfrei auf Grund der bis zum 01.11.2013 in Deutschland geltenden Rechtslage. Die Angabe der Jahreszahl dient zur Beurteilung, welche Werke vorrangig bearbeitet werden müssen.

Ich bestätige, dass diese Ergänzung zwischen den Beteiligten am Werk geklärt worden ist und versichere, dass alle Angaben nach bestem Wissen und Gewissen gemacht wurden.

Name des Verlages bzw. Name/Vorname des Urhebers bzw. Rechtsnachfolgers

GEMA-Mitgliedsnummer

Ort

Datum

Unterschrift

MUSIK IST UNS WAS WERT | www.gema.de

SUBVERLEGER-ANMELDUNG

GEMA
Postfach 30 12 40
10722 Berlin

Fax +49 30 21245-950
Internet www.gema.de

GEMA-Mitgliedsnummer

SUBVERLEGERANMELDUNG

ANGABEN ZUM VERTRAG *

☐ Einzelsubverlagsvertrag

☐ Katalogvereinbarung

ANGABEN ZUM WERK

GEMA-Werkenummer	Verlags-Werkenummer	ISWC
Dauer	Besetzung	Anz. selbstständig geführte Stimmen
Sprache	Gattung	ISRC

Titel

Sonstiger Titel/Aka

Aus Film/TV Serie etc.

Interpret

* Bitte in jedem Fall ankreuzen!

Musik und Text wurden eigens für die Musikkomposition mit Text geschaffen ☐ Ja ☐ Nein

Mit dem Kreuz im Kästchen **Ja** versichert der Anmeldende, dass alle Autoren Musik und Text des Werkes eigens für die betreffende Musikkomposition mit Text, das heißt zur gemeinsamen Verwendung geschaffen haben. Dies gilt unabhängig davon, ob die einzelnen Werkteile (Musikwerk und Schriftwerk) jeweils gemeinschaftlich in Miturheberschaft geschaffen wurden. Musikkompositionen mit Text können z.B. Lieder, Popsongs, Opern und Operetten sein.
Dagegen wird mit dem Kreuz im Kästchen **Nein** versichert, dass Musik und Text nicht zur gemeinsamen Verwendung geschaffen worden sind. Dies ist in der Regel der Fall, wenn ein Autor ein vorbestehendes Werk mit seinem Werk verbunden hat, indem er ein vorbestehendes literarisches Werk vertont oder zu einer vorbestehenden Komposition nachträglich einen Text geschrieben hat.

Erläuterung zum Ausfüllen der nachfolgenden Tabelle

- Bitte ergänzen Sie die Rolle des Urhebers (K, T, KT, A etc.).
- IPI-Name-Nr. und Gesellschaftszugehörigkeit dienen der eindeutigen Identifizierung der Beteiligten.
- Die Originalverteilung AR/VR (in %) beschreibt die Anteilsaufteilung der Originalberechtigten des Werks ohne Subverlegung.
- Die Subverteilung AR/VR (in %) beschreibt die Anteilsaufteilung zwischen der Original- und Subberechtigten des Werks im Subgebiet.
- Die Urheber-OV-Zuordnung wird mit der lfd. Nummer des/der vertretenden Originalverlags/e gefüllt.
- Schedule-Number: Voraussetzung für die Anmeldung von Subverlagswerken ist, dass der Subverlagsvertrag bereits bei der GEMA registriert wurde. Für Vertragsmeldungen steht das Formblatt "Meldung für nationale und internationale Verträge" zur Verfügung.

Weitere Hinweise zum Ausfüllen des Formulars finden Sie im Internet: https://www.gema.de/subverlegte_werke

MUSIK IST UNS WAS WERT | www.gema.de

Subverlegeranmeldung | **Seite** 1 // 2

SUBVERLEGER-ANMELDUNG

GEMA-Mitgliedsnummer

ANGABEN ZUM WERK (FORTSETZUNG)

#						
1	Rolle	Name	Vorname	IPI-Name-Nr.	Gesellschaft AR	Gesellschaft VR
		Originalverteilung AR	Originalverteilung VR	Subverteilung AR	Subverteilung VR	Urheber-OV-Zuordnung
2	Rolle	Name	Vorname	IPI-Name-Nr.	Gesellschaft AR	Gesellschaft VR
		Originalverteilung AR	Originalverteilung VR	Subverteilung AR	Subverteilung VR	Urheber-OV-Zuordnung
3	Rolle	Name	Vorname	IPI-Name-Nr.	Gesellschaft AR	Gesellschaft VR
		Originalverteilung AR	Originalverteilung VR	Subverteilung AR	Subverteilung VR	Urheber-OV-Zuordnung
4	Rolle	Name	Vorname	IPI-Name-Nr.	Gesellschaft AR	Gesellschaft VR
		Originalverteilung AR	Originalverteilung VR	Subverteilung AR	Subverteilung VR	Urheber-OV-Zuordnung
5	Rolle	Name	Vorname	IPI-Name-Nr.	Gesellschaft AR	Gesellschaft VR
		Originalverteilung AR	Originalverteilung VR	Subverteilung AR	Subverteilung VR	Urheber-OV-Zuordnung
6	Rolle	Name	Vorname	IPI-Name-Nr.	Gesellschaft AR	Gesellschaft VR
		Originalverteilung AR	Originalverteilung VR	Subverteilung AR	Subverteilung VR	Urheber-OV-Zuordnung
1	OV	Name		IPI-Name-Nr.	Gesellschaft AR	Gesellschaft VR
		Originalverteilung AR	Originalverteilung VR	Subverteilung AR	Subverteilung VR	Schedule-Number
2	OV	Name		IPI-Name-Nr.	Gesellschaft AR	Gesellschaft VR
		Originalverteilung AR	Originalverteilung VR	Subverteilung AR	Subverteilung VR	Schedule-Number
3	OV	Name		IPI-Name-Nr.	Gesellschaft AR	Gesellschaft VR
		Originalverteilung AR	Originalverteilung VR	Subverteilung AR	Subverteilung VR	Schedule-Number
4	OV	Name		IPI-Name-Nr.	Gesellschaft AR	Gesellschaft VR
		Originalverteilung AR	Originalverteilung VR	Subverteilung AR	Subverteilung VR	Schedule-Number
1	SV	Name		IPI-Name-Nr.	Gesellschaft AR	Gesellschaft VR
		GEMA-Mitgliedsnummer		Subverteilung AR	Subverteilung VR	Schedule-Number
2	SV	Name		IPI-Name-Nr.	Gesellschaft AR	Gesellschaft VR
		GEMA-Mitgliedsnummer		Subverteilung AR	Subverteilung VR	Schedule-Number
Orig.-/Sub-Bearbeiter		Name	Vorname	Besetzung		
Subtext-dichter		Name	Vorname	Subtitel		

Möchten Sie Anspruch auf Hauptkontoverrechnung geltend machen, reichen Sie bitte das Formblatt „Erklärung zum Anspruch auf Hauptkontoverrechnung" ein. Diese Werkanmeldung erfolgt gemäß § 5 Berechtigungsvertrag zugleich für die vom Subverlag autorisierten Sub-Urheber.

Ort

Datum

Unterschrift/Firmenstempel

MUSIK IST UNS WAS WERT | www.gema.de

Subverleger-anmeldung, Anlage

GEMA
Postfach 30 12 40
10722 Berlin

Fax +49 30 21245-950
Internet www.gema.de

GEMA-Mitgliedsnummer

SUBVERLEGERANMELDUNG
ERKLÄRUNG ZUM ANSPRUCH AUF HAUPTKONTOVERRECHNUNG

Für die nachfolgend aufgelisteten subverlegten Werke wird ein Anspruch auf Hauptkontoverrechnung geltend gemacht.
Mit seiner Unterschrift bestätigt der Subverlag, dass für diese Werke die Voraussetzungen gemäß GEMA-Verteilungsplan Kapitel 10:
Die Aufteilung der Ausschüttung an die Ausschüttungsberechtigten bei subverlegten Werken für die Anerkennung und Beteiligung als Subverlag vorliegen.

TITELLISTE

Werknummer	Werktitel	Komponist bzw. A-Bearbeiter

☐ Der Subverlag bestätigt, dass er die oben genannten Werke in einer eigenen neugedruckten Ausgabe veröffentlicht hat und diese Ausgabe handelsüblich vertreibt.

☐ Der Subverlag bestätigt, dass er die oben genannten Werke in einer gedruckten Ausgabe im Sinne des GEMA-Verteilungsplans § 210 Satz 3 veröffentlicht hat und diese Ausgabe handelsüblich vertreibt. Original- und Subverlag stehen für das Subverlagsgebiet im Impressum.

☐ Der Subverlag bestätigt nach GEMA Verteilungsplan §209 Satz 4, dass die oben genannten Werke vom Subverleger nicht in einer eigenen neugedruckten Ausgabe veröffentlicht wurden, da es sich um große Instrumental- oder Vokalwerke der E- und gehobenen U-Musik, deren Aufführungsmaterial von dem Originalverleger selbst nur mietweise abgegeben wird oder vom Subverleger wegen zu hoher Herstellungskosten in der ausländischen Originalausgabe vertrieben wird.

Die Erklärung bezieht sich auf die Subverlegeranmeldung vom [Datum]

Der Verlag wird der GEMA auf Anforderung ein Belegexemplar vorlegen.

Es wird versichert, dass alle Angaben auf dieser Erklärung nach bestem Wissen und Gewissen gemacht wurden. Ich bin damit einverstanden, dass von dieser Erklärung auch gegenüber Behörden und Gerichten Gebrauch gemacht werden kann. Mir ist bekannt, dass die Abgabe einer falschen Versicherung strafrechtliche und vereinsrechtliche Folgen haben kann.

Ort

Datum

Unterschrift/Firmenstempel

Stand 25.7.2018

MUSIK IST UNS WAS WERT | www.gema.de

Subverlegeranmeldung | Seite 1 // 1

VERÄNDERUNG AN EINEM WERK

GEMA
Postfach 30 12 40
10722 Berlin

Fax +49 30 21245-950
Internet www.gema.de

VERÄNDERUNG AN EINEM WERK

ANGABEN ZUM WERK

GEMA-Datenbanknummer ☐ Original-Werk ☐ Subverlegtes Werk

Originaltitel

Beteiligte am Werk

Rolle*	Name/Vorname	Mitgliedsnummer

* Komponist (K), Textdichter (T), Originalverlag (OV), Subverlag (SV) etc. (ggf. formlose Anlage beifügen)

Ergänzung bzw. Veränderung am Werk

Beschreibung

Wenn Sie eine dieser Änderungen einreichen, achten Sie bitte darauf:
- bei Bearbeitung: die Besetzung
- bei Spezial- oder Subtextdichter: Sprache und Titel des Textes
immer mit anzugeben.

Inverlagnahmen und Änderungen an den Verlagskonstellationen bitten wir elektronisch über die Online-Werkanmeldung oder als CWR-Datei einzureichen.

Ich bestätige, dass diese Ergänzung bzw. Veränderung zwischen den Beteiligten am Werk geklärt worden ist, und versichere, dass alle Angaben auf dieser Änderungsmitteilung nach bestem Wissen und Gewissen gemacht wurden.

Bestätigung für Änderungen an Auftragskompositionswerken zu Fernsehproduktionen, die bei der GEMA ab dem 01.01.2007 angemeldet worden sind: Wenn sich die vom Verlag mitgeteilte Änderung auf eine Auftragskomposition zu einer Fernsehproduktion (Fernsehauftragskomposition) bezieht, bestätigt der Verlag hiermit gemäß Verteilungsplan § 7 Abs. 2, dass die Übertragung der Verlagsrechte nicht Bedingung oder Voraussetzung für die Erteilung des Kompositionsauftrags war.

Name des Verlages bzw. Name/Vorname des Urhebers | GEMA-Mitgliedsnummer

Ort

Datum | Unterschrift

MUSIK IST UNS WAS WERT | www.gema.de

Bearbeitungsgenehmigung

GEMA
Postfach 30 12 40
10722 Berlin

Fax +49 30 21245-950
Internet www.gema.de

BEARBEITUNGSGENEHMIGUNG

Ich bestätige hiermit, dass

| Name | Vorname |

mein Werk (Verlagswerk)

| Titel | GEMA-Datenbanknummer |

mit meiner ausdrücklichen Genehmigung für die folgende Besetzung

Angaben zur Besetzung

bearbeitet hat und berechtigt ist, diese Bearbeitung der GEMA anzumelden.

Dem oben genannten Bearbeiter steht somit der Bearbeiteranteil gemäß GEMA-Verteilungsplan zu.

Bemerkungen

Ich bestätige hiermit, dass ich autorisiert bin, diese Bearbeitung zu genehmigen.

Name des Verlages bzw. Name/Vorname des Komponisten des bearbeiteten Werkes	GEMA-Mitgliedsnummer
Ort	
Datum	Unterschrift

Stand 23.3.2018

MUSIK IST UNS WAS WERT | www.gema.de

Bearbeitung | Seite 1 // 1

VERTONUNGSGENEHMIGUNG

GEMA
Postfach 30 12 40
10722 Berlin

Fax +49 30 21245-950
Internet www.gema.de

VERTONUNGSGENEHMIGUNG

Ich bestätige hiermit, dass

| Name | Vorname |

mein Werk (Verlagswerk)

| Titel |

mit meiner ausdrücklichen Genehmigung für die folgende Besetzung

| Angaben zur Besetzung |

vertont hat und berechtigt ist, diese Vertonung der GEMA anzumelden.
Dem oben genannten Komponisten steht somit der Komponistenanteil gemäß GEMA-Verteilungsplan zu.

| Bemerkungen |

Ich bestätige hiermit, dass ich autorisiert bin, diese Vertonung zu genehmigen.

Name des Verlages bzw. Name/Vorname des Textdichters des vertonten Werkes	GEMA-Mitgliedsnummer (falls vorhanden)
Ort	
Datum	Unterschrift

MUSIK IST UNS WAS WERT | www.gema.de

Vertonungsgenehmigung | Seite 1

Verwendungs-genehmigung

GEMA
Postfach 30 12 40
10722 Berlin

Fax +49 30 21245-950
Internet www.gema.de

VERWENDUNGSGENEHMIGUNG

Ich bestätige hiermit, dass

| Name | Vorname |

mein Werk (Verlagswerk)

| Titel | GEMA-Datenbanknummer |

mit meiner ausdrücklichen Genehmigung in seinem/ihrem Werk

Angaben zur Neukomposition

verwendet hat und berechtigt ist, dieses neue Werk der GEMA anzumelden.

Ihm/Ihr steht der Komponistenanteil des neuen Werkes

☐ zu 100 %

oder

☐ zu _____ % zu, während die restlichen Komponistenanteile auf das verwendete Werk entfallen.

Bemerkungen

Ich bestätige hiermit, dass ich autorisiert bin, diese Verwendung zu genehmigen.

| Name des Verlages bzw. Name/Vorname des Komponisten des verwendeten Werkes | GEMA-Mitgliedsnummer (falls vorhanden) |

Ort

Datum | Unterschrift

MUSIK IST UNS WAS WERT | www.gema.de

Verwendungsgenehmigung | Seite 1 // 1

Stand 27.7.2018

Meldung für nationale und internationale Verträge

GEMA
Abteilung Vereinbarungen
Postfach 30 12 40
10722 Berlin

Fax +49 30 21245-950
E-Mail vereinbarungen@gema.de
Internet www.gema.de

MELDUNG FÜR NATIONALE UND INTERNATIONALE VERTRÄGE

☐ Generalvertrag ☐ Anschlussvertrag ☐ Einzelsubverlagsvertrag ☐ Optionsvertrag ☐ Optionsanschlussvertrag

Originalverlag bzw. Edition / Abtretender | IP-Name-Nr. / GEMA-Mitgliedsnummer

Subverlag / Übernehmender (mit Angabe der Verwertungsgesellschaft/en) | IP-Name-Nr. / GEMA-Mitgliedsnummer

Vertragspartner des Subverlages | IP-Name-Nr. / GEMA-Mitgliedsnummer

Vertragsgebiet (TIS-Codes)

☐ Weitergaben (siehe Anlage)   ☐ Subverlagsverträge der übernehmenden Partei zu Gunsten von lokalen Vertretern kommen zur Anwendung (nur für Anschlussvertrag / Optionsanschlussvertrag)

Online-Rechte sind enthalten ☐ Ja ☐ Nein   **Herstellungsrechte wurden übertragen** (nur relevant für internationales Repertoire) ☐ Ja ☐ Nein

Vertrag gültig ab (Tag/Monat/Jahr) | Vertrag gültig bis (Tag/Monat/Jahr) | **Automatische Verlängerung** ☐ Ja ☐ Nein

Rückwirkendes Inkasso ☐ Ja ☐ Nein

Nachträgliches Inkasso ☐ Ja Bis (Tag/Monat/Jahr) ☐ Nein ☐ Unbefristet

Anteilsaufteilung Aufführungs- und Senderecht gemäß Londoner Verteilungsschlüssel

Anteile der Urheber ___ %   Anteile des Originalverlags ___ %   Anteile des Subverlags ___ %

Anteilsaufteilung im mechanischen Vervielfältigungsrecht

Anteile der Urheber ___ %   Anteile des Originalverlags ___ %   Anteile des Subverlags ___ %

Beteiligung des Subverlags im mechanischen Recht bei Hauptkonto-Abrechnung für internationales Repertoire ___ %

Beteiligung des Subverlegers im mechanischen Recht bei
☐ Vertrieb (Verkäufe) im Vertragsgebiet (einschl. aller Importe) oder ☐ Fabrikation im Vertragsgebiet (einschl. aller Exporte)

Verlegerbeteiligung
☐ Der Verleger versichert, dass die Zustimmung der Autoren zur Beteiligung des Verlegers an Ausschüttungen auf gesetzliche Vergütungsansprüche nach § 27a VGG vorliegt und stellt die GEMA von Ansprüchen frei, die Dritte gegen die GEMA bei einer fehlenden Berechtigung des Verlages geltend machen.

Ort

Datum | Unterschrift

MUSIK IST UNS WAS WERT | www.gema.de   Verträge | Seite 1 // 2

Hinweise zum Ausfüllen

HINWEISE ZUM AUSFÜLLEN

Bitte tragen Sie unbedingt Sorge dafür, dass Ihr Subvertragspartner seine Verwertungsgesellschaft in der gleichen Weise informiert, damit nicht Missverständnisse oder Widersprüche zu unnötigen Reklamationen und Abrechnungsverzögerungen führen!

Bitte wählen Sie den entsprechenden Vereinbarungstyp aus:

- **Generalvertrag** (Gesamtrepertoire) oder
- **Anschlussvertrag** oder
- **Einzelsubverlagsvertrag** (gilt nur für ein einzelnes Werk) oder
- einen **Optionsvertrag** (Teilrepertoire z. B. Rechte an einer CD) oder
- **Optionsanschlussvertrag**

Im Falle der Anmeldung eines Optionsvertrages / Optionsanschlussvertrages oder eines Einzelsubverlagsvertrages fügen Sie bitte, wenn vorhanden bzw. sich die Anmeldung dieser Verträge auf bereits bestehende Werke bezieht, dem Formular eine entsprechende Werkeliste bei. Nach Registrierung Ihres Vertrages erhalten Sie von uns eine Vereinbarungsnummer, die anschließend für die Anmeldung Ihrer Werke genutzt werden kann.

Originalverlag / Abtretende Partei
Name des Originalverlages bzw. des abtretenden Verlages.

Bitte beachten Sie bei GEMA-Originalrepertoire, dass alle Editionen und übernommenen Verlage, die unter der gleichen GEMA-Beteiligtennummer wie der Hauptverlag geführt werden, automatisch ebenfalls der generellen Vertretung durch den angegebenen ausländischen Subverleger unterliegen.

Für künftige, neu eingerichtete Editionen, die unter einer eigenen GEMA-Beteiligtennummer geführt werden, muss jeweils eine gesonderte Meldung für nationale und internationale Verträge ausgefüllt werden.

Subverlag / Übernehmender
Name des Subverlages bzw. der übernehmenden Partei, wenn möglich mit Angabe der Verwertungsgesellschaft.

Vertragspartner des Subverlages
Dieses Feld ist nur auszufüllen, wenn die Subverlagsrechte über/via einen weiteren Vertragspartner erlangt werden. Im Regelfall entspricht der Vertragspartner des Subverlages dem Originalverlag bzw. der abtretenden Partei.

IP-Name-Nr. / GEMA Beteiligten-Nr.
Bitte geben Sie für eine eindeutige Zuordnung, wenn bekannt die IP-Name-Nr oder die GEMA-Beteiligtennummer an.

Vertragsgebiet
Bitte verwenden Sie zur eindeutigen Identifizierung des Vertragsgebietes die von der CISAC vorgeschriebenen TIS-Codes (TIS-N oder TIS-A), die international normiert sind. **https://www.gema.de/tis-codes**

Übertragung der Online-Rechte
Bitte kreuzen Sie „Ja" an, wenn die Online-Rechte im Rahmen der angemeldeten Katalogvereinbarung Bestandteil des Vertrages sind.
Bitte kreuzen Sie „Nein" an, wenn die Online-Rechte im Rahmen dieser Katalogvereinbarung nicht Bestandteil des Vertrages sind.

Übertragung des Herstellungsrechts (Sync Right) (nur relevant für internationales Repertoire)
Bitte kreuzen Sie „Ja" an, wenn Ihnen der Originalverlag im Rahmen der mit Ihnen geschlossenen Katalogvereinbarung auch das Herstellungsrecht (auch: synchronization right, abgekürzt sync right) übertragen hat.
Bitte kreuzen Sie „Nein" an, wenn Ihnen der Originalverlag das Herstellungsrecht im Rahmen dieser Katalogvereinbarung nicht übertragen hat.

Anteilsaufteilung
Bitte geben Sie jeweils für das Aufführungs- und Senderecht sowie für das mechanische Vervielfältigungsrecht die prozentualen Anteile aller Beteiligtenrollen im Subgebiet an. Die Summe der Felder muss jeweils 100% ergeben.

Bitte beachten Sie, dass die generelle Vertretung eines GEMA-Originalverlagskataloges durch einen ausländischen Subverleger mit einem Inkasso von 100% im mechanischen Vervielfältigungsrecht für den Subverleger nicht erlaubt ist.

Beteiligung des Subverlegers bei Hauptkonto-Abrechnung
Diese Angabe ist nur für das internationale Repertoire auszufüllen.

Die bloße Angabe einer Hauptkontoquote berechtigt jedoch noch nicht zu einer Abrechnung auf Hauptkonto. Eine Abrechnung auf Hauptkonto erfolgt nur dann, wenn die „Erklärung zum Anspruch auf Hauptkontoverrechnung" eingereicht wird und die darin geforderten Voraussetzungen (u.a. Veröffentlichung einer handelsüblichen Druckausgabe) erfüllt sind.

Verlegerbeteiligung
Bitte geben Sie an, ob Sie als übernehmender GEMA-Subverleger die Berechtigung zur Beteiligung an Ausschüttungen auf gesetzliche Vergütungsansprüche haben (§ 27a VGG).

Wenn Sie zur Beteiligung an Ausschüttungen auf gesetzliche Vergütungsansprüche berechtigt sind, kreuzen Sie diesen Absatz an. Bitte beachten Sie, dass die GEMA von Ansprüchen freistellen, die sich für den Fall, dass Ihre Angabe unzutreffend sein sollte, ergeben können.

Wenn Sie lediglich zur Beteiligung an den Nutzungsrechten berechtigt sind, kreuzen Sie diesen Absatz nicht an. In diesem Fall erfolgt keine Beteiligung des Verlages an Ausschüttungen auf gesetzliche Vergütungsansprüche.

www.gema.de

ANMELDUNG AUDIOVISUELLE PRODUKTIONEN

GEMA
Abteilung Produkte
Postfach 30 12 40
10722 Berlin

GEMA-AV-Nummer

ANMELDUNG AUDIOVISUELLE PRODUKTIONEN (AV-PRODUKTIONEN)

☐ Anmeldung durch das GEMA-Mitglied ☐ Anmeldung durch den AV-Produzenten/Lizenznehmer

ANGABEN ZUR AV-PRODUKTION

Originaltitel der AV-Produktion/der Episode

Alternativtitel

Serientitel | Episodennummer | Tag der Erstsendung

Produktionsland | Produktionsjahr | Gesamtlänge Std/Min/Sek

Regisseur | Darsteller

Versionsart ☐ Nationale ☐ Internationale ☐ Langversion ☐ Kurzversion Sonstige Versionsart

VERWERTUNGSGEBIETE

☐ Deutschland ☐ Deutschland/Österreich/Schweiz ☐ Europa

Sonstige Länder

ANGABEN ZUM PRODUZENTEN/LIZENZNEHMER

AV-Produzent einschl. Anschrift | E-Mail-Adresse

Verleih/Lizenznehmer einschl. Anschrift | E-Mail-Adresse

GEMA-Rechnung an
☐ Produzent ☐ Lizenznehmer

MUSIK IST UNS WAS WERT | www.gema.de

Anmeldung AV-Produktionen | Seite 1 // 3

Anmeldung audiovisuelle Produktionen

Originaltitel der AV-Produktion/der Episode

Serientitel | Episodennummer

ART DER AV-PRODUKTION

Kino
☐ Hauptfilm ☐ Kurzfilm

Wirtschaftsfilm/Industriefilm
☐ zur öffentlichen Wiedergabe
(Messen, firmeninterne Veranstaltungen, Seminare etc.)
☐ Lehr-/Fortbildungsfilm

Anzahl der Kopien zur Aufführung/Präsentation

Fernsehen
☐ Fernseheigen- oder Fernsehauftragsproduktion für eigene Sendezwecke und Übernahmesendungen
☐ Show
☐ Sonstige Fernsehproduktion (z. B. Coproduktion)

Name des Senders

Bildtonträger
☐ Erstverwertung einer Videoproduktion ☐ Zweitverwertung einer Kinoproduktion
☐ Zweitverwertung einer Fernsehproduktion

Trägerart
☐ DVD ☐ Blu-ray Disc Sonstige Trägerart

Anzahl der Kopien

für den Verkauf | Abgabepreis an Einzelhandel | Abgabepreis an Endverbraucher | zur kostenlosen Abgabe

Internet
☐ Erstverwertung einer Internetproduktion ☐ Zweitverwertung einer Fernsehproduktion ☐ Wirtschaftsfilm

Plattform

Anbieter

Website (URL)

Für die Anmeldung von Werbespots verwenden Sie bitte das Formular „Audiovisuelle Werbespots - Werbetrenner und Trailer"

HERSTELLUNGSRECHTE

Für Komponisten/Verleger
☐ Ich habe/werde die Herstellungsrechte im eigenen Namen gegenüber dem Produzenten/Lizenznehmer wahrgenommen/wahrnehmen.
☐ Ich habe noch keine Lizenzvereinbarung mit dem Produzenten/Lizenznehmer getroffen. Ich bitte die GEMA, die Herstellungsrechte gegenüber dem Produzenten/Lizenznehmer wahrzunehmen und nach Tarif zu lizenzieren.

Für AV-Produzenten/Lizenznehmer
Die Herstellungsrechte wurden mit den Berechtigten geklärt. ☐ Ja (bitte Nachweis beifügen) ☐ Nein

Bei Fernsehproduktionen vergibt die GEMA die Herstellungsrechte an Fernsehanstalten und deren eigene Werbegesellschaften insoweit, als es sich um Eigen- oder Auftragsproduktionen für eigene Sendezwecke und Übernahmesendungen handelt.

MUSIK IST UNS WAS WERT | www.gema.de

ANMELDUNG AUDIOVISUELLE PRODUKTIONEN

Originaltitel der AV-Produktion/der Episode

Serientitel | Episodennummer

ANGABEN ZUM MUSIKINHALT

Gesamtlänge der Musik

Std/Min/Sek | Version

Titelliste

Umfasst die nachfolgende Musikaufstellung den gesamten Musikinhalt? ☐ Ja ☐ Nein ☐ Wird unaufgefordert nachgereicht

Soweit die Illustrationsmusiken auf thematischer Verwendung texierter Lieder beruhen, ist der Name des Textdichters und ggf. des Bearbeiters anzugeben. Bitte geben Sie in der Musikaufstellung sämtliche an den jeweiligen Musikwerken Beteiligte an.

FSA / VBW/ AW [1]	Werktitel [2] (ggf. GEMA-Werknummer)	Rolle K = Komponist B = Bearbeiter T = Textdichter V = Verlag	Name des Rechteinhabers (ggf. GEMA-Mitgliedsnummer)	CH [3]	Spieldauer je Werk Min / Sek	Musik und Text wurden eigens für die Musikkomposition mit Text geschaffen [4]
						☐ Ja ☐ Nein
						☐ Ja ☐ Nein
						☐ Ja ☐ Nein
						☐ Ja ☐ Nein
						☐ Ja ☐ Nein

[1] FSA = Auftragskomposition zur Fernsehproduktion/VBW = Vorbestehendes Werk/AW = Auftragswerk
[2] Wenn FSA oder AW, dann Werktitel = Titel der AV-Produktion
[3] CH (Charakteristik): V = Vorspannmusik; T = Titelsong/Titelmusik; I = Illustrationsmusik; N = Nachspann/Abspannmusik; VM = Visuelle Musik
[4] Optionale Angabe bei Neuanmeldungen von Werken, die unter § 65 Absatz 3 des Urheberrechtsgesetzes fallen.

Unter Bezugnahme auf § 7 Abs. 2 des Verteilungsplans bestätige ich als Verlag bzw. als Produzent im eigenen Namen sowie für den Verlag hiermit, dass die Übertragung der Verlagsrechte der in der oben genannten **Fernsehproduktion** enthaltenen Auftragskomposition(en) nicht Bedingung oder Voraussetzung für die Erteilung des Kompositionsauftrages war.

Produzent
Erklärung: Ich versichere hiermit, dass die Angaben zur oben aufgeführten audiovisuellen Produktion, insbesondere Titelangaben und Musikdauer, in vollem Umfang der Wahrheit entsprechen.

GEMA-Mitglied
Rechtsübertragung: Ich/Wir übertrage/n der GEMA für diese(s) Werk(e) Ausschließlichkeitsrechte nach Maßgabe des Berechtigungsvertrages. Es wird versichert, dass alle Angaben auf diesem Anmeldebogen nach bestem Wissen und Gewissen gemacht wurden. Ich/Wir bin/sind damit einverstanden, dass von dieser Erklärung auch gegenüber Behörden und Gerichten Gebrauch gemacht wird. Mir/Uns ist bekannt, dass die Angabe einer falschen Versicherung strafrechtliche und vereinsrechtliche Folgen haben kann.

Ort/Datum | GEMA-Mitgliedsnummer | Ort/Datum

Unterschrift des AV-Produzenten oder des Lizenznehmers, Firmenstempel | Unterschrift des Komponisten oder Verlegers

MUSIK IST UNS WAS WERT | www.gema.de

Herstellungsrecht für audiovisuelle (AV) Produktion, Rückfall/Übertragung-Erstinformation

GEMA
Abteilung Produkte
Postfach 30 12 40
10722 Berlin

RÜCKFALL/ÜBERTRAGUNG - ERSTINFORMATION
HERSTELLUNGSRECHT FÜR AUDIOVISUELLE (AV) PRODUKTION

☐ Wir teilen Ihnen mit, dass wir für die unten genannte audiovisuelle Produktion gemäß § 1 i) (1) des GEMA-Berechtigungsvertrages das Herstellungsrecht des unten genannten Werkes **im eigenen Namen** gegenüber dem Lizenznehmer/Produzenten wahrnehmen möchten. Wir werden der Verwendung des Werkes gegenüber dem Lizenznehmer/Produzenten

  ☐ zustimmen bzw. haben der Verwendung des Werkes bereits zugestimmt.

  ☐ **nicht** zustimmen bzw. haben der Verwendung des Werkes bereits **nicht** zugestimmt.
  Der Lizenznehmer/Produzent wird/wurde bereits von uns direkt informiert.

☐ Wir bitten hiermit die GEMA, das Herstellungsrecht an dem unten genannten Werk im Hinblick auf die unten genannte audiovisuelle Produktion wahrzunehmen. **Wir haben bisher noch keine Vertragsvereinbarung mit dem Lizenznehmer/Produzenten getroffen.**

| Titel der AV-Produktion |
| Original-Titel |
Produzent	Lizenznehmer
Werktitel mit GEMA-Werknummer	Sek.
Komponist	Originalverlag
Art/Verwendungszweck der AV-Produktion
Bei Internetnutzung Website (URL)

☐ Musikaufstellung liegt vor   **GEMA-Rechnung an**   ☐ Produzent   ☐ Lizenznehmer

Uns ist bekannt, dass die Lizenzierung des Herstellungsrechts bei **Eigen- oder Auftragsproduktionen** der Fernsehanstalten und deren eigene Werbegesellschaften für eigene Sendezwecke und Übernahmesendungen gemäß § 1 i) (2) des GEMA-Berechtigungsvertrages durch die **GEMA** erfolgt.

| Ort/Datum | GEMA-Mitgliedsnummer |
| Unterschrift | Firmenstempel oder maschinenschriftliche Absenderangabe |

MUSIK IST UNS WAS WERT | www.gema.de   Erstinformation | Seite 1 // 1

AUDIOVISUELLE WERBESPOTS – WERBETRENNER UND TRAILER

GEMA-AV-Nummer: _____

AUDIOVISUELLE WERBESPOTS - WERBETRENNER UND TRAILER

ANGABEN ZU PRODUKTION

Originalspottitel: _____

Alternativspottitel: _____ | Produkt/mit dem Trailer beworbene Produktion: _____

Werbeproduzent (einschl. Anschrift): _____

Werbeagentur (einschl. Anschrift): _____

Produktionsjahr: _____ | Produktionsland: _____ | Werbespotlänge (in Sek): _____ | Gesamtmusiksekunden [1]: _____

GEMA Rechnung bei Onlinewerbung an ☐ Werbeproduzent ☐ Werbeagentur ☐ Dritte

Bei Dritten: Name und Anschrift des Rechnungsempfängers: _____

Verwendung
☐ Kino ☐ TV ☐ Online | Website (URL): _____ | von (Datum) ____ bis (Datum) ____

Art
☐ Werbung ☐ Sendereigenwerbung ☐ Werbetrenner
☐ Trailer   Handelt es sich bei der mit dem Trailer beworbenen Produktion um eine Fernseheigen-
         oder Fernsehauftragsproduktion für eigene Sendezwecke oder Übernahmesendungen?   ☐ Ja ☐ Nein

Verwertungsgebiete ☐ Deutschland ☐ Deutschland/Österreich/Schweiz ☐ Europa ☐ sonstige Länder (bitte angeben)

Sonstige Länder: _____

ANGABEN ZUM MUSIKINHALT

	GEMA Werknummer	Werktitel	Komponist (GEMA-Mitglieds-Nr.)	Textdichter (GEMA-Mitglieds-Nr.)	Bearbeiter (GEMA-Mitglieds-Nr.)	Verlag (GEMA-Mitglieds-Nr.)	Sek [2]	AK [3]
Werk								☐
Werk								☐
Jingle								☐

1) Die tatsächlich genutzte Spieldauer aller Musikwerke (inkl. Jingles/Logos) im Werbespot
2) Die tatsächlich genutzte Spieldauer des einzelnen Musikwerkes bzw. des einzelnen Jingles/Logos im Werbespot
3) Bitte ankreuzen, wenn es sich um einen TV Trailer handelt und das darin enthaltene Werk als Auftragskomposition (AK) eigens für eine mit dem Trailer angekündigte Eigen- oder Auftragsproduktion geschaffen wurde.

Erklärung des Auftraggebers
Ich versichere, dass die Angaben zum oben aufgeführten Werbespot ins-
besondere bezüglich Titelangaben, Spotlänge und Musikdauer in vollem
Umfang der Wahrheit entsprechen. Ich versichere, dass die Angaben zum
Musikinhalt vollständig sind.

Erklärung des Komponisten/Verlages
Ich versichere, dass alle Angaben auf diesem Anmeldebogen nach bestem
Wissen und Gewissen gemacht wurden. Ich bin/Wir sind damit einverstan-
den, dass von dieser Erklärung auch gegenüber Behörden und Gerichten
Gebrauch gemacht wird. Mir/Uns ist bekannt, dass die Abgabe einer falschen
Versicherung strafrechtliche und vereinsrechtliche Folgen haben kann.

Ort/Datum: _____ | Mitgliedsnummer: _____ | Ort/Datum: _____

Unterschrift des Auftraggebers (Werbeproduzent/Werbeagentur), Firmenstempel | Unterschrift des Komponisten oder Verlegers

MUSIK IST UNS WAS WERT | www.gema.de   Anmeldung Werbespots | Seite 1 // 1

VII 14 | Formulare

Musikfolge Einzelveranstaltung mit Livemusik

GEMA
KundenCenter
11506 Berlin

Telefon +49 (0) 30 588 58 999
Fax +49 (0) 30 212 92 795
E-Mail kontakt@gema.de
Internet www.gema.de

Ihre Kundennummer

MUSIKFOLGE EINZELVERANSTALTUNG MIT LIVEMUSIK *

Angaben zum Veranstalter

Name des Veranstalters

...taltung | Art der Veranstaltung *

| PLZ/Ort

| Telefax | Mobil

| Internetseite

| Veranstaltungsraum (z. B. Saal)

| PLZ/Ort

Datum der Veranstaltung | Uhrzeit (von bis) | Eintrittsgeld in € | ☐ weniger als 10 Zuhörer **

* z.B.: Tanz, Unterhaltungsmusik, Konzert, Gesellige Veranstaltung, Straßenfest, etc.

Angaben zur Kapelle/Band

☐ Hauptprogramm bzw. Hauptgruppe **
☐ Vorprogramm bzw. Vorgruppe **
☐ alleinige Kapelle / Band der Veranstaltung **

Name der Kapelle/Band

Name des musikalischen Leiters/Bandleaders | GEMA-Mitgliedsnummer (falls bekannt)

Anzahl der Musiker und Sänger | Art der Besetzung *

Straße/Nr. | PLZ/Ort

Telefon | Telefax | Mobil

E-Mail | Internetseite

* z.B.: Alleinunterhalter, Tanzband, Rockgruppe, Orchester, Blaskapelle, etc.   ** Bei Zutreffen bitte ankreuzen

Stand 22. 5. 2018

MUSIK IST UNS WAS WERT | www.gema.de

Musikfolge | Seite 1 // 3

MUSIKFOLGEN SCHNELL UND BEQUEM EINREICHEN: Nutzen Sie das neue Onlineportal der GEMA! → www.gema.de/portal

529

VII 15 | Formulare

Musikfolge für mehrere Einzelveranstaltungen mit Live-Musik

GEMA
Postfach 301240
10722 Berlin

MUSIKFOLGE FÜR MEHRERE EINZELVERANSTALTUNGEN MIT LIVE-MUSIK [1)]

MUSIKFOLGEN SCHNELL UND BEQUEM EINREICHEN: Nutzen Sie das neue Onlineportal der GEMA! → www.gema.de/portal

Name der Kapelle

[...] s Musikleiters

GEMA-Mitgliedsnummer (falls bekannt)

[...] ker und Sänger

Art der Besetzung (z. B. Alleinunterhalter, Tanzband, Rockgruppe, Blaskapelle)

PLZ/Ort

Telefax

Mobil

Internetseite

[...] ben zu den Veranstaltungen

Veranstaltung

Datum | Uhrzeit von | Uhrzeit bis

Veranstalter

Straße/Nr. | PLZ/Ort

Name des Veranstaltungsortes | Veranstaltungsraum

Straße/Nr. | PLZ/Ort

Art der Veranstaltung * | Name der Veranstaltung

Eintrittsgeld €

☐ Weniger als 10 Zuhörer **
☐ Hauptprogramm bzw. Hauptgruppe **
☐ Vorprogramm bzw. Vorgruppe **
☐ Alleinige Kapelle/Band der Veranstaltung **

* z. B. Tanz, Unterhaltungsmusik, Konzert, Gesellige Veranstaltung, Straßenfest
** Bei Zutreffen bitte ankreuzen

Musikfolgen jetzt auch online einreichen: www.gema.de/musikfolgen

MUSIK IST UNS WAS WERT | www.gema.de

Musikfolge | Seite 1 // 10

Stand 22. 5. 2018

Kontoauszug

GEMA • MgP • Postfach 80 07 67 • 81607 München

Herrn
Genius Urheber
Rosenheimer Str. 11
81667 München

Kontoauszug
Nr.: 2019/02

Buchungszeitraum
01.04.2019 bis 30.06.2019

Da dieser Kontoauszug und ggf. beiliegende Anlagen wichtige Grundlagen für Ihre Steuererklärung darstellen, empfehlen wir sorgfältige Aufbewahrung.

03.07.2019

99999999 Urheber, Genius
Bitte obige Mitgliedsnummer bei Schriftwechsel immer angeben!

	EUR Brutto
Saldo-Vortrag:	0,00 S
Gutschriften gem. MgPGut 2019/85770	37.236,00 H
Belastungen gem. MgPRech 2019/7756	32,30 S
Saldo:	37.203,70 H

Irrtum vorbehalten!

Seite 1 von 1

GEMA
Gesellschaft für musikalische Aufführungs- und mechanische Vervielfältigungsrechte
Mitglieder- und Partner-Administration
www.gema.de

Rosenheimer Str. 11
81667 München
Telefon +49 89 48003-550
Fax +49 89 48003-555
E-Mail mr-mgp@gema.de

Der Vorstand
Dr. Harald Heker
(Vorstandsvorsitzender)
Lorenzo Colombini
Georg Oeller

Unsere Bankverbindung
Commerzbank vormals Dresdner Bank
BIC: DRESDEFF700
IBAN: DE42 7008 0000 0381 3095 00
GEMA USt-ID-Nr.: DE136622151

Anlage zum Kontoauszug – Gutschrift

GEMA • MgP • Postfach 80 07 67 • 81607 München

Herrn
Genius Urheber
Rosenheimer Str. 11
81667 München

Gutschrift
Nr.: MgPGut 2019/85770

zu Kontoauszug 2019/02
Buchungszeitraum
01.06.2019 bis 30.06.2019

Da dieser Gutschriftsbeleg eine wichtige Grundlage für Ihre Steuererklärung darstellt, empfehlen wir sorgfältige Aufbewahrung.

03.07.2019

99999999 Urheber, Genius
Bitte obige Mitgliedsnummer bei Schriftwechsel immer angeben!

	Abr.Nr.	EUR Netto	EUR Brutto
A VR 2019 K		500,00 H	535,00 H
USt 7% auf EUR 500,00		35,00 H	
A AR 2019 K		1.000,00 H	1.070,00 H
USt 7% auf EUR 1.000,00		70,00 H	
FS VR 2018 T		1.800,00 H	1.926,00 H
USt 7% auf EUR 1.800,00		126,00 H	
FS 2018 T		3.000,00 H	3.210,00 H
USt 7% auf EUR 3.000,00		210,00 H	
R VR 2018 K		1.500,00 H	1.605,00 H
USt 7% auf EUR 1.500,00		105,00 H	
R 2018 K		2.000,00 H	2.140,00 H
USt 7% auf EUR 2.000,00		140,00 H	
PHO VR 2.Hj. 2018 K		15.000,00 H	16.050,00 H
USt 7% auf EUR 15.000,00		1.050,00 H	
PHO VR 2.Hj. 2018 T		10.000,00 H	10.700,00 H
USt 7% auf EUR 10.000,00		700,00 H	

Zusammenstellung der Buchungen   Gutschriften (H)
                                                                                      EUR

Vergütungen zum USt-Satz 7%	34.800,00
zuzügl. 7% USt	2.436,00
Zwischensumme	37.236,00

Irrtum vorbehalten!   Seite 1 von 2

GEMA
Gesellschaft für musikalische Aufführungs- und mechanische Vervielfältigungsrechte
Mitglieder- und Partner-Administration
www.gema.de

Rosenheimer Str. 11
81667 München
Telefon +49 89 48003-550
Fax   +49 89 48003-555
E-Mail mr-mgp@gema.de

Der Vorstand
Dr. Harald Heker
(Vorstandsvorsitzender)
Lorenzo Colombini
Georg Oeller

Unsere Bankverbindung
Commerzbank vormals Dresdner Bank
BIC: DRESDEFF700
IBAN: DE42 7008 0000 0381 3095 00
GEMA USt-ID-Nr.: DE136622151

Anlage zum Kontoauszug – Gutschrift

GEMA • MgP • Postfach 80 07 67 • 81607 München

Herrn
Genius Urheber
Rosenheimer Str. 11
81667 München

Gutschrift
Nr.: MgPGut 2019/85770

zu Kontoauszug 2019/02
Buchungszeitraum
01.06.2019 bis 30.06.2019

Da dieser Gutschriftsbeleg eine wichtige Grundlage für Ihre Steuererklärung darstellt, empfehlen wir sorgfältige Aufbewahrung.

03.07.2019

99999999 Urheber, Genius
Bitte obige Mitgliedsnummer bei Schriftwechsel immer angeben!

Gesamtgutschriftsbetrag   37.236,00

Ihre Steuernummer: 9147/666/50863
Ihre Steuer-Identifikationsnummer: wurde nicht mitgeteilt
Ihre USt-ID-Nr.: wurde nicht mitgeteilt

Irrtum vorbehalten!   Seite 2 von 2

GEMA	Rosenheimer Str. 11	Der Vorstand	Unsere Bankverbindung
Gesellschaft für musikalische Aufführungs- und mechanische Vervielfältigungsrechte	81667 München	Dr. Harald Heker	Commerzbank vormals Dresdner Bank
Mitglieder- und Partner-Administration	Telefon +49 89 48003-550	(Vorstandsvorsitzender)	BIC: DRESDEFF700
www.gema.de	Fax +49 89 48003-555	Lorenzo Colombini	IBAN: DE42 7008 0000 0381 3095 00
	E-Mail mr-mgp@gema.de	Georg Oeller	GEMA USt-ID-Nr.: DE136622951

Anlage zum Kontoauszug – Rechnung

GEMA · MgP · Postfach 80 07 67 · 81607 München

Herrn
Genius Urheber
Rosenheimer Str. 11
81667 München

Rechnung
Nr.: MgPRech 2019/7756

zu Kontoauszug 2019/02
Buchungszeitraum
01.06.2019 bis 30.06.2019

Da dieser Rechnungsbeleg eine wichtige Grundlage für Ihre Steuererklärung darstellt, empfehlen wir sorgfältige Aufbewahrung.

03.07.2019

99999999 Urheber, Genius
Bitte obige Mitgliedsnummer bei Schriftwechsel immer angeben!

	Abr.Nr.	EUR Netto	EUR Brutto
GB GEMA-Jahrbuch		7,94 S	8,50 S
USt 7% auf EUR 7,94		0,56 S	
GB Fotokopie vom 17.6.2019		20,00 S	23,80 S
USt 19% auf EUR 20,00		3,80 S	

Zusammenstellung der Buchungen

	Belastungen (S) EUR
Kosten zum USt-Satz 7%	7,94
zuzügl. 7% USt	0,56
Zwischensumme	8,50
Kosten zum USt-Satz 19%	20,00
zuzügl. 19% USt	3,80
Zwischensumme	23,80
Gesamtbelastungsbetrag	32,30

USt-ID-Nr. der GEMA: DE136622151

Irrtum vorbehalten!   Seite 1 von 1

GEMA	Rosenheimer Str. 11	Der Vorstand	Unsere Bankverbindung
Gesellschaft für musikalische Aufführungs- und mechanische Vervielfältigungsrechte	81667 München	Dr. Harald Heker	Commerzbank vormals Dresdner Bank
Mitglieder- und Partner-Administration	Telefon +49 89 48003-550	(Vorstandsvorsitzender)	BIC: DRESDEFF700
www.gema.de	Fax +49 89 48003-555	Lorenzo Colombini	IBAN: DE42 7008 0000 0381 3095 00
	E-Mail mr-mgp@gema.de	Georg Oeller	GEMA USt-ID-Nr.: DE136622151

KONTOAUSZÜGE, ABKÜRZUNGEN

A AR	Auslandsabrechnung für Aufführungs-, Vorführungs-, Sende- und Wiedergaberecht
A VR	Auslandsabrechnung für Vervielfältigungsrecht
Abr. Nr.	Abrechnungsnummer
ABTR	Abtretung einer Forderung auf Zahlung eines Geldbetrages an einen Dritten
ABZ	Abzug
AS	Alterssicherung
Aufn. GB	Aufnahmegebühr
B	Bearbeiter (in Verbindung mit Abrechnungssparte)
BK	Banküberweisung
BM	Bühnenmusik
BS	Bearbeiterschätzung
BT VR	Vervielfältigungsrecht an Bildtonträgern
BV	Bühnenverleger (in Verbindung mit PHO VR)
DK	Mechanische Musikwiedergabe in Diskotheken
DK VR	Vervielfältigungsrecht bei mechanischer Musikwiedergabe in Diskotheken
DKV	Deutscher Komponistenverband e. V.
DMV	Deutscher Musikverleger-Verband e. V.
DTV	Deutscher Textdichter-Verband e. V.
E	Veranstaltungen Ernster Musik
ED	E-Musik-Direktverrechnung (Nettoeinzelverrechnung)
EM	E-Musik-Aufführungen mittels mechanischer Vorrichtungen (Nettoeinzelverrechnung)
ESt	Einkommensteuer
FA	Finanzamt
FS	Senderecht im Fernsehrundfunk und Wiedergaberecht bei öffentlicher Wiedergabe von Fernsehrundfunksendungen
FS GR	Öffentliche Wiedergabe von Fernsehrundfunksendungen mit Werken „Großen Rechts"
FS VR	Vervielfältigungsrecht im Fernsehrundfunk
GB	Gebühren
GOP	Gemischte Online-Plattformen – zum bloßen Anhören (Streaming)
GOP VR	Vervielfältigungsrecht für Gemischte Online-Plattformen – zum bloßen Anhören (Streaming)
H	Haben (Gutschrift/Guthaben)
Hj.	Halbjahr

KONTOAUSZÜGE, ABKÜRZUNGEN

I FS	Senderecht im Fernsehrundfunk und Wiedergaberecht bei öffentlicher Zugänglichmachung von Fernsehrundfunksendungen (Internet)
I FS VR	Vervielfältigungsrecht im Fernsehrundfunk (Internet)
I R	Senderecht im Tonrundfunk und Wiedergaberecht bei öffentlicher Zugänglichmachung von Tonrundfunksendungen (Internet)
I R VR	Vervielfältigungsrecht im Tonrundfunk (Internet)
I T FS	Tonfilm im Fernsehen (Internet)
I T FS VR	Vervielfältigungsrecht für Tonfilm im Fernsehen (Internet)
K	Komponist (in Verbindung mit Abrechnungssparte)
KI EK	Musik im Gottesdienst der Evangelischen Kirche
KI KK	Musik im Gottesdienst der Katholischen Kirche
KI NA	Musik im Gottesdienst der Neu-Apostolischen Kirche
KMOD	Zuspielung von Werken als Ruftonmelodien
KMOD VR	Vervielfältigungsrecht für Zuspielung von Werken als Ruftonmelodien
KO	Kostenrückerstattung
KSt	Körperschaftsteuer
KTU	Kontoumteilung bei Rechtsnachfolgen
M	Öffentliche Wiedergabe von Unterhaltungsmusik mittels mechanischer Vorrichtungen
MB	Mitgliedsbeitrag
MOD D	Musik-on-Demand – zum Herunterladen (Downloading)
MOD D VR	Vervielfältigungsrecht für Musik-on-Demand – zum Herunterladen (Downloading)
MOD S	Musik-on-Demand – zum bloßen Anhören (Streaming)
MOD S VR	Vervielfältigungsrecht für Musik-on-Demand – zum bloßen Anhören (Streaming)
NV	Nachverrechnung
PFDG	Pfändung
PHO VR	Vervielfältigungsrecht an Tonträgern
R	Senderecht im Tonrundfunk und Wiedergaberecht bei öffentlicher Wiedergabe von Tonrundfunksendungen
R GR	Öffentliche Wiedergabe von Tonrundfunksendungen mit Werken „Großen Rechts"
R VR	Vervielfältigungsrecht im Tonrundfunk
R VR GR	Vervielfältigungsrecht im Tonrundfunk mit Werken „Großen Rechts"
RV	Rückverrechnung
S	Soll (Lastschrift/Verbindlichkeit)

Kontoauszüge, Abkürzungen

SK	Sonderkonto
SOLZ	Solidaritätszuschlag
Storno	Stornierung
T	Tonfilmvorführungsrecht
T	Textdichter (in Verbindung mit Abrechnungssparte)
T FS	Tonfilm im Fernsehen
T FS VR	Vervielfältigungsrecht bei Tonfilm im Fernsehen
TD	Tonfilm-Direktverrechnung (Musik in Wirtschaftsfilmen, Tonbildschauen)
TD VR	Vervielfältigungsrecht bei Tonfilm-Direktverrechnung
U	Veranstaltungen von Unterhaltungs- und Tanzmusik
UD	U-Musik-Direktverrechnung (Nettoeinzelverrechnung)
UEB	Überleitung
UMB	Umbuchung
UMT	Umteilung bei Rechtsnachfolgen
USt	Umsatzsteuer
V	Verleger (in Verbindung mit Abrechnungssparte)
VDM	Vereinigung Deutscher Musik-Bearbeiter e. V.
VOD D	Video-on-Demand – zum Herunterladen
VOD D VR	Vervielfältigungsrecht für Video-on-Demand – zum Herunterladen
VOD S	Video-on-Demand – zum bloßen Anhören (Streaming)
VOD S VR	Vervielfältigungsrecht für Video-on-Demand – zum bloßen Anhören (Streaming)
VZ	Vorauszahlung
WEB	Websites (Streaming)
WEB VR	Vervielfältigungsrecht für Websites (Streaming)
WT	Wertung

VIII Rechtsgrundlagen nahestehender Organisationen

NAHESTEHENDER ORGANISATIONEN

VIII 1 Arbeitsgemeinschaft DRAMA

Gesellschaftsvertrag

vom 28.10.1981 in der abgeänderten Fassung vom 28.5.1986

§ 1 Name und Sitz

GEMA und VG WORT bilden eine Gesellschaft bürgerlichen Rechts mit dem Namen „Arbeitsgemeinschaft DRAMA".

Sitz der Gesellschaft ist München.

§ 2 Zweck

Zweck der Gesellschaft ist die Wahrung der Rechte dramatischer Autoren und Verleger bei gleichzeitiger, vollständiger und unveränderter Übermittlung von Ton- und Fernsehrundfunkprogrammen durch in- und ausländische Kabelsysteme.

§ 3 Wahrnehmung

Die Verbände:

a) Dramatiker-Union e. V.,
Babelsberger Str. 43, 10715 Berlin,

b) Verband Deutscher Bühnenverleger e. V.,
Babelsberger Str. 43, 10715 Berlin,

empfehlen ihren Mitgliedern, mit den beiden Verwertungsgesellschaften Mandatsverträge zu schließen.

Der Abschluss erfolgt an dramatisch-musikalischen Werken mit der GEMA, an dramatischen Werken mit der VG WORT.

§ 4 Beirat

(1) Es wird aus Delegierten der beiden in § 3 genannten Verbände ein Beirat aus acht Mitgliedern gebildet, und zwar

a) zwei Musikautoren und zwei Wortautoren der Dramatiker-Union e. V.,

b) zwei Musikverlegern und zwei Wortverlegern des Verbandes Deutscher Bühnenverleger e. V.

Die Beiratsmitglieder werden ad personam von den beiden Verbänden benannt und nach Abstimmung mit den Betroffenen von den Vorständen der GEMA und der VG WORT berufen.

(2) Für die vorgenannten Bereiche Musikautoren, Wortautoren, Musikverleger und Wortverleger, für die je zwei Beiratsmitglieder gewählt werden, erfolgt die Wahl je eines Stellvertreters in gleicher Weise.

(3) Der Beirat hat die Aufgabe, die beiden Verwertungsgesellschaften bei der effizienten Wahrnehmung der in Betracht kommenden Rechte in dem durch den Zweck vorbehaltenen Rahmen zu beraten. Im Besonderen fallen ihm folgende Aufgaben zu:

a) Formulierung der Mandatsverträge (§ 3),

b) Einwilligung zum Abschluss von Verträgen über dramatische Rechte mit ausländischen Verwertungsgesellschaften, Kabelunternehmen oder anderen Verwertern,

c) Aufstellung von Grundsätzen für einen Verteilungsplan, einschließlich der Kostenerstattung,

d) Aufgreifen weiterer Problemkreise hinsichtlich der Rechtekataloge u. ä.

§ 5 GESCHÄFTSFÜHRUNG

Die Geschäftsführung liegt in der Hand von zwei Geschäftsführern; jede der beiden Verwertungsgesellschaften bestellt einen Geschäftsführer. Die beiden Geschäftsführer sind nur gemeinschaftlich vertretungsberechtigt.

Weitere Einzelheiten, zu denen im besonderen die Kostenerstattung für die Geschäftsführung gehört, werden in einer Geschäftsordnung geregelt, die zu ihrer Wirksamkeit der Zustimmung durch die beiden Verwertungsgesellschaften bedarf.

§ 6 DAUER DER GESELLSCHAFT

Die Gesellschaft wird auf unbestimmte Zeit errichtet. Das Gesellschaftsverhältnis kann von jedem der beiden Gesellschafter unter Einhaltung einer Frist von sechs Monaten auf das Ende eines Kalenderjahres gekündigt werden.

MANDATSVERTRAG FÜR DAS IN- UND AUSLAND

In Ergänzung des Berechtigungsvertrages/Wahrnehmungsvertrages vom
.... werden vom Berechtigten (z. B. Urheber oder Verleger) für das In- und Ausland zur treuhänderischen Wahrung im Rahmen von Gesamtverträgen eingeräumt:

Das Recht zur gleichzeitigen, vollständigen und unveränderten Übermittlung dramatischer Werke von Ton- und Fernsehrundfunkprogrammen durch in- und ausländische Kabelunternehmen sowie daraus entstehende Vergütungsansprüche.

Soweit Gesamtverträge nicht zustande kommen, verbleiben diese Rechte beim Berechtigten.

Der Mandatsvertrag wird auf unbestimmte Zeit geschlossen. Er kann mit einer Frist von sechs Monaten zum Ablauf eines Kalenderjahres schriftlich gekündigt werden.

........................., den   ...., den

VIII 2 GEMA-Stiftung*)

Satzung

Fassung vom 1. Juli 2014

§ 1
Name, Rechtsstand und Sitz

Die Stiftung führt den Namen

GEMA-Stiftung.

Sie ist eine rechtsfähige Stiftung des bürgerlichen Rechts, die öffentliche Zwecke verfolgt, mit dem Sitz in München.

§ 2
Stiftungszweck

(1) Die Stiftung verfolgt ausschließlich und unmittelbar mildtätige und gemeinnützige Zwecke im Sinne der steuerlichen Vorschriften durch

a) die selbstlose Unterstützung bedürftiger Komponisten, Textdichter sowie Musikverleger und deren Angehöriger durch einmalige oder laufende Zuwendungen;

b) die Förderung von Komponisten und Textdichtern durch

aa) die Gewährung von zweckgebundenen Ausbildungsbeihilfen;

bb) zweckgebundene Zuwendungen für die mit der künstlerischen Tätigkeit mittelbar oder unmittelbar zusammenhängenden Aufwendungen;

cc) zweckgebundene Zuwendungen für musikalische Produktionen, Pilotprojekte, Wettbewerbe und Publikationen;

dd) die Verleihung von Preisen;

ee) Durchführung von Forschungsprojekten mit besonderem Bezug auf die zeitgenössische Musik oder Gewährung von zweckgebundenen Zuwendungen zu solchen Forschungsprojekten.

c) Soweit diese vorgenannten Maßnahmen nicht von der GEMA-Stiftung selbst durchgeführt werden, kann dies auch durch die Vergabe von Zuschüssen an Hilfspersonen im Sinne des § 57 Absatz 1 Satz 2 AO, an steuerbegünstigte Institutionen und öffentlich-rechtliche Körperschaften erfolgen.

(2) Die Stiftung ist selbstlos tätig. Sie verfolgt nicht in erster Linie eigenwirtschaftliche Zwecke. Sie darf keine juristischen oder natürlichen Personen durch Ausgaben, die dem Zweck der Stiftung fremd sind, oder durch unverhältnismäßig hohe Unterstützungen, Zuwendungen oder Vergütungen begünstigen.

(3) Ein Rechtsanspruch auf Leistungen der Stiftung steht den durch die Stiftung Begünstigten aufgrund dieser Satzung nicht zu.

---

*) **Vorstand:** Dr. Harald Heker, Lorenzo Colombini, Georg Oeller
Beirat: Prof. Dr. Enjott Schneider (Vors.), Winfried Jacobs, Rudolf Müssig, Michael Ohst, Frank Ramond, Dr. Charlotte Seither, Dr. Ralf Weigand
Geschäftsführer: Dr. Jürgen Brandhorst

§ 3
GRUNDSTOCK-VERMÖGEN

Das der Stiftung zur dauernden und nachhaltigen Erfüllung ihres Zwecks zugewendete Vermögen (Grundstockvermögen) ist in seinem Wert ungeschmälert zu erhalten.

Es beträgt nach der Bilanz zum 31.12.2013 EUR 5.215.244,04.

Zum Grundstockvermögen gehört ferner der Rechtsanspruch gegen die GEMA als Stifterin auf unverzügliche und unentgeltliche Übertragung aller Vermögensbestandteile und Rechte, die sie als Zuwendungen durch Rechtsgeschäft unter Lebenden oder von Todes wegen zur Förderung mildtätiger und gemeinnütziger Zwecke erhält. Zustiftungen (Zuwendungen zum Grundstockvermögen) sind zulässig. Zuwendungen ohne Zweckbestimmung aufgrund einer Verfügung von Todes wegen können dem Grundstockvermögen zugeführt werden. Umschichtungen des Grundstockvermögens sind zulässig.

§ 4
STIFTUNGSMITTEL

(1) Die zur Erfüllung des Stiftungszweckes erforderlichen Mittel werden aufgebracht

– aus den Erträgen des Grundstockvermögens,
– aus freiwilligen Zuwendungen, soweit sie vom Zuwendenden nicht ausdrücklich zur Stärkung des Grundstockvermögens bestimmt sind; § 3 Satz 5 bleibt unberührt.

(2) Sämtliche Mittel dürfen nur für die satzungsmäßigen Zwecke verwendet werden. Es dürfen die steuerrechtlich zulässigen Rücklagen gebildet werden.

§ 5
STIFTUNGSORGANE UND VERWALTUNG

Organe der Stiftung sind der Vorstand und der Beirat. Die Mitglieder der Stiftungsorgane sind zur gewissenhaften und sparsamen Verwaltung der Stiftung verpflichtet.

§ 6
VORSTAND

(1) Der Vorstand der Stiftung besteht aus den Mitgliedern des Vorstandes der GEMA.

(2) Der Vorstand vertritt die Stiftung gerichtlich und außergerichtlich. Er hat die Stellung eines gesetzlichen Vertreters. Besteht der Vorstand aus mehreren Mitgliedern, sind jeweils zwei gemeinsam zur Vertretung berechtigt; ist eine Willenserklärung gegenüber der Stiftung abzugeben, so genügt die Abgabe gegenüber einem Mitglied des Vorstandes.

(3) Der Vorstand vollzieht die Beschlüsse des Beirats und erledigt die laufenden Angelegenheiten, die für die Stiftung keine grundsätzliche Bedeutung haben und keine erheblichen Verpflichtungen erwarten lassen. Hierzu gehört z.B. die Aufstellung des Haushaltsvoranschlags, die Vorlage von Vorschlägen zur Verwendung der Erträge und Zuwendungen, die Buchführung und Sammlung der Belege und die Erstellung der Jahresrechnung. Er ist befugt, anstelle des Beirats dringliche Anordnungen zu treffen und unaufschiebbare Geschäfte zu besorgen; hiervon hat er dem Beirat in der nächsten Sitzung Kenntnis zu geben.

(4) Die Mitglieder des Vorstands sind ehrenamtlich tätig. Aufwendungen, die den Mitgliedern des Vorstandes in Ausübung ihrer Tätigkeit entstehen, werden angemessen erstattet.

§ 7
BEIRAT

(1) a) Der Beirat besteht aus sieben Mitgliedern. Ihm gehören je zwei vom Aufsichtsrat der GEMA aus seiner Mitte berufene Mitglieder aus den drei Berufs-

gruppen Komponisten, Textdichter und Musikverleger an sowie der Vorsitzende des Aufsichtsrats der GEMA. Für jede Berufsgruppe kann vom Aufsichtsrat der GEMA ein Stellvertreter gewählt werden. Die Stellvertreter brauchen nicht dem Aufsichtsrat anzugehören.

b) Ist ein Beiratsmitglied verhindert, an einer Beiratssitzung teilzunehmen, nimmt der vom Vorsitzenden des Beirats einzuladende Stellvertreter mit vollem Stimmrecht an der Sitzung teil. Sofern aus der Berufsgruppe des verhinderten Beiratsmitglieds kein Stellvertreter zur Verfügung steht, besteht die Möglichkeit, einen Stellvertreter aus einer anderen Berufsgruppe zu laden.

c) Die Beiratsmitglieder und ihre Stellvertreter werden auf die Dauer von fünf Jahren berufen. Die Wiederberufung ist zulässig.

d) Die Amtszeit der berufenen Beiratsmitglieder beginnt jeweils mit der Annahme der Berufung durch den Aufsichtsrat. Ein berufenes Beiratsmitglied bleibt im Falle seines Ausscheidens aus dem Beirat solange im Amt, bis sein Nachfolger die Berufung durch den Aufsichtsrat angenommen hat. Für den Vorsitzenden des Aufsichtsrats der GEMA beginnt die Mitgliedschaft im Beirat der GEMA-Stiftung mit dem Tag der Annahme seiner Wahl zum Aufsichtsratsvorsitzenden und endet mit dem Ausscheiden aus diesem Amt.

(2) Der Beirat wählt aus seiner Mitte einen Vorsitzenden und für den Fall seiner Verhinderung einen Stellvertreter. Dieser vertritt den Vorsitzenden in allen Angelegenheiten.

(3) Der Beirat überwacht die Geschäftsführung des Vorstandes und entscheidet in allen grundsätzlichen Angelegenheiten, insbesondere über den Haushaltsvoranschlag, die Jahres- und Vermögensrechnung, die Anlage des Grundstockvermögens, den Abschluss von nach Art. 19 Bayer. Stiftungsgesetz genehmigungspflichtigen Rechtsgeschäften und über Änderungen der Satzung sowie Anträge auf Umwandlung oder Aufhebung der Stiftung.

(4) Die Mitglieder des Beirats sind ehrenamtlich tätig. Aufwendungen, die den Mitgliedern des Beirates in Ausübung ihrer Tätigkeit entstehen, werden angemessen erstattet.

(5) Der Beirat bestimmt die Errichtung von Ausschüssen ohne Organfunktion und deren Zusammensetzung, soweit dies im Interesse einer satzungsgemäßen Erfüllung des Stiftungszweckes angebracht erscheint.

§ 8
Sitzungen des Beirats

(1) Der Beirat tritt nach Bedarf, mindestens aber einmal im Jahr zusammen. Auf Verlangen von zwei seiner Mitglieder muss eine Sitzung des Beirats zum nächstmöglichen Zeitpunkt einberufen werden.

(2) Der Vorsitzende des Beirats hat die Mitglieder des Beirats schriftlich unter Angabe der Tagesordnung so rechtzeitig zur Sitzung einzuladen, dass die Ladung mindestens zwei Wochen vor der Sitzung in ihrem Besitz ist. Die Schriftform der Ladung gilt durch Telefax, E-Mail oder durch sonstige dokumentierbare Übermittlung in elektronischer Form als gewahrt.

(3) Der Beirat ist beschlussfähig, wenn alle Mitglieder ordnungsgemäß geladen und mindestens fünf Mitglieder, unter ihnen der Vorsitzende oder der stellvertretende Vorsitzende, anwesend sind. Ladungsfehler gelten als geheilt, wenn alle

betroffenen Mitglieder anwesend sind und keines dieser Mitglieder Widerspruch erhebt. Über eine Änderung der Satzung sowie Anträge auf Umwandlung und Aufhebung der Stiftung kann nur in Anwesenheit aller Mitglieder entschieden werden.

(4) Beschlüsse werden mit einfacher Mehrheit gefasst sofern kein Fall des § 9 dieser Satzung vorliegt. Bei Stimmengleichheit entscheidet die Stimme des Vorsitzenden bzw. des stellvertretenden Vorsitzenden des Beirats.

(5) Wenn kein Mitglied widerspricht, können Beschlüsse im schriftichen Umlaufverfahren gefasst werden; die Schriftform gilt durch Telefax, E-Mail oder durch sonstige dokumentierbare Übermittlung der Stimmabgabe in elektronischer Form als gewahrt. Dies gilt nicht für Entscheidungen nach § 9 dieser Satzung.

(6) Über die Ergebnisse der Sitzungen des Beirats und der Beschlussfassungen im schriftlichen Verfahren sind Niederschriften zu fertigen. Die Niederschrift ist vom Vorsitzenden des Beirats und einem weiteren Mitglied zu unterzeichnen und den übrigen Mitgliedern sowie dem Vorstand zur Kenntnis zu bringen.

§ 9
Satzungsänderungen, Umwandlung und Aufhebung der Stiftung

(1) Satzungsänderungen sind zulässig, soweit sie zur Anpassung an veränderte Verhältnisse geboten erscheinen. Sie dürfen die Steuerbegünstigung der Stiftung nicht beeinträchtigen oder aufheben. Soweit sie sich auf die Steuerbegünstigung der Stiftung auswirken können, sind sie der zuständigen Finanzbehörde zur Stellungnahme vorzulegen.

(2) Änderungen des Stiftungszwecks sind nur zulässig, wenn seine Erfüllung unmöglich wird oder sich die Verhältnisse derart ändern, dass die Erfüllung des Stiftungszwecks nicht mehr sinnvoll erscheint. Umwandlung und Aufhebung der Stiftung richten sich nach den gesetzlichen Vorschriften.

(3) Beschlüsse nach Absatz 1 bedürfen der Zustimmung von zwei Dritteln der Mitglieder des Beirats, Beschlüsse nach Absatz 2 der Zustimmung aller Mitglieder des Beirats. Die Beschlüsse werden erst nach Genehmigung durch die Regierung (§ 10) wirksam.

§ 10
Stiftungsaufsicht

Die Stiftungsaufsicht wird von der Regierung von Oberbayern wahrgenommen. Dieser sind Änderungen der Anschrift, der Vertretungsberechtigung und der Zusammensetzung der Organe unverzüglich mitzuteilen.

§ 11
Anfallsberechtigung

Bei Aufhebung oder Auflösung der Stiftung oder bei Wegfall steuerbegünstigter Zwecke fällt das Vermögen der Stiftung an eine juristische Person des öffentlichen Rechts oder eine andere steuerbegünstigte Körperschaft zwecks Verwendung für mildtätige oder gemeinnützige Zwecke im Sinne des § 2 Absatz 1 Buchstabe a oder b. Der Anfallsberechtigte im Sinne des Satzes 1 wird durch Beschluss des Beirates der GEMA-Stiftung bestimmt.

§ 12
Inkrafttreten

Diese Satzung tritt mit Genehmigung durch die Regierung von Oberbayern in Kraft. Gleichzeitig tritt die Satzung vom 11.05.1993, vom Bayerischen Staatsministerium des Innern genehmigt mit Schreiben vom 14.07.1993 Nr. I A 6–1222.1–M-10/86 außer Kraft.

Geschäftsordnung für den Beirat

Der Beirat beschließt nachstehende Geschäftsordnung:

§ 1 Aufgaben und Rechte

Aufgaben und Rechte des Beirats ergeben sich aus Satzung und Stiftungsgesetz. Er entscheidet vornehmlich über die Verwendung der zur Erfüllung des Stiftungszwecks verfügbaren Mittel.

§ 2 Stellung des Vorsitzenden

(1) Zu den Geschäften des Vorsitzenden gehört, den Beirat gegenüber dem Vorstand zu vertreten, den Beirat einzuberufen und die Sitzungen des Beirats zu leiten.

(2) Der Vorsitzende wird im Falle seiner dauernden oder vorübergehenden Verhinderung durch den vom Beirat gewählten Stellvertreter vertreten.

§ 3 Sitzungen des Beirats

(1) Die Tagesordnung bestimmt der Vorsitzende.

(2) Jedes Beiratsmitglied und der Vorstand können unter Angabe des Zweckes und der Gründe verlangen, dass ein bis drei Wochen vor Sitzungstermin gestellter Antrag auf die Tagesordnung gesetzt wird.

(3) Teilnahmeberechtigt an den Beiratssitzungen sind außer den Mitgliedern des Beirats

1. der Vorstand,
2. Rechtsberater und Sachverständige in dem vom Vorsitzenden des Beirats oder vom Vorstand zu bestimmenden Umfang,

soweit der Beirat nicht zu 1. oder 2. etwas anderes beschließt.

(4) Ist ein Beiratsmitglied an der Teilnahme verhindert, wird unverzüglich schriftlich oder mündlich sein Vertreter eingeladen. Der Vertreter nimmt mit Stimmrecht an der Beiratssitzung teil.

§ 4 Protokoll

(1) In dem Protokoll sind Ort und Tag der Sitzung, Teilnehmer, Gegenstand der Tagesordnung, der wesentliche Inhalt der Verhandlungen und die Beschlüsse des Beirats mit dem Abstimmungsergebnis wiederzugeben.

(2) Das Protokoll ist von dem Vorsitzenden des Beirats (im Falle seiner Verhinderung von seinem Vertreter) sowie einem weiteren Mitglied zu unterzeichnen.

(3) Das Protokoll ist vom Beirat in der nächsten Sitzung zu genehmigen.

§ 5 Ausschüsse

(1) Der Beirat bestimmt die Errichtung von Ausschüssen und deren Zusammensetzung, soweit dies im Interesse einer satzungsgemäßen Erfüllung des Stiftungszweckes angebracht erscheint.

(2) Die Ausschüsse sind keine ständige Einrichtung. Nach Erfüllung der ihnen übertragenen Aufgaben erfolgt die Auflösung durch den Beirat. Die Übertragung neuer Aufgaben an bestehende Ausschüsse ist möglich.

§ 6 Verschwiegenheitspflicht

(1) Über vertrauliche Angaben ist Stillschweigen zu bewahren. Das gleiche gilt für Vorgänge und Tatsachen, die aufgrund eines Beiratsbeschlusses vertraulich zu behandeln sind. Als vertrauliche Angaben gelten im besonderen geheimhaltungsbedürftige Angaben über die Einkünfte von Antragstellern, Beratungen über die Mittelvergabe und Abstimmungsvorgänge.

Entsprechendes gilt für die Sitzungsprotokolle und die zur Vorbereitung einer Sitzung übermittelten Unterlagen.

(2) Die Verschwiegenheitspflicht erstreckt sich auf den gesamten, nach § 3 Ziff. (3) in Betracht kommenden Personenkreis unter Einschluss der ausgeschiedenen und ausscheidender Personen.

(3) Neugewählte Beiratsmitglieder sind vom Vorsitzenden auf die Verschwiegenheitspflicht hinzuweisen.

§ 7
Ehrenamtliche Tätigkeit der Mitglieder des Beirats

Die Mitglieder des Beirats erhalten für ihre ehrenamtliche Tätigkeit lediglich Tage- und Übernachtungsgelder sowie ihre Reisekosten und Barauslagen ersetzt. Die Tage- und Übernachtungsgelder können durch einen Pauschalbetrag abgegolten werden.

§ 8
Inkrafttreten

Diese Geschäftsordnung tritt am 4. Februar 1980 in Kraft.

VIII 3 — Internationale Gesellschaft für Urheberrecht e.V. (INTERGU)

Satzung

Fassung vom 21. Juni 2011

§ 1 Name, Sitz

(1) Der Verein führt den Namen „Internationale Gesellschaft für Urheberrecht e.V. (INTERGU)".

(2) Er hat seinen Sitz in Berlin.

(3) Geschäftsjahr ist das Kalenderjahr.

§ 2 Zweck und Aufgabe des Vereins

(1) Die Gesellschaft bezweckt, die Rechte der Urheber wissenschaftlich zu erforschen und die gewonnenen Erkenntnisse auf nationaler und internationaler Ebene insbesondere auf dem Gebiet der Gesetzgebung zu verwirklichen, um damit im Interesse der Allgemeinheit zu einem modernen Urheberrecht beizutragen.

(2) Der Satzungszweck wird verwirklicht im Besonderen durch die Durchführung wissenschaftlicher Veranstaltungen für die Fachöffentlichkeit, durch die Teilnahme an internationalen wissenschaftlichen Veranstaltungen und durch die Herausgabe einer urheberrechtlichen Schriftenreihe. Diese Schriftenreihe wird von der Gesellschaft redaktionell bearbeitet und verantwortet. Die Gesellschaft verlegt diese Schriftenreihe nicht selbst.

§ 3 Gemeinnützigkeit

(1) Die Gesellschaft verfolgt ausschließlich und unmittelbar gemeinnützige Zwecke im Sinne des Abschnitts „Steuerbegünstigte Zwecke" der Abgabenordnung. Sie ist selbstlos tätig; sie verfolgt keine eigenwirtschaftlichen Zwecke.

(2) Mittel der Gesellschaft dürfen nur für die satzungsmäßigen Zwecke verwendet werden. Die Mitglieder erhalten keine Zuwendungen aus Mitteln der Gesellschaft.

(3) Es darf keine Person durch Ausgaben, die dem Zweck der Körperschaft fremd sind, oder durch unverhältnismäßig hohe Vergütungen begünstigt werden.

§ 4 Mitgliedschaft

(1) Mitglieder können solche natürlichen Personen sowie Institutionen, Gesellschaften, Verbände und Vereinigungen werden, die den Zweck der Gesellschaft im Sinne von § 2 der Satzung zu fördern bereit sind. Mitgliedsbeiträge werden nicht erhoben.

(2) Die Aufnahme erfolgt nach Antrag durch den Vorstand.

(3) Der Austritt ist jederzeit möglich. Er erfolgt durch schriftliche Erklärung gegenüber dem Vorstand..

§ 5 Die Mitgliederversammlung

(1) Eine Mitgliederversammlung muss vom Vorstand schriftlich oder in Textform berufen werden, wenn es das Interesse der Gesellschaft erfordert oder wenn die Berufung vom zehnten Teil der Mitglieder unter Angabe des Zweckes und der Gründe vom Vorstand schriftlich verlangt wird.

(2) Die Einberufung muss mindestens einen Monat vor dem Versammlungstermin erfolgen und die vom Vorstand festgesetzte Tagesordnung enthalten. Jedes Mitglied kann eine Ergänzung der Tagesordnung bis spätestens zwei Wochen vor der Versammlung schriftlich oder in Textform beantragen.

(3) Anträge an die Mitgliederversammlung aus den Reihen der Mitglieder sind mindestens eine Woche vor dem Versammlungstermin dem Vorstand schriftlich oder in Textform mit kurzer Begründung einzureichen.

(4) Der Vorsitzende des Vorstandes leitet die Mitgliederversammlung, bei Verhinderung ein anderes Mitglied des Vorstandes. Ist kein Vorstandsmitglied anwesend, wählt die Mitgliederversammlung den Versammlungsleiter.

(5) Die Beschlüsse werden mit einfacher Stimmenmehrheit gefasst. Bei Stimmengleichheit gilt ein Antrag als abgelehnt. Bei Beschlüssen über Satzungsänderungen, die Auflösung oder Verschmelzung der Gesellschaft ist eine Stimmenmehrheit von drei Vierteln aller anwesenden Mitglieder erforderlich.

(6) Die gefassten Beschlüsse werden schriftlich niedergelegt und vom Versammlungsleiter unterzeichnet.

§ 6
Der Vorstand

(1) Der Vorstand wird von der Mitgliederversammlung für die Dauer von 5 Jahren gewählt und besteht aus drei Personen. Gewählt sind die Personen, die die meisten Stimmen erhalten.

(2) Der Vorstand wählt aus seiner Mitte einen Vorsitzenden. Der Vorsitzende ist zur gerichtlichen und außergerichtlichen Vertretung der Gesellschaft befugt.

(3) Scheidet ein Vorstandsmitglied aus seinem Amt aus, wählt die Mitgliederversammlung ein neues Vorstandsmitglied. Amtszeit ist dann die verbleibende Wahlperiode.

§ 7
Generalsekretär

Der Vorstand kann einen Generalsekretär bestellen und diesen zur Führung der Vereinsverwaltung und der Bankgeschäfte der Gesellschaft bevollmächtigen. Der Generalsekretär braucht nicht Mitglied der Gesellschaft zu sein.

§ 8
Auflösung des Vereins, Anfall des Vereinsvermögens

Bei Auflösung der Gesellschaft oder bei Wegfall steuerbegünstigter Zwecke fällt ihr Vermögen an eine vom Vorstand zu bestimmende juristische Person des öffentlichen Rechts oder an eine andere steuerbegünstigte Körperschaft zwecks Verwendung für die Förderung der wissenschaftlichen Forschung auf dem Gebiet des Urheberrechts.

VIII 4 Versorgungsstiftung der deutschen Komponisten

Satzung

Fassung vom 1. Januar 2004

§ 1 Die Versorgungsstiftung der deutschen Komponisten ist eine rechtsfähige Stiftung des bürgerlichen Rechts und hat ihren Sitz in Berlin.

§ 2 (1) Zweck der Stiftung ist, deutschen Komponisten oder deren Witwen in Fällen von Krankheit, Unfall oder wirtschaftlicher Notlage Unterstützung zu gewähren.

(2) Sofern die Mittel der Stiftung es erlauben, kann sie über den in Absatz 1 genannten Zweck hinaus auch deutschen Komponisten Zuschüsse zu ihren Aufwendungen gewähren, die nachweislich in unmittelbarem Zusammenhang mit der künstlerischen Tätigkeit stehen und vom Komponisten selbst unter Berücksichtigung seiner wirtschaftlichen Verhältnisse nicht aus eigener Kraft aufgebracht werden können.

(3) Deutscher Komponist im Sinne dieser Satzung ist jedes Komponistenmitglied der GEMA (gleichgültig ob ordentliches Mitglied, außerordentliches Mitglied oder angeschlossenes Mitglied), das die deutsche Staatsangehörigkeit besitzt oder einen festen Wohnsitz in der Bundesrepublik Deutschland hat.

(4) Die Stiftung verfolgt ausschließlich und unmittelbar mildtätige und gemeinnützige Zwecke im Sinne des Abschnitts „Steuerbegünstigte Zwecke" der Abgabenordnung (AO 1977).

(5) Die Stiftungsleistungen erfolgen nach Maßgabe der vorhandenen Mittel. Ein Rechtsanspruch hierauf besteht nicht.

§ 3 Das Stiftungsvermögen besteht nach dem Stande vom 31.12.1986 aus Wertpapieren, Urheberrechten und Barmitteln im Gesamtwert von rd. DM 350 000,–.

§ 4 (1) Das Stiftungsvermögen ist in seinem Bestand ungeschmälert zu erhalten.

(2) Bei dringendem Bedarf kann jedoch durch Beschluss des Kuratoriums (mit Mehrheit von $2/3$) auch das Vermögen selbst angegriffen werden, und zwar innerhalb eines Geschäftsjahres bis zu 5 Prozent.

(3) Übersteigen die am Schluss eines Geschäftsjahres festgestellten Einnahmen die Ausgaben, so kann unter Beachtung der steuerrechtlichen Vorschriften ein Reservefonds (Rücklage für satzungsgemäße Zwecke) gebildet werden.

(4) Mittel dürfen nur für satzungsgemäße Zwecke Verwendung finden. Keine Person darf durch Verwaltungsausgaben, die den Zwecken der Stiftung fremd sind, oder durch unverhältnismäßig hohe Vergütungen begünstigt werden.

§ 5 (1) Einziges Organ der Stiftung ist das Kuratorium, das aus fünf Komponisten besteht, welche ordentliche Mitglieder der GEMA sein müssen, jedoch nicht ordentliche Mitglieder des Aufsichtsrates der GEMA sein dürfen.

(2) Die fünf Kuratoren werden für eine Amtsdauer von jeweils drei Jahren durch die Berufsgruppe Komponisten im Aufsichtsrat der GEMA berufen. Wiederberufung ist möglich.

(3) Bei vorzeitigem Ausscheiden eines Kurators beruft die Berufsgruppe Komponisten im Aufsichtsrat der GEMA für die restliche Amtszeit einen Nachfolger.

§ 6 (1) Das Kuratorium tritt nach Bedarf zu Arbeitssitzungen zusammen, auf denen die Unterstützungsfälle und die Höhe der jeweiligen Zuwendungen beschlossen werden.

(2) In der Regel sollen einem bedürftigen Komponisten oder seiner Witwe nicht mehr als EUR 1 300,– innerhalb eines Jahres zufließen. Zuschüsse nach § 2 (2) sollen im Einzelfall in der Regel den Betrag von EUR 1 600,– nicht übersteigen.

(3) Das Kuratorium ist beschlussfähig, wenn wenigstens drei seiner Mitglieder anwesend sind. Beschlüsse werden mit einfacher Mehrheit gefasst. Sie werden in einem Protokoll festgehalten.

(4) Bei Stimmengleichheit entscheidet die Stimme des geschäftsführenden Kurators, den die Kuratoren aus ihrer Mitte für die dreijährige Amtsdauer wählen. Ihm obliegt außerdem die Überwachung der Buch- und Kassenführung, die Einberufung der Arbeitssitzungen und die Korrespondenz sowie die gerichtliche und außergerichtliche Vertretung der Stiftung.

§ 7 Soweit dem Kuratorium nicht aus seiner früheren Tätigkeit die Lebensumstände einer zu unterstützenden Person genau bekannt sind und außer Zweifel steht, dass sich die wirtschaftlichen oder gesundheitlichen Verhältnisse des Empfängers seither nicht verändert haben, ist das Kuratorium gehalten, in jedem einzelnen Fall den Nachweis der Bedürftigkeit durch geeignete Unterlagen, wie Steuerbescheide und Rentenbescheide, zu fordern.

Für Zuschüsse nach § 2 (2) sind außerdem entsprechende schriftliche Nachweise zu fordern, z. B. Quittungen über Studiokosten, Instrumentenanschaffung, Notenvervielfältigung.

§ 8 Geschäftsjahr ist das Kalenderjahr.

§ 9 Die Versorgungsstiftung trägt die durch ihre Verwaltung entstehenden Kosten. Die Kuratoren arbeiten ehrenamtlich, erhalten jedoch auf Anforderung ihre Unkosten ersetzt.

§ 10 (1) Die Stiftung unterliegt der Aufsicht des Senators für Justiz gemäß den Vorschriften des Berliner Stiftungsgesetzes in der Fassung vom 10. November 1976 (GVBl. S. 2599).

(2) Der Aufsichtsbehörde ist innerhalb von vier Monaten nach Ablauf eines jeden Geschäftsjahres der Jahresbericht vorzulegen. Der Bericht ist von allen Kuratoriumsmitgliedern einzureichen.

(3) Die Entlastung des Kuratoriums erfolgt durch die Berufsgruppe Komponisten im Aufsichtsrat der GEMA nach Vorlage des Jahresberichts und des Prüfungsberichts eines Buchprüfers.

§ 11 (1) Änderungen dieser Satzung können nur mit Vierfünftelmehrheit des Kuratoriums beschlossen werden.

(2) Für Beschlüsse, welche die Änderung des Stiftungszwecks, die Zusammenlegung mit einer anderen Stiftung oder die Aufhebung der Stiftung zum Gegenstand haben, ist Einstimmigkeit des gesamten Kuratoriums erforderlich.

(3) Die in Abs. 1 und Abs. 2 bezeichneten Beschlüsse bedürfen der Genehmigung der Aufsichtsbehörde, an welche der geschäftsführende Kurator der Versorgungsstiftung einen entsprechenden Antrag stellt.

§ 12 Bei Aufhebung der Stiftung ist das Stiftungsvermögen mit Einwilligung des Finanzamts für Körperschaften auf eine mildtätige und/oder gemeinnützige Stiftung der GEMA oder des deutschen Komponistenverbandes zu übertragen – und zwar unter der ausdrücklichen Verpflichtung des Empfängers, das übertragene Vermögen nur im Sinne von § 2 dieser Satzung zu verwenden.

Satzung für die Versorgungsstiftung der deutschen Textdichter, rechtsfähige Stiftung

Fassung vom 15. Januar 1974

§ 1
Zweck und Sitz

Die Versorgungsstiftung der deutschen Textdichter ist eine rechtsfähige Stiftung mit dem Sitz in Berlin im Bezirk des Amtsgerichts Charlottenburg.

Das Geschäftsjahr der Stiftung ist das Kalenderjahr.

Die Stiftung verfolgt ausschließlich und unmittelbar mildtätige Zwecke und erstreckt sich nach den Bestimmungen dieser Satzung auf die Gewährung von Unterstützungen in Not geratener Anwärter und deren Witwen.

Die Leistungen erfolgen nach Maßgabe der vorhandenen Mittel. Ein Rechtsanspruch besteht nicht.

Sollten der Stiftung die entsprechenden Mittel von der GEMA in der früheren Weise wieder zufließen, so werden auch laufende Beihilfen, Witwengeld und Sterbegeld wieder zu den Aufgaben der Stiftung gehören.

§ 2
Vermögen der Stiftung

Das Vermögen der Stiftung besteht per 31. Dezember 1972 aus je einem Bank- und Postscheckguthaben, einem Kassenbestand sowie Forderungen im Gesamtbetrage von DM 73 734,–.

§ 3
Verwendung der Mittel

Die Leistungen und Unkosten der Stiftung sind überwiegend aus den Zinserträgen des Stiftungsvermögens zu bewirken.

Derjenige Teil der Mittel, der im Geschäftsjahr voraussichtlich nicht benötigt wird, soll verzinslich und möglichst wertbeständig angelegt werden.

§ 4
Voraussetzungen für die Inanspruchnahme der Versorgungsstiftung

Anwärter der Stiftung sind

a) Textdichter, insbesondere solche, die dem deutschen Textdichterverband angehören und deren Rechte durch die GEMA verwaltet werden;

b) Erben von solchen Textdichtern, deren Rechte durch die GEMA verwaltet werden.

§ 5
Antragstellung

Die Leistungen der Stiftung dienen der Unterstützung bedürftiger Anwärter oder ihrer Witwen in Fällen erwiesener Notlage. Anträge auf Unterstützung sind dem Kuratorium schriftlich mit ausführlicher Begründung und entsprechenden Unterlagen einzureichen.

§ 6
Verwaltung

Die Verwaltung der Stiftung obliegt einem Kuratorium von drei Anwärtern der Stiftung, die mindestens drei Jahre ununterbrochen Bezugsberechtigte der GEMA gewesen sein müssen. Das Kuratorium bestimmt aus seiner Mitte ein geschäftsführendes Mitglied, das im Einvernehmen mit den beiden anderen Mitgliedern alle laufenden Angelegenheiten zu erledigen hat.

Das Kuratorium führt die laufenden Geschäfte der Stiftung und vertritt die Stiftung gerichtlich und außergerichtlich. Zur rechtsgeschäftlichen Verpflichtung der Stiftung genügt die Zeichnung durch zwei Mitglieder des Kuratoriums.

Scheiden Mitglieder des Kuratoriums aus, so haben die verbleibenden Mitglieder oder das verbleibende Mitglied binnen einem Monat die fehlenden Mitglieder zu bestimmen. Können sich zwei verbleibende Mitglieder nicht über die Bestimmung des fehlenden Mitglieds einigen, so steht die Bestimmung dem an Lebensjahren älteren Mitglied zu. Hat das neue Mitglied des Kuratoriums die Annahme des Amtes nicht binnen zwei Wochen nach seiner Bestimmung schriftlich erklärt, so gilt das als Ablehnung. Binnen einem Monat nach der Ablehnung ist ein anderes Mitglied zu bestimmen.

Unterbleibt die rechtzeitige Bestimmung fehlender Mitglieder oder ist kein Mitglied des Kuratoriums mehr vorhanden, so erfolgt die Bestimmung durch einfachen Mehrheitsbeschluss der Textdichter im Aufsichtsrat der GEMA.

§ 7 Die Stiftung trägt die durch ihre Verwaltung entstehenden Kosten.

Die Mitglieder des Kuratoriums der Stiftung verwalten ihre Ämter ehrenamtlich; sie erhalten Ersatz ihrer Auslagen und Einbußen.

§ 8
AUFSICHTSFÜHRUNG Die Aufsicht über die Geschäftsführung der Stiftung führt die für den Sitz der Stiftung zuständige Aufsichtsbehörde.

§ 9
SATZUNGSÄNDERUNG Änderungen dieser Satzung können vorbehaltlich des § 11 durch einstimmigen Beschluss des Kuratoriums der Stiftung unter einstimmiger Zustimmung der Textdichter im Aufsichtsrat der GEMA vorgenommen werden.

§ 10
AUFLÖSUNG Die Auflösung der Versorgungsstiftung kann vorbehaltlich des § 11 nur durch einen einstimmigen Beschluss des Kuratoriums unter einstimmiger Zustimmung der Textdichter im Aufsichtsrat der GEMA erfolgen. Über die Verwendung des restlichen Vermögens der Stiftung beschließen in diesem Falle die Mitglieder des deutschen Textdichterverbandes mit Zweidrittelmehrheit.

§ 11 Beschlüsse, die die Auflösung der Stiftung oder die Änderung ihres Zweckes betreffen, bedürfen der Genehmigung der zuständigen Aufsichtsbehörde.

Die vorstehende, von den Kuratoren der Stiftung am 15. 1. 1974 beschlossene Neufassung der Satzung der Versorgungsstiftung der deutschen Textdichter wird hiermit gemäß § 5 des Berliner Stiftungsgesetzes vom 11. März 1960 (GVBl. S. 228) genehmigt.

Berlin, den 23. Juli 1974

Der Senator für Justiz

Das Kuratorium der Versorgungsstiftung der deutschen Textdichter hat am 27. April 1992 folgende Anfügung an § 11 der Satzung dieser Stiftung beschlossen:

> „Bei Auflösung der Stiftung ist das Vermögen zu steuerbegünstigten Zwecken zu verwenden. Beschlüsse über die künftige Verwendung des Vermögens dürfen erst nach Einwilligung des Finanzamts durchgeführt werden."

Dieser Beschluss wird hiermit gemäß § 5 Abs. 1 des Berliner Stiftungsgesetzes in der Fassung vom 10. November 1976 (GVBl. S. 2599), geändert durch Gesetz vom 19. Februar 1987 (GVBl. S. 834), genehmigt.

Berlin, den 14. August 1992

– 3416/240-II.2 –

Der Senator für Justiz

in Vertretung

Borrmann

VIII 6 ZENTRALSTELLE BIBLIOTHEKSTANTIEME (ZBT)

Gesellschaftsvertrag

Fassung vom 4. Juli 2019

Die Verwertungsgesellschaften VG WORT, VG Bild-Kunst, VG Musikedition, GEMA, GVL, GWFF, VFF und VGF führen die Gesellschaft bürgerlichen Rechts unter dem Namen „Zentralstelle Bibliothekstantieme", abgekürzt „ZBT", ab dem 23. Oktober 2017 nach Maßgabe des folgenden Gesellschaftsvertrages fort:

§ 1 NAME, SITZ, GESCHÄFTSJAHR

1. Die Gesellschaft bürgerlichen Rechts führt den Namen

„**Zentralstelle Bibliothekstantieme**",

abgekürzt: „ZBT".

2. Der Sitz der Gesellschaft ist München.

3. Das Geschäftsjahr der Gesellschaft ist das Kalenderjahr.

§ 2 UNTERNEHMENS-GEGENSTAND

1. Unternehmensgegenstand der Gesellschaft ist die Administration der gesetzlichen Vergütungsansprüche nach § 27 Abs. 2 UrhG für das Verleihen von Originalen oder Vervielfältigungsstücken eines Werkes nach §§ 60a, 60h Abs. 1 Satz 1 UrhG für die öffentliche Zugänglichmachung von Werken zur Veranschaulichung im Unterricht an Schulen und nach §§ 60d, 60h Abs. 1 Satz 1 UrhG für Text und Data Mining. Zur Administration gehört die Geltendmachung und Durchsetzung aller Ansprüche gegenüber den Vergütungsschuldnern, die Einziehung und Verwaltung der Einnahmen aus den Ansprüchen, die Verteilung dieser Einnahmen an die Gesellschafter sowie Betätigungen, welche diese Aufgaben fördern. Zur Förderung gehört auch die Information und Unterstützung vergleichbarer in- und ausländischer Institutionen und Dachorganisationen.

2. Die Gesellschafter können beschließen, dass in die Gesellschaft weitere Vergütungsansprüche oder Rechte nach dem Urheberrechtsgesetz gemäß § 4.1 zur Administration eingebracht werden können.

3. Die Gesellschaft ist berechtigt, den Einzug von Vergütungsforderungen von Verwertungsgesellschaften zu übernehmen, denen nach §§ 77 ff. VGG eine Erlaubnis erteilt worden ist.

4. Die Gesellschaft ist berechtigt, alle Geschäfte zu tätigen, die für die Erreichung des Unternehmensgegenstands notwendig oder sachdienlich sind. Die Gesellschafter werden sich im Rahmen der ihnen obliegenden Treuepflicht nach besten Kräften dafür einsetzen, insbesondere ihre Stimm- und sonstigen Rechte in der Gesellschaft so auszuüben, dass die Gesellschaft den Unternehmensgegenstand möglichst umfassend verwirklicht. Sie werden alle Handlungen und Schritte unterlassen, die den Interessen der Gesellschaft widersprechen.

5. Die Gesellschaft ist nicht auf Gewinnerzielung ausgerichtet.

§ 3
Gesellschafter, Verfügungen

1. Gesellschafter der ZBT sind die Verwertungsgesellschaften VG WORT, VG Bild-Kunst, VG Musikedition, GEMA, GVL, GWFF, VFF und VGF.

2. Weitere Verwertungsgesellschaften, denen nach §§ 77 ff. VGG eine Erlaubnis erteilt worden ist, können auf schriftlichen Antrag als Gesellschafter in die Gesellschaft aufgenommen werden, wenn sie eine repräsentative Stellung für bestimmte Berufsgruppen oder Kategorien von Rechtsinhabern innehaben. Diese Bedingung gilt als erfüllt, wenn eine neu aufzunehmende Verwertungsgesellschaft mindestens die nachfolgenden Anforderungen erfüllt:

a) die Verwertungsgesellschaft vertritt mindestens 1.000 Rechtsinhaber, die natürliche Personen sind, oder 500 Unternehmen; und

b) die Verwertungsgesellschaft ist in der Lage, die Art und den Umfang der von ihr einzubringenden Ansprüche zweifelsfrei nachzuweisen; und

c) es bestehen keine objektiven Umstände, die einer effektiven Verwertung der einzubringenden Ansprüche entgegenstehen.

Hiervon unberührt bleibt das Recht der Gesellschaft, für Verwertungsgesellschaften auch ohne Aufnahme als Gesellschafter den Einzug von Vergütungsforderungen zu übernehmen.

3. Sofern die Gesellschafter nichts Abweichendes beschließen, ist die Aufnahme weiterer Gesellschafter nur möglich mit Wirkung zu Beginn eines Geschäftsjahres und nur bei Vorliegen eines Verteilungsplans, der für dieses Geschäftsjahr die Verteilung sämtlicher auf die Gesellschafter entfallenden Einnahmen unter angemessener Berücksichtigung des neu aufzunehmenden Gesellschafters regelt. Wenn ein solcher Verteilungsplan vorliegt und der neu aufzunehmende Gesellschafter die in § 3.2 genannten Anforderungen erfüllt, sind die Gesellschafter verpflichtet, der Aufnahme des neu aufzunehmenden Gesellschafters zuzustimmen.

4. Ein Gesellschafter kann seine Beteiligung an der Gesellschaft nur abtreten, sie belasten oder sonst über sie verfügen, wenn alle übrigen Gesellschafter dem vorher zugestimmt haben und der geschäftsführende Gesellschafter schriftlich die Zustimmung der Gesellschaft gegenüber dem Gesellschafter erteilt hat.

§ 4
Einbringung von Ansprüchen

1. Jeder Gesellschafter bringt die ihm zur Wahrnehmung übertragenen Vergütungsansprüche nach § 27 Abs. 2 UrhG für das Verleihen von Originalen oder Vervielfältigungsstücken eines Werkes nach §§ 60a, 60h Abs. 1 Satz 1 UrhG für die öffentliche Zugänglichmachung von Werken zur Veranschaulichung im Unterricht an Schulen und nach §§ 60d, 60h Abs. 1 Satz 1 UrhG für Text und Data Mining und die damit in Zusammenhang stehenden Auskunftsansprüche in die Gesellschaft ein und tritt diese an die Gesellschaft ab. Sofern in Zukunft Vergütungsansprüche oder Rechte bestehen oder geschaffen werden, welche die genannten gesetzlichen Bestimmungen ergänzen oder erweitern, bedarf es zur Einbringung und Abtretung dieser Ansprüche an die Gesellschaft jeweils eines erneuten Beschlusses der Gesellschafter.

2. Die nach § 4.1 eingebrachten Ansprüche werden nur zur treuhänderischen Wahrnehmung übertragen und gehen nicht in das gesamthänderisch gebundene Gesellschaftsvermögen über. Ansprüche der Gesellschafter gegen die Gesellschaft auf Auszahlung von anteiligen Einnahmen aus den nach § 4 eingebrachten Ansprüchen bestehen nur unter den in § 5 geregelten Voraussetzungen.

3. Die Gesellschaft nimmt die übertragenen Ansprüche im eigenen Namen und auf eigene Rechnung wahr. Die Gesellschaft ist insbesondere weiterhin berechtigt, für einzelne oder alle eingebrachten Ansprüche Tarife aufzustellen und zu veröffentlichen, mit den Vergütungsschuldnern darüber Gesamtverträge abzuschließen und die eingebrachten Ansprüche gerichtlich im eigenen Namen und auf eigene Rechnung geltend zu machen.

4. Im Fall der Auflösung der Gesellschaft, sowie der Kündigung oder des Ausschlusses eines Gesellschafters werden die nach § 4.1 eingebrachten Ansprüche nach Maßgabe der folgenden Regelungen und im Übrigen entsprechend § 732 BGB an den oder die betroffenen Gesellschafter zurückübertragen.

a) Bei Ausscheiden eines Gesellschafters sind von der Rückübertragung lediglich die nach § 4.1 eingebrachten Ansprüche erfasst, die sich auf die Nutzung von Werken nach Ende des Geschäftsjahres, in dem der Gesellschafter ausscheidet, beziehen, soweit im Folgenden nichts Abweichendes bestimmt ist. Ansprüche, die sich auf die Nutzung von Werken vor Ende des Geschäftsjahres, in dem der Gesellschafter ausscheidet, beziehen, verbleiben in der Gesellschaft. Der ausscheidende Gesellschafter wird die Gesellschaft bei der Durchsetzung in der Gesellschaft verbliebener Ansprüche unterstützen und die dafür notwendigen oder zweckmäßigen Erklärungen abgeben. Einnahmen aus in der Gesellschaft verbliebenen Ansprüchen werden nach Maßgabe des jeweils anwendbaren Verteilungsplans verteilt.

b) Hat die Gesellschaft vor dem Zeitpunkt ihrer Auflösung oder vor dem Zeitpunkt des Ausscheidens eines Gesellschafters bereits Verträge über die nach § 4.1 eingebrachten Ansprüche des oder der betroffenen Gesellschafter(s) abgeschlossen, so erfolgt die Rückübertragung der nach § 4.1 eingebrachten Ansprüche an den oder die betroffenen Gesellschafter erst mit Wirkung ab dem Tag nach dem Ende der Laufzeit desjenigen von der Gesellschaft abgeschlossenen Vertrages, der ab dem Zeitpunkt der Auflösung oder des Ausscheidens die längste reguläre Laufzeit hat. Bei Verträgen mit unbeschränkter Laufzeit ist für die Bestimmung des Laufzeitendes im Sinne dieses lit. b) Satz 1 der Zeitpunkt maßgeblich, zu dem die Gesellschaft einen solchen Vertrag nach dem Zeitpunkt der Auflösung oder des Ausscheidens erstmals ordentlich kündigen kann (Wirksamkeit der ordentlichen Kündigung). Die Gesellschaft ist insofern verpflichtet, auf Aufforderung des ausscheidenden Gesellschafters Verträge mit unbeschränkter Laufzeit zum nächstmöglichen Zeitpunkt nach Auflösung oder Ausscheiden eines Gesellschafters ordentlich zu kündigen, wenn ihr die entsprechende Aufforderung des Gesellschafters bis spätestens einen Monat vor Beginn der ordentlichen Kündigungsfrist des betroffenen Vertrages zugegangen ist. Die Gesellschaft bleibt bis zum Ende der Laufzeit des in § 4.4 lit. b) Satz 1 genannten Vertrages berechtigt, die vertragsgegenständlichen Ansprüche geltend zu machen und die vertraglich vereinbarten Vergütungen einzuziehen. Einnahmen sind nach Maßgabe des jeweils anwendbaren Verteilungsplans zu verteilen.

Darüber hinaus nimmt ein ausscheidender Gesellschafter ab dem Zeitpunkt des Ausscheidens nicht an schwebenden Geschäften der Gesellschaft teil.

5. Im Falle der Kündigung oder des Ausschlusses hat der ausscheidende Gesellschafter nach dem Ende seiner Zugehörigkeit zur Gesellschaft das Recht, an Gesell-

schafterversammlungen teilzunehmen, soweit dort Beschlüsse über die Verteilung von Einnahmen gefasst werden, die durch die Geltendmachung der von ihm nach § 4.1 in die Gesellschaft eingebrachten Ansprüche bis zum Zeitpunkt ihrer Rückübertragung noch erzielt wurden. Dem ausgeschiedenen Gesellschafter steht bei der betreffenden Beschlussfassung kein Stimmrecht zu, jedoch muss ein solcher Beschluss über die Verteilung von Einnahmen den ausgeschiedenen Gesellschafter angemessen berücksichtigen.

**§ 5
Verteilung,
Jahresabschluss**

1. Einnahmen der Gesellschaft aus den nach § 4 eingebrachten Ansprüchen sind nach Abzug der Vergütung des geschäftsführenden Gesellschafters nach § 6.6 gemäß den Verteilungsplänen an die Gesellschafter zu verteilen. Über außerordentliche Verwaltungskosten ist gesondert zu entscheiden. Ansprüche eines Gesellschafters gegen die Gesellschaft auf Auszahlung verteilungsfähiger Einnahmen entstehen nach Maßgabe der jeweiligen Verteilungspläne. Sofern und soweit die Verteilungspläne die Fälligkeit von Auszahlungsansprüchen regeln, werden die Auszahlungsansprüche nach den Regelungen der Verteilungspläne zur Zahlung fällig; in allen anderen Fällen werden die Auszahlungsansprüche fällig nach Maßgabe der Verteilungsbeschlüsse der Gesellschafterversammlung.

2. Der geschäftsführende Gesellschafter stellt die Verteilungspläne nach den gesetzlichen Vorgaben auf, die ein willkürliches Vorgehen bei der Verteilung ausschließen, und legt sie der Gesellschafterversammlung zur Beschlussfassung vor. Wird ein Verteilungsplan nicht beschlossen und zur Überarbeitung an den geschäftsführenden Gesellschafter zurückverwiesen, so berücksichtigt dieser dabei die Vorgaben der Gesellschafterversammlung.

3. Die verteilungsfähigen Einnahmen aus den nach § 4 eingebrachten Ansprüchen werden spätestens neun Monate nach Ablauf des Geschäftsjahrs, in dem sie eingezogen wurden, gemäß den Regelungen des jeweils maßgeblichen Verteilungsplans oder aufgrund eines Verteilungsbeschlusses an die Gesellschafter ausgezahlt, soweit die Gesellschaft nicht aus sachlichen Gründen an der Durchführung der Verteilung gehindert ist.

4. Der geschäftsführende Gesellschafter stellt den Jahresabschluss des abgeschlossenen Geschäftsjahres auf, lässt den Jahresabschluss prüfen und leitet den geprüften Abschluss innerhalb der ersten sechs Monate des Folgejahres den Gesellschaftern zu. Die Gesellschafterversammlung beschließt über die Feststellung des Jahresabschlusses und die Entlastung des geschäftsführenden Gesellschafters.

5. Der geschäftsführende Gesellschafter erstellt einen Transparenzbericht des abgeschlossenen Geschäftsjahrs, lässt ihn prüfen und leitet ihn nebst Bescheinigung des Abschlussprüfers spätestens sechs Monate nach Schluss des Geschäftsjahrs den Gesellschaftern zu. Die Gesellschafterversammlung beschließt den Transparenzbericht.

**§ 6
Geschäftsführung,
Vertretung**

1. Zur Geschäftsführung und Vertretung ist die VG WORT ausschließlich berechtigt; die VG WORT stellt der Gesellschaft für die Geschäftsführung ihre Einrichtungen zur Verfügung. Die VG WORT verwendet hierbei nach außen den Namen der Gesellschaft. Die VG WORT kann sich bei der Geschäftsführung der Unterstützung durch mit ihr verbundene Unternehmen und Hilfspersonen bedienen.

2. Die Führung der Geschäfte richtet sich nach zwingenden gesetzlichen Vorgaben, dem Gesellschaftsvertrag und den Beschlüssen der Gesellschafter.

3. Der geschäftsführende Gesellschafter verhandelt für die ZBT Gesamtverträge mit Vergütungsschuldnern unter Gremienvorbehalt und erarbeitet Tarifentwürfe. Die Gesellschafterversammlung beschließt den Abschluss von Gesamtverträgen und die Veröffentlichung von Tarifen. Die Gesellschafter sind verpflichtet, den geschäftsführenden Gesellschafter bei Abschluss und Durchführung von Gesamtverträgen und damit in Zusammenhang stehenden Verträgen zu unterstützen.

4. Die VG WORT ist von den Beschränkungen des § 181 BGB befreit.

5. Die Haftung des geschäftsführenden Gesellschafters gegenüber der Gesellschaft und den Gesellschaftern kommt nur bei Verletzung einer Bestimmung des Gesellschaftsvertrages in Betracht und ist, soweit gesetzlich zulässig, auf grobe Fahrlässigkeit oder Vorsatz des geschäftsführenden Gesellschafters beschränkt.

6. Von den eingegangenen Vergütungsbeträgen erhält der geschäftsführende Gesellschafter vorweg zur Erstattung aller mit der Geschäftsführung und Vertretung verbundenen Kosten eine angemessene Vergütung. Über die Höhe der Vergütung beschließt die Gesellschafterversammlung.

§ 7
BESCHLUSSFASSUNG DURCH DIE GESELLSCHAFTER

1. Beschlüsse der Gesellschaft werden in Gesellschafterversammlungen gefasst, sofern dieser Vertrag nichts anderes bestimmt.

2. Der geschäftsführende Gesellschafter beruft die Gesellschafterversammlung in Textform unter Mitteilung des Versammlungsortes sowie der Tagesordnung mit einer Frist von zwei Wochen ein. Beschlussgegenstände nach § 7.9 sind zu benennen. Darüber hinaus sind diejenigen Unterlagen beizufügen, die zur ordnungsgemäßen Vorbereitung der Gesellschafterversammlung notwendig sind (z. B. der betreffende Verteilungsplan oder Jahresabschluss gemäß § 5). Gibt es keinen geschäftsführenden Gesellschafter (mehr), ist jeder Gesellschafter allein zur Einberufung berechtigt.

3. Die ordentliche Gesellschafterversammlung findet jährlich binnen zwei Monaten nach Versand des Jahresabschlusses gemäß § 5 statt.

4. Eine außerordentliche Gesellschafterversammlung ist einzuberufen, wenn dies im Interesse der Gesellschaft erforderlich erscheint oder von mindestens drei Gesellschaftern in Textform gegenüber dem geschäftsführenden Gesellschafter unter Angabe der Tagesordnung verlangt wird.

5. Eine Gesellschafterversammlung ist beschlussfähig, wenn sämtliche Gesellschafter ordnungsgemäß geladen sind oder jeder von einer mangelhaften Ladung betroffene Gesellschafter in der Versammlung anwesend ist und den Mangel der Ladung nicht rügt, und wenn darüber hinaus mindestens drei Viertel der Gesellschafter anwesend oder vertreten sind. Ist die Versammlung beschlussunfähig, so ist danach eine neue Versammlung mit gleicher Tagesordnung mit einer Frist von zwei Wochen einzuberufen. Diese neue Versammlung ist ungeachtet der anwesenden oder vertretenen Stimmen beschlussfähig, wenn auf diese Bestimmung in der Ladung hingewiesen wurde. Abweichend von Satz 1 und Satz 3 ist die Versammlung bei Beschlüssen, die eine Zustimmung aller Gesellschafter erfordern, nur beschlussfähig, wenn sämtliche Gesellschafter anwesend oder vertreten sind.

6. Außerhalb von Gesellschafterversammlungen können Beschlüsse in jeder Form (einschließlich Telefax oder E-Mail) gefasst werden, wenn alle Gesellschafter in die Beschlussfassung eingebunden sind und keiner der Art der Beschlussfassung widerspricht. Die so gefassten Beschlüsse sind zu protokollieren. Das Protokoll ist den Gesellschaftern unverzüglich zuzuleiten.

7. Jeder Gesellschafter kann sich in der Gesellschafterversammlung durch einen Vertreter seiner Wahl mit schriftlicher Vollmacht vertreten lassen. Ein Gesellschafter kann nicht von mehreren anderen Gesellschaftern gleichzeitig bevollmächtigt werden. Der geschäftsführende Gesellschafter kann andere Personen zur Teilnahme an einer Gesellschafterversammlung zulassen und ihnen Rederecht gewähren.

8. Der geschäftsführende Gesellschafter leitet die Gesellschafterversammlung. Über die Beschlüsse der Gesellschafterversammlung ist eine Niederschrift anzufertigen. Die Niederschrift ist den Gesellschaftern nach der Versammlung zu übersenden. Einsprüche gegen die Niederschrift sowie etwaige Rügen hinsichtlich der Form und fristgerechten Einberufung der Gesellschafterversammlung sind innerhalb von drei Wochen nach Zugang der Niederschrift in Textform gegenüber dem geschäftsführenden Gesellschafter geltend zu machen. Über Einsprüche entscheidet die nächste Gesellschafterversammlung.

9. Die Gesellschafter beschließen insbesondere über

a) Änderungen des Gesellschaftsvertrages;

b) Aufnahme neuer Gesellschafter nach § 3.2 bis 4;

c) Administration von Vergütungsansprüchen oder Rechten, welche die bereits übertragenen Vergütungsansprüche ergänzen oder erweitern, nach § 4.1 Satz 2;

d) Administration sonstiger weiterer Vergütungsansprüche oder Rechte;

e) Verteilungspläne nach § 5.1 und Verteilung von Einnahmen;

f) Bestimmung der Vergütung des geschäftsführenden Gesellschafters nach § 6.6;

g) Feststellung des Jahresabschlusses;

h) Bestellung und Abberufung des Abschlussprüfers;

i) Entlastung des geschäftsführenden Gesellschafters;

j) Ausschluss eines Gesellschafters aus wichtigem Grund;

k) Auflösung/Liquidation der Gesellschaft;

l) allgemeine Anlagepolitik in Bezug auf die Einnahmen aus den Ansprüchen;

m) Transparenzbericht;

n) andere Angelegenheiten, soweit dies nach zwingenden gesetzlichen Vorgaben oder diesem Gesellschaftsvertrag vorgesehen ist.

10. Jeder Gesellschafter hat eine Stimme. Gesellschafterbeschlüsse bedürfen der Einstimmigkeit. Stimmenthaltungen gelten als Nichtabgabe der Stimme und stehen einer Beschlussfassung nicht im Wege. Beschlüsse nach § 7.9 lit. a) - d) bedürfen der Zustimmung aller Gesellschafter.

11. Die Unwirksamkeit von Gesellschafterbeschlüssen kann nur binnen einer Ausschlussfrist von sechs Wochen nach Kenntniserlangung durch Klageerhebung geltend gemacht werden.

**§ 8
Dauer,
Kündigung,
Ausschluss**

1. Die Gesellschaft wird auf unbestimmte Dauer errichtet.

2. Jeder Gesellschafter kann die Gesellschaft unter Einhaltung einer Frist von 12 Monaten zum Ende eines Geschäftsjahres ordentlich kündigen. Das Recht zur außerordentlichen Kündigung aus wichtigem Grund bleibt unberührt.

3. Jede Kündigung hat mittels eingeschriebenem Brief zu erfolgen. Die Kündigung ist an den geschäftsführenden Gesellschafter zu richten; der geschäftsführende Gesellschafter hat seine Kündigung an sämtliche Mitgesellschafter zu richten.

4. Tritt in der Person eines Gesellschafters ein wichtiger Grund ein, der die anderen Gesellschafter zu einer außerordentlichen Kündigung berechtigt, können diese Gesellschafter den betreffenden Gesellschafter aus der Gesellschaft ausschließen. Der betreffende Gesellschafter ist bei der Beschlussfassung, mit der über seine Ausschließung abgestimmt wird, selbst nicht stimmberechtigt.

5. Kündigt ein Gesellschafter oder wird er ausgeschlossen, so scheidet er aus der Gesellschaft aus, die von den übrigen Gesellschaftern fortgesetzt wird. Jedoch können die übrigen Gesellschafter innerhalb von 6 Monaten ab dem Tag des Zugangs der Kündigungserklärung zeitgleich mit der Ausschließung beschließen, dass die Gesellschaft auf den Zeitpunkt des Ausscheidens des Gesellschafters aufgelöst wird, in diesem Fall ist die Gesellschaft unter Beteiligung des Ausscheidenden abzuwickeln.

6. Scheidet ein Gesellschafter in Folge seiner Kündigung oder seines Ausschlusses aus der Gesellschaft aus, findet § 4.4 und § 4.5 hinsichtlich der von ihm nach § 4.1 eingebrachten Ansprüche Anwendung. Daneben erhält der ausscheidende Gesellschafter zur Abgeltung seiner Beteiligung am Anlagevermögen eine Abfindung, die dem anteiligen Buchwert des Anlagevermögens nach Maßgabe des Anteils des ausscheidenden Gesellschafters an den Einnahmen in den Verteilungsplänen für das Jahr des Ausscheidens entspricht. Der Abfindungsanspruch ist unverzinslich und wird fällig einen Monat nach Feststellung des Jahresabschlusses für das Geschäftsjahr des Ausscheidens. Andere oder weitergehende Ansprüche stehen dem ausscheidenden Gesellschafter nicht zu; insbesondere kann er Freistellung von Verbindlichkeiten der Gesellschaft nicht verlangen.

7. Ausscheidende Gesellschafter sind nicht berechtigt, Sicherheitsleistung für ihre Ansprüche nach § 4.4, § 4.5 und § 8.6 zu verlangen.

**§ 9
Rechtswahl,
Gerichtsstand,
Prozessführung**

1. Auf diesen Vertrag findet allein deutsches Recht Anwendung unter Ausschluss derjenigen Bestimmungen des internationalen Privatrechts, die zur Anwendung einer anderen Rechtsordnung führen würden.

2. Gerichtsstand für alle Streitigkeiten aus diesem Vertrag und über seine Wirksamkeit ist der Sitz der Gesellschaft.

3. Soweit gesetzlich zulässig wird die Gesellschaft in Rechtsstreitigkeiten durch den geschäftsführenden Gesellschafter vertreten. Dies gilt auch für Leistungsklagen einzelner Gesellschafter gegen die Gesellschaft.

4. Klagen von Gesellschaftern zur Feststellung der Wirksamkeit oder Unwirksamkeit eines Gesellschafterbeschlusses sind gegen die Gesellschaft zu erheben.

§ 10
Schluss-
bestimmungen

1. Sollte eine Regelung dieses Vertrages unwirksam sein oder werden, so wird die Wirksamkeit des Vertrages im Übrigen davon nicht berührt. Die Gesellschafter verpflichten sich bereits heute, an der Schaffung einer wirksamen Regelung mitzuwirken, die der unwirksamen Regelung möglichst nahe kommt.

2. Änderungen und/oder Ergänzungen dieses Vertrags bedürfen einer von allen Gesellschaftern unterzeichneten Beschlussausfertigung. Dies gilt auch für einen Verzicht auf dieses Schriftformerfordernis selbst.

3. Soweit dieser Gesellschaftsvertrag keine besondere Regelung enthält, gelten die Vorschriften des Bürgerlichen Gesetzbuches über die Gesellschaft des bürgerlichen Rechts.

VIII 7 Zentralstelle für private Überspielungsrechte (ZPÜ)

Gesellschaftsvertrag

in der Fassung der Beschlüsse der Gesellschafter vom 30.11.2016

Die Verwertungsgesellschaften GEMA, GVL, VG WORT, GÜFA, GWFF, VG Bild-Kunst, VFF, VGF und TWF führen die Gesellschaft bürgerlichen Rechts unter dem Namen „Zentralstelle für private Überspielungsrechte", abgekürzt „ZPÜ", ab dem 30. November 2016 nach Maßgabe des folgenden Gesellschaftsvertrages fort:

§ 1
Name, Sitz, Geschäftsjahr

1. Die Gesellschaft bürgerlichen Rechts führt den Namen

„Zentralstelle für private Überspielungsrechte",

abgekürzt: „ZPÜ".

2. Der Sitz der Gesellschaft ist München.

3. Das Geschäftsjahr der Gesellschaft ist das Kalenderjahr.

§ 2
Unternehmensgegenstand

1. Gegenstand der Gesellschaft ist die Administration der gesetzlichen Vergütungsansprüche für Vervielfältigungen von Audiowerken und von audiovisuellen Werken zum privaten und sonstigen eigenen Gebrauch gemäß § 53 Abs. 1-3 UrhG für Verwertungsgesellschaften sowie die Administration von Vergütungsansprüchen und Rechten, welche die erstgenannten Ansprüche nach derzeitiger oder künftiger Gesetzeslage ergänzen, erweitern oder an deren Stelle treten. Zur Administration gehört die Geltendmachung und Durchsetzung aller Rechte gegenüber den Anspruchsverpflichteten, die Einziehung, Verwaltung und Verteilung der Einnahmen aus den Rechten sowie Betätigungen, welche diese Aufgaben fördern. Zur Förderung gehört auch die Information und Unterstützung vergleichbarer in- und ausländischer Institutionen und Dachorganisationen.

2. Die Gesellschaft ist berechtigt, den Einzug von Vergütungsforderungen von Verwertungsgesellschaften zu übernehmen, denen nach §§ 77 ff. VGG eine Erlaubnis erteilt worden ist.

3. Die Gesellschaft ist berechtigt, alle Geschäfte zu tätigen, die für die Erreichung des Unternehmensgegenstands notwendig oder sachdienlich sind. Die Gesellschafter werden sich im Rahmen der ihnen obliegenden Treuepflicht nach besten Kräften dafür einsetzen, insbesondere ihre Stimm- und sonstigen Rechte in der Gesellschaft so ausüben, dass die Gesellschaft den Unternehmensgegenstand möglichst umfassend verwirklicht. Sie werden alle Handlungen und Schritte unterlassen, die den Interessen der Gesellschaft widersprechen.

4. Die Gesellschaft ist nicht auf Gewinnerzielung ausgerichtet.

§ 3
Gesellschafter, Verfügungen

1. Gesellschafter der ZPÜ sind die Verwertungsgesellschaften GEMA, GVL, VG WORT, GÜFA, GWFF, VG Bild-Kunst, VFF, VGF und TWF.

2. Weitere Verwertungsgesellschaften, denen nach §§ 77 ff. VGG eine Erlaubnis erteilt worden ist, können auf schriftlichen Antrag als Gesellschafter in die Gesellschaft aufgenommen werden, wenn sie eine repräsentative Stellung für bestimmte Berufsgruppen oder Kategorien von Rechtsinhabern innehaben. Diese Bedingung gilt als erfüllt, wenn eine neu aufzunehmende Verwertungsgesellschaft mindestens die nachfolgenden Anforderungen erfüllt:

   a) die Verwertungsgesellschaft vertritt mindestens 1.000 Rechtsinhaber, die natürliche Personen sind, oder 500 Unternehmen; und

   b) die Verwertungsgesellschaft ist in der Lage, die Art und den Umfang der von ihr einzubringenden Ansprüche zweifelsfrei nachzuweisen; und

   c) der Umfang der durch die Verwertungsgesellschaft gemäß § 4 einzubringenden Ansprüche lässt für die ersten zwei Jahre ab Aufnahme als Gesellschafter im Hinblick auf empirisch festgestellte Nutzungen und das daraus für diese Ansprüche folgende Vergütungsvolumen nachweislich mindestens 8 % des Vergütungsvolumens der gesamten bereits in die ZPÜ eingebrachten Vergütungsansprüche derselben Kategorie von Rechtsinhabern oder derselben Berufsgruppe erwarten; und

   d) der Umfang der durch die Verwertungsgesellschaft gemäß § 4 einzubringenden Ansprüche lässt für die ersten zwei Jahre ab Aufnahme als Gesellschafter im Hinblick auf empirisch festgestellte Nutzungen und das daraus für diese Ansprüche folgende Vergütungsvolumen nachweislich mindestens 4 % des Vergütungsvolumens der gesamten bereits in die ZPÜ eingebrachten Vergütungsansprüche erwarten; und

   e) es bestehen keine objektiven Umstände, die einer effektiven Verwertung der einzubringenden Ansprüche entgegenstehen.

   Hiervon unberührt bleibt das Recht der Gesellschaft, für Verwertungsgesellschaften auch ohne Aufnahme als Gesellschafter den Einzug von Vergütungsforderungen zu übernehmen.

3. Die Aufnahme weiterer Gesellschafter und die Ausgestaltung der Gesellschafterstellung bedürfen der Zustimmung aller Gesellschafter. Sofern die Gesellschafter nichts Abweichendes beschließen, ist die Aufnahme weiterer Gesellschafter nur möglich mit Wirkung zu Beginn eines Geschäftsjahres und nur bei Vorliegen eines Verteilungsplans für alle Produktgruppen, der für dieses Geschäftsjahr die Verteilung sämtlicher auf die Gesellschafter entfallenden Einnahmen unter angemessener Berücksichtigung des neu aufzunehmenden Gesellschafters regelt. Wenn ein solcher Verteilungsplan vorliegt und der neu aufzunehmende Gesellschafter die in Absatz 2 genannten Anforderungen erfüllt, sind die Gesellschafter verpflichtet, der Aufnahme des neu aufzunehmenden Gesellschafters zuzustimmen.

4. Ein Gesellschafter kann seine Beteiligung an der Gesellschaft nur abtreten, sie belasten oder sonst über sie verfügen, wenn alle übrigen Gesellschafter dem vorher zugestimmt haben und der geschäftsführende Gesellschafter schriftlich die Zustimmung der Gesellschaft gegenüber dem Gesellschafter erteilt hat.

§ 4
Einbringung von Ansprüchen

1. Jeder Gesellschafter bringt die ihm zur Wahrnehmung übertragenen Vergütungsansprüche für Vervielfältigungen von Audiowerken und von audiovisuellen Werken („Ansprüche"), derzeit geregelt in den §§ 53 Abs. 1-3 UrhG, 54, 54a, 54b, 54e und 54f UrhG, in die Gesellschaft ein und tritt diese an die Gesellschaft ab. Dasselbe gilt für Vergütungsansprüche oder Rechte, die lediglich an die Stelle der in Satz 1 genannten Ansprüche treten. Sofern in Zukunft Vergütungsansprüche oder Rechte bestehen oder geschaffen werden, welche die genannten gesetzlichen Bestimmungen ergänzen oder erweitern, bedarf es zur Einbringung und Abtretung dieser Ansprüche an die Gesellschaft jeweils einer erneuten Zustimmung jedes einzelnen Gesellschafters.

2. Die nach § 4.1 abgetretenen Ansprüche werden nur zur treuhänderischen Wahrnehmung übertragen und gehen nicht in das gesamthänderisch gebundene Gesellschaftsvermögen über. Ansprüche der Gesellschafter gegen die Gesellschaft auf Auszahlung von anteiligen Einnahmen aus den nach § 4 eingebrachten Ansprüchen bestehen nur unter den in § 5 geregelten Voraussetzungen.

3. Die Gesellschaft nimmt die übertragenen Ansprüche im eigenen Namen und auf eigene Rechnung wahr. Die Gesellschaft ist insbesondere weiterhin berechtigt, für einzelne oder alle eingebrachten Ansprüche Tarife aufzustellen und zu veröffentlichen, mit den Rechtenutzern darüber Gesamtverträge abzuschließen und die eingebrachten Ansprüche gerichtlich im eigenen Namen und auf eigene Rechnung geltend zu machen.

4. Im Fall der Auflösung der Gesellschaft, sowie der Kündigung oder des Ausschlusses eines Gesellschafters werden die nach § 4.1 eingebrachten Ansprüche nach Maßgabe der folgenden Regelungen und im Übrigen entsprechend § 732 BGB an den oder die betroffenen Gesellschafter zurückübertragen.

a) Bei Ausscheiden eines Gesellschafters sind von der Rückübertragung lediglich die nach § 4.1 eingebrachten Ansprüche erfasst, die sich auf das Inverkehrbringen von Geräten / Speichermedien nach Ende des Geschäftsjahres, in dem der Gesellschafter ausscheidet, beziehen, soweit im Folgenden nichts Abweichendes bestimmt ist. Ansprüche, die sich auf das Inverkehrbringen von Geräten / Speichermedien vor Ende des Geschäftsjahres, in dem der Gesellschafter ausscheidet, beziehen, verbleiben in der Gesellschaft. Der ausscheidende Gesellschafter wird die Gesellschaft bei der Durchsetzung in der Gesellschaft verbliebener Ansprüche unterstützen und die dafür notwendigen oder zweckmäßigen Erklärungen abgeben. Einnahmen aus in der Gesellschaft verbliebenen Ansprüche werden nach Maßgabe des jeweils anwendbaren Verteilungsplans verteilt.

b) Hat die Gesellschaft vor dem Zeitpunkt ihrer Auflösung bzw. vor dem Zeitpunkt des Ausscheidens eines Gesellschafters bereits Verträge über die nach § 4.1 eingebrachten Ansprüche des oder der betroffenen Gesellschafter(s) abgeschlossen, so erfolgt die Rückübertragung der nach § 4.1 eingebrachten Ansprüche an den oder die betroffenen Gesellschafter erst mit Wirkung ab dem Tag nach dem Ende der Laufzeit desjenigen von der Gesellschaft abgeschlossenen Vertrages, der ab dem Zeitpunkt der Auflösung bzw. des Ausscheidens die längste reguläre Laufzeit hat. Bei Verträgen mit unbeschränkter Laufzeit ist für die Bestimmung des Laufzeitendes im Sinne dieses lit. b) Satz 1 der Zeitpunkt maßgeblich, zu dem die Gesellschaft einen solchen Vertrag nach dem Zeitpunkt der Auflösung bzw.

des Ausscheidens erstmals ordentlich kündigen kann (Wirksamkeit der ordentlichen Kündigung). Die Gesellschaft ist insofern verpflichtet, auf Aufforderung des ausscheidenden Gesellschafters Verträge mit unbeschränkter Laufzeit zum nächstmöglichen Zeitpunkt nach Auflösung bzw. Ausscheiden eines Gesellschafters ordentlich zu kündigen, wenn ihr die entsprechende Aufforderung des Gesellschafters bis spätestens einen Monat vor Beginn der ordentlichen Kündigungsfrist des betroffenen Vertrages zugegangen ist. Die Gesellschaft bleibt bis zum Ende der Laufzeit des in lit. b) Satz 1 genannten Vertrages berechtigt, die vertragsgegenständlichen Ansprüche geltend zu machen und die vertraglich vereinbarten Vergütungen einzuziehen. Einnahmen sind nach Maßgabe des jeweils anwendbaren Verteilungsplans zu verteilen.

Darüber hinaus nimmt ein ausscheidender Gesellschafter ab dem Zeitpunkt des Ausscheidens nicht an schwebenden Geschäften der Gesellschaft teil.

5. Im Falle der Kündigung oder des Ausschlusses hat der ausscheidende Gesellschafter nach dem Ende seiner Zugehörigkeit zur Gesellschaft das Recht, an Gesellschafterversammlungen teilzunehmen, soweit dort Beschlüsse über die Verteilung von Einnahmen gefasst werden, die durch die Geltendmachung der von ihm nach § 4.1 in die Gesellschaft eingebrachten Ansprüche bis zum Zeitpunkt ihrer Rückübertragung noch erzielt wurden. Dem ausgeschiedenen Gesellschafter steht bei der betreffenden Beschlussfassung kein Stimmrecht zu, jedoch muss ein solcher Beschluss über die Verteilung von Einnahmen den ausgeschiedenen Gesellschafter angemessen berücksichtigen.

§ 5
Verteilung,
Jahresabschluss

1. Einnahmen der Gesellschaft aus den nach § 4 eingebrachten Ansprüchen sind nach Abzug der zur Deckung der Verwaltungskosten erforderlichen Beträge gemäß den Verteilungsplänen an die Gesellschafter zu verteilen. Jeder Verteilungsplan bedarf eines einstimmigen Beschlusses der Gesellschafterversammlung. Ansprüche eines Gesellschafters gegen die Gesellschaft auf Auszahlung verteilungsfähiger Einnahmen entstehen nach Maßgabe der jeweiligen Verteilungspläne. Sofern und soweit die Verteilungspläne die Fälligkeit von Auszahlungsansprüchen regeln, werden die Auszahlungsansprüche nach den Regelungen der Verteilungspläne zur Zahlung fällig; in allen anderen Fällen werden die Auszahlungsansprüche fällig nach Maßgabe der Verteilungsbeschlüsse der Gesellschafterversammlung.

2. Der geschäftsführende Gesellschafter stellt die Verteilungspläne nach den gesetzlichen Vorgaben auf, die ein willkürliches Vorgehen bei der Verteilung ausschließen, und legt sie der Gesellschafterversammlung zur Beschlussfassung vor. Wird ein Verteilungsplan nicht beschlossen und zur Überarbeitung an den geschäftsführenden Gesellschafter zurückverwiesen, so berücksichtigt dieser dabei die Vorgaben der Gesellschafterversammlung.

3. Die verteilungsfähigen Einnahmen aus den nach § 4 eingebrachten Ansprüchen werden spätestens neun Monate nach Ablauf des Geschäftsjahrs, in dem sie eingezogen wurden, gemäß den Regelungen des jeweils maßgeblichen Verteilungsplans bzw. aufgrund eines Verteilungsbeschlusses an die Gesellschafter ausgezahlt, soweit die Gesellschaft nicht aus sachlichen Gründen an der Durchführung der Verteilung gehindert ist.

4. Der geschäftsführende Gesellschafter stellt den Jahresabschluss des abgeschlossenen Geschäftsjahres auf, lässt den Jahresabschluss prüfen und leitet den

geprüften Abschluss innerhalb der ersten sechs Monate des Folgejahres den Gesellschaftern zu. Die Gesellschafterversammlung beschließt über die Feststellung des Jahresabschlusses und die Entlastung des geschäftsführenden Gesellschafters.

§ 6
Geschäftsführung, Vertretung

1. Zur Geschäftsführung und Vertretung ist die GEMA ausschließlich berechtigt. Die GEMA verwendet hierbei nach außen den Namen der Gesellschaft. Die GEMA kann sich bei der Geschäftsführung der Unterstützung durch mit ihr verbundene Unternehmen und Hilfspersonen bedienen.

2. Die Führung der Geschäfte richtet sich nach zwingenden gesetzlichen Vorgaben, dem Gesellschaftsvertrag und den Beschlüssen der Gesellschafter. Die Gesellschafter können eine Geschäftsordnung beschließen, die insbesondere auch einen Katalog zustimmungspflichtiger Geschäfte enthalten kann.

3. Der geschäftsführende Gesellschafter verhandelt für die ZPÜ Gesamtverträge mit gesamtvertragsfähigen Industrieverbänden und -organisationen unter Gremienvorbehalt und erarbeitet Tarifentwürfe. Die Gesellschafterversammlung beschließt den Abschluss von Gesamtverträgen und die Veröffentlichung von Tarifen. Die Gesellschafter sind verpflichtet, die Gesellschaft bei Abschluss und Durchführung von Gesamtverträgen und damit in Zusammenhang stehenden Verträgen zu unterstützen.

4. Die GEMA ist von den Beschränkungen des § 181 BGB befreit.

5. Für die Haftung des geschäftsführenden Gesellschafters, seiner gesetzlichen Vertreter, Mitarbeiter und Erfüllungsgehilfen, gegenüber der Gesellschaft und den Gesellschaftern gelten grundsätzlich die Regelungen des Dienstleistungsvertrags zwischen der Gesellschaft und dem geschäftsführenden Gesellschafter. Für Geschäftsführungsaufgaben des geschäftsführenden Gesellschafters, die nicht unter den Anwendungsbereich des Dienstleistungsvertrages fallen, beschränkt sich die Haftung gegenüber der Gesellschaft und den Gesellschaftern auf Fälle der Verletzung einer Bestimmung des Gesellschaftsvertrages und ist, soweit gesetzlich zulässig, auf grobe Fahrlässigkeit oder Vorsatz des geschäftsführenden Gesellschafters beschränkt; in Fällen grober Fahrlässigkeit gelten die Haftungsbeschränkungen nach § 9 Abs. 2 des Dienstleistungsvertrags entsprechend. Bei Geschäftsführungsaufgaben im Sinne des Satz 2 handelt es sich insbesondere um Aufgaben, die der geschäftsführende Gesellschafter im Rahmen der Vertretung der Gesellschaft nach außen wahrnimmt (wie insbesondere die Verhandlung von Gesamtverträgen und Erarbeitung von Tarifentwürfen) oder die die Vorbereitung von Gesellschafterbeschlüssen betreffen (wie insbesondere die Einberufung und Leitung von Gesellschafterversammlungen).

6. Der geschäftsführende Gesellschafter hat Anspruch auf Erstattung der Verwaltungskosten (insbesondere Kosten, Aufwendungen und Auslagen), die ihm im Zusammenhang mit seiner Geschäftsführung der Gesellschaft entstehen, soweit diese angemessen sind. Die Einzelheiten regelt ein Dienstleistungsvertrag zwischen der Gesellschaft und dem geschäftsführenden Gesellschafter.

7. Die Gesellschafterversammlung kann einen Gesellschaftervertreter zur Überwachung des geschäftsführenden Gesellschafters einsetzen.

§ 7
BESCHLUSSFASSUNG DURCH DIE GESELLSCHAFTER

1. Beschlüsse der Gesellschaft werden in Gesellschafterversammlungen gefasst, sofern dieser Vertrag nichts anderes bestimmt.

2. Der geschäftsführende Gesellschafter beruft die Gesellschafterversammlung in Textform unter Mitteilung des Versammlungsortes sowie der Tagesordnung mit einer Frist von zwei Wochen ein. Darüber hinaus sind diejenigen Unterlagen beizufügen, die zur ordnungsgemäßen Vorbereitung der Gesellschafterversammlung notwendig sind (z. B. der betreffende Verteilungsplan oder Jahresabschluss gemäß § 5). Gibt es keinen geschäftsführenden Gesellschafter (mehr), ist jeder Gesellschafter allein zur Einberufung berechtigt.

3. Die ordentliche Gesellschafterversammlung findet jährlich binnen zwei Monaten nach Versand des Jahresabschlusses gemäß § 5 statt.

4. Eine außerordentliche Gesellschafterversammlung ist einzuberufen, wenn dies im Interesse der Gesellschaft erforderlich erscheint oder von mindestens drei Gesellschaftern in Textform gegenüber dem geschäftsführenden Gesellschafter unter Angabe der Tagesordnung verlangt wird.

5. Eine Gesellschafterversammlung ist beschlussfähig, wenn sämtliche Gesellschafter ordnungsgemäß geladen sind oder jeder von einer mangelhaften Ladung betroffene Gesellschafter in der Versammlung anwesend ist und den Erhalt der Ladung nicht rügt, und wenn darüber hinaus mindestens drei Viertel der Gesellschafter vertreten sind. Ist die Versammlung beschlussunfähig, so ist danach eine neue Versammlung mit gleicher Tagesordnung mit einer Frist von zwei Wochen einzuberufen. Diese neue Versammlung ist ungeachtet der anwesenden oder vertretenen Stimmen beschlussfähig, wenn auf diese Bestimmung in der Ladung hingewiesen wurde.

6. Außerhalb von Gesellschafterversammlungen können Beschlüsse in jeder Form (einschließlich Telefax oder E-Mail) gefasst werden, wenn alle Gesellschafter in die Beschlussfassung eingebunden sind und keiner der Art der Beschlussfassung widerspricht. Die so gefassten Beschlüsse sind zu protokollieren. Das Protokoll ist den Gesellschaftern unverzüglich zuzuleiten.

7. Jeder Gesellschafter kann sich in der Gesellschafterversammlung durch einen Vertreter seiner Wahl mit schriftlicher Vollmacht vertreten lassen. Ein Gesellschafter kann nicht von mehreren anderen Gesellschaftern gleichzeitig bevollmächtigt werden. Der geschäftsführende Gesellschafter kann andere Personen zur Teilnahme an einer Gesellschafterversammlung zulassen und ihnen Rederecht gewähren.

8. Der geschäftsführende Gesellschafter leitet die Gesellschafterversammlung. Über die Beschlüsse der Gesellschafterversammlung ist eine Niederschrift anzufertigen. Die Niederschrift ist den Gesellschaftern nach der Versammlung zu übersenden. Einsprüche gegen die Niederschrift sowie etwaige Rügen hinsichtlich der Form und fristgerechten Einberufung der Gesellschafterversammlung sind innerhalb von drei Wochen nach Zugang der Niederschrift schriftlich gegenüber dem geschäftsführenden Gesellschafter geltend zu machen. Über Einsprüche entscheidet die nächste Gesellschafterversammlung.

9. Die Gesellschafter beschließen insbesondere über

a) Änderungen des Gesellschaftsvertrages;

b) Aufnahme neuer Gesellschafter;

c) Geschäftsordnung für den geschäftsführenden Gesellschafter;

d) Zustimmung zu Geschäften, die nach der Geschäftsordnung zustimmungspflichtig sind;

e) Verteilungspläne nach § 5.1 und Verteilung von Einnahmen;

f) Feststellung des Jahresabschlusses;

g) Bestellung und Abberufung des Abschlussprüfers;

h) Entlastung des geschäftsführenden Gesellschafters;

i) Abschluss, Änderung und Kündigung des Dienstleistungsvertrags zwischen der Gesellschaft und dem geschäftsführenden Gesellschafter;

j) Bestellung und Abberufung eines Gesellschaftervertreters sowie Festlegung des Aufgabenbereichs des Gesellschaftervertreters;

k) Ausschluss eines Gesellschafters aus wichtigem Grund;

l) Auflösung/Liquidation der Gesellschaft;

m) allgemeine Anlagepolitik in Bezug auf die Einnahmen aus den Rechten;

n) Erwerb, Verkauf und Beleihung unbeweglicher Sachen;

o) Aufnahme und Vergabe von Darlehen sowie Stellung von Darlehenssicherheiten;

p) andere Angelegenheiten, soweit dies nach zwingenden gesetzlichen Vorgaben oder diesem Gesellschaftsvertrag vorgesehen ist.

10. Jeder Gesellschafter hat eine Stimme. Gesellschafterbeschlüsse bedürfen der Einstimmigkeit. Stimmenthaltungen gelten als Nichtabgabe der Stimme und stehen einer Beschlussfassung nicht im Wege.

11. Die Unwirksamkeit von Gesellschafterbeschlüssen kann nur binnen einer Ausschlussfrist von sechs Wochen nach Kenntniserlangung durch Klageerhebung geltend gemacht werden.

§ 8
Dauer, Kündigung, Ausschluss

1. Die Gesellschaft wird auf unbestimmte Dauer errichtet.

2. Jeder Gesellschafter kann die Gesellschaft unter Einhaltung einer Frist von 12 Monaten zum Ende eines Geschäftsjahres ordentlich kündigen. Das Recht zur außerordentlichen Kündigung aus wichtigem Grund bleibt unberührt.

3. Jede Kündigung hat mittels eingeschriebenem Brief zu erfolgen. Die Kündigung ist an den geschäftsführenden Gesellschafter zu richten; der geschäftsführende Gesellschafter hat seine Kündigung an sämtliche Mitgesellschafter zu richten.

4. Tritt in der Person eines Gesellschafters ein wichtiger Grund ein, der die anderen Gesellschafter zu einer außerordentlichen Kündigung berechtigt, können diese Gesellschafter den betreffenden Gesellschafter aus der Gesellschaft ausschließen. Der betreffende Gesellschafter ist bei der Beschlussfassung, mit der über seine Ausschließung abgestimmt wird, selbst nicht stimmberechtigt.

5. Kündigt ein Gesellschafter oder wird er ausgeschlossen, so scheidet er aus der Gesellschaft aus, die von den übrigen Gesellschaftern fortgesetzt wird. Jedoch kön-

nen die übrigen Gesellschafter innerhalb von 6 Monaten ab dem Tag des Zugangs der Kündigungserklärung zeitgleich mit der Ausschließung beschließen, dass die Gesellschaft auf den Zeitpunkt des Ausscheidens des Gesellschafters aufgelöst wird. In diesem Fall ist die Gesellschaft unter Beteiligung des Ausscheidenden abzuwickeln.

6. Scheidet ein Gesellschafter in Folge seiner Kündigung oder seines Ausschlusses aus der Gesellschaft aus, findet § 4.4 und § 4.5 hinsichtlich der von ihm nach § 4.1 eingebrachten Ansprüche Anwendung. Daneben erhält der ausscheidende Gesellschafter zur Abgeltung seiner Beteiligung am Anlagevermögen eine Abfindung, die dem anteiligen Buchwert des Anlagevermögens nach Maßgabe des Anteils des ausscheidenden Gesellschafters an den Einnahmen in den Verteilungsplänen für das Jahr des Ausscheidens entspricht. Der Abfindungsanspruch ist unverzinslich und wird fällig einen Monat nach Feststellung des Jahresabschlusses für das Geschäftsjahr des Ausscheidens. Andere oder weitergehende Ansprüche stehen dem ausscheidenden Gesellschafter nicht zu; insbesondere kann er Freistellung von Verbindlichkeiten der Gesellschaft nicht verlangen.

7. Ausscheidende Gesellschafter sind nicht berechtigt, Sicherheitsleistung für ihre Ansprüche nach § 4.4, § 4.5 und § 8.6 zu verlangen.

§ 9
RECHTSWAHL, GERICHTSSTAND, PROZESSFÜHRUNG

1. Auf diesen Vertrag findet allein deutsches Recht Anwendung unter Ausschluss derjenigen Bestimmungen des internationalen Privatrechts, die zur Anwendung einer anderen Rechtsordnung führen würden.

2. Gerichtsstand für alle Streitigkeiten aus diesem Vertrag und über seine Wirksamkeit ist der Sitz der Gesellschaft.

3. Soweit gesetzlich zulässig wird die Gesellschaft in Rechtsstreitigkeiten durch den geschäftsführenden Gesellschafter vertreten. Dies gilt auch für Leistungsklagen einzelner Gesellschafter gegen die Gesellschaft.

4. Klagen von Gesellschaftern zur Feststellung der Wirksamkeit oder Unwirksamkeit eines Gesellschafterbeschlusses sind gegen die Gesellschaft zu erheben.

§ 10
SCHLUSSBESTIMMUNGEN

1. Sollte eine Regelung dieses Vertrages unwirksam sein oder werden, so wird die Wirksamkeit des Vertrages im Übrigen davon nicht berührt. Die Gesellschafter verpflichten sich bereits heute, an der Schaffung einer wirksamen Regelung mitzuwirken, die der unwirksamen Regelung möglichst nahe kommt.

2. Änderungen und/oder Ergänzungen dieses Vertrags bedürfen einer von allen Gesellschaftern unterzeichneten Beschlussausfertigung. Dies gilt auch für einen Verzicht auf dieses Schriftformerfordernis selbst.

3. Soweit dieser Gesellschaftsvertrag keine besondere Regelung enthält, gelten die Vorschriften des Bürgerlichen Gesetzbuches über die Gesellschaft des bürgerlichen Rechts.

VIII 8 Zentralstelle für Videovermietung (ZVV)

Gesellschaftsvertrag

in der Fassung vom 15.12.1998 mit Wirkung vom 1.1.1996

§ 1
Name der Gesellschaft

GEMA, VG WORT, VG Bild-Kunst, GÜFA, GWFF, VGF und GVL errichten eine Gesellschaft des Bürgerlichen Rechts. Ihr Name lautet:

Zentralstelle für Videovermietung (ZVV).

§ 2
Gesellschafter und Berechtigte

Es können ferner Gesellschafter werden Verwertungsgesellschaften, die Rechte nach § 27 Abs. 1 UrhG wahrnehmen und denen nach §§ 1, 2, 18 UrhWG eine Erlaubnis des Deutschen Patentamtes erteilt worden ist.

§ 3
Zweck der Gesellschaft

Zweck der Gesellschaft ist, für ihre Gesellschafter die ihnen aus § 27 Abs. 1 UrhG bezüglich Bildtonträger zustehenden Vergütungsansprüche geltend zu machen.

§ 4
Vertragsgebiet

Vertragsgebiet ist die Bundesrepublik Deutschland.

§ 5
Geschäftsführung, Vertretung

(1) Die Gesellschaft wird nach außen durch die GEMA bzw. durch den Vorstand der GEMA vertreten. Die GEMA stellt der Gesellschaft für die Geschäftsführung ihre Einrichtungen zur Verfügung.

(2) Die GEMA übernimmt für die ZVV innerhalb der Bundesrepublik Deutschland im Namen der VG WORT, der VG Bild-Kunst, der GÜFA, der GWFF, der VGF und der GVL für deren Rechte das Inkasso der Vergütungen gemäß § 27 Abs. 1 UrhG; insoweit werden der GEMA die Rechte unmittelbar zur Wahrnehmung übertragen.

(3) Die von den Gesellschaftern 2. bis 7. dem Gesellschafter zu 1. erteilten Inkassovollmachten behalten ihre Gültigkeit. Die GEMA bleibt damit beauftragt und bevollmächtigt, bei notwendigen einzelnen Inkassorechtsstreitigkeiten Aufträge im Namen der einzelnen Gesellschafter zu erteilen. Diese Ermächtigung ist für die Dauer dieses Vertrages unwiderruflich. VG WORT, VG Bild-Kunst, GÜFA, GWFF, VGF und GVL verzichten ausdrücklich auf eigene unmittelbare Rechtsausübung.

(4) Die Höhe der geltend zu machenden Vergütungen bestimmt sich nach Maßgabe der jeweils gültigen Vergütungssätze der GEMA. Die Gesellschafter vereinbaren hiermit, dass die Aufstellung von Tarifen dem Beschluss der Gesellschafter unterliegt.

(5) In begründeten Ausnahmefällen ist die GEMA zum Vergleichsabschluss mit Schuldnern berechtigt.

§ 6
Auszahlung, Anträge, Beschlüsse

(1) Von den eingegangenen Lizenzbeträgen erhält die GEMA vorweg zur Erstattung aller mit der Geschäftsführung verbundenen Kosten eine Kommission. Der hiernach verbleibende Betrag wird entsprechend dem Umfang der Rechteeinbringung durch die einzelnen Gesellschafter und gemäß den gefassten Gesellschafterbeschlüssen ausgezahlt.

(2) Jeder Gesellschafter kann beantragen, dass die Feststellung des Umfangs der Rechteeinbringung auf die Tagesordnung der nächsten Gesellschafterversammlung gesetzt wird.

(3) Rechnungslegung und Zahlung der den Vertragspartnern geschuldeten Vergütungen erfolgen für das jeweils abgelaufene Kalenderjahr bis zum 15. März des darauffolgenden Kalenderjahres.

(4) Für die Ausschüttung an seine einzelnen Berechtigten ist jeder Gesellschafter selbst verantwortlich. Jeder Gesellschafter stellt für seinen jeweiligen Vertretungsbereich die Mitgesellschafter von Ansprüchen Dritter frei.

§ 7
KÜNDIGUNG DES GESELLSCHAFTSVERHÄLTNISSES

Die Gesellschaft wird auf unbestimmte Zeit errichtet. Das Gesellschaftsverhältnis kann von jedem Gesellschafter unter Einhaltung einer Frist von sechs Monaten zum Ende eines jeden Kalenderjahres gekündigt werden.

§ 8
SITZ UND GERICHTSSTAND

Sitz der Gesellschaft ist München.

Für alle Streitigkeiten zwischen den Gesellschaftern, die mit diesem Gesellschaftsvertrag mittelbar oder unmittelbar zusammenhängen, wird die Zuständigkeit der Münchener Gerichte vereinbart.

§ 9
RECHTSGESCHÄFTE ZWISCHEN DER GESELLSCHAFT UND DER GEMA

Als geschäftsführender Gesellschafter wird die GEMA für die zwischen ihr und der Gesellschaft abzuschließenden Rechtsgeschäfte von den Beschränkungen des § 181 BGB befreit.

§ 10
GELTUNG DES BÜRGERLICHEN GESETZBUCHES

Soweit dieser Gesellschaftsvertrag keine besondere Regelung enthält, gelten die Vorschriften des Bürgerlichen Gesetzbuches über die Gesellschaft des Bürgerlichen Rechts, ebenfalls für die Auseinandersetzung nach Kündigung.

§ 11
SCHLUSSBESTIMMUNGEN

Durch vorstehenden Gesellschaftsvertrag verlieren alle früher zwischen den Gesellschaftern 1., 2., 3., 4., 5. und 6. getroffenen Vereinbarungen ihre Wirksamkeit.

D Anhang

Abkürzungsverzeichnis

Stichwortverzeichnis

Abkürzungen

A	Hauptbearbeiter (bei freien Werken)
A	Sparte Ausland
A AR	Auslandsabrechnung für Aufführungs-, Vorführungs-, Sende- und Wiedergaberecht
AAS	Azerbaijan Authors' Society, Baku
A VR	Auslandsabrechnung für Vervielfältigungsrecht
AA	Auswärtiges Amt
a.a.O.	am angegebenen Ort
AB	Gültigkeitszeitraum (Beginn)
ABC	American Broadcasting Corporation, New York
ABL.EG	Amtsblatt der Europäischen Gemeinschaft
ABRAMUS	Association Brésilienne des Chefs d'orchestre, Arrangeurs et Musiciens
Abre	Abrechnung, Abrechnungsabteilung
ABZ	Abzug
ACAM	Asociación de Compositores y Autores Musicales de Costa Rica, San José
ACDAM	Agencia Cubana de Derecho de Autor Musical, Havanna
ACUM	Société d'Auteurs, Compositeurs et Editeurs de Musique en Israel, Tel-Aviv
ADDAF	Associação Defensora de Direitos Autorais e Fonomecânicos, Rio de Janeiro
AEPI	Société Hellénique pour la Protection de la Propriété Intellectuelle S. A., Athen
AEUV	Vertrag über die Arbeitsweise der Europäischen Union
AFN	American Forces Network Europe, Frankfurt
AG	Aktiengesellschaft
AGADU	Asociación de Autores del Uruguay, Montevideo
AGAYC	Asociación Guatemalteca de Autores y Compositores, Guatemala
AGICOA	Association de Gestion Internationale Collective des Œuvres Audiovisuelles
AGMB	Arbeitsgemeinschaft Musikberufe im Deutschen Musikrat
AIDA	Anwenderorientiertes Informationssystem des Außendienstes
AKKA/LAA	Copyright and Communication Consulting Agency/Latvian Copyright Agency, Riga
AKM	Staatlich genehmigte Gesellschaft der Autoren, Komponisten und Musikverleger, Wien
ALAI	Association Littéraire et Artistique Internationale, Paris

ALBAUTOR	Lidhja e shkrimtarëve dhe compozitorëve të shgipërisë, Tirana
AMAR	Associação de Músicos Arranjadores e Regentes, Rio de Janeiro
AMCOS	Australian Mechanical Copyright Owners Society Inc., Sidney
AMMRE	Anstalt für mechanisch-musikalische Rechte
AMPAL	Australian Music Publishers Association Ltd., Sydney
AMRA	American Music Rights Association Inc., New York
AMUS	Association Of Composers And Musical Creators, Sarajevo
AöR	Anstalt des öffentlichen Rechts
AO	Abgabenordnung
APA	Autores Paraguayos Asociados, Asunción
APDAYC	Asociación Peruana de Autores y Compositores, Lima
APR	Arbeitsgemeinschaft Privater Rundfunk, Bonn
APRA	Australasian Performing Right Association Ltd., Crows Nest
Arch PR	Archiv für Presserecht, Zeitschrift
ARD	Arbeitsgemeinschaft der öffentlich-rechtlichen Rundfunkanstalten der Bundesrepublik Deutschland
ARESA	Anglo-American Rights European Service Agency
ARGENTORES	Sociedad General de Autores de la Argentina, Buenos Aires
ARMAUTHOR	Armenian Authors' Rights Protection Organization
ARTE	Europäischer Kulturkanal
ARTISJUS	Bureau Hongrois pour la Protection des Droits d'Auteur, Budapest
ARW	Arbeitsgemeinschaft Rundfunkwerbung
AS	Alterssicherung
AS (im Subteil)	Beteiligung Aufführungsrechte (Bedeutung der Kennzahlen in Klammern)
ASCAP	American Society of Composers, Authors and Publishers, New York
ASSIM	Associação de interprétes e musicós, São Paulo
AUFN. GB	Aufnahmegebühr
Ausf	Ausfall
AUSTRO-MECHANA	Gesellschaft zur Wahrnehmung mechanisch-musikalischer Urheberrechte mbH, Wien
AUTODIA	Collecting Society of Intellectual Property Rights, Athen
AV	Audiovision
AWA i.A.	Anstalt zur Wahrung der Aufführungsrechte auf dem Gebiete der Musik, Berlin, in Abwicklung

B

B	Bearbeiter
B	Tarifbezeichnung: Bäder (Kurverwaltungen)
BA	Bundesverband Automatenunternehmer e. V.
BAG	Bundesarbeitsgericht
BAnz	Bundesanzeiger
BBC	British Broadcasting Corporation, London
BBl. (Bbl.)	Börsenblatt für den deutschen Buchhandel
Bd.	Band
BDI	Bundesverband der deutschen Industrie, Köln
BEL	Büro zur Koordination der Europäischen Lizenzierung, EWIV, München
BELAT	Byelorussian Author's Society, Minsk
BFH	Bundesfinanzhof
BGB	Bürgerliches Gesetzbuch
BGBl.	Bundesgesetzblatt
BGH	Bundesgerichtshof
BGHSt	Entscheidungen des Bundesgerichtshofs in Strafsachen, Amtliche Sammlung
BGHZ	Entscheidungen des Bundesgerichtshofs in Zivilsachen, Amtliche Sammlung
BIEM	Bureau International des Sociétés gérant les Droits d'Enregistrement et de Reproduction Mécanique, Paris
BIS	Gültigkeitszeitraum (Ende)
BK	Banküberweisung
BKA (BKartA)	Bundeskartellamt
BM	Bühnenmusik
BM	Tarifbezeichnung: Bühnenmusik (kleine Rechte)
BMBF	Bundesministerium für Bildung und Forschung
BMDA	Bureau Marocain du Droit d'Auteur, Rabat
BMF	Bundesministerium der Finanzen
BMFSFJ	Bundesministerium für Familie, Senioren, Frauen und Jugend
BMGS	Bundesministerium für Gesundheit und Soziale Sicherung
BMI	Bundesministerium des Innern
BMI	Broadcast Music Inc., New York
BMJ	Bundesministerium der Justiz
BMU	Bundesministerium für Umwelt, Naturschutz und Reaktorsicherheit
BMVBW	Bundesministerium für Verkehr, Bau- und Wohnungswesen

BMVEL	Bundesministerium für Verbraucherschutz, Ernährung und Landwirtschaft
BMVg	Bundesministerium der Verteidigung
BMWA	Bundesministerium für Wirtschaft und Arbeit
BMZ	Bundesministerium für wirtschaftliche Zusammenarbeit und Entwicklung
BPatG	Bundespatentgericht
BPI	The British Phonographic Industry Ltd., London
BR	Bayerischer Rundfunk, München
BRT	Belgisch Radio en Televisie
BS	Bearbeiterschätzung
BSDA	Bureau Sénégalais du Droit d'Auteur, Dakar
BStBl.	Bundessteuerblatt
BT	Tarifbezeichnung: Bildtonträger
BT	Bundestag
BT VR	Vervielfältigungsrecht an Bildtonträgern
BTL	Beteiligungsform
	(F = Fabrikation, V = Verkäufe)
BUe	Berner Übereinkunft
BUFFY	Bureau universel des films fantastiques, Youngstown
BUMA	Het Bureau voor Muziek-Auteursrecht, Hoofddorp
BV	Bühnenverleger (in Verbindung mit PHO VR)
BVerfG	Bundesverfassungsgericht
BVerfGE	Entscheidungen des Bundesverfassungsgerichts, Amtliche Sammlung
BVerfGG	Gesetz über das Bundesverfassungsgericht
BVerwG	Bundesverwaltungsgericht

C

CAE-Verzeichnis	Compositeurs, Auteurs, Editeurs – Internationales Mitgliederverzeichnis der Verwertungsgesellschaften
CAPASSO	Composers Authors and Publishers Association, Rosebank - Johannesburg
CASH	The Composers and Authors of Hong Kong Ltd., China
CATV	Kabelfernsehen in den USA
CBC	Canadian Broadcasting Corporation
CBS	Columbia Broadcasting System
CELAS	Centralized European Licensing and Administrative Service
Ch	Tarifbezeichnung: Chorkonzerte

CIADLV	Conseil International des Auteurs Dramatiques, Littéraires et Oeuvres Audiovisuelles (CISAC)
CIAGP	Conseil International des Auteurs des Arts Graphiques et Plastiques et des Photographes (CISAC)
CIAM	Conseil International des Auteurs et Compositeurs de Musique (CISAC)
CIMS	Consoçiatio Internationalis Musicae Sacrae, Rom
CIS	Common Information System
CISAC	Confédération Internationale des Sociétés d'Auteurs et Compositeurs, Paris
CLT	Compagnie Luxembourgoise de Télédiffusion Société Anonyme (Radio Luxemburg)
CMMV GmbH	Clearingstelle Multimedia für Verwertungsgesellschaften von Urheber- und Leistungsschutzrechten
CMRRA	Canadian Musical Reproduction Rights Agency Ltd., Toronto
COMPASS	Composers and authors society of Singapore
COPIE FRANCE	Société pour la rémunération de la copie privée audiovisuelle, Neuilly
COSGA	Copyright Society of Ghana, Accra
COSOMA	Copyright Society of Malawi, Lilongwe
COSON	Copyright Society of Nigeria, Lagos
COTT	Copyright Organisation of Trinidad and Tobago Ltd.
CR	Computer und Recht, Zeitschrift

D

D	Spieldauer
DALRO	Dramatic, Artistic and Literary Rights Organisation, Johannesburg
DEHOGA	Deutscher Hotel- und Gaststättenverband
DG	Direction Générale in der EG-Kommission
DGB	Deutscher Gewerkschaftsbund
DIDAS	Datenbank für ein integriertes Dokumentations- und Abrechnungssystem
DILIA	Divadelni a Literarni Agentura, Prag
DIRECTORES	Sociedad Mexicana de Directores-Realizadores de Cine, Radio y Television, S. de A. de I. P., Mexico
DJV	Deutscher Journalisten-Verband
DK	Sparte DK (Mechanische Musikwiedergabe in Diskotheken)
DKV	Deutscher Komponistenverband e. V.
DLF	Deutschlandfunk, Köln
DMR	Deutscher Musikrat
DMV	Deutscher Musikverleger-Verband e. V.

DOV	Deutsche Orchestervereinigung
DP	Werkestatus: Domaine publique (frei)
DPMA	Deutsches Patent- und Markenamt
dpa	Deutsche Presse-Agentur
DRA	Deutsches Rundfunkarchiv, Frankfurt
DRMV	Deutscher Rockmusikerverband e. V., Lüneburg
DSB	Deutscher Sängerbund
DTV	Deutscher Textdichter-Verband e. V.
DU	Dramatiker-Union
DVD	Digital Versatile Disc
DVO	Durchführungsverordnung
DW	Deutsche Welle, Köln

E

E	Sparte E (Ernste Konzerte aller Art, sinfonische Musik, Kammermusik, Chormusik usw.)
E	Tarifbezeichnung: Ernste Konzerte
E	Veranstaltungen Ernster Musik
EAÜ	Eesti Autorite Ühing, Tallinn
EBU	European Broadcasting Union
ED	E-Musik-Direktverrechnung (Nettoeinzelverrechnung)
EDV	Elektronische Datenverarbeitung
EFTA	European Free Trade Association
EG	Europäische Gemeinschaft
EKD	Evangelische Kirche in Deutschland
EM	E-Musikaufführungen mittels mechanischer Vorrichtungen
Ent. L. R.	Entertainment Law Review, Zeitschrift
EP	Europäisches Parlament
EPA	Europäisches Patentamt
EST	Einkommensteuer
EStG	Einkommensteuergesetz
EU	Europäische Union
EuGH	Europäischer Gerichtshof (Gerichtshof der Europäischen Gemeinschaft)
EUV	Vertrag zur Gründung der Europäischen Union (EU-Vertrag; Maastricht-Vertrag)
EuZW	Europäische Zeitschrift für Wirtschaftsrecht

EWG	Europäische Wirtschaftsgemeinschaft	
EWGV	EWG-Vertrag	
EWIV	Europäische Wirtschaftliche Interessenvereinigung	

F

F	Besetzung	
F	(Fabrikation) s. BTL	
FAI	The Fox Agency International, Inc., Singapur	
ff.	folgende	
FG	Finanzgericht	
FILSCAP	Filipino Society of Composers, Authors and Publishers, Inc., Manila	
FIT.	Fédération Internationale des Traducteurs, Paris	
FM	Funktionelle Musikwiedergabe	
FM	Sparte FM (Aufführungen funktioneller Musik)	
Fn	Fußnote	
FS	Senderecht im Fernsehrundfunk und Wiedergaberecht bei öffentlicher Wiedergabe von Fernsehrundfunksendungen	
FS	Sparte Fs (Fernsehrundfunk)	
FS	Tarifbezeichnung: Wiedergabe von Fernsehsendungen	
FS GR	Öffentliche Wiedergabe von Fernsehrundfunksendungen mit Werken „Großen Rechts"	
FS VR	Vervielfältigungsrecht im Fernsehrundfunk	
FSK	Freiwillige Selbstkontrolle der deutschen Filmwirtschaft	

G

G	Tarifbezeichnung: Vergütungssätze bei Gesamtverträgen	
GAT	Gattung	
GATT	General Agreement on Tariffs and Trade	
GB	Gebühren	
GBl.	Gesetzblatt	
GbR	Gesellschaft des bürgerlichen Rechts	
GCA	Georgian Copyright Association	
GDM	Gesamtverband Deutscher Musikfachgeschäfte	
GDT	Genossenschaft Deutscher Tonsetzer	
Geb.	Gebühren	
GESAC	Groupement Européen des Sociétés d'Auteurs et Compositeurs, Brüssel	

GeschmMG	Gesetz betreffend das Urheberrecht an Mustern und Modellen (Geschmacksmustergesetz)
GewO	Gewerbeordnung
GG	Grundgesetz für die Bundesrepublik Deutschland
GK	Gebührenklasse
GmbH	Gesellschaft mit beschränkter Haftung
GNM	Gesellschaft für Neue Musik
GO	Geschäftsordnung
GOP	Streaming auf Gemischten Online-Plattformen
GOP VR	Streaming auf Gemischten Online-Plattformen – Vervielfältigungsrecht
Grüner Verein	Deutsche Vereinigung für Gewerblichen Rechtsschutz und Urheberrecht
GRUR	Gewerblicher Rechtsschutz und Urheberrecht, Zeitschrift
GRUR Int.	Auslands- und Internationaler Teil der Zeitschrift Gewerblicher Rechtsschutz und Urheberrecht
GÜFA	Gesellschaft zur Übernahme und Wahrnehmung von Filmaufführungsrechten, Düsseldorf
GVBl.	Gesetz- und Verordnungsblatt
GVG	Gerichtsverfassungsgesetz
GVL	Gesellschaft zur Verwertung von Leistungsschutzrechten, Berlin
GWB	Gesetz gegen Wettbewerbsbeschränkungen (Kartellgesetz)
GWFF	Gesellschaft zur Wahrnehmung von Film- und Fernsehrechten mbH, München

H

H	Haben (Gutschrift/Guthaben)
H	Tarifbezeichnung: Herstellerindustrie
HAA	Hrvatska Autorska Agencija, Zagreb (Kroatische Urheberagentur)
HDS	Hrvatsko Drustvo Skladatelja, Zagreb (Croatian Composers' Society)
hfa	The Harry Fox Agency, Inc., New York
Hg	Herausgeber
HGB	Handelsgesetzbuch
HR	Hessischer Rundfunk, Frankfurt

I

I	Tarifbezeichnung: Importe von bespielten Tonbändern
ICE	International Copyright Enterprise
IDK	Interessenverband Deutscher Komponisten e. V.
IfD	Institut für Demoskopie

IFPI	International Federation of the Phonographic Industry, London
IGNM	Internationale Gesellschaft für Neue Musik
IHK	Industrie- und Handelskammer
Ill-Musik	Illustrations-Musik bei Filmen
IMHV	Interessengemeinschaft Musikwissenschaftlicher Herausgeber und Verleger, Kassel (jetzt: VG Musikedition)
IMRO	Irish Music Rights Organisation, Dublin
IMZ	Internationales Musikzentrum
infas	Institut für angewandte Sozialwissenschaft
INH	Inhaltsangaben
inma	Institut für Marktforschung
InsO	Insolvenzordnung
INTELSAT	International Tele-Communications Satellite Consortium, Washington
INTERGU	Internationale Gesellschaft für Urheberrecht e. V.
IPI	Interested Parties Information
IPRS	The Indian Performing Right Society Ltd., Mumbai
IRSG	Internationale Richard-Strauss-Gesellschaft
ISRC	International Standard Recording Code
IT4IPM	IT for Intellectual Property Management

J

JASRAC	Japanese Society for Rights of Authors, Composers and Publishers, Tokio
JR	Juristische Rundschau, Zeitschrift
JZ	Juristenzeitung

K

K	Komponist(en)
K	Komponist (in Verbindung mit Abrechnungssparte)
K	Tarifbezeichnung: Kirchen
KartG	Kartellgesetz
KAZAK	The Kazakhstan Authors' Society
KCI	Yayasan Karya Cipta Indonesia, Jakarta
KEF	Kommission zur Ermittlung des Finanzbedarfs der Rundfunkanstalten
KFSA	Kabelfernsehrundfunk Ausland
KG	Kammergericht, Berlin
KG	Kommanditgesellschaft
KGZ	Entscheidungen des Kammergerichts in Zivilsachen

KI	Musik im Gottesdienst	
KI EK	Musik im Gottesdienst der Evangelischen Kirche	
KI KK	Musik im Gottesdienst der Katholischen Kirche	
KI NA	Musik im Gottesdienst der Neu-Apostolischen Kirche	
KMK	Kultusministerkonferenz, Bonn	
KMOD	Zuspielung von Werken als Ruftonmelodien	
KMOD VR	Vervielfältigungsrecht für Zuspielung von Werken als Ruftonmelodien	
KO	Kostenrückerstattung	
KODA	Selskabet til Forvaltning af Internationale Komponistrettigheder i Danmark, Gentofte	
KOM	Dokument der EU-Kommission	
KOMCA	Korea Music Copyright Association, Seoul	
KOPIOSTO	Joint Controlling of Reprographic, Videographic and Retransmission Rights in Finland	
KRA	Kabeltonrundfunk Ausland	
KST	Körperschaftsteuer	
KSK	Künstlersozialkasse, Wilhelmshaven	
KSVG	Künstlersozialversicherungsgesetz	
Kto.	Konto	
KunstUrhG (KUG)	Gesetz betreffend das Urheberrecht an Werken der bildenden Künste und der Photographie	

L

L	Gebiet	
LAA	Latvijas Autortiesību Aģentūra, Riga	
LATGA	Lietuvos Autorių Teisių Gynimo Asoclacijos Agentūra, Wilna	
LG	Landgericht	
LITA	Slovenska Literarna Agentura, Bratislava	
LITERAR-MECHANA	Wahrnehmungsgesellschaft für Urheberrechte, Wien	
LitUrhG (LUG)	Gesetz betreffend das Urheberrecht an Werken der Literatur und der Tonkunst	
LMR	Landesmusikrat	
LVG	Staatlich Genehmigte Literarische Verwertungsgesellschaft, Wien	

M

M	Öffentliche Wiedergabe von Unterhaltungsmusik mittels mechanischer Vorrichtungen	
M	Sparte M (Aufführungen mittels mechanischer Vorrichtungen – ohne Fernsehen –)	

M	Tarifbezeichnung: Tonträgerwiedergabe
MACA	Macau Association of Composers, Authors & Publishers, Macau
MACP	Music Authors' Copyright Protection Berhad
MASA	Mauritius Society of Authors, Quatre Bornes
MAV	Mit automatischer Verlängerung
MB	Mitgliedsbeitrag
MBI	Music Business International, Zeitschrift
MCA	Music Corporation of America
MCPS	Mechanical Copyright Protection Society Ltd., London
MCSC	The Music Copyright Society of China, Peking
MCSK	Music Copyright Society of Kenya
MCSN	Musical Copyright Society (Nigeria) Ltd, Lagos
MCT	Musik Copyright (Thailand) Ltd., Bangkok
MdA	Mitglied des Abgeordnetenhauses
MdB	Mitglied des Bundestages
MdEP	Mitglied des Europäischen Parlaments
MdL	Mitglied des Landtages
MDR	Mitteldeutscher Rundfunk, Leipzig
MDR	Monatsschrift für Deutsches Recht
MESAM	Musical work owners society of Turkey, Istanbul
MIDEM	Marché International du Disque et de l'Edition Musicale (Cannes)
MIZ	Deutsches Musikinformationszentrum, Bonn
MJD	Musikalische Jugend Deutschlands
MOD D	Music-on-Demand – zum Herunterladen (Downloading)
MOD D VR	Vervielfältigungsrecht für Music-on-Demand – zum Herunterladen (Downloading)
MOD S	Music-on-Demand – zum bloßen Anhören (Streaming)
MOD S VR	Vervielfältigungsrecht für Music-on-Demand – zum bloßen Anhören (Streaming)
MPAA	Motion Picture Association of America, Inc.
MPEAA	Motion Picture Export Association of America, Inc.
MPI	Max Planck Institut
MR	Mechanisches Vervielfältigungsrecht
MRL	Music Royalties Ltd., New York
MRMS	Mauritius Rights Management Society

MRS	Mechanical Rights Society, London
MSG	Musiki Eseri Sahipleri Grubu Meslek Birligi, Istanbul
M-U	Tarifbezeichnung: Tonträgerwiedergabe von Unterhaltungs- und Tanzmusik
MUSICAUTOR	Bulgarian Society of Composers, Authors and Music Publishers for Collective Management of Copyright, Sofia
MÜST	Music Copyright Intermediary Society of Chinese Taipei, Taipei

N

NBC	National Broadcasting Comp. Inc., New York
NCB	Nordisk Copyright Bureau, Kopenhagen
NCIP	National Center of Intellectual Property, Minsk
NDR	Norddeutscher Rundfunk, Hamburg
NJW	Neue Juristische Wochenschrift
NMPA	National Music Publisher's Association, Inc., New York
N. N.	nomen nescio
NS	Werkestatus: Non sociétaire (nicht Mitglied = geschützt, aber nicht durch die GEMA vertreten)
NV	Nachverrechnung
NZ A ABR	Nachzahlung auf Auslandsabrechnung

O

o.	ohne
OHG	offene Handelsgesellschaft
OLG	Oberlandesgericht
OMPI	Organisation Mondiale de la Propriété Intellectuelle, Genf
ONDA	Office National du Droit d'Auteur, Algier
op.	opus
OP	Opuszahl
ORF	Österreichischer Rundfunk
OSA	Ochranný Svaz Autorský, Prag

P

PAECOL	Pan-European Central Online Licensing
PAI	Propriétaire actuellement inconnu (Rechtsinhaber derzeit unbekannt)
PAM CG	Organization for Collective Management of Music Authors' Rights, Podgorica
PatG	Patentgesetz
PEN (-Club)	Poets, Essayists, Novellists-Club
PFDG	Pfändung

PG	Postgiroüberweisung/Postgirozahlung
PHONO VR	Vervielfältigungsrecht an Tonträgern
PM	Werkestatus: Pas membre (nicht Mitglied = geschützt, aber nicht durch die GEMA vertreten)
PPD	Published Price for Dealer (veröffentlichter Einzelhandelspreis)
Pr	Tarifbezeichnung: Privatwirtschaftliche Fernsehunternehmen
PR	Public Relations
PRS for Music	The Performing Right Society Ltd., London

R

R	Senderecht im Tonrundfunk und Wiedergaberecht bei öffentlicher Wiedergabe von Hörfunksendungen
R	Sparte R (Tonrundfunk)
R	Tarifbezeichnung: Hörfunkwiedergabe
R GR	Öffentliche Wiedergabe von Hörfunksendungen mit Werken „Großen Rechts"
R VR	Vervielfältigungsrecht im Hörfunk
R VR GR	Vervielfältigungsrecht im Hörfunk mit Werken „Großen Rechts"
RAI	Radiotelevisione Italiana, Rom
RAO	Russian Authors' Society, Moskau (früher RAIS)
RB	Radio Bremen, Bremen
RBB	Rundfunk Berlin-Brandenburg, Berlin/Potsdam
RBÜ	Revidierte Berner Übereinkunft zum Schutze von Werken der Literatur und Kunst vom 9. 9. 1886
RCA	Radio Corporation of America
Rdf	Tarifbezeichnung: Rundfunk
RG	Reichsgericht
RGBl.	Reichsgesetzblatt
RGSt	Entscheidungen des Reichsgerichts in Strafsachen, Amtliche Sammlung
RGZ	Entscheidungen des Reichsgerichts in Zivilsachen, Amtliche Sammlung
RIDA	Revue International du Droit d'Auteur, Zeitschrift
RL	Radio Liberty, München
RPS	Russian Phonographic Society, Moskau
RSG	Richard-Strauss-Gesellschaft, München
Rspr.	Rechtsprechung
RTL	Radio-Télé-Luxemburg
RV	Rückverrechnung

S

s.	siehe
S.	Seite
S	Soll (Lastschrift/Verbindlichkeit)
S	Sprache
S	Tarifbezeichnung: Sendung
SABAM	Société Belge des Auteurs, Compositeurs et Editeurs, Brüssel
SACD	Société des Auteurs et Compositeurs Dramatiques, Paris
SACEM	Société des Auteurs, Compositeurs et Editeurs de Musique, Neuilly-sur-Seine
SACERAU	Société des Auteurs, Compositeurs et Editeurs de la République Arabe d'Egypte, Kairo
SACM	Sociedad de Autores y Compositores de México, Mexiko D. F.
SACVEN	Sociedad de Autores y Compositores de Venezuela, Caracas
SADAIC	Sociedad Argentina de Autores y Compositores de Musica, Buenos Aires
SADE	Sociedad Argentina de Escritores, Buenos Aires
SADEMBRA	Sociedade Administradora de Direitos de Execuçao Musical do Brasil, Rio de Janeiro
SAI	Werkestatus: Statut actuellement inconnu (Rechtsstatus derzeit unbekannt)
SAMRO	Southern African Musical Rights Organisation Ltd., Johannesburg
SARRAL	South African Recording Rights Association Ltd., Johannesburg
SAS	Georgian Authors' Society, Tiflis
SATCH	Sociedad de Autores Teatrales de Chile, Santiago
SAYCE	Sociedad de Autores y Compositores del Ecuador, Quito
SAYCO	Sociedad de Autores y Compositores de Colombia, Bogotá
SAZAS	Zdruzenje skladateljev, avtorjev in Zaloznikov za zascito avtorskih pravic Slovenije (Société des compositeurs, auteurs et éditeurs de Slovénie), Ljubljana
SB	Subbearbeiter
SBACEM	Sociedade Brasileira de Autores, Compositores e Escritores de Música, Rio de Janeiro
SBAT	Sociedade Brasileira de Autores Teatrais, Rio de Janeiro
SCA	Screen Composers of America, Encino
SCD	Sociedad Chilena de Autores e Intérpretes Musicales, Santiago
SCFPDA	Société Canadienne-Française de Protection du Droit d'Auteur, Montreal
Sch	Tarifbezeichnung: Schulen/Volkshochschulen/Musikschulen und Konservatorien/Musikhochschulen/Musikwissenschaftliche Institute der Universitäten
SDDA	Sociedade Defensora dos Direitos Autorais, Rio de Janeiro

SDRM	Société pour l'Administration du Droit de Reproduction Mécanique des Auteurs, Compositeurs et Editeurs, Neuilly-sur-Seine
SEBA	Stichting SEBA (tot Exploitatie en Bescherming van Auteursrechten), Amsterdam
SECRT	Sociedad de Escritores Cinematograficos de Radio y de Television, S. de A. de I. P., Mexiko D. F.
SESAC	SESAC Inc., New York
SGAE	Sociedad General de Autores y Editores, Madrid
S.G.D.L.	Société des Gens de Lettres de France, Paris
SGEB	Subgebiet
SIAE	Società Italiana degli Autori ed Editori, Rom
SICAM	Sociedade Independente de Compositores e Autores Musicais, São Paulo
SINH	Einzeltitel der Subausgabe
SK	Sonderkonto
SMAT	Sociedad Mexicana de Autores de Teatro, S. de A. de I. P., Mexico
SNAC	Syndicat National des Auteurs et Compositeurs de Musique, Paris
SO	Sonstiges
SOBODAYCOM	Sociedad Boliviana de Autores y Compositores de Música, La Paz
SOCAN	Society of Composers, Authors and Music Publishers of Canada, Société Canadienne des Auteurs, Compositeurs et Editeurs de Musique, Don Mills
SOCINPRO	Sociedade Brasileira de Administração e Proteção de Direitos Intelectuais, Rio de Janeiro
SOCOM-ZAMP	Composers Association of Macedonia – Musical Copyright Society, Skopje
SODACT	Société des Auteurs et Compositeurs de Tunisie, Tunis
SODRAC	Society for Reproduction Rights of Authors, Composers and Publishers in Canada, Montreal
SOKOJ	Savez Organizacija Kompozitora Jugoslavije, Belgrad
SOPE	Société de Protection du Droit d'Auteur, Athen
SORECOP	Société pour la Rémunération de la Copie Privée Sonore, Neuilly
SOZA	Slovenský Ochranný Zväz Autorský, Bratislava
Sp	Tarifbezeichnung: Musikspielwerke
SPA	Sociedade Portuguesa de Autores, Lissabon
SPADEM	Société de la Propriété Artistique et des Dessins et Modèles, Paris
SPIO	Spitzenorganisation der Filmwirtschaft
SR	Saarländischer Rundfunk, Saarbrücken
SRG	Schweizerische Radio- und Fernsehgesellschaft

St	Tarifbezeichnung: Strafvollzugsanstalten
ST	Subtextdichter
STAGMA	Staatlich genehmigte Gesellschaft zur Verwertung musikalischer Urheberrechte (jetzt GEMA)
StAnz.	Staatsanzeiger
STEF	Samband Tónskálda og Eigenda Flutningsréttar, Reykjavik
STICHTING STEMRA	Stichting STEMRA, Hoofddorp
Stichting de Thuiskopie	Verwertungsgesellschaft für private Überspielungsrechte, Amstelveen
STIM	Svenska Tonsättares Internationella Musikbyra, Stockholm
STIT	Subtitel
STORNO	Stornierung
STS	Subspezialtextdichter
STXT	Weitere Titel- und Textanfänge der Subausgabe
SUISA	Schweizerische Gesellschaft für die Rechte der Urheber musikalischer Werke, Zürich
SUNKLO	Suomen Näytelmäkirjailijaliitto, Helsinki
SV	Subverleger
SVV	Datum des Subverlagsvertrages
SWR	Südwestrundfunk, Baden-Baden/Mainz/Stuttgart

T

T	Orginaltextdichter
T	Textdichter
T	Sparte T (Tonfilm)
T	Tarifbezeichnung: Tonträger
T	Tarifbezeichnung: Tonstudios
T	Tarifbezeichnung: Tonfilmvorführungen
T	Tonfilmvorführungsrecht
TD	Tonfilm-Direktverrechnung (Musik in Wirtschaftsfilmen, Tonbildschauen)
TD VR	Tonfilm-Direktverrechnung Vervielfältigungsrecht
TEOSTO	Säveltäjäin Tekijänoikeustoimisto, Helsinki
T-F	Tarifbezeichnung: Tonfilmvorführungen in Filmtheatern
T FS	Tonfilm im Fernsehen
T-H	Tarifbezeichnung: Tonfilmherstellungsrecht
TIT	Titel des Werkes

TONO	Norsk Komponistforenings Internasjonale Musikkbyra, Oslo
T-R	Tarifbezeichnung: Regelmäßige Tonfilmvorführungen außer in Filmtheatern
TRANS-TEL	Gesellschaft für Deutsche Fernsehtransskription mbH, Köln
TRIP's	Agreement on Trade-Related Aspects of Intellectual Property Rights, Including Trade in Counterfeit Goods
TRT	Türkiye Radyo-Televisyon Kurumu, Ankara
TS	Spezialtextdichter
TSTIT	Titel der Spezialtextierung
T-W	Tarifbezeichnung: Vorführung von Wirtschaftsfilmen
TWF	Treuhandgesellschaft Werbefilm mbH, München
TXT	Weitere Titel und Textanfänge

U

U	Sparte U (Veranstaltungen von Unterhaltungs- und Tanzmusik)
U	Tarifbezeichnung: Unterhaltungs- und Tanzmusik
U	Veranstaltungen von Unterhaltungs- und Tanzmusik
UACRR	Ukrainian Agency of Copyright and Related Rights, Kiew
UBC	União Brasileira de Compositores, Rio de Janeiro
UCMR-ADA	Asociata Pentru Drepturi de Autor, Bukarest (Rumänische Verwertungsgesellschaft)
UD	U-Musik-Direktverrechnung (Nettoeinzelverrechnung)
UEB	Überleitung
UER	Union Européenne de Radiodiffusion, Genf
UFITA	Archiv für Urheber-, Film-, Funk- und Theaterrecht, Zeitschrift
UMB	Umbuchungen
UNESCO	United Nations Educational, Scientific and Cultural Organisation, Paris
UPI	United Press International
UrhG	Gesetz über Urheberrecht und verwandte Schutzrechte vom 9. 9. 1965
USt.	Umsatzsteuer
UStG	Umsatzsteuergesetz
UWG	Gesetz gegen den unlauteren Wettbewerb

V

V	Orginalverleger
V	(Verkäufe) s. BTL
V	Verleger
V	Tarifbezeichnung: Vermietung und Verleih
VCPMC	Vietnam Center For Protection Of Music Copyright, Hanoi
VDD	Verband der Diözesen Deutschlands
VdM	Verband deutscher Musikschulen
VDM	Vereinigung Deutscher Musik-Bearbeiter e. V.
VDMK	Verband Deutscher Musikerzieher und konzertierender Künstler
VDZ	Verband Deutscher Zeitungsverleger
Verf	Verfasser
VerlG	Gesetz über Verlagsrecht (Verlagsgesetz)
VFF	Verwertungsgesellschaft der Film- und Fernsehproduzenten mbH, München
VG	Verwertungsgesellschaft
VGF	Verwertungsgesellschaft für Nutzungsrechte an Filmwerken mbH, Wiesbaden
VGG	Gesetz über die Wahrnehmung von Urheberrechten und verwandten Schutzrechten durch Verwertungsgesellschaften (Verwertungsgesellschaftengesetz)
VK	Tarifbezeichnung: Varietébetriebe, Kabarettbetriebe, Gastspielunternehmen, Zirkusse
VK (G)	Tarifbezeichnung: Großveranstaltungen (Großhallenbetriebe und Gastspielunternehmen)
VO	Verordnung
VOBl.	Verordnungsblatt
VOD S	Cinema/Video-on-Demand zum bloßen Anhören (Streaming)
VOD S VR	Vervielfältigungsrecht bei Cinema/Video-on-Demand zum bloßen Anhören (Streaming)
VPRT	Verband Privater Rundfunk und Telemedien, Bonn
VR	Tarifbezeichnung: Vervielfältigungen
VS (im Originalteil)	Beteiligung Vervielfältigungsrechte (z. B. H = 100 % B= 50 % Urheber, 50 % Verleger)
VS (im Subteil)	Beteiligung Vervielfältigungsrechte (Bedeutung der Abkürzung in Klammern)
VS	Verband deutscher Schriftsteller
VSV	Vertragspartner des Subverlegers
VZ	Vorauszahlung

W

W	Tarifbezeichnung: Weitergabe
Wb	Tarifbezeichnung: Werbung
WDR	Westdeutscher Rundfunk, Köln
WEB	Websites (Streaming)
WEB VR	Vervielfältigungsrecht für Websites (Streaming)
WIPO	World Intellectual Property Organization, Genf, s. a. OMPI
WR	Tarifbezeichnung: Wiedergabe
W-S	Tarifbezeichnung: Weiterübertragung von Rundfunksendungen mittels Großgemeinschaftsantennen und Kabelfernsehen
WT	Wertung
WTO	World Trade Organisation, Genf
WUA	Welturheberrechtsabkommen
WuW	Wirtschaft und Wettbewerb, Zeitschrift
WWL	World Work List, weltweites Werke-Verzeichnis
WZG	Warenzeichengesetz

Z

ZAIKS	Stowarzyszenie Autorów, Warschau
ZAMP	Musical Copyright Society of Macedonia, Skopje
ZBS	Zahlbarkeitsstellung
ZBT	Zentralstelle Bibliothekstantieme
ZESS	Zession (Abtretung einer Forderung auf Zahlung eines Geldbetrages an einen Dritten)
ZfK	Zentrum für Kulturforschung, Bonn
ZL	Zentrale Lizenzierung
ZPO	Zivilprozessordnung
ZPÜ	Zentralstelle für private Überspielungsrechte, München
zul.	zuletzt
ZUM	Zeitschrift für Urheber- und Medienrecht
ZVEI	Zentralverband der elektro-technischen Industrie, Frankfurt
ZVV	Zentralstelle für Videovermietung, München
zzgl.	zuzüglich

Stichwortverzeichnis

Seite

A

Abdruckverleger	365
Abgrenzungsvereinbarung Großes und Kleines Recht	226
Abkürzungsverzeichnis, allgemein	579
Ablehnung des Aufnahmeantrags	199
Abrechnungssparten	357, 358
Abstimmung in der Hauptversammlung	314
Abstimmungssystem, elektronisches	314
Abtretung von Ansprüchen	221
Abzug für soziale und kulturelle Zwecke	363
AEU-Vertrag – Auszug –	190

Alterssicherung
- E-Musik-Komponisten ... 452
- E-Textdichter ... 454
- E-Verleger ... 458
- U-Musik ... 467

Angeschlossenes Mitglied	197
Anhang zum Geschäftsbericht	57

Anmeldebogen
- audiovisuelle Produktionen ... 524
- audiovisuelle Produktionen, Hinweise zum Ausfüllen ... 524
- audiovisuelle Werbespots – Werbetrenner und Trailer ... 528
- für Originalwerke ... 504
- für Originalwerke, Hinweise für das Ausfüllen ... 506
- für Subverleger ... 515
- für Subverleger, Anlage ... 517
- Werkbestätigung ... 508

Anmeldung von Werken	221, 365, 366
- Rechtzeitigkeit	366

Anschriften der GEMA
- Generaldirektion ... 24
- Geschäftsstellen ... 27

Ansprüche im Widerstreit	356

Arbeitsgemeinschaft DRAMA
- Gesellschaftsvertrag ... 541
- Mandatsvertrag ... 543

Stichwortverzeichnis

Auf einen Blick ... 38

Aufgabenverteilung des Vorstands ... 23

Aufnahmeantrag
- für Musikverleger ... 500
- Urheber ... 497

Aufnahmeausschuss ... 330
- Mitglieder ... 16

Aufnahmegebühr ... 223

Aufnahmeverfahren, Geschäftsordnung ... 330

Aufsichtsrat ... 207
- Abstimmung ... 209, 321
- Amtsdauer ... 208
- Ausschüsse und Kommissionen ... 322
- Beschlussfähigkeit ... 209, 321
- Einberufung ... 320
- Entlastung ... 202
- Geschäftsordnung ... 320
- Mitglieder ... 10
- Protokoll ... 321
- Verschwiegenheitspflicht ... 323
- Vorsitzender ... 10, 201, 209, 320
- Wahl ... 205, 316
- Wählbarkeit ... 207
- Wiederwahl ... 208
- Zusammensetzung ... 207

Auftragskompositionen für FS ... 219

Ausfall ... 361

Ausgleichsfonds ... 447, 451, 455, 461, 462, 465

Ausland
- Verträge mit ausländischen Verwertungsgesellschaften und Inkassoorganisationen ... 229

Ausschuss Kommunikation, Mitglieder ... 16

Ausschuss Kultur, Mitglieder ... 16

Außerordentliches Mitglied ... 197

B

Bearbeiterbeteiligung	422, 423, 424
Bearbeitungsgenehmigung	519
Berechtigungsvertrag	195, 216
- Dauer	224
- Ende	224
Bericht des Aufsichtsrats	71
Beschwerdeausschuss	211
- Geschäftsordnung	333
- Mitglieder	16
- Verfahrenskosten	212
Beteiligungsquoten	420, 421
- Fernsehen	422
- im mechanischen Vervielfältigungsrecht	425
- Tonfilm	423
Bewertung des Gesamtschaffens	464
Bibliothekstantieme	360
BIEM	22
- Bezeichnung	234
- Generalversammlung	243
- Gesellschaftsorgane	243
- Satzung	233
- Sitz	235
- Vorstand	246
- Zweck	233
Bilanz 2018	54
Bildtonträger	
- private und gewerbliche Vervielfältigung	359, 360
- Vermietung und Verleih	360
Bühnenmusiken	216
Bühnenschauen	216

C

Chormusik	445, 450
CISAC	22
- Bezeichnung	257
- Board of Directors	266
- Generaldirektor	275
- Generalversammlung	267
- Organe	266
- Präsident	265
- Satzung	252

- Sitz 257
- Zielsetzung 257

Coproduktionen 218

D

Delegierte der angeschlossenen und außerordentlichen Mitglieder 205
- Amtsdauer 207
- im Wertungsverfahren E-Musik 445
- im Wertungsverfahren U-Musik 459
- Rechte 207
- Wahl 205

Delegierter des Aufsichtsrats 322, 340, 446, 455, 460, 465, 470

Detailaufstellung 374

Direktverteilung 388
- Online 408
- U-Musik 388

Diskothekenabrechnung 402

Dramatisch-musikalisches Werk 216

Druckausgabe 367

E

Editionsbezeichnungen 370

EDV-Verrechnungsschlüssel der Punktbewertungen 435

Ehegatte, überlebender 447, 461, 474, 483, 485, 487, 493

Ehrenmitglieder 13

Ehrenpräsidenten 13

Eigenproduktion (FS) 218

Einlagen in Revuen, Operetten 216

Erträge
- 2018 38

E-Voting und Live-Stream 204
- Geschäftsordnung 318

F

Falsche Angaben 368, 372, 447, 456, 461, 474

Filmbegleitmusik 216

Filmherstellungsrecht ... 218
Filmvorführungsrechte ... 217
Freibetrag ... 488
Freie Vereinbarkeit Urheberanteile U-Musik ... 419
Fremdproduktion ... 398

G

Gegenseitigkeitsverträge ... 229, 294
- Mustervertrag im EU-Bereich für das Aufführungs- und Senderecht gemäß CISAC-Standardvertrag ... 294
- Mustervertrag im EU-Bereich für das Vervielfältigungsrecht gemäß BIEM-Standardvertrag ... 304

GEMA
- Name und Sitz ... 195
- Organe ... 196
- Organisation und Anschriften ... 23
- Satzung ... 195
- Zweck ... 195

GEMA-Stiftung
- Geschäftsordnung für den Beirat ... 548
- Satzung ... 544

Generalvertrag
- Anmeldung ... 522

GESAC
- Gegenstand ... 287
- Generalversammlungen ... 288
- Geschäftsführung ... 290
- Name ... 286
- Satzung ... 286
- Sitz ... 287

Geschäftsbericht des Vorsitzenden des Vorstands für 2018 ... 31
Geschäftsstellen ... 27
Gewinn- und Verlustrechnung 2018 ... 56
Gruppenname ... 370

H

Handelsregister
- Eintragung ... 197

Härtefälle ... 462

Herstellungsrecht für audiovisuelle (AV) Produktion,
Rückfall/Übertragung-Erstinformation ... 527
Hörfunkausschuss, Mitglieder ... 17

I

Impressum ... 2
INTERGU
- Satzung ... 550
Internationale Organisationen, GEMA-Repräsentanz ... 22

K

Kabarettaufführungen ... 216
Kinder ... 446, 461, 474, 486
Kirchenmusik ... 450
Klausurarbeit ... 331, 446, 460, 474
Koeffizienten für Fernsehsendungen ... 397
Kontoauszug ... 531
- Abkürzungen ... 535
Konventionalstrafe ... 201, 222, 363, 372, 474
Kooptation ... 323
Kostensatz ... 362
Künstlerische Persönlichkeit und Gesamtschaffen ... 449
Kuratoren ... 484
Kur- und Bäderveranstaltungen ... 386

L

Lagebericht zum Geschäftsbericht 2018 ... 42
Lautsprecherwiedergabe ... 217
Lebensgefährte ... 447, 461, 474, 486, 491

M

Manuskriptwerke ... 365
Mitglieder, Anzahl ... 40
Mitgliederversammlung ... 201
- Anträge ... 202
- Berufsgruppen ... 203, 315

- Stimmrecht ... 203
Mitgliedsbeitrag ... 223
Mitgliedschaft
- Arten ... 197
- Aufnahmevoraussetzungen ... 197, 331
- Beendigung ... 200
- in früheren oder anderen Verwertungsgesellschaften ... 198
- ordentliche, Beginn ... 199
- ordentliche, Voraussetzungen ... 198

Mitgliedschaftsrechte, Beschränkung ... 199
Mitteilung über eine Werkveränderung ... 518
Mittel für soziale und kulturelle Zwecke ... 41, 214
Multimedia-Rechte ... 217
Music-on-Demand ... 411
Musikarchiv ... 367
Musikfolge
- für eine Einzelveranstaltung ... 529
- für mehrere Einzelveranstaltungen ... 530

N

Nachträgliche Textierung ... 354
Nutzungsmeldungen ... 372
- Erfassung ... 372
- Verrechnung ... 372

O

Ordentliche Mitgliedschaft ... 198
Organisation und Anschriften der GEMA ... 23

P

Potpourris ... 419
Programmausschuss
- Mitglieder ... 17

Protokollierung ... 314
Prüfungsergebnis und Bestätigungsvermerk der Abschlussprüfer ... 67
Pseudonyme ... 369

R

Rechtsfähigkeit der GEMA ... 195
Rechtsnachfolge ... 196, 223
Rechtsübertragung durch Berechtigungsvertrag
- Beschränkung auf bestimmte Nutzungsarten ... 196, 225
- Dauer ... 196, 224
- Filmherstellungsrecht ... 218
- Umfang ... 216

Rede des Vorsitzenden des Vorstands mit Geschäftsbericht für 2018 ... 31
Redezeit in der Mitgliederversammlung ... 314
Reklamationen ... 374
Repräsantant ... 431
Ruftonmelodien ... 217, 410

S

Satzung
- der CISAC ... 252
- der GEMA ... 195
- der GESAC ... 286
- des BIEM ... 233

Satzungsänderungen ... 202, 215
- Genehmigung ... 215

Satzungskommission, Mitglieder ... 17
Schätzungskommission der Bearbeiter, Mitglieder ... 20, 469
Schätzungsverfahren der Bearbeiter, Geschäftsordnung ... 469
Schiedsgericht ... 210
- Geschäftsordnung ... 335
- Zusammensetzung ... 335

Schiedsgerichtsverfahren, Kosten ... 210
Schutzfähigkeit ... 371
Simultanaufführung ... 376
Sitzungsgeldkommission ... 212
- Mitglieder ... 17

Soziale und kulturelle Zwecke ... 41, 363
Sozialkasse
- Ausführungsbestimmungen zur Satzung ... 491
- Kuratoren ... 21, 484
- Satzung ... 483

Spezialbearbeitungen ... 470

Spezial-Subtextdichter 432
Spieldauer, Prüfung 370
Sterbegeld 485, 488, 493
Stimmauszählung 314
Stimmengleichheit 314
Subtextdichter-Beteiligung 433
Subverleger, Subverlagsvertrag 430
- Beteiligungsquote 431

T

Tarifausschuss
- Mitglieder 18
Textdichterbeteiligung an Instrumentalfassungen 355
Tod des Berechtigten 223
Tonfilmverrechnungsschlüssel 423
Tonträger
- private und gewerbliche Vervielfältigung 360
- Vermietung und Verleih 360

U

Übergangsgeld 493
Übergangshilfen für Härtefälle 461
Unverteilbare Beiträge 363
Urheberrechtsgesetz 77
Urheber-Verleger-Schlichtungsstelle 213
- Geschäftsordnung 336

V

Vermittlungsausschuss 315
Verrechnungsschlüssel
- für ernste Werke 376
- für Unterhaltungsmusikwerke 379
Verrechnungssparten 357, 358
Verrechnungssperre 356
Versammlungsordnung 313
- Abstimmung 314

- Berufsgruppenversammlung ... 315
- Hauptversammlung ... 313

Versorgungsstiftung der Deutschen Komponisten, Satzung ... 552

Versorgungsstiftung der Deutschen Textdichter, Satzung ... 555

Verteilungsplan ... 344, 345

Verteilungsplankommission, Mitglieder ... 18

Verteilungssumme ... 354

Vertonungsgenehmigung ... 520

Verträge mit ausländischen Verwertungsgesellschaften und Inkassoorganisationen ... 229

Verwaltungsgebühr für Abtretungen ... 221

Verwendungsgenehmigung ... 521

Verwertungsgesellschaftengesetz ... 150

Video-on-Demand ... 412

Vorstand ... 15, 209
- Geschäftsordnung für die Behandlung von Geschäftsvorfällen ... 326
- zustimmungsbedürftige Geschäftsvorfälle ... 326

W

Wahlausschuss, Mitglieder ... 18

Wahlordnung für die Wahl zum Aufsichtsrat ... 316

Werkanmeldung ... 221, 504
- rechtzeitige ... 366

Werkausschuss
- Geschäftsordnung ... 339
- Mitglieder ... 18, 19
- Prüfung ... 371
- Zusammensetzung ... 339

Werkbestätigung, Erläuterungen ... 509

Werkfragment ... 379

Werkveränderungen ... 367

Wertungsausschuss
- Komponisten E, Mitglieder ... 19, 445
- Textdichter E, Mitglieder ... 19, 454
- Unterhaltungs- und Tanzmusik, Mitglieder ... 19, 459
- Verleger E, Mitglieder ... 19, 455

Wertungsverfahren
- Komponisten E, Geschäftsordnung ... 445
- Textdichter E, Geschäftsordnung ... 454

- Unterhaltungs- und Tanzmusik, Geschäftsordnung 459
- Verleger E, Geschäftsordnung 455

Wertungszuschlag, Berechnung 448, 462

Wirtschaftliche Abhängigkeit von Musikverwertern 196

Wirtschaftsausschuss
- Mitglieder 20

Z

Zahlungs- und Abrechnungstermine für das Geschäftsjahr 2019 479

Zentralstelle
- Bibliothekstantieme (ZBT), Gesellschaftsvertrag 558
- für private Überspielungsrechte (ZPÜ), Gesellschaftsvertrag 566
- für Videovermietung (ZVV), Gesellschaftsvertrag 574

Zuerkennung für Leistungen der GEMA-Sozialkasse 491

Zuschläge für Unterhaltungsmusik 463

Bildnachweis: Faces by Frank (S. 13), Frank (S. 12), Jaenicke (S. 10, 11, 12, 13, 14, 15), Linder (S. 11, 12), Talleraas (S. 11), alle übrigen Aufnahmen: GEMA-Archiv.